W0330488

Das Abenteuer der Ideen

DAS ABENTEUER DER IDEEN

ARCHITEKTUR UND PHILOSOPHIE SEIT DER INDUSTRIELLEN REVOLUTION

INTERNATIONALE
BAUAUSSTELLUNG
BERLIN 1987

Das Abenteuer der Ideen
Architektur und Philosophie seit der industriellen Revolution

Veranstalter:
Senator für Bau- und Wohnungswesen, vertreten durch Carlheinz Feye und Jürgen Nottmeyer

Konzeptionelle Vorbereitung und inhaltliche Verantwortung:
Josef Paul Kleihues

Eine Ausstellung in der Neuen Nationalgalerie zum Berichtsjahr 1984 der Internationalen Bauausstellung Berlin 1987

16.9. bis 18.11.1984

Konzeption und verantwortliche Leitung:
Vittorio Magnago Lampugnani

Wissenschaftliche Vorbereitung für den Bereich Philosophie:
Claus Baldus

Wissenschaftlicher Beirat:
Alan Colquhoun, Kenneth Frampton, Heinrich Klotz, Winfried Nerdinger, Colin Rowe, Joseph Rykwert, Martin Steinmann, Manfredo Tafuri, Iain Boyd Whyte

Wissenschaftliche Mitarbeit und verantwortliche Durchführung:
Romana Schneider

Recherchen und Gesamtabwicklung:
Edith Winner

Recherchen und Abwicklung für Italien:
Rita Capezzuto

Recherchen und Abwicklung für Peter Behrens:
Rosemarie Frank

Beratung und Archivrecherchen für Großbritannien:
Doug Clelland

Bildbeschaffung:
Ursula Frohne

Assistenz:
Petra Gutheil

Gestaltung:
Pierluigi Cerri (Gregotti Associati) mit Paolo Ferrari und Marion Hauff

Planung und Aufbau:
Ulrich Paul Kahlfeldt

Koordinaton:
Brigitte Schütz

Katalog zur Ausstellung

Konzeption:
Claus Baldus und Vittorio Magnago Lampugnani

Redaktion:
Claus Baldus

Bildredaktion:
Romana Schneider und Gerwin Zohlen

Lektorat Architektur:
Gerwin Zohlen

Lektorat Philosophie:
Claus Baldus

Übersetzungen:
Renate Brosch, Carsta Büttner, Ulrich Enderwitz, Doya Hacker, Theda Ites, Renate Schein, Christiane Trabant-Rommel, Dora Winkler

Bibliographische Mitarbeit:
Theda Ites und Anne Willmann

Schreibarbeiten:
Regina Frielingsdorf

Produktionsleitung:
Rainer Nitsche

Umschlaggestaltung:
Nicolaus Ott + Bernard Stein, Berlin unter Verwendung eines Motives von Johann Friedrich Penther (1745)

Layout und Herstellungskoordination:
Regelindis Westphal

Satz:
Jäger Fotosatz, Berlin

Herstellung:
Ruksaldruck, Berlin

Verlag:
Frölich & Kaufmann, Berlin

ISBN 3-88725-157-1

Inhalt

Vorwort

1

Architekturhistorie, vor allem neuere, ist eine bemerkenswert unbefriedigend abgehandelte Disziplin. Selbst die „kanonischen" Geschichten des modernen Bauens sind unterschwellig mehr oder minder parteiisch und polemisch: allen voran jene von Sigfried Giedion, einem Schüler Heinrich Wölfflins, der 1941 mit der Pionierleistung seines „Space, Time and Architecture" („Raum, Zeit, Architektur") eines der wichtigsten Lehrbücher der zeitgenössischen Architektur schuf. Dabei scheute er jedoch in der impliziten Absicht, eine möglichst nahtlose und widerspruchsfreie Legitimation des architektonischen Rationalismus der zwanziger und dreißiger Jahre als notwendige Inkarnation des "Zeitgeistes" zu konstruieren, nicht vor Vereinfachungen der geschichtlichen Wirklichkeit zurück. Er wählte aus dem „architektonischen Erbe" nur das, was ihm lineare Übergänge zur Gegenwart gestattete; er stellte mit folgenschwerer Einseitigkeit die Industrialisierung als „fundamentales Ereignis" für die Entstehung der „Moderne" dar; er ließ sämtliche traditionalistischen und neoklassizistischen Tendenzen des frühen 20. Jahrhunderts (die immerhin den überwiegenden Teil der damaligen Bauproduktion ausmachten) kurzerhand unerwähnt; den Expressionismus fertigte er mit dem ebenso lapidaren wie unzutreffenden Satz ab, er hätte „keinen Einfluß auf die Architektur haben" können; und selbst Alvar Aalto, den Meister der finnischen Architektur des 20. Jahrhunderts, der ihm mit der irrationalen Komponente seines Oeuvres als Seitenfigur des „neuen bauens" galt, nahm er erst in der 8. Auflage seines Buches auf – und das war 1949.
Analog limitierte Geschichtsschreibungen tauchten danach immer wieder auf – und meist ohne den mildernden Umstand des generösen propagandistischen Eifers des engagierten Sekretärs der Congrès Internationaux d'Architecture Moderne. Erst in letzter Zeit gewärtigt man vereinzelte Versuche, die Mängel einer deterministischen Auffassung von Architekturhistorie als Sediment von Gesellschaft auszugleichen. Solcherlei Entwürfe einer Architekturgeschichte als Ideengeschichte, bei welcher die ganzheitliche Sicht an die Stelle des linearen Determinismus und das Erzählvergnügen an die Stelle der Bemühung tritt, eine widerspruchslose historische Konstruktion zu präsentieren, entstehen keineswegs im leeren Raum. Sie knüpfen an jene historiographische Tradition an, die etwa Jacob Burkhardt und Werner Sombart souverän repräsentiert haben. In ihr wird Architektur als klar eingrenzbarer, aber unabtrennbarer Bestandteil einer holistischen Kultur gesehen.
An diese Tradition versucht auch die Ausstellung „Das Abenteuer der Ideen: Architektur und Philosophie seit der industriellen Revolution" anzuknüpfen; und mit ihr auch der dazugehörige vorliegende Essayband. Dabei wird der Architektur als Essenz der baulichen Produktion die Philosophie als Essenz der kulturellen Phänomene gegenübergestellt, um dann beide zueinander in Beziehung zu setzen.

2

Die Ausstellung skizziert und vermittelt mit vergleichsweise bescheidenen Mitteln eine fragmentarische, aber eingängige und leicht verständliche Ideengeschichte der Architektur von der Mitte des 18. Jahrhunderts bis heute. Damit lassen sich die Veranstalter auf ein doppeltes Abenteuer ein: sie betreten weitgehend wissenschaftliches Neuland und übersetzen die Ergebnisse ihrer Expedition in das delikate Medium der Ausstellung.
Zu deren Konzeption: Neun Abteilungen behandeln jeweils eine bestimmte Idee von Architektur, vom Historismus bis zum Rationalismus. Ausgestellt werden auf der einen Seite Architekturzeichnungen und Architekturmodelle, auf der anderen Seite Gemälde, Graphiken, Photographien, Filmausschnitte sowie Zitate aus Literatur und Philosophie, die den Geist ihrer Zeit wiederspiegeln. Durch die Auswahl und Anordnung der Exponate entschlüsseln sich sinnlich und ohne weitere Erklärung die „Abenteuer der Ideen". Es wird sichtbar, daß Stilelemente in der Architektur wie Grundhaltungen in der Philosophie immer von neuem wiederkehren. Und es wird gleichzeitig sichtbar, daß der jeweilige Zeitgeist diesen Haltungen ein besonderes (und einmaliges) Gesicht gibt.
Die neun Abteilungen haben fließende Grenzen und weisen mannigfaltige Überschneidungen auf: keine individuelle Architektenpersönlichkeit und kein einzelner historischer Augenblick lassen sich in ein „Schubladensystem" zwängen. In zwei weiteren Räumen werden daher das kontrastreiche Panorama der Arbeiten für einen Wettbewerb (Genfer Völkerbundpalast, 1927) und die wechselhafte Entwicklung eines Architekten (Peter Behrens) gezeigt: einander ergänzende Kontrapunkte zur methodischen Reduktion der Abteilungen.
Über den Kunstgenuß hinaus, den die Zeichnungen – sämtlich originale, oft wunderschön aquarellierte Perspektiven und Ansichten, die noch nie gezeigt wurden – bereits per se bieten, erzählt die Ausstellung aus der Geschichte, in der die vielseitige Sprache der Architektur der Gegenwart ihre Wurzeln hat, und bietet Ansätze zu ihrer Erklärung an.

3

Dies vermag freilich nur ohne enzyklopädischen Anspruch zu geschehen. In einer einzigen Ausstellung zweieinhalb besonders fieberhafte Jahrhunderte Architekturgeschichte auch nur annähernd komplett darstellen zu wollen, wäre nicht nur anmaßend, sondern schlicht gegenstandslos; vor allem im Rahmen einer Geschichtsauffassung, die den eingangs erläuterten Prämissen entsprechend erweitert ist. Was hingegen möglich ist: aus der Vielzahl historischer Ereignisse jene „Knotenpunkte" zu destillieren und herauszustellen, die gleichsam als strukturale Schlüsselelemente innerhalb der geschichtlichen Entwicklung lokalisierbar erscheinen. Ein solches methodisches Vorgehen ist mit der Ökonomie der Ausstellung vereinbar.
Aus der Not wurde versucht, eine Tugend zu machen und aus der schier unüberschaubaren Menge von Gedachtem und Gezeichnetem das herauszufiltern, was von ungewöhnlich schöpferischer Auseinandersetzung mit den Bedingungen der Zeit zeugt. Auswahlkriterien waren dabei intellektuelle, künstlerische und poetische Qualität: inwieweit die Bedingungen für Architektur in konkreten Utopien sinnlich verarbeitet sind. Das heißt freilich noch lange nicht, daß es nicht eine Reihe prominenter Abwesender gibt, die nur auf Grund sachlicher Limitierungen nicht eingeladen werden konnten. Nichtsdestotrotz erzeugt die Beschränkung einen lebendigen Pluralismus, bei welchem die wesentlichen Teile der Dialektik der architektonischen und philosophischen Diskussion durch ihre Spitzenpositionen vertreten werden. Die sich auf höchstem qualitativen Niveau abspielende historische Auseinandersetzung um architektonische Kultur vermag mit ihren Konzentraten graphisch dokumentiert zu werden.

Ein zweiter, inhaltlicher Grund kommt zu dem pragmatischen hinzu, um den enzyklopädischen Ansatz zu verbieten. Die Zeit der Enzyklopädie als Instrument, um „alles zu wissen", ist vorbei. Denis Diderot und Jean-Baptiste d'Alembert konnten noch mit einigem Recht versuchen, ein weitgehend einheitliches und weitgehend vollständiges System der menschlichen Kenntnisse aufzustellen. Heute, da das Wissen zersplittert und widersprüchlicher denn je sich darstellt, können nur mehr möglichst viele unterschiedliche Informationen mit möglichst viel Abstand nebeneinander bestehen. Oder aber: es kann allein um die Orientierung innerhalb der großen Zusammenhänge und nicht um letzte Vollständigkeit der Fakten gehen.

In der Tat wurde insgesamt die Synthese der Analyse, der große Bogen der sich vertiefenden Konzentration vorgezogen; eine Entscheidung, die zwar bewußt, doch keineswegs ohne Unbehagen getroffen wurde. Immerhin enthebt die doppelt erzwungene Selbstbescheidung der zweifelhaften Verpflichtung, das Spiel des „Wer-ist-darin-und-wer-ist-draußen" zu spielen. Anwesenheit und Abwesenheit beinhalten im Rahmen einer dermaßen fragmentarischen Betrachtungs- und Darstellungsweise nicht mehr absolut sich gebärdende Werturteile über die „historische Bedeutung" Einzelner; sie ergeben sich vielmehr aus der – stellenweise gewiß auffallend unbekümmerten – Auswahl der Entwicklungslinien und Abzweigungen, die zu einem bestimmten Diskurs gehören.

Basis dieses Diskurses ist eine vergleichsweise allgemeine und konventionelle historiographische Struktur, deren Neunerteilung sich in jener der Essays dieses Bandes wie auch in jener der Abteilungen der Ausstellung wiederfindet. Wie jede historiographische Struktur ist sie fragwürdig, und wie jede ersetzbar. Sie schien aber – jenseits eines systematisch erschöpfenden, oder gar ontologischen Anspruchs – gerade wegen ihrer Allgemeinheit und Konventionalität nützlich, und aus diesem (und nur aus diesem) Grund wurde sie hier eingeführt und verwendet.

4

Das vorliegende Buch ist weniger ein Ausstellungskatalog im gebräuchlichen Sinne als ein Essayband zur Ausstellung. Die Beziehungen, die er zum Ereignis unterhält, zu dessen Anlaß er erscheint, sind nicht linear, sondern komplementär. Der Band zeichnet die Ausstellung nicht nach; er bietet die vertiefende Information und die didaktische Anregung, welche jene vorenthält, um nicht belehrend auszufallen. Auf diese Weise erfüllt er eine Funktion, welche die Neuartigkeit seiner Zielsetzung gebietet: die Grundlage zu schaffen für die Entwicklung einer Architekturgeschichte als Ideengeschichte.

Eine Grundlage, die freilich experimentell ist. Wer sich auf ein (durchaus verwegenes) Abenteuer der Ideen einläßt, darf als Ausgang keine erschöpfende und definitive Abhandlung erwarten. So ist die nun erstmalig versuchte Begegnung von Architektur und Philosophie noch von Verlegenheit überschattet; hier und dort auch von Ängstlichkeit und Hochmut. Daß sie gleichwohl – wie rudimentär auch immer – stattgefunden hat, ist bereits ein Erfolg des Abenteuers. Daß es fortgesetzt werden kann und muß, bedarf nicht der Erwähnung.

Zunächst halten die beiden Disziplinen vorsichtig Distanz. Neun Essays von exponierten Architekturgeschichtlern, die alle Architekturhistorie als Kulturhistorie begreifen, skizzieren eine neunteilige fragmentarische Ideengeschichte der Architektur von der Aufklärung bis heute. Daneben behandeln neun Aufsätze bedeutender zeitgenössischer Philosophen die gleichen Themenkomplexe von der Seite der „reinen" Ideen und aus der Sicht des Heute. Die Texte sind alternierend angeordnet, so daß Architektur und Philosophie verzahnt werden und jeweils (unversöhnt) miteinander korrespondieren; und zwar unter den gleichen Überschriften der neun Abteilungen der Ausstellung. Diesem Pas de deux ist eine "dreistimmige" Einführung vorangestellt. Am Ende des Bandes sind in einem wissenschaftlichen Apparat die Ausstellungsstücke beschrieben; hinzu kommen Bibliographien und Register.

5

Neben den Autoren haben freilich zahlreiche Freunde und Mitarbeiter zum Entstehen der Ausstellung und zum Erscheinen des vorliegenden Essaybandes entscheidend beigetragen. Darüber legen Impressum und Liste der Leihgeber Rechenschaft ab. Worüber sie nicht Rechenschaft ablegen und auch nicht ablegen können, ist das ganz ungewöhnliche Engagement, das sich nahezu ausnahmslos hinter den Tätigkeitsbezeichnungen verbirgt, und die freundlichen Gesichter hinter den Namen. Für beides, und vor allem für letzteres, gebührt Dank.

Das erste verlangt darüber hinaus nach einer „historischen" Präzisierung. Das Projekt, das der vorliegende Band dokumentiert und kommentiert, wurde 1980 von Josef Paul Kleihues und dem Unterzeichner initiiert. Es wurde bis Anfang 1983 konzeptionell vorbereitet, wobei Claus Baldus wichtige Beiträge leistete; eine Etappe dieser Vorbereitung dokumentiert das Buch „Architektur unseres Jahrhunderts in Zeichnungen: Utopie und Realität", das 1982 erschien. Mit der konkreten Konzeption und Durchführung der Ausstellung allerdings konnte aus wenig nachvollziehbaren administrativ-bürokratischen Gründen erst im Januar 1984 begonnen werden. Die aus der Zeitnot resultierende extreme Arbeitsintensität forderte so gut wie alle Beteiligten außergewöhnlich.

So müßte hier eigentlich jeder dankend erwähnt werden. Dies sei kollektiv getan: für den großen Einsatz, aber auch für die kritische Sympathie für die Sache und für die persönliche Freundschaft, die diesem Einsatz zugrunde lag. Sieben Namen nur sollen explizit genannt werden. Dieter Honisch und Lucius Grisebach, die ihre schöne Neue Nationalgalerie mit ungewöhnlicher Generosität und Hilfsbereitschaft für die Ausstellung zur Verfügung gestellt haben. Winfried Nerdinger, Martin Steinmann und Iain Boyd Whyte, die bei der Ausstellung nicht nur beraten, sondern ganz handfest und weit über das hinaus, was von ihnen erwartet wurde, mitgearbeitet haben. Edith Winner, die letztlich die Ausstellung zusammen mit Romana Schneider gemacht hat. Und eben Romana Schneider; auf sie trifft der obligate, floskelhafte Satz zu, ohne sie hätte die Ausstellung nicht stattfinden können. Allerdings weder obligat noch als Floskel.

Vittorio Magnago Lampugnani
Berlin, Juni 1984

„Lektüre als Reflexion und Experiment“

Das könnte das Motto sein, das die Beiträge zu diesem Katalog ordnet. Es sind zwei Serien von Texten, die ihn durchlaufen. Die erste bestehend aus Essays, die die Geschichte der modernen Architektur problembezogen und im erweiterten Kontext von Kultur beschreiben, analysieren oder rekonstruieren. Die zweite Serie bestehend aus philosophisch orientierten Vorschlägen, die die Architektur und ihre ästhetischen, ethischen und erkenntnisbezogenen Bedingungen angehen.
Das Repertoire der Texte, die wir vorstellen, ist nicht standardisiert. Es setzt sich aus Beobachtungen, Erkundungen, Gesprächen, Skizzen, Projekten, Modellen zusammen, und schon diese Heterogenität zeigt an, daß die Folge der Texte – sie besteht, wie gesagt, aus zwei Serien, die sich ineinander verschränken – der Lektüre keine end-gültige, einmalige Ordnung empfehlen will. Es besteht die Möglichkeit, die Serien für sich zu nehmen und entweder, in der ersten Reihe, zu einem Gang durch die Stilgeschichte der Architektur zu nutzen, oder, in der zweiten, Gesichtspunkte zu erkunden, von denen aus das Geschehen Architektur methodisch aufgeschlüsselt werden kann.
Das primäre Anliegen der „historischen“ Reihe ist die Darstellung der Entwicklung von neun Gestaltungstypen, in die sich die moderne Architektur vielleicht gliedern läßt. Aber um diese Linien voneinander zu trennen, müssen lebensweltliche, kulturgeschichtliche, gesellschafts- und existenzkritische, bedeutungs- und konstruktionstheoretische und andere Kriterien angelegt werden. Wie unterscheiden sich Historismus, Klassizismus, Romantizismus und die anderen Stilformen moderner Architektur hinsichtlich ihres Bezugs zu Raum, Zeit, Stoff, Idee, Funktion, Symbolik, Gefühl, Begriff, Erfahrung, Gestalt, Geschichte, Gesellschaft? Was ist der Raum, den die Architektur eröffnet, was die Zeit, die sie dabei entwickelt? Worin besteht die Welt, die Architektur in Raum und Zeit konstituiert, wie verlaufen die Wege, die sie durch Raum und Zeit bahnt, wie ereignet sich die Wirklichkeit, die sie am Raum und mit der Zeit versucht? Das sind nur einige der aus alter Tradition herübergewehten kategorialen Chiffren, die gegenwärtig ebenso nach neuem Verständnis suchen, wie die Umrisse der historisch-stilkritischen Typisierung.
Die Fragen, die damit aufgeworfen sind, weisen auf die zweite, die philosophische Textreihe, in der es um die Erkundung von „methodischen“ Gesichtspunkten geht, die die Architektur als Geschehen ermöglichen und ihrer Theorie Beobachtungskontexte vorschlagen. Darüber hinaus ist aber unschwer zu erkennen, daß die Philosophie ihre Fragen an und um Architektur und hinter sie zurück immer in Bezug auf die geschichtlichen Entwicklungslinien stellt. Und so können die Texte nicht nur seriell, sondern auch kreuzungsweise gelesen werden.
Diese kreuzungsweise Lektüre führte uns selbst zu einer Überraschung und Herausforderung. Wir mußten nämlich einerseits feststellen, daß wir keinen der Philosophen eindeutig einem und nur einem Paradigma zuordnen konnten. Die Wahl eines anderen Gesichtspunkts legte andere Zuordnungsmöglichkeiten, andere Zuwendungen des Dialogs frei. Und wir lernten andererseits verstehen, daß sich die Begriffe der Paradigmen, daß sich die Paradigmen selbst an den Frontier-Linien, an denen sich das aktuelle Denken bewegt, erweitern, verschieben, verändern, verbinden und wieder voneinander trennen, sich aufeinander übertragen und sich gegenseitig überschreiten.
Architektur und Philosophie lassen sich ineinander und gegeneinander spiegeln, so daß sich wechselseitig Begriffsbezüge freistellen, die ebensogut opponierender wie ergänzender Art sind. Die dialogischen Reflexionen, die der Katalog damit entwirft, sind ein erster, experimentierender Vorstoß in Neuland, kein Abruf gesicherten Lehrguts, sondern Versuch mit Zufall und einer Portion nicht voraussehbarem Geschick. Es gibt viele Bahnen und Kreuzungen der Lektüre, viele dialogischen Brücken und Begegnungen, auf und in denen „Architektur und Philosophie“ gelesen und besprochen werden kann. Es ist ein Netzwerk von Reflexionen, was die beiden ineinander verschränkten Textserien freigeben, und eine Vielfalt von Experimenten. Aber in dieser Freiheit, und wenn man will Unfertigkeit der Situation, die der Katalog skizziert, liegt vielleicht weniger ein Mangel als ein Versprechen für die Zukunft.

Ganz analog laufen „Grund- und Aufriß“ der Ausstellung ab. Die in der oberen Etage an der Architektur- und Kulturgeschichte seit der Aufklärung kunstvoll getrennten Ideen sind in der schöpferischen Aktivität selbst immer in komplexen Verbindungen und Entwicklungen begriffen oder stehen in dialogischen Wettbewerbssituationen. Goethes „Metamorphose“ liefert dazu das klassische Verständnismodell. Völkerbundpalast-Wettbewerb und Entwicklung der Architektur von Peter Behrens sind zwei ebenso klassische Fallbeispiele. Folgt die Ordnung des Ausstellungsmaterials in der oberen Etage (der Galerie) der Lehre Platons, wonach Erkenntnis und Vernunft sich überall da einstellen, wo die Ideen möglichst frei von ihren konkreten Bedingungen gefaßt werden, so umgekehrt diejenige in der unteren Etage (Museumsfoyer und Graphiksaal) der Lehre des Aristoteles, die ihre Wahrheit in der Beziehung der abstrakten Ideen auf die empirische Welt und ihre individuellen Situationen findet. Im Zentrum von Raffaels „Schule von Athen“ zeigt Platon ostentativ nach oben, an den „Himmel der Ideen“, während Aristoteles den euphemischen Idealismus seines Lehrers ebenso gestisch an den Boden der Tatsachen zurückweist. Was Raffael in seinem vatikanischen Wandgemälde vorweggenommen hatte, nämlich den wechselweisen Zusammenhang des idealistischen und des empiristischen Arguments, das führte die Aufklärung, und an ihrem Ausgang dann Goethes „Morphologie“ oder Hegels „Dialektik“ weiter durch. Und für diesen komplexen Zusammenhang interressiert sich auch die Methodik der Ausstellung.

Zwei Beiträge zum „Abenteuer der Ideen“ fangen Komplexität und Metamorphose, die Ausstellung und Katalog zu entwerfen versuchen, paradigmatisch und in organisiertem aktuellem Forschungszusammenhang ein: der „Permutograph mit Linienstruktur“, den der Berliner Mathematiker Gerhard G. Thomas und der Prager Werkzeugmacher Jan Pilpach für uns entwickelt und gebaut haben, und das Pariser „Immaterialien-Projekt“ um Jean-François Lyotard und Thierry Chaput. Der Permutograph ist, soweit ich weiß, der erste Versuch überhaupt, ein komplexes logisches Netzwerk räumlich darzustellen, ist, wie es in der Konstruktionsbeschreibung heißt, das „Skelett

eines fünfwertigen transklassischen Negationssystems mit vier Negatoren". Ist, um es anschaulicher und bezogen auf Ausstellung und Katalog zu charakterisieren, Symbol oder geradezu Fahrplan für die Reflexionen und Experimente, durch die wir uns zwischen den neun Ideen, Typen, Kategorien bewegen und sie zugleich verweltlichen, das heißt konkretisieren.
Die Internationale Bauausstellung Berlin kann auch als Ankündigung einer neuen Stufe moderner Kultur interpretiert werden. Worum geht es? Eine These muß an dieser Stelle als Antwort genügen: es geht um die Verwerfung der falsch gestellten, weil abstraktiv vereinfachenden Alternativen, aus denen sich die Moderne seit der letzten Jahrhundertwende entwickelt hat. Es gilt nun, in einer Zeit des Aufbruchs in ein neues Jahrhundert, als dessen Wegbereiter wir uns verstehen, die spielerischen Konstellationen aufzusuchen, in denen sich Industriekultur und motivierte Existenz, konstruktives Bewußtsein und expressive Selbsterfahrung vermitteln. Das Wissen darum, daß die engen und starren Alternativen der Vergangenheit angehören, der Wille, in das Neuland einer poetischen, reflexiven und experimentellen Rationalität vorzustoßen, verbindet nicht nur „Das Abenteuer der Ideen" und „Idee, Prozeß, Ergebnis" miteinander, sondern baut auch eine Brücke hinüber zu jener kybernetischen Philosophie der „Observing Systems" Heinz von Foersters, der „Transjunctional Operations" Gotthard Günthers und der „Autopoesía" Humberto Maturanas und Francisco J. Varelas, aus denen sich die Idee der „Permutographie" von Gerhard G. Thomas unmittelbar ableitet.
Wir danken Heinz von Foerster, Pescadero Ca., der als Direktor des Biological Computer Laboratory (BCL) am Department of Electrical Engineering der Universität von Illinois in Champain-Urbana eine der spannendsten wissenschaftlichen und technologischen Unternehmungen des letzten halben Jahrhunderts ins Werk gesetzt hat, für die Grüße, die er uns herübergeschickt hat. Und wir danken ebenso Jean-François Lyotard und seiner Equipe am Centre de Création Industrielle (CCI), Abteilung Centre Georges Pompidou für die spontan gegebene Bereitschaft, ihre "Immaterialien" mit unserem „Abenteuer" in Korrespondenz zu bringen und in unserem Katalog in der Fassung Nr. 2 des Projekt-Manifests vorzustellen.

In einer gemeinschaftlichen Arbeit, die sich durch vier Jahre zieht, gibt es Diskussionen, Kontroversen und Kämpfe. Aber immer dann, wenn die Kämpfe zu neuer Entschlossenheit führen – der Terminus in dem Sinn gebraucht, den Heidegger ihm in „Sein und Zeit" verliehen hat –, dann wachsen auch Freundschaften. Diese Freundschaften sind es, mehr als Erfolg, was wir aus der Arbeit an einer gemeinsamen Sache mitnehmen und was umgekehrt auch uns mitnimmt. Daß gerade in den Stunden und Wochen des Konflikts Freundschaft wachsen konnte, danken wir zuallererst Josef Paul Kleihues. Ohne die klaren, schlichten Linien, die er immer wieder gewiesen hat, hätte sich vieles nicht fügen können.
Ich bin darüber hinaus natürlich glücklich darüber, daß er das Projekt „Architektur und Philosophie" 1980 im Neubaubereich der Internationalen Bauausstellung nicht nur als Vorbereitung auf das relativ kurzfristige Ziel der Realisierung einer Ausstellung eingerichtet hat, sondern als Forschungsunternehmen mit erweiterter Aufgabenstellung. Nur als Folge dieser freimütigen Entscheidung wurde es uns möglich, Zugang zu einigen Chiffren zu suchen, die eine lange Tradition hinter sich haben, und die sich dennoch erneut als bedeutsam melden, wenn der gegenwärtig sich ankündigenden Ästhetisierung und Historisierung nicht nur von Architektur korrigierende Argumente entgegengesetzt werden sollen. „Welt und Maß", „Weg und Hoffnung", „Handlung und Wirklichkeit" sind solche Chiffren und ihre Entschlüsselung ein Beitrag, die Experimente und Reflexionen, in denen sich ein neues Stück moderner Kultur ankündigt, mit Sinn zu versehen.
Vittorio Magnago Lampugnani danke ich für die Feinfühligkeit, mit der er das „philosophische" Material trotz mannigfacher methodischer, räumlicher und zeitlicher Schwierigkeiten in die Ausstellung eingebaut hat – wenn auch nicht alle meine „Blütenträume" reiften, um noch einmal Goethe zu zitieren. Romana Schneider hat auf schöne und seltene Weise Kritik mit Engagement verbunden. Ohne den Einsatz, den sie und Edith Winner der Beschaffung der die philosophischen Interpretationslinien repräsentierenden Exponate gewidmet haben, wäre der Anspruch, der sich im Untertitel der Ausstellung meldet, gewiß in Verlegenheit gekommen. Regelindis Westphal hat dafür gesorgt, daß unsere inhaltlichen Vorstellungen im Katalog Gestalt angenommen haben, und sie hat das Musterbild einer effizienten Herstellungskoordination geliefert. Dafür schulden wir ihr angesichts der halsbrecherischen Zeitknappheit allen Respekt.
Es ist mir auch eine willkommene Gelegenheit, all die Korrespondenten zu erwähnen, die mit Rat und Tat geholfen haben, besonders Christos Axelos, Hamburg, Walter Biemel, Aachen, Heinz von Foerster, Pescadero Ca., Marie Günther-Hendel, Hamburg, Martin Heisig, Berlin, Reinhard Neil, Metzingen, Roland Posener, Berlin, Reiner Wiehl, Heidelberg. Bei zahlreichen Recherchen haben uns die Mitarbeiter der Bibliothek der Freien Universität Berlin, des Bildarchivs und der Kunst- und der Staatsbibliothek Preußischer Kulturbesitz großzügig unterstützt.
Ein entschuldigendes Wort muß an zwei unserer Autoren, an Rudolf zur Lippe und Seyyed Hossein Nasr gerichtet werden. Beide hatten eigene Bildteile als zusätzliche Illustration ihrer Essays vorbereitet. Um die ausgestellten Zeichnungen und Bilder möglichst vollständig im Katalog zu repräsentieren, mußten wir auf die Übernahme dieser zusätzlichen Bildteile verzichten. Wir danken Rudolf zur Lippe und Seyyed Hossein Nasr für Verständnis. Allen Autoren dieses Katalogbuchs möchten wir noch einmal sagen: Wir freuen uns, daß Sie bei uns eingestiegen sind und uns geholfen haben, das Buch zum Ort eines Dialogs über regionale und kulturelle Grenzen hinweg werden zu lassen. –
Nicht zuletzt sei Siegfried Unseld, Frankfurt a. M. dafür gedankt, daß er uns den an Alfred North Whiteheads „Abenteuer der Ideen" erinnernden Ausstellungs- und Katalogbuchtitel umstandslos freigegeben hat.

Claus Baldus
Berlin, August 1984

Die sieben Säulen der Architektur

Josef Paul Kleihues

Die
Geometrie

Die
Konstruktion

Die
Harmonie

Die
Vollkommenheit

Die
Funktion

Die
Utopie

Die
Poesie

Vorgedrungen
an den Strand der Ägäis
noch in den Schultern
die fruchtbare Feuchtigkeit des Waldes
sah
Archaeus die Zeichen
mit Stab und Schnur
in den Sand geschrieben
bald unkenntlich
im Rhythmus der Wellen
zerronnen.
Doch blieb sein Auge geschärft
und sein Schritt gemessen
beim Gang
durch die Häuser, Städte und Tempel
Regel und Maß.

So
hat er die Stufen
die Last verspürt
im Sonnenlicht
gleißend
die Balken
die Pfeiler im Gleichmaß des Steines
Tod und Ewigkeit
statisch und fortschreitend der Fuß
der Bügel
schon über den Wolken.

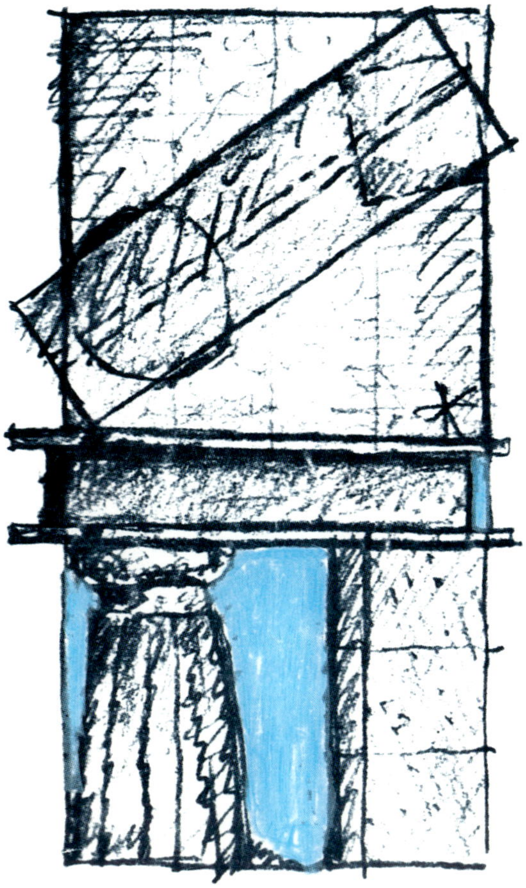

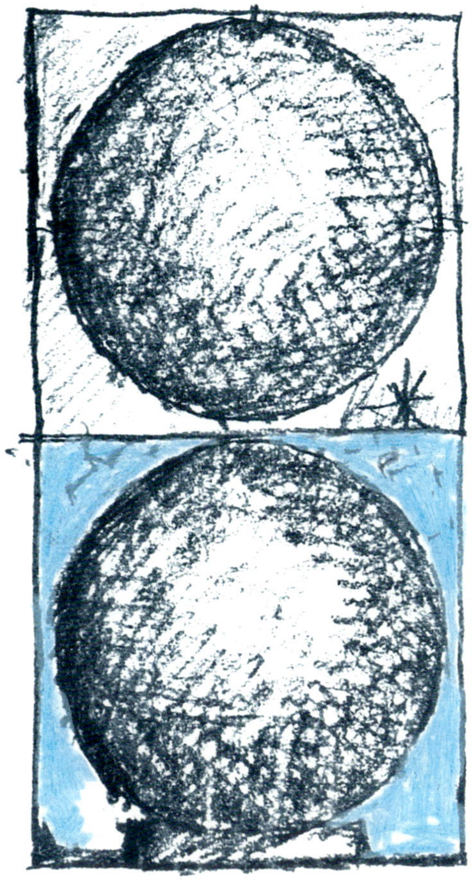

Die Sinne fröhlich
erwartungsvoll
schritt er fort mit Pythagoras in
die Harmonie der Sphären
mit sieben Planeten
das zentrale Feuer umkreisend
Mensch im Kreis
Leib – Seele
dem Ohr verborgen die sieben Saiten
des Heptachords.
Iktinos aber *sah*
den Gleichklang der Teile als Ganzes
das sinnliche Scheinen der Idee
im Auge
Licht und Schatten.

So
tat Archaeus den Schritt
aus dem Gewölbe
aus der Kuppel
heraus in den Kugelraum
die Negation der Bestimmtheit
Einheit
suchend
Eidos und Tyche
im Schwarz des Meeres
Universum der Sterne
über den Ufern der Strekla
Kenotaph und Lebensquell
abstrakte Wirklichkeit
reine Form
mit Archaeus das Kind
der Wilde, der Metaphysiker.

Schon aber
in der Negation der Bestimmtheit
die Revision des *IST* durch das *SEI*
glauben und wissen
ungleicher Schritt
überhöht ins All
noch
cartesianisch verklärt das Gesicht
verkommt
empirisch genötigt
die Hoffnung der Neuzeit
in nützliche Welt
rasend unkundig
verneint sie
Vernunft und Sehnsucht
im Rad der Geschichte.

Spiralig
geschraubt in ferne Welten
böses Träumen
reines Hoffen
Babel und Utopia
der unsichtbaren Städte Glück und Leid
ou
topos
Nichtort
Niemandsland
Engel der Geschichte
Norolim und Asfaloth
Sonnenstaat und Bienenfabel
mich aber
Thomas
lehrst *Du* nicht
Morus

So
am Fuße der Neuzeit
an den Anfang
den Punkt des Lebens zurückgekehrt
grüßt
hoch über den Wurzeln des Regens er
vom Gipfel des Chimborazo
winkt Archaeus
hinweg über Welten
an die alten Ufer
und hinauf an den Äther
entdeckt er
im Modul des Fluges das Leben:
poesia quia regulae

Architektur und Philosophie seit der industriellen Revolution

Anmerkungen zur Konzeption der Ausstellung

Vittorio Magnago Lampugnani

Die Gläubigen, die sich zur Moschee von Amr in Cairo begeben, wissen wohl, daß das Universum in einer der steinernen Säulen eingeschlossen ist, die den mittleren Hof umsäumen... Gewiß, niemand vermag es zu sehen, aber wer sein Ohr an die Oberfläche legt, behauptet, nach einer Weile dessen unablässiges Geräusch zu hören...
José Luis Borges

Seite 17: Johann Friedrich Penther, „Ausführliche Anleitung zur Bürgerlichen Bau-Kunst", Augsburg 1745, II. Band, Frontispiz

1. Das Ziel

Mit der Ausstellung „Das Abenteuer der Ideen: Architektur und Philosophie seit der industriellen Revolution" wird eine ideengeschichtlich angelegte Übersicht über die Entwicklung der Architektur von der Mitte des 18. Jahrhunderts bis heute vermittelt – und zwar anhand von visuell ansprechendem und in weiten Teilen bislang nie gezeigtem Originalmaterial. Auf diese Weise soll die neuere Geschichte der Architektur nicht nur einem Fachpublikum zugänglich gemacht werden.

Architektur wird dabei als komplexes Phänomen vorgestellt, das in seiner Totalität nur begriffen zu werden vermag, wenn auch das berücksichtigt wird, was „hinter" der gebauten Form steht. Aus den zahlreichen Determinanten von Architektur wurde die Philosophie herausgegriffen; einerseits in der Absicht, die ebenso intensiven wie widersprüchlichen Beziehungen zwischen Architektur und ihren gesellschaftlichen Umfeldern an einem Beispiel exemplarisch aufzuzeigen; andererseits als Versuch, sich einer synthetischen ideengeschichtlichen Untersuchung von der Essenz der Ideen her zu nähern: von der Philosophie als der höchstmöglichen Abstraktion von Weltanschauung und Welterklärung, deren Auswirkungen sich in allen Bereichen kulturellen und gesellschaftlichen Lebens manifestieren.

Das (inhaltliche, strukturale und formale) Konzept der Ausstellung gründet auf der Überzeugung, daß es nicht *eine* Geschichte, sondern viele Geschichten der Architektur gibt. Diese Geschichten verlaufen manchmal parallel, manchmal gegenläufig, überlagern sich, prallen aufeinander und laufen wieder auseinander. Ihre Anzahl ist nicht ontologisch festgelegt: sie hängt von der Betrachtungsebene ab.

Die Ausstellung behandelt in ihrem zentralen Teil in neun Abteilungen jeweils eine dieser vielen Geschichten, die Geschichte einer bestimmten Idee von Architektur: Historismus, Klassizismus, Romantik, Organizismus, Realismus, Expressionismus, Traditionalismus, Technizismus, Rationalismus. Ausgestellt werden auf der einen Seite Architekturzeichnungen und Architekturmodelle, auf der anderen Seite Gemälde, Graphiken, Photographien, Filmausschnitte, Publikationen, sowie Zitate aus Literatur und Philosophie, die den Geist ihrer Zeit widerspiegeln. Durch die Auswahl und Anordnung der Exponate entschlüsseln sich sinnlich und ohne weitere Erklärung die „Abenteuer der Ideen". Es wird sichtbar, daß Stilelemente in der Architektur wie Grundhaltungen in der Philosophie immer von neuem wiederkehren. Und es wird gleichzeitig sichtbar, daß der jeweilige Zeitgeist diesen Haltungen ein besonderes (und einmaliges) Gesicht gibt.

2. Der Gegenstand

Die Ausstellung basiert konzeptionell auf dem methodischen Prinzip, zwei Essenzen gegenüberzustellen und zueinander in Beziehung zu setzen: eine der baulichen Produktion (die Architektur) und eine der geistig-gesellschaftlichen Phänomene (die Philosophie). Das Operieren mit Konzentraten gestattet ein Höchstmaß an Information bei größter Ökonomie der Mittel: mit ebenso sorgfältig wie streng ausgewählten Exponaten, die geeignet sind, die jeweiligen kulturellen Fragestellungen besonders deutlich zu explizieren, soll eine vielschichtige Entwicklung schlaglichtartig dargelegt und interpretiert werden. Angestrebt ist keine Mammutausstellung, sondern eine übersichtliche, reduktive Darstellung.

Die Architektur soll anhand von originalen Zeichnungen und originalen Modellen präsentiert werden. Drei Gründe sprechen dafür. Die Entscheidung für Architekturzeichnungen und Architekturmodelle hebt den Unterschied zwischen Realisiertem und Unausgeführtem auf: innerhalb einer derart erweiterten Definition ist die Verwirklichung, die meist unmittelbar von der jeweiligen ökonomischen Situation abhängig ist, nicht mehr conditio sine qua non für Architektur. Mit Skizzen, Graphiken und Plastiken wird es möglich, architektonische Gedanken tout court vorzustellen: Nicht nur, um kulturell Wertvolles, was andernfalls im Architekturkonsumismus unterginge, zu retten; sondern auch weil nicht selten „Schubladenarchitekturen" künstlerisch und historisch ebenso wegweisend sind wie das, was gebaut wird. In Projekten, die jenseits von Realisationszwängen kühn in die Utopie hineingezeichnet sind, kommt die Idee am dezidiertesten zum Tragen. Kreativität erscheint in Reinstform, Visionen, von Kompromissen ungeschmälert, entfalten sich frei und in ihrer gesamten Komplexität: scheinbar von der Wirklichkeit losgelöst, tragen sie mit ihren aufrüttelnden Impulsen am ehesten dazu bei, sie zu verändern.

Hinzu kommt, daß aus Architekturzeichnungen und Architekturmodellen oft die Genese eines Projektes ablesbar wird: Die Grundidee hinterläßt ihre Spuren auf dem Material, die weiteren Bearbeitungsstufen bleiben als übereinandergelagerte Schichten sichtbar. Der kreative Prozeß entschlüsselt sich wie eine geologische Formation.

Mithin können schließlich Architekturgraphiken und Architekturplastiken durchaus mehr ausdrücken als gebaute Architektur. Technik, Darstellungsart, Ausschnitt, Format, Strichführung, Duktus – alles veranschaulicht die intellektuelle Absicht des Verfassers. Auch die Tatsache, ob Projektskizzen vorhanden sind oder nur ausgearbeitete Risse (ob also das Medium Zeichnung als untrennbarer Bestandteil des Entwurfsprozesses eingesetzt wird oder der letztere abstrakt-intellektuell vonstatten geht) ist bezeichnend. Zeichnungen und Modelle von Architektur sind somit ebenso eindringliche wie exakte Bekenntnisse von kulturellen Haltungen, die darüber hinaus zuweilen künstlerischen Eigenwert gewinnen und als autonome Werke bestehen können.

Autonome Werke im disziplinären Corpus der Architektur. Das sind Projekte, die gezeichnet und dann als reale Bauten verwirklicht worden sind; es sind Projekte, die entworfen worden sind, um gebaut zu werden, aus irgendwelchen Gründen jedoch nicht verwirklicht zu werden vermochten; es sind schließlich auch Projekte, die von vornherein im Bewußtsein ihrer Nicht-Realisierbarkeit entstanden sind, aber einen theoretischen Beitrag zur Architektur leisten sollten und konnten – etwa Antonio Sant'Elias Vision der „Città Nuova". Nicht dazu gehören Architekturrisse, die einen Beitrag zur Graphik, zur Malerei oder zur Plastik leisten. Freilich sind dabei die Grenzen fließend, weil jede ästhetisch wertvolle Projektzeichnung unweigerlich in die „freien" Künste hineingreift; dennoch wird versucht, dort eine Grenze zu ziehen, wo das graphische, malerische oder plastische Engagement der Auseinandersetzung mit der architektonischen Aufgabe untergeordnet ist.

Soweit zur Architektur; bei der Philosophie liegt der Fall anders. Denn während der architektonische Gedanke in Objekten wie Zeichnungen und Modellen unmittelbar sichtbar wird, ist das Medium des philosophischen Gedankens die Sprache, die selbst nicht ohne weiteres ausgestellt zu werden vermag. Die Visualisierung der Philosophie muß daher primär durch andere Medien erfolgen: andere Ausdrucksformen, in denen das gleiche anders, kürzer und sinnlicher gesagt wird. Zunächst werden also Schlüsselsätze aus der Philosophie zitiert, die, in großer Schrift auf

links:
Wassili Luckhardt, Kultbau (Kristall auf der Kugel), Ansicht, um 1920
rechts:
Peter Behrens, Ex libris, um 1900

Tafeln gedruckt, selbst zu Exponaten gemacht werden. Dann werden die Auswirkungen, welche die verschiedenen philosophischen Strömungen auf andere Bereiche des gesellschaftlichen und kulturellen Lebens gehabt haben, durch die Präsentation von Gemälden, Graphiken, Photographien, Filmausschnitten, Filmentwürfen, Büchern und Zeitschriften visualisiert. Schließlich werden die Exponate so verteilt und gruppiert, daß die ideengeschichtlichen Beziehungen sich bereits aus der räumlichen Anordnung visuell suggerieren.

Konkret: neben Bruno Tauts Kristallhaus-Entwurf (1920) und Wassili Luckhardts Zeichnung eines kristallförmigen Kultbaus (ebenfalls 1920, später immer wieder neu aufgelegt) kann die Doppelnummer der niederländischen Zeitschrift „Wendingen" gezeigt werden, die 1924 dem Kristall und seinen Erscheinungsformen gewidmet war; darüber hinaus ein Bild aus Richard Wagners „Parsifal" (die Oper wurde 1882 uraufgeführt und machte das mystische Motiv des Kristalls einem größeren Publikum gegenwärtig), eine Photographie der Eröffnungsfeierlichkeit der Künstlerkolonie auf der Darmstädter Mathildenhöhe im Jahr 1901 (anläßlich welcher ein „Prophet" das „Zeichen" trug, einen geheimnisvollen Gegenstand, der sich als ein großer Kristall enthüllte und als Symbol der Kunst gedeutet werden sollte), ein Ex libris von Peter Behrens (das einen strahlenden Kristall darstellte), ein Auszug aus Wilhelm Worringers einflußreichem Traktat „Abstraktion und Einfühlung" (wo die absolute Form mit dem Kristallinen gleichgesetzt wird) und schließlich ein Zitat aus Ernst Tollers 1919 geschriebenem Stück „Die Wandlung": „Das hochgewölbte Tor der Menschheitskathedrale / Die Jugend aller Völker schreitet flammend / Zum nachtgeahnten Schrein aus leuchtendem Kristall". Auf diese Weise wird – ohne große Erklärung – ein Eindruck der Rolle vermittelt, die der Kristall als Symbol für das Höchste im Expressionismus spielte.

Ein anderes Beispiel: Neben den Zeichnungen und Modellen von Le Corbusier für die Unité d'habitation wird ein Bugatti-Motor aus den zwanziger Jahren und die Photographie eines Hispano-Suiza von 1911 gezeigt (dessen Karrosserie von Le Corbusiers Weggenossen im Purismus, Amédée Ozenfant, gestylt wurde): die technischen Inspirationsquellen der „machine à habiter" werden deutlich gemacht. Gegenüber dem Grundriß des Pavillon Suisse in der Pariser Cité Universitaire (1930) hängt Pablo Picassos Zeichnung „Arlequin" von 1914: die ästhetischen Wurzeln von Le Corbusiers architektonischem lyrischen Rationalismus offenbaren sich gleichsam von selbst.

Schließlich: Die Pläne und Darstellungen von Mario Ridolfi und Giovanni Michelucci fügen

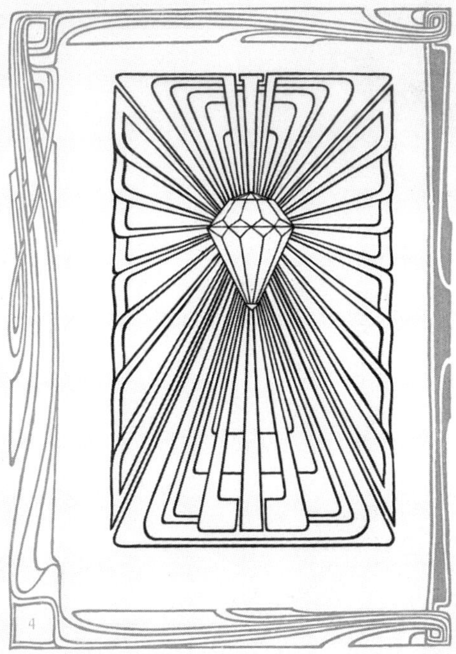

Peter Behrens, Ornamentaleinband mit Kristall, 1901

sich zusammen mit den Gemälden von Renato Guttuso und Carlo Levi, den Novellen von Alberto Moravia und Cesare Pavese, den Filmen (Auszüge) von Luchino Visconti, Federico Fellini, Pier Paolo Pasolini und Roberto Rossellini sowie den Schriften (Zitate) von

Le Corbusier, Pavillon Suisse in der Cité Universitaire, Paris (1930–1932), Axonometrie

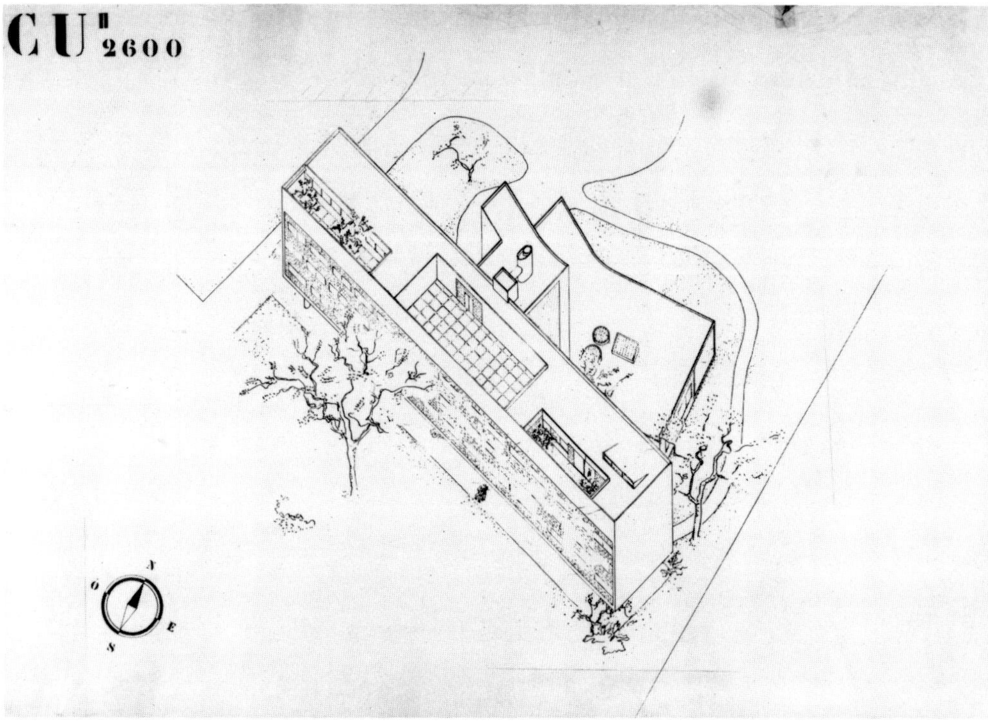

Le Corbusier, Pavillon Suisse in der Cité Universitaire, Paris (1930–1932), Grundriß

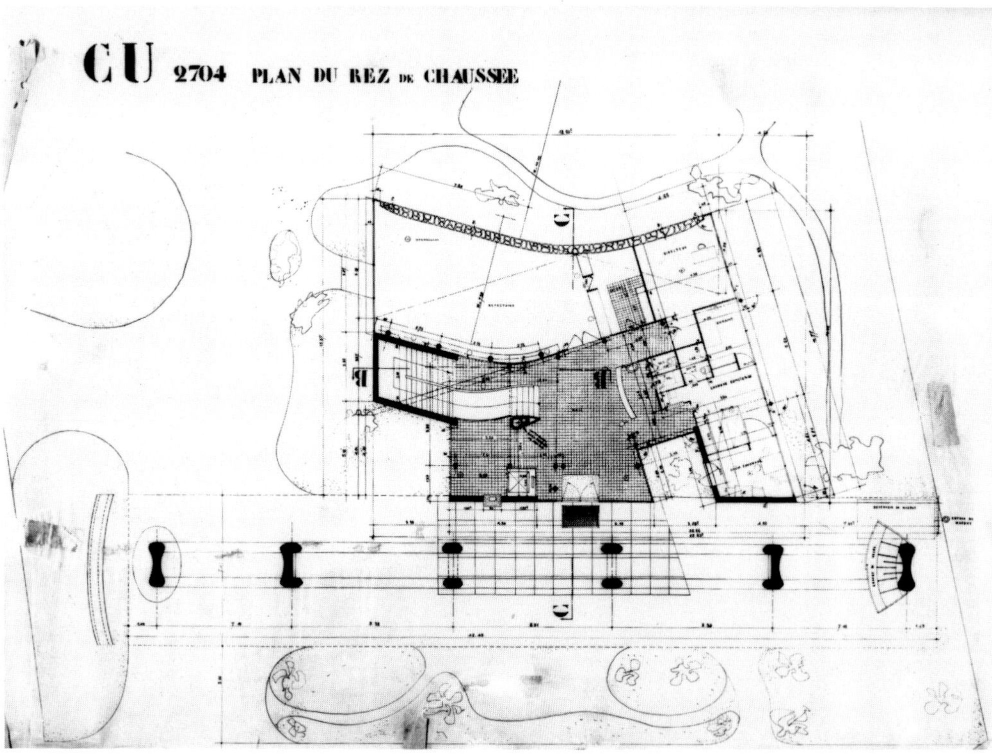

Antonio Gramsci zu einem plastischen Bild des italienischen Neorealismus.

3. Die Abgrenzungen

Die gezeigten Skizzen, Pläne, Graphiken, Gemälde, Modelle und Photographien sind Originale. Nur dort, wo keine Originale existieren oder aus unabdingbaren Gründen nicht verfügbar sind, wird auf Kopien zurückgegriffen. Dies ist nur vereinzelt der Fall. Die Bücher sind nahezu ausnahmslos Erstausgaben.

Die Originale sind freilich authentisch. Allerdings ist bei der Gattung der Architekturzeichnung die Problematik der direkten Autorenschaft entschärft. Spielt bei einem Gemälde die Echtheit der Unterschrift eine vergleichsweise zentrale Rolle, ist das bei der Architekturzeichnung weniger der Fall. Gewiß geht es auch hier um Technik, um Strichführung, um die „Handschrift des Meisters“; aber ob eine Zeichnung vom Meister persönlich angefertigt ist oder, wie selbst in kleineren Büros üblich, von einem Mitarbeiter, ist lediglich von philologischem Interesse. Letztlich war es selbst in den Botteghe des Cinquecento gang und gäbe, daß Schüler an Werken beteiligt wurden, die dann vom Meister signiert uneingeschränkt als dessen Schöpfung galten. Bei Architekturzeichnungen, in welchen die instrumentelle Komponente größer ist als die autonome, ist solcherlei Großzügigkeit erst recht angebracht.

Insgesamt handelt es sich um zirka 600 Exponate, von welchen zirka 500 Architekturzeichnungen und Architekturmodelle sind; den Rest bilden hauptsächlich Gemälde, aber auch Graphiken, Filmausschnitte, Photographien, Bücher, Zeitschriften. Die Auswahl der Beispiele ist international, konzentriert sich jedoch auf Europa und die Vereinigten Staaten von Amerika.

Die Ausstellung behandelt die Beziehungen zwischen Architektur und Philosophie von der Mitte des 18. Jahrhunderts bis heute; den Schwerpunkt bildet das 20. Jahrhundert.

Die Wahl des zeitlichen Rahmens ist alles andere als zufällig. Um die Wende vom 17. zum 18. Jahrhundert kam in Europa, und vornehmlich in Frankreich, die Aufklärung auf. Ihr Ursprung läßt sich in erster Linie auf die Theorien von René Descartes zurückführen, der seine Prinzipien des methodischen Zweifels und der rein vernunftbestimmten Forschung jenen der scholastischen Mystik und des irrationalistischen Dogmatismus entgegensetzte, um die universale Macht einer geometrischen raison zu verkünden.

François-Marie Arouet, genannt Voltaire, David Hume, Jean-Jacques Rousseau und Gotthold Ephraim Lessing fochten mit ihren Schriften für den Sieg der Vernunft über Unwissenheit und Aberglauben; Denis Diderot und Jean-Baptiste d'Alembert versuchten, mit der „Encyclopédie" ein einheitliches und vollständiges System der menschlichen Kenntnisse aufzustellen; Pierre Bayle erarbeitete mit dem „Dictionnaire historique et critique" ein Konvolut des (vornehmlich historischen) Wissens seiner Zeit. Die Überzeugung, es gebe angeborene, für alle gültige und gleiche Menschenrechte auf Leben, Freiheit, Eigentum und Streben nach Glück, die der Staat zu schützen habe, mündete 1776 in die Unabhängigkeitserklärung der Vereinigten Staaten von Amerika und 1789 in die Französische Revolution, die den Feudalismus aufhob und der bürgerlich-demokratischen Republik den Weg ebnete.
Mithin veränderte die Aufklärung auch die Beziehung zwischen Architektur und Gesellschaft von Grund auf: war die Architektur bis dahin angehalten gewesen, die herrschende politische Macht des feudalistisch-absolutistischen Systems baulich zu repräsentieren, sah sie sich von der Mitte des 18. Jahrhunderts an vor die Aufgabe gestellt, die Bedürfnisse einer bürgerlich-demokratischen Gesellschaft zu erfüllen. Und dies mit extrem erweiterten Mitteln: denn die industrielle Revolution, die in engem Zusammenhang mit den geistigen, politischen und ökonomischen Umwälzungen der Aufklärung (und somit der bürgerlichen Revolution) entfesselt wurde, machte plötzlich neue Materialien und neue Technologien auch für das Bauen verfügbar.
Etwas entscheidendes kam hinzu. Mit der Aufklärung, und insbesondere mit der Historiographie der Aufklärung, kam der Begriff der Evolution und mit ihm jener des Relativismus auf. Die schonungslose und vorurteilsfreie rationale Kritik an der Vergangenheit deckte deren Komplexität, Vielseitigkeit und Vielschichtigkeit auf und zerstörte die Mythen der „ewigen Werte". Die *eine* Geschichte (nämlich jene des abendländischen Christentums) verlor ihre Einzigartigkeit und wurde an die Seite zahlreicher *anderer* Geschichten gestellt. In der Architektur ging der kanonische klassische Stil seiner uneingeschränkten und unantastbaren Gültigkeit verlustig; an seine Stelle traten viele parallele, voneinander unterschiedliche, nicht selten sogar gegensätzliche architektonische Richtungen. So bildet der „Ausgang des Menschen aus seiner selbstverschuldeten Unmündigkeit" (wie Immanuel Kant 1784 die Aufklärung bezeichnete) die Voraussetzung für voneinander isolierbare Strömungen in der Architektur.

4. Die primäre Gliederung: drei Bereiche

Der übergreifende ideengeschichtliche Ansatz wird unter drei verschiedenen Blickwinkeln ausgeführt, die sich in der Gliederung der Ausstellung spiegeln; diese ist demnach in drei Hauptbereiche aufgeteilt.
Der erste (und zentrale) Bereich zeigt nebeneinander die Entwicklungsgeschichten von neun unterschiedlichen geistigen Strömungen der architektonischen Kultur von 1750 bis heute, und zwar im Zusammenhang mit der Philosophie sowie der bildenden Kunst. Diese Strömungen, die in ihrem historischen Gewicht wie auch hinsichtlich ihrer programmatischen Eindeutigkeit und ihrer kulturellen beziehungsweise stilistischen Durchgängigkeit stark voneinander differieren, sind: Historismus, Klassizismus, Romantik, Organizismus, Realismus, Expressionismus, Traditionalismus, Technizismus und Rationalismus. Sie werden in ihrer autonomen Evolution, aber auch in ihren vielfältigen Abhängigkeiten, Überschneidungen und Gegenläufigkeiten dargestellt. Das Ergebnis ist ein scharf strukturiertes, fragmentarisches, einprägsames Panorama über die Abenteuer der Ideen der architektonischen Kultur von der Aufklärung bis heute.
Der zweite Bereich isoliert aus diesem vielgesichtigen Abenteuer einen besonderen historischen Zeitpunkt und eine besondere architektonische Aufgabe, anläßlich welcher dieselben Strömungen, die im ersten Bereich ausführlicher und in ihrer je eigenen geschichtlichen Kontinuität vorgestellt werden, gleichzeitig präsent sind und unvermittelt aufeinanderprallen. Der historische Zeitpunkt ist 1927, und die architektonische Aufgabe ist der internationale Wettbewerb für den Völkerbundpalast in Genf.
Der vieldiskutierte und umstrittene Wettbewerb markierte einen entscheidenden Knotenpunkt der Entwicklung der europäischen architektonischen Kultur. Über tausend Architekten aus 42 Ländern erarbeiteten 377 Projekte. Die Palette reichte von dem konservativen Historismus eines Camille Lefèvre über den reduzierten Neoklassizismus eines Marcello Piacentini und dem vorsichtigen Modernismus eines Emil Fahrenkamp bis hin zum kompromißlos konstruktivistischen Rationalismus eines Hannes Meyer und zum poetischen eines Le Corbusier. Die Jury, die

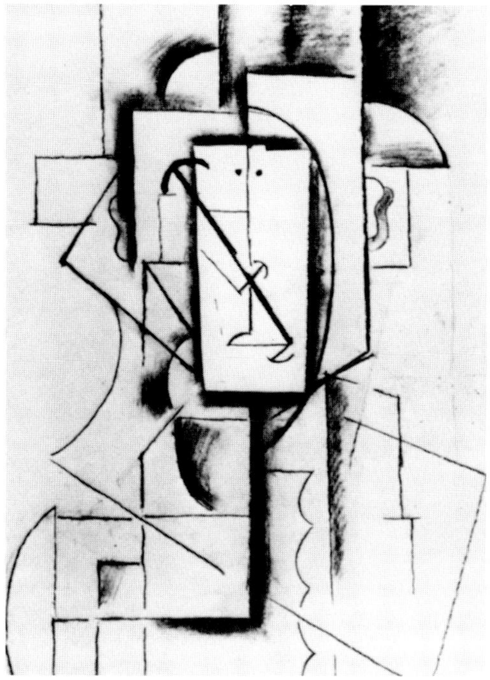

Pablo Picasso, Tête d'arlequin, 1913. Zeichnung

Giovanni Michelucci, Hochhaus „Roma", Livorno (1956–1966)

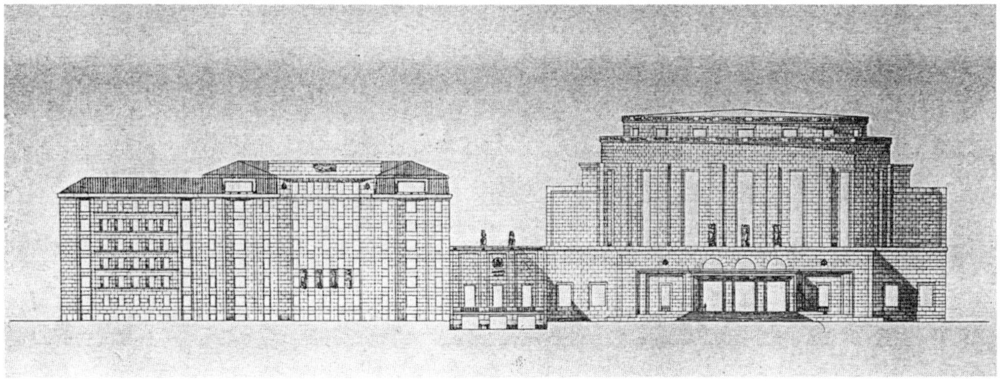

Marcello Piacentini, Völkerbundpalast, Genf, Ansicht, 1927

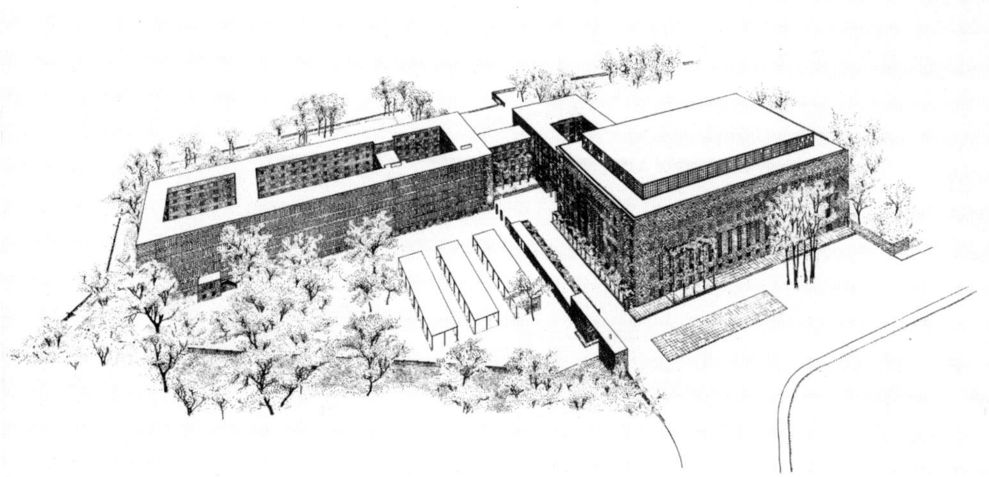

Franz Scheibler, Völkerbundpalast, Genf, Vogelschauperspektive, 1927

sich aus Beaux-Arts-Akademikern (John Burnet, Carlos Gato, Charles Lemaresquier, Attilio Muggia), Jugendstil-Veteranen (Josef Hoffmann, Victor Horta), Neoromantikern (Ivar Tengblom) und historistischen Modernisten (Hendrik Petrus Berlage, Karl Moser) zusammensetzte, ging nach langwierigen Debatten einen opportunistischen Kompromiß ein, indem sie ex aequo 27 Projekte prämierte. Gebaut wurde schließlich die mediokre Gemeinschaftsarbeit von Carlo Broggi, J. Flegenheimer, Camille Lefèvre, Paul Nénot, Giuseppe Vago, Giuseppe Vaccaro und Gino Franzi. Die Einsendungen vermitteln jedoch einen aufschlußreichen und lebendigen Querschnitt durch die Architekturgeschichte des frühen 20. Jahrhunderts.
Den entsprechenden Längsschnitt, der in komplexer Weise bereits im ersten präsentiert worden war, zeigt in kompakterer und einprägsamerer Form der dritte Bereich der Ausstellung; und zwar nicht durch die parallele Darstellung verschiedener Geistesströmungen, die von verschiedenen Persönlichkeiten getragen werden, sondern im Durchgang durch eine einzelne Architektenbiographie. Die gleiche Ideenvielfalt, die beim Wettbewerb für den Völkerbundpalast in Genf synchronisch dargelegt ist, wird diachronisch aufgefächert: innerhalb der individuellen Entwicklung von Peter Behrens.
Behrens debütierte zwischen 1899 und 1903 als brillanter Jugendstil-Architekt in der Künstlerkolonie auf der Darmstädter Mathildenhöhe. In seinem eigenen Wohnhaus, das er dort baute (1901), und vor allem in der Vorhalle für die Internationale Ausstellung in Turin (1902) pflegte er einen organisch geschwungenen „Zarathustrastil", in welchem der Nietzscheanische „Wille zur Form" (den Alois Riegl kunsttheoretisch artikulieren sollte) unmittelbar zum Ausdruck kommt. Der an die Theorie der Empathie angelehnte Überschwang erstarrte unter dem Einfluß des esoterischen Theosophen und Geometrieapostels Johannes Ludovicus Mathieu Lauweriks zu einem eisigen Neohistorismus, der die Renaissanceformen des italienischen Quattrocento im Krematorium in Delstern bei Hagen (1906) wiederaufleben ließ und im Pavillon der Allgemeinen Elektricitäts-Gesellschaft (AEG) für die Berliner Schiffsbauausstellung von 1908 klassizistische Töne anschlug. Die AEG-Turbinenfabrik (1908/09, ebenfalls in Berlin) führte klassizistische, technizistische und reduktionistische Elemente zur kraftvollen, feierlich inszenierten Synthese eines neuen „Tempels der Arbeit"; die ein Jahr später errichtete Kaiserliche Deutsche Botschaft in St. Petersburg (Leningrad) ist ein rein neoklassizistisches Gebäude, das neben seiner unmittelbaren Ableitung von der Lehre Karl Friedrich Schinkels auch die imperialistische Seite des Deutschen Werkbunds verrät. 1911 baute Behrens die Fabrikbauten der Frankfurter Gasgesellschaft in einem technisch-ausdrucksvollen Idiom; mit dem 1920–25 entstandenen Technischen Verwaltungsgebäude der Farbwerke Meister Lucius & Brüning (heute Hoechst Aktiengesellschaft) in Frankfurt-Höchst bekannte er sich zu einem ruppigen Expressionismus, dem völkische Implikationen nicht fremd sind. Vornehmlich in der zweiten Hälfte der zwanziger Jahre übernahm er den rationalistischen Modernismus der architektonischen „Neuen Sachlichkeit" (Landhaus „New Ways" in Basset-Lowke bei Northampton, 1923; Terrassenhaus auf der Weißenhofsiedlung in Stuttgart, 1927). Mithin relativiert die Vorführung der Wandlungen in der Haltung eines der großen Protagonisten der Architekturgeschichte des frühen 20. Jahrhunderts die klassifikatorische Einteilung eben dieser Architekturgeschichte in genau abgegrenzte „Schubladen" und die Subsumierung Einzelner unter bestimmte Richtungen; es wird offenkundig, daß es sich lediglich um einen methodischen Rahmen handelt und daß die schöpferischen Individuen, um welche es schließlich geht, diesen Rahmen immer wieder und auf immer neue Weise sprengen.

5. Die sekundäre Gliederung: neun Abteilungen

Durch alle drei Hauptbereiche der Ausstellung zieht sich, mehr oder minder deutlich, die Unterteilung des historischen Stoffes in neun ideengeschichtliche Strömungen. Diese Unterteilung kommt ganz explizit im ersten Bereich zum Tragen, der sich dementsprechend in neun Abteilungen gliedert. Die Abteilungen behandeln folgende Themen:

1. Der Historismus
2. Der Klassizismus
3. Die Romantik
4. Der Organizismus
5. Der Realismus
6. Der Expressionismus
7. Der Traditionalismus
8. Der Technizismus
9. Der Rationalismus

In der ersten Abteilung werden die Werke der Architekten angeführt, die dem um die Mitte des 18. Jahrhunderts einsetzenden Bewußtsein der Historizität (und des entsprechenden geschichtlichen Relativismus) verpflichtet sind und sich aus dieser Verpflichtung heraus mit den Formen und Formkompositionen der Vergangenheit auseinandersetzen. Die Aneignung des Historischen reicht dabei von den nonchalanten Assoziationen und Zitaten der zweiten Hälfte des 18. Jahrhunderts über die streng „wissenschaftliche" (von Positivismus und Realismus beeinflußte) Geschichtsforschung und Geschichtsverwendung des 19. Jahrhunderts bis hin zum frei verfügenden und verfügbaren, weitgehend arbiträren Eklektizismus des Fin de Siècle. Anfang des 20. Jahrhunderts erfolgte eine „Selbstreinigung" im Zuge des reduktionistischen Strebens nach Einfachheit, von den fünfziger Jahren an erfuhr der Historismus, nicht selten regionalistisch gefärbt, eine ambivalente Neubelebung.
In der zweiten Abteilung werden die idealistisch motivierten Bemühungen vorgestellt, mit Hilfe klassischer Prinzipien und Formelemente eine architektonische Schönheit „an sich" zu verwirklichen. Diese Bemühungen, die um 1750 mit einem nostalgisch verklärten Rückblick auf die „edle Einfalt und stille Größe" der griechischen (aber auch römischen) Antike einsetzten, zogen sich, mit stets neuen ideologischen, politischen und ästhetischen Implikationen versehen, durch das späte 18., durch das gesamte 19. und durch das 20. Jahrhundert. Dabei wechselte der Klassizismus unentwegt sein Gesicht, war einmal selbstsicher und einmal gebrochen, einmal historistisch und einmal modernistisch, einmal romantisch und einmal rationalistisch. Was durchgängig blieb, war die Sehnsucht nach der Ganzheit der heilen Welt der Klassik, nach Abgeschlossenheit, Vollkommenheit und Ewigkeit.
Die dritte Abteilung befaßt sich mit den unterschiedlichen Experimenten, romantisches

Jean De Ligne, Völkerbundpalast, Genf, Perspektive, 1927

Le Corbusier, Völkerbundpalast, Genf, Perspektive, 1927

Lebensgefühl in eine frei inszenierte, erzählende und subjektive Baukunst umzusetzen. Im engen Zusammenhang mit der Aufklärung und dem historischen Relativismus kam um die Mitte des 18. Jahrhunderts ein neues Interesse für das Schöpferische, das Unbewußte, das Abgründige und das Geheimnisvolle auf, das sich als Widerspruch zur universalistischen Klarheit von Rationalismus und Idealismus artikulierte. Der klassischen Norm wurde die (meist nur scheinbar) voraussetzungslose Inspiration entgegengesetzt, der kühlen raison die Gefühlsmotivation. Die romantizistische Architektur, die sich philoso-

Peter Behrens, Entwurf der AEG-Turbinenhalle, Berlin, 1908 (nicht ausgeführt)

phisch und vornehmlich stilistisch an einem verklärten Mittelalter orientierte und das Element des Neuen (als Akt der Befreiung) zu einem ihrer Hauptprinzipien erhob, erreichte unmittelbar nach der Wende vom 18. zum 19. Jahrhundert einen spektakulären Höhepunkt; in wechselnden Formen, die von der revolutionären kreativen Tat bis hin zur reaktionären und willkürlichen Verfestigung reichen, zieht sie sich bis in die heutige Zeit hinein.

Die vierte Abteilung hat die organizistische Architektur zum Gegenstand, die ihre Formensprache und zuweilen auch ihre Konstruktionsprinzipien der Natur entnimmt. Der Naturismus, der eng mit dem Funktionalismus zusammenhängt und größtenteils dessen „romantische“ Spielart bildet, entwickelte sich im Amerika von Ralph Waldo Emerson, wo er in die organische Architektur von Frank Lloyd Wright mündete. Daneben schuf der Vitalismus um Friedrich Nietzsche und Henri Bergson die europäische ideologische Grundlage von organizistischen architektonischen Forschungen, die vornehmlich in der ersten Hälfte des 20. Jahrhunderts gediehen.

Die fünfte Abteilung behandelt den Realismus in der Architektur als Widerspiegelung einer (meist ideologischen) gesellschaftlichen Wirklichkeit mit einem Überpotential an Mitteilungskraft. Mithin tritt er in engem Zusammenhang mit den verschiedenen Populismen auf (im „Roten Wien“, in der slawophilen

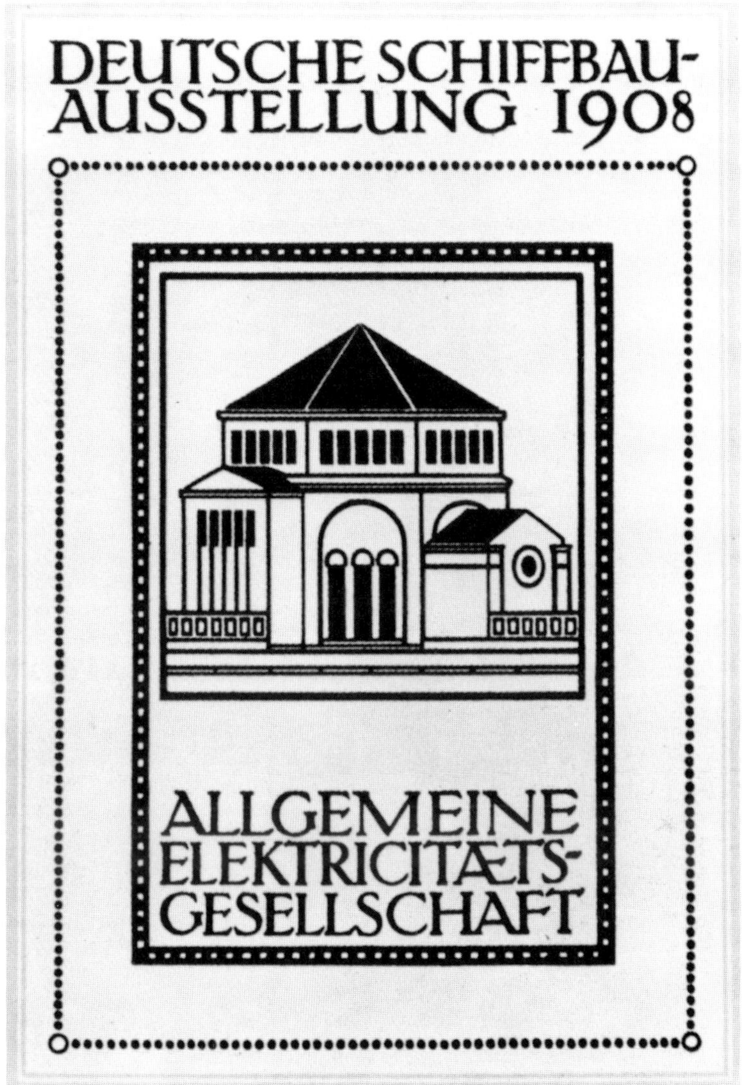

links:
Peter Behrens, Plakat für die Deutsche Jahrhundertausstellung in der Nationalgalerie, Berlin, 1906
rechts:
Peter Behrens, Pavillon der AEG auf der Berliner Schiffsbau-Ausstellung, Berlin, 1908. Plakat

Sowjetunion, in den Vereinigten Staaten des „New Deal", im Italien der jungen P.C.I. und des Neorealismus) und setzt auf die Rückkehr zur Monumentalität der Form und zum Pathos des Materials.

Die sechste Abteilung setzt sich mit dem architektonischen Expressionismus als qualitativem wie auch quantitativem Sprung innerhalb der romantischen Bewegung auseinander. Im Zusammenhang mit der erregenden Philosophie Friedrich Nietzsches und der literarischen Strömung des französischen décadentisme wurde Anfang des 20. Jahrhunderts das emotionale und aktivistische Moment der menschlichen Existenz entdeckt; dabei traten utopische, traditionalistische sowie sozialkritische Elemente auf. Die Architektur, die sich diesen aufrüttelnden Erfahrungen stellte, benutzte eine betont ausdrucksvolle Formensprache, um mit zweideutigem Pathos einen neuen religiösen Geist für eine neue harmonische Gesellschaft heraufzubeschwören.

Die siebente Abteilung beleuchtet die Erscheinungsformen des rigoristischen Traditionalismus in der Architektur. Es geht primär um jene Haltungen, die Überliefertes durch Reduktion aus seiner Geschichtlichkeit herauszulösen und lebendig in die Gegenwart zu transponieren trachten. Das Streben nach Beständigkeit äußert sich in der Bindung an regionale, landschaftliche, lebensweltliche und handwerkliche Besonderheiten, und das Einfache wird nicht in der klassischen Norm oder in der rationalistischen Abstraktion, sondern in der Erfahrung, im Brauchtum und in den (mutmaßlich unveränderlichen) Gefühlswerten gesucht. Somit zieht sich der Traditionalismus durch die gesamte Baugeschichte des 18., 19. und 20. Jahrhunderts und berührt ihre sämtlichen Geistesrichtungen, vor allem aber Historismus, Klassizismus und Romantik. Eine besondere Rolle spielte er im deutschen Reformismus um 1900, der nicht zufällig an die Biedermeier-Zeit anknüpfte, und im skandinavischen „Empirismus" nach dem

links:
Peter Behrens, Technisches Verwaltungsgebäude der Farbwerke vormals Meister Lucius & Brüning (heute Hoechst Aktiengesellschaft), Frankfurt-Höchst (1920–1925)
rechts:
Peter Behrens, Einfahrtstor 4 zum Werksgelände der AEG-Maschinenfabrik in der Brunnenstraße, Berlin, 1911 (nicht ausgeführt)

Peter Behrens, Terrassenhaus auf der Weißenhofsiedlung, Stuttgart, 1927

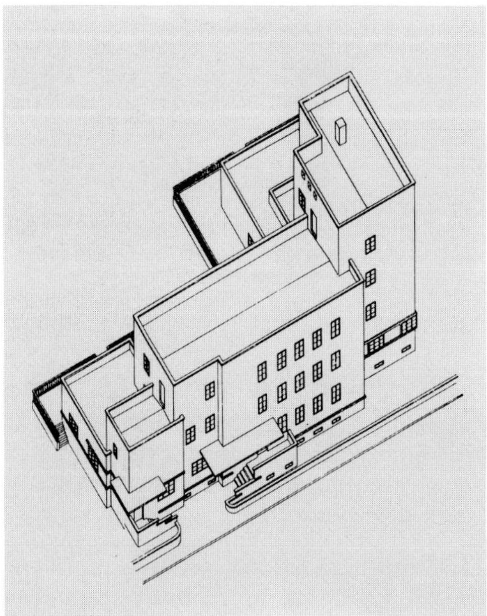

Zweiten Weltkrieg, der die europäische architektonische Kultur der fünfziger Jahre zutiefst beeinflussen sollte.

In der achten Abteilung wird jene Architekturströmung präsentiert, in deren Formen und Konzeptionen sich die jeweils modernen technischen Errungenschaften unmittelbar manifestieren. Die industrielle Revolution hatte in allen Bereichen der Kultur tiefgreifende Folgen: auch in der Architektur. Vom Positivismus des späten 18. Jahrhunderts getragen, entwickelte sich eine Baukunst, die nur aus konstruktiven Anforderungen sich abzuleiten schien, neue Baumaterialien kühn einsetzte und in erster Linie Leichtigkeit, Eleganz und „Ehrlichkeit" anstrebte. Diese Tradition, die aus der Entwicklung moderner Verfahren für die Eisen- und Stahlproduktion genauso Impulse erhielt wie aus jener der Computer- und Raumfahrttechnik (oder aber aus den Visionen der Science-Fiction), besteht bis heute.

Die neunte und letzte Abteilung behandelt schließlich den architektonischen Rationalismus. Er hatte, ebenso wie der Technizismus, im Positivismus eine seiner Haupttriebfedern; seine Wurzeln reichen jedoch zurück bis in den philosophischen Rationalismus und in die klassizistisch-rationalistischen Traktate der Mitte des 18. Jahrhunderts. Wie der Klassizismus war er von der Suche nach einer Norm geprägt: doch während jener diese Suche idealistisch anging, unternahm sie dieser eher logisch-evolutionistisch. Im 19. Jahrhundert schloß der Rationalismus eine Allianz mit dem Historismus und untersuchte die strukturalen, konstruktiven und funktionalen Qualitäten der Stile der Vergangenheit neu. Im frühen 20. Jahrhundert nahm er die Züge verschiedener, verschieden orientierter künstlerischer Avantgardebewegungen an: Futurismus, Suprematismus, Konstruktivismus, Kubismus, Neoplastizismus, Purismus. Dabei gerieten einerseits irrationalistische Momente in das rationalistische Theoriegebäude, während sich andererseits die funktionalistischen und analytisch-dekompositorischen Tendenzen verstärkten. Konstant blieben die Verbindungen zur Mathematik, zur Technik (Maschinenästhetik), zur Klassik und zum vernunftbestimmten deduktiven Wissen. In der zweiten Hälfte des 20. Jahrhunderts verfiel der internationale architektonische Rationalismus einer weitgehenden Kommerzialisierung, während zur gleichen Zeit aus seinem Umfeld Erneuerungstendenzen hervorgingen, die eine engere Bindung an Klassizismus, Realismus und Traditionalismus anstrebten.

Soweit die fragmentarische, geraffte Charakterisierung der einzelnen Abteilungen. Die Ausstellungsobjekte sind innerhalb der jeweiligen Abteilung chronologisch geordnet; diese Ordnung ist allerdings nicht schematisch durchgehalten, sondern an Stellen, wo sich aufschlußreiche Vergleiche anbieten, immer wieder durchbrochen. Wenn von einem Architekten mehrere Projekte gezeigt werden, wird innerhalb einer Abteilung die zeitliche Reihenfolge zugunsten der zusammenhängenden Darstellung der Persönlichkeit gesprengt; wenn jedoch das Œuvre, was nicht selten ist, in sich mehrere Tendenzen aufweist, wird es auseinandergelöst, um die Arbeiten jeweils innerhalb „ihrer" Abteilung einzuordnen.

Keinesfalls können somit die einzelnen Abteilungen als geschlossene Entitäten angesehen werden: Sie weisen im Gegenteil immer wieder Berührungspunkte und Überschneidungen untereinander auf. Diese Berührungspunkte und Überschneidungen werden in der Ausstellung deutlich. Ebenso deutlich wird, wie bereits erwähnt, die Unmöglichkeit, vielseitige Künstlerpersönlichkeiten in eine etikettierte „Schublade“ zu zwängen; so wird Bruno Tauts Œuvre sowohl in der sechsten Abteilung (mit seinen expressionistischen Blättern) als auch in der neunten (mit seinen „neusachlichen“ Arbeiten) zu sehen sein; desgleichen Ludwig Mies van der Rohe, der sogar an drei Orten vertreten sein wird, um den klassischen, den rationalen und den expressiven Momenten seines Werkes Rechnung zu tragen. Der selektive Anspruch der Ausstellung wird nicht auf Kosten der historischen Komplexität und Widersprüchlichkeit gehen.

6. Die Inszenierung

Die Ausstellung findet im Obergeschoß, im Foyer und im Graphiksaal (beide Untergeschoß) der Neuen Nationalgalerie in Berlin statt, eines Bauwerkes, welches selbst einen Höhepunkt in der Entwicklung der neueren Architektur markiert. Da die Exponate per se eine große Aussagekraft und nahezu ausnahmslos auch eine hohe ästhetische Qualität besitzen, werden sie in der Ausstellung weitgehend für sich sprechen. Demnach wird die Inszenierung einfach, zurückhaltend und übersichtlich sein: „klassisch“ wie das Gebäude, das sie beherbergt.

Im Obergeschoß, wo der erste Ausstellungsbereich untergebracht ist, werden durch die räumliche Anordnung der Exponate die wichtigsten Entwicklungslinien (und Überlagerungen) der Architektur und der Philosophie seit der Aufklärung und der industriellen Revolution entsprechend den erwähnten neun Abteilungen veranschaulicht. Die neun Abteilungen werden dabei gleichsam als „Häuser“ auf dem „großen Platz“ der Neuen Nationalgalerie errichtet. Ein modular auf den Bau von Mies van der Rohe abgestimmtes System von Stützen und Balken, die jeweils zu Quadern auf quadratischem Grundriß zusammengefügt und dann addiert werden, bildet ihr konstruktives Skelett. Die raumtrennenden Flächen sind teilweise geschlossen und weiß, teilweise offen gelassen, so daß die Bestimmung der Volumina primär bei den Konturen des Konstruktionsskelettes bleibt. Dadurch ergibt sich der optische Eindruck einer gezeichneten Perspektive.

Die einzelnen „Häuser“ sind als voneinander abgegrenzte Einheiten deutlich erkennbar

Peter Behrens, Katholisches Gesellenhaus, Neuß (1908–1910)

Peter Behrens, Stadtbahnviadukt auf Einzelstützen, Berlin, um 1912

Karl Friedrich Schinkel, Schloß Orianda auf der Krim, Karyatiden Halle. Lithographie: W. Loeillot, 1847

Karl Friedrich Schinkel, Gotische Klosterruine und Baumgruppe, 1809. Ölgemälde

aber zu einem labyrinthischen Kontinuum miteinander verbunden. In ihrer Gesamtheit beschwören sie die – freilich nicht wörtliche – Transplantation des Mundaneums, des 1929 von Le Corbusier für Genf geschaffenen und nie realisierten „Weltmuseums", in die Neue Nationalgalerie von Mies van der Rohe herauf: die beiden bedeutendsten Museumskonzeptionen der architektonischen Moderne finden zu einem nicht versöhnten Nebeneinander und werden gleichzeitig zum eingängigen Sinnbild und konkreten Symbol der Ausstellungskonzeption.

Eine schlichte Pfeilerreihe trennt den Eingangsbereich optisch von dem Ausstellungsareal. Eine breite, ruppig konstruierte Treppe aus Holz, die wie ein überdimensionaler Einrichtungsgegenstand auf dem „großen Platz" aufgestellt ist und in den Eingangsbereich hineingreift, führt auf eine ebenso rohe, großzügige Galerie und lädt die Besucher ein, sich als allererstes von oben zu orientieren. Außerdem erlaubt sie, den großartigen Innenraum als Ganzes und von einer ungewohnten Perspektive aus zu erfahren. Über die Galerie gelangt man in das Herz des Labyrinths, in welches eine zweite Treppe hinabführt. Hier erst beginnt der Gang durch die Ausstellung.

Die verschiedenen Gattungen von Exponaten werden auf unterschiedliche Weise präsentiert, um ihrem jeweiligen Wesen gerecht zu werden. Architekturzeichnungen und Architekturskizzen (ausnahmslos gerahmt) werden an die Wände des Labyrinths gehängt. Photographien und Filmausschnitte werden kleinformatig und ebenfalls in Rahmen gezeigt. Gemälde und Graphiken werden mitten in den Gängen des Irrgartens in Szene gesetzt. Architekturmodelle werden auf Sockeln gelagert. Bücher und Zeitschriften befinden sich in Vitrinen. Zitate aus Literatur und Philosophie werden gleichermaßen als Exponate behandelt: In großer, typographisch der jeweiligen kulturellen Strömung angepaßter Schrift auf durchscheinende Paneele gedruckt, werden auch sie als zusätzliche transluzente Trennwände in dem Labyrinth aufgestellt. Auf erläuternde Schrifttafeln wird, von kurzen Beschriftungsschildern abgesehen, ganz verzichtet: Literatur und Philosophie werden wie alles andere „original" vorgeführt. So behaupten sich Gewicht und Autonomie der Zitate gegen interpretative Relativierung und Verwechslung mit sekundären Texten. Darüber hinaus stammen die Sitzgelegenheiten für die verschiedenen Räume aus dem Stilrepertoire der jeweiligen Abteilung.

Die Auswahl der Projekte des Wettbewerbs für den Genfer Völkerbundpalast werden im Foyer im Untergeschoß der Neuen Nationalgalerie aufgehängt. Das (ebenfalls selektiv auch im Untergeschoß behandelte) Œuvre von Peter Behrens wird im Graphiksaal gezeigt.

Insgesamt müssen die Exponate durch ihre sinnliche Kraft und durch ihre räumlichen Korrelationen den eigenen kulturellen Hintergrund „erklären". Vertiefende Information und didaktische Anregung, die somit in der Ausstellung selbst vorenthalten werden, bietet der vorliegende Essayband. In die konzeptionellen, inhaltlichen und räumlichen Grundprinzipien der Ausstellung führt ein leicht verständliches, illustriertes Faltblatt ein, das dem Besucher als Leitfaden durch die verschiedenen Bereiche und Abteilungen zur Hand gegeben wird.

7. Der Ort

Nicht nur das Gebäude, in welchem die Ausstellung stattfindet, ist für ihre Konzeption und ihren Gegenstand geradezu prädestiniert; sondern auch die Stadt, in welcher das Gebäude steht.

In der kulturellen und architektonischen Vergangenheit Berlins haben die Abenteuer der Ideen Tradition. Vor allem seit 1685, als Friedrich Wilhelm, der Große Kurfürst, nach der Aufhebung des Ediktes von Nantes mit dem Potsdamer Edikt protestantische Hugenotten in seine Residenzstadt rief, begann ein Strom von Ideen und Wissen nach Berlin zu fließen. Anfang des 18. Jahrhunderts war fast jeder fünfte Einwohner der preußischen Hauptstadt französischer Refugié. Hinzu kamen Flüchtlinge aus Böhmen, Holland und der Schweiz, Wallonen und Juden. Berlin wurde zu einem Schmelztiegel mitteleuropäischer Intelligenz. Einen ersten Aufschwung hatten die Künste in Berlin bereits im 16. Jahrhundert mit Joachim II. erfahren. Der zweite, der unter dem Großen Kurfürsten begann, trieb – vor allem in der Architektur – spektakuläre Blüten: Arnold Nering, Andreas Schlüter und Johann Eosander von Göthe schufen in oder um

Berlin ihre Meisterwerke. Diese Tradition führten auch Friedrich I. und selbst der sparsame Friedrich Wilhelm I. (unter dem Philipp Gerlach tätig war) fort. In der Zeit Friedrichs II. traten Georg Wenzeslaus von Knobelsdorff und Carl Gontard hervor; in jener Friedrich Wilhelms II. Carl Gotthard Langhans, Friedrich Gilly und Heinrich Gentz. Unter Friedrich Wilhelm III. schließlich entfaltete sich, neben jener von Peter Joseph Lenné, die großartige Begabung von Karl Friedrich Schinkel.

Die Blüte der Baukunst stand in engem Zusammenhang mit der allgemeinen kulturellen Entwicklung in Berlin. Schon 1696 hatte Friedrich I. nach französischem Vorbild die Akademie der Künste und 1701 (auf Rat von Gottfried Wilhelm Leibniz) die Akademie der Mechanischen Wissenschaften gegründet. 1799 wurde die Akademie der Architektur eingerichtet, seit 1879 Polytechnikum und später Technische Universität. 1810 gründete Wilhelm von Humboldt die Friedrich-Wilhelms-Universität: Dort waren neben von Humboldt selbst Persönlichkeiten wie Johann Gottlieb Fichte (der erste Rektor), Daniel Schleiermacher, Georg Wilhelm Friedrich Hegel und Friedrich Wilhelm Joseph von Schelling als Lehrer tätig. Außerhalb der Institutionen entwickelte sich in den Intellektuellenkreisen eine aktive liberale und bürgerlich-nationalistische Strömung, so daß Berlin 1848 nicht zufällig an der Spitze der revolutionären Bewegung stand.

Im späten 18. und frühen 19. Jahrhundert war Berlin in der Tat die kulturelle Hauptstadt Europas, in welcher die Aufklärung, vielfältig gefiltert, neben den klassizistischen intellektuellen und baulichen Geometrien auch die faszinierenden organischen „Ungeheuer" der Romantik gebar. Im „romantischen Klassizismus" eines Gilly oder eines Schinkel erreichten die zwei Antipoden eine ebenso einzigartige wie komplexe Synthese.

Doch brachen die Berliner Abenteuer der Ideen keineswegs nach den kulturellen Triumphen des frühen 19. Jahrhunderts ab. Auf die Geniestücke von Schinkel folgte immerhin die Virtuosität seiner „Schule", zu welcher in gewisser Weise auch Friedrich Wilhelm IV. zählt; und um die Jahrhundertwende schufen Alfred Messel, Ludwig Hoffmann, Franz Schwechten, Hermann Muthesius und Peter Behrens bedeutende Werke, die den Reformismus ihrer Zeit eigenständig interpretierten.

Nach dem Ersten Weltkrieg brach vor dem unruhigen politischen Hintergrund der jungen Weimarer Republik eine neue große Epoche für die Berliner Kultur an. Es waren die Jahre von Walter Benjamin und Walter Mehring, von Bertolt Brecht und Alexander Döblin; aber auch jene von Hans Poelzig, Walter Gropius, Ludwig Mies van der Rohe, Erich Mendelsohn, Bruno und Max Taut, Hugo Häring, Hans Scharoun, Hans und Wassili Luckhardt. Verwandelt trat die alte Dichotomie von Klassik und Romantik, von Rationalismus und Emotionalität, von Aufklärung und „Poesie der Dunkelheit" in neuen Formen wieder auf; ihre irritierenden Gärungen schufen den Mythos der zwanziger Jahre. Der Mythos der zwanziger Jahre aber war Berlin.

1933 erstickte der gerissen konstruierte Ästhetizismus der „nationalsozialistischen Revolution" alle intellektuelle Experimentierfreude, während die politischen Machtstrukturen auch faktisch jedes intellektuelle Experiment unterbanden. Von dieser Paralysierung erholt sich die Berliner Kultur (und die Berliner Architektur) erst jetzt.

Das „Abenteuer der Ideen" macht sich vor diesem Hintergrund an der Berliner (aber nicht nur Berliner) Historie zu schaffen. Es knüpft an ihre Tradition der Abenteuerlust an und versucht, mit der Darstellung vergangener kultureller Abenteuer neue, zukunftsgerichtete anzuregen.

Es versucht, die geschichtlichen Zusammenhänge zwischen Idee und Architekturzeichnung anschaulich darzustellen und über die gesetzmäßigen Beziehungen die Widersprüche nicht zu übergehen: vor allem jene der Individuen, die sowohl Ideen als auch Zeichnungen produzieren. Es wundert nicht, daß in einem derartigen Kontext auch die gezeichneten Architekturen keineswegs frei von Widersprüchen sind; weder an sich noch in ihrer Beziehung zueinander. Gerade das aber macht sie für jeden, der in die Logik verliebt ist, ganz besonders faszinierend.

Historismus oder: von der Wahrheit der Kunst zum richtigen Stil

Winfried Nerdinger

Keine Tatsache der neueren Zeit hat das Selbstbewußtsein der seit Renaissance und Reformation zum Wert der freien Persönlichkeit und Autarkie der Kultur durchdringenden abendländischen Menschheit stärker zu erschüttern vermocht als die Entdeckung der historischen Welt. Was noch zu Kants und selbst in Fichtes erster Zeit gleichsam unter der Schwelle des allgemeinen Bewußtseins blieb, die Gewißheit, daß der Mensch eine Geschichte habe und daß der Zustand seiner jetzigen Aufgeklärtheit nur mühevoll errungenes Ergebnis einer langen Entwicklung sei, trat in den wissenschaftlichen Gesichtskreis erst durch die Forschungen F. A. Wolfs, Winckelmanns, Humboldts, Schlegels, Bopps, Savignys, Grimms, Rankes... Sie wiesen die Bedingtheit aller menschlichen Zustände und Leistungen nach.

Helmuth Plessner, Die Einheit der Sinne (1923)[1]

So folgenschwer und bis auf den Grund gehend die Umformungen des abendländischen philosophischen Denkens auch gewesen sind, die mit der Latinisierung der griechischen Begriffe und der Einformung der Lateinischen Begriffssprache in die neueren Sprachen vor sich gingen – die Entstehung des geschichtlichen Bewußtseins in den letzten Jahrhunderten bedeutet einen Einschnitt von noch viel tieferer Art. Seither ist die Kontinuität der abendländischen Denktradition nur noch in gebrochener Weise wirksam. Denn die naive Unschuld ist verlorengegangen, mit der man die Begriffe der Tradition den eigenen Gedanken dienstbar gemacht hatte.

Hans-Georg Gadamer, Wahrheit und Methode (1960)[2]

Bildlegenden siehe Seite 33

Seite 31: Gianbattista Piranesi (1720–1778), Le Antichità romane, Frontspiz

Historismus als Geisteshaltung, Epochenbezeichnung oder Gestaltungsform ist zuerst und vor allen anderen Bestimmungen Ausdruck eines historischen Bewußtseins, dessen Entstehung inzwischen detailliert untersucht worden ist. Während von Dilthey bis Meinecke die Entfaltung des Geschichtsbewußtseins nachgezeichnet und systematisiert wurde,[3] konzentrieren sich die neueren Arbeiten auf die präzise Erfassung des Epochenbruchs, bzw. der Epochenschwelle.[4] Nach Foucault handelt es sich um einen epistemologischen Bruch,[5] mit dem das klassische Denken, der Diskurs, gekennzeichnet durch das Paradigma der Repräsentation, transformiert wird vom Paradigma des historischen Bewußtseins. Diesen „Bruch mit dem Repräsentationsmodell und die Auflösung des Paradigmas der Ordnung in dasjenige der Geschichte“[6] hat Foucault an den Gesichtspunkten des Lebens, der Werte-Produktion und der Bedeutungs-Bildung analysiert und als Übergang vom taxonomischen, klassifikatorischen Denken der âge classique zum historisch-reflexiven Denken der âge de l'Histoire bestimmt. Der von Foucault konstatierten Dynamisierung der Ordnungswissenschaften zwischen 1775 und 1825 korrespondieren die von Lepenies[7] als Übergang vom naturhistorischen zum entwicklungsgeschichtlichen Denken aufgezeigten Veränderungen, als deren Grund er den Erfahrungsdruck des akkumulierten Wissens sieht, der anstelle der alten Klassifikationen eine „Verzeitlichung“ erzwang.[8] Genau diesen Übergang von den erzählten Ereignissen zu einem einheitlichen Zeitraum,[9] der sich in der zeitgenössischen Vorstellung der „Welt als Uhr“[10] bereits artikulierte, konnte auch Koselleck in seinen begriffsgeschichtlichen Untersuchungen als Umbruch um 1750 von „den Geschichten“ zur einen, universal gültigen „Geschichte“,[11] als Ausprägung der Geschichte zum alles begründenden, metahistorischen Begriff[12] nachweisen. Dieser Prozeß einer Historisierung der Zeit zur Universalgeschichte, der im Fortschritt auf einen ersten Begriff gebracht wird[13] und in den die historia naturalis und die historia sacra eingeschmolzen werden sowie die reziproke, totale Verzeitlichung alles Existierenden sind die Determinanten des Historismus.[14]

Während die Bildung des historischen Bewußtseins ziemlich genau beschrieben werden kann, sind die Gründe für die Auslösung des Beschleunigungsprozesses der historischen Erfahrung im 18. Jahrhundert noch kaum geklärt.[15] Weder Burckhardts „Sturm der Revolution“[16] noch Husserls These von der Verwissenschaftlichung, die zur „Krisis des europäischen Bewußtseins“[17] um 1800 führte, Löwiths Säkularisierungsmodell,[18] Habermas' Analyse der materialistischen Geschichtsphilosophie seit Vico,[11] oder Gadamers Untersuchung des Verlustes eines sensus communis können für sich den Umbruch erklären;[20] umso weniger soll dies in der folgenden Skizze der Entstehung und Bedeutung historistischer Architektur versucht werden. Anhand der Relativierung und Historisierung des Schönheits- und Geschmacksbegriffs kann jedoch exemplarisch ein Grundproblem des Historismus – die Frage nach der Wahrheit in einer geschichtlichen Welt – verfolgt werden.

Die Parallelisierung der überzeitliche Wahrheit vermittelnden Kunst der Antike mit der jeweiligen Gegenwart spiegelt sich in dem Topos antiqui/moderni.[21] „An der Geschichte des Begriffspaares läßt sich... der säkulare Prozeß verfolgen, in dem sich die Literatur und Kunst der Neuzeit vom Kanon der Antike als ihre vorbildhaften Vergangenheit gelöst hat.“[22] In der letzten Querelle des anciens et des modernes um 1680 in Frankreich zerbrach die klassisch-normative Betrachtung der Kunst, die Modellhaftigkeit der Antike wurde zugunsten der Verherrlichung des siècle Louis XIV relativiert.[23] Perraults Erkenntnis der Unvergleichbarkeit verschiedener Epochen, die am epochenspezifischen Maßstab des beau rélatif[24] gemessen werden, sowie die kritische Infragestellung der Antike, deren Autorität und Norm nur durch die Gewohnheit, nicht aber durch ewige Gesetze der Geometrie oder Proportion entstand[25] und somit auch nur ein beau arbitraire[25] liefert, erschütterten den Wahrheitscharakter der Kunst. Die Antike wurde zur abgeschlossenen Epoche, die keine verbindlichen Vorbilder mehr liefern kann; die absolute Schönheit mußte damit entweder aus der Geschichte herausgenommen und dem überzeitlichen Maßstab der Vollkommenheit bzw. der ewigen Natur zugewiesen, oder aber dem Geschmacks- und Epochenwandel unterworfen und dadurch historisiert und aufgelöst werden.

Ähnlich wie in Frankreich lieferte in England das nationale Selbstbewußtsein den Anstoß zur Relativierung der klassischen Norm: Shaftesbury bestimmte jedoch nicht nur die Freiheit des Volkes als Basis für nationalen Stil und Kunstblüte,[27] sondern gab auch eine Lösung für den „Widerspruch, daß ein sinnliches Vermögen Wahres objektiv erkennen soll.“[28] Der Einzelne kann nach Shaftesbury mit seinem Geschmack das Wahre nur subjektiv wahrnehmen und zwar als Schönheit.[29] Damit wird der ursprünglich ontologische Schönheitsbegriff empirisch-ästhetisch umgedeutet und der Gefühlsästhetik und Assoziationstheorie des 18. Jahrhunderts der Weg eröffnet,[30] die das Kunstwerk aus seinem ursprünglichen Lebenszusammenhang herausheben

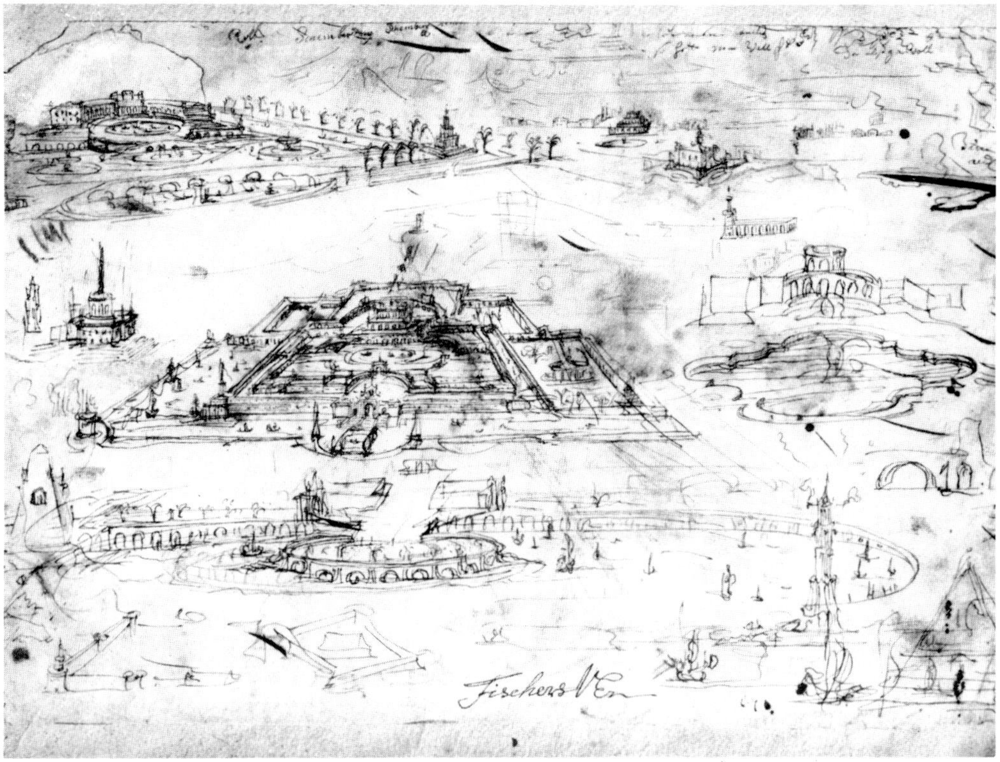

Johann Bernhard Fischer von Erlach [1656–1723], 1. Skizze zu „Domus Aurea Neronis"
linke Seite oben: Friedrich von Gärtner [1792–1847], Residenz in Athen, Wanddekoration für das Arbeitszimmer des Königs
linke Seite unten: Friedrich von Gärtner [1792–1847], Wittelsbacher Palast, Schlafzimmer des Kronprinzen

1 Helmuth Plessner, Die Einheit der Sinne, 1921, Nachdr. Bonn 1968, S. 188.
2 Hans Georg Gadamer, Wahrheit und Methode, Tübingen 1965^2, S. XXVIII f.
3 Wilhelm Dilthey, Einleitung in die Geisteswissenschaften, Gesammelte Schriften Bd. 5, Stuttgart 1958, S. 254 ff.; Friedrich Meinecke, Die Entstehung des Historismus, München 1936; Zum gegenwärtigen Stand der Diskussion vgl. bes. Hans Michael Baumgartner, Kontinuität und Geschichte, Zur Kritik und Metakritik der historischen Vernunft, Frankfurt/Main 1972; Jörn Rüsen, Ästhetik und Geschichte, Stuttgart 1976; Michael Brix/M. Steinhauser, Geschichte allein ist zeitgemäß, Lahn-Giessen 1978; Erich Hassinger, Empirisch-rationaler Historismus: seine Ausbildung in der Literatur Westeuropas von Guicciardini bis Saint-Evremond, Bern/München 1978 sowie die Rezension dieses Bandes durch Ulrich Muhlack, in: Historische Zeitschrift 1981, Bd. 231, S. 605-616; Karl-Georg Faber, Ausprägungen des Historismus, in: Historische Zeitschrift 1979, Bd. 228, S. 1–22; Wolfgang Hardtwig, Kunst und Geschichte im Revolutionszeitalter, in: Archiv für Kulturgeschichte 1979, Bd. 61, S. 154–190; Herbert Schnädelbach, Philosophie in Deutschland 1831–1933, Frankfurt/M. 1983, S. 51–88.
4 Hans Blumenberg, Aspekte der Epochenschwelle: Cusaner und Nolaner, Frankfurt/M. 1976, S. 7–33; vgl. die Rezension von Blumenbergs „Legitimität der Neuzeit" durch Gadamer und Löwith, in: Philosophische Rundschau 1968, H. 3, S. 195–208.
5 Michel Foucault, Die Ordnung der Dinge, Frankfurt/M. 1974, S. 269 ff.
6 Manfred Frank, Was ist Neostrukturalismus?, Frankfurt/M. 1983, S. 167.
7 Wolf Lepenies, Das Ende der Naturgeschichte, München 1976, S. 16 ff; S. Toulin/J. Goodfield, Die Entdeckung der Zeit, München 1970.
8 Vgl. Herbert Dieckmann, Naturgeschichte von Bacon bis Diderot: einige Wegweiser, in: R. Koselleck/W.-D. Stempel, Geschichte – Ereignis und Erzählung, Poetik und Hermeneutik 5, München 1973, S. 95–114 sowie die Diskussionsbeiträge S. 463 ff.
9 Reinhard Koselleck, Vergangene Zukunft, Frankfurt/M. 1979, S. 17–66; Rüdiger Bubner, Geschichtsprozesse und Handlungsnormen, Frankfurt/M. 1984, S. 72 ff.
10 Vgl. Hans Blumenberg, Selbsterhaltung und Beharrung. Zur Konstitution neuzeitlicher Rationalität, Mainz 1970, S. 9 f.; vgl. zum Protest in der französischen Revolution gegen diese Zeitauffassung Hans Peter Duerr, Traumzeit, Frankfurt/M. 1978, S. 142 f.
11 Reinhard Koselleck, Geschichte, Historie, in: Geschichtliche Grundbegriffe, Historisches Lexikon zur politisch-sozialen Sprache in Deutschland, Stuttgart 1975, Bd. 2, bs. S. 641 ff.
12 Reinhard Koselleck, Wozu noch Historie?, in: H.M. Baumgartner/J. Rüsen, Seminar: Geschichte und Theorie, Frankfurt/M. 1976, S. 17–35, bs. S. 24.
13 Reinhard Koselleck, Fortschritt, in: Grundbegriffe Bd. 2 (Anm. 11), bes. S. 371 ff.
14 Vgl. Koselleck (Anm. 11); Niklas Luhmann, Weltzeit und Systemgeschichte. Über Beziehungen zwischen Zeithorizonten und sozialen Strukturen gesellschaftlicher Systeme, in: Baumgartner/Rüsen, Seminar (Anm. 12), S. 337–387, bes. S. 352 ff.; in der kunsthistorischen Literatur zum Thema Historismus wurde dieser kategorische Begründungszusammenhang bislang weitgehend übersehen und deshalb eine nicht tragfähige Pseudokontinuität historischer Gesinnung durch die Weltgeschichte verfolgt, vgl. W. Götz, Historismus. Ein Versuch zur Definition des Begriffs, in: Zeitschrift des Deutschen Vereins für Kunstwissenschaft 1970, S. 196–212; in einem noch unpublizierten Vortrag über „Survival und Revival – quantitative und qualitative Abgrenzung des Historismus in der Architektur" hat der Verfasser bereits auf einem Thyssen-Symposium über Historismus, München 1976, diesem Ansatz widersprochen.
15 So glaubt etwa M. Frank (vgl. Anm. 6) tautologisch, daß der Grund für die Beschleunigung in der Beschleunigung selbst liege.
16 Zitat nach Hardtwig, Kunst (Anm. 3), S. 172.
17 Edmund Husserl, Die Krisis der europäischen Wissenschaften, Den Haag 1954; vgl. Walter Schulz, Philosophie in der veränderten Welt, Pfullingen 1972, S. 21–28, S. 285–290.
18 Karl Löwith, Weltgeschichte und Heilsgeschehen, Stuttgart, 1953, vgl. dagegen Jürgen Habermas, Karl Löwiths stoischer Rückzug vom historischen Bewußtsein, in: Merkur 1963, H. 185; Rudolf Wendorff, Zeit und Kultur, Opladen 1980, S. 327 ff.; Bubner, Geschichtsprozesse (Anm. 9), S. 73 ff.
19 Jürgen Habermas, Theorie und Praxis, Frankfurt/M. 1971, S. 228–289; Zur Dialektik der historischen Aufklärung vgl. ders., Zur Logik der Sozialwissenschaften, Tübingen 1967, S. 20 ff.
20 Gadamer, Wahrheit (Anm. 2), S. 16 ff.
21 W. Krauss/H. Kortum, Antike und Moderne in der Literaturdiskussion des 18. Jahrhunderts, Berlin 1966; Hans-Robert Jauss, Literaturgeschichte als Provokation, Frankfurt/M. 1970, bes. S. 67 ff., 208 ff.
22 H.-R. Jauss, antiqui/moderni, in: J. Ritter (Hrsg.), Historisches Wörterbuch der Philosophie (im Folgenden zitiert: HWd Philosophie), Bd. 1, S. 410–414, Zitat S. 410.
23 H.-R. Jauss, Ästhetische Normen und geschichtliche Reflexion in der „Querelle des Anciens et des Modernes", Einleitung zum Neudruck von Charles Perraults „Parallèle . . .", München 1964.
24 Alberto Pérez-Gómez, Architecture and the Crisis of Modern Science, Cambridge/Mass. 1983, S. 17–48; vgl. auch Wolfgang Herrmann, The Theory of Claude Perrault, London 1973; Tonis Kask, Symmetrie und Regelmäßigkeit: Französische Architektur im Grand Siècle, Basel/Stuttgart 1971.
25 Walter Kambartel, Symmetrie und Schönheit: Über mögliche Voraussetzungen des neueren Kunstbewußtseins in der Architekturtheorie Claude Perraults, München 1972; vgl. W. Kambartel, Artikel Figur, in: HWd Philosophie (Anm. 22), Bd. 2, S. 950 f.
26 Peter-Edehard Knabe, Schlüsselbegriffe des kunsttheoretischen Denkens in Frankreich, Düsseldorf 1972, S. 53 ff.
27 Shaftesbury, Soliloquy: or, Advice to an Author, London 1710, vgl. Rudolf Wittkower, English Neo-Palladianism, the Landscape Garden, China and the Enlightenment, in: ders., Palladio and English Paladianism, London 1974, S. 177–190, bes. S. 179 ff.; der gleiche Gedanke dann auch bei J.J. Winckelmann, Geschichte der Kunst des Altertums, Wien 1934, S. 295.
28 H. Klein, Artikel Geschmack, in: HWd Philosophie (Anm. 22), Bd. 3, S. 450 f.; F. Schümmer, Die Entwicklung des Geschmacks-Begriffs in der Philosophie des 17. und 18. Jahrhunderts, in: Archiv für Begriffsgeschichte 1956, Bd. 1, S. 120–141.
29 Shaftesbury, Characteristics of men, manners, opinions, times. London 1723, S. 182; H. Klein, There is no disputing about taste. Untersuchungen zum englischen Geschmacksbegriff im 18. Jahrhundert, Münster 1967.
30 Rudolf Wittkower, Classical Theory and Eighteenth-century Sensibility, in: ders., Neo-Palladianism (Anm. 27), S. 193–205, bes. S. 199 ff.; zur Geschmacksdiskussion an den Akademien vgl. Joseph Rykwert, The First Moderns, Cambridge/Mass. 1980, S. 469.

Gottfried von Neureuther, Idealentwurf zu einer Schloßanlage am Starnberger See, um 1858.

August von Voit [1801–1870], Königschloß in Feldafing, 6. Vorprojekt, Ansicht von Südwesten

und zum ästhetischen Erlebnis autonomisieren.[31] Französischer Rationalismus und englischer Empirismus erschließen so das Verständnis für die Geschichtlichkeit und Subjektivität des Schönen und befördern die Entwicklung des ästhetischen Bewußtseins, aus denen im Laufe eines Jahrhunderts in einer Art qualitativen Umschlags das historische Bewußtsein und die ästhetische Bildung[32] als Konstituenten des Historismus entstehen.

Ein frühes Beispiel für die Relativierung des Geschmacks bei gleichzeitiger Suche neuer absoluter Prinzipien ist Fischer von Erlachs „Entwurf einer historischen Architektur" von 1721. In diesen „Proben von allerhand Bauarten",[33] die als „historische Vorstellungen" aus der Geschichte zusammengestellt werden, findet eine Isolation der architektonischen Formen statt,[34] die nicht mehr als Vorbilder für Komposition oder Proportion verwendet, sondern wie verfügbare Beispiele aus einer noch mythischen Geschichte ausgewählt werden können.[35] Ausgehend vom Tempel Salomos wird jedoch keine historische Entwicklungsreihe, sondern eine Sammlung isolierter historischer Vorbilder gegeben, die Fischer von Erlachs eigener Architektur dadurch eine neue Legitimation verleihen, daß sie als geschichtliche Bilder, als Sammlung ranggleicher „relativer Schönheiten" aus allen Epochen mit der Gegenwart zusammengespiegelt, parallelisiert und in seinen Bauten verwendet werden.[36] Dieser Relationismus[37] als Vorform des Historismus bestimmte dann im 18. Jahrhundert lange die Auseinandersetzung mit der Geschichte; Bilder vergangener Zeiten oder ferner Länder dienten der Gefühls- und Ideenassoziation,[38] wobei das beliebte Ruinenmotiv geradezu paradigmatisch die intensive, aber historisch kaum fixierte Zeiterfahrung indiziert.

Ähnlich wie Fischer von Erlach parallelisierte auch Piranesi, allerdings aufgrund seiner Romverehrung, die Architektur des ganzen römischen Weltreichs[39] und beanspruchte für sich doch die Freiheit künstlerischer Erfindung: Aus dem Steinbruch der Geschichte, vorzugsweise aber aus den römischen Ruinen, die er häufig bis zu den Substruktionen, gleichsam als Schnitt durch die Zeit freilegte, holte er sein künstlerisches Material, das er in seinen Zeichnungen zum historischen Stimmungsträger formte.[40] Die Gestaltung der evokativen Qualitäten der Architektur, von denen eine die Geschichte selbst ist, beförderte die Freiheit der Auswahl und intensivierte damit den Prozeß einer Egalisierung und Parallelisierung verschiedener Kunstepochen,

31 Den Prozeß der Autonomisierung der Künste skizzierte zuerst H. Plessner, Zur Geschichtsphilosophie der bildenden Kunst seit Renaissance und Reformation, in: Festschrift des Germanischen Nationalmuseums für Gustav v. Bezold, Nürnberg 1918; vgl. J. Ritter, Landschaft, zur Funktion des Ästhetischen in der modernen Welt, in: ders., Subjektivität, Frankfurt/M. 1974, S. 141 ff.; Odo Marquard, Der angeklagte und der entlastete Mensch in der Philosophie des 18. Jahrhunderts, in: B. Fabian u.a. (Hrsg.), Deutschlands kulturelle Entfaltung: Die Neubestimmung des Menschen, München 1980 (Studien zum 18. Jahrhundert Bd. 2/3), S. 193–209; zum Ästhetischen Erlebnis" vgl. bes. Gadamer, Wahrheit (Anm. 2), S. 60 ff.

32 Zum Begriff „ästhetische Bildung" vgl. bes. Gadamer, Wahrheit (Anm. 2), S. 7–15, 77–96.

33 J.B. Fischer von Erlach, Entwurf einer historischen Architektur, Wien 1721, Preface „Les dessinatours y verout, que les gout des nations ne diferent pas moins dans l'Architecture, que dans la manière de s'habiller"

34 Bruno Reudenbach, G.B. Piranesi, Architektur als Bild, München 1979, S. 12 ff.

35 Pérez-Gómez, Architecture (Anm. 24), S. 313.

36 Reudenbach, Piranesi (Anm. 34), S. 66 ff.

37 Hassinger, Historismus (Anm. 3), S. 11 f.

38 Vgl. Wittkower, Theory (Anm. 30), S. 201 ff.

39 Vgl. Werner Oechslin, L'interêt architectural et l'experience archéologique avant et après Piranese, in: Pirranèse et les français, hrsg. von G. Brunel, Rom 1978, S. 395–918.

40 Vgl. Anton Bammer, Architektur als Erinnerung – Wiener Architektur als Erinnerung, in: Umbau H. 6/1983, S. 35–38, der hier eine interessante psychoanalytische Deutung des Historismus anknüpft.

wobei in der zweiten Hälfte des 18. Jahrhunderts besonders die Gotik als Erreger sublimer, erhabener Gefühle[41] zunehmend an Eigenwert gegenüber der Antike gewann. Zwar betonte Piranesi in der Auseinandersetzung mit Mariette und Winckelmann den Vorrang der römischen vor der griechischen Architektur,[42] und ähnlich versuchten die englischen Gotikverehrer der Jahrhundertmitte wie Kent, Langley oder Walpole die Gotik zu monopolisieren,[43] obwohl sie zumeist nur gotische Motive assoziativ verwendeten,[44] aber verändernd wirkte doch die zunehmende Erkenntnis der völligen Eigengesetzlichkeit der verschiedenen Epochen: so wie Shakespeare nicht hinter Sophokles zurückstehe, müsse auch die gotische Kathedrale nicht nach den Gesetzen des dorischen Tempels, sondern nach ihren eigenen Prinzipien beurteilt werden.[45] Den entscheidenden Schritt zur Relativierung einer überzeitlichen Kunstwahrheit vollzog dann Herder,[46] der das Schöne in seinen verschiedenen Ausprägungen akzeptierte, „wo es sich findet in allen Zeiten und in allen Völkern".[47] Damit war dem Historismus als Zusammenwirken von ästhetischer Bildung und historischem Bewußtsein zur simultanen Verfügbarkeit der Geschichte der Weg geebnet.[48]

Gegen die sich anbahnende Beliebigkeit der Kunst durch die totale Historisierung und Relativierung einer idealen Kunstwahrheit, die in den Gemeinplätzen vom Verfall der Kunst und der Entzweiung des Zeitalters um 1800 auf den Begriff kamen,[49] finden sich verschiedene Gegenpositionen, die weit ins 19. Jahrhundert hinein wirksam bleiben: In Korrespondenz zu einem Leitmotiv der Zeit, der chain of being, der Stufenleiter oder additiven Entwicklungsvorstellung,[50] wurde die künstlerische Wahrheit als Haltepunkt im Entwicklungsvorgang selbst gesucht. David Le Roy, der einflußreiche erste Architekturgeschichtslehrer der Académie royale d'architecture, forderte die möglichst detailgenaue und damit historisch gesicherte Erfassung der Entwicklungsreihe einer Bauaufgabe, wobei er in der ersten historisch greifbaren Lösung den Urtyp sah, „dessen Prinzipien erhalten blieben und erhalten bleiben müssen".[51] In seinem „Essai sur l'Histoire de l'Architecture" demonstrierte Le Roy diese Erklärung der Architektur aus ihrem Ursprung z.B. an der Entwicklungsreihe des Hausbaus seit der phönizischen Urhütte.[52] Sempers und später Viollet-le-Ducs differenzierte Architekturentwicklungstheorien sind letztlich nur Ausdehnungen dieses Erklärungsmodus auf die gesamte Erdgeschichte;

Gottfried Semper, Das Eidgenössische Polytechnikum in Zürich (1858–1864). Radierung: Caspar Ulrich Huber, 1884

Gottfried Semper, Stadthaus Winterthur, Ansicht, 1864

41 Alfred Neumeyer, Die Erweckung der Gotik in der deutschen Kunst des späten 18. Jahrhunderts, in: Repertorium für Kunstwissenschaft, Bd. 59, S. 75 ff.
42 John Wilton-Ely, Piranesi, London 1978, S. 57 ff.; zu Winckelmanns Stellung vgl. M. Fontius, Winckelmann und die französische Aufklärung, Berlin 1968; Jauss, Literaturgeschichte (Anm. 21), S. 80 f.; J. Wilton. Elg, Vision and Design: Piranesi's „fantasia" and the graeco-roman controversy, in: Piranèse (Anm. 39), S. 529–552.
43 John Summerson, Architecture in Britain 1530–1830, London 1970, S. 396 ff.
44 Vgl. Jürgen Klein, Heinrich Christoph Jussow, Erbauer der „Löwenburg" zu Kassel und die englische Neugotik, in: Architectura, 1975, S. 138–169.
45 Bishop Hurd, Idea of Universal Poetry, London 1765, nach Peter Collins, Changing Ideals in Modern Architecture, London 1965, S. 37 f.; vgl. Voltaires „Nous devons nous-mêmes, en blâmant les tragédies des Grecs, respecter le génie de leurs auteurs; leurs fautes sont sur le compte de leur siècle, leurs beautés n'appartiennet qu'à eux", nach Knabe, Schlüsselbegriffe (Anm. 26), S. 52.
46 Vgl. bes. Hannelore u. Heinz Schlaffer, Studien zum ästhetischen Historismus, Frankfurt/M. 1975, S. 25–35.
47 J.G. Herder, Sämtliche Werke, hrsg. von B. Suphan, Berlin 1889, Bd. 4, S. 41.
48 Vgl. Gadamer, Wahrheit (Anm. 2), S. 80 ff.
49 Karl Löwith, Von Hegel zu Nietzsche, Hamburg 1978[7], S. 179–191.
50 Arthur O. Lovejoy, The Great Chain of Being, Cambridge/Mass. 1964, S. 183 ff., 227 ff., 242 ff.
51 Hans Ottomeyer, Das frühe Oeuvre Charles Perciers (1782–1800). Zu den Anfängen des Historismus in Frankreich, Masch. Diss. München 1981, S.IV und 29 ff.
52 Vgl. Abbildung bei Werner Szambien, Durand and the Continuity of Tradition, in: Robin Middleton, The Beaux Art and Nineteenth Century French Architecture, Cambridge/Mass. 1982, S. 28.

oben:
Louis-Auguste Boileau, Denkmal der freien Künste und des Kunstgewerbes, 1860
rechts:
Eugène-Emmanuel Viollet-le-Duc, Kathedrale von Lausanne, Westfassade, Detail, 1873?

aus dem Überblick über die historische Entwicklung werden Konstanten und Prinzipien herausgehoben.

Eine zweite Gegenbewegung ließe sich etwa als Suche nach neuen, absoluten Wahrheiten beschreiben, die im Prozeß der beginnenden Historisierung wieder modellhafte Vorbilder liefern können. So betonten Lodoli, Algarotti und Laugier[53] eine rein rational deduzierte Wahrheit künstlerischer Gestaltung aus dem Wesen des Materials und den menschlichen Bedürfnissen gerade gegenüber der Autorität der Antike; hier wird, wie Rykwert treffend beobachtet, „die Architektur in die Sprache der *philosophes* übersetzt".[54] Parallel dazu vollzog sich architekturtheoretisch der Übergang vom Leitbegriff der bienséance zur caractère-Lehre,[55] d.h. von einer Architektur, die sich ihrer Bestimmung in einem schein-wahr-scheinlichen Bereich „wohlgefällig" annähert zu einer Architektur, bei der Funktion, Aufgabe oder Material im Charakter der Bauaufgabe als Wahrheit, im Sinne einer inneren Entsprechung ablesbar gemacht werden.[56]

Im Werk von Durand wurden diese Bestrebungen zur neuen Fundierung der Architektur zu einer Synthese gebracht,[57] die durch das 19. Jahrhundert hindurch von größtem Einfluß war: In seinem „Recueil et paralléle des édifices de tout genre, anciens et modernes" stellte er die gesamte bekannte Weltarchitektur wie bei Le Roy in typologischen Reihen im gleichen Maßstab zusammen, aber es ging Durand nicht mehr um die Aufdeckung bestimmter Urtypen oder Vorbilder im entwicklungsgeschichtlichen Prozeß, sondern er

53 Zu Lodoli vgl. Edgar Kaufmann jr., Lodoli architetto, in: Helen Searing (Hrsg.), In Search of Modern Architecture, A. Tribute to Henry-Russell Hitchcock, Cambridge/Mass. 1982, S. 31–37; Joseph Rykwert, Lodoli über Funktion und Darstellung, in: ders., Ornament ist kein Verbrechen, Köln 1983, S. 198–213; zu Algarotti vgl. Pérez-Gómez, Architecture (Anm. 34), S. 251 f.; zu Laugier vgl. W. Herrmann, Laugier and Eighteenth Century French Theorie, London 1962.

54 Rykwert, Moderns (Anm. 30), S. 467.

55 Vgl. die treffende zeitgenössische Definition bei Chr. L. Stieglitz, Encyklopädie der bürgerlichen Baukunst, Leipzig 1972, Bd. 1, S. 469–494; F. Denk, Das Kunstschöne und Charakteristische von Winckelmann bis Friedrich Schlegel, Diss. München 1925.

56 Vgl. Georg German, Neugotik. Geschichte ihrer Architekturtheorie, Stuttgart 1974, S. 69 f., 79 ff.

57 Vgl. Werner Szambien, Durand, Stuttgart 1984.

abstrahierte aus der gesamten Abfolge ein typologisches Schema, mit dem der Charakter einer Bauaufgabe synthetisch und damit ungeschichtlich, überzeitlich und modellhaft erfaßt werden kann. Durands Entwurfsmusterbuch „Précis des leçons d'architectures données à l'Ecole polytechnique“ lieferte dann ein mathematisch rational deduziertes System von operationalen Regeln,[58] mit denen nach dem Maßstab ökonomischer Effizienz in einer Zeit künstlerischer Wertrelativierung auf gesichertem Boden gebaut werden konnte. Genau gegen diese Ausgrenzung von Geschichte, Poesie und Symbolik zugunsten eines überzeitlichen Schematismus bei Durand wandten sich Schinkel, Klenze und Semper.[59]

In Deutschland war eine dritte Position gegen die Relativierung der Kunstwahrheit wirksam geworden. Schon Winckelmann sah die Geschichtlichkeit der von ihm zum Modell erhobenen griechischen Kunst, als er „Die Geschichte des Altertums“ in ihrem Wachstumskreislauf darstellte;[60] er wollte jedoch die „geschichtlich eingeholte Totalität der Kunst“[61] als Lehrgebäude ins Überzeitliche retten: „So wie die Tiefe des Meeres allzeit ruhig bleibt, die Oberfläche mag noch so wüten“,[62] so war für ihn die griechische Kunst ein Ort der Ruhe und stillen Größe in der geschichtlichen Bewegtheit. Dieser Versuch, aus dem historischen Gegenbild der Antike wieder ein idealisches Vorbild zu machen,[63] konnte nur gelingen, indem die Kunst aus dem Fluß der Zeiten herausgenommen wurde. Schon für Herder war die Kunst eine Art „überhistorische Quintessenz der historischen Manifestationen“,[64] Schlegel sah „aus vollkommener Anschauung der Geschichte... die Antike als höchstes ästhetisches Urbild“,[65] weshalb er leugnete, daß es „mehr als einen Stil geben kann, da das Wahre nur eins ist“,[66] und Schelling bestimmte die Kunst als Maßstab für Philosophie und Historie, da nur sie „auf das höhere Gebiet des Idealen“[67] erheben könne. Die Zeit als Vernichtung des besonderen Lebens und die Verzeitlichung des Selbstbewußtseins, denen die ständige Sehnsucht nach dem Unendlichen entgegenstehen,[68] sind deshalb Leitlinien der romantischen Philosophie. Zwar konnten im Prozeß der „Bildung“ des Menschen Verzeitlichung und überzeitliche Idee zusammengebunden werden,[69] aber wenn für Herder die Geschichte noch der Weg zur Ausbildung der Humanität war,[70] so schied Hegel, der die gesamte Weltgeschichte radikal zum Prozeß der Bildung des Bewußtseins zusammenfaßte,[71] die Kunst als vollendet auf einer früheren Stufe aus, weshalb sie für ihn auch nur noch ein „Vergangenes“[72] darstellte. Hegel konnte so das kardinale Problem des Historismus, die Unvereinbarkeit von überzeitlich wahrer Kunstschönheit in einer total historisierten Geschichte „aufheben“, an dem noch Marx scheiterte: „Aber die Schwierigkeit liegt nicht darin, daß griechische Kunst und Epos an gewisse gesellschaftliche Entwicklungsformen geknüpft sind. Die Schwierigkeit ist, daß sie uns noch Kunstgenuß gewähren und in gewisser Beziehung als Norm und unerreichbare Muster gelten.“[73] Ähnlich nahm auch Semper die griechische Kunst aus seinem entwicklungsgeschichtlichen System einer vergleichenden Stillehre heraus, da die Griechen ihre Formen „mit organischem Leben“[74] beseelt hätten.

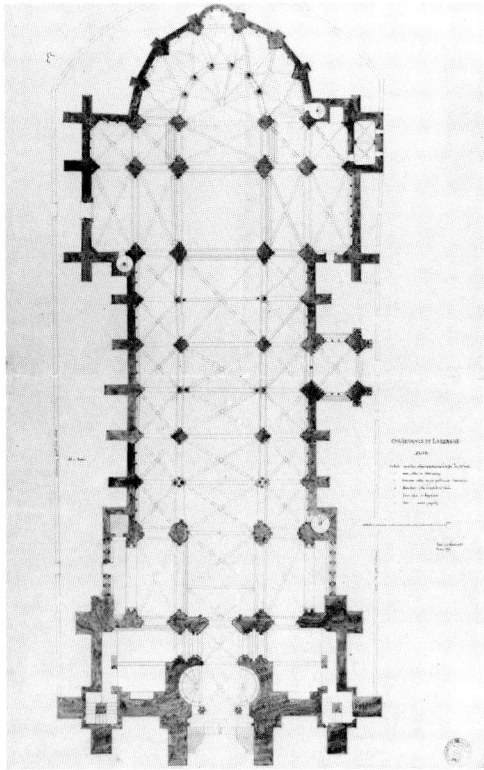

links:
Eugène-Emmanuel Viollet-le-Duc, Kathedrale von Lausanne, Ansicht, 1973
rechts:
Eugène-Emmanuel Viollet-le-Duc, Kathedrale von Lausanne, Grundriß, 1873

---

58 Vgl. Pérez-Gómez, Architecture (Anm. 24). S. 4f.
59 Vgl. W. Nerdinger, De l'épure baroque à l'axonométrie, in: Images et imaginaires d'architecture, Ausst.-Katalog Paris 1984, S. 48–41.
60 Hans Belting, Vasari und die Folgen. Die Geschichte der Kunst als Prozeß?, in: K.-G. Faber/Chr. Meier (Hrsg.), Historische Prozesse, München 1978 (Theorie der Geschichte Bd. 2), S. 98–126, bes. S. 117 ff.
61 Vgl. Michael Ligner, Der Ursprung des Gesamtkunstwerks aus der Unmöglichkeit „Absoluter Kunst“, in: Der Hang zum Gesamtkunstwerk, Ausst.-Katalog Zürich 1983, S. 52–69.
62 J. J. Winckelmann, Gedanken über die Nachahmung der griechischen Werke in der Malerei und Bildhauerkunst, hrsg. von L. Uhlig, Stuttgart 1969, S. 20.
63 Jauss, Literaturgeschichte (Anm. 21), S. 78 f.
64 ebd., S. 214
65 ebd., S. 91.
66 A. W. Schlegel, Vorlesungen über schöne Literatur und Kunst, Teil 1, 1801–1802: Die Kunstlehre, Heilbronn 1884, S. 108.
67 F. W. J. Schelling, Philosophie der Kunst, 1859, Nachdr. Darmstadt 1979, S. 384 ff.
68 Manfred Frank, Das Problem „Zeit“ in der deutschen Romantik, München 1972, S. 15 ff., 51 ff.
69 Vgl. E. Lichtenstein, Zur Entwicklung des Bildungsbegriffes von Meister Eckhart bis Hegel, Pädagogische Forschungen des Comenius Institutes, Bd. 34, 1966.
70 J.G. Herder, Auch eine Philosophie der Geschichte zur Bildung der Menschheit, Sämtliche Werke, hrsg. von B. Suphan, Bd. 5, Berlin 1891.
71 Vgl. Z.B.: H.-G. Gadamer, Hegels Dialektik des Selbstbewußtseins, in: Materialien zu Hegels „Phänomenologie des Geistes“, hrsg. von H.F. Fulda/D. Henrich, Frankfurt/M. 1973, S. 217–242.
72 Willi Oelmüller, Die unbefriedigte Aufklärung, Frankfurt/M. 1979, S. 240–263 „Der Satz vom Ende der Kunst“.
73 Karl Marx, Einleitung zur Kritik der Politischen Ökonomie, in: MEW. Bd. 13, S. 615–642, Zitat S. 642; aus der zahlreichen Literatur zu dieser aufgegebenen Einleitung sei nur verwiesen auf O.K. Werckmeister, Ideologie und Kunst bei Marx, Frankfurt/M. 1974, S. 7–35.
74 Gottfried Semper, Entwurf eines Systems der vergleichenden Stillehre, in: ders., Kleine Schriften, Berlin/Stuttgart 1884, S. 278.

Charles Garnier, Tempel des panhellenischen Jupiter, Fassade, um 1852

Charles Garnier, Tempel des panhellenischen Jupiter, Schnitt, um 1852

Mit Hegels Position ist geistesgeschichtlich die Begründung des Historismus abgeschlossen: aus dem Überblick des historischen Bewußtseins über die gesamte Weltgeschichte wird die Kunst der ästhetischen Bildung unversal präsent, sie kann in ihrer vollendeten Form in die Gegenwart eingebracht, wiedererweckt und ihre verlorene Wahrheit zurückgerufen werden.[75] Indem das Wahre in ihr geltend gemacht wird, kann nach Hegel die wiedererweckte Kunst den gegenwärtigen Verfall überwinden; als Enthüllerin der Ideen bringt sie den verlorenen Glanz in die Gegenwart und stiftet damit im „Vorschein des goldenen Zeitalters" die Zukunft.[76] In der Verschmelzung von ästhetischer Bildung und historischem Bewußtsein zur historisch Bildung wird das „weite Pantheon der Kunst"[77] verfügbar. Wenn im 18. Jahrhundert Architekturdetails aus verschiedenen Zeiten evokativ verwendet wurden, so abstrahierten zu Beginn des 19. Jahrhunderts zahlreiche Architekten auf der Grundlage einer bereits stupenden historischen Bildung aus diesem Pantheon verschiedene Stilsysteme, mit denen sie alternativ die gleiche Bauaufgabe lösten: die Entwürfe Latrobes[78] (Baltimore Cathedral, 1806), Schinkels[79] (Luisenmausoleum 1810, Petrikirche 1814, Werdersche Kirche 1821–23), Klenzes[80] (Glyptothek 1815) und Soanes'[81] (Kirchenwettbewerb 1824) signalisieren ein neues Verhältnis zu Architektur und Geschichte, es gibt nicht mehr eine „wahre" Lösung für eine Bauaufgabe, sondern die gesamte Weltarchitektur kann gleichzeitig imaginiert und inszeniert werden, wie das etwa Cole, Gandy oder Cockerell illustrierten.[82]

Während jedoch hier der Baustil einer ganzen Epoche noch weitgehend undifferenziert der Charakterisierung einer Bauaufgabe diente, geriet auch die Architektur in diesen Jahrzehnten zunehmend in den Prozeß der Verwissenschaftlichung und Systematisierung aller geschichtlichen Phänomene. Je mehr Wissen aber positivistisch über die historische Form angehäuft wurde, desto mehr verschob sich konsequenterweise der Akzent von der Suche nach Wahrheit in der Geschichte auf die Frage nach der historischen Richtigkeit.[83] Die Rekonstruktion der historischen Wirklichkeit löste die überzeitliche Wahrheit ab. So wie Bopp, Grimm oder Humboldt die Entwicklungsgesetze der Sprache analysierten, so wurde die Architekturgeschichte am Leitmotiv der Stilentwicklung aufgeschlüsselt. Rickmans „An Attempt to Discriminate the Styles of English Architecture" (1817) – das noch Ruskin „my grammar"[84] nannte –

75 G.W.F. Hegel, Ästhetik, hrsg. von F. Bassenge, Nachdr. Frankfurt/M. o. J., Bd. 1, S. 65 ff.; vgl. J. Ritter, Ästhetik, in: HWdPhilosophie (Anm. 22), Bd. 1, S. 555–579.

76 Zum Wandel dieser Vorstellung bei Hegel vgl. Ch. Jamme/H. Schneider (Hrsg.), Mythos der Vernunft, Hegels „Ältestes Systemprogramm des deutschen Idealismus", Frankfurt/M. 1984. S. 226 ff., bes. S. 247 f.

77 Hegel, Ästhetik (Anm. 75), Bd. 1, S. 95.

78 Vgl. J.A. Throndike jr., Three Centuries of Notable American Architects, London 1981, S. 26 ff., 46.

79 Vgl. Erik Forssman, Karl Friedrich Schinkel, München/Zürich 1981, S. 68 ff., 129 ff.

80 Vgl. W. Nerdinger (Hrsg.), Klassizismus in Bayern, Schwaben und Franken, München 1980, S. 229 ff.; W. Nerdinger (Hrsg.), Carl von Fischer, München 1982, S. 10 ff., 160 f.

81 Vgl. Claude Alignet, Architektur des 19. Jahrhunderts, Stuttgart 1983, S. 54.

82 Vgl. zu Gandy: Brian Lukacher, in: AA files Nr. 4, July 1983, S. 40–48.

83 Die Andeutung der Wahrheit zur historischen Richtigkeit verfolgt ausführlich Cornelius Gurlitt, Die deutsche Kunst des Neunzehnten Jahrhunderts, Berlin 1900, S. 507–595, s. S. 542 ff., C. Fiedlers wegweisende Untersuchung von Wahrheit und Wirklichkeit: „gemalte Wirklichkeit... ist eine Maske, ein Gespenst der Wirklichkeit."

84 Vgl. Wolfgang Kemp, John Ruskin, München 1983, S. 154.

oder in Deutschland die Arbeiten von Fiorillo, Costenoble, Boisserée, Stieglitz und Rumohr[85] lieferten ein detailliertes genetisches Erklärungsmodell, das zusammen mit Bauaufnahmen und Studien der Bauprinzipien der historischen Bildung der Architekten eine qualitativ neue Basis gab.
Ab etwa 1840 trat die Architektur in die Phase des dogmatischen oder archäologischen Historismus, der durch künstlerischen Positivismus gekennzeichnet ist. Wurde bis dahin undifferenziert griechisch, italienisch oder gotisch gebaut, so definierte der historisch gebildete Architekt, in Kenntnis des genetischen Gesetzes, seine Entwurfsvorbilder nun als perikleisch, aus der Zeit Bramantes oder oberrheinisch vom Anfang des 15. Jahrhunderts.[86] Ein Gründungsbau dieser neuen Architekturauffassung ist z.B. Ohlmüllers Mariahilf-Kirche in München von 1831–39, für die der Architekt nicht nur chronologisch fixierte Vorbilder wählte, sondern spätgotische Architekturtraktate studierte, genaue Bauaufnahmen anfertigte und das gotische Konstruktionssystem geradezu wissenschaftlich untersuchte, um einen „wahrhaft" gotischen Bau errichten zu können.[87] Dieser Historismus der historischen Bildung kam dann spätestens mit dem Sieg Gilbert Scotts beim Kirchenwettbewerb in Hamburg 1846 ganz zum Durchbruch, führte zu Lehr- und Musterbüchern für alle Stilarten sowie zu gelehrten Rekonstruktionen der ganzen antiken Architektur,[88] dominierte die Architektenausbildung und bestimmte die endlosen Diskussionen dieser Jahrzehnte um den richtigen Stil. Anhand der wissenschaftlich rekonstruierten Entwicklungsgeschichten der verschiedenen Stile sowie ihrer Konstruktionsprinzipien sollte herausgefunden werden, welcher Stil aufgrund seines Ursprungslandes, seines Entwicklungsverlaufs oder seiner konstruktiven Möglichkeiten wiederverwendet oder weiterentwickelt werden könnte.[89] Diese Versuche einer wissenschaftlichen Fundierung historischer Gestaltung krankten jedoch von Anfang an daran, daß die historische Bildung nicht in einem Lebenszusammenhang verankert war und besonders daran, daß die Stilfrage zumeist ideologisch oder politisch in Dienst genommen wurde.
In Goethes berühmten Saal der Vergangenheit rief Wilhelm Meister noch: „Welch ein Leben in diesem Saale der Vergangenheit! Man könnte ihn ebensogut den Saal der Gegenwart und der Zukunft nennen. So war alles und so wird alles sein! Nichts ist vergänglich als der eine, der genießt und zuschaut."[90] Die ästhetische Welt vergangener Kunst vermischte sich hier mit der Gegenwart, um das wirkliche Leben, die Bildung zum Menschsein zu intensivieren: „Es ist ein so froher, freier Schritt aus der gebundenen engen Gegenwart heraus und führt doch immer so schön zu ihr zurück. . . Die Inschrift ‚Gedenke zu leben!' ist trefflich und wird es noch viel mehr, da sie an das verwünschte ‚Memento mori!' erinnert und so schön darüber triumphiert."[91] Mit der zunehmenden historischen Bildung wurde diese Ausgewogenheit von Leben und Historie zerstört. Schon der Versuch der Nazarener, Geschichte wiederbelebt wirklich zu leben, scheiterte im Ansatz, es blieb eine aus historischer Bildung rekonstruierte Scheinwelt, eine Welt „historischer Masken", aus der Nietzsche ein halbes Jahrhundert später das Leben wieder freisetzen wollte.[92]
Entscheidend für diesen Weg der historischen Bildung war neben Lebensweltdefizit und Eigengesetzlichkeit positivistischer Verwissenschaftlichung besonders die ideologisch-politische Legitimationspflicht der Geschichte im 19. Jahrhundert.[93] Diente im Deutschland der Befreiungskriege die deutsche Gotik als Symbol für Befreiung vom „römisch"-napoleonischen Frankreich, als Zeichen ehemaliger und zu erneuernder Einigkeit und Stärke, das Caspar David Friedrich im Bild der Kathedrale beschwor,[94] so sollte in der Restaurationszeit das „altdeutsch"-ständische Mittelalter die Legitimation neoabsolutistischer Herrschaft liefern; Kirchenvollendungen, wie besonders der Kölner Dombau,[95] oder die Verpflanzungen bedeutender Bauten aus allen Epochen durch Ludwig I. nach München wurden zu Manifestationen der Macht aus der Geschichte durch die Macht über die Geschichte. Bis zum Ende des Jahrhunderts wurden Stilformen benutzt, um in Anknüpfung an eine „große Vergangenheit" die nationale Gegenwart zu legitimieren, von der englischen Gotik des Houses of Parliament[96] oder dem style Louis XIV. an Garniers Oper unter Napoleon III., über die deutsche Renaissance nach 1871[97] bis zum neoromanischen Reichsstil, mit dem Wilhelm II. die Grenzen seines Reiches – Königsschloß in Posen, Hochkönigsburg im Elsaß – symbolisch sicherte.[98] Ihren grotesken Höhepunkt fand diese Idee einer Legitimation von Herrschaft durch die Wahrheit der Geschichte in dem weltabgeschiedenen Geschichtspanoptikum des politisch völlig machtlosen Ludwig II. von Bayern, der das Versailler Schloß Ludwigs XIV. in seinem ursprünglichen Zustand rekonstruieren und kopieren ließ, um in der äußeren Richtigkeit der historischen Form für sich den Schein des politischen Inhalts bestätigt zu erhalten.[99]

---

85 Vgl. M. Frölich/H.-G. Sperlich, Georg Moller, Darmstadt 1959, S. 76 ff; Paul Frankl, The Gothic, Literary Sources and Interpretations through Eight Centuries, Princeton/NJ 1960, S. 464 ff.
86 Vgl. A. Hirt, Die Baukunst nach den Grundsätzen der Alten, Berlin 1809, S. IV, „Ich reihete die Monumente dieser Völker vor mich hin; ich fixierte ihr Zeitalter; ich bemerkte die Übergänge von einem in das andere...".
87 Vgl. W. Nerdinger, Survival (Anm. 14); Vermittler der Gotik-Theorie war Friedrich Hoffstadt, dessen Gothisches ABC.-Buch, Frankfurt/M. 1840, ist das erste fundierte Lehrbuch der Gotik; s.a. German, Neugotik (Anm. 56), S. 147 f.
88 Vgl. Paris - Rome – Athènes, Le voyage en Grèce des architects français aux XIXe et XXe siècles, Ausst.-Kat. Paris 1982.
89 Vgl. die Zitatensammlung zum sog. Battle of Styles bei Klaus Döhmer, In welchem Style sollen wir bauen?, München 1976.
90 J.W. Goethe, Wilhelm Meisters Lehrjahre, Berlin 1976, Berliner Ausgabe Bd. 10, S. 567.
91 Brief Schillers an Goethe vom 3. Juli 1796, zitiert nach Goethe, Berliner Ausgabe Bd. 10, S. 690 f.
92 F. Nietzsche, Vom Nutzen und Nachteil der Geschichte für das Leben. Unzeitgemäße Betrachtungen, Zweites Stück, in: Werke in drei Bänden hrsg. von K. Schlechta, München 1960, S. 209 ff.; zu Nietzsches Kritik der historischen Bildung vgl. Herbert Schnädelbach, Geschichtspilosophie nach Hegel, Freiburg/München 1974, S. 76–87; Schon 1815 warnte Goethe in einem Brief an Boisserée nach dem Empfang der „Denkmäler deutscher Baukunst" vor einer Wiederbelebung der Geschichte: „Es ist höchst verdienstlich darauf hinzuwirken, daß nur der Kunstwert jener alten würdigen Gebäude, auf historischem Wege, bekannt und deutlich werde, und daß die deutsche Welt sich zugleich überzeuge, wie gefährlich es sei, die Geister der vorigen Jahrhunderte in die Wirklichkeit hervorrufen zu wollen." Nach Frölich/Sperlich, Moller (Anm. 85), S. 95.
93 Vgl. Helmut Gollwitzer, Zum Fragenkreis Architekturhistorismus und politische Ideologie, in: Zeitschrift für Kunstgeschichte 1979, Bd. 42, S. 1–14.
94 Vgl. Bürgerliche Revolution und Romantik. Natur und Gesellschaft bei Caspar David Friedrich, Giessen 1976; A. Verbeek, Der Gralstempel in romantischer Sicht. Zur neugotischen Architektur des 19. Jahrhunderts, in: Kunst als Bedeutungsträger, Gedenkschrift für G. Bandmann, Berlin 1977, S. 439–458.
95 Thomas Parent, Die Hohenzollern als Protektoren der Kölner Domvollendung, und Georg German, der Kölner Dom als Nationaldenkmal, in: Der Kölner Dom im Jahrhundert seiner Vollendung, Ausst.-Kat. Köln 1980, Bd. 2, S. 114–124, 161–168.
96 Vgl. M. H. Port, The Houses of Parliament, Yale/New Haven 1976.
97 Vgl. Wilhelm Lübke, Geschichte der deutschen Renaissance, Stuttgart 1972, bes. S. VIII.
98 Michael Bringmann, Gedanken zur Wiederaufnahme staufischer Bauform im späten 19. Jahrhundert, in: Die Zeit der Staufer, Bd. 5, hrsg. von R. Hausherr/Chr. Väterlein, Stuttgart 1979, S. 581–620.
99 Vgl. die nach Stichen rekonstruierte Gesandtentreppe Versailles' im Schloß Herrenchiemsee; s.a. Norbert Knopp, Gestalt und Sinn der Schlösser Ludwigs II., in: Argo – Festschrift Kurt Badt, Köln 1970, S. 340 ff.

Georg Dollmann, Vorentwurf zum Treppenhaus von Schloß Herrenchiemsee nach dem Vorbild der Botschaftertreppe in Versailles, 1878

Gegen die Legitimation der Restauration durch angeblich ewige Wahrheiten aus dem Kreislauf der Geschichte wandte sich besonders die jungdeutsche und linksheglianische Kritik. Wienburg klagte gegen die „erstarrte Vergangenheit",[100] die das wahre Leben in einer „wüsten Geschichtsnacht" erdrückte, für Gutzkow war die Gegenwart nicht eine moderne, sondern eine „modernde Zeit",[101] und in Hambach wehrte sich 1830 die Jugend dagegen, „lebendigen Leibs auf das Kreuz der Geschichte genagelt zu werden."[102] In der positivistischen Relativierung der Geschichte durch Ranke und die historische Schule sah Heine eine Hilfestellung für die Restauration, denn die Historiker „pflegen damit einen sentimentalen Indifferentismus gegen alle politischen Angelegenheiten des Vaterlandes allersüßlichst zu beschönigen. Eine . . . Regierung in Norddeutschland weiß ganz besonders diese Ansicht zu schätzen, sie läßt ordentlich Menschen darauf reisen, die unter den elegischen Ruinen Italiens die gemütlich beschwichtigenden Fatalitätsgedanken in sich ausbilden sollen, um nachher, in Gemeinschaft mit vermittelnden Predigern christlicher Unterwürfigkeit, durch kühle Journalaufschläge das dreitätige Freiheitsfieber des Volkes zu dämpfen."[103] Besonders nach der gescheiterten Revolution von 1848 wurde dann die historische Bildung zu einem Refugium vor „Realpolitik"[104] und „Materialismus"; die historische Bildungskunst lieferte symbolische Sinnwelten, aus denen alle Widersprüche entfernt waren und wirkte durch diese Harmonisierung – ähnlich wie Trivialkunst – politisch stabilisierend.[105] Die historische Bildung verkam damit zu einem „rein kontemplativen Bewußtseinsraum" des Bildungsphilistertums, dem „Kunst als Illusion, Illusion als Ideal galt".[106] Erst damit wurde Historismus in den viktorianisch-wilhelminischen Dezennien, wie Ernst Bloch schrieb, „das Prinzip des parasitären Kulturgenusses oder der Servierbarkeit toter Bildung; mit Geschichte als immer wieder betrachteter Vergangenheit, mit Kultur als Abendfüllung. Der Historismus liefert vornehm, was das Kapital interessiert verlangt und ‚kulturpädagogisch' verbreitet: er liefert den kleinbürgerlichen Massen in ihre gebildete Mußezeit die gelähmte Muse, den nicht mehr fernhintreffenden Apollo. Der Historismus glaubte einen Hegel als Vorläufer zu haben, doch gerade Hegel wandte sich a limine gegen dieses Museum der Entfremdung, mit selber Entfremdeten als Fremdenführern."[107]

Historismus erschöpft sich jedoch keineswegs in der Funktion eines Legitimationsgehilfen der Macht oder in einer zur Faktenhuberei verkommenden historischen Bildung, die Scheinwahrheiten aus der Geschichte als Gegengift zu Industrialisierung und Entfremdung serviert. Die von Lodoli und besonders den französischen Rationalisten betriebene Suche nach wahren Prinzipien verband mit Wahrheit immer auch schon den ethisch moralischen Aspekt der Wahrhaftigkeit, der dann mit Pugin zu einem Leitbegriff der Architekturdiskussion im 19. Jahrhundert wurde.[108] Für Pugin war nur die gotische Architektur wahr, da sie auf der Wahrhaftigkeit des christlichen Glaubens basierte: „Gotische Architektur ist christliche Kunst, und so wie der Glaube vollendet ist, so sind auch die Prinzipien wahr, die auf ihm basieren."[109] Aus der Wahrheit des Glaubens erschufen nach Pugin die mittelalterlichen Handwerker ihre Bauten, und deshalb konnte nur aus der Rückkehr zu diesen Prinzipien wieder wahrhafte Kunst entstehen. Die „Lampe der Wahrheit"[110] brannte auch für Ruskin und viele Reformer im Mittelalter; die Rückwärtsbewegung zu einer besseren Zeit, einer „Zukunftsgotik",[111] geriet jedoch politisch leicht in die Nähe der Reaktion. Unter Reichensperger, der Pugins Ideen fast wörtlich nach Deutschland brachte,[112] wurde die von ihm propagierte Gotik zum Instrument einer ultramontanen Politik, die mit Blick auf die ewige Wahrheit des Mittelalters, gegen jede Veränderung kämpfte und das wahre Glück des „gotischen Menschen" zurückforderte. Nietzsches Kritik an der „antiquarischen Historie",[113] die sich in andere Jahrhunderte einfühlt und dabei die Zukunft entwurzelt, bewahrheitete sich auch hier.

Im Gegensatz zur Flucht vieler Architekten in das Heil eines einzelnen Stils oder der Verwendung beliebiger Stile je nach Bauaufgabe, suchten die beiden bedeutendsten Architekturtheoretiker des Jahrhunderts, Viollet-le-Duc und Semper, die Kräfte und Prinzipien

100 Ludolf Wienbarg, Ästhetische Feldzüge, zitiert nach Udo Köster, Literarischer Radikalismus, Zeitbewußtsein und Geschichtsphilosophie in der Entwicklung vom jungen Deutschland zur Hegelschen Linken, Frankfurt/M. 1972, S. 3.
101 Köster, Radikalismus (Anm. 100), S. 3; vgl. Feuerbachs Mahnung gegen das „Festkleben an der Geschichte", das unfrei für die Gegenwart mache. L. Feuerbach, Werke hrsg. von W. Bolin/F. Jodl, Berlin 1960, Bd. 7, S. 1, 46 f., zitiert nach G. Scholtz, Historismus, in: HWd Philosophie Bd. 3, S. 1142–1147.
102 Ernst Bloch, Abschied von der Utopie?, Frankfurt/M. 1980, S. 162.
103 Heinrich Heine, Verschiedenartige Geschichtsauffassung, in: Sämtliche Schriften Bd. 3, hrsg. von Klaus Briegleib, München 1971, S. 21–23, Zitat S. 21.
104 Karl-Georg Faber, Realpolitik als Ideologie, in: Historische Zeitschrift 1966, Bd. 203, S. 1–45; Herbert Schnädelbach, Die Abkehr von der Geschichte – Stichworte zum „Zeitgeist im Kaiserreich", in: Ideengeschichte und Kunstwissenschaft, hrsg. von E. Mai u. a., Berlin 1982, S. 31–44.
105 Vgl. Günter Waldmann, Theorie und Didaktik der Trivialliteratur, München 1973, S. 13 ff.; s.a. Jochen Schulte-Sasse, Karl Mays Amerika-Exotik und deutsche Wirklichkeit. Zur sozialpsychologischen Funktion von Trivialliteratur im wilhelminischen Deutschland, in: Helmut Kreuzer (Hrsg.), Literatur für viele. Studien zur Trivialliteratur und Massenkommunikation im 19. Jahrhundert, Göttingen 1976, S. 123–145.
106 Ernst Bloch, Das Prinzip Hoffnung, Frankfurt/M. 1967, S. 1070.
107 ebd., S. 1070 f.
108 Vgl. bes. A.W. Pugin, Contrasts: or, A Parallel between the Noble Edifices of the 14th and 15th Centuries, and Similar Buildings of the Present Day; Showing the Present Decay of Taste, London 1836; German, Neugotik (Anm. 56), S. 67 ff.; Nikolaus Pevsner, Pugin, in: ders., Some Architectural Writers of the Nineteenth Century, Oxford 1972, S. 103–122.
109 W.A. Pugin, The True Principles of Pointed or Christian Architecture, London 1841, S. 9.
110 John Ruskin, The Seven Lamps of Architecture, London 1849.
111 August Reichensperger, Georg Gottlieb Ungewitter und sein Wirken als Baumeister, Leipzig 1866, S. 194.
112 August Reichensperger, Die christlich-germanische Baukunst und ihr Verhältnis zur Gegenwart, Trier 1845; vgl. German, Neugotik (Anm. 56), S. 139 ff.
113 Nietzsche, Vom Nutzen (Anm. 92), S. 226 ff., 242 ff.

links:
Christian Jank, Entwurf zu einer Burg auf dem Falkenstein, Idealvedute, 1883
rechts:
Otto Wagner, Idealentwurf „Artibus" für einen Museumsbezirk, Lageplan, 1880

im Gestaltungswandel zu erfassen, um dem Historismus selbst auf die Spur zu kommen. Ausgehend von der rationalen Begründetheit jeder Form schloß Viollet-le-Duc auf den Ursprung der zugrundeliegenden Prinzipien, die er bis in die Kräfte der geologischen Formation der Erde und deren einfache geometrische Grundformen zurückverfolgte.[114] „Stil" im Gegensatz zu den vielen Stilen war für ihn deshalb ein „principe générateur",[115] dessen rational-organischer Ablauf in der Gotik des 13. Jahrhunderts zum Höhepunkt gekommen war, weshalb er hier wieder anknüpfte. Sempers Suche nach „Wurzelformen"[116] führte ihn in der Verfolgung der Wechselwirkung von Form und Stoff zu den Archetypen Urherd und Urtuch als Schutz des Menschen, von denen aus er das Prinzip der „Bekleidung" als organische Funktion durch die Geschichte hindurch verfolgte und deren Kulmination er in der für ihn modellhaften italienischen Renaissance sah.[117] Zwar blieben beide damit im Bereich historistischer Gestaltung, aber sie hoben die endlose Streiterei um den richtigen Stil auf eine neue Ebene und stellten sich gegen die verhängnisvolle Trennung von

114 Viollet-le-Duc, Ausst.-Kat. Paris 1980, bes. S. 340.
115 Viollet-le-Duc, Artikel Style, in: Dictionnaire raisonné de l'architecture française du XIe au XVIe siècle, Paris 1871, S. 474 ff., bes. S. 480 f., 486; vgl. ders., Entretiens sur l'architecture, Paris 1868, S. 393 ff. „Sur des principes et des connaissances nécessaires aux architectes".
116 Joseph Rykwert, Semper und der Begriff des Stils, in: ders., Ornament (Anm. 53), S. 214–236, bes. S. 223.
117 Vgl. A.M. Vogt u.a. (Hrsg.), Gottfried Semper und die Mitte des 19. Jahrhunderts, Basel/Stuttgart 1976.

Kunstform und Werkform, die Bötticher[118] proklamiert hatte und aus der sich die Beliebigkeit der Verwendung historischer Formen anbahnte, jenes „Bordell des Historismus",[119] wie Benjamin es später nannte. Eine Trennung in „verlogene" fassadenhafte Monumentalkunst mit der „verborgenen Vernunft" der Konstruktion und eine „ehrliche" Nutzarchitektur ist allerdings eine Erfindung des 20. Jahrhunderts;[120] im 19. Jahrhundert gab es für die Architektur nur die Aufgabenteilung in Höhere und Civil-Baukunst.[121]

Ein weiteres Grundmotiv des Historismus ist die Suche nach einem neuen, zeitgemäßen Stil. Die Erhebung des historischen Bewußtseins über die Geschichte lieferte jedoch naturgemäß weder einen Ausblick auf einen neuen Ausdrucksträger für das Jahrhundert[122], noch ließ sich dieser aus der Überschau synthetisieren. In Anlehnung an die Weltalterlehre Fichtes suchte zwar schon Schinkel griechische Antike und gotisches Mittelalter, Griechentum und Deutschtum – wie Faust und Helena – in einer Stilsynthese zu verbinden,[123] aber er sah bald die Künstlichkeit dieses Vorhabens ein, an der noch zahlreiche weitere Versuche scheiterten, darunter der Stilwettbewerb und das Schloßbauprojekt Maximilians II. von Bayern, der gotische Architektur und den Charakter bayerischer Landschaft zu einem deutschen Nationalstil verschmelzen wollte.[124] Gemäß Droysens Definition, daß das historische Bewußtsein die höchste Form des Bewußtseins überhaupt sei,[125] wurde deshalb zur Devise für das letzte Drittel des Jahrhunderts, daß zum Charakter der Gegenwart eine Universalität des Geschmacks gehöre;[126] gerade im Genuß aller Baustile, in der vollkommenen Freiheit der Wahl zeige sich die Überlegenheit gegenüber allen früheren Zeiten.[127] Stilarchitektur wurde damit zum dekadent historischen Virtuosentum wie bei Thiersch oder Wagner,[128] aber für den kritischen Zeitgenossen Nietzsche auch zur „historischen Krankheit",[129] denn für ihn war ein „Grad von Wiederkäuen" erreicht, . . . bei dem das Lebendige zu Schaden kommt." Die Beliebigkeit der Geschichte führt zum Verlust der Geschichte, sie zerstört Tradition, die organisch in die Gegenwart wachsen muß, um Identität und Heimat geben zu können. Die un-heimliche Welt unter dem „Alp der Geschlechter"[130] legte erst der Surrealismus in einem schockhaften Aufblitzen der obsoleten Elemente des 19. Jahrhunderts frei,[131] ähnlich wie Kafka in seinem Werk, nach Benjamin, die „Erkrankung der Tradition"[132] am entfremdeten, nicht mehr in sich und seiner Welt heimischen Menschen darstellte.

So wie die Lebensphilosophie den historischen Relativismus überwand und ein neues Zeitbewußtsein formte,[133] so setzte in der Architektur die Abwendung vom Historismus konsequenterweise mit der Suche nach lebendiger „Tradition" ein: bei Morris und den Lebensreformern in der Rückkehr zur Natur, bei Richardson, Berlage, Wagner und Th. Fischer in der Verschmelzung von historischer und traditioneller Architektur, bei Sullivan, Perret oder Behrens in der Gestaltung der neuen, technischen Lebenswelt. Rückgriffe auf historische Formen im 20. Jahrhundert müssen deshalb am Maßstab des Lebens gemessen werden. Als Pevsner 1961 in einem berühmten Vortrag 18 Beispiele für eine angebliche „Rückkehr zum Historismus"[134] aufzählte, führte das noch zu einer Hexenjagd auf die Verräter, obwohl es sich doch nur um zumeist belanglose Zitate aus der Moderne selbst, d. h. aber gerade um ein Indiz von deren geleugneter Geschichtlichkeit handelte. Peter Collins wies darauf zu Recht auf den Unterschied von Wechsel des Stils und Veränderung in einem Stil, von Mutation und Variation hin,[135] womit auch ein großer Teil angeblicher Geschichtsanknüpfungen der sog. Postmoderne charakterisiert ist. Deren isolierte Architekturzitate sind ein seit Jahrhunderten geläufiger Topos, der nie Geschichte, sondern bestenfalls Sinn stiften konnte und kann; die willkürliche Anwendung ganzer historischer Stilsysteme jedoch, wie heute bei Bofill oder Johnson, betont nur den Verlust von Geschichte, zerstört lebende Tradition und liefert dafür pseudorationale Evokation.

---

118 Carl Bötticher, Tektonik der Hellenen, Berlin 1852; gegen Bötticher siehe G. Semper, Der Stil..., München 1863, Bd. 1, S. 415, 444.
119 Walter Benjamin, Geschichtsphilosophische Thesen, in: ders., Illuminationen, Frankfurt/M. 1961, S. 268–279, Zitat S. 277; der Begriff dürfte von R. Borchardt stammen, der vom Historismus, der sich „auf der Gasse anbietet", schreibt, vgl. R. Borchardt, Rede über Hofmannsthal, in: Die literarische Moderne, hrsg. von G. Wunberg, 1971, S. 142.
120 Hinter dieser immer wiederholten Geschichtsklitterung stehen besonders die von Sigfried Giedion in Abwehr der Stilarchitektur des 19. Jahrhunderts verfaßten Schriften; vgl. bes. die Ausst.-Kataloge: Die verborgene Vernunft, München 1965, und Die andere Tradition, München 1981.
121 Vgl. W. Nerdinger, Höhere Baukunst für Bayern – Die Bauschule an der Akademie, in: TA. Zacharias (Hrsg.), Tradition und Widerspruch – 175 Jahre Münchner Kunstakademie, München 1984.
122 Die Suche nach einem neuen Stil ließe sich leitmotivisch durchs Jahrhundert verfolgen; noch 1896 schrieb der einflußreiche Architekturlehrer Carl Schäfer, man müsse auf einen neuen Michelangelo warten, der – „auf historischer Basis" – einen neuen Stil erfinde. C. Schäfer, Die heutige und die zukünftige Baukunst, in: ders., Von deutscher Kunst, Berlin 1910, S. 394–403.
123 Vgl. Norbert Knopp, Schinkels Idee einer Stilsynthese, in: W. Hager/N. Knopp (Hrsg.), Beiträge zum Problem des Stilpluralismus, München 1977, S. 245–254.
124 W. Nerdinger, Der Maximilianstil, in: Gottfried von Neureuther, Ausst.-Kat. München 1978, S. 51–62; E. Drüeke, Der Maximilianstil, München 1981.
125 Schnädelbach, Geschichtsphilosophie (Anm. 92), S. 109, 111 ff.
126 Hermann Lotze, Geschichte der Ästhetik in Deutschland, München 1868, S. 542.
127 Adolf Göller, Die Entstehung der architektonischen Stilformen, Stuttgart 1888, bes. S. 449 ff.
128 Vgl. Fr. v. Thierschs Evokation „deutscher Architektur" durch genau konstruierte Architekturzitate an seinem Wettbewerbsentwurf für das Deutsche Haus auf der Weltausstellung Paris 1900, W. Nerdinger (Hrsg.), Friedrich von Thiersch, Ausst.-Kat. München 1977, S. 100 f.
129 Nietzsche, Nutzen (Anm. 92), S. 281, folgendes Zitat S. 213.
130 Karl Marx, Der achtzehnte Brumaire des Louis Bonaparte, in: MEW Bd. 8, S. 115 „Die Tradition aller toten Geschlechter lastet wie ein Alp auf dem Gehirne der Lebenden."
131 Walter Benjamin, Das Passagenwerk, Gesammelte Schriften 5, 1, Frankfurt/M. 1982, S. 584 „Der Surrealismus ist das Sterben des letzten Jahrhunderts in der Komödie"; vgl. Rolf Tiedemann, Studien zur Philosophie Walter Benjamins, Frankfurt/M. 1973, S. 147, Adorno über Benjamins Traumkitsch-Arbeit.
132 Walter Benjamin, Briefe, 2 Bde, hrsg. von G. Scholem und Th. W. Adorno, Frankfurt/M. 1978, Bd. 2, S. 763.
133 Vgl. Schnädelbach, Philosophie (Anm. 3), S. 174 ff.; Karl Heinz Bohrer, Plötzlichkeit. Zum Augenblick des ästhetischen Scheins, Frankfurt/M. 1981.
134 Nikolaus Pevsner, The Return of Historicism, in: ders., Studies in Art, Architecture and Design, London 1908, Bd. 2, S. 242–259.
135 Collins, Ideals (Anm. 45), S. 297.

Stärke der Erinnerung – Krise der Legitimation

Zur Unentschiedenheit historischer Verfügung über Formen fernen Lebens

Rudolf zur Lippe

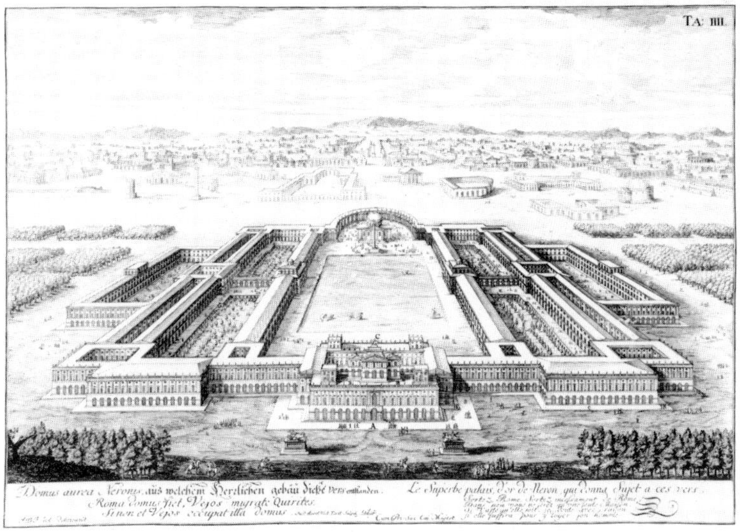

Denn nach unserem ersten unbezweifelbaren Prinzip ist die historische Welt ganz gewiß von uns Menschen gemacht und kann darum in den Modifikationen unseres eigenen Geistes wiedergefunden werden.
Giovanni Battista Vico, Principij di una scienza nuova d'intorno alla commune delle nazioni (1725, 1730^2)

Noch eine Aufgabe, und die größte, wäre, die vorhandenen Existenzen bis zu ihrer Geistigkeit zu durchdringen und die geistigen Elemente einander gegenüberzustellen.
Leopold von Ranke, Tagebücher (Anfang der 1830er Jahre)

Die Frage aber, bis zu welchem Grade das Leben den Dienst der Historie überhaupt brauche, ist eine der höchsten Fragen und Sorgen in betreff der Gesundheit eines Menschen, eines Volkes, einer Kultur.
Friedrich Nietzsche, Unzeitgemäße Betrachtungen, Zweites Stück: Vom Nutzen und Nachteil der Historie für das Leben (1874)

Seite 43:
Johann Bernhard Fischer von Erlach, Domus Aurea Neronis, aus: „Entwurff einer historischen Architektur", Wien 1721, II. Buch, Ta. 4, Kupferstich

Friedrich von Thiersch, Wettbewerbsplan „Deutsches Haus", Weltausstellung Paris 1900, Ansicht gegen Uferstraße

Philosophieren über historistische Architektur?
Man könnte auf den Historismus überhaupt sich zurückziehen, zumal der Historismus in der Architektur mit dem des Mobiliars und dem der Rechtsnormen, mit dem der Kleidung und dem der Gesellschaftsorganisationen eng verwandt ist. Aber die Herausforderung soll so angenommen werden, wie sie die Philosophie am wenigsten vorbereitet trifft und den Gegenstand am greifbarsten mitten im Leben findet.
Also Philosophieren über Architektur.
Welche Kategorien der Philosophie versprechen, daß im Nachdenken über gebaute Formen eigene Einsichten möglich werden? Sie müssen das Besondere des Bauens erfassen; sie müssen in diesem Besonderen weitere Zusammenhänge von besonderer Bedeutung aufdecken, und sie sollen den Charakter dieser Zusammenhänge bestimmen helfen. Zusammenhänge mit was?
Was kann Architektur für die Philosophie sein? Gebaute Formen können als Formen sowie aus dem Vorgang des Bauens untersucht werden. Dabei könnte man sich auf „ästhetische" Überlegungen in dem Sinne von Hegels „Philosophieren über das Schöne in der Kunst"[1] beschränken, vielleicht mit der Geschichte dieser Formen. Im „ästhetischen Nachschaffen" Panofskys sollen die Kunstwerke als Aufforderung begriffen werden, „im Geist die Handlungen nachzuvollziehen und die Schöpfungen nachzuschaffen".[2] Aber auch dieses weite Denken in den historischen und sozialpsychologischen Dimensionen, die Warburg zur Kulturwissenschaft vereinigt hat, ist noch zu eng auf den Ausgangsgegenstand Kunst und Werk gerichtet. Das mag lohnend sein. Hier müssen wir aber mehr darüber wissen, was Bauen überhaupt bedeutet. Dazu müssen wir das Bauen und die dabei entstehenden Formen als einen Bereich menschlicher Lebensgestaltung insgesamt zu begreifen versuchen. „Ästhetisches Nachschaffen" verlangt, das vergangene Leben in der ganzen Breite aller kulturanthropologischen Disziplinen vorzustellen. Bei allem Wissen soll es aber eben vorgestellt, nachgelebt werden. Gemeinsame Kategorien müssen dann das Leben und Erleben - und jede menschliche Gesellschaft erlebt ja auch ihr eigenes Leben selbst – von Gegenwärtigem und Vergangenem wie von denkbar Zukünftigem als Vorstellungen bestimmen.
So werde ich beginnen, die Kategorien der Ästhetik, also allen gestalthaften Wahrnehmens und allen wahrnehmenden Gestaltens, material-historisch zu begründen, nachdem Kant sie an das Transzendentale abgetreten hat[3]: Das Nacheinander und das Nebeneinander werden der Zeitlosigkeit, d. i. der Spannungslosigkeit, d. i. der Geschichtslosigkeit entrissen.[4]
Anders würde ich im Streit der Schulen nach Neigung oder Pflichtbewußtsein Partei ergreifen müssen, statt eine wesentliche Seite der Organisation gesellschaftlichen Lebens sich aus ihrer Entstehung und im Wechsel mit anderen Seiten konstituieren zu sehen. In solchen Wechselbeziehungen hat sie ihre Bedeutung gewonnen, ihnen gibt sie insofern Ausdruck und auf sie wirkt sie zurück. Es sollen aber deshalb nicht einfach „wichtige" Gesichtspunkte des Lebens überhaupt zugrundegelegt werden, die ebenso willkürlich gewählt sein können, wie die Neigungen des „Geschmackes" für diese oder jene Schule der Kunst selbst oder ihrer Interpretation.
Insbesondere im Hinblick auf eine Haltung, die „Historismus" genannt wird, bedarf man einer gründlichen Vorstellung von der Geschichte der Lebensform Bauen in ihren wechselvollen Bildern wie aus ihren wechselnden Bedeutungen.

Grundfragen

Raum ist gelebte Zeit

Die ersten menschlichen Bauten waren Behausungen für längere Zeit in einem größeren Gebiet mit vertrauten Pfaden und Stellen. Dieser Zusammenhang ist entscheidend. Wir müssen von einem bereits vielschichtigen Bedingungsgefüge sprechen.
Nur in einem verhältnismäßig großen bekannten Jagdbereich kann Dauer entstehen, kann die Nahrung durch Wechsel von einem auszubeutenden Ort zum anderen gesichert werden. Die ersten Behausungen stehen im Gegensatz zu flüchtig errichteten und wieder verlassenen Schutzhütten, wie auch die Primaten, z. B. Gorillas, sie kennen. Weite und Dauer bedingen einander als lange Wege zur Jagd und zum Sammeln, und als Festigkeit des Bauens.
Diesen Polen entspricht ein anderes Spannungsfeld der Lebensformen im Hinausziehen auf die Suche und sich Zurückziehen in den Schutz. Das Gebiet gliedert sich immer durch Pfade und Stellen von bestimmter Bedeutung; Wasser, Früchte, Tiere, Wärme, Schatten. Der feste Bau auf Dauer wandelt dieses Gefüge von hilfreichen und zu meidenden Stellen, indem eine Mitte entsteht und

1 G.W.F. Hegel, Vorlesungen über die Ästhetik, Einleitung.
2 Erwin Panofsky, Kunstgeschichte als geisteswissenschaftliche Disziplin, in: E. Panofsky, Sinn und Deutung in der bildenden Kunst, Köln 1975 (engl.: Meaning in the Visual Arts, New York 1955).
3 Immanuel Kant, Transzendentale Ästhetik, in: Kritik der reinen Vernunft.
4 Hier ist nicht der Ort, dies in den kulturanthropologischen Dimensionen der Ontogenese, insbesondere der Entwicklungs- und der Wahrnehmungspsychologie im Zusammenhang einer Sozialgeschichte der Bewegungsentfaltung der Menschen darzustellen, die immer deutlicher einen bestimmenden Einfluß auf unsere Theorien von den menschlichen Welt-Vorstellungen gewinnen dürften. In einem unveröffentlichten Gespräch – im Typoskript vorgelegt von Therese zu Öttingen-Spielberg – faßt Ludwig von Bertalanffy 1966 eine gemeinsame Position mit Alfred Prinz Auersperg z. B. in folgender Feststellung zusammen: „Daß also zunächst einmal jene Kantischen Kategorien, die man als a priori, ewig usw. angesehen hat, nicht nur in der modernen Physik, sondern insbesondere sich in der psychischen Entwicklung des Kindes *herausbilden.*" Dieses Sich-Herausbilden ist wesentlich für Möglichkeiten einer Kommunikation mit jenem Gegenüber, das in einer gemeinsamen Geschichte an der Herausbildung beteiligt gewesen ist – Humberto Maturana nennt das inzwischen „co-history". Es legt aber genauso erst den Grund für das rhythmische Zusammenspiel dessen, was in Nebeneinander und Nacheinander aufgeteilt wird.

Constant Désiré Despradelle, Leuchtfeuer des Fortschritts, Vergleich von großen Monumenten der Welt, 1900

alles andere sich in nah und fern gliedert. Die Menschen, die durch ihre Ausrichtung nach vorn von Mund und Zähnen, Gesicht und Gang immer eine Achse in die Welt hineinprojizieren, schaffen materiell eine radikale Orientierung.

Dies haben die Menschen freilich in gewisser Weise mit allen Tieren gemeinsam, die Höhlen, Bauten oder Nester bewohnen, obwohl die frühen menschlichen Behausungen diesen Ordnungen schon deutlicher ihren eigenen Ausdruck geben. Dabei ist wesentlich, daß die Spannungsfelder im menschlichen Leben sich fort- und umsetzen. Die Paläontologie[5] betont die Gleichzeitigkeit, in der „die ersten Behausungen und die ersten gravierten Zeichen" auftraten, vor 40 000 oder 50 000 Jahren.[6] An diesen in Stein oder Knochen geritzten Zeichen ist nun nicht die jeweilige Form interessant. Es sind Striche nebeneinander, von einer Hand gemacht, die in gleicher Haltung auf dem Material weitergegangen ist. Die Beziehungsgestalt ist, was den Gravierungsarbeiten ihre Bedeutung gibt, die Reihung der Striche in regelmäßigen Abständen „zu den ersten rhythmischen Darstellungen".[7] Ein solcher Rhythmus setzt ein Hin und Wieder zwischen Mitte und Ferne in eine neue Dimension fort, setzt gelebte Zeiten in Zeiterleben um, das sich in einer Raumgleichung niederschlägt.

Die Behauptung, daß menschliches Bauen Ausdruck einer ordnenden Lebensform ist, finden wir in weiteren Umsetzungen begründet. Der „Übergang von einem passiv hingenommenen zu einem aktiv konstruierten Raum" vollzog sich in einer Fülle von Entgegensetzungen, die Leroi-Gourhan wesentlich als gegensätzliche Rhythmen vorzustellen auffordert: „Der Rhythmus der regularisierenden Kadenzen und Intervalle tritt an die Stelle der chaotischen Rhythmizität der natürlichen Welt und wird zum wichtigsten Element in der menschlichen Sozialisation."[8] Rhythmus ist Wiederholung, freilich sehr wohl auch verändernde Wiederholung, nur eben in „regelmäßigen" Abständen; d. h. die Abstände müssen nicht einfach gleich sein, wenn nur ihre Unterschiede auf einander be-

5 Besonders werden die paläontologischen Untersuchungen von Leroi-Gourhan zugrundegelegt, in denen die frühen Schichten der Gattungsgeschichte ausdrücklich in dem Bemühen dargestellt werden, gegenwärtiges Leben der Menschen aus den Tiefendimensionen der Phylogenese zu begreifen. Bes. André Leroi-Gourhan, Hand und Wort. Die Evolution von Technik, Sprache und Kunst, 2. Aufl. Frankfurt/M. 1984 (frz.: Le geste et la parole, Paris 1964–65).
6 loc. cit. S. 388.
7 loc. cit. S. 390.
8 loc. cit.

Eduard von Steinle, Gralstempel aus dem Parzival-Zyklus, 1884

zogen sind. Dann bilden ihre Veränderungen dennoch Wiederholungen, entstehen im Unterschiedlichen Regeln. Dabei braucht es keineswegs gleich ein einziges Maß für alle Abstände zu geben. Vielmehr können diese einer zum Maß des anderen werden, so daß sie sich nicht über ein Drittes, sondern jeweils über sich selbst untereinander verbinden. „Über sich selbst" bedeutet, daß jedes einzelne Zeichen, jedes einzelne Intervall als einmaliges Geschehen und außerdem auch als mögliches Allgemeines auftreten.

So entsteht bewußter Wechsel fortschreitend in der Zeit. Dies ist auch die Gestalt des Raumes. Im Jagdgebiet ergibt sich ihre Gliederung aus den Proportionen physischer Gegebenheiten wie denen des Schrittes zu einer Entfernung, dieser Entfernung wieder zum Tag-Nacht-Wechsel usf. Die rhythmische Darstellung setzt solche Proportionen um in Proportionen, die vom Erleben der physischen Gegebenheiten „sprechen", die somit sprachlich sind oder symbolisch. Der Raum der prähistorisch gestalteten Höhlen ist in der Zeit geordnet, wie Leroi Gourhan sagt: „Die Ordnung, die in ihnen existiert, ist der unseren fremd, und man hat in ihnen das Chaos zufällig hingeworfener Bilder gesehen. Im Schein der Lampe - also auf erneuter Wanderung - ordnen sich die Figuren von Lascaux, nicht zu einem flächenförmigen Zusammenhang, sondern entlang einer Bahn: sie sind untereinander durch das Band eines Themas verknüpft, dessen Ablauf sich aber von Wand zu Wand wiederholt."[9] Hier wird der „Ablauf" als Rhythmus, der Rhythmus auch inhaltlich als „Thema", eben als Ausdruck von Erleben sichtbar. „Die Mythologie der Jäger-Sammler enthält als wesentliches Element Bilder von Bahnen oder Fahrten, den Bahnen der Sterne oder den Fahrten der ordnungsstiftenden Heroen."[10]

Rhythmus ist ebenso der Inhalt der Mythen wie er deren Sprache zu bilden und zu äußern erlaubt. Alle Sprache ist zu Beginn insofern Gesang, als sie überhaupt nur in Wechsel und Wiederholungen Gestalt annehmen, nur in deren besonderer Folge erneuert werden und auch nur in solch sinnenhafter Bewegung eine Bedeutung zum Ausdruck bringen kann. „Beim Zeichen wie beim Wort korrespondiert das Abstrakte mit einer fortschreitenden Anpassung der Motorik des Ausdrucks an immer nuanciertere zerebrale Anforderungen."[11] Wie in der frühgriechischen mousikē entfalten Gang und Gesang sich im Rhythmus des „Versfußes", den Schritten und Mundbewegungen geistig-seelische Bedeutung gebend, der Klang- und Bildfolge die existentielle Motorik körperlicher Rhythmen erhaltend.

Die Paläontologie hat immer auch besonderen Wert auf den Beginn von Totenbestattungen gelegt, so besonders Teilhard de Chardin.[12] Die zeitliche Frage nach dem Sein des Nicht-(mehr)-Seienden – oder auch nach dem Nicht-Sein des Immer-noch-Seienden – wird gelöst im Räumlichen. Kontinuität kann nur durch das Verweisen der Unterscheidung in Reiche der Toten und der Lebenden gerettet werden, zunächst einmal, indem den Toten Stätten geschaffen werden, die von denen der Lebenden unterschieden sind. Diese Trennung erlaubt dann, die räumlich Ausgegrenzten in der Zeit wieder auferstehen zu lassen; bestimmte Riten entwickeln einen Rhythmus der Wiedervereinigung und Wiederabsonderung der Toten und Lebenden, die so gemeinsame Dauer in einem aufgeteilten Raum haben.

Wenn sich die Bestattungen innerhalb der Behausungen befanden, nur in die Erde unter den Lebenden versenkt, so war dies nur eine Erscheinungsform des Oben und Unten. Gerade der frühe menschliche Raum ist nicht nur flächig ausgebreitet, sondern wird in den Dimensionen der Höhe und der Tiefe gelebt. Die Bahnen der Sterne sind vielleicht das wesentliche frühe Ordnungserleben. Auch sie vollziehen sich als sich verändernde Wiederholung in der Zeit – wie die Leben bestimmenden Rhythmen von Tag und Nacht, von Jahreszeiten, Mondphasen usw. sowie die in ihnen begründeten biologischen Rhythmen und Perioden. Die Unter-Welt ist die Ander-Welt.

Das Geschehen ist am Himmel und in der Erde geordnet, insofern Wechsel doch Wiederholung zuläßt. Die Entfernungen sind ohnehin zeitlich gelebt und gedacht als die Reisen. Daß dies auch für oben und unten gilt, geht aus den Mythen des Sonnenfahrers Herakles so gut hervor wie aus der Hadesfahrt des Odysseus, aus den Himmel- und Höllenfahrten der von Myrcea Eliade[13] oder A. Butterworth[14] geschilderten Schamanenpraxis.

Bewußte Entsprechungen zwischen den Erfahrungen aller Räume, auch der inneren des Leibes, kommen zum Ausdruck, z.B. wenn in der mythischen Anatomie die „emotive Geographie" des Leibesinneren von den Schamanen durch ganz ähnliche Reisen erfahren wird.[15] Die Geburtsorgane einer Mutter werden eher zu einer Zeitfolge, wenn ihre Vorstellung, ihr Bewußtsein unter der Leitung des Schamanen und im Zeugnis der beistehenden Mitmenschen in das Herz des Organgeschehens vordringt und dann mit dem zu Gebärenden den gemeinsamen Weg wieder nach draußen antritt. Lévi-Strauss hat einen pueblo-indianischen Mythentext über-

9 loc. cit. S. 403.
10 Vgl. z.B. Heinrich Zimmer (Ed. Joseph Camphell), The King and The Corps, New York, N.Y. 1948.
11 Leroi-Gourhan, a.a.O., S. 240.
12 Pierre Teilhard de Chardin, Der Mensch im Kosmos, 2. Aufl. München 1959 (frz.: Le phénomène humain, Paris 1947).
13 Mircea Eliade, Schamanismus und archaische Ekstasetechnik, Zürich und Stuttgart 1957.
14 E.A.S. Butterworth, The Tree at The Navel of The World, Berlin 1970.
15 Claude Lévi-Strauss, Anthropologie structurale, Paris 1958, S. 215.

Thomas Cole, Der Traum des Architekten, 1840

liefert, der diesen Vorgang zugleich symbolisch schildert, rhythmisch initiiert und gesungen begleitet.[16] Tempelbauten rund um die Welt, etwa in Griechenland oder bei den Kelten, schaffen entsprechende Labyrinthe mit ihren engen, runden Ein- und Durchlässen, in denen sich symbolische Fahrten der Wiedergeburt vollziehen konnten.

Gegenwärtiger Sinn „vor" geschichtlicher Überlegungen

Es bedürfte vieler weiterer Beispiele, wollte man wirklich phänomenologisch davon überzeugen, daß der frühe Raum ein Moment der Zeit ist. Hier können wir nur einige Beispiele modellhaft begreifen als Zeugnis einer allgemein wirksamen Gestalt – man könnte ebensogut Struktur sagen, wenn nicht das Strukturdenken allzu oft gerade auf das Statische von Gestalten fixiert wäre. Hier aber kommt es wesentlich darauf an – und zwar eben weitgehend im Gegensatz zu modernen herrschenden Vorstellungen, um nicht geradezu von heimlichen Denkverboten zu sprechen –, ein fließendes, unumkehrbares Paradigma hervorzuheben.[17]

Insofern Zeit Geschichte ist, liegt hier die große Bedeutung des „vor"-geschichtlichen Lebens. Es kennt zwar keine säkularen und individuellen Geschichten, aber es ist umso wesentlicher immer Geschichte. Gerade da, wo das moderne Leben auf Zeitlosigkeit zielt und Geschichtslosigkeit erreicht. Mit etwa Bergson und Adorno kritisieren wir die „Verräumlichung der Zeit". Wollen wir uns nun dagegen wieder dem vorgeschichtlichen Erleben des Raums als Zeit zuwenden?

Eine solche Reaktion wäre eine neue Variante der kritisierten Haltungen, die irgendeine Erkenntnis nach Neigung oder Pflicht willkürlich zum Prinzip erheben.

Uns mit so frühen Formen menschlichen Lebens zu beschäftigen, hat aber nicht einen derartigen Stimmungswert, sondern methodische Bedeutung, und zwar eine doppelte. Zum einen führen die zu betrachtenden Verhältnisse uns auf Wege des Vorstellens und so, wie wir uns auf den Weg gemacht haben, zu-

---

16 loc. cit. S. 211 ff.

17 Die Weite der Ansätze dazu mindestens seit Bergson im Denken dieses Jahrhunderts schließt Autoren mit so selbständig entstandenen und auf so unterschiedliche Forschungen aufbauenden Lehren ein wie Victor von Weizsäcker oder Wilhelm Reich, Daitaro Suzuki und Erwin Strauss, Max Raphaël und Teilhard de Chardin. So kann hier nicht auf einzelne Quellen und Richtungen des Unterstromes modernen Denkens und Handelns hingewiesen werden, der seit einigen Jahren z.B. auch in der nordamerikanischen Mode zutage tritt, von Holistik zu sprechen und vom emerging paradigm.

Augustus Welby Pugin, Die Die gegenwärtige Wiederbelebung der christlichen Architektur, aus „An Apology for the Revival of Christian Architecture in England", London 1843

gleich auch zu Modellen des Denkens, die uns zum Teil durch Ungewohntheit unzugänglich geworden waren. Diese Aufgabe wäre fast heuristisch, wenn es nicht – dies ist das andere – mit einem Beginn menschlicher Geschichte immer auch um Züge ginge, die zumindest unsere Vergangenheit geprägt haben. In Wirklichkeit verhält es sich mit diesen frühen Phasen der Gattung ähnlich wie mit den frühen Phasen der Lebensgeschichte. Sie wirken als tiefere Schichten in den späteren und höheren Entwicklungen weiter. Jene frühen Äußerungen und Lebensweisen gehören, darin sind sich so unterschiedlich engagierte Paläontologen wie Teilhard de Chardin und Leroi-Gourhan völlig einig, auch heute noch zu den wesentlichen Möglichkeiten und Bedürfnissen menschlichen Lebens. „Die fortschreitende Entfaltung (. . .) hat qualitative Bedeutung und führt zu keiner wesentlichen Veränderung der Grundausstattung", sagt Leroi-Gourhan, und während dessen „bewahrt das Gehirn des homo sapiens sämtliche Etagen (. . .), und jede dieser Etagen spielt auch nach der Überlagerung durch die jeweils neuere eine Rolle in den entwickelten Formen des Denkens".[18]

Teilhard de Chardin gibt dieser Erkenntnis besonderen Nachdruck: „Je besser wir die Vergangenheit überblicken (*mit Einschluß* des Beginns der „Neuzeit"), desto mehr erkennen wir, daß die sogenannten „historischen" Zeiten nichts anderes sind als die direkten Fortsetzungen der Jüngeren Steinzeit. Immer komplexer und differenzierter (. . .) Aber im wesentlichen dieselben Linien und *dieselbe Höhenstufe*."[19]
Ob wir uns dieser Sicht gerade im Bezug auf die Architektur anschließen mögen, brauchen wir kaum zu entscheiden, solange wir nicht jede Vergleichbarkeit der Epochen leugnen. Je wichtiger uns freilich eine vergangene Zeit erscheint, desto genauer müssen wir sie zu sehen versuchen, um nicht, wie z.B. Leo Frobenius gegenüber Afrika, irgendeinen belebend verjüngenden Eindruck aus dem fremden geschichtlichen Bedingungsgefüge herauszulösen.

Aufteilungen und Verbindungen, Gegensätze und Entsprechungen

Die frühen Grundlagen müssen, schon deshalb, wenigstens in einer weiteren Fragenrichtung betrachtet werden, der fließende Lebensstil, in dem Raum als Stationen, als zurückgelegte und zurückzulegende Fahrt und als das erfahren wird, was all dies umgibt, ist von Anfang an nur die eine Seite. Neben dem dynamischen Raum gibt es immer auch das Hier und das Dort als Nebeneinander, als Gegenüber.
Wenn die Bauten Schutz gewähren, gibt es ein Innen und ein Außen. Selbst wenn die Hütten mit der Menschengruppe wandern, aus dem Innern des Zeltes wird alles übrige als Außen erlebt. Daß dieses Erleben über entsprechende Vollzüge von Tieren menschlich bestimmt hinausgeht, zeigt sich in den Brechungen und Wiederholungen des einfachen Unterschieds. Er wird vielfach fortgesetzt und umgesetzt und dabei jedesmal zum Gegensatz erhoben, wie Hegel sagen würde. Schutz und Ausgesetztsein steigern sich zum Prinzip von Mitte und Weite, das für Menschen aufgrund ihrer, von keinem Tier erreichten, Anpassungsfähigkeit immer eine Gestaltung bedeutet, weil sie nicht eine gegebene „Umwelt" hinzunehmen haben. Arnold Gehlen betont deshalb zu Recht, daß „der Mensch keine Umwelt hat, sondern Welt".[20]
Menschen suchen umso entschiedener, d.h. immer auch in gewissem Sinne bewußter, die Gegebenheiten ihren Notwendigkeiten anzupassen. Die Mitte wird Schutz und Lebensmittellager. Sie wird auch Tempel, Heiligtum gegenüber einer unheimlichen Welt. Levi-Strauss hat das Gegenüber von kulturellem Bezirk und umgebender Naturwildnis in einem Buch herausgestellt, das mit seinem Titel „Das Rohe und das Gekochte" auf die gleichzeitige Bedeutung des Feuers für die Nahrung hinweist. Wesentlich ist zu sehen, daß schon vor 30.000 Jahren und mehr der Gegensatz von innen und außen im Innern sich reflektiert als Aufteilung in Feuerstelle und Umkreis, daß er sich weiter reflektiert im doppelten Verhältnis einer Zone von Abfällen und Überresten, die zu Zelt oder Hütte ein Außen bildet, gegenüber der chaotischen Natur aber zum Innen gehört. Der Ort des Essens und der Ort für die Überreste des Lebens sind getrennt nebeneinander, wie die Folge der Funktionen sie nacheinander einordnet. Die ersten bildlichen Darstellungen tauchen zur gleichen Zeit auf und bezeugen, daß Unterschiede reflektiert, die Reflexionen ausgedrückt und der Ausdruck symbolisch erfahren wurden.
Ebenso beweisen sehr früh anzusetzende Funde, wie der Unterschied zwischen Männern und Frauen von den Menschen reflektiert und in einer Raumordnung ausgedrückt wurde. Das Innen gegenüber dem Außen der Natur wurde aufgeteilt in einen Ort der Frau und einen Ort des Mannes. Diese Aufteilung innerhalb eines Raumes hat ebenso entgegengesetzten Charakter wie auch verbindenden, wenn man an den umfassenden Gegensatz zu dem denkt, was außen ist. Zweifellos haben die Lebensformen, von denen wir bisher nur wenige Zeichen aufgefunden haben und die wir aus diesen Zeichen noch langsamer zu lesen beginnen, Vermittlungen zwischen dem innersten Paar von Gegensätzen entfaltet. Falls sie sich nicht sofort als Raumzonen niedergeschlagen haben sollten, also als Bezirke gemeinsamen Gebrauchs und Umgangs, so hat zumindest der Wechsel beider im Laufe des Tages und des Jahres einen gemeinsamen Rhythmus, d.h. eine Vermittlung in der Zeit geschaffen. Levi-Strauss hat in der „strukturalen Anthropologie" dieses Prinzip auch positiv aus ungezählten Beispielen „mythischen Denkens" herausgefiltert: „Das mythische Denken geht von dem Bewußtwerden bestimmter Gegensätze aus und ist auf ihre fortschreitende Verbindung gerichtet" und „jeder Begriff bringt einen folgenden hervor, durch Gegensatz und Entsprechung."[21]
Das ist umso weniger überraschend, als alles Leben überhaupt, vom Einzeller angefangen,

18 Leroi-Gourhan, a.a.O., S. 301 f.
19 Teilhard de Chardin, a.a.O., S. 196.
20 Arnold Gehlen, Der Mensch, Berlin 1940.
21 Lévi-Strauss, a.a.O., S. 248 f.

Charles Robert Cockerell, The Professors's Dream, 1848

sich in dem Realisieren von Unterschieden vollzieht. Gregory Bateson hat das auf besonders eindrucksvolle Weise zu einem der Ausgangspunkte seiner systematischen Darstellungen gemacht, die eine Wesenseinheit von menschlichem Geist und biologischem Leben zeigen.[22] Solch tiefe Wesensgemeinschaften modernster Menschheit mit vorgeschichtlichen Gruppen – übrigens sehr früh schon in parallelen Varianten, „Rassen", der Gattung zu unterscheiden – und sogar mit einem ganz unseres Bewußtseins entbehrenden tierisch-pflanzlichen Leben erstaunen oder erschrekken. Das liegt vor allem an den spezifischen Definitionsgewohnheiten seit Kant, seit Descartes, ja seit Cicero, deren, eben nur zu relativierender, Berechtigung ebenfalls nachzugehen ist. Unabhängig davon bleibt aber festzuhalten, daß ein komplexes differenziertes Gefüge von Trennungen und Verbindungen schon zu frühester Menschenzeit in den Aufteilungen des Raumes die Gleichzeitigkeit dessen reflektiert, was im rhythmischen Nacheinander als Gegensatz ausgelebt und zur Gemeinsamkeit vermittelt wird. „In allen bekannten menschlichen Gruppen ist die Wohnstätte Ausdruck einer dreifachen Notwendigkeit; des Erfordernisses, eine technisch effiziente Umgebung zu schaffen, der Notwendigkeit, dem sozialen System einen Rahmen zu geben, und des Erfordernisses, im umgebenden Universum von einem Punkt her eine Ordnung zu schaffen."[23]

Dabei setzt die Innengleichung sich in einer Gruppierung von Bauten als System fort bis hin zu den Raumgestalten, die den immer wieder zentral besprochenen Heiratsregeln entsprechen. Die Orientierung im Universum ist die Funktion des Ortes, der dadurch zum Templum, zum Heiligtum wird. Fletcher hat den Satz eines „primitiven" Denkers notiert: „Alles Heilige muß an seinem Ort sein."[24] Man kann die Interpretation von Lévi-Strauss nicht genug unterstützen, daß etwas dadurch zum Heiligen wird, daß es eben an seinem Orte ist. Würde derjenige, der den Satz gesagt hat, auf die Idee gekommen sein, daß ein anderes als dieses Verständnis seiner Aussage

22 Gregory Bateson, Mind and Nature. A Necessary Unity. New York 1981.
23 Leroi-Gourhan, a.a.O., S. 397.
24 Claude Lévi-Strauss, Le pensée sauvage, Paris 1962, S. 17.

Giorgio de Chirico, Interno metafisico, 1926

möglich ist, hätte er selbst das schon vorweggenommen.[25]
Die zeitliche Ordnung, die den Raum in Rhythmus übersetzt und die da, wo dies den Menschen weder durch Beobachtung noch durch eigenes Verhalten möglich ist, Raum sich ins Unendliche, also auch eine zeitliche Kategorie, verlieren sieht, – ist immer mit einer räumlichen Ordnung gepaart. Sei es nur die Topographie unterschiedlicher Lebensbedingungen. Diese komplementäre Beziehung bildet ein Gefüge von vielen Dimensionen. Die Heiligtümer der Steinzeit machen überdeutlich, wie die Vielfalt der Beziehungen und Funktionen die Formen bestimmt, so daß die Deutungen zwischen Kalenderbauten, Tempeln, Versammlungsorten usw. hin- und hergehen.
Schon die frühen Altäre und Gräber aus aufgehäuften Fundsteinen beziehen die zeitlichen und die räumlichen Ordnungen der Menschen und der Natur aufeinander im Ausdruck menschlicher Geschichte.[26] Siegfried Giedion nennt „eine konzentrierte Art Kontakt mit dem Unsichtbaren" im Innern der frühen Tempel „den Ur-Beginn monumentaler Architektur".[27]

Fragen der Moderne

Die Geometrisierung des Menschen

Sah bis hierher Leroi-Gourhan bei allem betonten Kunstinteresse die Geschichte baulicher Lebensformen als eine Geschichte ihrer Funktionen, während die Kunsthistoriker allzu leicht auch in die Vorgeschichte ihre Formkategorien hineintragen, so kehren sich mit den Anfängen der „Stadt" die Sehweisen um. Allzu rasch stellt der Paläontologe frühe geometrische Formen der Stadt in der totalen Kontinuität mit rationalistischem Bauen noch des 20. Jahrhunderts dar, weil er sie gewissermaßen als biologisches Prinzip der Gattung betrachtet. Ein Kunsthistoriker wie Sigfried Giedion dagegen versteht die geometrische Phänomenologie, besonders der ägyptischen und griechischen Antike, als Kristallisation spannungsreicher und weitreichender Beziehungen des menschlichen Erlebens zu lesen. So sieht er die Konstruktion der Pyramiden in deren geometrischer Höhe als Verbindung zum Himmelsgedanken gipfeln. In der Ähnlichkeit zwischen Karnak und Versailles etwa sieht er gerade das Unähnliche: „Aber die Horizontalachse wurde damals nicht in jener Weise angewandt, wie sie uns seit dem Barock vertraut ist – wie sie etwa in den Gärten von Versailles ausgedrückt ist, wo die Horizontalität der unendlichen irdischen Fernsicht die Souveränität (Macht) des Monarchen über das Land symbolisiert."[28]
Entsprechend wäre die konzentrische Kreuzanlage mit den Achsen nach vier oder acht Himmelsrichtungen ganz unterschiedlich zu begreifen, die Leroi-Gourhan für die heiligen Ballspielplätze des alten China und Indien und für Ledoux' Salinenstadt von Chaux vor allem als die gleiche sieht, obwohl er selbst für die traditionellen Anlagen sagt: „So entsprechen die Teile des Universums (und der Stadt) sowohl Qualitäten als auch Situationen. Damit hält der Mensch die Schlüssel zum Universum in Händen."[29] Nein, er hält sie nicht; bis zur Moderne muß er sich immer wieder ihrer Schlüssigkeit versichern – wie eben in dem Vollzug jener Ballspiele oder Prozessionswege. Diese machten Rotation oder Achse als ewig zu erneuernde Handlung möglich. Erst mit der Moderne begannen geometrische Muster, unabhängig von Orten und Zeiten und Vollzügen durch die Menschen zu „gelten".
Vielleicht kann man die Unterscheidungen auf zwei wesentliche Dimensionen zusammenziehen, die angesichts der geometrischen Dorf- und Stadtgrundrisse des Nahen Ostens, dann der hellenischen Städte und schließlich der Raster von Petersburg und Chicago zu vergegenwärtigen sind. Mit der immer deutlicher vom Ackerbau sich ablösenden, mit den immer mittelbareren Ernährungs- und Arbeitsweisen der Bewohner wird immer weniger ausgetauscht zwischen dem menschengeschaffenen Schutzort und dem bebauten, erst recht gegenüber dem unberührten Lande. Im Epochenkapitel der „Grundrisse der politischen Ökonomie" hat Marx diese Entwicklung in Grundzügen erfolgreich zu systematisieren versucht.[30]
Die immer größer werdenden Stadtanlagen waren zugleich auch der Natur, den kosmischen Bezügen gegenüber eine Ding gewordene Verselbständigung der Menschen. Die quantitative Unabhängigkeit hatte qualitative Konsequenzen: Naturbeherrschung. Aus quantitativen wie aus qualitativen Gründen gewann die Aufteilung – in eine von Menschen bestimmte und eine übrige Welt – eine solche Vorherrschaft, daß Austausch zwischen innen und außen, daß Verbindungen bis heute an Bedeutung verloren haben. Vor allem an anschaulicher und von allen Menschen gelebter Bedeutung.[31]

---

25 Beispiel für eine solche Sicht ist sowohl das afrikanische Denken in der Prägung des Werkes von Leopold Sedar Senghor wie, auf sein Ureigenstes präzisiert, in der Kritik an Senghor durch Wole Soyinka „Das Gespenst von Descartes", in: Literatur und die afrikanische Welt, 1976 (zit. nach dem Heft der Schaubühne Berlin, 1983, zu den „Negern" von J. Genet).
26 Vgl. z. B. die vorgeschichtlichen Untersuchungen von Pater Corvin-Craszinski in Tibet, im Nahen Osten usw.
27 Sigfried Giedion, Die Entstehung der Architektur, Köln 1965, S. 155.
28 loc. cit. S. 309.
29 Leroi-Gourhan, a. a. O., S. 410 f.
30 Karl Marx, Zur Kritik der politischen Ökonomie, 1859.
31 Von den vielen, in den letzten Jahren immer zahlreicher werdenden Kritiken der urbanistischen Stadt wären z. B. in Deutschland die beiden Ausstellungen, und die entsprechenden Kataloge, der Neuen Sammlung, Staatliches Museum für angewandte Kunst, München, zu nennen: „Profitopolis, oder: Der Mensch braucht eine andere Stadt" von 1972 und „Von Profitopolis zur Stadt der Menschen" von 1979. Wichtig dort und in seiner Schrift „Unmenschliche Architektur", Köln 1973, ist Hugo Kükelhaus, besonders durch seine physiologisch-sozial-psychologisch begründeten Argumentationen. Besonders zugespitzt auf „die Stadt" jetzt die Kritik von Paul Virilio, L'espace critique, Paris 1984.

Damit hat sich nicht nur eine Verräumlichung durchgesetzt, sondern eine Verräumlichung, die charakterisiert ist durch eine Hegemonie des Trennenden, so daß die Lebensformen ihre zeitlichen Dimensionen doppelt stillgestellt sehen. Ordnungen sind immer weniger rhythmische, besonders auch in der Gestaltung von Lebensraum und Raumerleben.

Die Ähnlichkeit oder Gleichheit von formalen Mustern – vom Raster der castra Romana über die „idealen Städte" der Renaissance bis zu den Hochhausfassaden heute – können vielleicht in gattungsgeschichtlicher Kontinuität gesehen werden. Wenn es um geschichtliches Leben von Menschen geht, kommt dem unterscheidenden Wert größeres Gewicht zu. Die eigentliche Kontinuität, der anthropologische Generalbaß, wird in der Auseinandersetzung zwischen der Funktion von Schutz und Lagerung und Orientierung mit der Wildnis gebildet. Haus und Unbehaustheit, Mitte und Ferne, Horten und Sammeln oder Anbauen, bestimmter sozialer und bestimmender Rhythmus der Natur. Diese Geschichte beginnt mit den Fahrten, die von den Bahnen der Gestirne ermutigt werden. Sie hat uns in die Verfestigung riesiger, ganz unurbaner, urban areas geführt. Dabei sind die Rhythmen im Gleichmaß erstarrt, weil Maß nicht länger zu der Auseinandersetzung mit Unmeßbarem sich bewegt. Dabei haben die Trennungen des Aufteilens gesiegt über das teilend zu Bändigende. Sie sind zu Trennungen versteinert, die kaum länger zu den wieder verbindenden Schritten des Denkens und Lebens aufzufordern scheinen.

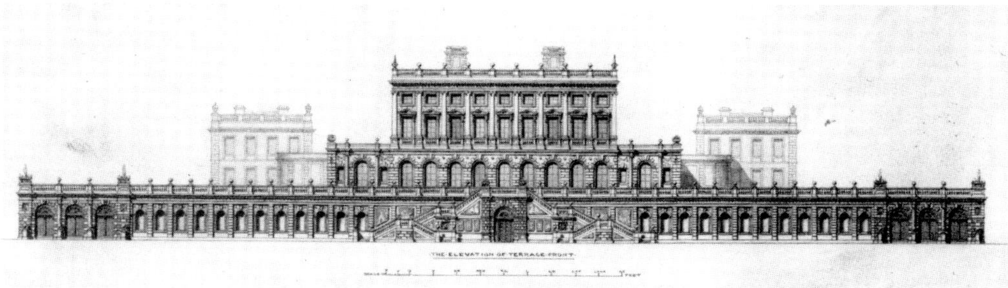

Charles Barry, Haus für den Duke of Sutherland, Cliveden, Buckinghamshire, Gartenansicht, 1851

Arduino Cantafora, La città analoga, 1973

Philip Johnson, John Burgee: New Play House Theater, Cleveland (Ohio). Zeichnung: Bon-Hui-Uy, 1981

Die Phasen der „Geometrisierung des Menschen", die Bereiche und Wirkungen, die Kategorien der Geometrie und die Prinzipien, vielleicht die Strategien, der Geometrisierung sind an anderer Stelle ausgeführt.[32]
Der grundsätzliche Unterschied zwischen dem Quadrat der Heiligen Stadt und dem Quadratnetz der Dürerschen Projektionszeichnung, zwischen den Tempeln auf der Mitte des Kreuzes von Weltstraßen und dem Nullpunkt des cartesischen Koordinatenkreuzes ist das eine entscheidende Paradigma der modernen „Geometrisierung": Sie ist quantitativ, bloß algebraisch, stillgestellt, nicht mehr Gestalt. Sie beschwört, schematisch angewandt, nicht mehr eine Ordnung; derer ist sie sich im vorhinein zweifellos sicher. Es ist derselbe Unterschied wie der zwischen verschiedenen Bemühungen um eine gerade Linie. Von den Steinbehauern der peruanischen Felsenbilder wurde sie mit Augenmaß und Körperkraft jeden Fuß neu einem Stück Natur abgerungen, nur an den Konstellationen des Firmamentes ihre Ausrichtung findend. Mit dem „richtscheydt" konnte jeder Geübte sie auf das eigens geglättete Papier auftragen.[33] Inzwischen projiziert der Computer die Gerade auf die absolut maßstabgetreue Landkarte.
Das andere Paradigma ist der geschichtliche Gebrauch, der vom ingeniösen Quadratnetz gemacht wird, das zum selbstverständlichen Raster wurde. Wenn das Achsensystem der Tempelanlage von Teotihuacan auf den Punkt und den Augenblick des reinen, schattenlosen Zenits gerichtet war, so wies es hin auf den Ort des niedersteigenden Sonnengotts und den Rhythmus der Wiederkehr dieses Tages in einem 54jährigen Kalender.[34] Die Geschichte der via triumphalis dagegen ist die der Herrschaftsrationalität geworden, parallel zum Raster des römischen Heerlagers, insbesondere seit sie im absolutistisch werdenden Nationalstaat – und seinen territorialen Imitationen – einem Zentralismus dienen, der sich das Sonnenemblem wie eine Margerite in das Knopfloch steckt.
Beide qualitativen Veränderungen gehen ihrer Definition nach einher mit der bereits festgestellten ungeheuren Verschiebung der

---

32 Rudolf zur Lippe, Die Geometrisierung des Menschen 2. Aufl. des Ausstellungskatalogs der Berliner Festspiele 1983, Universitätsbibliothek Oldenburg 1983 (erweitert frz. in: Cahiers Renaud-Barrault, Heft 108, Paris 1984). Ders., Hof und Schloß. Szene des Absolutismus, in: Merkur, Heft 416, 1983 (zuerst in: Jahrbuch des Wissenschaftskollegs zu Berlin 1982).
33 Albrecht Dürer, Underweysung der Messung mit dem Zirkel un richtscheydt, Nürnberg 1525.
34 Paul Westheim, Die Kunst Alt-Mexikos, Köln 1966.

Leo von Klenze, Glyptothek, München, Konkurrenzentwurf im palladianischen Stil, 1815

Proportionen zwischen dem menschlich Gesicherten, dem beliebig Wiederholbaren und den dazu je erforderlichen neuen Anstrengungen einerseits und andererseits dem Anderen, dem Gegenüber, das wir Natur nennen und das ebenso die Anhaltspunkte für die geschichtlichen Ordnungsversuche hergeben muß – zuallererst gerade durch ihre Verweigerung nötigend – wie es ihrer Verwirklichung gefügt oder unterworfen werden muß.
Die Geschichte der Geometrisierung des Menschen selbst ist lange Zeiten hindurch mehr die der Naturbeherrschung[35] in Raum und Zeit gewesen, hat sich zunehmend auch auf die innere Natur der Menschen selbst geworfen und hat schließlich doppelt zur Erstarrung im absoluten Nebeneinander geführt: Die Lebensformen der Gesellschaft wie der Einzelnen wurden zunehmend durch eine innere Konditionierung geprägt *und* durch die äußere, da in einer rasterhaft durchrationalisierten Objektwelt die Wahrnehmung heute Rechtwinkligkeit und abzählbare Maßeinheiten bereits als zweite Natur aufsaugt. In dieser Geschichte spielen zwei anthropologische Phänomene eine entscheidende Rolle, die in merkwürdiger Korrespondenz bis zur Gegenwart gesteigert worden ist. Helmuth Plessner benennt das eine mit dem Begriff der Expositionalität[36] und meint damit den Umstand, daß unsere Gattung zur Frühgeburt bestimmt ist und mit einer so wenig lebenstüchtigen Ausstattung auskommen muß, daß Herder geradezu von einer Invalidität sprach. Die Mittel, solcher natürlichen Bedürftigkeit abzuhelfen, sind äußerliche; vom Werkzeug über die Kleidung bis zum Bauen. Dieses Prinzip der unnatürlichen Exteriorisierung[37] des Menschen, der schließlich sein Hirn an den Computer und seine Motorik an den Roboter abgibt, ließ sich in einer Geschichte der Menschen binden nur in dem Maße, in dem nicht allein die Mängel der Gattung, sondern auch ihre physio-psycho-soziologischen Bedingungen und Rhythmen Entfaltung fanden.
Deshalb ist es wesentlich, daß wir nicht alle Risiken der Expositionalität durch immer souveränere Exteriorisierung unserer Organe kompensieren. Während in den achtziger Jahren auf internationaler Ebene, etwa der WHO, die risikofreien „Lebensstile“ gesucht werden, muß betont werden, daß ohne Risiko im strengen Sinn kein Gang, kein Puls, kein lebensnotwendiger Rhythmus möglich ist.
Es gilt, den Widerspruch auf das Gemeinsame hin zu durchschauen: Wenn Schalensitze, scheinbar funktional, den Menschen das Sitzen als Wechsel der Haltungen und als Beziehungssuche zum Gegebenen abnehmen, ist dies nicht nur ein Gegensatz zur starren Rechtwinkligkeit „sitzunfreundlicher“ Möbel. Das Gesessenwerden ist subtilste Steigerung

35 Vgl. zum Begriff, zum Phänomen und seiner modernen Geschichte Rudolf zur Lippe, Naturbeherrschung am Menschen, 2 Bde., 2. Aufl. Frankfurt/M. 1981.
36 Helmuth Plessner, Die Stufen des Organischen und der Mensch, 3. Aufl. 1975.
37 Leroi-Gourhan, a. a. O., bes. S. 311.

Leo von Klenze, Glyptothek, München, Konkurrenzentwurf im griechischen Stil, 1815

der geometrisierenden Einsperrung in das Kästchenpapier. Wenn Le Corbusier die Maße „der Menschen" zum humanen Maß der Behausungen erklärte[38], so war dies hilflos, scheinhaft und unmenschlich: Nicht irgendeines unserer Körpermaße mechanisch in der Welt um uns wiederzufinden, läßt uns nach unserem inneren Rhythmus leben. Dazu kommen wir, wenn wir uns mit einem Anderen um uns in gemeinsamen Rhythmen, die unseren inneren angemessen sind, finden können.
Menschlich ist eine Architektur dann, wenn sie alle Bedingungen unserer Existenz in einem Dialog zwischen inneren und äußeren Rhythmen zu leben, zu erleben hilft. Die „Minimalzelle" ist gut zum Schiffeversenken.

Vorüberlegungen zum „Historismus": Die frühen, bzw. tiefliegenden Prägungen und die Verselbständigung der Form in der Geometrisierung

Historistisch kann man eine ganze Reihe von Entwürfen nennen, die gemeinsam insbesondere haben, daß sie auf *das Eingeklemmtsein in den Widerspruch* reagieren, der sich seit zwei Jahrhunderten und immer deutlicher auftat zwischen den weiterhin gültigen Grundfragen – oder Grunderfahrungen und -strukturen – und dem Stillstellen dieser Fragen durch die Schematik im Raster vorfindlicher Antworten.
Soweit sieht es so aus, als ob das Historistische dieser Reaktionen mehr oder weniger zufällig sei. Dieser Eindruck trifft auch zunächst einmal zu. Eine gewisse Beliebigkeit im Verhältnis von Gegenwartsproblematik und jeweils bevorzugtem historischem Modell ist offensichtlich. Darin ist ein frühes Phänomen des Historismus zugleich seine Metapher: Die von Walter Benjamin analysierte Allegorie insbesondere der barocken Ruinen.
Dennoch liegt den historistischen Tendenzen eine genuine Beziehung zur Geschichte zugrunde.[39] Sie ergibt sich indessen aus einer

38 Le Corbusier, Précisions sur un état présent de l'architecture et de l'urbanisme, und: Le Modulor.
39 Walter Benjamin, Ursprung des deutschen Trauerspiels, Frankfurt/M. (rev. Ausgabe) 1963, bes. S. 195 ff.

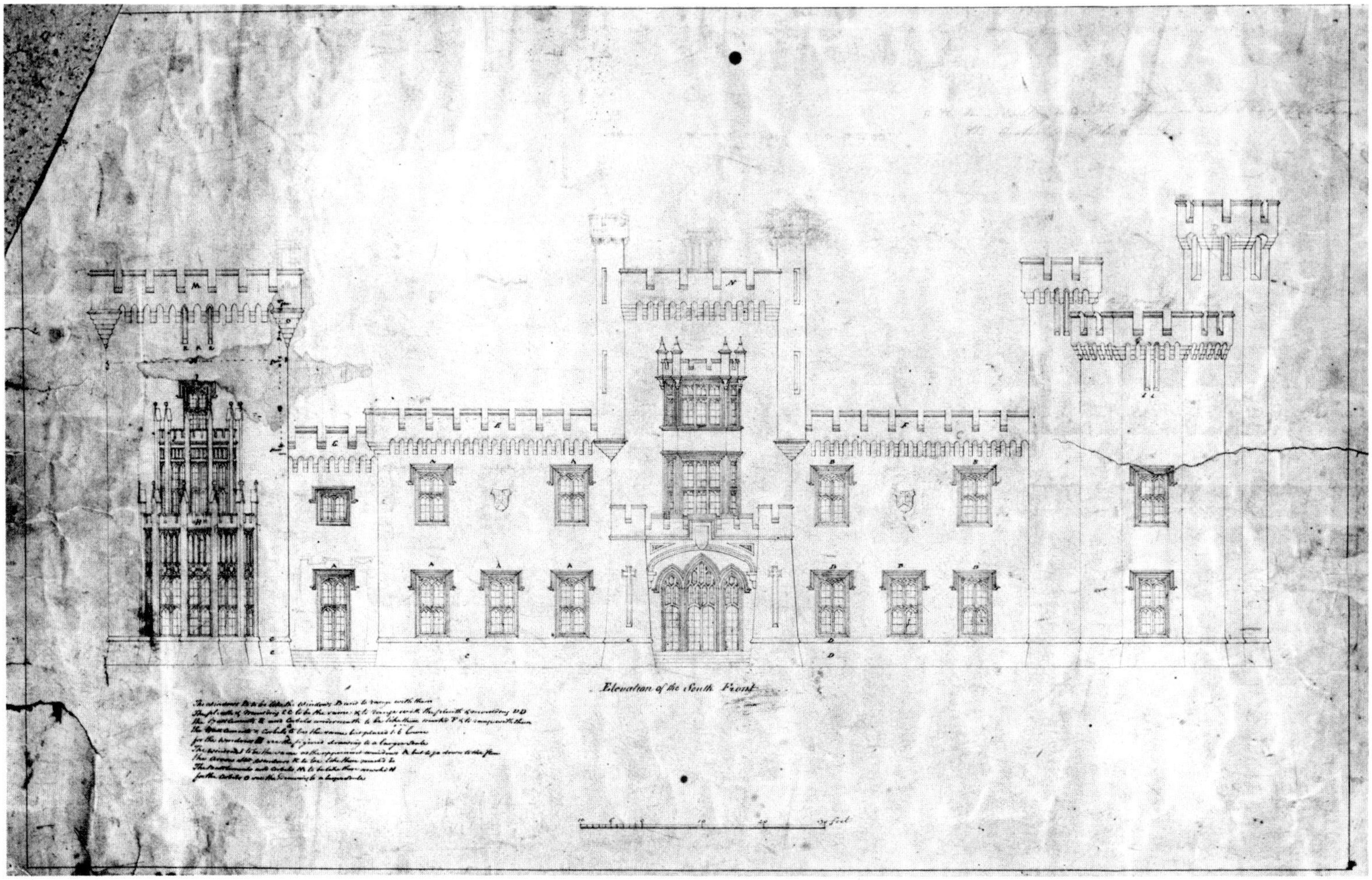

John Nash
Ravensworth Castle,
Südfassade, um 1808–1824

Überlagerung der Schichten des gesellschaftlichen Bewußtseins.

Die Aufklärung ist erstmals mit aller Entschiedenheit praktischer und theoretischer Überzeugungen aus der Geschichte der Gattung als Teil der Schöpfung herausgetreten – gewiß durch die Epoche des frühen modernen Humanismus vorbereitet –, um die Menschen zu den Herren der Geschichte zu machen.[40] Diesen Schritt hat Reinhart Koselleck sozialpsychologisch ebenso schlüssig erläutert,[41] wie die bürgerlichen und antibürgerlichen Geschichtsphilosophien ihn aus der politökonomischen Machtübernahme durch den Dritten Stand begründet haben. Durch erkenntnistheoretische und praktische Naturbeherrschung sowie durch Beherrschung der Politik konnte sich eine gesellschaftliche Vernunft als Verfügungsgewalt über die vor und neben ihr sich ausbreitende Geschichte erheben.

Die Naturbeherrschung setzte sich zusammen mit einer Verdrängung der paläontologisch – wie ja auch immer neu embryologisch – begründeten Bedingungsgefüge menschlicher Lebensformen durch, damit auch die entsprechenden Grundfragen den naturnahen „Primitiven“ zuschreibend.

Die Aufklärung, gerade über die Bedingungen der Vernunft in einer Ökonomie des Lebens[42] unaufgeklärt, führte selber in Verlegenheiten, in denen die neue Verfügbarkeit über Geschichte auf so hilflose Weise zur Lieferung von Lösungen genutzt wurde. Kaum wurden vergangene Lebensformen durch allseitige Reflexion aus ihrer Ungleichzeitigkeit in die Gegenwart gezogen, vielmehr wurden einzelne ihrer Formergebnisse unmittelbares Vorbild für Verlegenheitslösungen. Die Geschichte wird zum Vorlagebuch instrumentalisiert, statt alle denkbaren Werkzeuge für die Bildung neuer Formen zugänglich zu machen.

Die Ambivalenz geht freilich um mindestens zwei weitere Jahrhunderte, bis in die späte Renaissance zurück. Die Europäer erlangten die effektive Überlegenheit über das Geschick der anderen Weltteile und ihrer eingeborenen Bevölkerung, als sie über ihre eigene Geschichte noch nicht frei, aufgeklärt verfügen konnten, sondern die absolutistisch werdenden Herrscher noch mittelalterliche Riten, kirchliche Dogmen und antike Mythologie wie ihre dynastischen Machtmittel beschwören mußten, um ihren Zentralismus durchzusetzen.[43] Die gleichzeitige Herrschaft der ko-

---

40 Reinhart Koselleck, Kritik und Krise, Frankfurt/M. 1973.

41 Ders., Vergangene Zukunft, Frankfurt/M. 1984, bes. das Kapitel „Geschichte, Geschichten und formale Zeitstrukturen“.

42 Der Begriff wird erläutert an den Untersuchungen von Rudolf zur Lippe in „Am eigenen Leibe. Zur Ökonomie des Lebens“, 3. Aufl. Frankfurt/M. 1983.

43 Hierzu und zum folgenden vgl. die „Naturbeherrschung am Menschen“ Bd. 2, a.a.O.

links:
Henry Hobson Richardson, Trinity Church Boston, Schnitt (1872–1877). Zeichnung: Charles McKim
rechts:
Hendrik Petrus Berlage, „Over de Waarschynlyke Ontwikkeling der Architectuur", Umschlagbild, um 1932

difizierten Hochkulturen, durch Privilegien und in Akademien institutionalisiert, gewann zur eigenen Vorgeschichte kein solch versöhnlich bewunderndes Verhältnis, wie die Anfänge der „Renaissance" es zu den antiken Vorbildern und ihrer byzantinischen oder arabischen Überlieferungsgeschichte gewonnen hatten. Die eigene Eingeborenenkultur wurde dazu verurteilt, als Folklore dahinzuwesen.

Aber schon diese Gewalt war abhängig von dem, worüber sie Verfügungsgewalt erlangt hatte. Das ist die Dialektik der Naturbeherrschung. In ihr reflektiert sich die Dialektik der Aufklärung[44] seitenverkehrt: Wenn mehr vernünftige Unabhängigkeit von der Natur dazu führt, daß Herrschaft über rationellere Machtmittel verfügt, so führt noch mehr strategische Naturbeherrschung zugleich dazu, daß die freie Verfügung immer existentiell abhängiger wird von der Ökonomie des Lebens. Diese Entwicklung habe ich an der Entwicklungsgeschichte des Tanzes verfolgen und darstellen können, die gerade hier nicht ohne besonderes Interesse ist. Kann man sie doch dahingehend vereinfacht zusammenfassen, daß die sich zivilisierenden Hochkulturen sich immer mehr von der primären Auseinandersetzung mit der Natur distanzieren, daß sie immer raffiniertere Formen, Überformungen erfunden haben, daß sie aber in demselben Maße das Leben des Rhythmus und der Initialbewegungen aus den Quellen der mißachteten Geschichte ziehen mußten: Schon einer der Hoftänze des 16. Jahrhunderts hieß der Canari, weil Grundschritte und Rhythmus sich der, inzwischen kolonial unterworfenen, Tradition der Kanarischen Inseln verdankten. Deren Einwohner figurierten dann wie Afrikaner, Chinesen, Bergbewohner oder Bretonen als farbige Abwechslung in den Hofballetten des Absolutismus.

Seither werden Traditionen der eigenen europäischen Landbevölkerung wie die aller fremden Kontinente herangezogen, genutzt und durch weitere ersetzt, um dem nur zu eindeutig gewordenen System rationalisierter Formen den Reiz des nicht zu Vertrauten zu leihen. Dieses Prinzip der variatio geht allen Wellen von Historismus vorauf, überlagert sie aber zugleich spätestens im 18. Jahrhundert.[45]

Was unterscheidet „historistische" Rückerinnerungen dann von den früheren, etwa die Ritterspiele des Barock von denen zur Zeit Henri IV.?

In jeder Kultur haben die Menschen, vom „Physiologischen" bis zum „Meta-Physischen", andere Beziehungen zur Natur, die ihre Lebensformen bestimmen und in ihnen sich ausdrücken. Bauten bilden einen wesentlichen materialen Niederschlag der Lebensformen, wie der Prozessionsweg übrigbleibt von der Prozession, die Arena vom Rennen, die Sternwarte von der Himmelsbeobachtung. Zugleich sind die Bauten Mittel, das Geschehen, das in ihnen festgehalten wird, wieder frei zu geben als Erinnerung, und auch Mittel, die den Sinn ihrer Formen nur freigeben können, wenn das in ihnen festgehaltene, erinnerte Geschehen wieder auflebt.

Historismus setzt voraus, daß diese Kette durchbrochen wird, daß Formen, die Niederschlag vergangenen Tuns und Geschehens sind, in neuen Zusammenhängen aufgenommen werden. Dieses Aufnehmen ist aber gerade keine Frage des Tatsächlichen, sondern der Absicht. Die achtlose Benutzung von Kirchen als Pferdeställen z. B. nach der Französischen Revolution hat selbstverständlich nichts mit Historismus zu tun, obwohl sie ein Symptom für die neue freie Verfügung über die Geschichte darstellt. Das Einbauen römisch antiker Blendarkaden in der romanischen Kathedrale von Autun dagegen kann als symbolische Berufung auf die große Vergangenheit, insofern eher als historistisch verstanden werden.[46]

Freilich ist hier der Bruch zwischen Gegenwart und fortgesetzter Vergangenheit – jedenfalls im Verständnis der Epoche selbst – nicht entschieden genug. *Historismus ist eben auch abzugrenzen gegen das historische Zitat,* das mit den byzantinischen Säulen bei Karls des Großen Basilika zur Demonstration einer Tradition gehört, das bei der Übernahme einer Beethovenschen Symphonie in Brahms Erster die Übermacht einer Tradition eingesteht.[47]

Diese beiden Zitate führen aber auf allen Gebieten sehr nahe an das Wesentliche von Historismus heran, der immer auf *ein Legitimationsproblem der positiven Formen* hinweist. Von den vielen Momenten der Geschichte der Moderne, die Grund der Legitimationskrise geworden sind, seien nur zwei ausdrücklich genannt.

Im Mittelalter war in das agrarische Verhältnis der Gesellschaft zur Natur das städtische hineingesetzt, ohne auch auf- und entgegengesetzt zu werden. Mit der manufakturellen Industrie, im 17. und 18. Jahrhundert, wurde die Symbiose von Handwerk und Ackerbau

44 Theodor W. Adorno, Max Horkheimer, Die Dialektik der Aufklärung, Amsterdam 1947.
45 Vgl. dazu die Anmerkungen 38 und 39.
46 Vgl. Panofsky, Sinn und Deutung. . ., a. a. O., S. 29 f.
47 Es wäre sehr aufschlußreich, die Geschichte der europäischen Kunstmusik nach Brahms im Vergleich zur Architekturgeschichte auf die Bedeutung und Funktion von Zitaten hin zu untersuchen. Bei vielen bedeutenden Komponisten sind seither Zitate mit einer Häufigkeit und in einer offenen Methodik aufgetreten, daß in manchen Fällen von Collagen gesprochen werden kann. Bei so unterschiedlichem Gestus wie dem von Eric Satie oder von Igor Strawinsky oder von Luciano Berio wird aber immer das Zitat als solches verstanden, um dann bearbeitet und im neuen Kontext sowohl historisch rekonstruiert wie zu neuem Ausdruck entwickelt zu werden. Solch bewußter Umgang mit dem historisch Übernommenen findet sich in der Geschichte des architektonischen Historismus wohl allenfalls früh und auch dann in wesentlich anderer Bewußtseinshaltung.

Charles Percier
[1764–1838],
Innenansicht eines
Museums

Adolph von Menzel,
Atelierwand, 1852

langsam in Frage gestellt. Zu Beginn der eigentlichen „Industrialisierung" war unübersehbar, daß, wie Hegel sagt, die Bauern zwar noch immer das Moment der Beständigkeit für den Staat bedeuten, andere Momente aber ebenso wichtig geworden waren, die der Veränderung zugehören. Um 1800 setzt die Sehnsucht nach der fraglosen Richtigkeit beständiger Verhältnisse mit voller Deutlichkeit ein. *Die Fortschrittsgläubigkeit des 19. Jahrhunderts hat interessanterweise dieser tiefen Verunsicherung nicht entgegengewirkt, sondern ihr immer gigantischere Ausdrucksmittel verschafft.* Alfred Weber spricht von „Geschichtsglaube ohne Prognostik"![48]

Zum anderen die Formengeschichte des Bauens selber, freilich auch sie wieder im Hinblick auf das lebenbestimmende Verhältnis der Geschichte zur Natur betrachtet. In den Stadtanlagen der Neuzeit – und seit dem „Wiederaufbau" sind Dörfer in Deutschland wie Vorstädte – sind diese Beziehungen zwischen Mitte und Ferne, Territorium sagt der Paläontologe, zwischen Weite und Dauer immer radikaler verdrängt worden. Bloß formale Geometrie, der Raster des Quadratnetzes, ist übriggeblieben von einer Übergangsphase etwa der idealen Stadt Giorgios oder Dürers. Für die frühe Renaissance repräsentierten entsprechende Pläne noch die alten Traditionen vom Kreuzweg als Mittelpunkt der Welt, von den Achsen als Verbindungen zu den vier Tages- und Jahreszeiten. Gelebt wurden solche Verbindungen nicht mehr – z.B. durch Kulte, Prozessionen und tageszeitliche Riten. *So wurde die Idealität zur Ideologie.* Lebensbedürfnisse sind nicht mehr die rhythmischen Aufteilungen und Verbindungen; Demonstrationen der Unabhängigkeit bestimmen das Bild im Verhältnis zur Natur, der Kontrolle von oben in der Gesellschaft. Anlagen müssen „erfunden", Begründungen gefunden und glaubhaft gemacht werden. So drängen die Träume von Schinkel nicht nur ins gotische, sondern auch in ein höhlenhaftes Leben zurück – wenn auch die Urmenschen eben viel weniger „Höhlenbewohner" waren, als wir es phantasieren.[49]

„Dieses schreckliche neunzehnte Jahrhundert" rief Stendhal aus.[50] Nicht nur die Lebensorganisation geriet angesichts unerhörter Möglichkeiten in unlösbare Legitimationskrisen. Auch die technischen Lösungen, die nun möglich wurden, geben keine Konturen mehr für die Formensprache. Seit Gußeisen Statik zu einem Problem der Berechnungen gemacht hatte, konnte Viollet-le-Duc uns seine schräge Gotik als höchste Erfüllung präsentieren. Statik ist Sache von Formeln, Raster müssen Normen genügen. Bauten werden nicht mehr im immer neuen Gleichgewichtsakt von Streben und Ruhen mit ihrem jeweiligen Ort verbunden. Sie sind nicht mehr Gleichnisse aufrechten Ganges der Menschen. Dabei darf man nicht vergessen, daß die neuen konstruktiven Mittel auch der Durchsetzung des Lustprinzips im Bauen hätten dienstbar werden können, das Margaret Mead etwas ärmlich auf Neuguinea entdeckte, wo unterschiedlich lange Stöcke nach Lust und Zufall Höhen von Wänden und variierende Breiten von Hütten bestimmen.

Selbst wenn mehr Lust als Maßvorgabe gesucht werden, lassen wir uns seither lieber auf eine Variante historistischer Wiederholung ein. Eher gibt es einen Neo-Gaudismus als eine Auseinandersetzung mit Gaudis Herausforderungen.

Historismus ist eben Auseinandersetzungen überhaupt in bestimmter Weise auszuweichen geeignet. Dies ist sein typisch A-historisches. Im Überschwang der Verfügung über Geschichte wird vergessen, daß Geschichte so nicht neu bearbeitet, sondern ein ungeklärtes Stück Vergangenheit zum Heilen der Wunden von sich selbst Verlassener zitiert wird. Oder es wird gegenwärtig erinnert, daß wir trotz aller kühnen Ablehnung schon noch Geschichte haben, wenn wir wollen. Dabei läßt Historismus immer wieder vergessen, daß man in der intensiven Bemühung um den besonderen Rhythmus barocker Formen oder der Proportionen der Renaissance usw. eigene Entdeckungen machen könnte. Das Legitimationsproblem gestattet dies offenbar nicht. Dieses Problem geht so weit, daß selbst eine Richtung, die sich futuristisch nannte, im Historismus endete; freilich ihrem eigenen Historismus, der Zukunft als die extrapolierende Verlängerung von bereits historischen Tendenzen definiert. Diese Zukunft wird dann im vorhinein als bloße Verlängerung dessen bestimmt, was noch im Begriff ist, „historisch" zu werden.

Jede Ideologie kommt zur Rechtfertigung, redet, wo vor allem verborgen werden muß, daß wir über die Funktionen von Bauten in Lebensformen der Gegenwart keine vernünftige Vorstellung zu gewinnen vermögen, weil wir uns über dieses Leben selber so nicht klar werden können oder wollen. So ist die billigste Tautologie als die genialste Lösung gefeiert worden: Funktionalismus. Irgendeine Funktion wird ausgewählt und zum Ur-meter der neuen Ordnung gemacht wie Le Corbusiers Modulor. Zwar gibt er die Maße des Menschen für die Essenz unserer Beziehungen zu Räumen aus; aber die Berechnung spekuliert auf das Anthropologische, das im Anthropometrischen suggeriert wird. Doch die Geschichte menschlichen Lebens seit 50.000 Jahren bestimmte die Beziehungen und die Funktionen immer neu als vielschichtiges und vieldeutiges Gewebe.

Der unerhörte Erfolg des Bauhauses in seinen gegenwärtigen Wiederholungen beruht, schon in seinen frühen Formeln als Wiederkehr des russischen Suprematismus-Futurismus, auf einer ganz ähnlichen Legitimationsformel. Zunächst wird das zu Legitimierende, das Verantwortungsrisiko minimisiert. Formen werden reduziert auf ein Minimum an Funktion, an geometrischem Raster. Der Rest an Erscheinung wird durch das Offensichtlichste an räumlichem Nebeneinander allen Fragen nach gelebten Zeiten entrückt. Solange wir nicht offener und mit dem ganzen Witz ernst genommenen Lebens uns dem notwendigen Gefüge zuwenden, in dem Aufteilungen Verbindungen hervorrufen und Gegensätze Entsprechungen fordern, wird noch dem billigsten Historismus von den darbenden Seelen der Zeitgenossen ein Recht zugesprochen werden.

Hier ließen nun Betrachtungen dieses und jenes Historistischen genauere Fassungen der Fragen möglich werden.

---

48 Alfred Weber, Kulturgeschichte als Kultursoziologie, München 1950.

49 So u.a. Leroi-Gourhan, a.a.O.

50 Stendhal, Le rouge et le noir.

Kurze Bemerkungen zu Klassizismus, Neo-Klassizismus, Neo-Neo-Klassizismus, etc.

Colin Rowe

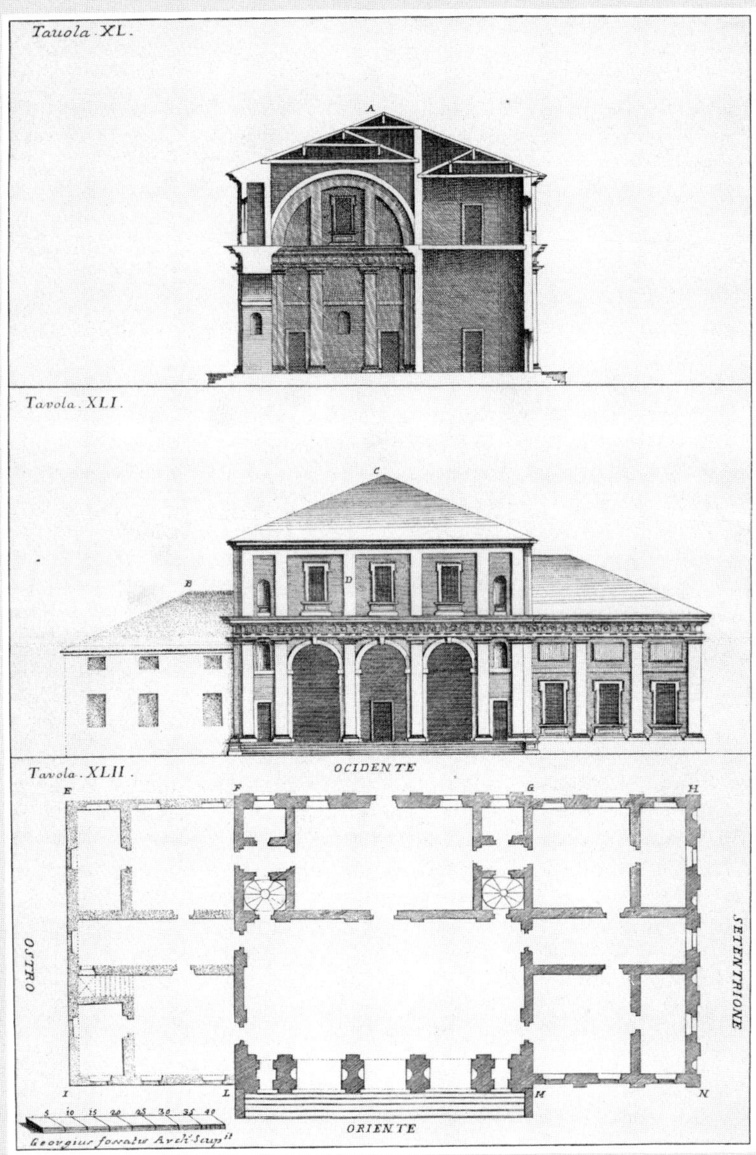

Der einzige Weg für uns, groß, ja, wenn es möglich ist, unnachahmlich zu werden, ist die Nachahmung der Alten . . .
Johann Joachim Winckelmann, Gedanken über die Nachahmung der Griechischen Werke
in der Malerei und Bildhauerkunst (1755)

Seite 59:
Abbildung aus:
„Architettura di Andrea Palladio", Venezia, 1740/1747

Nietzsche hat einmal gesagt, definierbar sei nur, was keine Geschichte habe. Wenn das wahr ist, stimmt man sicherlich zu, daß der Klassizismus mit seiner langen Geschichte ein höchst undefinierbarer Begriff ist. Gleichwohl gibt es eine Äußerung von Sir Joshua Reynolds, die das klassische Ideal wirklich definiert: Die ganze Schönheit und Größe der Kunst liegt darin, singuläre Formerscheinungen, lokal gebundene Bräuche und Eigenheiten und Details jeder Art zu überwinden.[1]

Für uns, die wir der Idee der Zufälligkeit derart ausgeliefert sind, ist ein solches Statement ziemlich erstaunlich, und doch waren Gedanken dieser Art über lange Zeit Ausdruck traditioneller Einsichten, die erst von der englischen Romantik und dem deutschen Sturm und Drang in Frage gestellt wurden; mit anderen Worten von den Entdeckungen einer Epoche, die stilistisch von etwas bestimmt wurde, was Sigfried Giedion vor sechzig Jahren als „romantischen Klassizismus" definiert hat.[2]

Klassizismus, romantischer Klassizismus, Neo-Klassizismus, die Begriffe variieren; aber vielleicht nähern wir uns dem Thema am besten vermittelt über die Beschäftigung mit drei herausragenden Baudenkmälern, die als großartigste Ausformungen des Stils gelten. Es sind: Langhans' Brandenburger Tor in Berlin von 1789, Chalgrins Arc de Triomphe de L'Etoile in Paris von 1808 und von Klenzes Propyläen in München von 1848. Zusammengenommen illustrieren sie sowohl die Reichweite als auch die Ziele einer Epoche. Wie nicht anders zu erwarten, sind die deutschen Beispiele griechisch, die französischen römisch inspiriert. Langhans führt das Thema in die Architektur ein, und von Klenze rundet es mit einem archaisierenden Beitrag von außerordentlicher Feinsinnigkeit ab.

Vorab müssen wir jedoch die in der Mitte des 18. Jahrhunderts unübersehbar gewordenen Zeichen des sich ankündigenden Wandels betrachten: Bach starb 1750, Händel 1759. Winckelmann kam 1754 nach Rom. James Stuart und Nicholas Revett gingen 1750 nach Athen. Im selben Jahr führten Cochin und Soufflot Messungen an den Tempeln in Paestum durch. Im selben Jahr schuf Piranesi auch seine „Carceri", die John Sommerson beschrieben hat als „fantastische Kompositionen sinnloser Architektur, befestigt mit Seilen und Ketten und überhäuft mit monströsem Gerät unbestimmbarer Funktion."[3] Der Abbé Laugier veröffentlichte 1753 seinen „Essai sur l'Architecture", Edmund Burke seine „Philosophical Inquiry into the Origins of the Sublime and the Beautiful" 1756. Robert Woods „Ruins of Palmyr" und „Ruins of Baalbek" sind auf 1753 und 1757 datiert. 1757 vermaß Robert Adam den Palast des Diokletian in Spoleto. 1758 erschien Le Roys „Les Ruines des plus beaux monuments de la Grèce". Der erste Band von Stuarts und Revetts „The Antiquities of Athens" kam 1762 auf den Markt. Sir William Hamilton wurde 1764 britischer Abgesandter am Hof von Neapel. Außerhalb all dieser archäologischen und ästhetischen Aufregung begann 1756 – auf zunächst völlig vernünftiges Betreiben des Königs von Preußen – ein Krieg, der eigentlich der „Erste Weltkrieg" genannt werden sollte. Denn es waren nicht nur europäische Schauplätze, sondern auch entlegene in Indien und Nordamerika betroffen.

1750 häuften sich also die Indizien für umwälzende Veränderungen. Während die Kriegserfahrung Entfernungen zusammenschrumpfen ließ und die Welt kleiner machte, entfachte sich das Geschichtsbewußtsein. Die Dekade von 1750 bis 1760 ist in heutiger Sicht eine der großen historischen Wendezeiten. In England gibt es eine Redewendung für die Architektur des 18. Jahrhunderts, „early curly, later straighter", die die offenkundigen Unterschiede zwischen dem späten Barock-Rokoko Ideal und dem des neuen Klassizismus kennzeichnet. In England war dieser Stilwechsel verdeckt durch eine generelle Tendenz zur Zurückhaltung und Gleichförmigkeit, in deutschen Landen und in Paris dagegen erfolgte die Umsetzung des geistigen Klimas auf extrem extravagante Art und Weise.

Balthasar Neumanns Vierzehnheiligen wurde 1743 begonnen und Soufflots St. Géneviève (das Pantheon) 1757. In Hinsicht auf ihre Initialgedanken sind sie durch eine Spanne von nur vierzehn Jahren getrennt. Doch was für ein kultureller Abgrund trennt diese beiden Baudenkmäler! Auf der einen Seite macht der großartige Neumann wie Bach und Händel gekonnt Gebrauch von einem ausgefeilten Repertoire an spätbarocken Stilmitteln, auf der anderen entwirft der pedantische, revolutionäre Soufflot. Einerseits erkennen wir eine historische Sackgasse, andererseits Zukunftsklänge; einerseits hochentwickelte Provinzüppigkeit und andererseits kosmopolitische und hypernervöse lineare Festigkeit.

Kein Zweifel, daß Neumann Soufflot vorzuziehen ist. Um die Ursachen dieser Stimmung um 1750 zu begreifen, müssen wir weiter zurückgehen. Den Kern des Klassizismus (wie des Rationalismus) werden wir in Venedig und Frankreich finden, mit anderen Worten bei Palladio. Deshalb sollen hier zwei Palladiobeispiele erscheinen.

Eins stammt aus den „Quattro Libri". Es ist der Plan einer antiken Villa. Er war für die Rationalisten, besonders in Frankreich, interessant, aber weniger bedeutend für ein klassizistisches Architekturgefühl. Das andere Beispiel ist die Gartenfront der Villa Pisani in Montagnana, eines der etwas elegischen Bauwerke, für die Palladio seit fast dreihundert Jahren unaufhörliche und wachsende Anerkennung zuteil wird.

Wir müssen unsere Aufmerksamkeit jedoch zunächst auf Paris und Rom im 17. Jahrhundert richten, wo in unserer Ursachenforschung ein Annäherungsstrang zwingend über Poussin verläuft. Deshalb wollen wir kurz auf Poussins „Raub der Sabinerinnen" eingehen, mit dem primitiven toskanischen Tempel im Hintergrund und dem vermischten Ensemble von manieristischem Palast und ländlicher Säulenhalle. Dann wollen wir seine „Weihung" mit dem überraschenden pyramidenförmigen Tempel im nahen Hintergrund betrachten. Beide Bilder (wie auch andere von Poussin) zeigen ein Repertoire gewagt prophetischer Architekturversuche. Der „Raub" ist gleichzeitig ein erhabenes und festgefügtes, aber auch nonchalantes und genrehaftes Gemälde, mit dem sich der romantische Klassizismus sehr leicht identifiziert hätte. Aber der ägyptoide römische Tempel auf der „Weihung" gehört in eine Kategorie von Bauten, denen man außerhalb der Malerei frühestens einhundertunddreißig Jahre später, und dann auch nur in der Gegend von Paris, begegnet. Beide Gemälde Poussins sind also unumgänglich selbst für eine ganz oberflächliche Herleitung des romantischen Klassizismus. Mit einem leichten Perspektivenwechsel, von der frontalen zur abgeschwächt diagonalen Perspektive, führt eine allgemeine Betrachtung Poussins zwanglos zu Schinkels „Antike Stadt an einem Berg".

Neben Poussin sind im Frankreich des 17. Jahrhunderts weitere Ereignisse relevant, von denen wir zwei erwähnen wollen. Perraults Westfassade des Louvre repräsentiert den Sieg über Bernini und den römischen Barock (ganz wie Colbert und seine Ratgeber

---

1 Sir Joshua Reynolds, Literary Works, London 1835. Aus dem Diskurs III, vorgetragen 1770.

2 Sigfried Giedion, Spätbarocker und Romantischer Klassizismus. München 1922.

3 Sir John Sommerson, Architecture in Britain 1530–1830. Penguin Books, 1953.

Karl Friedrich Schinkel, Blick in Griechenlands Blüte, 1836

wünschten?). Sie repräsentiert den Stil des weltlichen Establishment, *toutes proportions gardées,* sie drückt eher gallische als päpstliche Gesinnung aus. In dieselbe Kategorie von Bauten gehört Jules Hardouin Mansarts Kapelle in Versailles, denn auch sie kann als entschlossener französischer Protest gegen die Extravaganzen des Barock interpretiert werden.

Dennoch ließ diese frühe Periode französischen Klassizismus, mit dem Niedergang des Regimes Ludwig XIV. wieder nach. Die *Régence* wollte nichts so Öffentliches, Strenges, erst nach der Mitte des 18. Jahrhunderts sollte der Stil Ludwigs XIV. in Gabriels zwei Bauten für die Place de la Concorde und in seiner Ecole Militaire wiederaufgenommen werden. In der Zwischenzeit fanden die wichtigsten Aktivitäten hinsichtlich der Entwicklung des Klassizismus in England statt. Es wird sogar oft behauptet, der Ursprung des Klassizismus liege in England, und tatsächlich kann man für diese Behauptung viele stützende Argumente finden.

Richard Boyle (1694–1753), der dritte Graf von Burlington und vierte Graf von York, war in England der Förderer einer Wiederbelebung des Interesses an Palladio. Er war eine frühe Verkörperung des aufgeklärten Menschen: anglo-irisch, reich, weit gereist, ein wichtiger Mäzen und Connoisseur. Sein Onkel war Robert Boyle, der Autor von „Boyle's Law", und sein Lehrer Lord Shaftesbury, ein Freund von John Locke und Autor der „Characteristics", er selbst wurde ein nicht unbedeutender Architekt und Neuerer.

Sein Chiswick House, 1725 begonnen, wird heute nicht mehr als die sklavische Nachahmung Palladios gesehen, für die man es früher hielt. Vielleicht ist es ein wenig zu sehr *staccato*, vielleicht macht die Kuppel zu viele Anspielungen. Sicherlich ist es ein wenig zu theatralisch geraten, und die innere Aufteilung ist zu stark Rokoko. Aber wenn man diese Villa am Ufer der Themse betrachtet (die die Brenta sein soll), und besonders wenn man in die Betrachtung die landschaftliche Umgebung einbezieht, dann wird der Gedanke, daß wir hier die ersten Vorahnungen des Klassizismus vor uns haben, ganz plausibel.

Nichtsdestotrotz sind Burlington und die englischen Bauwerke, die er förderte, für unsere Untersuchung weniger bedeutend als eine konzentrierte, einflußreiche, internationale Gruppe von Gelehrten, Künstlern und Dilettanten, die sich seit 1750 in Rom zusammenfand. Einige der Namen, die das wohlwollende und gastfreundliche Rom Benedikts XIV. und Klemens' XIII. erhellten, sind schon genannt worden.

Es waren kultivierte und eklektizistisch gesinnte Kreise, wohlwollend gegenüber Besuchern und Ausländern, die bleiben wollten. Rom war zu politischer Bedeutungslosigkeit abgesunken, es hatte fast aufgehört, Hauptstadt eines religiösen Imperiums zu sein, und war jetzt Hauptstadt der Künste. Rom war in Robert Adams Worten zu „einem Erzbistum vergnüglicher Antiquität"[4] geworden. Unter allen ausländischen Präsenzen in Rom hatte die Académie de France den ersten Platz. Sie war im Palazzo Mancini an der Via del Corso untergebracht, fast genau gegenüber der Werkstatt jener nahezu nicht mehr privaten Persönlichkeit Giambattista Piranesis.

Die Stipendiaten der Akademie befanden sich in einer hoch privilegierten und hoch explosiven Position. Die meisten von ihnen waren warscheinlich Architekturstudenten in ihren Zwanzigern, und – der Typus ist bekannt – die meisten mochten das Rokoko nicht und hofften, zu einer Restauration des Grand-Siècle-Stils beitragen zu können. Auf sie hatten die außergewöhnliche Werkstatt auf der anderen Straßenseite und ihr charismatischer Besitzer magnetische Anziehungskraft.

Diese jungen Leute könnten gleichzeitig dem Einfluß des exzessiven, energiegeladenen und leidenschaftlichen Piranesi und dem „Essai" des Abbé Laugier, der damals gelesen wurde, ausgesetzt gewesen sein. Muß das nicht einige gravierende Probleme mit sich gebracht haben? Auf der einen Seite wirkte Piranesis Überfluß und *terribilitá*, auf der anderen die übertriebene Einfachheit von Laugiers „primitiver Hütte", dieser extrem karge Entwurf, der vermeintliche Ursprung aller Architektur. Muß man das intellektuelle Klima näher erklären? Einige französische

4 John Fleming, Robert Adam and His Circle in Edinburgh and Rome. London 1962.

Inigo Jones, Pilaster mit Backstein-Rundbögen, 1638

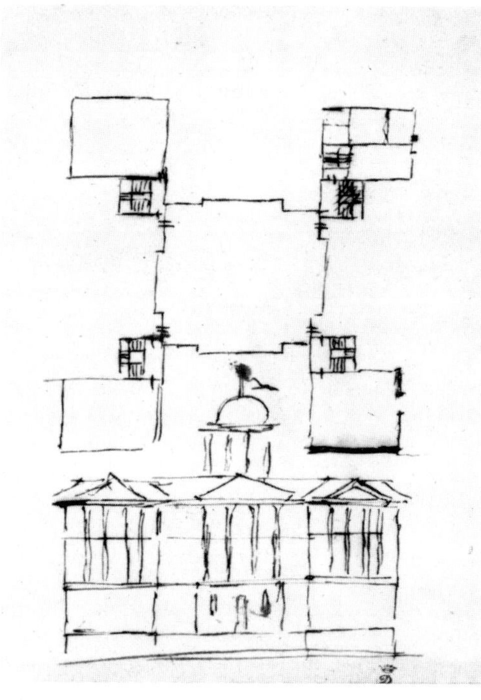

Inigo Jones, Skizze eines Gebäudes, Grundriß und Ansicht, um 1641

Studenten im Palazzo Mancini entwickelten aus diesen dialektischen Einflüssen ein hochgestochenes Gefühl missionarischen Auftrags.

Die unterkühlte Stimmung Laugiers und die tropische Erregung Piranesis, das sehr Kalte und das sehr Heiße, illustrieren die beiden extremen Positionen, die der Klassizismus in sich einschließt. Ein Blick auf Stuarts und Revetts „Antiquities of Athens" wird uns den inhärenten Konflikt zwischen den beiden Extremen in gedämpfter Form erschließen. In der Ausgabe von 1762 wird das Choragische Monument des Lysikrates in unglaublich präzisen, linearen Begriffen beschrieben, eine wissenschaftliche Archäologie führt das Wort. In der Ausgabe von 1794 ist die Richtung eine vollkommen gegensätzliche. Die Incandata in Saloniki ist ein vollkommen „bildhaftes" Werk, alles wird „wie vorgefunden" beschrieben: ein älterer Türke nimmt eine Tasse Kaffee und ein jüngerer Türke machte eine rhetorische Geste, aber das Hauptobjekt des Interesses ist fast ganz verdeckt durch neuere und offensichtlich „interessante" Hinzufügungen. Wir könnten jetzt das Choragische Monument in einem englischen Garten, Shugborough, aufstellen und die drei Bilder, zusammen genommen, würden eine weitere Versinnbildlichung des klassizistischen Dilemmas bieten.

In einem kurzen Artikel ist es unmöglich, jedes Werk und jede Person ausreichend zu würdigen, dennoch können wir in George Dances Newgate Prison in London (1767) leicht eine entfernte Huldigung an Piranesi erkennen, und in dieselbe Kategorie von Bautypen wie Peter Speeths Frauenzuchthaus in Würzburg (1809) einordnen. Aber noch besser als diese beiden Beispiele in Bezug auf Schuld und Sühne (ein klassizistisches Lieblingsthema) verrät eine französische Zeichnung von 1778, wie die Haltung Piranesis durch den Didaktizismus Laugiers zugleich übertrieben und gezähmt wurde.

Henry Russell Hitchcock sagte einmal (zu mir): „Liegt nicht in Robert Adams Werk eine sehr merkwürdige Mischung aus Snobistisch-Anspruchsvollem und Muffig-Erdgebundenem? Vermittelt nicht alles so ein Gefühl, als ob man Marie Antoinette in die Katakomben versetzen würde?" Robert Adams Salon in Nr. 26 Grosvenor Square (1773–1774) ist in gewisser Weise Zeugnis für die Richtigkeit dieser Bemerkung. Er wirkt wie ein Piranesi, aber verkürzt, domestiziert und für englische Verhältnisse luxuriös gemacht. Als solcher verdient er, neben einen anderen außerordentlichen Raum gestellt zu werden, nämlich La Chambre du Perroquet in den Klostergebäuden von Santa Trinità dei Monti, das ein paar Jahre zuvor von Adams Lehrer, dem Piranesi-Schüler Charles-Louis Clerisseau (1721–1830) geschaffen wurde.

Ein weiteres englisches Exemplar mag zur Wiederholung dienen, es ist ebenfalls offenkundig von Piranesis Veröffentlichung und der Lehre Laugiers inspiriert. Es ist George Dances All Hallows, London Wall. Anklänge an dieses Interieur ziehen sich durch die gesamte Laufbahn John Soanes, wie sein Privy Council Chamber illustriert.

Ein Hinweis auf weitere Ausschnitte aus Soanes Werk sei hier gestattet: sein eigenes Frühstückszimmer und einige Bilder aus Soanes Lebenszeit zeigen die verwirrende Anhäufung (wieder Piranesi en miniature), die schließlich aus seiner Sammlung wurde.

Der englische Klassizismus neigte also zu einer recht privaten Äußerungsform. Der englische Architekt ähnelte immer ein wenig Hamlet, Prinz von Dänemark, behindert durch das Nachdenken über das Nachdenken. Erst wenn wir uns Paris zuwenden, sehen wir den ganzen Glanz öffentlicher Wirkung.

Beweis für die größere Durchsetzungsfähigkeit französischer Stimmen ist Gondoins Vortragssaal in der Ecole de Chirurgerie (1769–75). Durch all die Jahre in Rom hatten die Franzosen eine didaktische Ernsthaftigkeit gewonnen, die später zur Gigantomanie wurde. Anders als die Engländer neigten sie zur Dogmatik in Bezug auf die Positionen der beiden Helden der Architektur. Viele waren entflammt von der Vision einer neuen, rationalen Welt, die zugleich nüchtern und erhaben sein sollte, und sicher waren viele in ihren Phantasien vom Freimaurertum beflügelt. Denn das erstaunliche Auge, ein Sinnbild überraschender psychologischer Tiefgründigkeit, das Ledoux in seinem Auditorium in Besançon verwandte, muß nicht nur zu Gondoins Occulus in Bezug gesetzt werden, sondern auch zu einem weiteren Hauptsymbol des Klassizismus und des Freimaurertums: der Dollarnote.

Boullées Entwurf für ein Theater am Place du Carrousel aus den frühen achtziger Jahren des 18. Jahrhunderts kann als ausreichender Beleg für das erregte Klima dieser Dekade in Paris gelten. Es ist nicht nötig, darauf hinzuweisen, daß sehr wenig dieser Art je gebaut wurde. Die meisten französischen Bauten waren noch von einem konservativen Geist geprägt, von dem Wunsch zwischen Rokoko und *grand siècle* zu vermitteln. Diese Haltung wird in den Bauten von Blondel und Gabriel deutlich. Während in London schon 1720 Palladios Einfluß spürbar geworden war und kaum Rokoko-Tradition überwunden werden mußte, lag der Fall in Paris ganz anders, eine Betrachtung

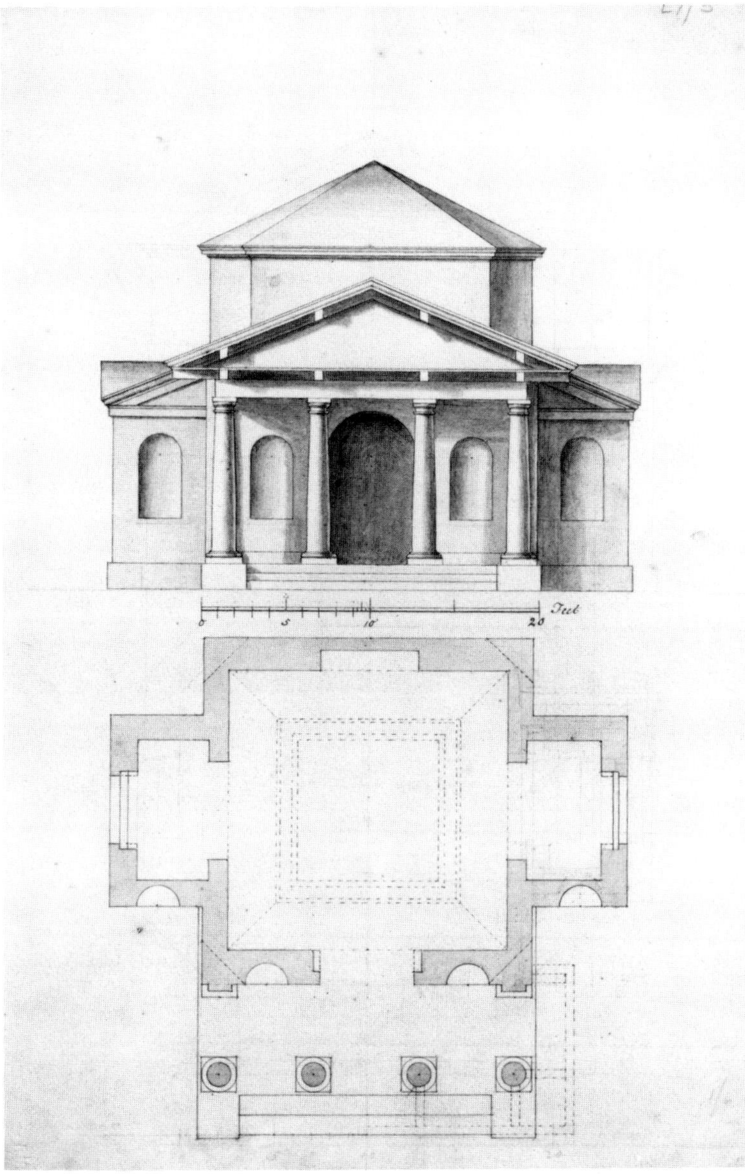

von Boullées Hôtel de Brunoy (1775–79) und Ledoux' Hôtel Guimard (1772) mag diesen Punkt unterstreichen. Im Gegensatz zum revolutionären Ruf dieser beiden Architekten ist das Äußere des Hôtel de Brunoy zum größten Teil sanft und die Innenaufteilung des Hôtel Guimard bleibt dem Rokoko verhaftet. Jedenfalls hätte sich das große kreative Moment des französischen Klassizismus vor der Revolution von 1789 erschöpft. Abgesehen von einigen Kürzungen im Detail und sehr vielen, sehr extravaganten quasi-architektonischen Festivals scheint er wenig Einfluß auf die Kontinuität französischer Baukunst ausgeübt zu haben. Aber immerhin ist zwischen der Zeit des Konvents und der des Empire ein wesentlicher Stilwandel nicht zu übersehen. Die Projekte des Direktoriums und Napoleons sind nicht weniger grandios, aber wahrscheinlich etwas weniger utopisch. Ziemlich schnell werden weniger Museen und Büchereien präsentiert, kein Kenotaph mehr für Newton, statt dessen eine wachsende Zahl akzeptabler Kauf- und Wohnhäuser. Dies mag nicht nur auf Napoleons Politik, sondern auch auf den Unterricht Durands an der Ecole Polytechnique (veröffentlicht in „Précis des Leçons" 1802–05) zurückzuführen sein.

Egal, wie die Ursachen erklärt werden, man muß zugeben, daß Paris genau zu dem Zeitpunkt, der der Höhepunkt des Klassizismus hätte sein sollen, nicht viel aufzuweisen hatte. Thomde Thonons Börse in Leningrad (von 1804–10) ist zum Beispiel von unvergleichlich besserer Qualität als Brogniarts Börse in Paris aus etwa gleicher Zeit. Aber da die Franzosen ca. 23 Jahre lang in einen Angriffskrieg verwickelt waren, war ein Niedergang der künstlerischen Produktion wohl zu erwarten. Im großen und ganzen war Buonaparte zu soldatisch, zu wenig wirklich kultiviert, und darum ist der große Triumph des Klassizismus – in

links:
William Kent, Tempel, Grundriß und Ansicht, um 1730
rechts oben:
Richard Boyle, 3rd Earl of Burlington, Assembly Rooms, York, Schnitt, 1730
rechts unten:
Richard Boyle, 3rd Earl of Burlington, Assembly Rooms, York, Ansicht, 1730

Melanconia, 1912 (1914?)

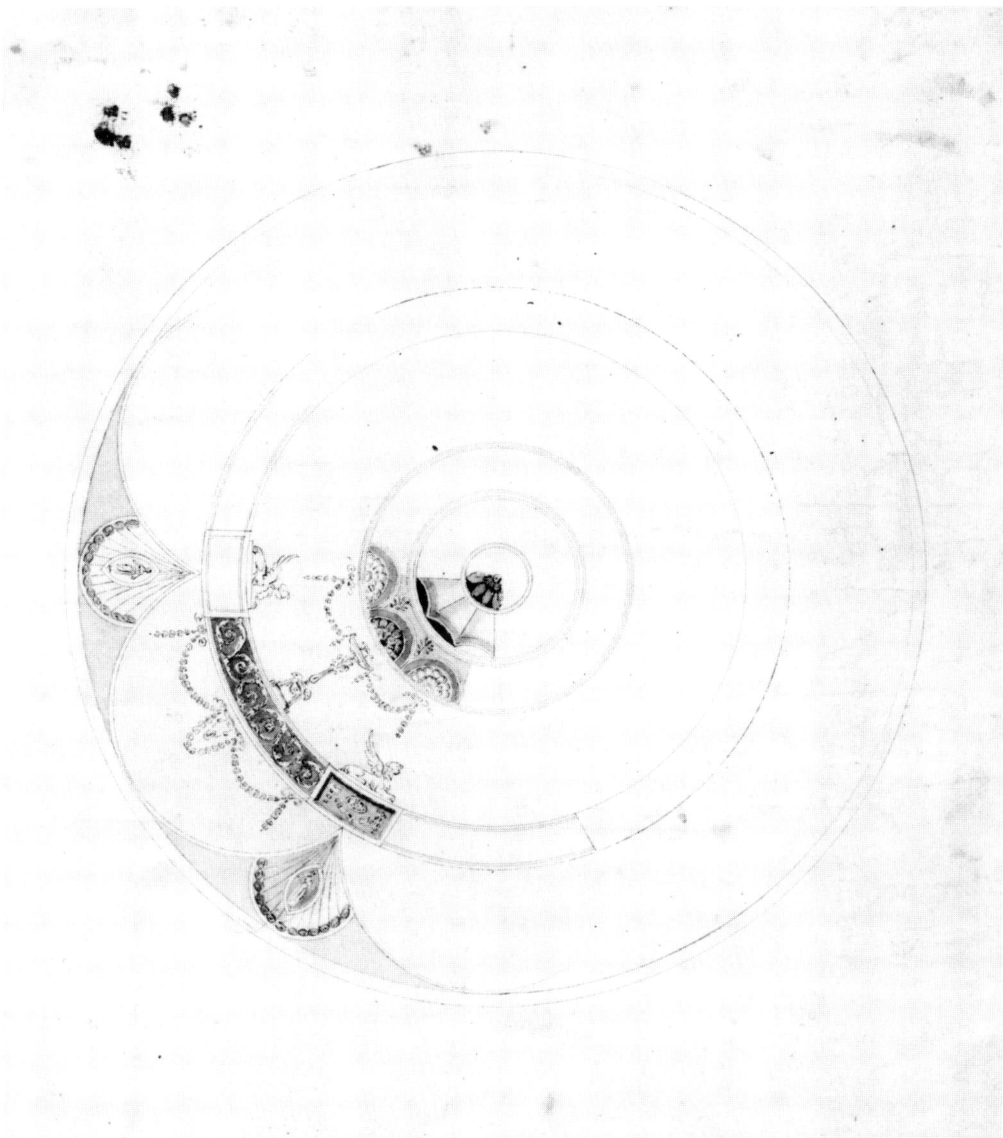

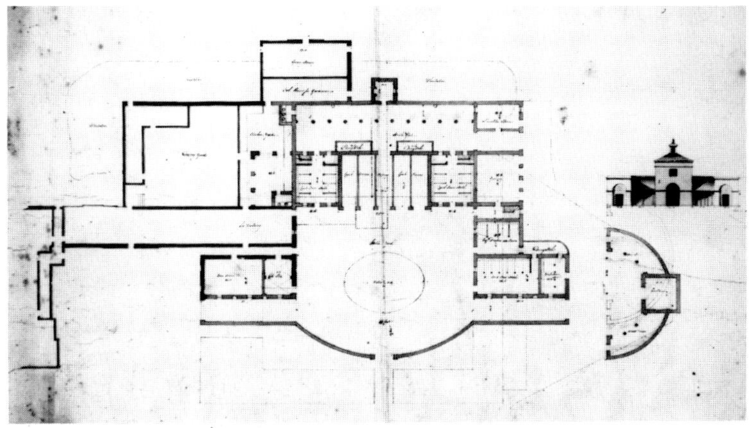

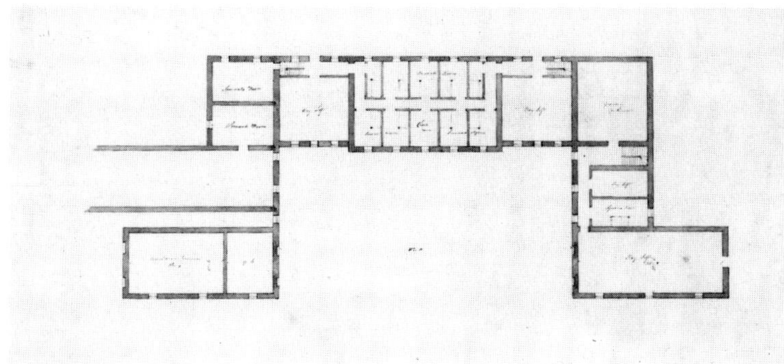

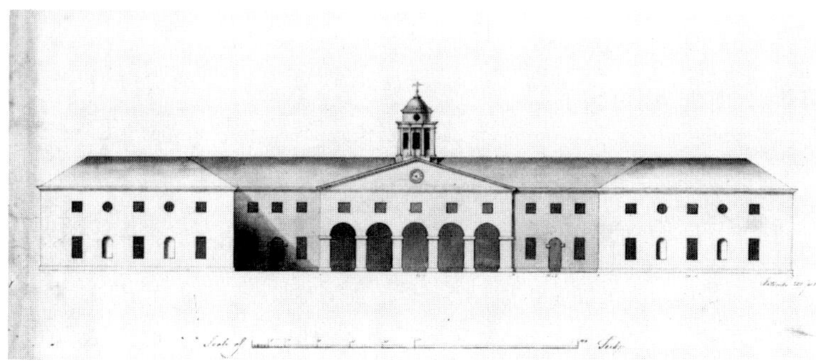

links:
Robert Adam, Culzean Castle Deckendekor, um 1788
rechts oben:
Robert Adam, Shardeloes House, Buckinghamshire, Grundriß, 1761
Mitte rechts:
Robert Adam, Shardeloes House, Buckinghamshire, Plan des Obergeschosses, 1761
rechts unten:
Robert Adam, Shardeloes House, Buckinghamshire, Ansicht, 1761

Hinsicht auf das Zentrum politischer Macht – nicht dort gewesen, wo er hätte sein sollen. Sind nicht die Triumphe des Klassizismus vornehmlich deutsch, obwohl die Bewegung in den deutschen Ländern gut dreißig Jahre später Fuß faßte als in Frankreich oder England? Trotzdem ist es möglich, den Style Empire und seinen Reiz aus einer Unzahl von Fragmenten zusammenzusammeln. Von Paul Mebes[5] können wir Teile aus Trier und Breslau beziehen, von Hector Lefael eine ganze Sammlung von Ladenfronten, die tatsächlich in Paris existierten, von den Seiten Perciers und Fontaines eine Reihe höchst spektakulärer Schlafzimmer, aus dem Palazzo Pitti das Badezimmer der Elisa Baciocho, weit weg aus Pavlovsk das Laternenarbeitszimmer von Zar Paul und aus London um 1800 die lange verlorenen Intérieurs von Thomas Hopes Haus in der Duchess Street.[6] Unter allen anderen verdienen letztere einen ausgedehnteren Kommentar.

Ähnlich wie das Haus von Sir John Soane, für das es wahrscheinlich Vorbild war, stellte die Duchess Street gleichzeitig Wohnstätte und Museum dar. Die Intérieurs hatten eine generelle Stimmung Schinkels zwanzig Jahre später vorwegzunehmen. In der Duchess Street haben wir das Gefühl, uns in Tegel zu befinden.

Aber die Beschäftigung mit Thomas Hopes Stadthaus bringt uns zu seinem Landhaus in Surrey, wo eine vorsätzliche Suche nach Unordnung und Zusammenhanglosigkeit vorherrscht. Das Landhaus Deepdene von

5 Paul Mebes, Um 1800. München 1920.

6 David Watkin, Thomas Hope and the Neo-Classical Idea. London 1968. Dieses Werk gibt sehr aufschlußreiche Analysen von Duchess Street (lange verschwunden) und von Deepdene (seit langem bis zur Unkenntlichkeit verstümmelt).

William Chambers, Gebäude, Ansicht mit Maßangaben, um 1776

1818–23 soll hadrianisch wirken. Die beabsichtigte pittoreske Anhäufung bezog es offensichtlich von einem solchen viel kleineren Haus wie John Nash's Cronkill von 1796. Sicherlich bereitete es den Weg vor für die größte Akkumulation des Klassizistisch-Pittoresken, nämlich die Villa und die angrenzenden Gebäude in Schinkels Charlottenhof, die allesamt feinfühlig in die Landschaft eingebunden sind.

Es ist eine große historische Ironie, daß der Höhepunkt des Klassizismus nicht in Paris oder London, sondern im Berlin Friedrich Wilhelms III. stattfinden sollte. Nicht im Portiko der Madeleine, sondern im Peristyl des Alten Museums, nicht in den Gärten der englischen Landhäuser, sondern im Charlottenhof. Diese Betrachtungen führen uns zu Schinkels Bauakademie. Das Alte Museum verdeutlicht den idealistischen Gehalt des romantischen Klassizismus, aber die Bauakademie ist eine viel vorsätzlichere Aussage über Tatsachen und Umstände. Die Herkunft des einen Baus ist sehr simpel, der Ursprung des zweiten viel komplexer verwoben. Ersterer ist aus Stein, zweiterer aus bescheideneren Ziegeln und Terrakotta. Die Ikonographie der Geste des Alten Museums repräsentiert eine Kulturvorstellung, die der Bauakademie ein Technologiekonzept. Mit anderen Worten: in der Reinheit des einen Baus und der Zwitterhaftigkeit des anderen zeigt sich eine hierarchische Differenzierung der Absicht, die sich in stilistischen Unterschieden ausdrückt. Das Primat der *Kultur* verlangt nach schmuckvoller Demonstration, die untergeordnete Zurschaustellung von *Baukunst* benötigt weit geringeren, aber genauso streng festgelegten Prunk. Diese Unterscheidung von Erscheinungsformen war sicher unumgänglich, da die gesamte Geschichte des Klassizismus, richtig verstanden, als lose Verknüpfung von Haltungen und Sympathien gesehen werden muß.

Dabei spielte ein mythologisches und ideales Griechenland und ein mythologisches und ideales Rom eine Rolle, aber der Reisende auf dem Weg nach Paestum oder Delphi kam leicht vom Weg ab. In Regensburg sah er vielleicht einen großartigen Dom, in Florenz wurde seine Aufmerksamkeit von einem Palazzo gefangen genommen, in der Gegend von Lucca oder Viterbo mag er bezaubernde *case coloniche* erblickt haben, in Sizilien schaute er wohl Agrigent an und sollte auch noch von islamischen Überresten in den Bann gezogen werden. Bei diesen so bunt gemischten Erlebnissen scheint unser Tourist von 1750–1830 auf

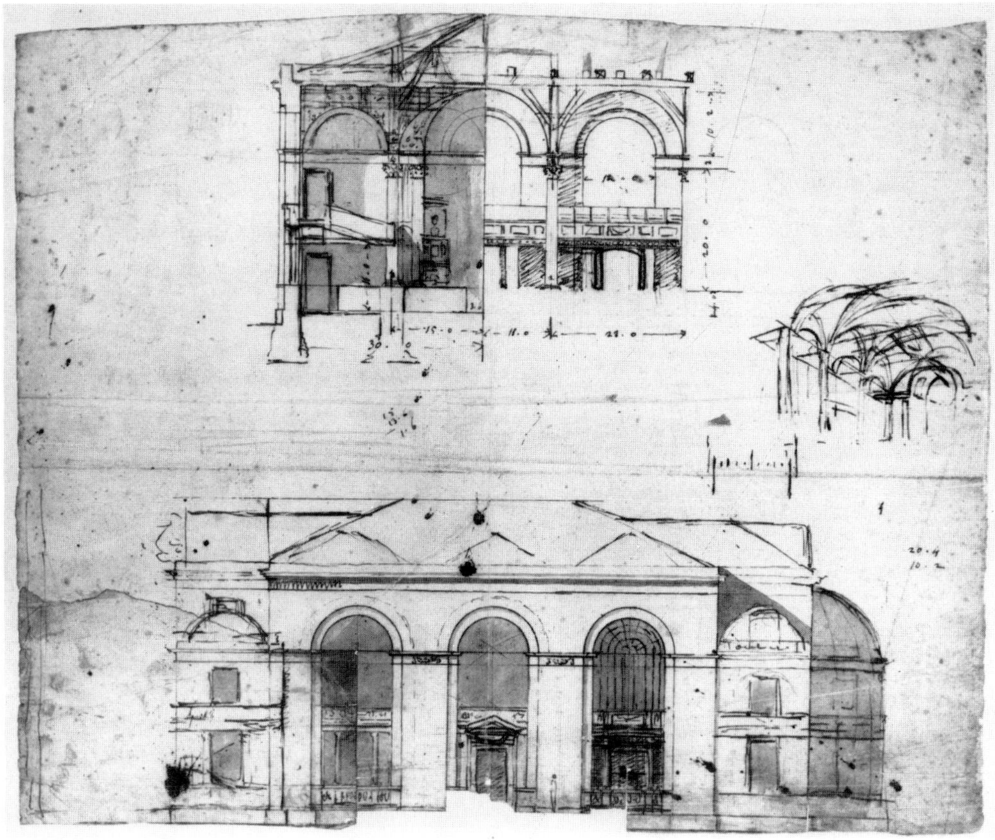

Georg Dance, Gebäude, Schnitt, Ansicht und Perspektive, um 1790

der Suche nach Griechenland oder Rom nicht sonderlich beunruhigt gewesen zu sein durch die anderen Informationen, die er gleichsam versehentlich aufnahm. Natürlich waren Griechenland und Rom vorrangig, aber wie wollte er sich den Rest erklären? Es schien keine rationale Erklärung für die vielen Phänomene zu geben, es sei denn man unterstellte ein inhärentes Wesen der Architektur, das unabhängig von allen stilistischen Erscheinungen zu allen Zeiten und an allen Orten gültig ist.
Dies mag auf Schinkels und vor ihm Soanes Erfahrungen zutreffen, es war aber auch das, was viele ihrer Zeitgenossen erlebten. Laugier und Durand hatten zu ihrer Zeit schon so etwas wie eine Lehre einer informativen Essenz der Architektur impliziert. Diese Ansicht zeitigte zwei Hauptresultate, die nicht als diametral entgegengesetzt angesehen werden sollten: Sie förderte eine Ansammlung disparater stilistischer Zitate an einem Gebäude, und zugleich rief sie (wieder einmal) ein rationalistisches Interesse am streng strukturierten Entwurf hervor. Diese Lehre bewirkte Erfindungsgabe in lokalen Einzelheiten und eine Reduktion des episodischen Details auf das Minimale im Gesamteindruck.
Dies zeigt sich in vielleicht erst zögernden Anfängen an der Bauakademie; doch kann es jetzt entwickelt werden an zwei Gebäuden, die ausschließlich aus letzterer Haltung hervorgegangen sind. Eins ist zweifelsohne Schinkel verwandt, das andere zeigt die typischen Fassaden des Rundbogenstils. Beide stammen aus dem damals bescheidenen, provinziellen Zürich und sind Werke des relativ unbekannten Gustav Albert Wegmann: die Kantonsschule von 1839–42 mit ihren elementaren vergitterten Fronten sieht wie ein Vorentwurf für das spätere Kunstgewerbemuseum von Martin Gropius aus, und das Großmunsterschulhaus von 1850–55. Beide Bauten sollten akzeptiert werden als adäquate Definitionen des spät-klassizistischen Bewußtseins, das in Schinkel bereits vorhanden war und das später in Paris ganz offenkundig wurde.
Wir müssen nun zum Paris von Louis Philippe übergehen und damit zu Henri Labrouste und seiner größten Schöpfung, der Bibliothek von St. Géneviève (1838–50). Seit ihrer Entstehung wird sie bewundert, im 19. Jahrhundert wegen ihrer Fassade und später von den Protagonisten moderner Architektur wegen ihrer Innenräume. Und beides stimmt. Für das Äußere sind als Prototypen Michelangelos Banco Mediceo in Mailand und Albertis Seitenerhöhungen des Tempio Malatestiano in Rimini zitiert worden. Das Innere ist oft dargestellt worden als mittelalterlichen französischen Kirchen mit Doppelschiffen verpflichtet. Beide Verpflichtungen sind zweifellos richtig bemerkt, denn dieser Bau stellt auf emphatische Weise gleichzeitig eine Verneigung vor der Archäologie und eine Unabhängigkeit von ihr dar. Sein Rundbogenstil ist hyperanspruchsvoll, er ist auf extravagante Art flach, es ist zugleich ein eindringlich privates und enorm öffentliches Gebäude, unglaublich einfach, ägyptisch, griechisch, römisch, quattrocento, Louis Seize, dogmatisch technikbetont und doch vollkommen überzeugend. Es könnte ein Produkt des positivistischen Klassizismus genannt werden, denn ohne Zweifel hat es eine akademische Ahnenlinie: Ecole Polytechnique, Henri de Saint-Simon, Auguste Comte, Cesar Daly, und „La Revue Générale de l'Architecture et des Traveaux Publics".
Eine unglückliche intellektuelle Abkommenschaft? Vielleicht. Aber trotz alledem bleibt dies das unvergleichliche französische Baudenkmal des 19. Jahrhunderts. Es ist mehr oder weniger das abschließende Monument des Klassizismus und ist von vielen (Sigfried Giedion u.a.) als fruchtbarste Keimzelle der Architektur des 20. Jahrhunderts herausgestellt worden.
Aber der Klassizismus war eine ältliche Prima Donna. Er gab immer wieder Abschiedsvorstellungen (mit Abgang in den Sonnenuntergang), aber nie einen völligen Rückzug von der Bühne. Oft schien er erschöpft. Doch die Regenerationsfähigkeit schien ebenso unerschöpflich. Deshalb sollten wir uns jetzt mit den Vereinigten Staaten in den 80er Jahren des 19. Jahrhunderts beschäftigen.
Die Architektur der griechischen Wiederbelebung zeigte in Amerika eine Brillanz, Fülle, Vielfalt, die man in Europa nur ahnen konnte. Da das allgemein bekannt ist, könnte man die These aufstellen, daß die USA dem Klassizismus einen natürlichen Nährboden boten. Dies ist leicht vorstellbar, wenn man bedenkt, daß Amerika die älteste Verfassung der Welt besitzt, und noch dazu eine, die aus dem Geist der Aufklärung entstand. Die Amerikaner kehren atavistisch immer zu ihren Formulie-

rungen von 1776 zurück, und diese Tendenz zeigte sich ein Jahrhundert später besonders stark.
Trotzdem war das Konzept des wiederbelebten Klassizismus eher kosmopolitisch als nationalistisch. In seinen wichtigsten Bauwerken zeigte er sich frankophil oder bestrebt, eine Renaissance Roms einzubeziehen. Die Vorbilder bürgerlicher Gebäude waren eher anglo-amerikanisches 18. Jahrhundert, manchmal aber ebenfalls französisch. Laut McKims, Meades und Whites Aussagen war ihre Boston Public Library von 1888 nicht durch die Bibliothèque St. Géneviève inspiriert, sondern von Alberti in Rimini, doch scheinen ihre Vorläufer ziemlich offenkundig. Frank Lloyd Wrights Projekt von 1883 für die Milwaukee Library und das Museum ist sichtbar verwandt mit Perraults Ostfront des Louvre. Wrights George Blossom House in Chicago übertrifft an akademischer Korrektheit wahrscheinlich alle zeitgenössischen Schöpfungen.[7] Als Finale zu diesem amerikanischen Exkurs wollen wir John Russell Popes Temple of the Scottish Rite in Washington D.C. erwähnen.
Früher, unter dem Einfluß von Walter Gropius und Sigfried Giedion, war es üblich, die amerikanischen Arbeiten dieser Zeit als eine gefährliche Belanglosigkeit abzutun. Das wirkliche Amerika sollte sich andernorts erschließen. Dies ist jedoch angesichts der nicht zu leugnenden Qualität der amerikanischen Bauten des Klassizismus (den besten der Welt) eine sehr eingeschränkte Position, die unmöglich aufrechterhalten werden kann. Es wird im Gegenteil deutlich, daß die USA zur wichtigsten Brücke zwischen Labroustes Welt, dem Paris Louis Philippes, und der frühen europäischen Moderne wurde.
Frank Lloyd Wrights kurzer Flirt mit dem akademischen Klassizismus in den Jahren 1892–93 ist nie genügend gewürdigt worden. Er darf aber nicht übersehen werden, denn er ist Vorläufer einer ähnlichen Verwicklung in den frühen Jahren des 20. Jahrhunderts, die die Apologeten der Moderne gern ignorieren. Von diesen Verstrickungen gibt es peinlich viele, hier sollen nur einige beim Namen genannt werden: die wenig abgebildete Eingangsfassade von Adolf Loos' Villa Karma (1904) außerhalb von Montreux, die Gebäude von Behrens für die Nordwestdeutsche Kunstausstellung in Oldenburg (1905), das Feinhals Haus in Köln-Marienburg(1908) von Olbrich, und wieder von Behrens das Schröder Haus in Hagen (1909, an dem im Büroteil auch Mies van der Rohe und Le Corbusier beteiligt gewesen sein sollen), der Palast der deutschen Botschaft in Petersburg (1912), der anscheinend auf Mies einen unauslöschlichen Eindruck machte, und last but not least von dem hervorragenden Paul Mebes, dem Autor von „Um 1800", in Berlin-Schöneberg das brillante Gebäude für die Nordstern-Versicherungsgesellschaft aus dem unheilvollen Jahr 1914.
All diese Zeugnisse klassizistischer Aktivität könnten durch oberflächliches Blättern in Gustav Adolf Platz' „Die Baukunst der Neusten Zeit", Berlin 1927 leicht zusammengestellt werden, ohne daß der jetzt modische Heinrich Tessenow oder der fast vergessene Paul Schmitthenner aus Stuttgart erwähnt wurden. Sie könnten durch Illustrationen späterer Arbeiten in Skandinavien von Asplund, Lewerentz und Aalto ergänzt werden. Das wäre jedoch übertrieben, nur Asplunds Lister County Court, Solvesburg (1921) soll aus Skandinavien noch genannt sein.
Alle diese Zeugnisse werfen lediglich eine Reihe von Fragen auf:
1 Waren diese Architekten nur *retardataires*, d.h. in der Entwicklung Zurückgebliebene? Diese Ansicht scheint schwer aufrechtzuhalten.
2 Waren all diese Architekten auf geheimnisvolle Weise Befürworter totalitärer Systeme, bevor es diese überhaupt gab? Obwohl der Klassizismus oft mit Zwängen in Zusammenhang gebracht wird, ist dies noch unglaubwürdiger.
3 Gab es einen trans-atlantischen Einfluß? Das mag allgemein der Fall gewesen sein, jedoch nicht im Detail.
4 Diente der Klassizismus als nützliche Plattform für das Bombardement von Kubismus, Konstruktivismus und de Stijl? Diese Frage würde ich zustimmend beantworten.

Damit möchte ich sagen, daß die Substruktur des Klassizismus wahrscheinlich ein imperatives Bedeutungsfeld für die Attacke der Moderne auf die Figur abgab. Ohne die Basis des Klassizismus hätte der Angriff der Moderne nicht durchgeführt werden können. Er brauchte Abbé Laugiers „Primitive Hütte" alias Le Corbusiers Maison Dom-Ino, um sich durchsetzen zu können. Was bleibt als Resümee zu dieser Durchsetzung, dem Erfolg der Moderne zu sagen?
Der eigentliche Angriff erschöpfte sich sehr schnell, und sehr schnell zeigte sich auch die herbeigesehnte schöne neue Welt von ihrer extrem schmutzigen, niedrigen Seite. Daher ist die stets weitergereichte prätenziöse Geschichte über die Moderne etwas lächerlich geworden, und daher kommt auch das heute so auffallend wiederbelebte Interesse am Klassizismus, das sich niederschlägt in einem Projekt wie der Schule, die Leon Krier 1978 für St. Quentin-en-Yvelines entwarf. Vorgehensweisen dieser Art können heute als Optionen gesehen werden, die verfügbar und legitim geworden sind.

Aus dem Englischen von Renate Brosch.

7 Soweit mir bekannt ist, existiert die einzige ernsthafte Untersuchung dieser Phase in Wrights Karriere in einem Artikel von Henry-Russell Hitchcock. Er heißt: „Frank Lloyd Wright and the Academic Tradition", und befindet sich in: The Journal of the Warburg and Courtauld Institutes. Vol VI, 1942.

Ich schulde Professor Richard Becherer von der University of Virginia besonderen Dank für seine große Geduld und für seine freundliche Hilfe in einer Zeit großer Schwierigkeiten beim Vorselektieren des Bildmaterials. Professor Becherers Hilfe ist von unschätzbarem Wert gewesen.

Phaidros und das Segelflugzeug: Von der Architektonik der Vernunft zur technischen Utopie

aus Gesprächen mit Gotthard Günther

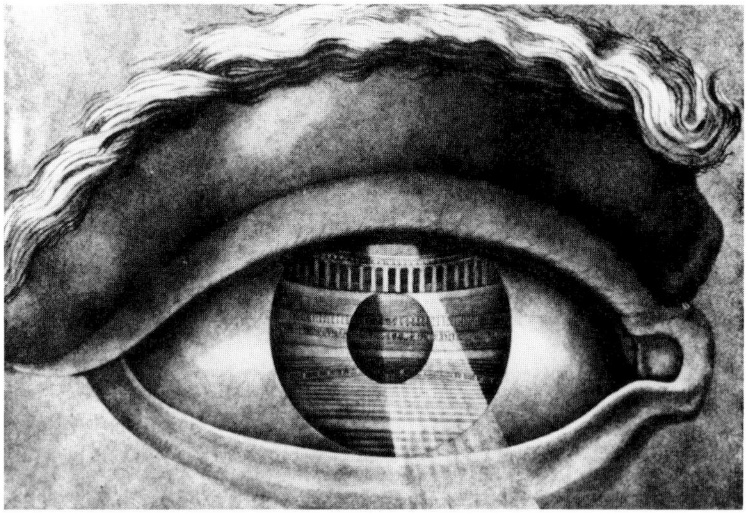

Denn die unsterblich Genannten, wenn sie an den äußersten Rand gekommen sind, wenden sich hinauswärts und stehen so auf dem Rücken des Himmels, und hier stehend reißt sie der Umschwung mit fort, und sie schauen, was außerhalb des Himmels ist.
Platon von Athen, Phaidros

Das Anschauen ist der Traum; das Denken, – die Quelle alles Seins und aller Realität, die ich mir einbilde, meines Seins, meiner Kraft, meiner Zwecke, – ist der Traum von jenem Traume.
Johann Gottlieb Fichte, Die Bestimmung des Menschen (1800)

Ihr Streben ging dahin, die Union zwischen Ich und All zu einem dauernden, dem Willen unterworfenen Zustand zu machen, der die Vergangenheit und die Zukunft, die Geschichte und die Utopie, die Erinnerung und die Ahnung aufhebt und den Menschen endlich in jene Dimension stellt, die er am genauesten zu kennen wähnt und am wenigsten kennt, in die Gegenwart, das heißt in die wirklichste Wirklichkeit.
Franz Werfel, Stern der Ungeborenen (1943–45)

Seite 69:
Claude-Nicolas Ledoux, Auge, in dem sich der Saal des Theaters von Besançon widerspiegelt (1775–1784)

links:
Joseph Michael Gandy, Villa, 1796
rechts:
Giambattista Piranesi, Nebenraum einer antiken Therme, aus „Opere Varie di Architettura, prospettive, grotteschi, Antichitá sul gusto degli antichi Romani", Roma 1750, Taf. 18 b

Akrobatik am Platz, aber Angst vor der langen Strecke

CLAUS BALDUS Als es darum ging klarzustellen, wie wir in den Besitz des Wissens von den Ideen kommen – und die waren für ihn die philosophische Wahrheit schlechthin –, griff Platon in seinem Dialog „Phaidros" auf einen schönen Mythos zurück. Er beschreibt, wie die olympischen Götter und in ihrem Gefolge auch die gefiederten Seelen der Menschen aufsteigen durch den Himmel, dann den Himmel verlassen, um sich auf seinen Rücken zu begeben und sich, dort auf dem überhimmlischen Ort (hyperouránios tópos), mit dem Umschwung der Sphären, mit den Kugelschalen herumzubewegen und dabei das Wahre, nämlich die ewigen Ideen zu schauen. – Was hat Philosophie mit Fliegen und Flugtechnik zu tun?

GOTTHARD GÜNTHER Für mich hat es in der Tat was damit zu tun. Ich wollte, als ich, 1933 war es glaube ich, mit der Fliegerei anfing, eigentlich den Motorflugzeug-Führerschein, was aber in Deutschland nicht ging, weil ich nur auf einem Auge sehe. Aber ich konnte Segelflieger werden. Ich hatte die A-, B- und C-Prüfung gemacht und nahm dann in Grunau (das liegt in der Langen Welle des Riesengebirges) einen Fortsetzungskurs für Überlandfliegen. Die kleinen Maschinen, auf denen ich zunächst ausgebildet worden war, hatten eine Sinkgeschwindigkeit, die ungefähr der eines Ziegelsteins im Nebel gleichkam. Man war immer gleich wieder am Boden. In Grunau wurden wir ausgebildet auf großen Maschinen, dem Grunau-Baby, auf einer richtigen, großen, normalen Maschine. Allerdings hatte das Grunau-Baby auch noch keinen sehr akzeptablen Gleitwinkel. Ich glaube der Winkel war 1 : 8, also wenn man einen Meter hoch war, konnte man acht Meter weit fliegen. Dann entschloß ich mich, es doch mal auf der großen Segelflugschule, die damals die „Universität der Segelflieger" hieß, dem Hornberg zu versuchen. Und da kam man auf wirkliche Leistungsmaschinen, und es wurde auch erwartet, daß man Überlandflüge machte. Das ersehnte Ziel war, die folgenden drei Bedingungen zu erfüllen: Erstens im Segelflug einmal, ohne zu landen, fünf Stunden oben zu bleiben, was nicht schwierig war, wenn man an einem guten Hang war, und der Hornberg hatte einen hervorragenden Hang. Ich hab gewöhnlich die Zeit da gesessen, mich um die Steuerung gar nicht gekümmert, Kirschen gegessen, und die Kerne runter auf meine Kameraden gespuckt. Als zweite Bedingung mußte nach den fünf Stunden eine Höhenflug gemacht werden, bei dem wir auf 200 Meter hochgeschleppt wurden (oder auch vom Hang aus auf 200 Meter Höhe waren), dann mußten wir ausklinken und 1000 Meter thermisch steigen. Die dritte Leistung: mindestens 50 km über Land fliegen, ohne zu landen. Nach einigen vergeblichen Versuchen schaffte ich auch das, sogar 80 km. Nun hatte ich die „Silber-C" erworben, das Internationale Leistungsabzeichen im Segelflug, und damit war man aufgerückt in die Aristokratie. Die Nummer meines Leistungsabzeichens ist 123. Eigentlich hatte ich gehofft, eine der begehrten Nummern unter 100 zu erhalten, aber das hat leider nicht geklappt, weil ich mein Training aus beruflichen Gründen unterbrechen mußte.

CB Hat es mal Grenzsituationen gegeben, in denen es auch hätte schief gehen können?

GG Ich hab mal eine gehabt, in der ich in Panik geriet, und zwar war das, als ich das erste Mal für einen längeren Überlandflug auf 1000 Meter geschleppt wurde und der Mann mich unmittelbar über dem Flugplatz ausklinkte. Da entdeckte ich nämlich, daß ich nicht mehr wußte, wo der Flugplatz lag, und kreiste herum, aber der Flugplatz war weg. Es war nach Norden Wald, nach Osten Wald, nach Süden Wald, nach Westen Wald. Nirgends ein Landungsplatz, und da geriet ich in Panik. Schließlich sagte ich mir: vielleicht schaff ich's, wenn ich in meiner alten Richtung fliege, da muß doch wieder eine Lichtung kommen. Flog also ein Stück weg, und da kam ein kleiner Aufwind, den ich sofort ausnutzte, weil ich immer noch nicht wußte, wo ich war, aber als ich dann drehte, da sah ich plötzlich: da lag der Flugplatz, hundert Meter vor mir. – Was man

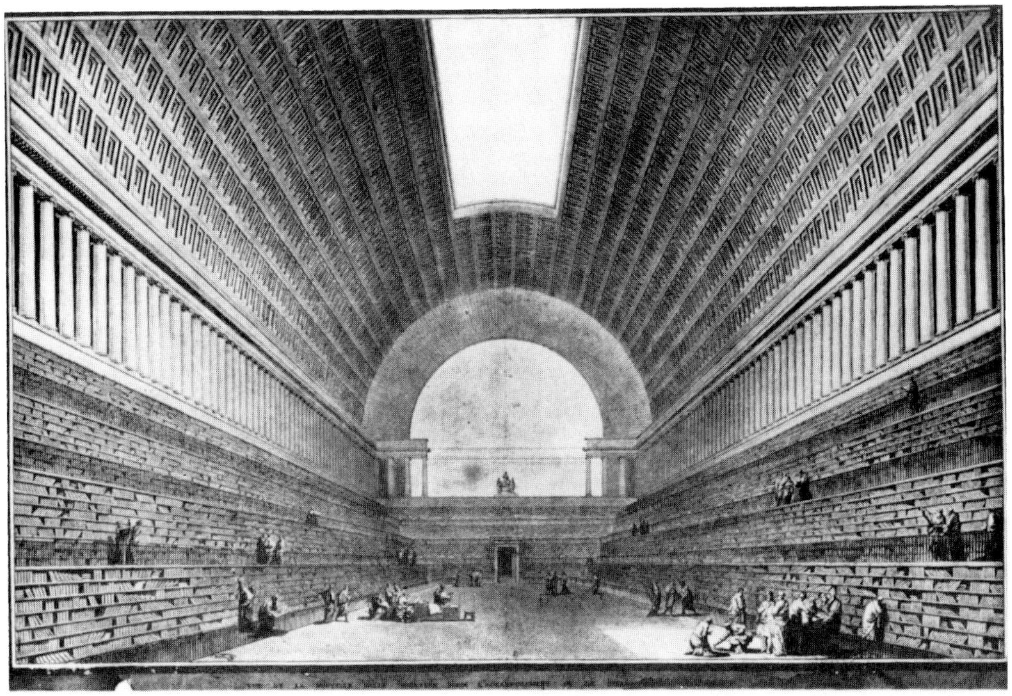

heute nicht mehr macht, man klinkt einen Schüler, den man zum ersten Mal hochnimmt, nicht über dem Flugplatz aus, da findet er den Flugplatz nicht, weil er direkt über dem Flugplatz ist. Ich hatte in dem Moment das Gefühl: nun werd ich aussteigen müssen. Na, dazu kam's nicht. Ich hatte, solange ich nicht oben gewesen war, immer gezweifelt, ob ich überhaupt Mut haben würde auszusteigen. Aber ich kann Ihnen sagen, wenn Sie in einer Situation sind und sehen keinen Landungsplatz, dann sind Sie so froh, daß Sie aussteigen können. Davon machen Sie sich gar keinen Begriff. Wenn ich nicht sehr bald gesehen hätte, wär ich eben ausgestiegen mit dem Fallschirm. Und dabei hatte ich dauernd die Erinnerung an das, was mir der Fluglehrer gesagt hatte, als ich das erste Mal einen Fallschirm anschnallte: „Und wenn der sich nicht öffnet, gehn Sie zurück zum Hangar und holen sich einen anderen!"

CB Sie haben dann nach dem Internationalen Leistungsabzeichen mit der Kunstfliegerei begonnen.

GG Damit habe ich im Grunde genommen schon vorher begonnen. De facto habe ich bereits das erste Mal, daß Wolf Hirt mir auftrug, einen Looping zu machen, hab ich den Looping gemacht und bin wieder runtergekommen mit dem Gefühl: „wenn's weiter nichts ist". Wie ich das zweite Mal aufgestiegen bin, um einen Looping zu machen, hab ich ihn ausführen wollen mit absolutem Minimum an Flug, und das hat gerade gereicht, um bis in die Rückenlage zu kommen, und da hungerte mir, wie man sagt, die Maschine aus, ging sie nicht mehr weiter und zögerte: wird sie jetzt nach rechts fallen, oder wird sie nach links fallen? Ich hab's noch fertig gebracht: ich wollte

links oben:
Etienne-Louis Boullée, Lesesaal als Erweiterung der Bibliothèque Nationale, Paris, um 1785
links unten:
Etienne-Louis Boullée [1728–1799], Monumentaler Friedhof, Detail
rechts:
Etienne-Louis Boullée [1728–1799], Stadttor

Jean-Jacques Lequeu [1757–1825], Schattenzeichnen

sie nach links fallen lassen, und das glückte mir. Ich sagte mir: na wenn du sogar im Rükkenflug so einfach steuern kannst, dann ist ja Fliegen nichts weiter – und da hatte ich von vornherein jegliche Angst vor Kunstflug verloren. Vor allem auch, weil mir dann ein erfahrener Flieger – es gab damals „Kunstflug I" und „Kunstflug II", und der hatte „II" – der sagte mir: „Der Trick beim Kunstfliegen ist, denke gar nicht an die Erde, ob du kopfüber oder kopfunter bist, ist ganz egal. Denke an das, woran die Maschine denkt, und die Maschine fliegt nach dem Staudruck. Richte dich nach dem Staudruck." Das hab ich von da ab getan. So daß ich manchmal nicht wußte: bin ich drei Mal oder vier Mal mit dem Kopf nach unten gewesen? weiß ich nicht, ich weiß bloß, daß ich die Figur gemacht hab, und die Figur, da muß ich wohl so und so oft runter gekommen sein. Nach der Nervosität des ersten Loopings, wo man allerdings das Gefühl hat: „jetzt biste zum Tode verurteilt" – von da ab war Kunstflug gar nichts. Aber weit wegzufliegen hab ich mich meistens nicht getraut. Ich merkte: ich werde immer in nervöser Spannung sein, wenn ich überland fliege, ich mach Kunstflug und bleibe am Flugplatz.

CB Die letzte Station Ihrer Flugausbildung war die Akademie in Darmstadt.

GG Es war ein Kurs zur Ausbildung im „ingenieurmäßigen Segelfliegen" am DSF, am Deutschen Forschungsinstitut für Segelflieger, wo damals Professor Georgi der Präsident war. Der Abteilungsleiter für fortgeschrittenes Fliegen war Stahmer, ein ganz großartiger Mensch. Wenn irgendjemand in den Kursen in Darmstadt einen speziellen Wunsch hatte, wenn Stahmer ihn erfüllen konnte, hat er ihn erfüllt. Hab ich bei mir selber erlebt und hab ich bei anderen erlebt. Er war nicht mehr als Ausbilder tätig, die Zeiten waren bei ihm vorbei. Aber er hat in einem Buch „Zehn Jahre Wasserkoppe", das mich damals sehr beeindruckte, beschrieben, wie er selber fliegen gelernt hat und zehn Jahre lang in den Kohlrübenwintern usw. auf der Wasserkoppe gewesen ist. An einer Stelle schreibt er: „Reinlich? Selbstverständlich waren wir reinlich! Alle vier Wochen wurde das Gesicht verzogen, und was runter fiel, wurde weggekehrt." Das steht wörtlich in dem Buche drin.

CB Wer hat Sie in Darmstadt ausgebildet und was war das Ziel der Ausbildung?

GG Ausgebildet wurde ich von einem Saugrobian als Fluglehrer. Unter uns waren damals bereits drei Leute, die das Internationale Leistungsabzeichen für Segelflug hatten. Einer war dabei, der in der Turbulenz einer Gewitterwolke hatte aussteigen müssen. Die Maschine war in zwei Stücken herunter- und er mit dem Fallschirm hinterhergekommen. Und den Leuten hat der Fluglehrer nun gesagt: „Bilden Sie sich nicht ein, daß Sie fliegen können!" Und dann hat er sich die größte Mühe gegeben, einem zu zeigen, daß man nicht fliegen kann. Beispielsweise: „Sie lassen ja schon wieder in der Kurve den linken Flügel hängen." Man guckte raus, der Flügel lag absolut normal. Und er sagte: „Hier, sehn Sie mal auf den Wendezeiger!" Und auf dem Wendezeiger sah man, daß das Kügelchen um einen halben Millimeter aus dem Zentrum herausgerutscht war. Und da sofort: „Sie lassen ja schon wieder den Flügel hängen! Sie können ja gar nicht fliegen!" Und das ging so bis zum Ende des Kurses. Auch beim letzten Flug, den wir noch im Kurs machten, hat man den Fluglehrer bei jedem aus der Luft brüllen und toben gehört, bei keinem ging's geräuschlos vor sich. Bei einem sagte er: „Na ja, Sie sind immer wieder heil runtergekommen, der liebe Gott ist halt gut." Bei einem sagte er: „Ja, auch Idioten haben Glück." Ich habe erst während dieser Ausbildung wirklich begriffen, was exaktes Fliegen ist: daß die Instrumente beim wildesten Sturm absolut ruhig in der Mitte bleiben. Das hab ich vorher nicht gekonnt. Aber das konnte ich, nachdem ich an der Akademie in Darmstadt gewesen war. Die Ausbildung war auf die technischen Eigenschaften der Maschinen abgestellt, und wir kriegten in dieser Hinsicht ein exaktes Urteil. Ich kam hinterher mal auf den Hornberg zurück und wußte: in der Maschine steckt der und der Konstruktionsfehler drin, was ich vorher gar nicht gewußt hatte, das wußte ich jetzt.

CB Kunstflüge wurden allerdings durch die Regierung verboten, weil zu viele Abstürze vorkamen.

GG Worauf Hirt uns sofort einen Ausweg zeigte und sagte: „Sie können, bis zuverlässigere Maschinen gebaut sind, keine Kunstflüge mehr machen, aber natürlich können Sie hier am Flugplatz Gefahrenzustände üben. Na, ist denn das kein Gefahrenzustand, wenn ich auf'm Rücken liege in der Luft? Und aus der Rückenlage muß ich doch wieder raus. Was machen wir da? Ach, machen wir einen Looping-Stern, keinen Looping!" Ein Looping-Stern, das ist, wenn man heraufsteigt bis in die Rückenlage, dann die Maschine um einige Grad dreht, und dann nicht in dem gleichen Kreise, sondern daneben herunterkommt, jetzt wieder herauffliegt und nun wieder am Kreispunkt nach der anderen Seite dreht und da herunterkommt. Wenn das kein Kunstflug ist – aber bitte, wir bestanden darauf: wir haben keinen Kunstflug gemacht, wir haben nur Gefahrenzustände geübt.

CB Und worin besteht die Philosophie des Fliegens?

GG Das haben Sie eingangs selbst schon gesagt. Sehen Sie, „Philosophie" das ist nur ein anderer Name für „Idealismus", und Idealismus ist der Aufstieg zu den abstrakten Regionen des Seins, ist Ablösung von den konkreten Bedingungen des Seins. Das lesen Sie in Platons „Phaidros" und, vielleicht erschütternder noch, in seinem „Phaidon", wo es heißt, Philosophie sei Streben nach dem Tod. Nach

Etienne-Chérubin Leconte, Saal des Rats der Fünfhundert, um 1795

dem Tod, weil Platon erst in diesem Moment die radikale Lösung von der Vielfalt der Sinnendinge verwirklicht gesehen hat – Sinnendinge, die den Blick auf die Ideen, auf den wahren abstrakten Grund des Seins nach seiner Ansicht nur verhindern. – Mir ging es im Flugzeug da oben am Himmel ähnlich wie in den verschneiten Bergen auf Skiern: ich atmete auf. Ich hatte dazu eine Affinität, ich weiß nicht warum. Und ich hatte auch eine Affinität zum Idealismus.

Das idealistische System der Vermittlung als Schauplatz

CB Sie haben Ihre wissenschaftliche Arbeit mit Beobachtungen über die Metaphysik des Orients begonnen, haben 1926 und 1927–28 zwei Aufsätze veröffentlicht, über die „Differenz der östlichen und der westlichen Psyche" und über „Individualität und Religionsgeschichte". Dann sind Sie aber bald von der Philosophie Indiens und Chinas wieder abgekommen und sind zurückgekehrt zur europäischen Philosophie.

GG Weil die Inder mit ihrer epochemachenden Entdeckung der Null bei all ihrer Metaphysik mathematisch nichts angefangen haben, während die westliche Technik was damit angefangen hat. Sonst hätten wir kein elektrisches Licht, was natürlich kein Heiliger aus den Upanishaden je produzieren hätte können. Die Inder haben eine Mathematik entwickelt, aber keine, die sich zu gleicher Zeit als technisch gültig erwies und damit die metaphysischen Theorien bestätigte.

CB Sie sind von der indischen Philosophie zunächst zu Kant übergegangen, dann von Kant weiter zu Hegel. Warum sind Sie weiter zu Hegel gegangen? Viele andere moderne Denker sind ausdrücklich bei Kant stehen geblieben.

GG Die haben Kant nicht ordentlich gelesen. Wenn sie die Passage, die in seiner „Kritik der reinen Vernunft" von der „Amphibolie der Reflexionsbegriffe" und vom „transzendentalen Schein" handelt, gelesen hätten, dann hätten sie gesehen, daß man ohne Dialektik nicht durchkommt. Was ist der Mechanismus, der den Schein produziert, der unser Denken immer wieder irritiert? und zwar in einer Art des Betrugs, der „unhintertreiblich" ist, wie Kant wörtlich sagt. Der Schein entsteht, wenn ich über das Subjekt rede, denn ich kann nicht anders über das Subjekt reden, als daß ich es als Gegenstand nehme, daß heißt indem es Objekt für mich wird, und damit nicht mehr das ist, was es ist. Das Reden, Urteilen über ein Subjekt verkehrt es in sein Gegenteil. Selbst wenn ich diesen Schein für mich aufgedeckt habe, unterliege ich ihm weiter, kann nicht heraus aus ihm.

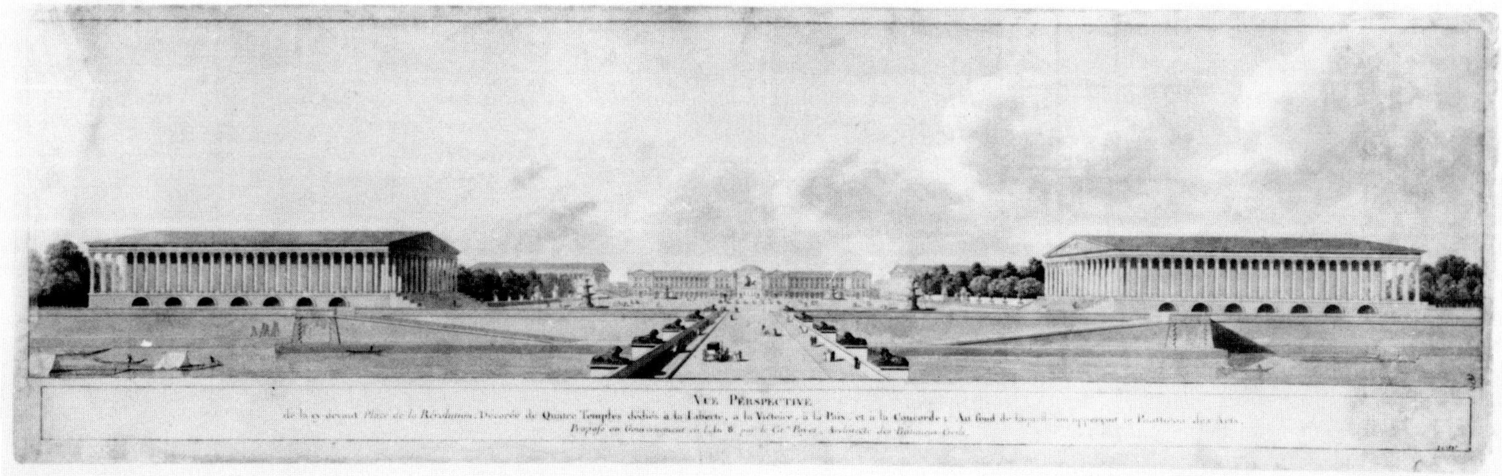

Bernard Poyet, Projekt für die Neugestaltung der Place de la Concorde, Blick vom linken Seineufer, 1801

Bernard Poyet, Projekt für die Neugestaltung der Place de la Concorde, Blick von der Drehbrücke, 1801

CB Sie haben eben gesagt, Kant habe festgestellt, daß dem Subjekt, wenn es über sich selbst nachdenken will, nichts anderes übrig bleibt, als sich selbst zum Objekt zu machen und sich damit scheinhaft zu verkleiden. Was war der Fortschritt, den Fichte, Hegel und Schelling gegenüber Kant in dieser Situation erreichten?
GG Kant war der kritische Wegbereiter, der das Problem aufgewiesen hat, Fichte und Hegel haben eine systematische Theorie darauf aufgebaut. Sie haben die Dialektik der Ding- und Selbsterfahrungen des Bewußtseins, des Verhältnisses von Subjekt und Objekt, Sein und Nichts, Wesen und Schein, Einheit und Vielheit usw. systematisch entwickelt. Ich muß Ihnen allerdings sagen, daß ich Fichte im Grunde genommen erst nachträglich durch Gehlens „Theorie der Willensfreiheit" entdeckt habe. Ich fing von vornherein mit Hegel an. Ich fand damals gleich, obwohl mich einige Sachen von Fichte wie die „Anweisung zum seligen Leben" stark fesselten: wenn man – und das lag in mir irgendwie drin – exakt sein wollte, wenn man eine exakte Theorie der zwischen Subjekt und Objekt wirksamen Dialektik entwickeln wollte, dann mußte man versuchen, diese Exaktheit bei Hegel rauszukriegen. Hegel ist weiter gegangen als Fichte. Ich glaube, ich hab's jetzt raus, das Bindeglied zwischen Sein und Nichts – aber das hat mich sechzig Jahre gekostet. Was Schelling betrifft, immer wieder, wenn ich ihn lese, ärgere ich mich über ihn: „Man sieht's doch, nun sag's doch mal deutlich, verdammt noch mal!" Aber nichts zu machen. Nein, so kann man nicht denken. Er war der Romantiker unter den Idealisten, und wie bei allen Romantikern blieb sein Denken fragmentarisch. Sein Hauptwerk, die „Weltalter-Philosophie" ist unvollendet geblieben, ist Fragment. Allerdings halte ich daran fest, daß es bei Schelling eine relevante Problematik gibt, sehr sogar. Das sind tastende Versuche gewesen auf der einen Seite von Fichte, auf der anderen von Schelling. Aber die sind genauso im Nebel herumgetappt wie ich. Bei Hegel gibt es doch wenigstens Anhalte.
CB Der neue Begriff, den Sie 1933 in „Grundzüge einer neuen Theorie des Denkens in Hegels Logik" vorgestellt haben, ist der Begriff der „logischen Thematik". Mit der Entwicklung dieses Begriffs begann Ihre Philosophie. können Sie in kurzen Worten sagen, was der Kern der „logischen Thematik" ist und wie die Dialektik in ihr wiederkehrt?
GG Nein, in dem Buch haben Sie nämlich nur die Interpretation, die mir später sehr unzureichend erschien, und die will ich nicht noch mal aufwärmen.

CB Die These war, ich darf's mal kurz sagen, daß es neben der griechisch-klassischen *Objektivität* ein zweites metaphysisches Thema gibt, *Subjektivität.* Um dieses Thema in einer exakten, begrifflich einwandfreien Weise darzustellen, braucht man eine zweite Logik, eine Logik, die zwei einander gegenüberstehende Perspektiven des Denkens, nämlich die Richtung unseres Denkens auf das Objekt und die auf das Subjekt, komplex *vermittelt.*
GG Ja, es ist mit dem, was Spengler die „faustische Kultur" nennt, ein neues Thema in die Philosophie hereingekommen, das die am Begriff des Seins orientierten Griechen noch nicht kannten. Die Griechen glaubten, daß alles auf „Sein" („Objektivität") zurückgeht. Dazu ist zu sagen: du lieber Himmel, wenn ich Sein schon hier in der Materie und im Chrom-Nickel-Stahl habe, aus welcher Sorte von Sein besteht denn dann der liebe Gott? Muß doch Chrom-Nickelstahl sein, weil er so lang dauert, der liebe Gott. Daß alles auf Sein zurückgeht, dieser Glaube war absurd. Und da habe ich mir gesagt: hier muß noch etwas ganz anderes in der Philosophie und im Idealismus drin sein, und das hab ich zunächst bei Kant, vor allem aber dann bei Hegel gesucht.
CB Es gibt also keine bruchlose Kontinuität des Idealismus von Platon bis Hegel?
GG Nein. Wenn an der Kulturzyklentheorie Spenglers eine Winzigkeit wahr ist, dann besteht eben in dem Übergang von dem klassischen Seinsbegriff der Griechen zum transzendentalen Seinsbegriff Kants und Hegels ein Bruch. –

CB Das neue, europäisch-faustische (transzendentale) Thema ist „Subjektivität". Die Subjektivität fächert sich nun auf in Ich und Du, wie Sie in dem 1935 geschriebenen, 1957 veröffentlichten Aufsatz „Logik, Metaphysik und die Theorie der Reflexion" zeigen, so daß die Wirklichkeit im idealistischen Sinn nun drei Komponenten enthält: *Es* (die alte „Objektivität") und *Ich* und *Du* (das neue Thema „Subjektivität"). Von da geht es dann weiter zur Pluralität des Wir, Ihr und Sie. Die Architektonik der Vernunft ist also mindestens triadisch (in der Vermittlung von Ich, Du und Es), dehnt sich aber (im Wir, Ihr, Sie) prinzipiell auf eine unendliche Zahl von Stellen aus.
GG Ja. Aber das darzustellen, ist mir in wirklich befriedigender Weise erst ganz kürzlich gelungen, vor einigen Monaten – in Zahlenrechnungen, in denen nichts weiter drinsteckt als Subjektivität. Es geht mir heute nur noch um die arithmetische Darstellung der Vermittlungsbegriffe des Idealismus. Was dazu in be-

Giacomo Quarenghi, Caféhaus, Ansicht, 1785–1790

Giacomo Quarenghi, Caféhaus, Schnitt, 1785–1790

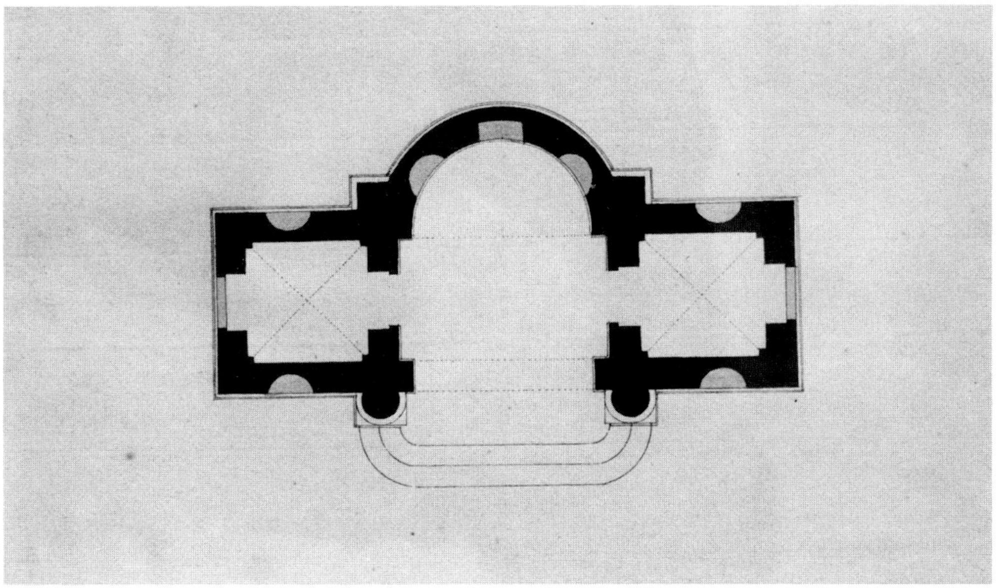

Giacomo Quarenghi, Caféhaus, Grundriß, 1785–1790

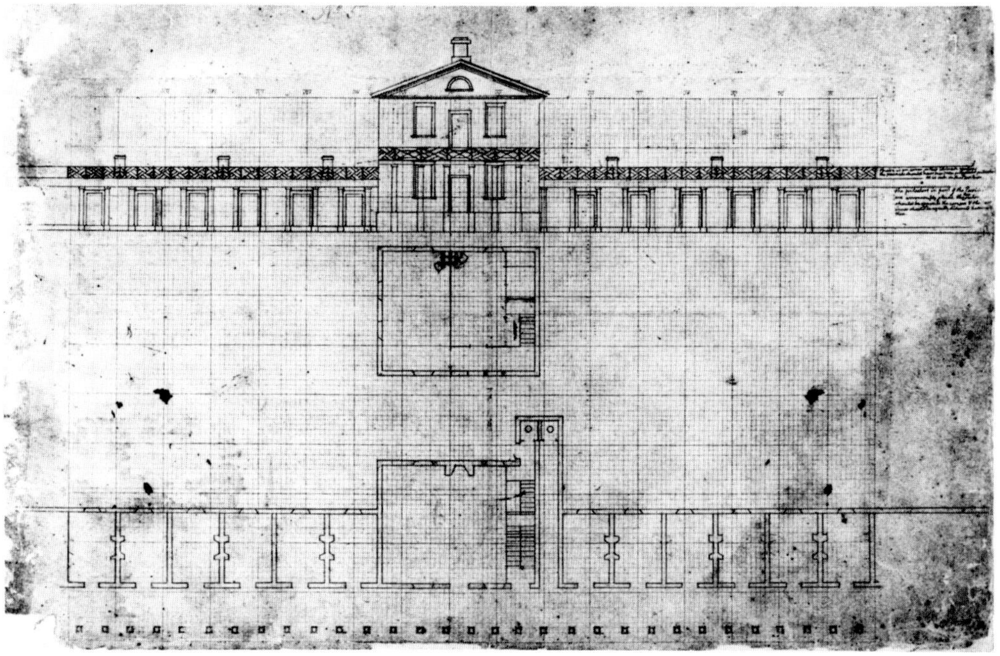

Thomas Jefferson [1743–1826], Universität von Virginia, Pavillon VII

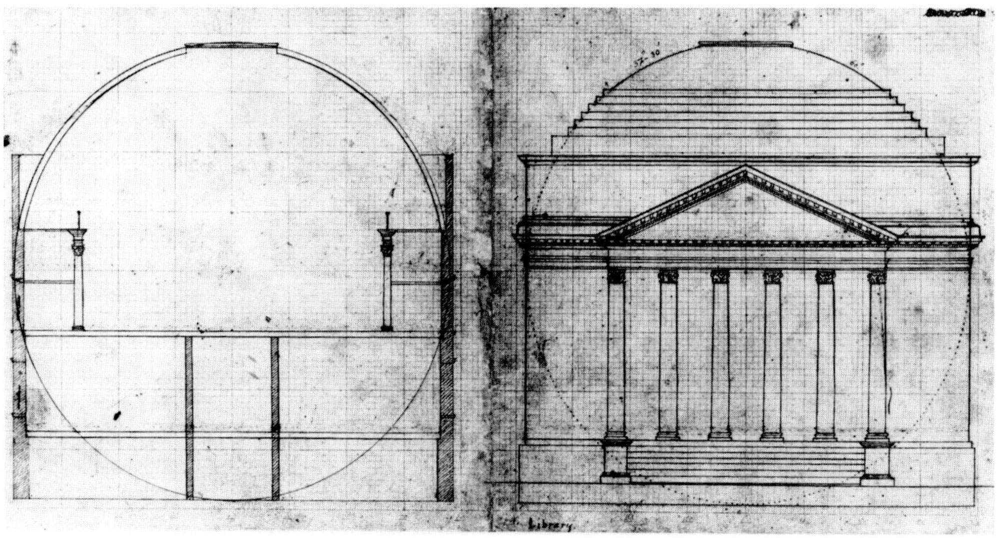

Thomas Jefferson [1743–1826], Universität von Virginia, Rotunda, Schnitt und Ansicht

grifflich-anschaulicher Form gesagt werden konnte, ist gesagt worden in Texten wie Hegels „Phänomenologie", Fichtes „Tatsachen des Bewußtseins" oder Schellings „Abhandlung über das Wesen der menschlichen Freiheit". Wenn Sie aber aus der idealistischen Philosophie eine Technik entwickeln wollen, dann müssen Sie die Vermittlungstheorie arithmetisieren, dann kommen Sie mit Begriffen allein nicht mehr durch. Sie brauchen, dialektisch organisierte, arithmetische Systeme, die klarmachen, wie die Spiegelungen und Vermittlungen zwischen Ich, Du und Es nun wirklich „funktionieren".

CB Es ist im Idealismus von einer Architektonik der Vernunft die Rede. Diese Metaphorik hat sich bereits in Platons „Timaios" entwickelt, wo der Demiurg als „Weltbaumeister" eingeführt wird, und zieht sich dann herüber bis zu Fichtes „konstruktivem Wissen" und Hegels „dialektischem System". Kant, und auf ihn aufbauend Peirce, sprechen ganz direkt von einer „Architektonik der Vernunft". Aber wir können die Metaphorik auch umkehren und die Kategorien des Idealismus auf die Architektur anwenden. Denn jeder Bau ist Stellwerk einer Fülle gelungener oder gescheiterter Vermittlungen: zwischen Gestalter (dem Ich) und Benutzern (dem Du oder den Ihr), Form und Materialien, der bildlichen Symbole mit den technischen Funktionen, und diese Liste können wir fortsetzen. Was ist in diesen Vermittlungen Wissen, was Wille, was Wirklichkeit? – das ist nur eine der Fragen, die die idealistische Philosophie an Architektur stellen müßte, wenn sie sich diesem Bereich von Kultur energischer, als es bislang der Fall gewesen ist, zuwenden wollte. – „Archi-Tektur" ist die „erste Kunst", die „erste Technik", „Ursprung aller Gestaltung". Das bringt uns auf die Rolle, die die Technik (und Kybernetik) in Ihrer Transformation des Idealismus spielt, und um diese Rolle zu verstehen, müssen wir mit Ihnen hinüberschauen (wenn nicht -gehen) in die Neue Welt und ihre Metaphysik, denn erst nach Ihrer Ankunft in der „westlichen Hemisphäre" haben sich Ihr philosophisches und Ihr technisches Interesse, die bis dahin nebeneinander hergelaufen sind, in wirklicher Synthese verbunden. Wie kamen Sie drüben an, und wie haben Sie Amerika kennengelernt?

Auf dem langen Weg zu einer Metaphysik der westlichen Hemisphäre

GG Ich emigrierte 1937 nach Italien, wo meine Frau seit 1933 auf dem Vigljoch eine Privatschule aufgebaut hatte. Obwohl ich 1935 Assistent bei Arnold Gehlen geworden war, merkte ich, daß meine Situation im nationalsozialistischen Deutschland bald unhaltbar werden würde, denn ich weigerte mich natürlich, an den NS-Dozentenlagern und ähnlichem teilzunehmen, wobei ich eine Zeit lang als Ausrede die Segelfliegerei vorschieben konnte. Aber irgendwann wäre ich doch mit hereingezogen worden in den Wahnsinn, und deshalb ging ich, solange es noch Zeit war. Von Norditalien aus zogen wir weiter nach Kapstadt, wo ich an der Universität Stellenbosch Carnegie-Dozent wurde und Vorlesungen über Geschichte und Theorie des Idealismus hielt. Dann verlangte die Universitätsleitung aber von mir, daß ich meine Vorlesungen zukünftig auf Afrikaans halten sollte (Stellenbosch war die Universität, an der Afrikaans gesprochen wurde), und das wollte ich nicht, denn ich hatte noch Mühe, mich einigermaßen flüssig in Englisch auszudrücken, und wollte deshalb keine weitere Sprache mehr lernen. Ich ging deshalb in die Vereinigten Staaten. Und ich will Ihnen gleich sagen, daß ich vom ersten Tag an das „andere" Amerika kennenlernte, nicht das Amerika von „Harvard" oder „Princeton", das ein ziemlich unechter Spiegel des Lebens drüben ist. Ich lernte Amerika „von unten" kennen, das Amerika der „einfachen Leute". Ich kam an auf's Geratewohl. In völliger Unkenntnis der Verhältnisse wußte ich nicht, daß in den Staaten alle akademischen Anstellungen für das nächste Jahr im Frühjahr des vorangehenden Jahres gemacht werden. Ich kam aber erst im Oktober an, und damit war nichts mehr zu finden für das kommende Jahr. Ein guter Freund von mir, Bill Hendrix, der wußte, daß ich leidenschaftlicher Skifahrer war und die Skilehrerprüfung in Europa gemacht hatte, sagte: damit können Sie hier jederzeit Geld verdienen, damit kommen Sie über den Winter weg. Ich entschloß mich, das zu machen, und zwar fiel unsere Wahl auf North-Conway, was ein Wintersportort war, der damals gerade aufblühte. Wir fuhren also im kommenden Winter herauf nach North-Conway, um uns dort umzusehen. Mein amerikanischer Freund war, was man in Amerika so einen „happy go lucky type" nennt, der alles drauf ankommen ließ und deshalb keine Reservierung gemacht hatte: „es wird schon gut gehen". Es ging aber diesmal nicht gut. Wir kamen Sonnabend Nachmittag an und gingen zur „Chambers of Commerce", erfuhren aber da: „Hier und auch im Nachbarort Intervale ist nichts zu machen, aber wie wär's, wenn Sie weiter rauf ins Gebirge gehen? Da ist ein kleiner Ort, Jackson in New Hampshire, der ist bestimmt noch leer, weil er sehr wenig bekannt ist. Auch ein Ort, der den Ehrgeiz hat, ein großer Wintersportplatz zu werden, und dort finden Sie bestimmt Unterkunft." Das taten wir nun, und ich fand dort auch sofort eine Anstellung als Skilehrer. Das Resultat war, daß mir der Ort und die Leute so hervorragend gefielen, daß ich in den nächsten dreißig Jahren jedes Jahr zum Wintersport in den Ort ging und bald mit so gut wie allen Bewohnern auf Du und Du stand. Nur in den ersten Jahren habe ich in Jackson als Pistenwart gearbeitet, oder wie man drüben sagt als „Ski-Patrolman". Wie es mir finanziell etwas besser ging, bin ich dann bloß noch zu meinem eigenen Vergnügen heraufgefahren. Na kurz und gut, das war der Anfang meiner Existenz in den Vereinigten Staaten.

CB Sie hätten von Südafrika, was nach Italien die zweite Station Ihrer Emigration war, genausogut nach Australien gehen können oder nach Südamerika. Was war es, was Sie nach Nordamerika, in die Vereinigten Staaten trieb?

GG Ich war in der Philosophie an der extrem technischen Richtung interessiert, in der sich das Denken dort entwickelte, technische Orientierung, die auch dazu geführt hat, daß dort gerade in den Jahren, in denen ich rüberkam, die Kybernetik als Theorie der maschinellen Darstellung von Bewußtsein begründet

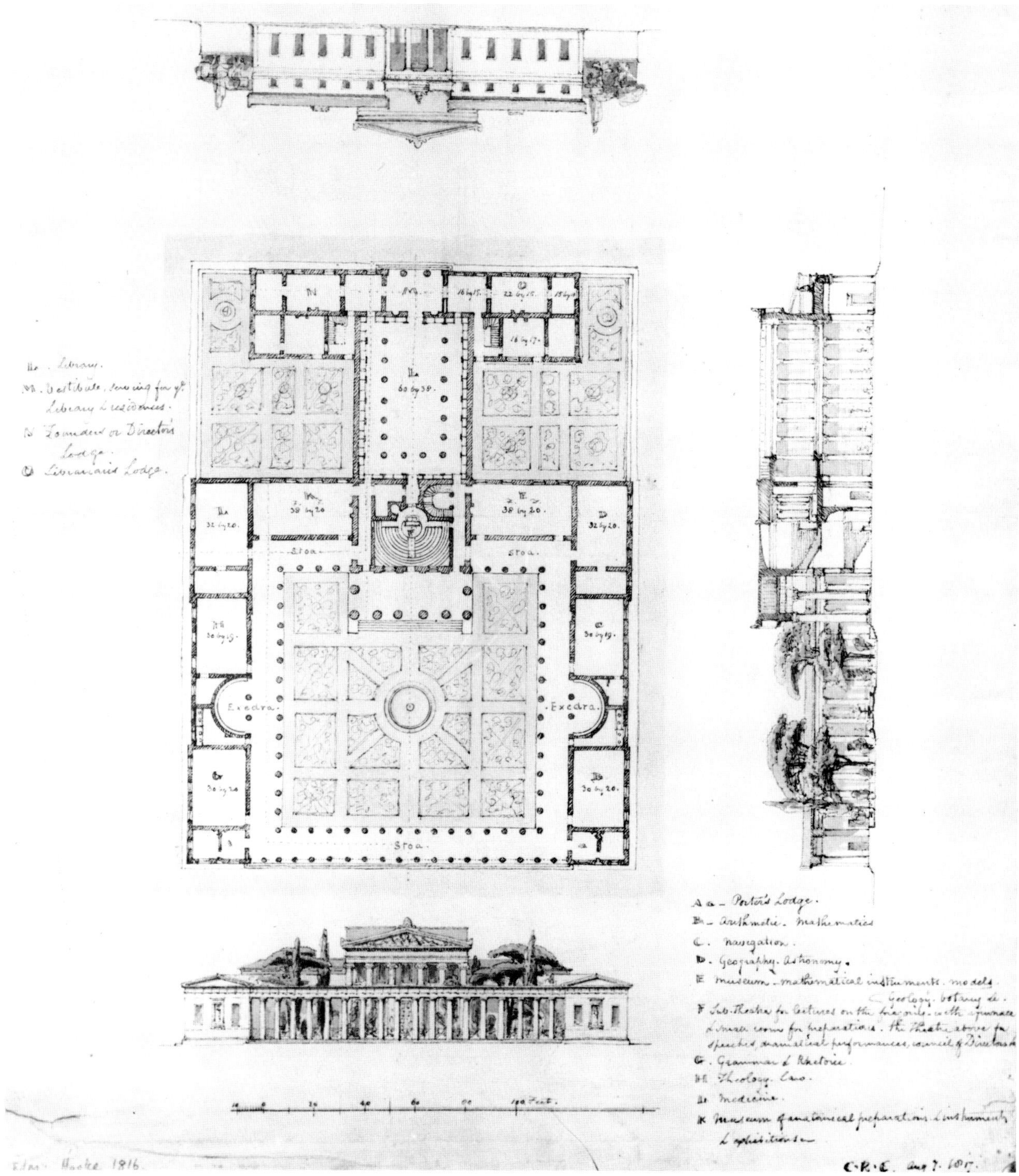

Charles Robert Cockerell, Villa, 1817

links:
William Wilkins, Grange Park, Hampshire, 1809
rechts:
Peter Speeth, Frauenzuchthaus in Würzburg, 1809, aus Paul Mebes, „Um 1800", Berlin 1908

wurde – von der ich allerdings zunächst noch nichts wußte. Aber ich kam sehr schnell in Berührung mit der damals in Amerika auf dem Höhepunkt ihrer Blüte stehenden Science-Fiction-Literatur. Die las ich mit Begierde, und tatsächlich ist dann meine allererste Veröffentlichung drüben eine Arbeit über „Achilles and the Tortoise" („Achilles und die Schildkröte") gewesen, in der ich die logisch-technischen Bedingungen der interstellaren Raumfahrt bearbeitete. Es ist – charakteristisch bis heute – die erste Publikation gewesen, die ich in Amerika überhaupt gedruckt kriegte. Der Versuch, beim „Journal of the History of Ideas" was unterzubringen, scheiterte. Die nahmen nur Aufsätze von berühmten Leuten, und ein kleiner Einwanderer der war alles andere als berühmt. Wurde wahrscheinlich sofort ungelesen zurückgeschickt, was ich ihnen gegeben hatte. Ich hab mich dann auch um dieses sehr snobistische Journal gar nicht mehr gekümmert, und de facto war meine zweite, und dritte, und vierte Publikation in den Vereinigten Staaten ebenfalls eine Arbeit über Science Fiction Probleme, nämlich über das folgende Problem beispielsweise, das bis dahin noch von niemandem bearbeitet worden war: Wie sieht eine Logik aus, die von einem Wesen mit einem Gehirn produziert wird, dessen ganze physische Existenz auf Antimaterie beruht? Und in welchem Verhältnis steht eine solche Logik zu derjenigen, mit der wir arbeiten? Das ist auch heute noch eine ungelöste Frage: gibt es im Universum Milchstraßen, die aus Antimaterie bestehen oder nicht? Die Frage ist und wird wahrscheinlich noch 'ne Zeit lang ungelöst bleiben.

CB Sie haben 1952 in Deutschland Übersetzungen amerikanischer Science-Fiction-Romane und -Stories herausgegeben. Eines der Bücher war John W. Campbells „Der unglaubliche Planet". Das ist doch eine Utopie, in der es um ein Gegenuniversum geht –

GG – of course, in der Science Fiction benutzen sie alles, und die Idee der Antimaterie ist dort gang und gäbe. Die Idee war: wenn der Mensch sich schon auf der Erde eine künstliche Umgebung, nämlich Häuser, Telefon, usw. gebaut hat, warum soll er sich dann nicht auch ein ganzes Universum selber herstellen. De facto ist das eine Idee, die ich gerade jetzt in meinem Alter, in meiner letzten Arbeit nochmal verwerten werde. Sie sehen hier übrigens, wie weit das Problem der Architektur in die Physik und in die Logik herüberreicht, wenn Sie es nicht trivial auffassen, und Sie sehen, daß mit einer solchen Aufgabe die Architektur tatsächlich als erste Kunst, als originär schöpferisches Tun gemeint ist. Aber um die Aufgabe der Architektur in diesem Sinn zu radikalisieren, brauchen Sie ein auf der idealistischen Dialektik aufbauendes Verständnis von Logik und Arithmetik. Sie können auch umgekehrt sagen: wenn die Vermittlungstheorie des Idealismus technisch transformiert werden soll, müssen deren Begriffe – „Sein, Nichts, Werden, objektiver Geist, Übergang, Aufhebung, usw." – erst einmal in einer operativen Symbolik einwandfrei dargestellt werden. Sie müssen gewissermaßen die Architektonik des idealistischen Systems im Rahmen eines Kalküls, einer arithmetisierenden Darstellung rekonstruieren. Damit schaffen Sie die Voraussetzungen dafür, daß der Idealismus in das technische Denken eingeführt, daß so etwas wie eine Metaphysik der technischen Intelligenz ausgearbeitet werden kann. Und mit der Technik sind Sie natürlich auch bei der Architektur.

CB Auf welchen Überlegungen baut die technische Transformation der idealistischen Dialektik auf?

GG Sehen Sie, ich bin in Amerika mehr und mehr zur Überzeugung gekommen, daß die deutschen spekulativen Idealisten Recht hatten, wenn sie wie Hegel oder auch Fichte mit einer Logik arbeiteten, die über die Kategorien der griechisch-klassischen, zweiwertigen Logik weit hinausgingen. Also bei Hegel beispielsweise der Begriff der Vermittlung. Der Begriff der Vermittlung hat in der griechischen Logik, die auf nur zwei Werten („wahr" und „falsch") beruht, gar keinen Sinn. Denn der erste Wert ist mit dem zweiten umtauschfähig, und der zweite ist umgekehrt mit dem ersten umtauschfähig, und wenn man die Werte ontologisch designiert, dann ist der eine „Sein" und der andere „Nichts", die sich symmetrisch aufeinander beziehen und die weder Zwischenstufen erlauben noch Überschreitungen, die aus dem System herausführen. Sie können die Sache auch so sehen: Die Werte „1" und „2" bilden ein Umtauschverhältnis, weil sie unmittelbar benachbart sind. Zwischen „1" und „3" dagegen gibt es kein

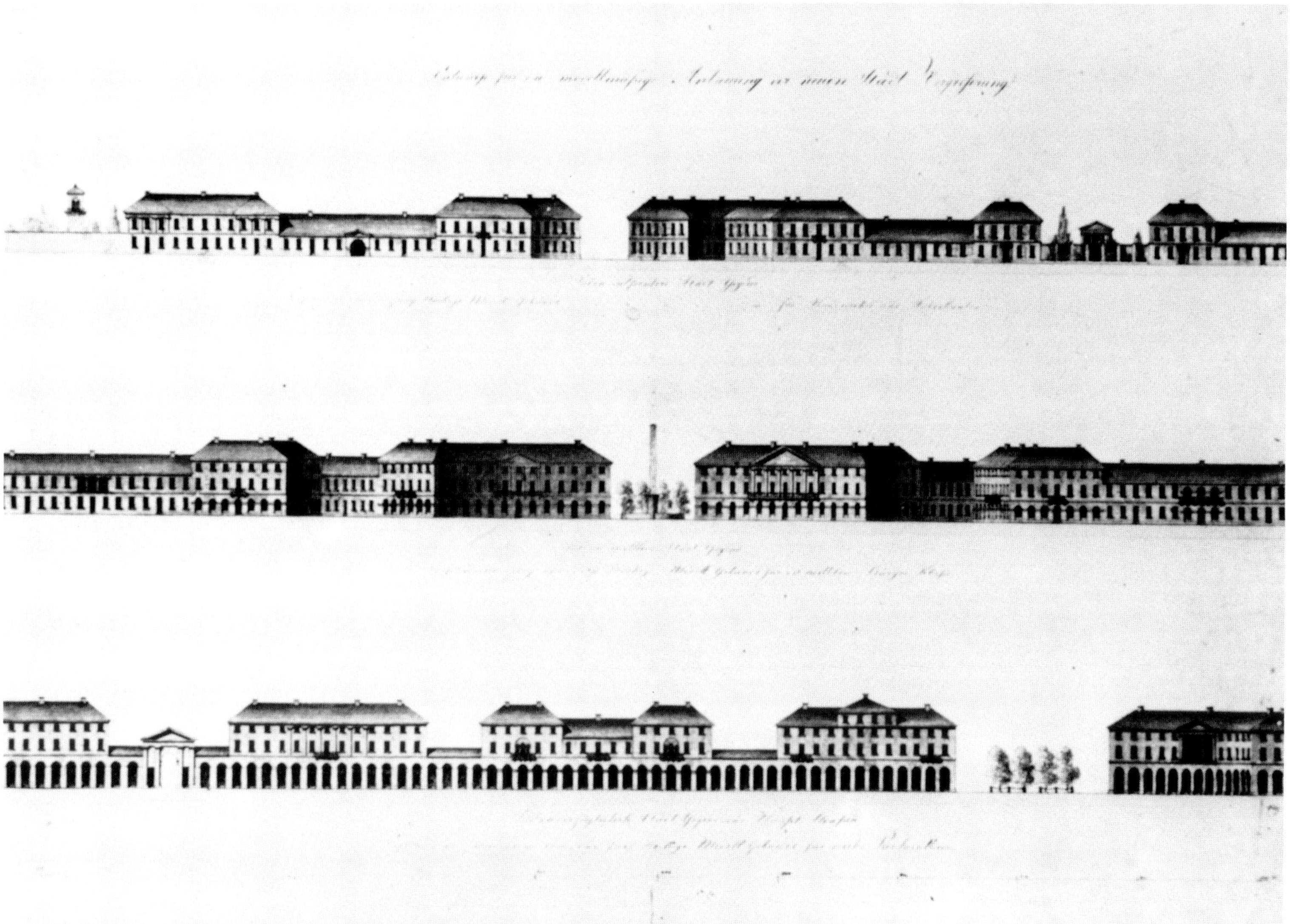

Friedrich Weinbrenner, Stadterweiterungsplan Karlsruhe, Modellfassaden, 1814–1815

Umtauschverhältnis, weil hier „2" dazwischen ist. Die Kategorie der Vermittlung und die der Entwicklung verlangen aber, daß ich es in der Logik nicht bloß mit Umtauschverhältnissen zu tun habe, sondern auch mit Ordnungsverhältnissen, wo also das eine Glied der Relation höher ist als das andere. Zu einem Ordnungsverhältnis kommen Sie sofort, wenn Sie drei Werte einführen, denn jetzt können Sie entweder „1" und „2" auf der einen Seite mit „3" auf der anderen tauschen oder „1" auf der einen mit „2" und „3" auf der anderen, und das ist kein Umtauschverhältnis mehr, denn im Umtauschverhältnis müssen beide Seiten symmetrisch gleich sein – das ist ein Ordnungsverhältnis, in dem das eine Verhältnisglied einfach (z. B. „1"), das andere komplex (z. B. „2 und 3") ist. Wobei es egal ist, ob ich, in der Metaphysik beispielsweise, sage: das Einfache ist von höherem Rang als das Komplexe, ober ob ich umgekehrt sage: nein, je mehr Werte ich habe, desto mehr Struktur habe ich, und der größere Reichtum an Struktur ist von höherem Rang. – Ich fand den idealistischen Vermittlungsbegriff sehr deutlich bestätigt in der Entwicklung, die die amerikanische Philosophie, vor allem soweit sie technisch orientiert war, genommen hatte. Aber, wie gesagt, meine Überlegungen fanden in den Kreisen der etablierten Philosophie kein Interesse, und ich langweilte mich lange Zeit in subalternen Stellungen herum. Ich war damals schon ziemlich entmutigt von dem negativen Empfang, dem meine Logikversuche begegneten, als mir Warren Sturges McCulloch, der Schöpfer der Kybernetik, der meinen Aufsatz über „Seele und Maschine" gelesen hatte, schrieb, ich solle doch mal nach Chicago kommen und dort am Illinois Institute of Technology einen Vortrag über mehrwertige Logik halten und dann ebenfalls einen Vortrag in der Staatsuniversität von Illinois in Champaign-Urbana. Etwas ungeduldig und unbehaglich – es würde ja doch bloß wieder ein Kopfschütteln über meine Theorien geben – fuhr ich zunächst nach Chicago, hielt einen Vortrag und wurde vom Direktor des Institute of Technology am nächsten Tag gefragt, ob ich nicht Associate Professor in Chicago werden wollte. Ich war aber damals durch den Wahnsinn der Überlastung mit Vorlesungen, die ich erlebt

Karl Friedrich Schinkel, Gärtnerhaus in Charlottenhof, Potsdam, Perspektive und Plan. Zeichnung: Wischneski, 1835

Karl Friedrich Schinkel, Schloß Orianda auf der Krim. Lithographie: Heinrich Mützel, um 1846–1848

hatte am Colby College und bei gelegentlichen Gastprofessuren ein gebranntes Kind und sagte vorläufig: nein, ich will erst mal hören, was die Leute in Champaign-Urbana an der Staatsuniversität sagen. In Urbana hielt ich einen Vortrag unter dem Vorsitz von Professor Heinz von Foerster, der neben Norbert Wiener, Ross Ashby, Humberto Maturana in den Kreis der Kybernetiker gehört, die über die Grenzen Amerikas hinaus bekannt geworden sind. Man bedankte sich hinterher sehr höflich und ließ mich abfahren. Vier Wochen später kam von der Staatsuniversität ein Brief, ob ich bereit sei, bei ihnen eine Forschungsprofessur – die es damals nur ganz wenig gab, heute gibt es sie wie Sand am Meer – übernehmen wolle: keine Lehrverpflichtungen, sondern lediglich Forschungsarbeit. Meine Frau las den Brief zuerst und sagte: „Wenn Du das nicht annimmst, bist Du verrückt!" Natürlich hab ich's angenommen. Und so kam ich dann 1961 nach Champaign-Urbana als Spezialist für Grundlagenforschung ans „Biologische Computer Laboratorium" („BCL"). Das bedeutete ein Institut, das sich mit der Theorie aller lebenden Systeme befaßte, angefangen von der Amöbe bis zu Hegel. Die Zeit dort war die erfreulichste, die ich in meinem ganzen Leben erlebt habe. Ich war vorher mal zu einem Vortrag in Hamburg gewesen, hatte damit gerechnet, daß man mich vielleicht nach Hamburg berufen würde. Ich wurde aber nicht berufen, weil die Leute entsetzt waren, als ich über Kybernetik und sogar Science Fiction sprach. Das war Häresie, darüber durfte ein Wissenschaftler, der was auf sich hielt, nicht sprechen. Ich fuhr wutschnaubend wieder zurück, ohne zu ahnen, daß mir das größte Glück in meinem Leben erst noch bevorstand, am Biologischen Computer Laboratorium in Champaign-Urbana, wo ich mit Leuten zusammenarbeiten konnte, die nicht nur was von Computer-Konstruktion verstanden, sondern auch Gefühl hatten für die tieferen, metaphysischen Perspektiven der Konstruktion von künstlicher Intelligenz. Von Datenverarbeitung und anderen Trivialitäten, die heute Mode sind, war bei uns im Institut allerdings kaum die Rede.

CB Sie haben Ihre Aufsatzsammlung „Beiträge zur Grundlegung einer operationsfähigen Dialektik" Warren Sturges McCulloch gewidmet, „dem Gefährten auf späten Wegen". Welche Bedeutung hatte er für Ihre Arbeit?

GG Was Zahlen anbetrifft, hatte er ein Gefühl, daß da viel mehr dahintersteckt, als in der klassischen Mathematik herausgearbeitet worden ist. Er hatte das Gefühl: es gibt in der Zahlenwelt unbekannte Perspektiven, und es lag ihm daran, diese Perspektiven herauszuarbeiten. Infolgedessen war ihm sehr sympathisch die Idee von mir, daß, wenn ich von „eins" zu „zwei" übergehe, im Begriff der Zwei bereits drinsteckt: die Zwei ist doch zweideutig. Erstens kann ich nämlich annehmen, daß die beiden Bestandteile, aus denen sich die Zwei zusammensetzt, gleiche Einsen sind: □, □. Ich kann aber zweitens auch annehmen, daß sie ungleich sind: □, Δ. Und wenn ich zu „drei" übergehe, läßt sich zeigen, daß man dann gleich zu fünf verschiedenen Resultaten kommt. Ich kann nämlich sagen: (1) In der Drei sind alle Bestandteile gleich: □, □, □. Oder (2) das erste ist anders als das zweite und

links:
Chalgrin, Goust, Huyot, Blouet: Arc de l'Etoile (1806–1836), Blick von den Champs-Elysées.
Kupferstich: Oliner und Normand
rechts oben:
Robert Smirke, British Museum, Perspektive, 1836
rechts unten:
Tony Garnier, Cité industrielle (1901–1904), Kunstschule

dritte: □, Δ, Δ. (3) Oder das zweite ist anders als das erste und dritte, die gleich sind: □, Δ, □. (4) Oder das dritte ist was besonderes, aber das erste und zweite sind gleich: □, □, Δ. (5) Oder das erste, zweite und dritte sind verschieden, keines ist mit einem der beiden anderen gleich: □, Δ, ○. Wenn man genau hinsieht, erhält man auf diese Weise also fünf verschiedene Interpretationen von Dreiheit, aber eine solche „Metamorphose der Zahl" verlangt, daß Sie die griechische Logik, derzufolge sich alles Seiende eindeutig definieren läßt, überschreiten. Heute haben wir, wie ich hier nur anmerken will, die Idee der Überschreitung beispielsweise in den „schwarzen Löchern" in physikalischer Form, aber wir hatten sie auch schon in der heiligen Dreieinigkeit des Göttlichen. Wenn man dann von der Drei zur Vier weitergeht, erhält man bereits fünfzehn verschiedene Resultate. (1) Ich fasse die Vier als so strukturiert auf, daß alle Teile, aus denen sie besteht, gleich sind: □, □, □, □, . . . oder so, daß sie total verschieden sind (15): □, Δ, ○, ✱. Und dazu gibt es 13 Zwischenstufen, wie z.B. (2) □, Δ, Δ, Δ oder (3) □, □, Δ, Δ. Und wenn ich zur Vier noch eine Eins hinzufüge, dann erhalte ich 52 Resultate. Und wenn man zur Fünf noch eine Eins hinzufügt, dann geht die Zahl der Resultate schon auf über hundert, und sehr schnell über tausend, und sehr schnell über zehntausend. . . Dazu muß man sagen: eine Logik, was die Soziologen durchaus haben wollen, eine Logik der Gesellschaft ist nur möglich, wenn ich soviel Differenzen habe, wie aktive Individuen in dieser Gesellschaft zusammenkommen. Es muß jedes Individuum als Individuum vom nächsten unterscheidbar sein, und dazu braucht man einen „poly-kontexturalen" Strukturbegriff. Sie brauchen eine Mathematik, mit der Sie ebensowohl gleiche wie differente Qualitäten zählen können, und für eine solche Mathematik brauchen Sie eine „mehr-wertige" Logik als Grundlage.

CB Ich wollte Sie gerade schon fragen, welche philosophischen Probleme Sie mit diesem logico-mathematischen Ansatz lösen wollen? Über die Soziologie, die es mit komplexen Systemen zu tun hat und deshalb ein Einsatzgebiet für ihre „poly-kontexturale" Logik und Arithmetik sein könnte, haben Sie sich in Ihren Vorlesungen verschiedentlich sehr kritisch geäußert: Werden die Probleme der Soziologie Bestand haben?

GG Die Probleme der Soziologie werden Bestand haben. Aber die Art und Weise, wie heute Soziologie und ähnliche Wissenschaften getrieben werden, die wird nicht Bestand haben. Man ist zu gierig und will zu schnell Resultate haben. Man will Resultate, die erst in Jahrhunderten erarbeitet werden können, schon in den nächsten fünf Minuten haben, und das geht natürlich nicht. Ich kann den Soziologen nur ein gründliches Studium in Logik, Arithmetik oder Kombinatorik und in Kybernetik empfehlen. Ohne diese Grundlagen bleibt das meiste, was da geredet wird, unverbindliche Meinung, dóxa, wie die Griechen verächtlich sagten. Allerdings will ich hier gleich einem Mißverständnis vorbeugen. Mit dem positivistischen Wissenschaftsprogramm, wie es Carnap entworfen hat, das viele bis heute törichterweise als Prototyp modernen exakten und rationalen Denkens ansehen, hat meine Philosophie nichts zu tun. Denn Carnap hat nicht die Spur von Ahnung, daß so etwas wie der transzendentale Idealismus existiert, und die anderen Positivisten

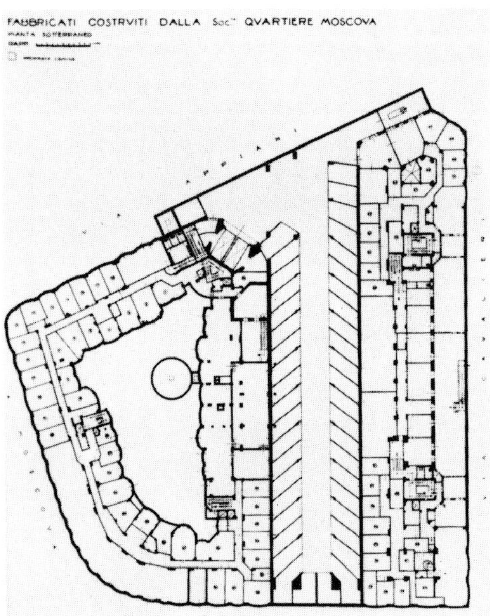

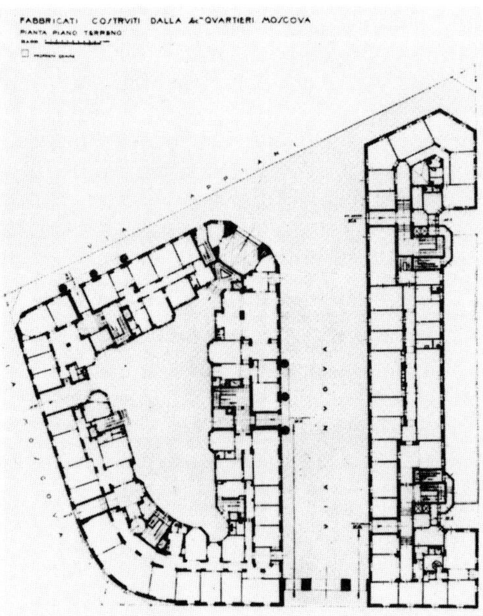

links oben:
C. McKim, W. Mead, S. White: Downtown Building, Columbia Trust Co., New York City, Seitenansicht, 1910

rechts oben:
Giovanni Muzio, Casa di via Moscova (Cá brütta), Mailand, Ansicht zur via Moscova, 1922
rechts unten:
Giovanni Muzio, Casa di via Moscova (Cá brütta), Mailand, Keller- und Erdgeschoßplan, 1922

haben genausowenig Ahnung davon. Im Gegenteil, er hat mal (in „Die alte und die neue Logik", in Bd. 1, 1930–31 der Zeitschrift „Erkenntnis") Äußerungen gemacht, aus denen man entnehmen kann, daß er das alles für Unsinn hält, daß er alles für Unsinn hält, was Platon, Thomas, Hegel und Schelling gesagt haben. Aber wenn jemand denkt, er ist mehr als auch nur ein paar Zentimeter über Platon oder Kant oder Hegel hinausgekommen, dann kann man nur sagen, er ist 'n Schwachkopf.

CB Braucht die Fachwissenschaft, etwa auch die Soziologie, Kant, Fichte, Hegel oder Schelling als methodologische Basis?

GG Ja, aber man ist hier noch nicht mal so weit gekommen, daß man die Möglichkeit sieht, daß ebenso wie aufgrund eines materiellen Gehirns eine Logik entwickelt werden kann, auch eine Gegenlogik auf der Basis eines Gehirns aus Antimaterie entwickelt werden kann. Es ist durchaus möglich, daß es im Universum (es ist wüste Spekulation vorläufig, aber eine Möglichkeit, die berücksichtigt werden muß) ganze Milchstraßensysteme gibt, die aus Antimaterie bestehen, und wenn es dort vernünftige Lebewesen gibt, werden die Gehirne haben, die ebenfalls aus Antimaterie bestehen. Eine solche Logik bezieht ihre Gesetze aus Evidenzgefühlen, die ein Spiegeluniversum voraussetzen.

CB Wir sind wieder bei der Gegenwelt angekommen. Das Motiv der Gegenwelt scheint bei Ihnen doch eine große, durchgehende Rolle zu spielen.

GG Spielt es ja im Grunde genommen schon in der Logik Hegels. Denn am Anfang der Logik Hegels werden die beiden Universalkomponenten „Sein" („Welt") und „Nichts" („Gegenwelt") einander völlig gleichgestellt. Hegel geht so weit zu sagen: sie sind im Grunde genommen dasselbe. Also das heißt, die Gegenwelt hat nicht mehr und nicht weniger Recht auf Existenz als die ursprüngliche Welt. – Natürlich brauchen Sie, wenn Sie mit einem Gegenuniversum arbeiten wollen, auch den Übergang, der Sie rüberbringt. Und dazu brauchen Sie, um es in Begriffen der Logik zu sagen, ein „Drittes", durch das sich „Sein" und „Nichts" vergleichen lassen.

CB Gibt es nur eine Gegenwelt oder haben Sie den Standpunkt Anaximanders oder Giordano Brunos, daß es unendlich viele Gegenwelten geben –

GG – unendlich viele. Ich möchte da auf eine Geschichte kommen, die auch aus der Blütezeit der Science Fiction stammt: „What Mad Universe" von Frederic Brown, wo durch

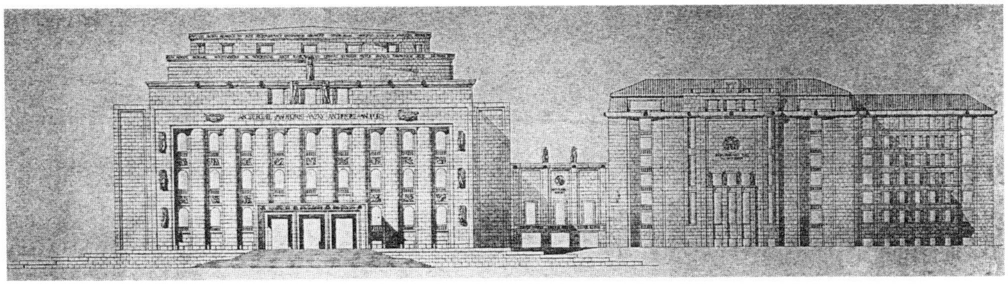

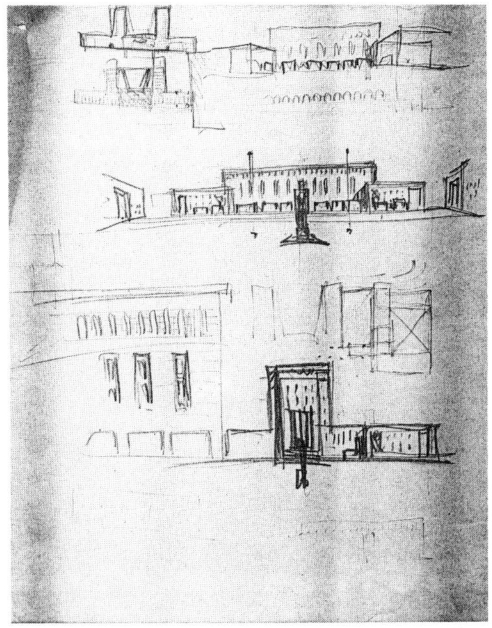

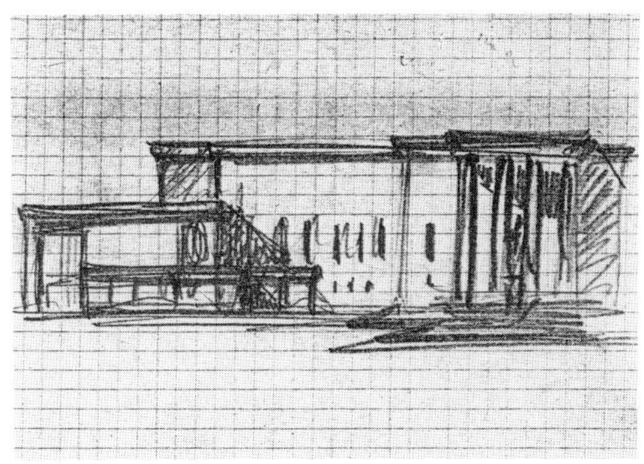

links oben:
Marcello Piacentini, Gaetano Rapisordi, Angiolo Mazzoni: Entwurf für den Völkerbundpalast, Genf 1927
links unten:
Marcello Piacentini, Skizze zur Cittá Universitaria, Rom, 1932?
rechts oben:
Marcello Piacentini, Skizze zur Cittá Universitaria, Rom, 1932?
rechts unten:
Marcello Piacentini, Skizze zur Cittá Universitaria, Rom, 1932?

einen kosmischen Unfall der Held der Geschichte aus seinem Universum herausgeworfen wird und in ein anderes hineinkommt. Dann möchte er aber wieder zurück, und in dem anderen Universum, das technisch weiter entwickelt ist, will man ihm dazu helfen. Aber er wird gewarnt davor: sei vorsichtig, daß Du nicht in einem dritten, und vierten, und fünften Paralleluniversum landest, denn jede Spiegelung kann wieder gespiegelt werden, und Du mußt besonders vorsichtig sein, daß Du in Deins zurückkommst. Er kommt aber nicht in seins zurück. Denn in seinem Universum ist er in ein Mädel verliebt, das ihrerseits verlobt ist mit einem großen Helden; da hat er bei ihr gar keine Chance, weshalb ihn sein Unterbewußtsein so lenkt, daß er im Moment des Übergangs an ein Universum denkt, in dem Betty – so hieß das Mädchen glaube ich – in ihn verliebt wäre. Es gelingt ihm, in das hereinzukommen, und da ist er glücklich. Er kommt in ein gänzlich fremdes Universum, aber in eins, wo dieselbe Person lebt und wo ihn seine Liebe beglückt. – Noch einmal zurück zu Hegel. Sein „Drittes", das „Sein und Nichts" in sich enhält, ist eigentlich Platzhalter für eine unbeschränkte Vielzahl von Vermittlungen, die gebraucht werden, wenn man mit einer unendlichen Zahl von Welten arbeiten will. Die Übergänge zwischen den Welten, die ergeben das universale Netzwerk und sie eröffnen den Raum und die Zeit für das, was ich einmal versuchsweise die Metaphysik der westlichen Hemisphäre genannt habe. Die technischen und architektonischen Spielmöglichkeiten, die dieses Netzwerk in sich birgt, können Sie derzeit noch kaum ahnen.

Hamburg, August 1983 und April 1984

Nachbericht über tausend Pfade

Willy Hochkeppel widmete Gotthard Günther (geb. am 15. Juni 1900 in Arnsdorf/Schlesien) zu seinem 80. Geburtstag einen Essay in der „Zeit" (Nr. 25, 13. Juni 1980) mit dem Motto: „In unversöhnlichem Widerspruch zum Zeitgeist", und der Titelfrage: „Negativsprache zur Erfassung der Welt?" Tatsächlich zieht sich das Motiv des Widerspruchs und der logisch-arithmetischen Negativität durch Leben und Denken des einzigen Philosophen des 20. Jahrhunderts, der sich ausnahmslos zwischen alle Stühle gesetzt und nie eine Schule gebildet oder angeregt hat, dessen Texte bis heute nur von einer kleinen Zahl von Kennern gelesen und gelegentlich rezensiert und nicht einmal von einer Handvoll Leute weitergedacht worden sind. Die Aufnahmeprüfung am Hirschberger Gymnasium schaff-

links oben:
Giuseppe Terragni,
Danteum, Rom, 1937
rechts:
Josef Paul Kleihues,
Hauptwerkstatt der
Berliner Stadtreinigung
(1969–1978)

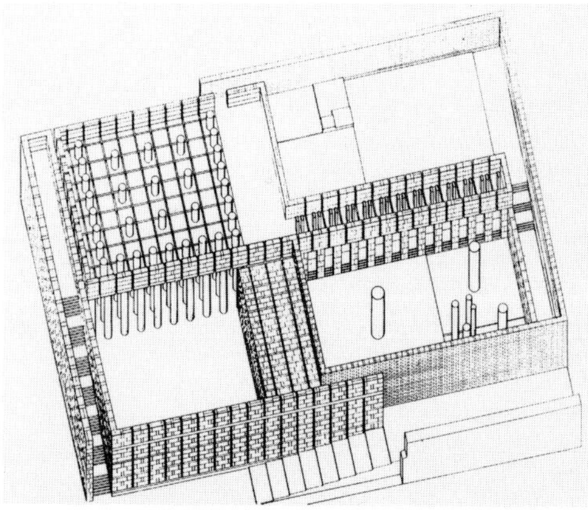

Louis I. Kahn, Jewish Community Center, Trenton, New Jersey 1957

Louis I. Kahn, Hurva Synagoge, Jerusalem, Skizze, 1968

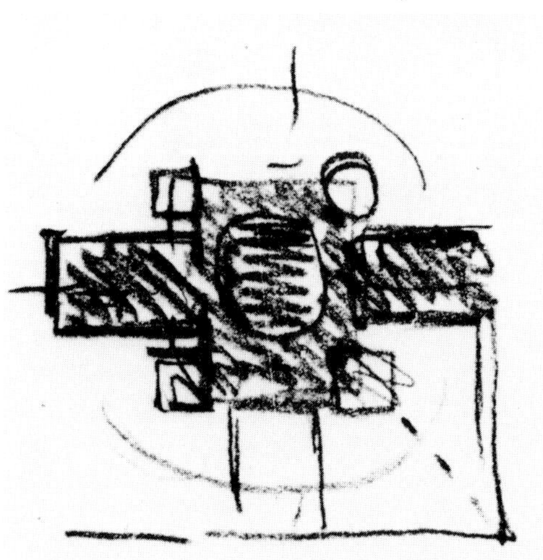

te er erst im zweiten Anlauf – „weil ich nicht rechnen konnte". Aber er las schon, heimlich, mit vierzehn Jahren in Karl Heims 1904 erschienenem „Weltbild der Zukunft" und plagte sich bald mit dem Problem herum, ob es eigentlich dasselbe ist, wenn man „eine Kirche und eine Kirche" oder wenn man „eine Kirche zu einem Krokodil addierte und dazu noch seine Mutter und obendrein ein Zahnweh". Als der Lehrer ihm sagte, daß man Kirche, Krokodil, Mütter und Zahnschmerz nur als vier „Sachen" zusammenzählen könne, hielt er das für ein Mißverständnis, denn Sachen wollte er nicht zählen, sondern Kirchen, Berge, Krokodile usw. Als der Lehrer aber dabei blieb, daß man nur „Sachen" zählen könne, war er enttäuscht. Enttäuscht auch über das andere hergebrachte „Schulwissen", und immer entschiedener auf der Suche nach dem „Weltbild der Zukunft", das er später mehr in Franz Werfels „Stern der Ungeborenen" oder in Lewis Carrolls „Alice in Wonderland" und „Through the Looking Glass" fand als in dem, was man allgemein für „solide"

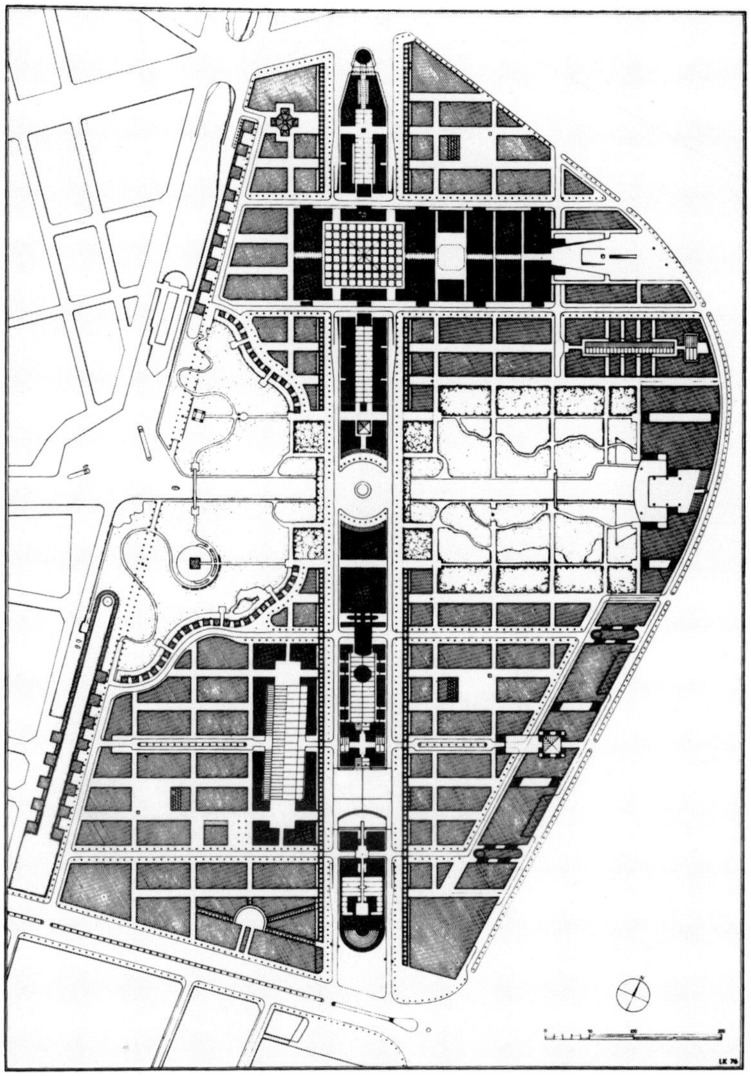

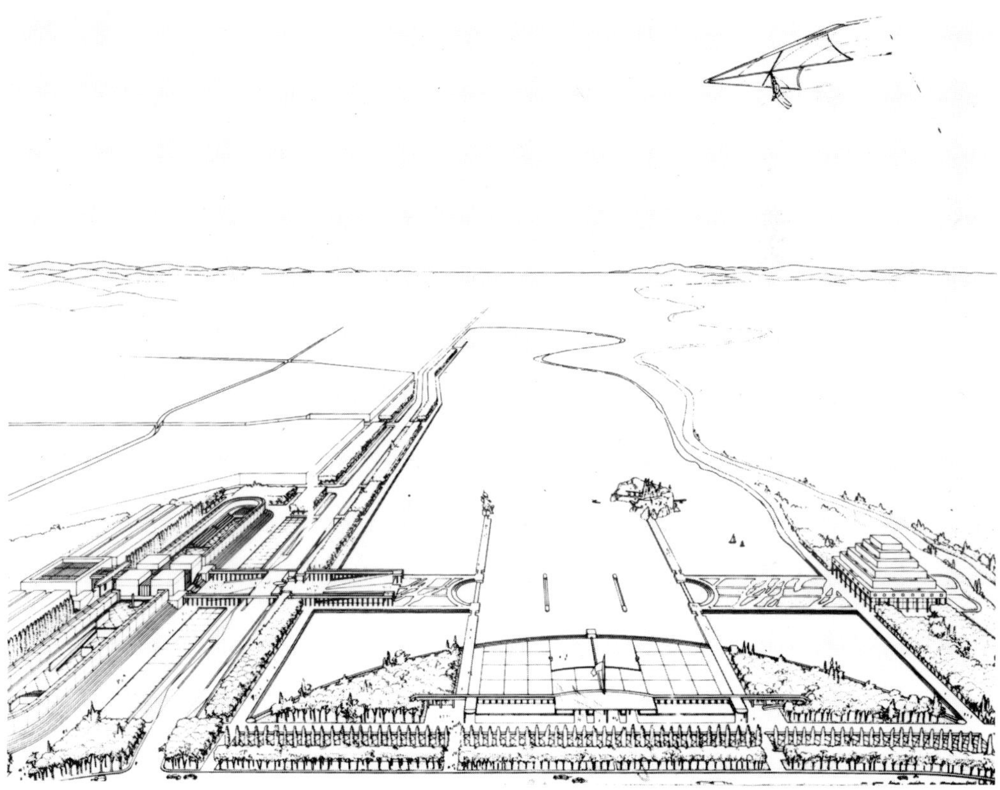

akademische Literatur hält. Spenglers „Untergang des Abendlandes" (dessen 1. Band 1917 erschien) konnte die Suche nach neuen spirituellen Grundlagen nur noch zusätzlich motivieren: gab es einen Untergang, so mußte irgendwann einmal ein neuer Anfang kommen. Ihn galt es vorzubereiten. Aber wo mußte man ansetzen, wenn eine neue intellektuelle Basis gefunden werden sollte?

Günther fand die Antwort zunächst in den klassischen Texten Kants, Fichtes, Schellings, vor allem aber Hegels, in dem er den Vollender der philosophischen Kultur des klassischen Europa und gleichzeitigen Wegbereiter einer „trans-klassischen" (oder müssen wir hier sagen „supra-klassischen"?) Spiritualität sah: „die vergangenen zweitausend Jahre Kultur standen im Schatten Platos, die nächsten zweitausend Jahre werden im Schatten Hegels stehen". Erstes Ergebnis der von Anfang an unter sehr eigenwilligen Denkperspektiven vollzogenen Auseinandersetzung mit Hegel und dem europäischen Idealismus war das 1933 bei Meiner in Leipzig erschienene Buch „Grundzüge einer neuen Theorie des Denkens in Hegels Logik", mit dessen 3. Kapitel Günther im selben Jahr bei Eduard Spranger in Berlin promoviert hatte, nach einem Studienweg, der ihn über Sanskrit, Pali, klassisches Chinesisch und religionshistorische Studien dann zurück zum faustischen Idealismus (Kant, Hegel usw.) führte.

An dieser Stelle muß etwas eingefügt werden, was auch für die Architekturgeschichte von Belang ist und was außerdem die Lektüre der Schriften Günthers vor einem Mißverständnis bewahrt. Es gibt zwei Typen von Idealismus und klassischer Kultur, den griechisch-apollinischen, der in der Philosophie mit Namen wie Thales, Sokrates, Platon und Aristoteles verbunden ist, und den europäisch-faustischen, dessen Blüte durch Descartes, Leibniz, Hume, Kant, Fichte, Hegel und Schelling herbeigeführt wurde. Wenn eine definitorisch knappe Formel erlaubt ist: daran, daß die Basis aller Realität in der „Idee" zu suchen ist, also in der sublimierenden Helle des Wissens und der begrenzenden Form überhaupt, glaubten sowohl Platon und Aristoteles wie Fichte und Hegel, Pheidias und Iktinos wie Beethoven und Schinkel, aber die Griechen faßten die Idee in selbstvergessenem Gestus „objektiv", die Europäer „objektiv und subjektiv", was ihrer „Architektonik der Vernunft"

links:
Leon Krier, Les Nouveaux Quartiers de la Villette, Paris, 1976
rechts:
Leon Krier, Sprengelmuseum und Grand Hotel mit babylonischem Monument am Maschsee, Hannover, 1972

Bruno Reichlin, Fabio Reinhart: Casa Sartori, Riveo. Zeichnung: Fabio Reinhart, 1975

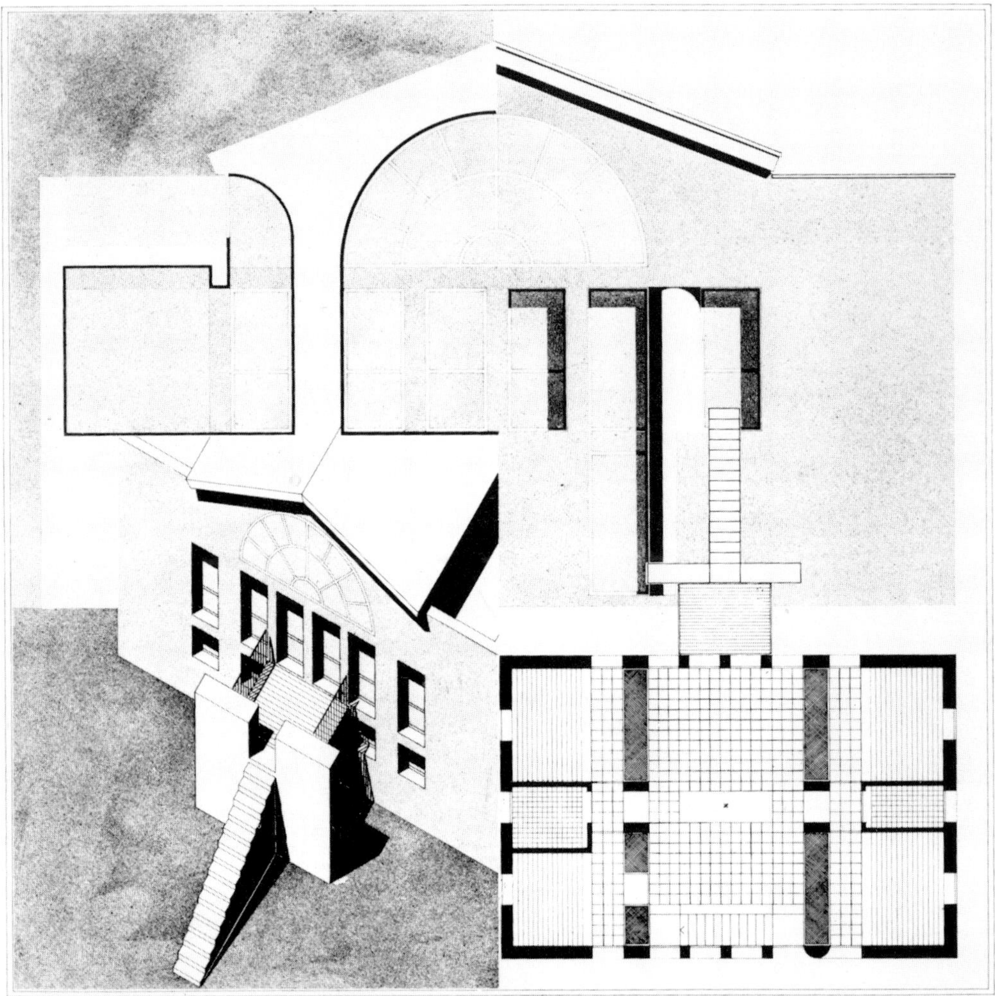

Aldo Rossi, Friedhof San Cataldo, Modena, 1971

(Kant), ihrem „konstruktiven Bewußtsein" (Fichte), ihrer „dialektischen Systematik" (Hegel) eine Spannkraft verliehen hat, die den Griechen noch unbekannt war. Dialektik und Spannkraft, die wir im Werk Goethes, Goyas, Mozarts und Gillys oder Schinkels ebenso antreffen wie in den Texten Fichtes, Hegels und Schellings und die oft mehr bestürzt als die an Exaltationen und Exzessen so reiche post-klassische Moderne. – Günther, der zwar auch an Platon (vor allem an dessen ungeschriebene, esoterische Spätphilosophie) und Aristoteles (vor allem an seinen Begriff der Entwicklung) anknüpfte, orientierte sich primär an den faustischen Idealisten, und sah in ihnen vor allem das, was über die von den Griechen gesteckten Grenzen hinausweist. Das nennt er „transklassische Spiritualität". Faßt man den Begriff des Klassischen aber so, daß David, Goethe, Beethoven, Hegel die Vollender der „europäischen Klassik" sind, wählt man also als Bezugspunkt nicht die griechische, sondern die europäische Klassik, dann wäre Günther „Klassizist", und zwar neben Arnold Gehlen *der* Klassizist des 20. Jahrhunderts: *Philosoph, dessen ganze Bemühung darauf abzielt, die Begriffe, Einsichten und seelischen Tiefen des europäischen Idealismus in den Arbeitskreis der Moderne herüberzuziehen.* Während Gehlen die Philosophie Fichtes anthropologisch umdeutete, war Günthers Medium die Technologie und eine weit vorausgreifende technische Utopie, in die er Hegels Begriff der *Vermittlung* zu transformieren trachtete.

Aber zunächst schrieb er 1935 einen Essay, der vielleicht neben Arnold Gehlens „Theorie der Willensfreiheit" von 1933 zu den schönsten neo-idealistischen Texten gehört, die im 20. Jahrhundert überhaupt versucht worden sind: „Metaphysik, Logik und die Theorie der Reflexion" enthält den mit geradezu träumerisch schauender und schaffender Sicherheit gezeichneten Umriß einer auf Fichte und Hegel aufbauenden axiomatischen Begründung der Theorie der Reflexion und der Subjektivität, in den sich aber auch – und das ist die Erfahrung, die schon die griechische Welt in die Sublimationen des Begriffs einbrechen sah – die bittere und verzweifelte Ahnung der kommenden persönlichen Odyssee mischte.

Die späteren systematischen Arbeiten – ein weiteres Buch „Idee und Grundriß einer nicht-aristotelischen Logik" (1959) und eine Serie von Aufsätzen mit Titeln wie „Die aristotelische Logik des Seins und die nicht-aristotelische Logik der Reflexion" (1958) oder „Das Problem einer Formalisierung der transzendental-dialektischen Logik" (1962) und „Cybernetic Ontology and Transjunctional Operations" (1962) – sind Versuche, das Versprechen zu erfüllen, das in dem 1935 geschriebenen, aber erst 1957 veröffentlichten Entwurf gegeben ist. Versuche, in denen die Probleme und Begriffe des Idealismus teils noch einmal ganz ursprünglich, teils aber transformiert in

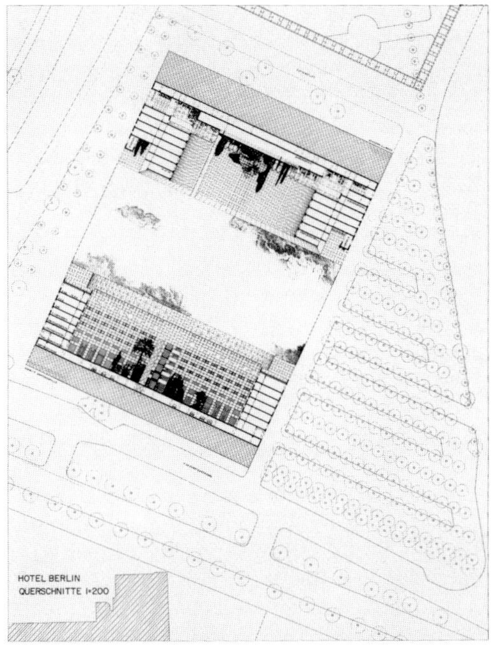

links:
Oswald Mathias Ungers, Hotel Berlin, Axonometrie, 1977
rechts oben:
Oswald Mathias Ungers, Hotel Berlin, Querschnitt, 1977

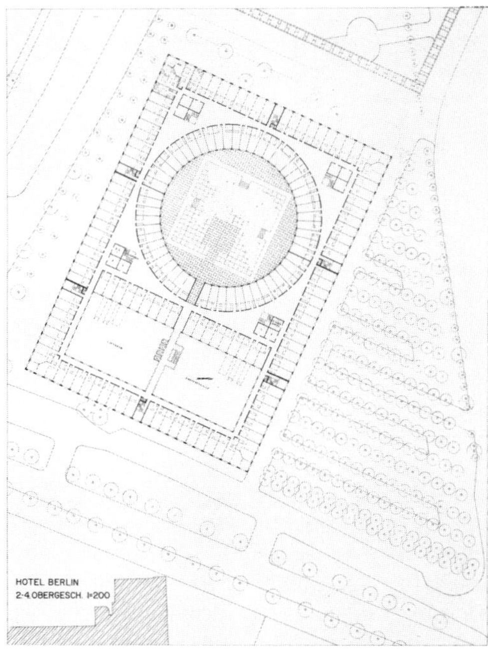

Oswald Mathias Ungers, Hotel Berlin, Grundriß 2.–4. Obergeschoß, 1977

moderne semiotische und technische Termini wirksam sind.
Die beiden 1962 erschienenen Aufsätze „Formalisierung der transzendental-dialektischen Logik“ und „Cybernetic Ontology“ sind der Spiegel der seelischen Spannung, in der sich der im Herbst 1940 über Norditalien, wohin sich seine jüdische Frau bereits 1933 geflüchtet hatte, und Kapstadt in die Vereinigten Staaten emigrierte Philosoph als Wanderer zwischen zwei Welten voranbewegte. Es ist dasselbe Thema, was die beiden Essays behandeln: nämlich die Theorie reflexiver Form, die sich inzwischen als „Morpho-“ oder „Kenogrammatik“ in die Dimension des Surrealen oder Suprarealen vorgetastet hatte. Aber während der eine den bis heute unter den Philosophen und Mathematikern auf konsternierte Mienen und seelische Abwehr stoßenden neuen Formbegriff auf die Texte des deutschen Idealismus zurückführt, fährt der andere ab aus Fragestellungen der amerikanischen Kybernetik, die der passionierte Ski- und Motorradfahrer, Segel- und Motorflieger zusammen mit der Science Fiction (der „echten“, hier in Deutschland immer noch weitgehend unbekannten Science Fiction, wie er immer

wieder betont) bald nach seiner Ankunft in den Staaten als die Vorboten einer eigenständigen und radikal technisch orientierten „Metaphysik der westlichen Hemisphäre" begrüßte. Aus der Begegnung des preußischen Idealisten mit dem technischen Amerika gingen ein Buch: „Das Bewußtsein der Maschinen – Eine Metaphysik der Kybernetik" (1957), und eine Serie populärer Aufsätze hervor: „Die ‚zweite' Maschine" (Nachwort zur deutschen Erstveröffentlichung von Isaac Asimovs „I, Robot", die Günther 1952 bei Rauch in Düsseldorf herausgab), „Seele und Maschine" (veröffentlicht 1956 in dem von Max Bense redigierten „Augenblick") und „Maschine, Seele und Weltgeschichte" (1980). Der Untertitel des Buches sagt, worum es geht: nicht um Technik im trivialen Sinn – und auch Datenverarbeitung ist für Günther nur ein modisches Oberflächenphänomen, sondern um eine Metaphysik, die die Subjektivitätstheorie des Idealismus technisch materialisiert: was Seele war, muß Mechanismus werden, damit der Mensch nur umso mehr zu den Höhen und in die Tiefen seines Ego und seiner Anima vorstoßen kann. Man sieht also, daß die technische Utopie, die mit „Gegenwelten aus Antimaterie", „freundlichen (manchmal aber auch unfreundlichen und deshalb erstaunlich menschlichen) Robotern" oder mit „orthogonalen Zeit- und Zahlenachsen" arbeitet, den Idealismus nicht beseitigt, sondern transformiert und weiterentwickelt. Daß dieses Unternehmen in *beiden* Welten meistens auf erstaunte, wenn nicht brüskierte Mienen stieß und stößt, kann nicht verwundern. Der Autor selbst hat es geahnt, als er dem „Bewußtsein der Maschinen", Alistair McLean zitierend, das Motto voranstellte: „The Truth can never be Blasphemy". Aber was blasphemisch ist, bestimmt der Zeitgeist, und dem sind im allgemeinen erbauliche Nachrichten am liebsten.

So kam es zu dem eingangs erwähnten „unversöhnten Widerspruch". Umso mehr muß man Toleranz und Weitsicht des Directorate of Information Sciences des United States Air Force Office of Scientific Research herausstellen, das Günthers Forschungsprofessur am Biological Computer Laboratory in Urbana bis zur Emeritierung 1972 finanzierte.

Die Welt ist Sein, ist Einheit, in die es sich aus der Mannigfaltigkeit der Sinnendinge zu erinnern gilt. Das war *der* Satz der Griechen, war das Prinzip ihrer Kosmologie, ihrer Plastik, ihrer Architektur und Geometrie, und ihrer Philosophie. Der griechische Harmoniebegriff, in dessen Grenzen auch noch Alberti, Leonardo und Schinkel operierten, ist nur der ins Ästhetische gewendete Traum des Seins. In irgend einer Form hatte dieses Prinzip weitergewirkt. Obwohl man sehen muß, daß das faustische Denken von den romanischen Anfängen an eine relativ selbständige Position gegenüber Griechen- und Christentum eingenommen hat, darf nicht vergessen werden, daß gewisse Grundannahmen des apollinischen Rationalitäts- und Harmoniekonzepts und der christlichen Glaubenserfahrung nie in Frage gestellt worden sind. Die Einheit des Seins war einer der Sätze, die von Platon bis Hegel Bestand gehabt hatten, als zuerst Marx daranging, Hegel vom „Kopf auf die Füße zu stellen", und Nietzsche dann seine leidenschaftliche Polemik gegen Sokrates und Platon entfesselte. Bleiben wir bei Nietzsche, den Günther, wie er mir sagte, einmal fast ganz durchgelesen, später aber selten zitiert hat („ein zu ungenaues Denken"), dessen unnachgiebiger Perspektiven-Pluralismus spät, sehr spät dennoch im Entwurf einer mathematisierenden „poly-kontexturalen" Theorie des Lebens und der Wirklichkeit wiederkehrt. In „Life as Poly-Contexturality" (1973) oder schon in „Natural Numbers in Trans-Classic Systems" (1971) ist eine Welt skizziert, die sich den überlieferten philosophischen und religiösen Kategorien entzieht, seien sie nun idealistisch oder materialistisch orientiert, eine Welt, die nicht mehr der Mono-Tonie des Seins unterliegt, sondern dynamisches „Netzwerk" einer Pluralität von Qualitäten, Spiegelungen und Vermittlungen ist. Um eine „wirklichste Wirklichkeit" geht es in Günthers „Stellenwertlogik" und in seiner „Kenogrammatik", um eine Wirklichkeit, in die der Schein ebenso irritierend einbricht, wie die zwischen Sein und Schein spielende Dialektik in die durch die Pluralität qualitativer und materialer Differenzen konstituierte Bewegung von Raum und Zeit zurückgebunden wird. Obwohl der Name Nietzsches nicht fällt, können wir in diesen keno-mathematischen Skizzen vielleicht den ersten Schritt zu einer Einlösung der Verheißung sehen, die die Philosophie Nietzsches und überhaupt das 19. Jahrhundert in Umlauf gesetzt hat: „Tausend Pfade gibt es, die noch nie gegangen sind; tausend Gesundheiten und verborgene Eilande des Lebens. Unerschöpft und unentdeckt ist immer noch Mensch und Menschen-Erde." (Nietzsche, Also sprach Zarathustra, Von der schenkenden Tugend.) Schon in „Logik, Zeit, Emanation und Evolution" (1967), endgültig aber dann in „Life as Poly-Contexturality" (1973) hat sich Günther weit vom klassischen Schauplatz entfernt, auf dem sein Denken die ersten „Vorstellungen" versucht und eingeübt hat. Sukzessive sind die Fragen und Chancen der Romantik (das Problem der Materialität) und der Moderne (Perspektiven-Pluralismus) in sein Denken eingedrungen und haben die klassische, wenn auch in sich vermittelte, Identität gleichsam aufgesprengt. Komplexe arithmetische Netzwerke sind die grammatische Tiefenstruktur von Welt und Geschichte und ihre technische Umsetzung die Chance des Menschen der Zukunft – oder muß der aus der klassischen Tradition kommende Denker darin ein Schicksal sehen?

So spannt sich, um das Werk eines Lebens noch einmal in eine Formel zu drängen, Günthers Denken auf zwischen der Rekonstruktion der idealistischen Architektonik der Vernunft und den arithmetisch-technischen Netzwerken, die weit in die Utopie und eine erst noch zu erobernde Moderne ausgreifen. Aber Pionier wollte er immer sein und Philosoph nur, so weit die Philosophie dem Frontier-Geist verpflichtet war und in unbetretenes Neuland vorstieß. Ein Land, das noch viele Rätsel aufgibt, Fragen, die die nächste Generation erst noch beantworten muß, wenn sie auf dem Neuland eine Stadt und eine Welt erbauen will.

Claus Baldus

Romantik und Romantizismus
Versuch einer erweiterten Begriffsbestimmung

Heinrich Klotz

... aber immer liegt noch im Grunde das Regellose, als könnte es einmal wieder durchbrechen, und nirgends scheint es, als wären Ordnung und Form das Ursprüngliche, sondern als wäre ein anfänglich Regelloses zur Ordnung gebracht worden. Dieses ist an den Dingen die unergreifliche Basis der Realität, der nie aufgehende Rest, das, was sich mit der größten Anstrengung nicht in Verstand auflösen läßt, sondern ewig im Grunde bleibt. Aus diesem Verstandlosen ist im eigentlichen Sinne der Verstand geboren.
Friedrich Wilhelm Joseph von Schelling, Philosophische Untersuchungen über das Wesen der menschlichen Freiheit und die damit zusammenhängenden Gegenstände (1809)

Ich stelle die Vielfalt der Meinungen höher als die Klarheit der Meinungen; die latenten Bedeutungen halte ich für ebenso wichtig wie die manifesten. Ich bevorzuge das „Beide-zusammen" vor dem „Entweder-oder", das „Schwarz und Weiß und manchmal auch Grau" vor dem „Schwarz-oder-Weiß". . . . Eine Architektur der Komplexität und des Widerspruchs hat aber auch eine besondere Verpflichtung für das Ganze: ihre Wahrheit muß in ihrer Totalität – oder in ihrer Bezogenheit auf diese Totalität liegen.
Robert Venturi, Complexity and Contradiction in Architecture (1968)

Seite 89:
James Wyatt, Fonthill Abbey, 1796

Gian Paolo Panini, Phantasielandschaft mit antiken Ruinen, um 1730

John Nash, Cottages, Blaise Hamlet, Gloucestershire, 1811

Im Verständnis der deutschen Kulturtradition wird der Begriff Romantik vorzugsweise als Epochen- und Stilbegriff für die Zeit von 1780–1830/40 angewendet. Daneben wird der Begriff im Sinne des angelsächsischen „Romanticism“ gebraucht, wobei eine epochenübergreifende Grundhaltung gemeint ist, die die Ideale der Romantik zwar einbezieht, jedoch deren Verwirklichung nicht einschränkt auf einen bestimmten Zeitraum.

Im Zusammenhang mit dieser Ausstellung sei einmal der Versuch unternommen, Romantik in dem ausgeweiteten und übertragbaren Sinn von „Romanticism“ zu verstehen, also Architekturströmungen, die häufig unter andersartigen Begriffen erfaßt werden, aus einer Perspektive zu beurteilen, die es erlaubt, über die vordergründigen Stiletikettierungen hinaus eine durchgängige Unterströmung romantischer oder romantizistischer Tendenzen im Bauen zu erkennen. Eine solche auf Übertragbarkeit zielende Verbreiterung der Begriffsbasis ist insofern gerechtfertigt, als auch der ursprüngliche Romantik-Begriff einen umfassenderen Sinn hatte.

Mit Jakob Bodmers 1740 erschienenem Buch „Vom Wunderbaren in der Poesie“ war der Begriff der Romantik als ein Gegenbegriff gegen die vorherrschenden Normen der klassischen Tradition auf den Bereich subjektiver Erfindungskraft und individueller Phantasie angewendet worden. Damit war sogleich auch die Frage gestellt nach der Rolle des Individuellen im Gegensatz zum Objektivismus der am antiken Vorbild orientierten Traditionen. Seit der Renaissance war der Anteil der objektivierbaren Vorgaben einer kulturellen Hervorbringung am Maßstab der Antike bemessen worden. Die Qualität der phantasiebestimmten Variation, die individuelle Veränderung war beurteilbar geblieben, indem die „Überschreitung der Grenzen“ des klassischen Kanons mitveranschaulicht wurde.

Der Architekt des 16. Jahrhunderts, der sich manieristische Capricen erlaubte, mußte das Antikenprogramm bis hin zu einer erkältenden Exaktheit mitveranschaulichen, um den Bruch der „regula“ darzustellen. Das galt auch noch für den Architekten des Rokoko, dessen spielerische Verwandlung des antiken Dekors bis hin zu einer Beinahe-Unkenntlichkeit die ständige Vergegenwärtigung des kanonisch-klassischen Ausgangspunktes zur Voraussetzung hatte. Wenn z.B. eine Abakus-Blume in eine phantastisch „freie“ Rocaille-Form verwandelt wurde, so bestand doch kein Zweifel daran, daß es nach wie vor nach Ausweis der Typologie eine Abakus-Blume war, die zum Grundmotiv der Ausdeutung genommen wurde. Mit den „freien“ Formen der Romantik hingegen wurde nicht mehr der antike Kanon als Argumentationsbasis benutzt; vielmehr suchte man sich zum ersten Mal seit der Renaissance vom Träger aller Maßstäbe, von dem tradierten Antikenvorbild gänzlich zu befreien. Die aus der subjektiven Phantasie geborene Neuerung bemaß sich nicht mehr an der Art des Regelbruchs im Sinne der „inventione“, sondern suchte ihre Legitimation in der Erfindungskraft selbst.

Doch sobald die romantische Phantasie, die „romanhaft“ zu schildern verstand, freigesetzt war, suchte sie Orientierung anderswo und nahm sich die gotischen Gestalten zum Vorbild, wie sie etwa Horace Walpoles „Schloß von Otranto“ bevölkern. „Romantic“ bedeutet eine Auffassung, fern von der klassischen Beispielsammlung der Helden des Altertums

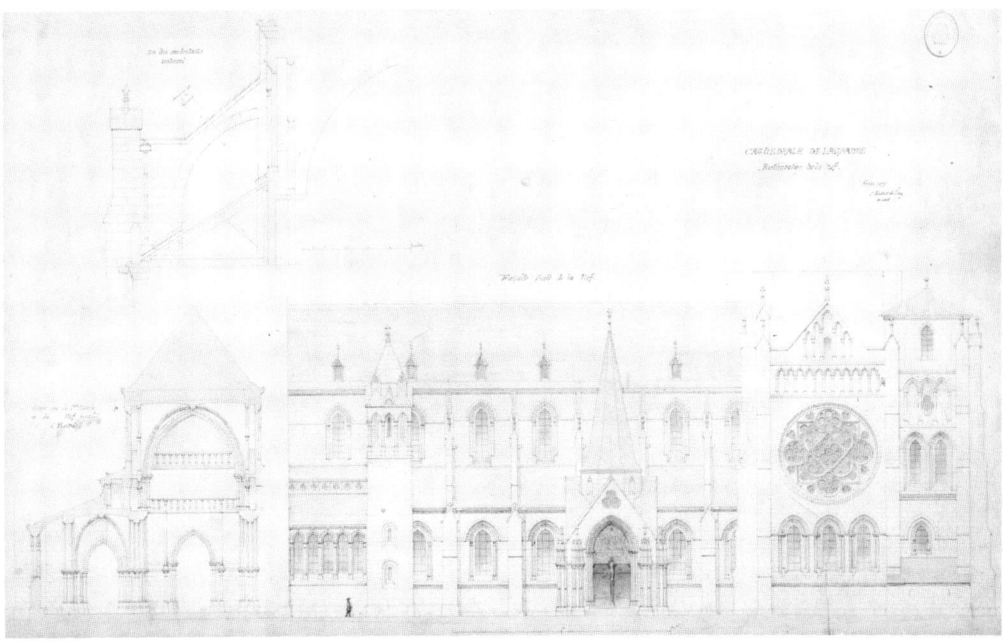

einen Handlungsspielraum zu gewinnen, der allein aus der Vorstellungskraft die Szene eines fiktiven Lebens gestaltete und diese mit seltsam unbekannten Figuren bevölkerte. Doch bald schon, mitten aus dem guten Geschmack des Rokoko heraus, wurde für diese Gestalten eine Umgebung gefunden, die am Beispiel des Mittelalters, an der Gotik, Form gewann. Walpoles Schloß Strawberry Hill (1750) stand am Ursprung dieses „Gothic Revival" (Kenneth Clark), mit dem aus den launischen Versatzstücken des englischen Parks, aus der spielerischen Müßiggänger-Architektur der gotischen Einsiedeleien wirkliche Wohnorte wurden.
Sobald die Gotik als Architektur „romantischer" Erfindungsgabe Anerkennung gewonnen hatte, war jedoch nicht schon ein neuer Kanon aufgestellt, der auf andere Weise wie-

links oben: John Nash, The Royal Pavilion, Brighton (1815–1823). Zeichnung: Augustus Charles Pugin

rechts oben: Claude-Nicolas Ledoux, Haus der Flurwächter, 1786? Stich: Van Maëlle

Mitte links: Louis-Auguste Boileau, Pavillon für die Weltausstellung, Paris, 1852

links unten: Eugène-Emmanuel Viollet-le-Duc, Kathedrale von Lausanne, Ansicht der Südfassade, 1873?

rechts unten: Frank Furness, Academy of the Fine Arts, Philadelphia, Ansicht, 1873

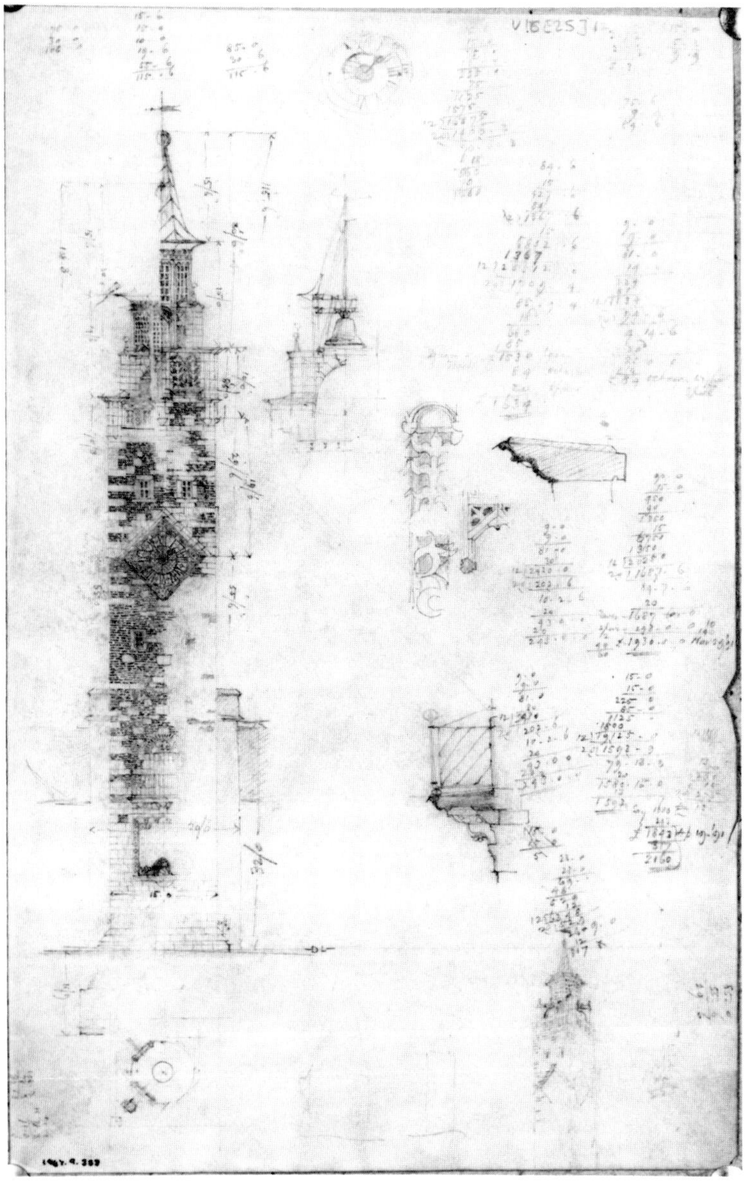

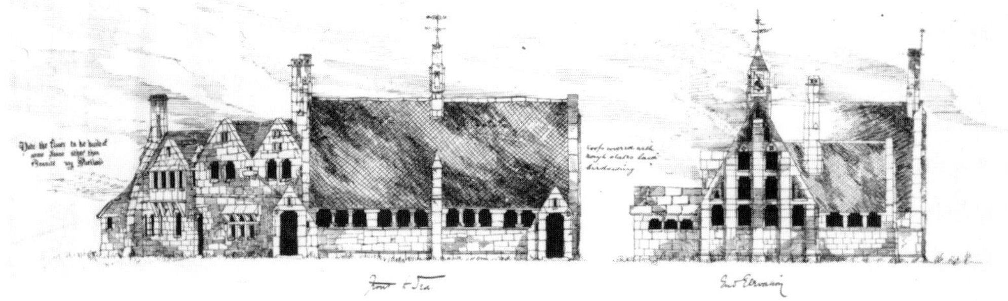

links:
Philip Webb, Skizze eines Turms, um 1858
rechts oben:
Edwin Lutyens, Marshcourt (1901–1904), Nord- und Südansicht
rechts unten:
Arthur Beresford Pite, Dorfschule, 1882

derum die Befolgung strikter Regeln zur Auflage machte. Die Neo-Gotik war von vornherein eine Architektur der Läßlichkeiten, und sie fügte sich vielerlei Wünschen und Vorstellungen ein, vermochte zunächst einem Mann wie Georg Forster und seinen Zeitgenossen ein Gleichnis der Freiheit zu sein und konnte im Gegenzuge die Ansprüche der Restauration auf eine Symbolisierung des Herkömmlichen und Beständigen vor Augen führen. Wer immer die Gotik zur Demonstration seiner Ansprüche und Anliegen nutzte – er hatte es niemals mit einem Regelwerk zu tun, das den Gebrauch der gotischen Form an bestimmte Voraussetzungen band, etwa den Gebäudekörper auf klassische Symmetrien festschrieb oder Säulenordnungen hierarchisch organisierte. Vielmehr stand mit der Neo-Gotik ein Formenrepertoire zur Verfügung, das im Unterschied zur klassizistischen Tradition eine nie gekannte Flexibilität und Anpassungsfähigkeit besaß. Für jede architektonische Laune (Gartenarchitektur), aber auch für jede ernste Repräsentationsabsicht (z.B. das englische Parlament) stand die Gotik in dieser oder jener Form zur Verfügung. Die romantische Phantasie, grenzenlos und subjektiv wie sie war, suchte im Vokabular der Gotik die Sprache, die die Verwirklichung eines jeglichen Architekturgedankens ermöglichte. Nicht von ungefähr kommt es in der Neo-Gotik zum ersten Mal zu jenen „freien“ Grundrissen, die den „freien“ Grundriß des Bauhauses vorwegnehmen und in ihrer gotischen Phantasiefreiheit die Ungebundenheit der Moderne ankündigen. Die Neo-Gotik war der Stil, der es erlaubte, bei Verwendung eines neuen Vokabulars ein möglichst großes Maß an Unmittelbarkeit des Einfalls zu erhalten. Die gotische Form hatte die Eigenart, sich deutlich von jeder anderen Form zu unterscheiden, nicht aber Vorschriften zu machen. Nachdem der Stimmungscharakter der „cham-castle-Gothic“, die als Kulisse für lebend gespielte Romane diente, verflogen

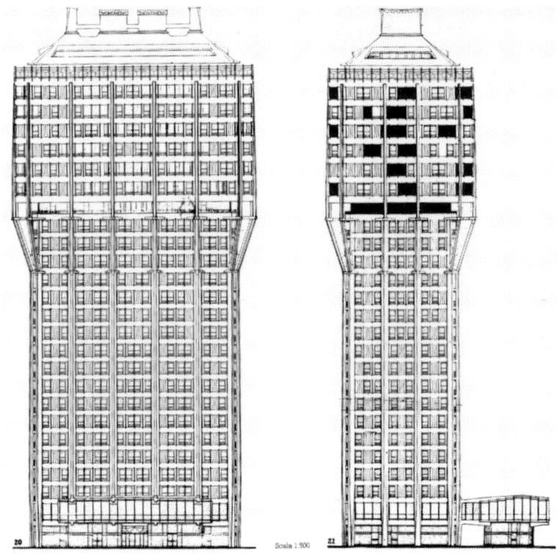
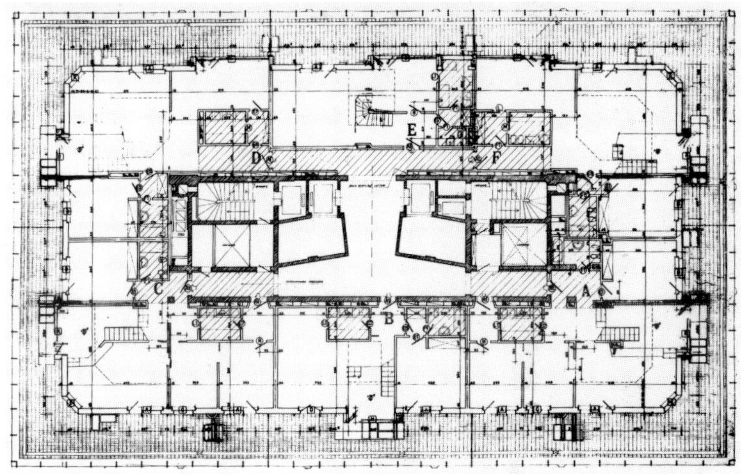

war, blieb die gotische Formensprache als ein Material übrig, das ebensosehr tausend Vorstellungen wie tausend Herren dienen konnte. Für Goethe war die Gotik des Straßburger Münsters ein Elementarereignis. An Erwins Westfassade entzündete sich nicht allein sein nationaler Sinn für eine deutsche Baukunst, sondern vielmehr entdeckte er in ihr die Urkraft des Ungekünstelten. Wie wenig ihm die Gotik Kanon sein konnte, zeigt sich an seinem Vergleich mit der Kunst der Wilden: „Und so modelt der Wilde mit abenteuerlichen Zügen, gräßlichen Gestalten, hohen Farben seine Kokos, seine Federn und seinen Körper. Und laßt diese Bildnerei aus den willkürlichsten Formen bestehen, sie wird ohne Gestaltsverhältnis zusammen stimmen, denn EINE Empfindung schuf sie zum charakteristischen Ganzen. Diese charakteristische Kunst ist nun die einzige wahre. Wenn sie aus inniger, einiger, eigner, selbständiger Empfindung um sich wirkt, unbekümmert, ja unwissend alles Fremden, da mag sie aus rauher Wildheit oder aus gebildeter Empfindsamkeit geboren werden, sie ist ganz und lebendig." (J.W. Goethe: Von deutscher Baukunst, 1773). Für den jungen Goethe bot die Gotik eine Garantie, den Verkünstelungen (den Regeln) des Rokoko zu entkommen, um dafür das „Charakteristische" zu gewinnen. Er fordert mit der Gotik nicht neue Regeln, sondern den Urzustand des „Rauhen" zurück. Man hört Rousseau und sein „Zurück zur Natur" mitreden.

Es gab andere Möglichkeiten, aus der klassisch-klassizistischen Tradition auszuscheren und dem fest umgrenzten Regelwerk des Vitruvianismus zu entkommen. Obwohl es nicht recht passen will, den Venezianer Piranesi einen Romantiker zu nennen, so war es doch dieser Architekt, der neben seinen klassizistischen Rom-Veduten gleichzeitig seine Stichserie der „Carceri" verwirklicht hat, mit der die Architektur aus dem Spätbarock heraus in eine Welt des Unfestgestellten und Unendlichen führt, in Phantasieräume hinein, die sich nicht mehr als Illustrationen einer die Säulenordnungen verwirklichenden Architektur zu erkennen gaben. Das Material der Architektur ist nicht mehr die Symbolsprache des Aufrisses und die tradierte Typologie des Grundrisses, sondern es sind Räume hinter Räumen, Vorstellungen von Räumen, „Raumvorstellungen", aus denen die Architektur entsteht. Die Phantasie ist der Generator, der die schier unendlich scheinenden Sequenzen der Räume hervorbringt und bis ins Unbegrenzte die Architektur vorantreibt. Bei Piranesi ist erkennbar geblieben, wie sich der klassische Kanon in eine romantische

links oben: Lars Sonck, Dom in Tampere, Wettbewerbsentwurf, 1900
oben Mitte: Hermann Gesellius, Armas Lindgren, Eliel Saarinen: Suur Merijoki, Viipuri, Innenansicht, 1902–1903
oben rechts: Joseph Maria Olbrich, Hochzeitsturm, Darmstadt, perspektivische Ansicht von Nordosten, 1905
links unten: Dominikus Böhm, Meßopferkirche „Circumstantes", Längsschnitt, 1922
unten Mitte: BBPR, Torre Velasca, Mailand (1957–1960), Ansichten
unten rechts: BBPR, Torre Velasca, Mailand (1957–1960), Plan

Vorstellungskraft verliert, deren subjektive Visionen an die Stelle der objektiven Regelsystematik treten. Piranesi führt mit den Mitteln und der Sprache des Klassischen die Architektur über die Begrenztheit und Überprüfbarkeit des Klassischen hinaus und öffnet die Räume bis ins Unvorstellbare. Die nach Definition verlangende Ratio ist hier fehl am Platze. Und so wie sich mit der romantischen Gotik Gefühlslagen zwischen dem Unheimlichen und dem Freien verbinden, so knüpfen sich an Piranesis „Carceri" Empfindungen einer räumlichen Rätselhaftigkeit: Labyrinthe, Licht und Schatten, Verzagen und Hoffnung.

Wie sich im Werke Piranesis klassische Begrenzung mit romantischer Unbegrenztheit verbinden, so werden für Karl Friedrich Schinkel Klassizismus und Neogotik austauschbar. Was eben noch als ein Kontrastprogramm erschien, wird im Werke dieses deutschen Klassizisten und Romantikers zu einem Programm alternativer Möglichkeiten. Klassizismus und Gotik sind Stilgewänder, die, wie im Falle der Werderschen Kirche in Berlin, ein und demselben Gebäude übergeworfen werden können. Doch geschieht der Stilwechsel nicht willkürlich, denn Gotik und Klassizismus bedeuten Unterschiedliches. Im Falle des klassizistischen Kirchenraums wird die Nähe zum preußischen Hof und zum Forum Fridericianum hervorgehoben, im Falle der gotischen Stilisierung die Rolle der Pfarrkirche. Gleichzeitig ist mit der Anspielung auf die Marienburg in Ostpreußen ein nationalpreußischer Ton angeschlagen (Hartmut Boockmann und Jochen Kunst). Die Gotik tritt als eine Möglichkeit neben die Tradition des Klassizistischen. Im Verlauf des 19. Jahrhunderts wird immer deutlicher, daß die Neugotik nicht die Macht hatte, die Tradition der klassischen Architektur außer Kraft zu setzen. Wohl aber färbt die neugewonnene Freiheit neogotischer Romantik auf den Klassizismus ab und lockerte die zur Starrheit neigende Orthodoxie der Säulenarchitektur. Schinkels Werk ist dafür das treffendste Beispiel.

Gotische Formen haben nach Horace Walpole und Karl Friedrich Schinkel viele andere Architekten benutzt, um der subjektiven Phantasie das Material zu bieten, mit dem sich Ausbrüche aus der Norm riskieren ließen. Viollet-le-Duc hat als erster die gotische Konstruktion auf die Konstruktion moderner Technik übertragen und damit so etwas wie einen kultivierenden Bändigungsakt vollzogen, um dem unkultiviert Sprachlosen der neuen Technik das schützende Gewand des Verbindlichen und Angemessenen zu verleihen. Die Amerikaner Frank Furness und Bernhard Meybeck haben die Gotik als ästhetisches Medium benutzt, um das Herkömmliche zu ignorieren. Mit einer geradezu halsbrecherischen Freiheit der Ausdeutung haben sie gotisches Maßwerk und gotisches Ornament in ihre Bauten einbezogen, um daraus freizügig malerisches Arrangement werden zu lassen. Meybeck gelangte zu Methoden, die auch heute wieder zur Verfremdung der historischen Form angewendet werden, so etwa die unziemliche Vergrößerung eines Details wie in der Pop-Art und bei Robert Venturi (Vergrößerung eines Kreuzfensters). Meybeck nimmt die Fischblase des gotischen Maßwerks, um damit eine ganze Fensteröffnung zu füllen und eine überdimensionierte Fensterfigur daraus werden zu lassen. Das historische Formenvokabular wird als Material der Phantasie benutzt, damit Spannungen entstehen zwischen dem Gewohnten und dem Erfundenen.

Die Architektur eines Gaudí führt schließlich aus der Gotik heraus hin zu Konstruktionen moderner Bogenstellungen, die mit den Prinzipien der heutigen Schalendachkonstruktion zumindest ebensoviel gemein haben wie mit den Kräfteverhältnissen gotischer Kathedralen. Auch hier war es eine bis nahe an die Willkür heranführende, romantisch-subjektive Ausdeutung einer tradierten Form, die zur Auflösung aller Normen zugunsten eines überraschend Neuen geführt hat.

Die Gotik eines Dominikus Böhm reicht schließlich in die Zonen expressiver Gebärden. Die emotionsgeladene Architektur seiner Bogenläufe setzt sich in ein Verhältnis zu subjektiver Voraussetzungslosigkeit. Manche Kirchen Böhms erwecken den Eindruck, als solle der Kirchenbau – freilich nach gotisierenden Themen – völlig neu erdacht werden. Wenn es auch ungewohnt sein mag, die Architektur des Expressionismus in die Nähe der romantischen Tradition zu setzen, so stellt sich dennoch die Frage, ob nicht im Expressionismus die romantische Methode, aus der subjektiven Phantasie heraus zur Form zu gelangen, ihre letzte Konsequenz gefunden hat. Die expressionistische Formerfindung stellt den Versuch dar, aus dem eigenen Inneren allein die Schöpfung zu wagen: Die individuelle Phantasie als Movens des demiurgischen Menschen, der das Beispiellose schafft und dieses aus den Tiefen des Gefühls ans Licht treten läßt. Liegt nicht darin die Essenz der auf einen Nenner gebrachten Tradition der Romantik?

So plausibel auch dieser Schluß scheinen mag, so fehlt ihm doch die letzte Beweiskraft. Denn wenn auch die kulturgeschichtliche Erkenntnis zutreffen mag, den „Geist der Romantik" in einer subjektiv bestimmten Phantasie und gefühlsbetonten Ausdrucksweise zu sehen, so fehlt dem Expressionsimus doch der „Geist der Ironie". Dem Expressionisten steht das Formenmaterial in seiner Elementarform, nicht in seiner historischen Gewordenheit zur Verfügung. So scheint es, als könne der Expressionist die Form stets aus der Masse, aus dem Urgestein herauskneten und herausmodeln, so wie Gott den Menschen aus einem Klumpen Lehm erschuf. Immer ist der expressionistische Entwurf ein erster Entwurf; immer ist er ursprünglich, immer ist er ernst und eins. Die romantische Tradition hingegen setzt voraus, daß der Einfall sich an einer vorgegebenen historischen Form relativiert. An der Geschichtlichkeit des Materials bricht sich die Ursprünglichkeit. Romantik ist geschichtsbezogen, Expressionismus feiert den augenblicklichen Schöpfungsakt. Das Material der Gotik, das dem Romantiker als Bezugsebene zur Verfügung stand, ist auch die prismatische Brechungsfläche, an der sich die Unmittelbarkeit des Einfalls und des Gefühls bricht. Der Witz des mitdenkenden Intellekts, der die Ursprünglichkeit in Zweifel zieht, mischt der romantischen Hervorbringung die Ironie hinzu. Die Heiterkeit des Wiedererkennens im Verwandeln ist das Lebenselixier, das dem Expressionismus in seinem Ursprungsernste fremd bleibt. Die romantische Tradition ist deshalb eine historisierende, weil sie neben dem subjektiven Individualismus der Phantasie doch das Korrektiv des intellektuellen Verweisens auf das schon Hervorgebrachte benötigt.

Diese Tradition wird heutigentags von Robert Venturi und Charles Moore, von Hans Hollein und Oswald Matthias Ungers fortgesetzt. Was für die Romantiker die Gotik war, ist für diese wieder die klassische Form, an der der Einfall seine Reibfläche gewinnt. Aus dem großen Abstand zum historischen Klassizismus, durch die Moderne von der Vergangenheit getrennt, entsteht das Potential der Umdeutung und Verfremdung. Dieser eben erst eingeleitete Geschichtsprozeß hat weniger mit einem Manierismus zu tun als vielmehr mit der romantischen Tradition.

Labyrinth und Archi/Textur

ein Gespräch mit Jacques Derrida

Verbracht ins
Gelände
mit der untrüglichen Spur:

Gras, auseinandergeschrieben. Die Steine, weiß,
mit den Schatten der Halme:
Lies nicht mehr – schau!
Schau nicht mehr – geh!

Paul Celan, Sprachgitter (1959)

Seite 95:
Giambattista Piranesi [1720–1778], Capriccio
links oben:
*John Hejduk [*1929], Bye House, Ridgefield, Connecticut*
rechts oben:
Oswald Mathias Ungers, Studentenwohnheim, Technische Hochschule Twente, Enschede, Isometrie, 1964

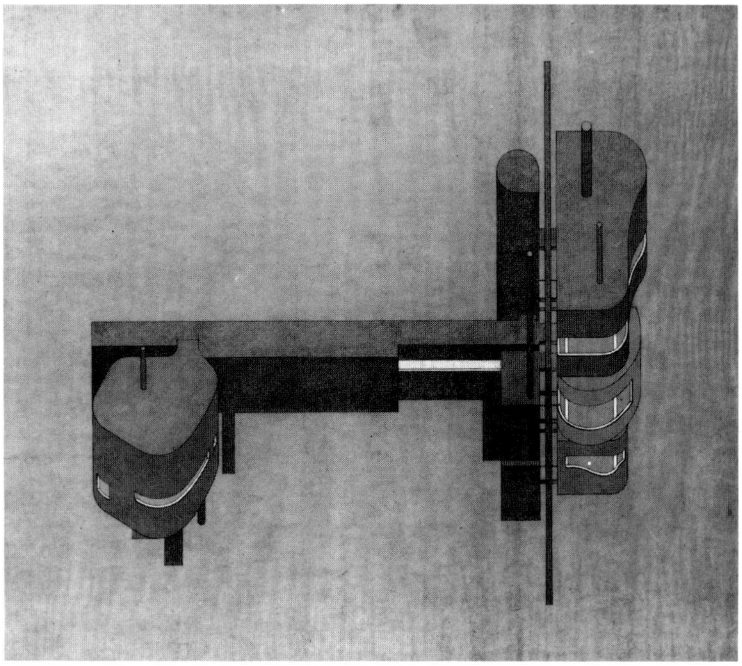

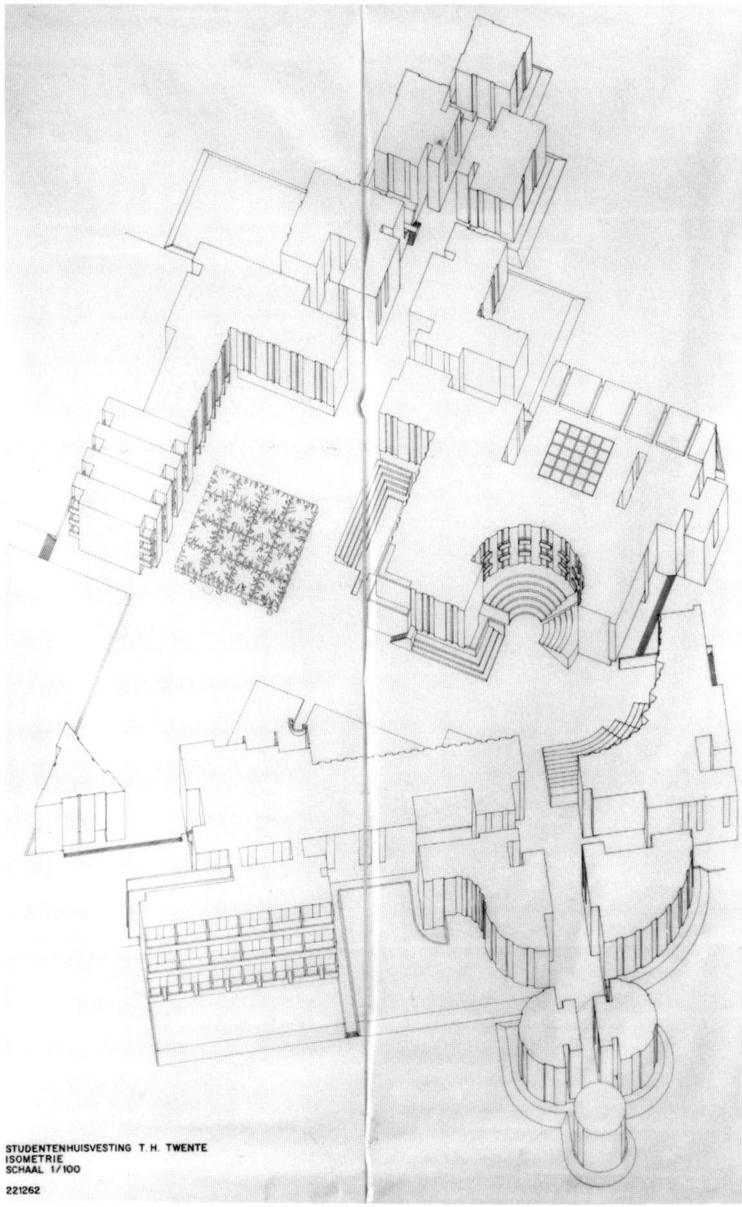

Rainer Jagals [1940–1967], Nekropole

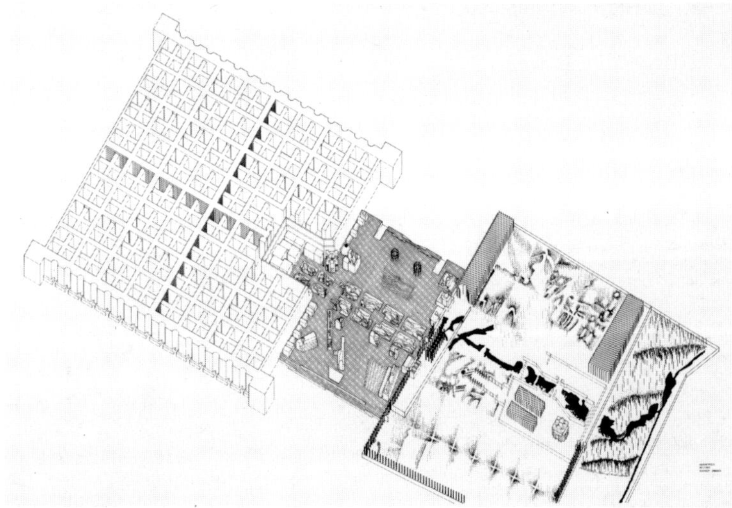

Robert Venturi, Haus Vanna Venturi in Chestnut Hill, Pennsylvania, Schnitt B, 1962

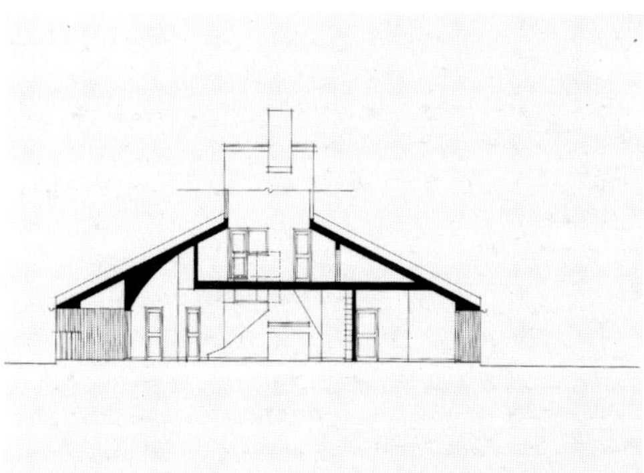

In der Sprache wohnen

EVA MEYER Die Architektur ist keine Sprache. Daher auch läßt sie sich nur von ihren Rändern her lesen. Dort, wo sie sich mit der Sprache trifft, als der Name einer Repräsentation, darunter sich verschiedene Systeme, Techniken, Diskurse vereinigen, um ein „wirkliches“ Gebäude hervorzubringen. Urkunst eines Erzkünstlers, Dädalus, des großen Baumeisters von Knossos, der von seinem aufgebrachten Auftraggeber, dem König Minos, in sein Gebäude geworfen wurde, um sein eigenes Meisterwerk zu sein, es wirklich zu leben, *als ein Labyrinth.* Hinweis auf jene nicht objektivierbare Methode, des Denkens *und* des Bauens, darin ich immer schon befangen bin: *die Sprache in ihrer Bewohnbarkeit.* Wie ergeht es dem Architekten und seinen Perspektiven, wenn er das Labyrinth betritt, um es zu sein? Wie dem Philosophen, Heidegger zum Beispiel? Wie läßt sich diese ganze Problematik so entfalten, daß sie auf keine Bedeutung außerhalb ihrer selbst verweist, sondern nur hervorbringt, was ihr selbst innewohnt?

JACQUES DERRIDA Sprechen wir also nicht als Architekt, sondern stellen wir die Frage nach einem Denken, das der Architektur eignen würde, nach einem architekturalen Denken, wenn man so will. Damit möchte ich keine Geste ausführen, die darin bestünde, die Architektur als ein Ding, eine Technik in Anspruch zu nehmen, dem Denken fremd und von daher möglicherweise geeignet, es im Raum darzustellen, Modelle einer verräumlichenden Rhetorik zu konstituieren, eine Verkörperung des Denkens gewissermaßen, sondern vielmehr eine Frage aufwerfen, die auf die Architektur als eine Möglichkeit des Denkens abzielt, die sich nicht auf den Status einer Repräsentation des Denkens reduzieren läßt, wie es so oft nicht nur bei den Philosophen, sondern auch bisweilen bei den Architekturtheoretikern vorkommt.
Da Sie auf die Trennung von Theorie und Praxis anspielen, so kann man vielleicht damit anfangen, sich zu fragen, wie sich diese Arbeitsteilung hergestellt hat, da diese Teilung selbst es ist, die irreführen kann. Mir scheint, daß ab dem Moment, da man Theorie und Praxis unterscheidet – wie es in der Geschichte der Philosophie der Fall ist –, ein architekturales Denken verdeckt wird, daß man ab dem Moment, wo man Theorem und Pratem trennt, die Architektur als eine einfache Technik nimmt und ablöst vom Denken, *während es doch vielleicht gerade ein Denken gibt, das dem architekturalen Moment, dem Begehren, der Erfindung eignen würde und zu entdecken wäre.* Das ist es, was mich interessiert.

Antoine-Laurent-Thomas Vaudoyer, Haus für einen Kosmopoliten, Schnitt, 1785

Die Architektur als Metapher

EM Wenn nun aber die Architektur als Metapher in Anspruch genommen wird, nicht nur benutzt, sondern eben auch gebraucht, und von daher immer schon auf die Notwendigkeit der Verkörperung des Denkens hinweist, wie läßt sie sich dann auf nichtmetaphorische Weise wieder in das Denken einführen? Als Wegsamkeiten vielleicht, die nicht ins Zentrum führen, wo immer eine Verkörperung wartet, sondern unterwegs aushalten, in einem Labyrinth zum Beispiel?
JD Wir werden später auf das Labyrinth zu sprechen kommen. Wenn ich einen Umweg vorschlage, so heißt das, daß wir das Labyrinth bereits betreten haben. Der Umweg, den ich vorschlage, ist genauer gesagt der Umweg über die Art und Weise, in der die philosophische Tradition das architekturale Modell als Metapher für ein Denken gebraucht hat, das selbst nicht architektural sein kann.
Bei Descartes findet man z.B. die Metapher der Stadtgründung und diese Gründung ist eigentlich eine Begründung dessen, was zuunterst das Gebäude, die architektonische Konstruktion stützen soll, die Stadt usw. Es gibt also eine Art urbanistische Metapher in der Philosophie, die „Meditationen", der „Diskurs über die Methode" sind voll von diesen architektonischen Repräsentationen, die übrigens immer auch einen politischen Stellenwert haben. Wenn Aristoteles ein Beispiel für Theorie und Praxis anführen möchte, nimmt er den *architéktōn* und das ist derjenige, der die Ursache der Dinge kennt, ein Theoretiker also, der auch lehren kann und unter dessen Befehl die Handlanger stehen, die selbst nicht denken, die keine Ursachen kennen, die keine Theorie haben, sondern sie ausführen sollen. Und damit ist eine politische Hierarchie gegeben.
EM Aber ist es nicht eigenartig, daß ausgerechnet dem Architekten der „Ehrenplatz" zugewiesen wird, und zwar durch einen Philosophen? Kann man vielleicht sagen, daß in genau diesem scheinbar symmetrischen Verhältnis: der Philosoph, der sich als Architekt vorstellt, die Hierarchie begründet wird?
JD Der Architekt ist derjenige, der dem Prinzip *archē* – Anfang und Gebot – am nächsten steht. In diesem Modell ist er es also, der die Gemeinschaft der Arbeit und also auch die Arbeitsteilung lenkt und ein Beispiel abgibt, für die Darstellung, für die Modellisierung eines Architekten durch einen Philosophen, der sich nicht die Frage stellt, was die Architektur selbst sein könnte, sondern sich ihrer als eines rhetorischen Hilfsmittels bedient.
EM Und austauschbar macht.
JD So gesehen, bleibt auch die Frage der Lehre immer mit dieser Problematik verbunden, wenn z.B. die Architektonik als Kunst der Systeme definiert wird, als eine Kunst also,

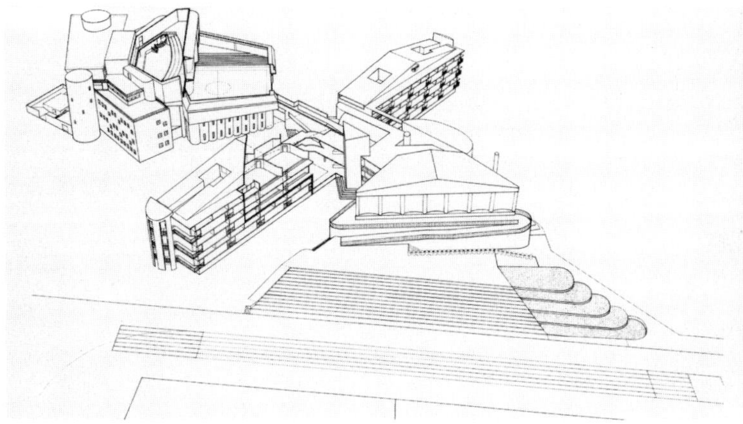

links:
Hans Hollein, Drei Fassadenstudien (Skizzen), um 1964–1965
rechts:
Guido Canella, Gemeindezentrum von Pieve Emanuele, Mailand, Axonometrie, 1977

die geeignet sein soll, sämtliche Teilgebiete des Wissens rational zu organisieren. Des weiteren wird in der Architektonik ein rein technischer und empirischer Teil von einem rationalen Teil geschieden und untergeordnet. Auch hier zeigt sich, wie die architekturale Referenz der rhetorischen Bequemlichkeit dient, in einer Sprache, die selbst keinerlei Architekturalität bewahrt und sich lediglich ihres Bildes bedient. Ich frage mich also, wie es vor dieser Trennung von Theorie und Praxis, von Denken und Architektur ein Denken gibt, das sich mit dem architekturalen Ereignis verbinden könnte?

Im Labyrinth der Sprache

Wenn Sie nun also vom Labyrinth sprechen und wenn jede Sprache – auch diejenige, auf die wir uns seit kurzem zu diesem Gespräch eingelassen haben – eine *Verräumlichung* vorschlägt, *eine Verteilung im Raum, die nicht den Raum beherrscht, sondern sich auf Wegen der Annäherung an ihn befindet,* sich also in ihn einschreibt, dann ist sie in Verbindung zu bringen mit einer Art Bahnbrechung, mit der Bahnung eines Wegs, der nicht zu finden wäre, sondern zu bewerkstelligen bleibt. Und diese Schaffung eines Wegs ist der Architektur nicht fremd. Jeder architekturale Ort, jegliche Bewohnbarkeit hat eines zur Voraussetzung: daß sich das Gebäude an einem Weg befindet, an einer Kreuzung, auf der das Kommen und Gehen möglich ist. Es gibt kein Gebäude ohne Straßen, die zu ihm hin oder von ihm wegführen und auch keines ohne Wege im Inneren, ohne Gänge, Treppen, Durchgänge, Türen. Und wenn die Sprache diese Wegsamkeiten zu und in einem Gebäude nicht beherrschen kann, so heißt das nichts anderes, als daß die Sprache in diesen Strukturen befangen, daß sie unterwegs ist, „Unterwegs zur Sprache" (Heidegger), wenn Sie so wollen. Unterwegs, um zu sich selbst zu gelangen. Der Weg ist keine Methode, das gilt es auseinanderzuhalten. Die Methode ist eine Technik, ein Verfahren, um den Weg beherrschen zu können, um ihn begehbar zu machen. Der Weg jedoch ist keine Methode.

EM Und was ist der Weg?

JD Da verweise ich noch einmal auf Heidegger, der sagt, daß *hodós,* der Weg, nicht *méthodos* ist, daß es einen Weg gibt, der sich in gewisser Weise nicht reduzieren läßt auf die Bestimmung des Wegs als Methode. Die Methode ist eine Technik der Aneignung des Wegs, der selbst keine Methode ist. Die Bestimmung des Wegs als Methode wird von Heidegger – aber darauf können wir uns hier nicht weiter einlassen – als eine Epoche in der Geschichte der Philosophie interpretiert, die bei Descartes, Leibniz, Hegel ihren Anfang nimmt und das Wegsein des Wegs verdeckt, es in Vergessenheit bringt, wo es doch gerade die Unendlichkeit des Denkens markiert: *das Denken ist immer ein Weg, in Annäherungen begriffen.* Wenn also das Denken sich nicht über den Weg erhebt, wenn die Sprache des Denkens oder das denkende Sprachsystem sich nicht als Metasprache über den Weg begreift, so heißt das, daß die Sprache ein Weg ist und von daher immer schon in gewisser Weise mit der Bewohnbarkeit zu tun hat. Und mit der Architektur, sofern es einen Weg gibt. Und dieses immer schon unterwegs sein, die Bewohnbarkeit des Wegs, aus dem kein Weg herausführt, verwickelt in ein Labyrinth, aus dem es kein Entkommen gibt. Es ist unhintergehbar. Man gelangt von Umweg zu Umweg. Genauer gesagt ist es eine Falle, ein berechnetes Artefakt, wie das Labyrinth des Dädalus, von dem Joyce spricht.

EM Aber ist nicht diese Auffassung des Labyrinths – als eine Maschine zum Verderben – bereits von der Idee des Fadens aus gedacht und von daher – als Labyrinth – bereits verdeckt durch das Wissen um den einen Ausgang, den man findet oder nicht?

JD Ja, das ist vom Faden aus gedacht, ein Plan zur Beherrschung. Die methodische Figurierung eines älteren, eines grundsätzlichen Labyrinths, das selbst nicht von einem Architekten gebaut sein kann, ein Labyrinth, in dem wir gegenwärtig befangen sind, das Labyrinth der Sprache. Dagegen sind griechische Labyrinthe eine technische Schrumpfung. Es gibt ein Labyrinth, das eine Maschine ist, und ein Labyrinth, das keine Maschine ist.

EM Das möchte ich genauer wissen. Vielleicht nützt es, in diesem Zusammenhang an eine Geschichte von Borges zu erinnern, an „Die beiden Könige und die beiden Labyrinthe". Das eine der beiden Labyrinthe ist diese bedrohliche Maschine, darin der eine der beiden Könige den anderen zu verderben sucht. Dieser findet aber mit Gottes Hilfe den Ausgang, zerstört das Labyrinth, das Wunder, das Artefakt, die Vermessenheit eines Anspruchs, der eine Gottesversuchung ist und läßt seinen Widersacher in einem anderen Labyrinth umkommen, in der Wüste, dem natürlichen Labyrinth Gottes wenn man so will. Während das künstliche Labyrinth eine Art zweite Wirklichkeit darstellt, die vom Menschen geschaffen wurde, der sich darüber von seiner ursprünglichen Gebundenheit befreit und selbst als Schöpfer erfährt und mit dem Labyrinth jenen Ort schafft, wo sich dieser Identitätswechsel ereignen kann und damit auf sonderbare Art und Weise über diese Trennung von Natur und Kultur hinausgeht. *Da der Ort selbst es ist, wo diese Trennung stattfindet:* c'est le lieu même ou cela a lieu.

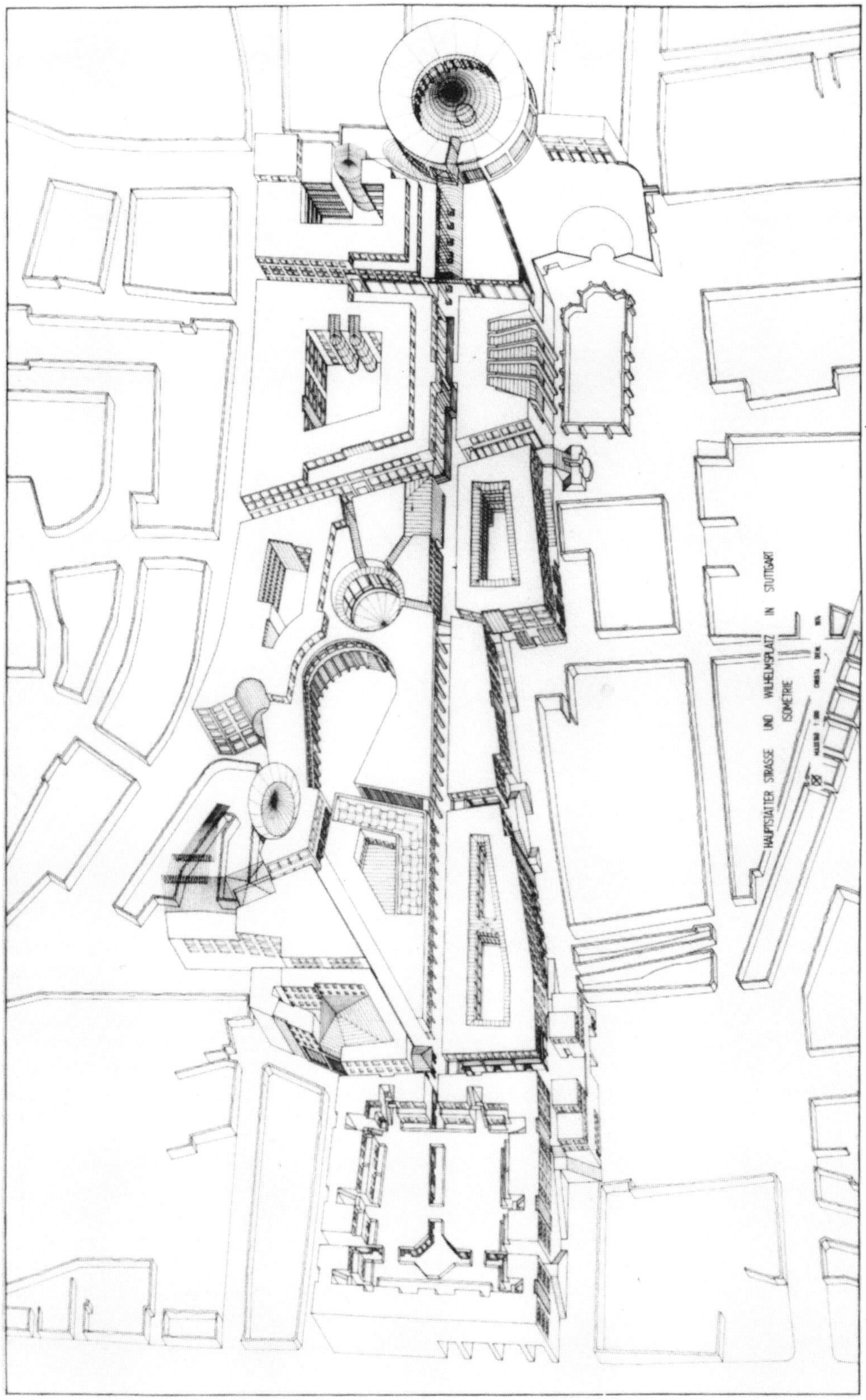

links:
Rob Krier, Wilhelmsplatz, Leonhardsplatz, Stuttgart, isometrische Darstellung der Neuplanungen, 1973–1974
rechts:
Rob Krier, Stadtraumtypus, Skizze

Der Ort als Ereignis

JD Die Frage nach der Architektur ist in der Tat diejenige nach dem Ort, nach dem Statthaben im Raum, nach dem architekturalen Ereignis. Die Einrichtung einer Stätte, die es vorher nicht gab und dem entspricht, was eines Tages einmal stattfinden wird, das ist ein Ort. Wie Mallarmé sagt, ce qui a lieu c'est le lieu. Das ist nichts Natürliches. Die Einrichtung einer Stätte der Bewohnbarkeit, die selbst stattfindet, das ist ein Ereignis. Hier wird es schwierig, denn offensichtlich ist eine Einrichtung immer etwas Technisches. Sie erfindet etwas, das vorher nicht da war und doch gibt es gleichzeitig den Bewohner, Mensch oder Gott, der nach dem Ort verlangt, der seiner Erfindung vorausgeht oder sie nachsichzieht. Also weiß man nicht genau, wo man den Ursprung des Ortes situieren soll. In der Wüste? Dieses zweite Labyrinth macht zunächst einen natürlichen Eindruck und doch ist es ab dem Moment, wo es zum Mittel einer Bestrafung durch Gott wird, bereits in einer anthropomorphen Metaphorik befangen. Die Wüste ist nicht mehr natürlich, sondern wird als Labyrinth gebraucht, als theologische Maschinerie. Die Wüste findet als Labyrinth statt und daran ist nichts mehr natürlich. Es gibt kein natürliches Labyrinth, sondern die Opposition zwischen Natur und Technik, zwischen *phýsis* und *téchnē* muß selbst befragt werden. Vielleicht gibt es ein Labyrinth, das weder natürlich noch künstlich ist und das ist dasjenige, das wir bewohnen, im Innern der Geschichte der griechisch-abendländischen Philosophie, dort, wo die Opposition zwischen Natur und Technik hervorgekommen ist, die uns die Unterscheidung zwischen den beiden Labyrinthen nahelegt. Ich meine die Rede, die das sprechende Wesen bewohnt.
Ich spreche nicht gerne vom sprechenden Wesen, weil man sehr schnell geneigt ist, es

Peter Joseph Lenné, *Verschönerungsplan Tiergarten, Berlin 1835*

mit dem sprechenden Subjekt, dem sprechenden Menschen oder auch Gott zu übersetzen. Das würde das Tier ausschließen. Es gibt aber das Tier, es gibt Wege der Tiere, Spuren, Wildwechsel, *ein gespurtes Labyrinth,* und da sind wir nicht mehr im Heideggerschen Raum. Was unterscheidet zwischen dem Tier, das nicht spricht und also kein sprechendes Labyrinth zur Verfügung hat, und dem Menschen, dem sprechenden Tier, das darüber verfügt? Wenn man die Wege, die Spuren der Tiere in der Wüste z.B. betrachtet, sieht man sehr wohl, daß sie Orte haben, daß sie Verbindungen, Kehren, Umwege machen, *die Spur im Allgemeinen.* Es gibt ein „Unterwegs" auch des Tieres, das labyrinthisch ist, und wenn man von Spur, Marke, Fährte spricht, statt von Rede, eröffnet man die Frage nach der *Verräumlichung* und befreit sie von ihren anthropotheologischen, anthropomorphen und theologischen Grenzen.

EM Dann kann man vielleicht endlich das Zentrum vergessen, den Minotaurus, diese Mischung aus Gott, Mensch und Tier. Dann braucht man nicht mehr dort seinen Anlauf zu nehmen, um das Labyrinth zu bestimmen und die Wege, die es einzuschlagen gilt. Mir scheint, daß man darüber eine „Natürlichkeit" verliert, das was „wirklich" ist und – monströs wie es ist – in einem Zentrum wartet und etwas anderes gewinnt, die Wirklichkeit der Bahnung, die Schrift vielleicht?

JD Umweg über Umweg. Wir können unser Gespräch „Labyrinth" nennen, es nimmt bereits diese Form an und ist zugleich sein Thema. Kommen wir also zum Ort, zur Verräumlichung und zur Schrift. Seit einer gewissen Zeit hat sich so etwas wie eine dekonstruktive Vorgehensweise eingestellt, der Versuch, sich von den von der Geschichte der Philosophie auferlegten Oppositionen – wie *phýsis/téchnē,* Tier/Mensch, Philosophie/Architektur – zu befreien. Die Dekonstruktion gibt also immer etwas auf, wenn sie die Begriffspaare befragt, die zumeist als selbstverständlich, als natürlich angenommen werden, wie wenn sie nicht in einem Augenblick institutionalisiert worden wären, wie wenn sie keine Geschichte hätten. Von dieser angenommenen Natürlichkeit aus beschränken sie das Denken.

Die Dekonstruktion.
Noch eine architekturale Metapher?

Nun gleicht aber der Begriff der Dekonstruktion selbst einer architekturalen Metapher. Oft wird ihr eine negative Haltung nachgesagt. Man hat es mit etwas zu tun, das konstruiert ist, ein philosophisches System z.B., eine Tradition, eine Kultur und dann kommt also ein Dekonstrukteur und trägt die Steine ab, analysiert die Struktur und löst sie auf. Oft genug trifft dies zu. Man betrachtet ein System – platonisch/hegelisch – und untersucht, wie es konstruiert ist, welcher Schlußstein, welcher Blickwinkel das Gebäude trägt, man verschiebt sie und befreit sich damit von der Autorität dieses oder jenes Systems. Mir scheint, daß es nicht das ist, was die Dekonstruktion ausmacht. Sie ist nicht einfach die Technik eines Architekten, der das, was konstruiert ist, zu dekonstruieren versteht, sondern eine Befragung, die an die Technik selbst rührt, an die Autorität der architekturalen Metapher und *von daher ihre eigene architekturale Rhetorik dekonstruiert.* Die Dekonstruktion ist nicht nur – wie ihr Name zu besagen scheint – die Technik der umgekehrten Konstruktion, wenn sie die Idee der Konstruktion selbst zu denken versteht. Man könnte sagen, daß es nichts gibt, das architekturaler ist als die Dekonstruktion, aber auch nichts, das weniger architektural wäre. Ein architekturales Denken kann nur in diesem Sinne dekonstruktiv sein: der Versuch, das zu denken, was die Autorität der architekturalen Verkettung in der Philosophie ausmacht.
Von hier aus können wir zurückkommen auf das, was die Dekonstruktion mit der Schrift verbindet, und das ist ihre Verräumlichung. Wenn man an die anthropozentrischen oder anthropologischen Grenzen rührt, die wir vorhin angesprochen haben, gewinnt man ein Denken der Bahn, der Bahnung eines Wegs, der – ohne zu wissen wohin er führt – seine Spuren einschreibt. So gesehen kann man sagen, daß die Eröffnung eines Wegs eine Schrift ist, die weder dem Menschen, noch Gott, noch dem Tier zugesprochen werden kann, da sie im weitesten Sinn den Ort markiert, von wo aus diese Bestimmung – Mensch/Gott/Tier – Form annehmen können. Diese Schrift ist in der Tat labyrinthisch, weil sie weder Anfang noch Ende hat. Man ist immer unterwegs. Die Opposition zwischen Zeit und Raum, zwischen der Zeit der Rede und dem Raum des Tempels oder des Hauses, verfängt nicht mehr. Man wohnt in der Schrift. *Schreiben ist eine Art Wohnen.*

Eugène-Emmanuel Viollet-le-Duc, Abtei von Saint-Denis (1860–1866). Der Architekt im Gespräch mit einem Domherrn

Die Architektur der Architektur

EM An dieser Stelle möchte ich die Schreibweisen des Architekten selbst ins Spiel bringen. Dazu muß ich zu einem weiteren Umweg ausholen.
Seit dem Aufkommen der orthogonalen Projektion sind Grundriß und Schnitt zu den primären Notationsmitteln in der Architektur geworden und geben damit auch die Prinzipien, nach denen Architektur definiert wird. Nach Peter Eisenman reflektieren sie sowohl die sich verändernden Vorstellungen von Bedeutung und Nutzen der Architektur, als auch die immer neuen technischen Möglichkeiten der Produktion solcher Veränderungen und lassen sich daher mit den stufenweisen Transformationen menschlichen Bewußtseins in Verbindung bringen. An Grundrissen von Palladio, Bramante, Scamozzi liest Eisenman den Übergang von einem theozentrischen zu einem anthropozentrischen Weltbild ab, wenn sich der zunächst äußerliche Ausdruck der Kreuzform zunehmend einhüllt in platonische Quadrate und Rechtecke, um sich schließlich ganz darin aufzulösen und die räumliche Vorstellung einer anthropozentri-

links:
Josef Paul Kleihues, Haus für Markus Lüpertz, Ansicht, 1972

rechts:
Josef Paul Kleihues, Haus für Georg Baselitz, Ansicht, 1972

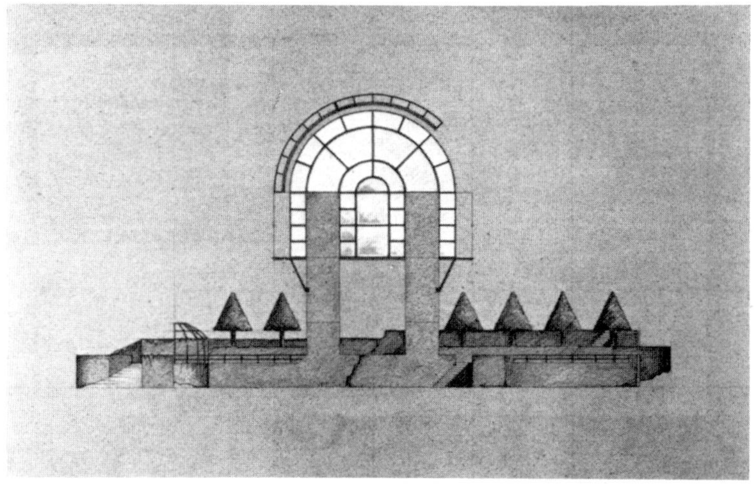

schen Gesellschaft entfaltet. Der Modernismus wiederum zeichnet sich durch eine Kritik dieser humanistischen Position aus. Paradigmatisch dafür nimmt Eisenman Le Corbusiers Maison Dom-ino, ein neuer Typ von Wohnbau, der sich aus kubischen Elementen zusammensetzt, mit flachem Dach und großen Fenstern, und ohne irgendwelche Bauornamente geradezu verstandesmäßig gegliedert wäre. Eine Architektur also, die nicht mehr den Menschen und seine Bedeutungen repräsentiert und als solche definiert und gebaut bleibt, sondern die – wie Eisenman sagt – zum *„selbstreferentiellen Zeichen"* wird. Darunter könnte man so etwas verstehen wie eine Architektur, die sich selbst erklärt, die Auskunft gibt über das, was ihr selbst innewohnt, und das ist nicht mehr nur der Mensch, der sich in einem eindeutigen Abbildungsverhältnis zuordnet, sondern diesen Zuordnungsprozeß selbst reflektiert und darüber ein fundamental neues Verhältnis von Mensch und Gegenstand, von Haus und Bewohner gewinnt. Dazu bedarf es jedoch anderer Mittel der Darstellung, oder auch: die bisherigen Mittel der Darstellung von Architektur: Grundriß, Schnitt, Aufriß müssen als diejenigen kritisiert werden, die Architektur bislang determiniert und als solche in vielen Aspekten verdeckt haben.

Eine Möglichkeit der Darstellung von Architektur ist die Axonometrie, die in den zwanziger Jahren unseres Jahrhunderts mit neuer Vorliebe wiederentdeckt und aufgegriffen wird. Es handelt sich dabei um eine Darstellungsform, die geeignet ist, auch komplizierte Konfigurationen zu veranschaulichen, weil sie diese nicht in das übliche Nebeneinander von Grundriß, Schnitt, Aufriß auflösen, sondern diese selbst in sich abbilden, *inklusive jeden angenommenen Standpunkt der Betrachtung.* Das heißt, daß sie nicht eigentlich darstellt, sondern eher konstruiert, in einer Weise, die weder die grundlegende Linearität noch das Ziel der Darstellung zerstört, sondern diese in sich einschreibt und darüber hinausgeht. Denn bei allen Formen der Axonometrie – geradlinig oder schräglaufend, isometrisch, dimetrisch oder trimetrisch – liegt der Mittelpunkt der Projektion im Unendlichen, so daß die Projektionsstrahlen planparallel verlaufen können, mit den wahren Längen und unter Erhaltung der Winkel, ohne jemals in der Tiefe zu verkürzen oder zu verkleinern, und kein Punkt den Raum begrenzt. Das hat Folgen für die Sichtweise, die nicht mehr das perspektivisch interpretierende Auge sein kann, wenn über die scheinbare Verzerrung eines Bildes, das in der Tiefendimension „wahre" Längen beibehält, durch eben diese ins Extrem geführte Objektivität eine neue und kritische „Perspektive" zu gewinnen ist. Eisenman selbst hat mit seinem 1980 entstandenen „House El Even Odd" ein „axonometrisches Objekt" geschaffen, das „die Darstellungsbedingungen, die Architektur lesbar machen" erkundet *und über eine vordergründige Unanschaulichkeit das Problem der Darstellbarkeit überhaupt aufwirft.*

Eine Anweisung zum Lesen in einem ausgeführten Bau, der seine Bewohnbarkeit nicht voraussetzt, sondern diese selbst erst und auf indirekten Wegen erschließt. Mir scheint sich mit dieser *Selbstreflexion der Architektur in der Architektur* eine Entwicklung abzuzeichnen, die sich von ihrem zutiefst methodenkritischen und das heißt auch transzendentalphilosophischen Ansatz her mit der von Ihnen entwickelten Arbeit der Dekonstruktion in Verbindung bringen läßt. Wenn nämlich das Haus, das, worin man sich „zuhause" fühlt, als Abbild des Bildes, der Zeichnung, als ihre Nachahmung begehbar wird und über die Wirklichkeit hereinbricht, indem sie diese selbst zum Nachgeahmten nachahmt, so ist damit eine transformierte Auffassung vom Bauen, nicht als Ausführung, sondern als Bedingung des Denkens eingeleitet, die noch das, was ihre Grenzen sind, einschreibt und überschreitet: praktisch. Läßt sich dieses Eingreifen des Außen in das Innerste, dieser Übergang vom Innen zum Außen, diese *Verräumlichung der Grenze selbst,* nun sozusagen „wirklich und wahrhaftig" in Angriff nehmen? Welche Erschütterungen erfahren dabei die alten Verhältnisse, zwischen Haus und Bewohner z.B.? Wäre es denkbar, daß sich mit dem neu gewonnenen topographischen Moment des Verhältnisses selbst, *mit der Zugabe der eigenen Geortetheit,* theozentrisches und anthropozentrisches Weltbild zu einem neuartigen und vielfältigeren Ordnungsnetz vermitteln könnten? Und daß sich dies nur „als Zeichnung" vorstellen läßt?

JD Was sich damit abzeichnet, kann als die Öffnung der Architektur, als *der Anfang einer non-repräsentativen Architektur* verstanden werden. In diesem Zusammenhang ist es vielleicht interessant, daran zu erinnern, daß die Architektur in ihren Anfängen keine repräsentative Kunst ist, während die Malerei, auch die Zeichnung, die Plastik, immer etwas nachahmen können, von dem man annimmt, daß es schon da sei. Wenn also die Architektur nun ihrerseits die Zeichnung nachahmt, so muß noch hinzugefügt werden, daß sich die Architektur trotz imitativer Strukturen nie

links: Raimund Abraham, Haus mit Vorhängen, 1972
rechts: Charles W. Moore, William Grover, Robert Harper: Piazza d'Italia, New Orleans, Perspektive. Zeichnung: William Hersey, John Kyrk, 1979

ganz auf die allgemeine Kunstform der Repräsentation, der Imitation hat reduzieren lassen. Wenn ich mich auf die von Ihnen soeben skizzierte Problematik beziehen soll, möchte ich noch einmal an Heidegger erinnern, an den „Ursprung des Kunstwerks" und andere Texte, wo er sich über den Riß ausläßt. Und das ist ein Riß, den man vor und unabhängig von seinen Modifikationen wie Grundriß, Aufriß, Skizze usw. denken muß. Es gibt eine Nachahmung des Risses, der Ritzung, das Reißen des Risses, das Ziehen des Zugs, und das ist mit der Schrift in Verbindung zu bringen. Diesen Riß gilt es zu denken, um die Architektur denken zu können. Dieselbe Bewegung läßt sich für den Entwurf nachvollziehen. Wenn Heidegger sagt, daß das Dasein kein Subjekt ist, das entwirft, spricht er von der Geworfenheit ins Dasein, das heißt – und da sind wir wieder im Labyrinth –, daß das Dasein geworfen ist, in die Welt, bevor man jemals entwerfendes Subjekt sein könnte. Von dieser Geworfenheit in die Welt her bestimmt sich der Ort des Daseins. Und das ist keine Frage des Wohnens, so wie man eine Erde, ein Land, eine Nation, eine Sprache bewohnt, da gibt es keine Wahl, man ist immer schon verwickelt, befangen, also geworfen in eine Welt, die sowohl eine Sprache, als auch ein Ort, als auch eine Erde ist. *Dieser Wurf wäre zu denken als ein Fall vor das Denken und um zu denken.*

Daher auch der Versuch der modernen, der postmodernen Architektur, ein anderes Wohnen zu erfinden, das nicht mehr den alten Verhältnissen entspricht, wo der Entwurf nicht auf Beherrschung aus ist, kein Projekt, darin die Kommunikation, die Ökonomie, der Verkehr usw. zu meistern wären. Ein vollkommen neues Verhältnis von Fläche – der Zeichnung – und Raum – der Architektur – zeichnet sich ab. Immer hat es die Frage nach diesem Verhältnis gegeben. Im Altertum hat sie sich zumeist als die Frage nach dem Verhältnis von Himmel und Erde gestellt. Damals war es der Himmel, der unerreichbar, unbeherrschbar war, auch und gerade für die Architektur.

EM Aber auch das Fliegen gehört doch zu den Erfindungen des Dädalus, die Technik des Dimensionswechsels als eine Möglichkeit des Auswegs aus dem Labyrinth. Kann man das mit der Technik der Axonometrie, die auch den Standpunktwechsel erlaubt, in Verbindung bringen?

JD Ich verstehe nichts von der Technik der Axonometrie, aber ich bin überzeugt davon, daß sich das Verhältnis der Architektur zum Raum gewaltig verändert hat. Ein Standpunktwechsel, ja, es gibt auch eine Standpunkteinnahme im Himmel. Die Totalität des urbanistischen Raums kann von optischen Instrumenten überwacht werden. Es gibt Raumstationen, die fortwährend beobachten können, eine Art Panoptikum. Auch das ist ein neuer Blick, der nicht mehr das perspektivisch interpretierende Auge sein kann. Gleichzeitig kommen neue Techniken der Zeichnung auf, die nichts mehr mit der Hand, mit der Ausführung einer Geste, mit dem Riß, der Ritzung zu tun haben. *Man zeichnet auf numerischen Wegen.* Die Architekten arbeiten an Bildschirmen, mit digitalen Operationen, auf den ersten Blick unabhängig von einer natürlichen Sprache, von etwas, das sich ohne weiteres erkennen läßt. Doch kann man die Architekturzeichnung deshalb schon als eine universelle, als eine künstliche Sprache verstehen?

Der Turmbau zu Babel

Um die Unmöglichkeit der absoluten Objektivierung zu thematisieren, können wir vom Labyrinth zum Turmbau zu Babel übergehen. Auch dort soll der Himmel erobert werden, in einem Akt der Namensgebung, der jedoch unlösbar verbunden bleibt mit der natürlichen Sprache. Ein Stamm, die Schemiten, deren Name Name heißt, ein Stamm also, der Name heißt, der einen Turm bauen will, der bis zum Himmel reichen soll, so steht es geschrieben, um sich einen Namen zu machen. Und diese Eroberung des Himmels, die Standpunkteinnahme im Himmel, von der wir vorhin gesprochen haben, heißt in diesem Zusammenhang also, sich einen Namen geben und von dieser Größe aus, von der Größe des Namens aus, von der Höhe einer Metasprache herab, die anderen Stämme, die anderen Sprachen zu dominieren, zu kolonialisieren. Gott steigt jedoch herab und vereitelt dieses Unternehmen, indem er ein Wort ausspricht: Babel, und dieses Wort ist ein Eigenname, der einem Wort gleicht, das Verwirrung heißt. Mit diesem Wort verurteilt er die Menschen zur Übersetzung, zur Vielfalt der Sprachen. Daher müssen sie auf den Plan der Herrschaft durch eine Sprache, die eine universelle wäre, verzichten.

Die Tatsache, daß es sich bei diesem Eingriff in eine Architektur, in eine Konstruktion – und das heißt auch: Dekonstruktion – auch und gleichzeitig um die *Niederlage* oder die Grenze handelt, die einer universellen Sprache auferlegt wird, um den Plan zur politischen und linguistischen Beherrschung der Welt zu vereiteln, gibt unter anderem Auskunft darüber, *daß die Vielfalt der Sprachen nicht beherrschbar ist,* daß es also keine universelle Übersetzung geben kann. Das heißt auch, daß eine Architektur, daß ihre Konstruktion immer labyrinthisch bleibt. Und das ist es ja auch vielleicht, worauf Sie mit ihrer Frage im Hinblick auf die axonometrische Zeichnung angespielt haben. Schließlich geht es dabei ja nicht um die Aufgabe des einen Standpunkts zugunsten eines anderen, der der einzige und absolute wäre, sondern um eine Vielfalt von möglichen Standpunkten, die in dieser Zeichnung eingeschrieben sind.

Herman Gesellius, Armas Lindgren, Eliel Saarinen: Wohnhaus Suur: Merijoki, Viipuri, Ansicht, Schnitt, 1901?

Der Turm aber, das ist die Erhebung, die Erhöhung über etwas, so wie sie in der Idee von der Begriffspyramide erhalten bleibt, in der Geschichte bzw. der Erzählung jedoch zerstört wird. Anscheinend ist es eben dieser Eingriff, die Unterbrechung, die Verwirrung, die das *Labyrinthische des Labyrinths* ausmachen.

EM Ihre letzte Formulierung bringt uns zum bereits angesprochenen „selbstreflexiven" Moment in der Architektur zurück, das sich offensichtlich zunächst einmal negativ ankündigt, im Verlust jener sicheren Erkenntnis, die nur der Blick von oben garantieren kann. Ist es nicht gerade die Erfahrung dieses Verlusts, dieses Mangels, die immer wieder nach einer Position, nach einer Positivität verlangt und von daher ihre Herrschaft erneut etabliert? Wenn nicht umgekehrt das selbstreflexive Moment sich endlich auch positiv bestimmt, als *Möglichkeit der Vielfalt,* der *Eröffnung eines Raums,* einer *Verräumlichung,* die noch den Blickwinkel jedes angenommenen Betrachters miteinbezieht, ihn *in seiner Geortetheit* gibt. Könnte man vielleicht sagen, daß sich das Sehen dabei in ein Wohnen verkehrt?

JD Wenn sich diese Verkehrung nicht einfach als Übersetzung herausstellen soll, muß sie sich noch einmal über den Umweg über das Göttliche erklären. Bei dem Problem, das Sie ins Auge fassen, geht es auch um eine Verweltlichung, die jedoch keine Vereinheitlichung sein kann, sondern die *architekturale Differenz* bewahren sollte. Und die hängt mit dem Göttlichen zusammen. Ich spreche nicht von einer theologischen Dimension, das ist etwas anderes, sondern vielleicht davon, was

Frank Lloyd Wright, William H. Winslow Stables, River Forest (Ill.), 1894

Sie als Vermittlung von anthropozentrischem und theozentrischem Weltbild zu einer neuartigen Vielfalt angedeutet haben. Dazu müssen wir noch einmal auf die Erzählung von Babel zurückkommen. Es gibt dort eine Endlichkeit Gottes, die deswegen nicht weniger göttlich ist. Sie drückt sich aus in seinem Eingriff in den Turmbau, der nötig wird, weil Gott nicht allmächtig ist. Bei seiner Intervention erfährt Gott eine grundsätzliche Niederlage und zwar, wenn er das Wort „Babel" ausspricht. Babel ist, wie bereits gesagt wurde, ein Eigenname. Er kann mit „Verwirrung" übersetzt werden, aber gleichzeitig bleibt er unübersetzbar und heißt nur „Verwirrung" aufgrund einer Art linguistischer oder semantischer Verwirrung, durch die „Babel" einem Wort gleicht, das in einer bestimmten Sprache „Verwirrung" heißt. Als Eigenname jedoch, bleibt Babel unübersetzbar.
EM Vielleicht ist es der Eigenname der Unübersetzbarkeit?
JD Jedenfalls gibt es einen Wunsch Gottes, der heißt: Übersetzt meinen Namen und übersetzt ihn gleichzeitig nicht. Er will die Übersetzung und gleichzeitig verbietet er die Übersetzung. Damit gibt er ein Zeichen seiner eigenen Endlichkeit und befindet sich in derselben Situation wie der Stamm der Schemiten, dem er sich zu widersetzen scheint. Deshalb kann er diese Situation nicht beherrschen und auch wenn er den Turmbau unterbricht, so zerstört er ihn doch nicht vollkommen. Er beläßt ihn im Zustand des Bruchs und ermöglicht sowohl die Vielfalt der Sprachen als auch die Architektur.

Niederlage und Anfang: Die Postmoderne

Wenn der Turm vollendet worden wäre, gäbe es keine Architektur. Nur die Verunmöglichung des Turms von Babel ermöglicht es der Architektur wie auch der Vielfalt der Sprachen, eine Geschichte zu haben. Und diese Geschichte ist immer in Beziehung zu einem Göttlichen zu verstehen, das endlich ist. *Vielleicht ist es ein Charakteristikum der Postmoderne, daß sie dieser Niederlage Rechnung trägt.* Wenn sich die Moderne durch das Streben nach der absoluten Herrschaft auszeichnet, so ist die Postmoderne vielleicht die Feststellung oder die Erfahrung ihres Endes, des Endes dieses Plans zur Beherrschung. Dann könnte die Postmoderne eine neue Beziehung zum Göttlichen entfalten, das sich nicht mehr in den traditionellen Formen der griechischen, christlichen oder sonstigen Gottheiten zeigen würde, aber immer noch die Bedingung für ein architekturales Denken angibt. Vielleicht gibt es kein architekturales Denken. Wenn es aber ein solches Denken geben sollte, dann nur vermittelt über die Dimension des Hohen, des Allerhöchsten, und das ist Gott.
Das Allerhöchste ist noch jenseits der Höhe, es ist das Erhabene, das Sublime, das, was sich der Meßbarkeit, der Vergleichbarkeit mit anderen Höhen, jeglicher Vorstellbarkeit und Darstellbarkeit also, entzieht. So gesehen ist die Architektur keine Sache des Raums, sondern eine Erfahrung des Allerhöchsten, das nicht höher, sondern gewissermaßen älter als der Raum ist, und von daher als eine Verräumlichung in der Zeit zu verstehen ist.
EM Könnte diese „Verräumlichung" als postmoderne Konzeption eines Prozesses gedacht werden, der das Subjekt so in seine Machinationen verwickelt, daß es sich darin nicht mehr erkennen wird? Anders gesagt: Was geschieht mit dem Subjekt, wenn sich als machbar erweist, was es sich nie hat vorstellen können? Eine Beziehung zum Jenseits z.B., die nicht mehr vom Herrschaftsanspruch des Subjekts – Mensch oder Gott – ausgeht, sondern von der Erfahrung des Endes dieses Anspruchs, um sogleich jenseits davon und daher anders wieder aufzutauchen? Ich möchte dieses Gespräch Archi/Textur nennen. Arche: aus Papier, die nur trägt, was Noah von der Erde und von sich selbst zu retten vermag, und Textur: Aufriß des Auftauchens/Verschwindens der Darstellbarkeit der Darstellung. Wie läßt sich das als eine Technik verstehen, die auf keine Wiederaneignung, auf keine Beherrschung mehr hinausläuft?
JD Die Verräumlichung, das ist ein Archi-Raum. „Archi/Textur" wäre also sehr treffend. Wir können dieses Gespräch „Labyrinth und Archi/Textur" nennen.

Lehre und Politik

All diese Fragen, die wir bisher aufgeworfen haben, weisen auf die Frage der Lehre hin und die wiederum kann nur in einem politischen Kontext gestellt werden. Wie ist es zum Beispiel möglich, eine neue Erfindungsgabe zu entwickeln, die es den Architekten erlauben würde, die Möglichkeiten der neuen Technologie zu nutzen, ohne damit gleichzeitig eine Uniformisierung anzustreben, Modelle für die ganze Welt zu entwerfen? Eine *Erfindungsgabe der architekturalen Differenz* also, die einen neuen Typ von Vielfalt hervorbringen könnte, mit anderen Grenzen, anderen Heterogenitäten als den bestehenden und sich nicht auf die Technik der Planung reduzieren würde?

Im *„Collège Internationale de Philosophie"* hat sich ein Seminar herausgebildet, in dem Philosophen und Architekten zusammenarbeiten, weil deutlich wurde, daß die Planung des „Collège" auch ein architekturales Unternehmen sein muß. Das „Collège" kann nicht stattfinden, wenn ihm nicht eine Stätte, eine architekturale Form gefunden wird, die dem entspricht, was dort gedacht werden könnte. Das „Collège" muß bewohnbar sein, in einer Weise, die sich grundsätzlich von derjenigen der Universität unterscheidet. Die Architektonik der Universität, des modernen Typs von Universität, wie er etwa 1810 in Berlin gegründet worden ist, entsprach und entspricht immer noch einem bestimmten Modell, das die Beziehungen zwischen der Philosophie und dem Rest der Enzyklopädie regelt. Dabei nimmt die Philosophie sowohl die Spitze als auch das Zentrum ein, von wo aus sie über alle Gebiete des Wissens verfügt und die Grenzen zwischen den verschiedenen Diskursen bestimmt. Die Philosophie ist überall und überwacht ihre Hegemonie vom Gipfel einer Art Pyramide aus. Wir haben bereits von der Pyramide gesprochen, die neben dem Turm und dem Labyrinth eine wichtige Figur darstellt. Während das „Collège" eher den gebrochenen und labyrinthischen Wegen des Turms zu Babel gleicht, *auf denen das Denken auf der Suche nach sich selbst ist.* Bislang gibt es noch kein Gebäude dafür. Man nimmt einen Raum hier, einen Saal dort. Als Architektur gibt es das „Collège" noch nicht und wird es vielleicht nie geben. *Es gibt ein formloses Begehren nach einer anderen Form.* Das Begehren nach einem neuen Ort, neuen Passagen, neuen Gängen, nach einer neuen Art zu wohnen, zu denken.

Versprechen

Das ist ein Ereignis, ein Versprechen. Das „Collège" ist ein architekturales Versprechen, von dem ich nicht weiß, ob es gehalten werden wird. Das hängt nicht von einem Einzelnen ab. Und wenn ich gesagt habe, daß es das „Collège" als Architektur noch nicht gibt, so heißt das vielleicht auch, daß es die dafür notwendige Gemeinschaft noch nicht gibt und sich deshalb der Ort nicht herstellt. Eine Gemeinschaft – nicht nur eine französische, sondern eben eine internationale – muß das Versprechen annehmen und sich darauf einlassen, ein architekturales Denken stattfinden zu lassen. *Das wäre ein architekturales Ereignis, das die Signatur einer Gemeinschaft trägt und nicht die eines Individuums.* Ein neues Verhältnis zwischen dem Einzelnen und den Vielen, zwischen dem Original und den Reproduktionen zeichnet sich ab. Denken Sie z. B. an China und Japan, wo die Tempel aus Holz gebaut sind und regelmäßig vollkommen erneuert werden, ohne daß sich ihre Originalität verlieren würde, die also nicht in ihrem sichtbaren Körper haust, sondern in etwas anderem. Auch das ist Babel: Die Vielfalt der Beziehungen zum architekturalen Ereignis von einer Kultur zur anderen. Zu wissen, daß ein Versprechen stattfindet, selbst wenn es nicht in seiner sichtbaren Form gehalten würde. *Orte, an denen sich das Begehren wiedererkennen, an denen es wohnen kann.*

Keine gehaltenen Versprechen, sondern in sich selbst Strukturen von Versprechen. Ein sich darauf einlassen und versprechen. Als solches. Wie die Gespräche.

Paris, Februar 1984 Eva Meyer

Organisch, mechanisch, funktionell – Terminologie oder Ideologie?

Joseph Rykwert
In memoriam M.F.

Kein Lebendges ist ein Eins,
Immer ist's ein Vieles.
Johann Wolfgang von Goethe, Zur Morphologie – Erfahrung, Betrachtung, Folgerung durch Lebensereignisse verbunden (1817–22)

Die Vieldeutigkeit der Welt als Frage der Kraft, welche alle Dinge unter der Perspektive des Wachstums ansieht.
Friedrich Nietzsche, aus dem Nachlaß (1880er Jahre)

Schönheit ist ein Wert, das heißt, sie ist nicht Wahrnehmung einer Tatsache ...: sie ist ein Gefühl, eine Berührung unserer wollenden und schätzenden Natur.
George Santayana, The Sense of Beauty (1896)

Seite 107:
Alvar Aalto, Opernhaus, Essen, Skizze, 1958

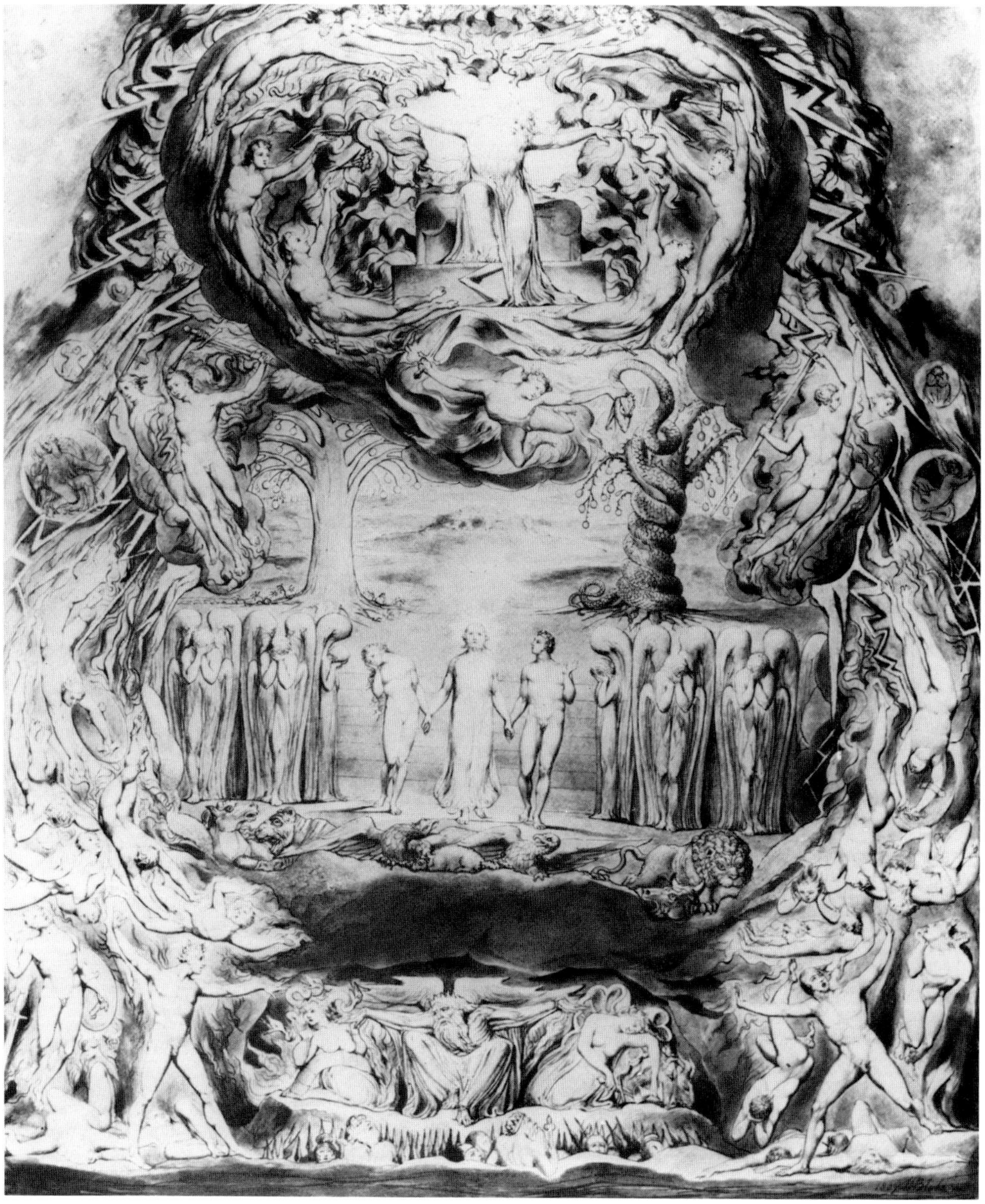

William Blake, The Fall of Man, 1807

20 Jahre nach der Einweihung des Einstein-Turms erinnerte sich Erich Mendelsohn an das Ein-Wort-Lob des großen Wissenschaftlers anläßlich des Ereignisses: „Einstein persönlich spricht sein wissenschaftliches Urteil aus: ‚Organisch.' . . . Ich verstehe, was er meint: daß man keinen Teil verändern oder wegnehmen könnte, ohne das Ganze zu zerstören." Und später heißt es in demselben autobiographischen Fragment: „. . . das Prinzip der Elastizität wird von der Natur diktiert. Nach ihm arbeitet die Natur in allen ihren Organismen – in ihrem ganzen materiellen, vegetabilen und animalischen Reich, in Menschen und Pflanzen. Dies ist die *strukturelle* Bedeutung von ‚organischer' Architektur. . ."

Einsteins Ein-Wort-Kompliment an Mendelsohn war damals sehr in Mode, es hat jedoch außerdem eine lange und ehrwürdige intellektuelle Tradition. Die Gruppe der Schriften, die Aristoteles' Hauptbeitrag zur Logik ausmachen, wurde sein „Organon" genannt – im Griechischen bedeutet das Wort „Instrument, Werkzeug" –, da sie nach den Worten eines Kritikers des 19. Jahrhunderts für eine „Sammlung von Abhandlungen" gehalten wurde, „die ein Instrument zur genauen wörtlichen Formulierung aller wie auch immer gearteten Denkprozesse bereitstelle".

Diese instrumentelle Vorstellung, die die Scholastiker und spätere Philosophen übernahmen, wurde in Francis Bacons neuer Logik, seinem „Novum Organum" (Erstdruck 1620), Fortsetzung seiner „Instauratio Magna", verfeinert. Darin setzte er die Induktion als übergeordnete geistige Tätigkeit an die Stelle der Deduktion. Immanuel Kant hielt viele Jahre später die Konzeption eines „Organons" der Reinen Vernunft, eines „Inbegriffs derjenigen Prinzipien. . ., nach denen alle reinen Erkenntnisse *a priori* können erworben und wirklich zustande gebracht werden", für unmöglich und seine „Kritik", da sie sich nur mit der synthetischen Erkenntnis befaßte und somit analytische a priori-Erkenntnis ausschloß, nicht für ein vollständiges System reiner Vernunft.

In Kants Denkgebäude hatte sich „Organon" von einem instrumentellen Kompendium aus Stücken, die den Grund zur Umsetzung in verbale Formulierungen abgeben, gewandelt zu einem Begriff systematischer und vollständiger Erklärung geistiger Operationen.

Kant hatte selbstverständlich eine genaue Vorstellung vom „Organismus" als einem Gegenstand, der sich Selbstzweck ist. Im Gegensatz zur Vorstellung vom Instrument, dessen Zweck relativ und zufällig ist, postuliert Kant für den Organismus einen inneren und bindenden Zweck – einen, der darin besteht, Teile des Organismus in einer engen Interdependenz miteinander zu verbinden. In seiner „Kritik der Urteilskraft"[1] definierte Kant einen damals traditionellen Begriff neu; bis zu einem gewissen Grad ist seine Bestimmung die Glossierung einer brillanten Passage bei Aristoteles.[2]

In der Generation nach Kant machte der Begriff eine ganz andersgeartete Veränderung durch. Gottfried Herder postulierte als erster ein organisches Prinzip innerhalb des politischen Lebens: Nicht das Individuum, das bisher eigentliches Subjekt der Naturgeschichte gewesen war, sondern das Kollektiv, vor allem die Nation sei seine pflanzenartig grundsätzliche, seine organische Einheit; das Individuum handle nur als ein Teil

1 Immanuel Kant, Kritik der Urteilskraft, § 68
2 Aristoteles, De Partibus Animalium, I, 5, 645

Otto Kohtz, Organisches Szenenbild, um 1905

dieses Organismus. Bei Herder wurde der Begriff der Nation, der die Einheit der Sprache, des Klimas und des Bodens zu einem organischen Ganzen verschmolz, zur wesentlichen Prämisse für das Verständnis aller kulturellen Phänomene. In der Schrift „Von Deutscher Art und Kunst" (1773; im folgenden handelt es sich lediglich um eine sehr globale Äußerung zu dieser wichtigen Publikation), die Goethe zusammen mit Herder verfaßte, zog jener, vielleicht unvermeidlich, für die Architektur den Schlußstrich unter das bloße Konzept der Mimesis. Der Essay „Über Deutsche Architektur" wird heutzutage hauptsächlich wegen seiner Huldigung an Meister Erwin von Steinbach, den gleichsam mythischen Baumeister der Kathedrale von Straßburg, erwähnt. Was mir jedoch daran am wichtigsten erscheint, ist die emphatische Zurückweisung der durch den Abbé Laugier eine Generation zuvor verbreiteten und in Mode gekommenen Theorie, daß die primitive Hütte aus aufrechten Baumstämmen, gekrönt von einem Spitzdach, den Ursprung aller Architektur darstelle, und daß jede Neuerung der Baukunst auf sie verweisen müsse. Der zeitbedingten Vorstellung, daß das menschliche Bedürfnis typischerweise – und in bestimmter Hinsicht definitiv – durch das erste Artefakt, die Hütte befriedigt werde, wird leidenschaftlich widersprochen durch die Vorstellung, daß das wirkliche Kunstwerk wie eine Pflanze fast spontan dem Geist eines Volkes entspringe: Säulen wüchsen nicht aus dem Boden, um das Dach zu tragen, sondern es seien Mauern, die ein Genie wie Meister Erwin umgestalte, so daß sie „. . .gen Himmel. . . aufsteige(n) gleich einem hocherhabenen, weitverbreiteten Baume Gottes, der mit tausend Ästen, Millionen Zweigen, und Blättern wie der Sand am Meer, ringsum der Gegend verkünde(n) die Herrlichkeit des Herrn, seines Meisters".[3]

In Goethes Vorstellung hallt als fernes Echo die Theorie des jüngeren Felibien aus dem vorangegangenen Jahrhundert nach, derzufolge die dünnen Säulen der gotischen Kirchen etwas vom Charakter der blättrigen Schutzhaine bewahrt haben, die so häufig von Völkern milderen Klimas benutzt wurden; obgleich Felibien merkwürdigerweise auch anzunehmen scheint, daß die Völker der nördlichen Regionen (wie z.B. die Deutschen) in ihren Bauwerken eher der Höhlen ihrer Ahnen als der Blätterhaine gedenken. Selbstverständlich war es Goethes Vorstellung, daß das Genie durch die Schönheit der Natur zu gänzlich originärer Schöpfung angeregt werde. Diese Vorstellung, die er später bereute, wurde zu einem romantischen Gemeinplatz. Sie wurde vor allem von den Brüdern Schlegel und deren theoretischen Nachfolgern aufgegriffen. Trotz dieser deutlich ausgebildeten Analogie zum Pflanzlichen wurde das Leben noch nicht so betrachtet, daß es die Bezeichnung „organisch" nahelegte.

Eine noch grundlegendere Veränderung erfuhr der Begriff bei Kants Schülern. Sowohl Fichte als auch Schelling befaßten sich mit ihm: aber es war vor allem Schelling, der die Welt unter dem generellen Konzept des Organismus betrachtete.

In Schellings Theorie ist der Organismus ein Prozeß, in dem die wesentlichen Polaritäten, die Konflikte innerhalb der Natur versöhnt sind. Er ist die höchste natürliche Kraft, unter der die mechanischen und ma-

3 Johann Wolfgang von Goethe, Gedenkausgabe, Bd. 13, S. 20, Ed. Ernst Beutler, Zürich 1954

links:
Arthur Heygate Mackmurdo, „Wren's City Churches", Buchumschlag, 1883
Mitte:
Louis H. Sullivan, Ornament-Studie, 1885
rechts:
Louis H. Sullivan, Eliel Apartment Building, Chicago, 1894

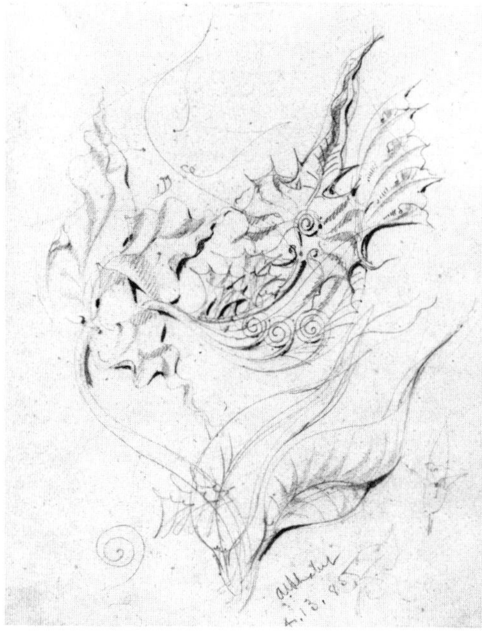

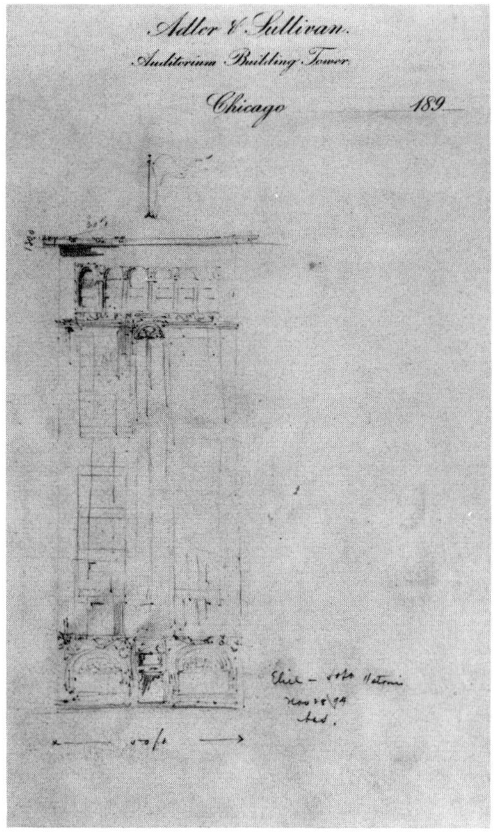

teriellen Kräfte existieren.[4] – In Hegels systematischem Entwurf, der um einige Zeit später entstand, macht die Physik des Organischen den dritten Teil seiner Beschreibung der äußeren Welt aus: der erste umfaßt die Mechanik, die von den allgemeinen Gesetzen des Raumes und der Zeit, der Materie und der Bewegung handelt; der zweite die Physik, die die Individualität und die Differenzierung zum Gegenstand hat. Die Physik des Organischen ist ebenfalls dreigeteilt – sie handelt von der unmittelbar zur Existenz gekommenen Idee. Geologischer Organismus ist die Gestalt oder das allgemeine Bild des Lebens; vegetabiler Organismus ist partikulare und formale Subjektivität; die individuelle konkrete Subjektivität ist animalischer Organismus.[5] Hegel behauptet weiterhin, daß der ursprüngliche Organismus nichts Lebendes sei. Hierin unterscheidet er sich von Goethes Theorie der „Urpflanze", die definitiv die Merkmale einer Pflanzenform aufweist. Die verschiedenen Teile des Hegelschen primären Organismus' beinhalten nicht den Lebensprozeß. Der tote oder wenigstens nicht lebende Organismus der Erde ist ein Kristall des Lebens. Er ist jedoch dem metereologischen Prozeß ausgesetzt, der ihn zum Leben erweckt[6]. Um das eigentliche Wesen des Hegelschen Organismus zu verstehen, ist es wichtig zu beachten, wie Hegel eine andere Kraft, nämlich die Krankheit definierte. Er begriff sie als ein anorganisches – oder genauer: als ein anti-organisches Prinzip.[7] Es wird wirksam, wenn ein individueller Teil sich der Totalität des Mannigfaltigen widersetzt und hartnäckig seine Aktivität vom Ganzen isoliert. Gerade in seiner Theorie der Krankheit zeigt Hegel, daß er an eine Kraft denkt, die kein genaues physisches (oder wenigstens kein fühlbares und beobachtbares) Äquivalent hat. Die Hegelsche Definition dessen, was organisch ist und was nicht, hing eng zusammen mit der Art der Naturbetrachtung in den vorangegangenen Generationen.

Bis zum Ende des 18. Jahrhunderts hatte es keine spezifische wissenschaftliche Disziplin gegeben, die sich mit Lebewesen befaßte bzw. mit dem, was spezifisch „lebendig" an ihnen war. Natürlich gab es seit der Antike die Naturgeschichte. Aber die Naturgeschichte konnte sich nicht mit den Dingen beschäftigen, die das Auge nicht sehen konnte: tatsächlich war sie eher eine „nomination du visible"; und das Hauptanliegen des Naturhistorikers war taxonomisch.[8]

Die Unterscheidung zwischen animalisch, vegetabil und mineralisch, auf der die Physik des Organischen Hegels basiert, wurde begründet in Nicolas Lemerys „Cours de Chimie" von 1675 und stellte die grundlegende Klassifikation der „Naturalia" im Gegensatz zu den himmlischen oder elementaren Phänomenen dar, für die das Auge der instrumentellen Hilfe bzw. des Rückschlusses aus der Beobachtung bedurfte.

Alles dies berührte die Architektur nur indirekt. In der Antike hatte das Wort „organisch" in die Architekturdiskussion nur als ein unwichtiges Nebenprodukt der aristotelischen Begriffe Einlaß gefunden: „organisch" ging auf „órganon" in der rein instrumentellen Bedeutung des Wortes zurück, so

4 Beide, Fichte wie Schelling, befaßten sich damit: aber Schelling, der die Welt schlechthin als Ausdruck des Begriffs des Organischen sah, ganz besonders. Der Organismus, so führt er in der Schrift „Von der Weltseele" (deren 1. Aufl. 1798 erschien) aus, ist das Prinzip aller Dinge. Er sei nicht die Eigenschaft irgendwelcher einzelnen Objekte, die vielmehr nur die separaten Modi der Wahrnehmung des universalen Organismus wären. Ein universaler Organismus ist nach Schelling die Vorbedingung der physischen Welt, das Leben die Voraussetzung aller Dinge, sogar derjenigen, die tot und ohne Leben scheinen. F.W.J. Schelling, Werke 1851–61, Bd. II, S. 350 ff.

5 Georg Wilhelm Friedrich Hegel, Enzyklopädie der Philosophischen Wissenschaften, § 337

6 ebenda, § 341

7 ebenda, § 371

8 Michel Foucault, Die Ordnung der Dinge, Frankfurt/Main 1971, S. 144

links:
Gustav Klimt, Wasserschlangen I, um 1904–1907
Mitte:
Gustav Klimt, Studie zur Philosophie, um 1896
rechts:
Aubrey Beardsley, Illustration zu: Oscar Wilde, „Salomé", 1894

daß Vitruv[9] es als notwendig erachtete, zwischen „machinae" und „organa" zu unterscheiden: erstere wurden – meist zyklisch – mit großer Kraft bewegt; letztere wurden von nur einem Menschen in Bewegung gesetzt. Beide Wörter waren griechischen Ursprungs: unter „machina" und „mechanicus" (entstanden aus dem griechischen Wort „mēchos", „Mittel, Notbehelf, Heilmittel") wurde im Grunde jede Art von Apparat verstanden, während das Wort „órganon" einer archaischen Wurzel entstammt, nämlich „érgon" = „Handlung, Arbeit". Deshalb bedeutete das lateinische „organicus" nicht sehr viel anderes als „mechanicus": etwas, das indirekt mit Hilfe eines Instruments bewerkstelligt wurde. Dementsprechend bezeichnete man als organische Musik jede Art von instrumenteller Musik und als „organon" oder „organus" jedes beliebige Musikinstrument. In diesem Punkt folgte Vitruv dem normalen lateinischen Sprachgebrauch seiner Zeit: das griechische Wort war lediglich Greshams Sprachgesetz gefolgt: Vitruvs Zeitgenosse Lukrez verwendet bei seiner Darstellung des Körpers als einem Sensorium das Wort „organicos"[10] nur im Sinne von „Musiker" und spielt an dieser Stelle nicht auf die Körperorgane an. In Aristoteles' Begriffswelt (die er – wie er behauptet – von Anaxagoras übernommen hat), ist die Hand ein spezifisch menschliches Attribut, „das nicht ein Werkzeug, sondern viele Werkzeuge repräsentiert" (órganon prò orgánōn).[11] In der gängigsten Verwendung des Wortes für Körperteile jedoch bezeichnete es den Mund und die Zunge, d.h. die Instrumente oder Organe der menschlichen Stimme. Durch Metonymie wurde der Begriff dann auf andere Körperteile übertragen; bei den Schriftstellern der silbernen Latinität schließlich bezog es sich auf alle härter arbeitenden Organe, und zwar sowohl auf die menschlichen als auch auf die tierischen. Deshalb wird diese Vorstellung manchmal auch mit der viel späteren Anschauung verbunden, derzufolge ein Gebäude in mancher Hinsicht etwas Organisches und eine Metapher des Körpers – besonders des menschlichen – ist (oder wenigstens als eine solche verstanden werden kann).

In neueren Kontroversen werden diese Passagen von Vitruv,[12] welche diese Idee (und ähnliche bei vielen späteren Schriftstellern) ins Leben riefen, sehr selektiv dazu benutzt, die antike Verwendung des Körper-Bildes einer „organischen" Architekturtheorie einzuverleiben. Ich hoffe zeigen zu können, daß dies irreführend ist, da das Körper-Bild in der antiken und „humanistischen" Theorie als ein im mathematischen und funktionalen Sinn abstraktes Modell zur Imitation bei Gebäuden verwendet wurde und keine plastisch-formalen Implikationen hatte. Das alte Lexikon der Französischen Akademie (Paris, 1778) enthält unter „organique" immer noch den Eintrag „terme de physique . . . qui se dit du corps de l'animal, en tant qu'il agit par le moyen d'organes". Und nur in diesem direkten Sinn

9 Vitruv, Schriften, X, 1, iii
10 Lukrez, De rerum natura, III, 132, Ed. Josef Martin, Berlin 1972
11 Aristoteles, De Partibus Animalium, I, 5, 687a
12 Vitruv, Schriften, III, 1; IV, 1ff.

Erich Mendelsohn, Einsteinturm, Potsdam (1917-1921), Skizzen

geht der Begriff richtig in die Architekturtheorie ein: Der venezianische Franziskaner Carlo Lodoli, der das Denken über Architektur zu revolutionieren versuchte und dem dies tatsächlich (wenn auch nicht ganz in der von ihm erwarteten Weise) gelang, sprach zuerst von einer „organischen Architektur", wenngleich er den Begriff auch nur auf Möbel bezog, da er ihn eher im lateinischen als im griechischen Sinne benutzte. Möbel, so meinte er, sollten die konkave Form derjenigen Körperteile annehmen, mit denen sie in Berührung kommen. Tatsächlich hat er in Anlehnung an antike Skulpturen einen Stuhl mit einer gewölbten Schulterlehne angefertigt (oder wenigstens anfertigen lassen).

Darüberhinaus hatte dieser Stuhl (der der zeitgenössischen Mode weit voraus war), einen ausgebuchteten Sitz, „wie ihn die Engländer jetzt zu bauen beginnen. . .". In derselben Passage diskutiert sein Schüler Andrea Memmo, der unser Hauptzeuge des Denkens Lodolis ist, weitere Arten von Architektur, die der Meister erwogen hatte: Landschaftsgestaltung oder Gartenarchitektur, die Architektur von Transportmitteln oder Kutschenbau usw.[13] Memmo übte auf die nächsten zwei oder drei Generationen von Theoretikern einen enormen, wenn auch gänzlich indirekten Einfluß aus. Doch wurde durch ihn Lodolis spezifische Art, den Körper zu den Teilen eines Gebäudes in Beziehung zu setzen, ebenso tradiert wie die Ansicht, daß bei einem Gebäude u.a. seine mechanischen Kräfte, also seine Funktionen sichtbar herausgearbeitet sein müssen. Eine ganz andere Entwicklung außerhalb der direkten Kontrolle der Philosophen gab der Transformation des Begriffs noch eine weitere unerwartete Wendung: derselbe Nicolas Lemery, welcher die erwähnte Dreiteilung der Naturalia in animalisch, vegetabil und mineralisch vorgenommen hatte, hatte zugleich als erster entdeckt, daß die Unterscheidung zwischen Säure und Lauge die Universalität chemischer Vorgänge impliziert. Mehr als ein Jahrhundert später wiesen Antoine Lavoisier und Johann Jakob Berzelius die fundamentale Einheit von vegetabilischer und animalischer Materie sowie die generelle Validität chemischer Gesetze nach. Aber erst Friedrich Woehlers Harnstoffsynthese im Jahre 1828 zeigte endgültig (wenn auch diese Erkenntnis nicht sofort akzeptiert wurde), daß für die Existenz der organischen Materie nicht das Vorhandensein der unwägbaren „vis vitalis" erforderlich ist, obgleich deren Wirken von vielen Chemikern vorausgesetzt worden war. Die Entstehung der neuen organischen Chemie veränderte die Bedeutung des Wortes organisch fast bis zur Unkenntlichkeit. Sie wurde in den 30er und 40er Jahren zuerst von Woehler und noch definitiver von Justus von Liebig umschrieben, dessen „Handbuch der Organischen Chemie" von 1839 zu ihrer klassischen Darlegung wurde. Jetzt wurde die „vis vitalis" der Chemiker des 18. Jahrhunderts auch in die aristotelische und scholastische Tradition eingereiht und nicht nur als eine der Materie innewohnende lebensspendende Kraft begriffen, sondern auch als Ursache der zeitlichen Gliederung des Lebens in Zeugung, Wachstum und Verfall. Als diese „vis vitalis" von den Chemikern als Teil des theoretischen Rüstzeugs nicht länger gebraucht wurde, wurde sie von den Philosophen übernommen. Unterdessen zeigte sich um die Mitte des 19. Jahrhunderts ziemlich deutlich, daß das Wort „organisch" nicht länger im Sinne des 18. und früherer Jahrhunderte verwendet werden würde, sondern nur noch auf Zusammenhänge bezogen werden konnte, die entweder direkt die pflanzliche und tierische Welt betrafen oder als Analogie zu diesen Bereichen betrachtet werden konnten.

Während Physik und Technik das wissenschaftliche Leben des 17. und 18. Jahrhunderts beherrschten, und Chemie immer noch als verdächtig galt (da sie der Alche-

13 Andrea Memmo, Elementi d'Architettura Lodoliana (drei Bücher), Zara 1833–34

Henry Sauvage, Charles Sarazin: Öffentliche Badeanstalt an der Küste von Algier, Perspektive, 1901

mie und Hexerei verwandt und mit dem Makel der direkten kommerziellen Nutzanwendung verschiedener Art behaftet war), entwickelte sich dennoch bereits vor dem 19. Jahrhundert ein neues Interesse an ihr. Die Naturgeschichte wurde unterteilt in die Doppeldisziplinen der organischen und anorganischen Chemie. Dies weitete den Bereich der „Naturalia" auf die Sterne und Mikroorganismen aus, trennte jedoch auch endgültig die Tier- und Pflanzenforschung von der mineralischen Forschung. Schließlich wurde die organische Chemie außerdem einer neuen Disziplin unterworfen: der Biologie. Das Wort wurde von Gottfried Reinhold Treviranus für den Titel eines Buches geprägt: „Biologie, oder die Philosophie der lebenden Natur", das von 1802 an in sechs Bänden erschien; sofort wurde es vom großen Naturforscher Lamarck zum Eigengebrauch aufgegriffen und fand durch ihn seine universelle Verbreitung.

Trotz der aufteilenden Tätigkeit der neuen Wissenschaften entwickelt sich am Ende des 18. Jahrhunderts ein neuer Forschungsbereich, der zu der Annahme veranlaßt, daß die einheitliche Vorstellung der Naturphilosophen von der Natur ihre wissenschaftliche, ja empirische Brauchbarkeit noch nicht erschöpft hatte: nämlich die Morphologie oder die Wissenschaft von den Formen. Die Bezeichnung „Morphologie" wurde schon um 1790 von Goethe im neuen Sinn verwendet, jedoch im Jahr 1800 zuerst gedruckt von einem anderen Wissenschaftler.[14] Die Morphologie befaßte sich mit der Erforschung organischer Formen im alten Sinne, und im 19. Jahrhundert wurde verschiedentlich versucht nachzuweisen, daß organische und anorganische Materie tatsächlich nach sehr ähnlichen mechanischen Prinzipien aufgebaut seien. Mit der Morphologie befaßten sich auch Lamarck und seine Nachfolger beim Versuch, die Entwicklung der Arten im historischen Prozeß zu erforschen, was später Evolution genannt werden sollte und im 19. Jahrhundert eine solch ungeheure intellektuelle Energie in Anspruch nahm. Lamarck formulierte als erster die These, daß sich die Gattungen so unter dem Einfluß der Umgebung selbsttätig verändern. Die beiden nach Lamarck sich widersprechenden theoretischen Entwicklungslinien von George Cuvier und Etienne Geoffroy de Saint-Hilaire erörterte der späte Goethe 1830.[15]

Die verschiedenen Veränderungen in der Taxonomie des späten 18. Jahrhunderts führten allgemein zur Möglichkeit einer „Geschichte der Natur", die insofern im Gegensatz zur alten Vorstellung von der „Naturgeschichte" stand, als in ihr Evolution nur als Veränderung des Einzelwesens im Laufe seiner eigenen Entwicklung begriffen wurde. Georges Cuvier, der zur unmittelbar auf Lamarck folgenden Generation gehörte, schlug ein völlig neues Klassifikationssystem der Lebewesen vor. Er war der Mei-

---

14 Johann Wolfgang von Goethe, aaO., Bd. 17, S. 114ff.
15 ebenda, S. 380

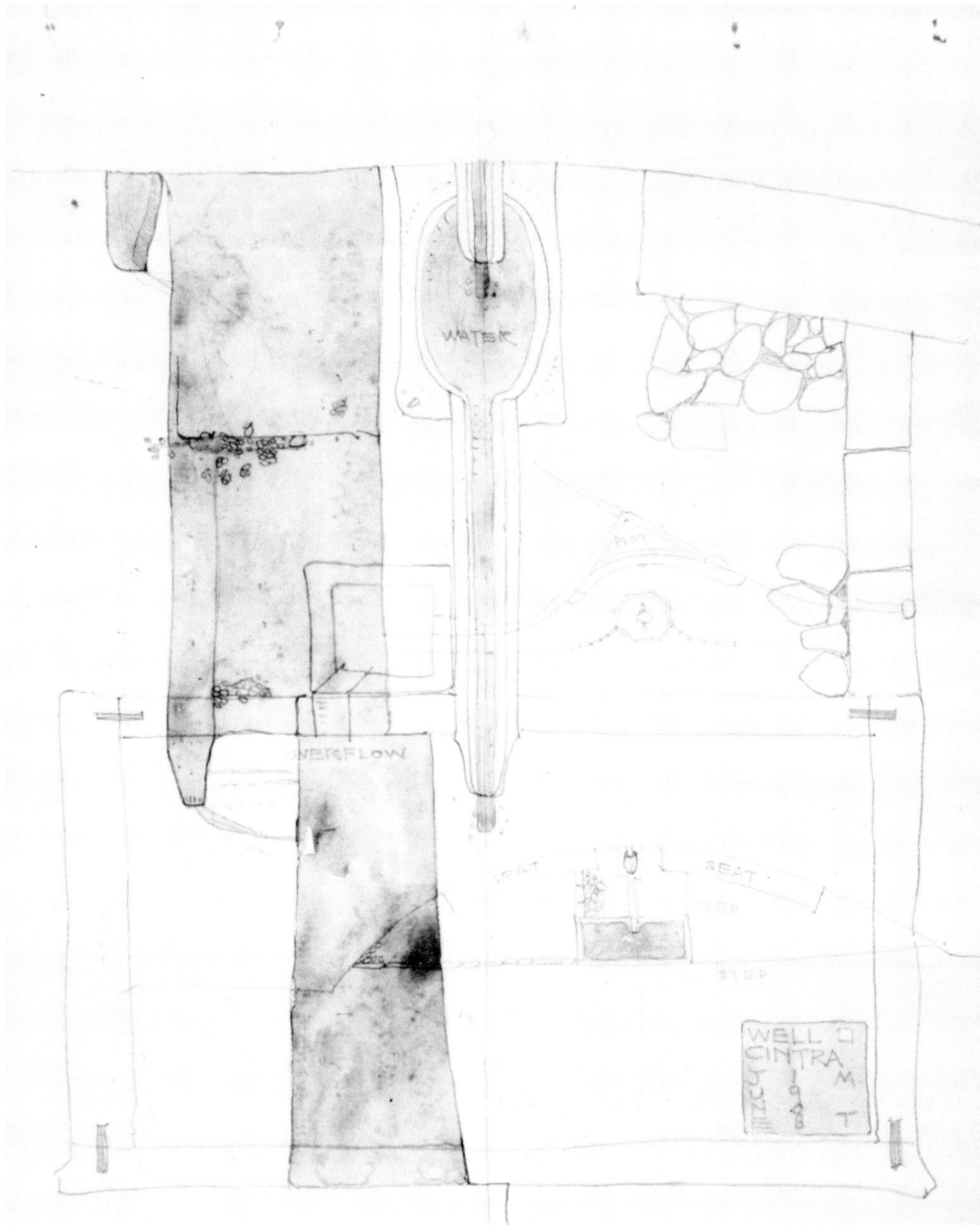

links:
Charles Rennie Mackintosh, Wanddekoration für den Cranston Tearoom, Glasgow, 1896–1897
rechts:
Charles Rennie Mackintosh, Brunnen in Cintra, Portugal, 1908

nung, daß alle pflanzlichen und tierischen Organe nicht nach dem Kriterium der Ähnlichkeit klassifiziert werden sollten, sondern nach dem Gesichtspunkt ihrer Beziehung zu den elementaren Funktionen des Einzelwesens. Atmung, Verdauung, Bewegung, Kreislauf und nervliche Erregung seien die wesentlichen Funktionen. Die wichtigsten Organe seien deshalb nicht die sichtbaren (und im ganzen symmetrischen), auf denen das ganze Klassifikationsschema der traditionellen Naturgeschichte basierte, sondern die komplexeren asymmetrischen, die (wenigstens bei den höheren Tierarten) nur durch Sektion sichtbar werden. Cuvier schlägt also eine Klassifikation unter dem Gesichtspunkt der Topologie der Funktionen vor: was die Einheit einer Klasse von Lebewesen ausmache, richte sich nach der Beziehung der einzelnen Funktionen zueinander und dem Einfluß dieser Beziehungen auf die primären inneren und sekundären äußeren Organe. Innerhalb eines Organismus sei es deshalb die Funktion, die die Form definiere. Cuviers systematische Bestandsaufnahme der Organismen unterstellte, daß sie nicht eine fortlaufende Kette von Ähnlichkeiten abgeben, sondern diskontinuierliche, um einen funktionalen Nexus organisierte Gruppierungen. Was auch immer das Schicksal seiner „katastrophischen“ Evolutionstheorie war, die von der darwinistischen These einer allmählichen natürlichen Selektion überschattet wurde, sein erster Nachweis der Beziehung zwischen den Organen und Funktionen blieb von größtem Interesse; und obgleich völlig unbeabsichtigt, war sein Einfluß auf die Architektur selbstverständlich gewaltig. Leider hat gerade der Architekt, der als ein Freund Cuviers bekannt war, Theodore Brogniart, trotz seines enormen Schaffensreichtums als Entwerfer keine Schriften hinterlassen; und man sagt, daß sein einziger wissenschaftlicher Kontakt mit Cuvier in einer Diskussion über Fossile in den Steinen von Gebäuden bestand. Eine Generation später jedoch übte Cuviers Lehre einen mächtigen Einfluß sowohl auf Gottfried Semper als auch auf Eugène Viollet-le-Duc aus: und deren wie auch immer gearteten Einfluß entkam in der zweiten Hälfte des 19. Jahrhunderts nun wirklich kein Architekt. Darüberhinaus gab es im Kielwasser der Cuvierschen Theorie eine ungeheure Menge an populärer und halbpopulärer Literatur, der selbst Architekten nicht ausweichen konnten.

Aber der einflußreichste Verbreiter derartiger Ideen war kein Architekt, sondern ein Bildhauer, der „Yankee Stonecutter“ Horatio Greenough. An den Schöpfer vieler nicht sehr bedeutender und teils sehr großer Skulpturen, die genaugenommen als neo-

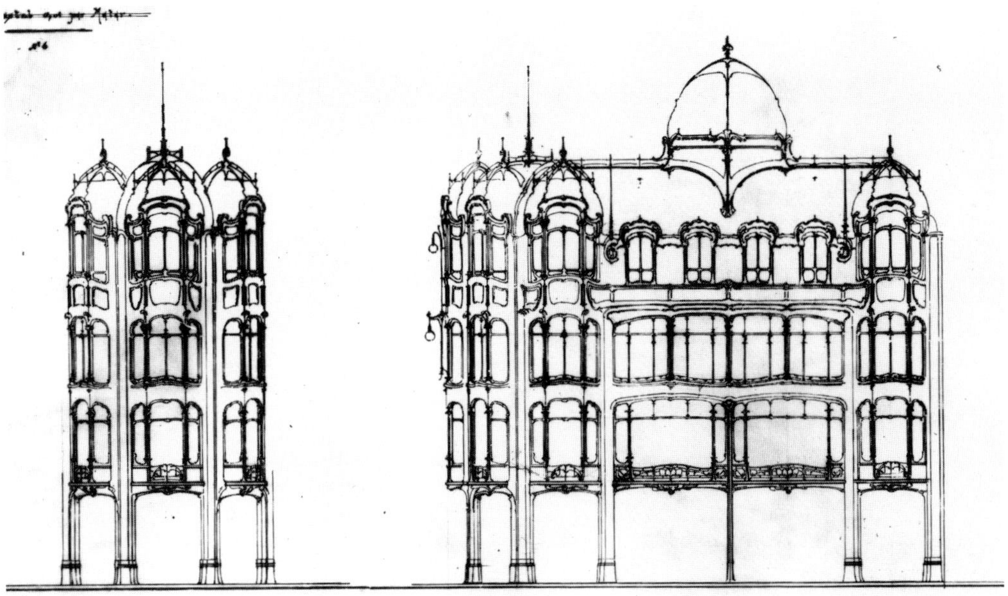

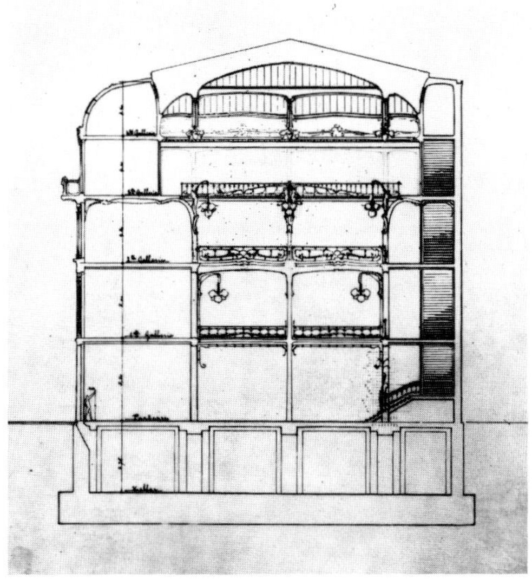

links:
Victor Horta, Warenhaus Hansa in Frankfurt, Ansicht, 1903
rechts:
Victor Horta, Warenhaus Hansa in Frankfurt, Schnitt, 1903

klassizistisch bezeichnet werden müßten (obwohl *er* sicher *nicht* damit einverstanden gewesen wäre), erinnert man sich heute vor allem, weil er den Ausspruch geprägt hat, daß die Form der Funktion folge. Obwohl dieser Ausspruch zu einem Allzweck-Slogan werden sollte, war sich Greenough durchaus der Tatsache bewußt, daß er damit eine streng organizistische Auffassung formuliert hatte. Gedanklich verfolgte er auch weiterhin die Beziehung zwischen Funktion und Organ: dies erklärt, weshalb er die Schönheit als Verheißung der Funktion, die Tat als ihre Anwesenheit definierte.[16] Und die Verheißung der Funktion sollte sinnlich angenehm sein, da das organische Leben größeren Schutz brauche, als es verdiene. Organisches Leben hieß ungefähr dasselbe wie „organisiertes" Leben, und es bedeutete vor allem menschliches Leben. Deshalb wird es auch in drei Phasen eingeteilt: in die Phasen der Schönheit, der Tat und des Charakters. Diese Unterteilung gibt bereits die viel spätere Einführung des Zeitfaktors in die statischen Taxonomien der Naturgeschichte wieder. Seine sehr originellen Einsichten verdankte Greenough eher seiner eklektischen Lektüre als dem florentinischen Milieu, in dem er arbeitete, dem Kreis um Luigi Bartolini an der Akademie von Florenz, obwohl seine Skulpturen den florentinischen Zeitgenossen alles verdanken. Ein anderer Vertreter ähnlicher Ideen, weniger bekannt, aber vielleicht noch einflußreicher, war Leopold Eidlitz aus Prag, der um 1840 als junger Mann nach New York kam, nachdem er in Wien zum Architekten ausgebildet worden war. Überzeugt praktizierte er im in Deutschland entwickelten frühromanischen Stil; der bekannteste Teil seiner Karriere ist seine Partnerschaft mit H. H. Richardson beim Wiederaufbau des New Yorker Staatskapitols in Albany. Aber Eidlitz war auch ein Theoretiker, und sein Buch „Nature and Function of Art, More Especially of Architecture" (es erschien 1881, basierte jedoch auf früheren Artikeln) griff Themen wieder auf, die zwischen idealistischen Philosophen und romantischen Schriftstellern hin und her gewechselt worden waren. Das Kunstwerk müsse gleich einem Naturphänomen eine „realisierte Idee" sein. In seiner gottähnlichen Art versuche der Künstler einen neuen Organismus zu schaffen, der, „da er neu ist, keine Imitation irgendeines Werkes der Natur sein kann. . ." Da es andererseits jedoch ein Organismus sei, müsse es nach den Methoden der Natur entwickelt werden. Das Ornament müsse ein integraler Bestandteil der Struktur sein, ähnlich wie „eine Blüte inmitten der Blätter einer Pflanze erscheint".[17] Dieser Gedanke hätte von Eidlitz sein können, aber die Metapher stammt definitiv von Sullivan. Und die Metapher verdeutlicht, was bereits in Eidlitz' Denken implizit vorhanden gewesen war: die Ansicht, daß ein Ornament sichtbar wie eine Pflanze funktioniere, und daher auch wie eine solche aussehen müsse. Warum sonst würde diese visuelle Metapher dem naiven Betrachter präsentiert werden? Die Reduktion der großen philosophischen und wissenschaftlichen Grundfragen auf ihre architektonische Anwendung ging langsam, aber definitiv vonstatten. Greenough konnte noch davon reden, daß die Form der Funktion folge und sogar die Schönheit von Segelschiffen preisen, aber zur gleichen Zeit Skulpturen für Gebäude mit großen korinthischen Säulenhallen anfertigen. Und tatsächlich trat er für Gebäude ein, die die Schönheit eines Yankee Clippers haben sollten, „die Schönheit seiner Kurven, die Symmetrie und das reiche Maßwerk seiner Masten und Takelage – und diese großen Windmuskeln, seine Segel! . . .". An anderer Stelle heißt es: „Die Männer, die die Bewegung auf ihre einfachsten Elemente reduziert haben. . ., sind Athen näher . . . als diejenigen, die den griechischen Tempel jedem Gebrauch unterwerfen würden. Ich kämpfe für die griechischen Prinzipien, nicht für die griechischen Gegenstände. . ." Das Modell der Schönheit ist ein doppeltes: zum einen das Lebewesen, der Organismus, zum anderen jedoch dessen Rivalin, die Maschine –

16 Horatio Greenough, 1947, S. 71ff.
17 Louis Henry Sullivan, Ornament in Architecture, in: Kindergarten Chats, New York 1947, S. 189

links:
Joseph Maria Olbrich,
Haus Olbrich, Darmstadt,
Ansicht von Westen, 1900
rechts:
Joseph Maria Olbrich,
Ausstellungsgebäude der
Secession, Wien
(1897–1898)

der Clipper, die „architectura curule“ der Hersteller der neuen leichten Transportmittel, die auch Lodoli bewundert hatte. Die Maschine ist in gewisser Hinsicht gegenwärtig als die Verkörperung des „Griechischen“, als die vollkommen knappe und ökonomische Antwort auf das Bedürfnis, ähnlich wie der Organismus das Produkt der sich der Umgebung anpassenden Funktion ist.
So wird die Maschine wiederum in Analogie zum Organismus präsentiert, obgleich in einem ganz anderen Sinn als bei Vitruv. Und natürlich spielte Greenough nicht das Gotische gegen das Griechische aus. Er war im Jahr 1852 jung gestorben, und die Neogotik hatte zu diesem Zeitpunkt in den USA noch kaum begonnen. Vor seinem Tod wiesen praktisch alle größeren öffentlichen Gebäude an der Ostküste einen mehr oder weniger „klassischen“ Stil auf; Ruskins „Stones of Venice“ war ein Jahr zuvor erschienen. Ruskin sollte in den USA noch populärer werden als in England später im Jahrhundert. Und Ruskin vertrat im Gefolge von Pugin (ein Erbe, über das er sehr ärgerlich war) die Ansicht, daß jegliches Ornament aus der Natur abgeleitet sei und daß die Überlegenheit der gotischen über die klassische Architektur von der wahrheitsgetreueren Imitation natürlicher Formen herrühre. In derselben Dekade präsentierte ein anderes sehr einflußreiches Buch, „The Grammar of Ornament“ von Owen Jones (einer der Konstrukteure des Kristallpalastes und verbunden mit der staatlich finanzierten englischen Kunstschule, die Ruskin so verabscheute) zehn Bildtafeln mit natürlichen Formen, Blättern und Pflanzen als Muster für die Art von Ornamentik, die zukünftige Architekten, der Imitation der Vergangenheit überdrüssig, vielleicht erfinden würden. Thomas Cole war Mitarbeiter von Gottfried Semper, den ich bereits erwähnt habe; des-

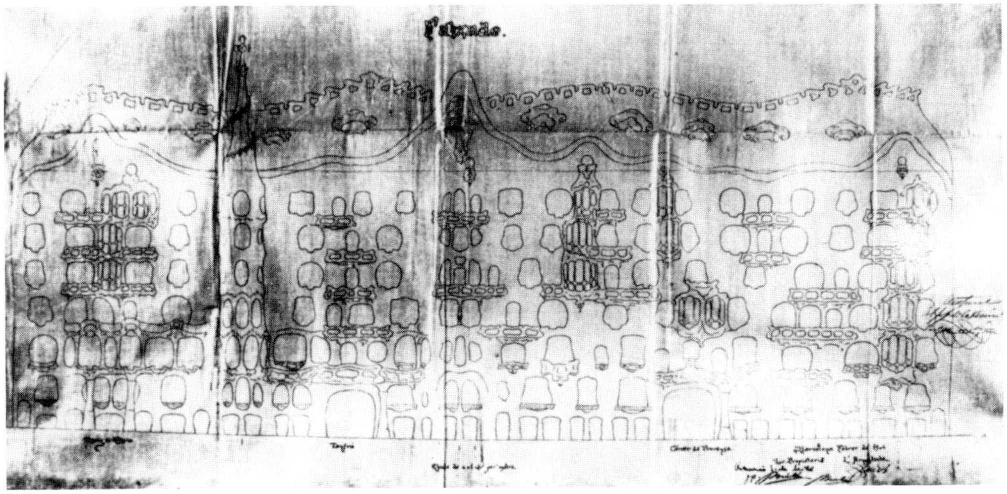

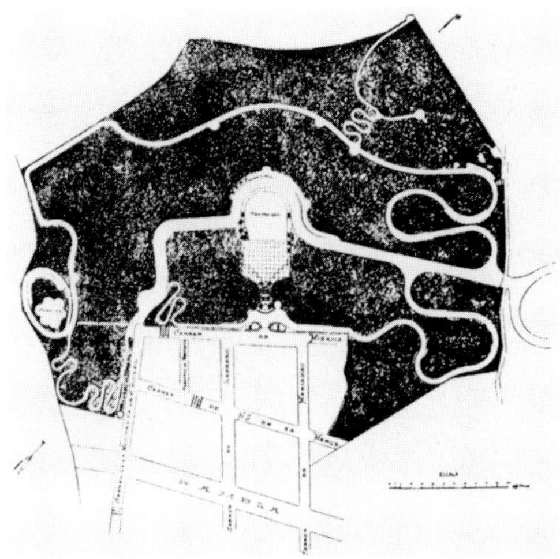

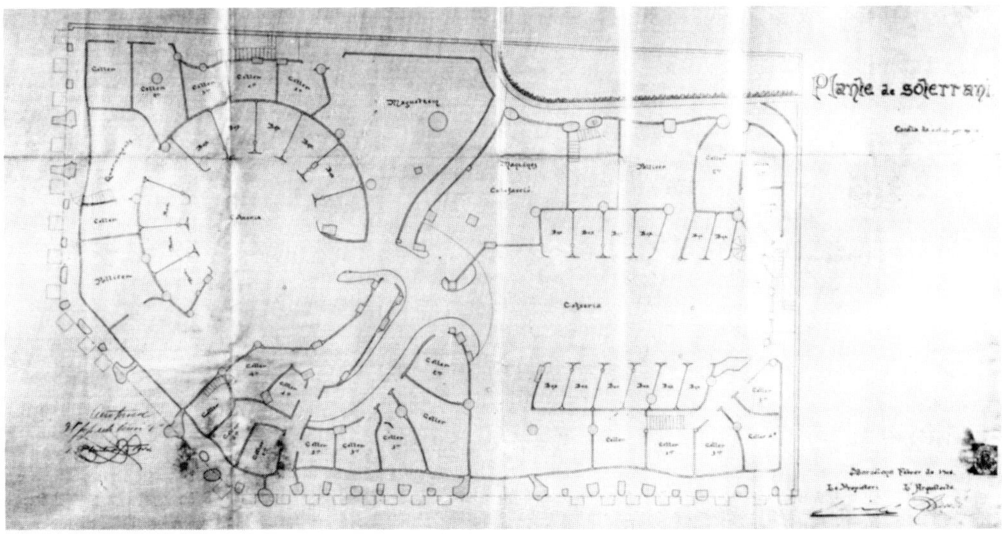

links oben:
Antoni Gaudí, Casa Milá, Barcelona (1905–1910), Ansicht
links unten:
Antoni Gaudí, Casa Milá, Barcelona (1905–1910), Grundriß
rechts:
Antoni Gaudí, Park Güell, Barcelona (1900–1914)

sen großes Werk „Der Stil" erschien zuerst in den Jahren 1861-63. Obgleich es erst viel später in den USA gelesen und übersetzt wurde, hatte sich John Wellborn Root, ein weiterer großer Architekt Chicagos, bereits mit den Ideen von Eidlitz und Greenough vertraut gemacht und als erster Sempers Texte ins Englische übersetzt. Diese Ideen zu einer neuen Art, die Natur zu imitieren und den Organismus zur gebauten Form in Beziehung zu setzen, wurden deshalb im dritten Viertel des 19. Jahrhunderts in einem ziemlich engen Kreis kultiviert, zu dem Louis Sullivan ständigen Kontakt hatte. Als junger Mann hatte Sullivan eine Anstellung im Büro von Frank Furness gefunden, zu dem er sich aus Bewunderung für seine Gebäude in Philadelphia hingezogen fühlte. In seiner Generation war Furness vielleicht der idiosynkratischste Vertreter der neugotischen Bewegung: seine Arbeit und sein Denken faßte viele der Anschauungen, die ich erörtert habe, zusammen. Er bekannte sich selbst als Bewunderer Viollet-le-Ducs, aber auch als Nacheiferer von Owen Jones. Sein Vater, ein Bostoner Transzendentalist und unitarischer Minister, war ein Freund Emersons sowie ein Bekannter von Eidlitz. Der Einfluß der anglo-germanischen Theoretiker und Viollet-le-Ducs – ein Einfluß, der die Erfindung des Ornaments sowie die kreative Verarbeitung neuartigen Materials als die wesentlichen Probleme einer neuen Architektur präsentierte –, bildete ein äußerst wichtiges Gegengewicht zu der ornamentalen Konventionalität und der strukturellen Indifferenz der französischen und französisch beeinflußten Akademien. Im Gegensatz zu deren kosmopolitischem Glanz trat eine einheimische, ja hausgemachte Philosophie auf den Plan, und Frank Furness galt als einer ihrer frühesten und inspirierendsten Repräsentanten.

Den Brennpunkt der organizistischen Architektur bildeten in den 80er und 90er Jahren des 19. Jahrhunderts sowohl die Erfindungen Sullivans und Roots sowie ihrer Zeitgenossen in Chicago (und später an der Westküste) als auch die aufkeimende Art-Nouveau-Bewegung in Europa, die eigentlich ein eigenes Kapitel verdiente. Besonders im Werk der Belgier und Franzosen wurde das Interesse am Entwerfen einer Ornamentik, die wie wirkliche Pflanzenformen fließt und „wächst", ohne von einem offensichtlichen Modell abhängig zu sein, zur Obsession. Doch war diese Bewegung auch schnell wieder vorbei: obgleich aus der Antizipation der Großartigkeiten des anbrechenden 20. Jahrhunderts geboren, endete sie bereits zu dem Zeitpunkt, da sich das 20. Jahrhundert selbst zum Maß genommen hatte. Ihre Vertreter schlossen sich anderen Richtungen an oder zerstreuten sich und starben. In den USA und Britannien wurde die Bewegung von einem spießigen Klassizismus abgelöst; in Deutschland von einer gelehrteren und raffinierteren Wiederbelebung preußischer post-napoleonischer Nüchternheit; in Frankreich schließlich wurde die Rückkehr zur akademischen „Normalität" von Auguste Perrets spezifischem Verständnis der archaischen Pfahl- und Balkenkonstruktion durchbrochen.

Der Erste Weltkrieg machte diese aufgeklärte Nüchternheit besonders in Deutschland unakzeptabel. Als Erich Mendelsohn die USA in den frühen 20er Jahren besuchte, pries er vor allem das Larkin-Gebäude, den Unity Temple und das Huertley-Haus. Aber Mendelsohn betrachtete sich auch als ein Produkt, als einen Erben des Jugendstils. Bereits 1914, zur Zeit der großen Werkbund-Ausstellung in Köln, hatte er sich gegen Behrens gewandt, dessen Festhalle er für einen „totalen Mißerfolg" hielt, wohingegen ihm dort Henri van de Veldes Theater als das einzig wirklich Schätzenswerte erschien. Und natürlich stellte die von den Meistern des Jugendstils vollzogene Integration von Pflanzenformen, von geschwungenen und unregelmäßigen, eben organischen Elementen in eine horizontale Ebene, ja sogar die Strukturierung eines ganzen Entwurfs auf der Basis derartiger Formen eine spezifische Leistung dar, ohne die es keinen Einsteinturm gegeben hätte. Dennoch haben sowohl Mendelsohn als auch Wright – beide auf je verschiedene Weise – den Rekurs des Jugendstils auf die Pflanzenform als sichtbares und strukturierendes Modell beseitigt: Wrights organizistische Architektur sollte tatsächlich ein totales Kunstwerk werden – eine Vorstellung, die er lange vor dem oft mißbrauchten Gropius vom Theater in die Architektur übernommen hatte; in Wrights organizistischer Theorie wurde die formale Einbeziehung der Heizung, der Ventilation sowie der Beleuchtung, die wirklich sehr phantasievoll in Hortas frühen Gebäuden (im Hotel Solvay und in seinem eigenen Haus) konzipiert waren, zusammen mit der Bauweise und den Möbeln zum Bestandteil eines „vollständigen Kunstwerks". Er widerrief diese Lehre nicht, die er von seinen unmittelbaren Art-Nouveau-Vorgängern übernommen hatte. Doch konnte er in ihr nicht die merkwürdige Form der Einfühlung akzeptieren, die Sullivan aus den früheren Ideen von Eidlitz und Greenough entwickelt hatte; zudem war er nicht interessiert an der Körper-Metapher, mit der sich einige seiner Zeitgenossen, wie z.B. der seltsame Claude Bragadon, so obsessiv beschäftigten.

Die Entwicklung, die in Deutschland durch den Ersten Weltkrieg und dessen Nachwirkungen in Gang gesetzt wurde, vollzog sich in Skandinavien eine Dekade später, als eine Reihe von Architekten, vor allem der reife Gunnar Asplund und der junge Alvar Aalto, ihre sehr vollendete und manchmal sehr lyrische Version des Schinkelschen Klassizismus zugunsten des Charmes der „freien Form" aufgaben, der viel den Deutschen und einiges auch den Amerikanern verdankte: Ihre Begeisterung für die Verwendung „natürlicher" im Gegensatz zu künstlich erzeugten Materialien – eine Begeisterung, die sie z.B. nicht mit Wright teilen konnten, der immer enthusiastisch Beton verwendete – verwandelte die Abhängigkeit des Jugendstils von der Pflanzenform in einen taktilen Naturalismus.

Es gibt deshalb keine identifizierbare organizistische Architekturtheorie, die schnell auf einen Nenner gebracht werden könnte. Dennoch scheint der ständige Rekurs auf die Vorstellung vom Organismus, besonders in seiner Beziehung zum Körper-Bild in der Architektur, ein wichtiges und ständig wiederkehrendes Thema beim Nachdenken über das Bauen zu sein. Mendelsohns Formen mögen in den 20er Jahren neu und verwirrend gewirkt haben, sein rechtfertigender Rückgriff auf die Konzeption vom Organismus war in einem fast verstaubten Sinn altmodisch. Sie wurde durch den Schleier gesehen, den die Meister des Jugendstils hochgezogen hatten. Diesen schien es, als sei eine Art Goethischer Urpflanze der Ursprung allen formalen Denkens. Und doch wird die Vorstellung vom Organismus vielleicht wieder einmal von einer derartigen vegetativen Implikation getrennt und in ihrer erweiterten Bedeutung von neuem als Zentrum architektonischen Denkens gesehen werden.

Aus dem Englischen von Carsta Büttner

Der Abbau der alten symbolischen Wirklichkeit und das Dilemma der Architektur im Wandel der Gesellschaft

Dieter Claessens

Es erscheint vielen noch unvorstellbar, auch ein Haus ganz als ein „organhaftes Gebilde" zu entwickeln, es aus der „Form der Leistungs-Erfüllung" heraus zu züchten, das Haus als die „weitere Haut des Menschen" und also als Organ zu sehen. Und doch scheint diese Entwicklung unabwendbar zu sein. Eine neue Technik, die mit leichten Konstruktionen, elastischen und schmiegsamen Baustoffen arbeitet, wird das Haus nicht mehr rechteckig und kubisch fordern, sondern alle Gestaltungen zulassen oder verwirklichen, die das Haus als „Organ des Hausens" ausbildet.

Hugo Häring, Das Haus als organhaftes Gebilde (1932)

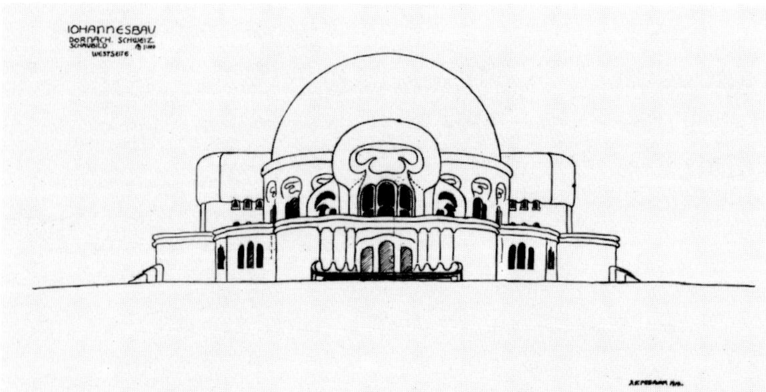

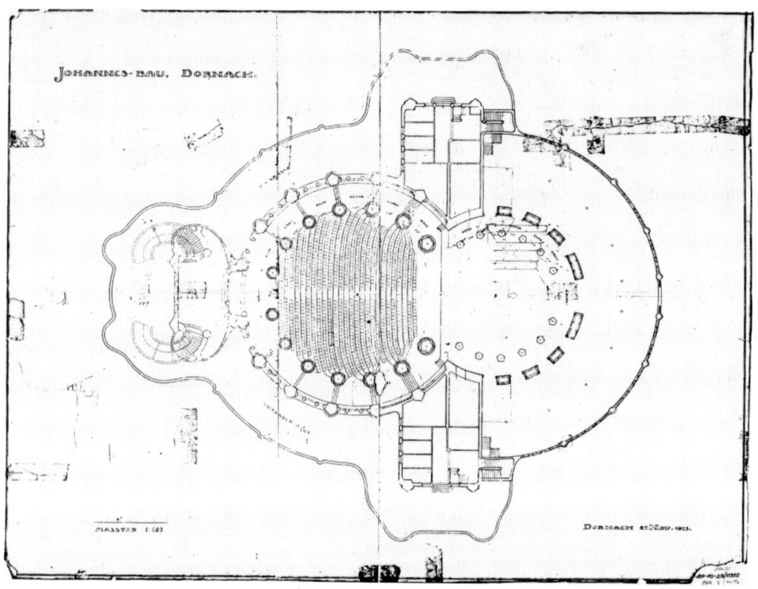

Seite 119:
Hans Scharoun, Eckfunktion, 1920
links oben:
Rudolf Steiner, Erstes Goetheanum, Dornach, Ansicht von Westen, 1914
links unten:
Rudolf Steiner, Erstes Goetheanum, Dornach, Grundriß, 1913
rechts:
Hans Poelzig, Schauspielhaus in Salzburg (1920–1922), Innenansicht

Architektur war in der Vergangenheit eine besonders handfeste Verfestigung von Gesellschaft.[1] Sie ist es gewesen, weil wir heute mehr als je zuvor bereit sind, Bauten von gestern abzureißen und überhaupt vergänglicher zu bauen. Das ist angesichts der Baustoffe höchster Festigkeit und möglicher Lebensdauer, über die wir verfügen, ein Paradoxon, dem wir uns noch zuwenden müssen. Eine besonders handfeste Wirklichkeit waren Bauten früher deshalb, weil ihre Voraussetzung eine zwar nicht „hand"-feste, dafür aber umso mehr „gefühlsfeste" noch stabilere symbolische Wirklichkeit war, ein Interpretationszusammenhang der Welt, den wir meinen, wenn wir von Kultur oder Stil sprechen. Architektur war darin ein Leitsystem, in und an dem sich Glaube und „Absicht" einer Kultur mit einer je spezifischen symbolischen Wirklichkeitsauffassung objektivierte.[2] Neben ihren offenbaren Funktionen hatte Architektur stets andere, die dem Ausdruck dieser symbolischen – christlichen, islamischen, ständischen – Wirklichkeit dienen sollten, so daß die triviale Funktion durchaus hinter der kulturellen – oft sakralen – Darstellungsfunktion zurücktreten konnte.

Diese Verkörperlichung einer kulturellen Wirklichkeit, die nur über Symbole erschließbar und verständlich war, hatte tiefe anthropologische Grundlagen. Die nicht von Instinkten geleiteten Menschen haben von jeher ihr psychisches Gleichgewicht dadurch hergestellt (her-gestellt), daß sie ihre Umwelt ordneten und übergreifend stabilisierten. Teils geschah das durch Schutzbauten und deren „Mobilisierung", die Abwehrwaffen, teils durch gegenseitige Benennung und Zuordnung, teils indem sie die Um-Welt be-deuteten, das heißt die Naturerscheinungen, sich selbst und die Folgen ihres eigenen und fremden Tuns als „Symbole für etwas" auffaßten. Die gesamte Umwelt, nun „ihre Welt", wurde symbolisch besetzt. Damit war sie Ausdruck von in den Dingen und Vorgängen steckenden Kräften – wie „Mana" –, Ausdruck des Wirkens von Hausgöttern, Dämonen, Götterwelt, dann Gott.

Da diese Art der Stabilisierung tief in der Evolution zum Menschen hin verankert war, entwickelten sich an verschiedenen Orten und unter verschiedenen Bedingungen durchaus unterschiedliche Interpretationen der Welt, unterschiedliche Symbolwirklichkeiten, die sich nach außen hin häufig am deutlichsten als religiös darstellten. Damit gab es viele voneinander abweichende Realitäten, – ein Handicap für die Menschen bis heute.[3]

Das Streben nach dem, was wir heute „wahre Wirklichkeit" (also: übergreifende objektive Wirklichkeit) nennen würden, blieb daher in der eigenen Wirklichkeitsauffassung befangen. Auseinandersetzungen entwickelten sich am ehesten gegen andere, als feindlich

1 Nach Werner Hegemann, Das steinerne Berlin, Geschichte der größten Mietskasernenstadt der Welt, 1930, 2. Aufl., Braunschweig 1976.

2 Zu „Leitsystemen" s. Dieter Claessens, Status als entwicklungssoziologischer Begriff, Dortmund 1965 (Diss. Phil. Fak. FUB 1957).

3 S. zum Gesamtzusammenhang die Schriften von Arnold Gehlen. Zu „Symbolwirklichkeit", s. Dieter Claessens, Was ist Wirklichkeit? Datum, Schöpfung, Reflex, in: Was ist Wirklichkeit – über das Vergnügen die Welt zu erkennen. Stuttgart 1983, Edition Weitbrecht, S. 63–79, und ders., „Entwirklichungen", in: Frankfurter Hefte, Extra 6, 1984.

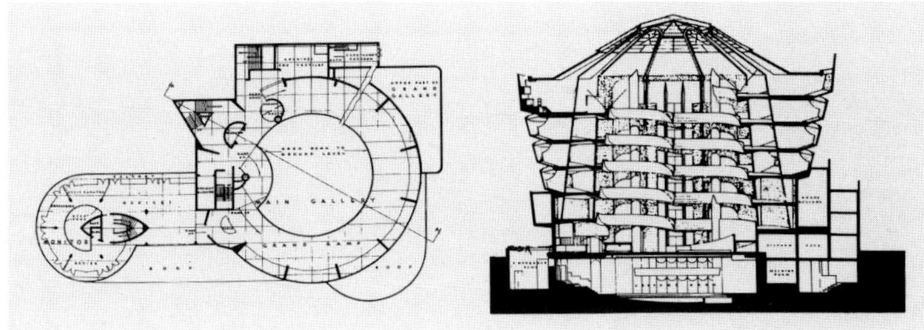

links:
Frank Lloyd Wright, Doheny Ranch, Sierra Madre Mountains, Kalifornien, Perspektive, 1921
rechts:
Frank Lloyd Wright, Guggenheim Museum, New York (1943–1959), Plan und Schnitt

empfundene Weltinterpretationen anderer Stämme oder Völker.
In ihrer eigenen Symbolwelt befangen blieben die Menschen auch deshalb, weil sie sich mit den sie bedrohenden Phänomenen – Krankheit, Gefahren aller Art, Naturkatastrophen – auf der Symbolebene beschäftigten, sie von hier aus versuchten zu heilen oder zu besänftigen. Das heißt, in der Auseinandersetzung mit *ihrer* Wirklichkeit blieben sie im „Irrationalen", womit sie sich dem Ausbruch aus diesem Circulus verwehrten.[4] Der Circulus stellte sich also in der folgenden Form dar: Störung der (oder in der) symbolischen Welt, deren Ursachen zu ergründen sind – Zwiesprache mit der symbolischen Welt darüber – Heilung und Erklärung mit symbolischen Mitteln.
Wann dieser Kreis aufgebrochen wurde, bleibt der Spekulation überlassen. Solche Überlegungen umgrenzen im „Abendland" den großen Zeitraum von Echnaton/Amenophis dem Vierten, der wohl als erster versuchte, einen am Sonnengott Aton orientierten Monotheismus einzuführen, über die Entstehung von Privateigentum und Münzwirtschaft bei den Griechen bis hin zum „Universalienstreit" vom 11. bis 15. Jahrhundert.[5] In jedem Fall ging es in Europa erst mit diesem – die Gemüter über Jahrhunderte bewegenden – Streit „ums Ganze".
Hier entwickelte sich nämlich an den ersten Universitäten und ihren theologischen Fakultäten die Auseinandersetzung darüber, ob Begriffe und Benennungen der symbolischen Wirklichkeit die Ideen (und damit göttliches Walten und göttliche Gestaltgebung) derart ausdrückten, daß sie die Wirklichkeit selbst seien, ob also Namen und Ding real übereinstimme („Realismus"), ober ob die Namen (nomen) nur der Welt von den Menschen angehängt seien, das heißt sie nur willkürlich bezeichneten („Nominalismus"). Der Nominalismus leugnete damit – wenigstens indirekt – das Vorhandensein und den Willen Gottes in allen Dingen. Die „Realisten" hielten verbissen und beharrlich an der alten symbolischen Wirklichkeit fest. Vermittelnde Positionen bildeten sich.[6]
Damit war die Basis für die langsam anlaufende Bewegung der „Säkularisierung" geschaffen, der Verweltlichung der Welt, ihrer Ratio-Zuwendung und „Entzauberung". Diese Bewegung zeigte sich in der Renaissance, dem Humanismus und dem Protestantismus. Parallel dazu entwickelten sich sakrale und weltliche Bauformen auseinander; die letzteren wurden selbstbewußter, was das Bürgertum anbetraf, und, was den Adel anging, machtorientierter, die Kirchen und Kathedralen wurden vergeistigter und jenseitiger.
„Selbstbewußt" und „machtorientiert" heißt nicht, daß diese Bauten trutziger geworden wären als ihre Vorgänger. Es drückten sich in ihnen eher zwei Gegenbewegungen aus: Im Adel konzentrierte sich langsam die Macht im Sinne des von Norbert Elias beschriebenen Monopol-Mechanismus („Königsmechanismus", weil diese Konzentration auf das absolute Königtum hinauslief); infolgedessen verfielen die Burgen oder wandelten sich zu Schlössern. Und das Bürgertum verbreiterte seine Basis und stellte seine wachsende „gesellschaftliche Stärke" (Elias) quantitativ und qualitativ neu dar.
Die durch den Universalien-Streit angelassene geistige Bewegung ist eine an die Grundauffassungen der Menschen gehende. Da in den Auseinandersetzungen über die Existenz Gottes (die noch nicht voll bezweifelt wurde) auf Gottesbeweise, Theodizeen gedrungen

---

4 S. hierzu Georges Devereux, Angst und Methode in den Verhaltenswissenschaften, München 1973, und Wolf Lepenies, Das Ende der Naturgeschichte, Wandel kultureller Selbstverständlichkeiten in den Wissenschaften des 18. Jahrhunderts, München 1976.

5 Selbstverständlich muß hier an Max Webers Wort von der „Entzauberung" der Welt gedacht werden. Zu Echnaton – in diesem Zusammenhang – s. Immanuel Velikowsky, Ödipus und Echnaton, Zürich 1960 (1966); zum Stichwort „Griechen" neuestens: Gunnar Heinsohn, Privateigentum, Patriarchat, Geldwirtschaft, Frankfurt/Main 1984, und Horst Kurnitzky, Triebstruktur des Geldes, Berlin 1974. Zum ganzen Zusammenhang: Dieter Claessens, Das Konkrete und das Abstrakte, Frankfurt/Main 1980. Besonders zum „Universalienstreit" s. Dieter Claessens, Das 19. Jahrhundert: Wissenschaftsentwicklung, Industrialisierung, Machtexpansion und neue Formen subjektivistischer Realitäts- und Lebenszuwendung, in: Herbert Stachowiak (Ed.), Pragmatik (erscheint Hamburg 1985).

6 Noch in: „Der moderne Strukturbegriff", hrsg. v. Hans Naumann Darmstadt 1973, heißt es auf S. 107: „. . . das sprachliche Zeichen ist willkürlich." Die Auffassung ist also auch 1973 nicht so selbstverständlich, daß ein solches Zitat unterbleiben könnte.

links oben:
Hugo Häring [1882–1958], Gegenüberstellung von konventionellen und organischen Grundrissen
rechts oben:
Hugo Häring, Gut Garkau bei Lübeck (1924–1925)
unten:
Hugo Häring, Bebauung der Prinz-Albrecht-Gärten, Berlin, 1924

wurde, war es folgerichtig, daß die Frage nach der Legitimation weltlicher Herrschaft sich anschloß; hier konnte auf antike Diskussionen über die Rechtfertigung des Tyrannenmordes zurückgegriffen werden, und sie wurden auf die Frage nach der Legitimation des Königs übertragen. Diese Frage zog die Diskussion über die Absetzbarkeit des Königs nach sich, wenn er seinem von Gott gegebenen Auftrag in skandalöser Weise nicht folgte oder zu folgen schien, – eine Frage der Auslegung.

Mit diesen und ähnlichen Fragen – im Rahmen derer das „Naturrecht" als neue anrufbare Instanz auftritt, die ganz offenbar eine Konkurrenz zu Gott darstellt – beginnt das Zeitalter der Aufklärung mit dem wieder konsequenten Ergebnis, daß nunmehr jede symbolische Verkleidung der Wirklichkeit vermieden und verhindert werden sollte. Sie verkündete den Sieg der „Ratio", des vernünftigen Verstandes. In diesem Sinne rational sollten alle symbolischen Verkleidungen einer zu enthüllenden Wirklichkeit abgerissen werden durch den zur Souveränität sich selbst gegenüber gekommenen Menschen, – so dachte man. Rational sollte die Welt erforscht und erklärt werden; rational sollte die Gesellschaft, nach Abschütteln des schon nicht mehr symbolischen, sondern nur noch allegorischen „Zopfes" zum Besseren hin organisiert werden. Der klaren und nicht mehr symbolisch, auch nicht allegorisch vernebelten Ratio sollte die Planung der Zukunft übertragen werden; daher war an der „Positivität" der Zukunft nicht mehr zu zweifeln. Die insgesamt erfreuliche Entwicklung des Menschengeschlechts stand fest und mußte nur befördert werden.

Diese Klarheit des Denkgefühls vermittelt sich auch in den architektonischen Entwürfen, die der Französischen Revolution vorangingen.[7] Nachdem die englische „Glorious Revolution" Ende des 17. Jahrhunderts die Zeichen gesetzt hatte, vollendete die französische Revolution die Arbeit der Aufklärung sehr konkret, was die Vernichtung eines Teils der Träger der alten verkommenen symbolischen Wirklichkeit anbetraf. Daß in diesem Prozeß letztendlich neue Symbole – wie die „Göttin der Vernunft" – bemüht wurden, war zu vernachlässigen. In ihren gesellschaftspolitischen Absichten mißriet die große Revolution weitgehend, was ihre radikalen Initiatoren anbetraf. Trotzdem schloß sie insgesamt den Abbau alter symbolischer Wirklichkeit soweit ab, daß der Weg in eine neue Zeit offenlag.

In diesem Sinne kann das 19. Jahrhundert als eines angesehen werden, das die Voraussetzungen für völlig neue Entwicklungen vorfand. Daß es alle in ihm neu entwickelten Probleme dem 20. Jahrhundert zuschob, machte es zu einem „Jahrhundert aus erster Hand"[8]: Seine Errungenschaften und die in ihm möglichen Erlebnisse waren erstmalig, die Folgen der in ihm errungenen Erkenntnisse und der in ihm eingeleiteten Prozesse hatte es nicht auszubaden.

Das 19. Jahrhundert „bindet die symbolischen Rückstände der Vergangenheit sozusagen im gesinnungserhaltenden Korsett des Nationalismus, aber Nationalstaatlichkeit ist nur der Rahmen für die Ausreifung einer neuen politischen Wirklichkeit".[9]

Das Selbstbewußtsein, das sich dieser neuen politischen Wirklichkeit verdankt und das für die neue Architektur des 19. Jahrhunderts leitend wurde, kann folgendermaßen hergeleitet werden. Dabei werden übliche Deutungen des Kapitalismus verlassen.

Die alten Machteliten, die nicht nur „gesellschaftliche Stärke" im Sinne Norbert Elias' hatten, sondern auch wirklich „die Macht in der Tasche", nämlich als eigene Streitkräfte, sind – so wichtig adelige Abkunft und Reichtum weiterhin waren – vom 16. Jahrhundert an zunehmend durch gewählte Eliten abgelöst worden. In den sich langsam zur Wahrung ihrer organisatorischen Aufgaben bürokratisierenden Gesellschaften reichten nun Erbe und Reichtum allein nicht mehr aus, um in eine Machtposition zu gelangen, man mußte hinein gewählt werden. Konnten die *Nicht*-Eliten vorher den Mächtigen einigermaßen gleichgültig sein, so erhielten sie nun nach und nach mehr politisches Gewicht, das sich am deutlichsten im Gewinn des aktiven und dann passiven Wahlrechtes äußerte. Trotz dieser „Zivilisierung" der Verhältnisse, dem Beginn eines dann bei uns durchgeführten Demokratisierungsprozesses, blieben die jeweils um die Macht streitenden Gruppen lange und in vielen Gebieten bei der alten Praxis des Machtkampfes, nämlich dem Versuch, den Gegner zu töten, zu vertreiben oder zu unterdrücken, – wie noch heute in der ganzen Welt außerhalb der „westlichen" Gesellschaften, Japan und einige andere eingeschlossen. Nur in diesen westlichen Gesellschaften ergaben

---

7 S. hierzu die leider nicht veröffentlichte Diplom-Arbeit von Gerhard Grohs: Ideologische Komponenten in der Architektur-Theorie; Eine Auseinandersetzung mit Hans Sedlmayr. (Adresse: Professor Dr. Gerhard Grohs, Universität Mainz, Lehrstuhl für Afrikanistik.)
8 S. den in Anm. 5 zuletzt erwähnten Aufsatz.
9 S. Anm. 5, Schluß.

sich historische Situationen, in denen die verfeindeten und um die Entscheidungspositionen kämpfenden potentiellen Eliten zu einer Art Rütli-Schwur kamen, das heißt zu einem politischen Konsensus, einer Übereinkunft darüber, daß in Zukunft der Kampf um die Gunst der Nichteliten mit friedlicheren Mitteln auszutragen sei (was ziemliche Robustheit im einzelnen nicht ausschloß. . .). Dieser Prozeß der Bildung von *Konsensus-Eliten* (dem sich Deutschland z.B. nach dem Rückfall in blutige Kämpfe in der Weimarer Republik und dem entsetzenden Erlebnis des Faschismus erst nach 1945 voll anschloß) war im „Herzen" der Entwicklung des Kapitalismus, in England und in den Niederlanden, dann in Schweden und Frankreich Anfang des 19. Jahrhunderts soweit fortgeschritten, daß sich neue „befriedete Räume" gebildet hatten und weiter bilden konnten.[10]

Die konkreten Anlässe zur Bildung der Konsensus-Eliten waren historischen Zufällen überlassen; sie hatten aber einen soeben gestreiften gemeinsamen Hintergrund, und zwar eine weniger beachtete Nebenwirkung des Kapitalismus.

Es handelt sich darum, daß im Zuge der Ausdehnung und Dynamisierung des Kapitalismus eine Fülle unternehmerischer Positionen entstanden, deren Einkommen und häufig auch Ansehen mit dem der Regierungspositionen konkurrieren konnte (wenn es sie nicht, mindestens was das Einkommen anbetrifft, übertraf), Positionen, deren Besetzung nicht von der Regierung oder nur einer Partei monopolisiert war. Und zu den wirtschaftlich interessanten Positionen gesellten sich bald solche in Politik, im Pressewesen, in Wissenschaft und Kultur sowie, mehr am Rande, in den Gewerkschaften.

Damit gewann dies politische System eine unbeabsichtigte, aber höchst wichtige Elastizität: Der Kampf um Entscheidungspositionen als solche, auf denen man Macht gewinnen und seine Familie und seine Anhänger bereichern konnte, wurde entschärft; verlor jemand durch Wahlen ein Regierungsmandat, so fand er sich mit einiger Sicherheit in einer gleichwertigen Position „außerhalb" wieder und konnte hier abwarten, ob er wieder die Chance der Rückkehr in die Regierung bekommen würde. Das Elitenfeld verbreiterte sich nicht nur, sondern die Elitenansprüche konnten auch außerhalb der Regierungs- oder sonstigen Entscheidungspositionen befriedigt werden. Das hatte Rückwirkungen auf den Wahlkampf, der zwar verbal weiterhin mit Schärfe geführt wurde, aber nicht mehr zu

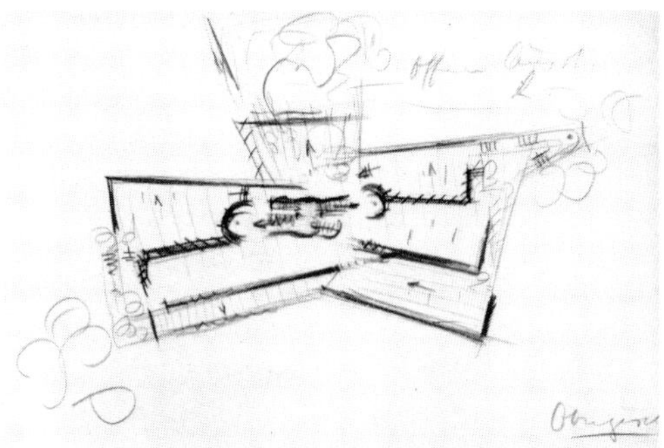

blutigen Kämpfen führte. Gleichzeitig wuchs die Macht der Nichteliten.

In diesem neu befriedeten Klima konnten sich eine den früheren Zuständen überlegene Rechtssicherheit, Meinungsfreiheit, Liberalität überhaupt, als stabile zuverlässige Institutionen entwickeln. Zugleich dynamisierte sich die technische Entwicklung, die – vom Kapitalismus in Dienst genommen – zur „Industrialisierung " wurde. Der Handel expandierte, unterstützt durch eine traditionale territoriale Expansionspolitik in Länder außerhalb der „westlichen Hemisphäre".

Diese ganze Bewegung im 19. Jahrhundert kann man nicht nachvollziehen, wenn man nicht die außerordentliche Steigerung des Freiheits- und Sicherheitsgefühls des Besitzbürgertums mit einbezieht, die in der gesamten middle-class-Bürgerschaft zu einem vorher in dieser Form und Verbreitung ungekannten bürgerlichen Selbstbewußtsein führt. Dies Selbstgefühl, das – sich kollektiv verstärkend – im „verspäteten" Deutschland (Helmuth Plessner) Ende des Jahrhunderts zu vorerst meist verbalen Exzessen wird, ist zu einem guten Teil die Ausprägung des uns heute so sehr vertrauten und damals neuen „Individualismus". Diese Haltung nicht nur der Selbstbezogenheit, sondern auch der

Selbstgewißheit und des sozusagen „gesellschaftlich unabgestützten" Mutes zum Risiko, zum Abenteuer, zur gefahrvollen (und allerdings möglichst ertragreichen) Forschung ist von Tocqueville 1837 als „neuer Egoismus, den man Individualismus nennt" gekennzeichnet worden. Zu dieser neuen Haltung

links:
Hans Scharoun, Galerie Gerd Rosen, Skizzen des Erd- und Obergeschosses, 1948
rechts:
Hans Scharoun, Konzerthaus der Berliner Philharmoniker, Berlin (1956–1963), Skizzen

10 Zur Elitenfrage s. G. L. Field und J. Higley, Eliten und Liberalismus, Opladen 1983. „Befriedete Räume", historisch vorher auf Grund der Machtkonzentration am absoluten Hof durch den „Königs-Mechanismus", s. Norbert Elias, Über den Prozeß der Zivilisation, Basel 1939, Neuauflage München 1967. Zum „Herz des Kapitalismus" s. Immanuel Wallerstein, The Modern World System, 2 Bde. New York, London 1980, deutsch: Das moderne Weltsystem, Frankfurt/Main 1981.

und zu diesem neuen Persönlichkeitsprofil hat sicher nicht nur die Tatsache beigetragen, daß das Geldbürgertum den Adel wirtschaftlich endgültig an die Wand gedrückt hatte – in den USA spielte er von Anfang an keine Rolle mehr –, sondern daß sich (das eine hängt mit dem anderen zusammen) die Linie vom Universalien-Streit (s. oben) über den Protestantismus bis in die Ratio-Verehrung der Aufklärung als allgemeine Kritikbereitschaft durchgesetzt hatte, und zwar zunehmend in einer gesellschaftlichen Schicht, die im entmachteten Adel (der La Rochefoucauld und La Bruyère), in kritischen Teilen der Geistlichkeit (wie besonders in England im 17. Jahrhundert), bei Lehrern und Professoren, Ärzten und Juristen ihre Vorläufer hatte und sich nun teils in offiziellen Funktionen, teils in „ökonomischen Nischen" des Kapitalismus üppig entwickelt hatte: Der Schicht der „Gebildeten", die sich zur „Intelligentsia" mausert, einem ab 1850 in Rußland aufkommenden Begriff für (regime-) kritische Intelligenz. Diese „Intelligenz", deren Vertreter in der Regel wirtschaftlich nicht sehr erfolgreich sind und innerhalb derer sich viele als soziale Absteiger fühlen, wird sich zwar zu einem Teil – später als „rechte Intelligenz" bezeichnet – mit dem neuen System befreunden und es unterstützen, ein beachtlicher Teil, der nicht durch Forschung in Technologie und Naturwissenschaften aufgesaugt wird, begibt sich aber in eine ausschließlich kritische Position. Nun hätte der allerseits triumphierende Bürgersinn, der sich rapide verbreiternde Fortschrittsoptimismus, hätten die Absage an die Vergangenheit und das Gefühl, daß man die Zukunft gepachtet hatte, einen allgemeinen Vereinigungsprozeß herbeiführen können; und in der Tat scheint es das in den USA gegeben zu haben, wenn man von einer geringen Anzahl von „Ausbrechern" absieht. Hier entstanden, auch in der Mitte des 19. Jahrhunderts, Ansätze zu einer „pragmatischen Ethik". Aber Europa war noch zu sehr von der Vergangenheit belastet und die Hoffnungen der Aufklärung schienen zu wenig eingelöst und es gab zu wenig Eliten-Konsensus im Europa des Kontinents, als daß diese Art der „inneren Befriedigung" auch die Intelligenz erreicht hätte.

Vielmehr entwickelten sich mehrere politisch bedeutsame Linien oder Dimensionen, die für das Verständnis des Baugeschehens als Ausdruck gesellschaftlicher Strömungen bis ins 20. Jahrhundert von Bedeutung waren.

Bevor diesen Linien nachgegangen wird, ist allerdings ein Einschub notwendig. Die Säkularisierung, Verweltlichung, Rationalisierung oder „Entzauberung" der Welt erreichte das flache Land und die Klein- bis Mittelstädte nur mit teils langen Verzögerungen. Träger dieser Bewegung waren überall die Großstädte und unter ihnen wiederum die Metropolen. *Hier* entwickelte sich in erster Linie die Haltung, zu der Georg Simmel in seinem Aufsatz „Die Großstädte und das Geistesleben" 1903 anmerkte: „Die psychologische Grundlage, auf der der Typus großstädtischer Individualitäten sich erhebt, ist die *Steigerung des Nervenlebens,* die aus dem raschen und ununterbrochenen Wechsel äußerer und innerer Eindrücke hervorgeht. Indem die Großstadt gerade diese psychologischen Bedingungen schafft... wird (daraus)... der intellektualistische Charakter des großstädtischen Seelenlebens begreiflich..." und „Es gibt vielleicht keine seelische Erscheinung, die so unbedingt der Großstadt vorbehalten wäre, wie die Blasiertheit."[11]

Wenn also verschiedene Linien verfolgt werden, in denen sich das neu gewonnene Selbstbewußtsein einerseits, die sich sozial neu bildende Intellektualität andererseits ausfalten, dann muß immer berücksichtigt werden, daß von Avantgarden die Rede ist, denen die Provinz überall nur mühsam und insbesondere mit großer zeitlicher Verzögerung nachfolgt.

Zuerst ist selbstverständlich – auch wegen seiner größten territorialen Verbreitung – das Besitzbürgertum zu nennen, das sich auf dem langen Weg über den „Besitzindividualismus" der Leveller[12] seinen politisch-wirtschaftlichen Raum erkämpft hat. Meist werden nur die negativen Seiten und Folgen seiner „Rechenhaftigkeit" und seiner Gleich-Gültigkeit gegenüber den traditionalen Gebrauchswerten hervorgehoben, und seine Verfallenheit an das Tauschwert-Denken. Hier sind zuerst einmal Einschränkungen zu machen, da solche pauschalisierenden Feststellungen meist eher der Fundierung polemischer oder theoretischer Aussagen als der Beschreibung von Realität dienen sollten. Es würde dann deutlich werden, wieviele Produkte mindestens in einer langen Anlaufphase des Kapitalismus höchst begehrte Gebrauchsgüter waren und wie hoch sich viele Fabrikanten und sonstige Gewerbetreibende legitimiert fühlen konnten. Es wird in solchen Aussagen meist unterschlagen, welchen Wert die neue geschaffene Atmosphäre an sich hatte.

Über den Zusammenhang zwischen steigender Produktivität, Rechtssicherheit und Meinungsfreiheit in relativem politischem Frieden ist oben gesprochen worden. *Hier* soll darauf verwiesen werden, daß mit der Übernahme der politischen Macht an sich und noch dazu in teils neu abgegrenzten „nationalen" Gebilden die Last der Repräsentation und Legitimation des gesamten Gemeinwesens „Gesellschaft" nun tendenziell beim Bürgertum lag.

Betrachtet man den Wechsel des Zugriffs auf Ressourcen vom König und den Fürsten auf bürgerliche Gremien, die nun ihrerseits einen „bürgerlichen Staat" aufzubauen und in Gang zu halten hatten, dann sind häufig die Zeiten innerhalb derer dieser Lernprozeß abzulaufen hatte, ähnlich gering wie beim Wechsel vom Zarenreich zur Oktober-Revolution. Selbstverständlich gab es Vorgaben und auch besonders in England, an zweiter Stelle in den Niederlanden, längere Übergänge. Aber die Aufgabe, expandierende Gesellschaften in nichtfürstlicher Regie zu ordnen, zu verwalten und zu repräsentieren, ist neu. Und die unter dem Stichwort „Industrialisierung" vor sich gehende Expansion war aus damaliger Sicht – wieder mehr, als wir heute empfinden können – eine dramatische. Spricht man vom „Übergang von der feudalen zur bürgerlichen Gesellschaft", übersieht man meist, daß die Aufgabe der Verwaltung und weitgehenden Neuordnung einer dynamisch expandierenden Gesellschaft überhaupt nicht der Normalvorstellung eines Kaufmanns, Unternehmers, Industriellen oder Fabrikanten entsprach. In der Regel machten sich Kaufleute keine sehr weit über ihre unmittelbaren Handelsgeschäfte hinausgehenden Gedanken. Bereits die Konkurrenz an sich, notwendige Investitionen und damit meist irgendwie auch Neuerungen und zudem das Verhältnis zu ausländischen Branchenkonkurrenten hielten sie zureichend in Atem, – wobei nicht in Vergessenheit geraten darf, daß dieser nun vordrängende Typ bereits ein Arbeitspensum bewältigte, das einem Adeligen, auch wenn man seine dauernden Bestrebungen, Macht zu verteidigen, zu erhalten und möglichst zu vermehren, in Betracht zieht,[13] abstrus erschienen wäre. Daher gab es auch stets nur wenige Theoretiker der „Nationalökonomie" oder gar „Weltwirtschaft",[14] und noch weniger „Theo-

11 S. Georg Simmel: Die Großstädte und das Geistesleben, in: Karl Bücher/Petermann (Ed.), Die Großstadt, Jahrbuch der Gehstiftung, Dresden 1903, S. 187–206.

12 S. Dieter und Karin Claessens: Kapitalismus als Kultur, Köln-Düsseldorf 1973, Frankfurt/Main 1979.

13 S. Norbert Elias, Die höfische Gesellschaft, Neuwied-Berlin 1969.

14 S. Ernst Klein, Die englischen Wirtschaftstheoretiker des 17. Jahrhunderts, Darmstadt 1973.

retiker des Übergangs", von Geschichtsphilosophen nach Art eines Condorcet oder von frühen Sozialisten, denen nicht gerade die neue Aufgabe des Bürgertums am Herzen lag, abgesehen.
Die Geschichte der Lösung dieser Aufgabe im einzelnen zu beschreiben wäre eine Arbeit für sich. Hier kann nur darauf hingewiesen werden, daß die Hauptvorgabe, auf die sich die Besitzbürger stützen konnten, das tradierte Geschick des „Bargaining" war, also die Kunst des ausdauernd-zähen Verhandelns um „Interessen" (interest, intérêt), das heißt um Kompromisse, um Teilerfolge, um das profitable „Dabeisein". Die hierbei – ebenfalls traditionell – auftretenden Rechtsfragen mußten selbstverständlich weiterhin von Juristen behandelt werden, und so kann nicht überraschen, daß besonders in den sich neu konstituierenden bürgerlichen Gesellschaften die Juristen die Verhandlungen und Verhandlungsorte beherrschten. Wir haben hier also eine Linie oder Dimension, in der Besitzbürger, an der Spitze aber Bankiers, Kaufleute und Juristen, das neue Management stellen; der Ingenieur tritt erst langsam dahinter hervor; oft wird ihm noch im konkreten Management der Rang durch Adelige streitig gemacht, denen die Konfrontation „Auge in Auge" auch mit den Arbeitern aus ihrer kriegerischen Tradition (und bei vielen, weil sie noch eine Art „Großbauern" waren, wie Norbert Elias sagt) besonders lag...[15] Von der Analyse dieser neuen „staatstragenden" Schicht der „Verhandelnden" her ergeben sich zwangsläufig die Schwerpunkte von Aufmerksamkeit und Bautätigkeit, und nicht nur im Nachhinein ist angebbar, wie diese Bauten etwa aussehen werden: Das Parlament (oft noch „Unterhaus", aber das mächtigere „Haus") als Ort des Verhandelns (zuerst nur der besitzbürgerlichen Fraktionen) muß seiner Funktion genügen, Auseinandersetzung und Verhandeln übersichtlich zu gestalten. Seine Neben- und Vorräume – besonders „Wandelhallen" dienen der Vorbereitung von Entscheidungen, Gesprächen, besonders solchen, in denen Einfluß genommen werden kann, in einer offiziellen Atmosphäre mit gewissen Möglichkeiten sich abzuschirmen. Nach außen hin muß es die neue Macht repräsentieren; daß dazu Elemente feudaler und insbesondere absoluter Königs-Macht in Anspruch genommen werden, ist nur folgerichtig. Rationale, z.B. klassizistisch „strenge" Merkmale werden eingemischt. – Die Börse, als das jederzeit funktionierende Barometer für die Stimmungslage in einer Handels- und mehr und mehr auch Industriegesellschaft ist als Vor- und Nachbereitungsort des Parlaments zu bauen, das heißt durchaus in Konkurrenz zu ihm. Für sie gilt also das oben gesagte. Zusätzlich darf sie, da sie symbolistisches „Herz" des Systems ist, den Charakter eines Tempels haben. – Das Bürgerhaus hatte seine teils prunkvollen Vorgänger. Hier gab es eine Steigerung des Anspruchs, wie besonders deutlich bei der Berliner „Villa" Borsig, deren Schloßcharakter im Vergleich zum daneben liegenden schlichten „Schloß" Humboldt unübersehbar ist. Im großen und ganzen vervielfachen sich nur die Häuser mit Anspruch, wobei ihre Ausdehnung von den zur Verfügung stehenden „Dienstboten" abhängt, gemäß dem Schopenhauer-Wort „Die bürgerliche Kultur beruht auf dem Dienstboten".[16] Auffahrten und Innenausstattung verrieten dann vollends den neuen Anspruch.[17]
Die Gerichtsgebäude sagten demgegenüber am deutlichsten aus, wieweit noch ein monarchischer Anspruch durchschlug oder ob sich liberaleres Bewußsein manifestieren konnte, und während sich im Universitätsbau der alte Würde-Anspruch der ursprünglich hier vertretenen vergangenen symbolischen Wirklichkeit nur mühsam und sozusagen tintenbefleckt oder säurebespritzt den neuen Laboratoriumsräumen der Naturwissenschaften und Medizin unterschieben ließ, steigerte sich der Krankenhausbau bis zur Darstellung der leistungsfähigsten Unterdisziplinen der Medizin im Pavillon-Stil. Nur in den Kasernen schlug das Martialische des Militärs relativ zeitlos durch. Diesem ungeliebten aber als notwendig anerkannten (also sozusagen von der Geschichte aufgezwungenen) Partner gegenüber blieb man ambivalent, was sich im relativen Desinteresse an dessen Bauten äußert, auch wenn – je nach nationaler Vergangenheit und derzeitigem Zustand – der eine oder der andere Teil des Militärs Ansehen genoß, wie in England die Angehörigen der Flotte und häufig der Kavallerie. Uneingeschränktes Ansehen genoß Militär nur in Preussen-Deutschland, der „verspäteten Nation".
Die Management-Problematik des Besitz- und dann Industriebürgertums bestand nicht nur auf der Staats-Ebene, sondern ebenso der kommunalen Ebene und in den Fabriken. Ausdruck dafür sind die großen Rathäuser des 19. Jahrhunderts bis hin zu Prachtbauten wie dem Rathaus von Hannover, in dem sich bereits ein sich überschlagender Anspruch anmeldet, hinter dem wohl auch Trotz gegen königliche Macht stand. Und in der neuen oft relativ isoliert aufgebauten Industrie läßt sich die Mischung von Rückgriff auf alte handwerkliche Tradition, militärische Organisation und Suche nach neuen, funktionalen, den Zeitgeist ausdrückenden Formen in eine Fülle von Versuchen ein, die vom Einbau der Fabrik in die Burg bis zum Rückgriff auf die

Zoltan Kemeny, Peau d'idée, 1959

15 S. hierzu Walter Gerhardt, Das Schicksal liberaler Theorie im sozio-ökonomischen Gesellschaftsentwurf Joseph A. Schumpeters. Diss. Phil. Fak. Freie Universität Berlin 1969. (Adresse: Professor Dr. Walter Gerhardt, Fachhochschule Hildesheim.)

16 In Wien gab es das Wort: „Wer kein Dienstmädchen hat, ist eins". Vor dem I. Weltkrieg bekam ein „Dienstbote" neben kärglicher Unterkunft und neben Verpflegung 3–5 Goldmark im Monat, aber durchaus auch weniger, besonders als altes „Hausfaktotum". Ich erinnere immer wieder daran, daß Schweijk, der Hundefänger, eine Zugehfrau hatte, also bedient wurde...

17 Mit erheblichen nationalen Unterschieden! In Frankreich/Paris gab es kaum das in der Stadt allein liegende Repräsentationshaus wie in Berlin oder anderen deutschen Großstädten, mit Gartenpark und Auffahrt. Dafür wurde dort die adelige Tradition des Stadtpalais übernommen oder die repräsentative vielräumige Etagenwohnung bevorzugt.

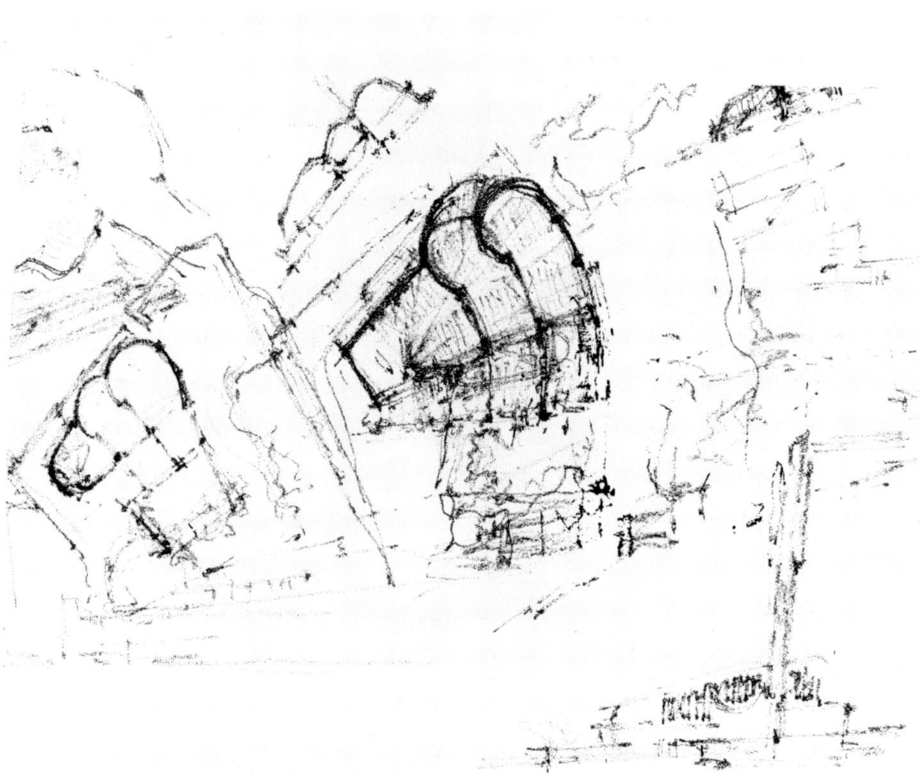

Alvar Aalto, Vuoksenniska-Kirche, Imatra, Skizze, 1956

Alvar Aalto, Technische Hochschule, Otaniemi (1962–1964), Skizze

revolutionäre Architektur der Französischen Revolution (oder ihrer Vorbereitungsphase) reichen, – einschließlich von Versuchen, die neue Wirklichkeit der Technik und erhöhten Produktivität wieder symbolisch darzustellen. Die – aus geschichtlicher Perspektive – fast unmerkliche Vergrößerung der Häfen ins Enorme und der Bau enormer Brücken im letzten Drittel des Jahrhunderts verweisen bereits, wie der Anspruch des Eiffelturms, auf das 20. Jahrhundert.

Dem Parlament, der Börse, dem Rathaus und der Prachtvilla entsprechen die Opern und großen Schauspielhäuser, die den Anspruch rationaler Kulturbeherrschung machtvoll, teils überladen repräsentieren. In ihrem – oft verspotteten – Motto „Dem Wahren, Guten und Schönen" steckt nicht mehr als Ziel die Darstellung der „Haupt- und Staatsaktionen". Besonders im Schauspiel zeigt sich die Einmaligkeit des Jahrhunderts: Zugleich mit der Durchsetzung der bürgerlichen Institutionen werden diese offen und teils unbarmherzig kritisiert, – im Grunde auch ein Zeugnis für das gesicherte Selbstbewußtsein des Besitz-Bürgertums.[18]

Die zweite zu verfolgende Linie oder Dimension ist jene, welche sich aus der Entwicklung rationalen Denkens in Wissenschaft und Technik und aus dem Streit um den Begriff der „Ratio", der Vernunft und des Verstandes ergibt. Diese letztere Auseinandersetzung bildet den noch hohes Ansehen genießenden „Kern" von Universitäten und wissenschaftlichen Gesellschaften oder interessierter Salons, um die herum sich Ringe der Bewältigung des explosionsartig wachsenden Wissens in den Naturwissenschaften bilden. Was das Prestige anbetrifft, haben die Naturwissenschaften etwa 1850 das Übergewicht genommen. Die Anekdote, nach der Hegel, von einem Naturwissenschaftler bei einem Essen darauf aufmerksam gemacht, daß seine Aussagen nicht mit den Tatsachen übereinstimmten, schlagfertig geantwortet haben soll: „Um so schlimmer für die Tatsachen!" illustriert nur das gestiegene Selbstbewußtsein der Naturwissenschaftler.

Da bis dato der König, Landesfürsten oder Ratsherren gebaut hatten und Gelehrte im allgemeinen „arme Wichte" waren, aber auch wegen des geringen Verhältnisses der Gelehrtenschaft zur „rohen Praxis" und damit auch zu Bauen und Architektur, hat sich die Auseinandersetzung um den Stellenwert der Ratio nur selten baulich ausgeprägt: Universitäten waren immer der Ort von Auseinandersetzungen gewesen. Und besonders eine Theorie des Bauens hatte mit dem Verlust der alten Wirklichkeit und nach der Enttäuschung durch die Französische Revolution den Rükken nicht mehr an der Wand. So entstanden dickleibige „Ästhetiken", aber keine Ästhetik, die verbindlich sein konnte. Die Rationalisten

18 Für die ganze Bauperiode gilt noch – in den Jugendstil übergreifend: „Es scheint dieser Fülle etwas von Willkür, dieser Neugewinnung und Neubelebung. . . eine gewisse virtuose, halb gelehrte, halb dichterische Absicht anzuhaften." Ernst Cassirer, Idee und Gestalt, Darmstadt 1971, 1974. Die Bemerkung zielt aber auf die Goethezeit und die Aufnahme antiker Vorstellungen.

waren in einer Beziehung naiv gewesen, nämlich in der Unterschätzung des menschlichen Bedürfnisses nach Irrationalität mindestens dann, wenn aus der Rationalität keine Lebenshilfe zur inneren Stabilisierung zu ziehen ist. Immerhin gab es Beispiele von Wissenschaftsbauten, die sich der Aufklärung verpflichtet fühlten. Das ist aber hier nicht das Interessante. Wichtiger erscheint im Zusammenhang, daß aus diesem „Kern" der Auseinandersetzung mit anscheinend ewig gültigen (oft aber hochaktuellen) Fragen Einflüsse auf späteres Baugeschehen ausgingen, – oft mit großer Verzögerung.

Zuerst zu nennen sind zwei große Gruppen oder besser europäische Subkulturen, die sich teils überlappten und von denen kritische und teils sich sofort in „Politik" umsetzende Einflüsse ausgingen: Die puritanisch-protestantisch-calvinistische Geistlichkeit innerhalb derer die puritanisch-anglikanische seit dem 17. Jahrhundert herausragt, in welchem von ihr die wichtigsten rhetorischen, polemischen und politischen Impulse direkt ausgingen,[19] während die protestantische eher über philosophische Lehrstühle wirksam wurde, und weiter die aus den Salons der Vorrevolutionszeit durch den Umbruch von Revolution und Jahrhundertwende hindurchgegangene Subkultur der „Gebildeten", der aufklärerischen und auch gegenaufklärischen Journalisten, Dichter, Schriftsteller, Redakteure, Aspiranten auf politische Posten, Künstler, Philosophen und Kritiker, seien es „Amateure" oder bereits „Professionels" im Sinne einer Berufsausübung.

Beide Gruppen oder sich überschneidende Subkulturen waren damals und sind bis heute – viel mehr als viele ihrer Vertreter eingestehen würden – verfangen in die Frage nach einer neuen Legitimation menschlichen Tuns. Die alte symbolische Wirklichkeit war ihre Legitimation selbst, ausgedrückt im Glauben und seiner Darstellung in Wort, Bild, Gestaltung von sakralen und Gebrauchs-Gegenständen und von Bauten. Das aufklärerische Denken hatte gerade die Legitimität dieser Wirklichkeit angegriffen, sie bezweifelt, und schließlich zusammen mit der Symbolik versucht auch die Legitimität zu negieren. Schon in diesem leidvollen Prozeß, in dem um Wahrheit der Erkenntnis gerungen wurde, hatte sich der Kern der westlichen symbolischen Wirklichkeit als widerstandsfähiger erwiesen, als radikale Aufklärer gedacht hatten: Die Idee und Gestalt Gottes als des Allmächtigen und den Gang der Dinge und der menschlichen Schicksale Dirigierenden zu destruieren, gelang nur höchst unvollkommen, mochten auch weltliche Herrscher, Feudale und kirchliche Würdenträger liquidiert worden sein, was mit einiger Entschiedenheit sowieso nur in Frankreich geschehen war. Man sah sich allgemein nicht imstande, den Gedanken der Ratio derart radikal zu fassen, daß jede Spur eines göttlichen Wirkens verschwunden wäre und damit eine Berufung auf irgend eine Art „göttlichen Waltens" unmöglich geworden wäre. Noch in der auf Feuerbach aufbauenden Geschichtsphilosophie von Marx ist der zu sich selbst kommende Mensch nur der Vollstrecker eines Geschichtswillens, in dem unschwer ein „Wille" einer Über-Macht zu erkennen ist, die die

Alvar Aalto, Kunstmuseum, Schiras, Skizze, 1970

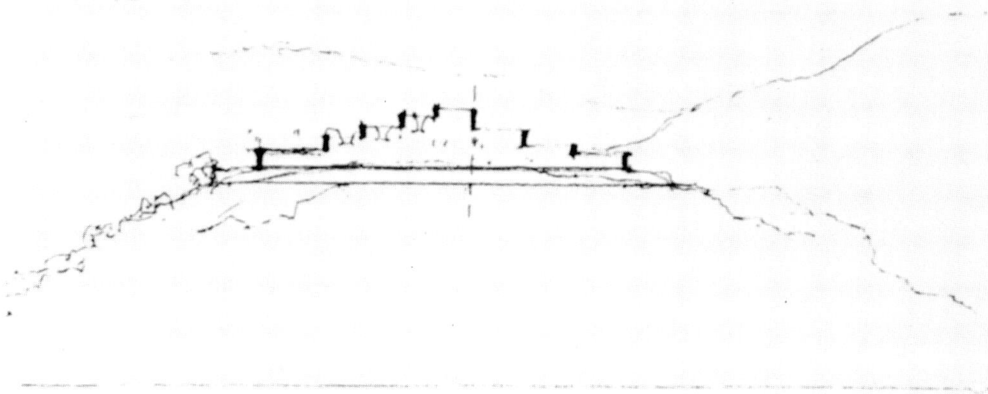

Alvar Aalto, Kunstmuseum, Schiras, Skizze, 1970

19 S. Crane Brinton, The Anatomy of Revolutions, New York, deutsch: Die Revolution und ihre Gesetze, Frankfurt/Main 1959.

Frei Otto, Der dreidimensionale Garten: Wohnhochhäuser für Berlin, 1980

Menschen einem gemeinsamen und besseren Schicksal zuführt. Alle Ausweichbewegungen auf Natur(-Recht), Vernunft, ja letztendlich auch auf den verweltlichten „Verstand" vermochten nicht zu verschleiern, daß es schließlich um die Legitimationsfrage ging und man letzten Endes nicht meinte, ohne eine solche höhere Legitimation auskommen zu können.

Infolgedessen waren in dieser Linie, Dimension oder diesen Subkulturen alle Voraussetzungen dafür gegeben, daß ihre sich in der Folge entfaltenden Auseinandersetzungen die Form *religiöser* Streitigkeiten annehmen würden. Die sich in den USA entwickelnde „pragmatische Ethik" bildete dabei keine Ausnahme, da sie auf einem tiefen religiösen Gefühl basierte, das wir bis heute leicht geneigt sind zu übersehen, – aber immerhin sind Carter, Anderson (der ehemalige „liberale" Kandidat für das Präsidentenamt) und Reagan „Fundamentalisten", heute noch.[20] Sogar das spätere Sendungsbewußtsein sonst durchaus säkularisierter und atheistischer sozialistischer oder kommunistischer Führer zeugt von dieser Problematik.

Die intellektuelle Welt, die sich hier herausbildete, war also gekennzeichnet durch die allgemeinen Merkmale des *Nationalismus* (der von den Sozialisten/Kommunisten nur mühsam angegriffen wurde und auch bei ihnen, zum Beispiel in der Bejahung des Krieges durch die deutschen Sozialdemokraten und in der Erklärung des „Heiligen Vaterländischen Krieges" statt eines „Krieges des internationalen Proletariats gegen den Kapitalismus" durch Stalin wieder auflebte), des *Individualismus* (mit dem der Sozialismus/Kommunismus noch heute ringt), der intensiven Auseinandersetzung um eine *Legitimation* persönlichen Handelns und gesellschaftlicher Aktion sowie des Staates überhaupt, und damit durch ein häufig verdrängtes heftiges Ringen um die „Richtigkeit" ihrer Ideen und Ideologien. Es kann daher nicht erstaunen, daß von nun an viele Gruppen und deren je bedeutende Vertreter sozusagen „den Weltgeist gepachtet hatten".

Während die „rechte" Intelligenz weitgehend nur auf die kritische „Linke" und deren neuen Wortschatz reagierte, entwickelten sich aus diesem neuen kritischen Potential ganz unterschiedliche Richtungen, denen der Glaube an die Realisierbarkeit alter oder neuer Utopien gemeinsam war; gemeinsam war dieser kritischen Linie auch, daß sie von einer genauen Darstellung der erwünschten Realität absah; zu deutlich war – wie die alten Utopien penetrant zeigten –, daß die bessere Zukunft nur durch tief eingreifende Reglementationen und damit eine rigide gesellschaftliche Organisation erreichbar sein würde, – ein wenig publikumswirksames Bild.[21]

Durch diese Subkulturen ging – neben der Frage des Nationalismus und der Eurozentriertheit – ein scharfer Riss: Die Parallelität des Fortschrittsglaubens von Industriellen und Sozialisten/Kommunisten einerseits und der Glaube an die Richtigkeit einer Zentralisierung der öffentlichen Leistungen, der Verwaltung einer zukünftigen Gesellschaft, der Produktionsstätten und der Verteilung. Diese unangesprochene Gemeinsamkeit in Bezug auf Fortschritt und Zentralisierung hat vermutlich die sozialistisch-kommunistische Bewegung bis heute tiefer gelähmt, als gedacht wird. Ihr entgegen stellten sich eigentlich nur die Anarchisten (und, noch weniger beachtet und wirksam die „Syndikalisten"), die tiefe Skepsis gegenüber einer Verstärkung auch einer noch so fortschrittlich sich gebenden Staatsmacht früh äußerten.

Eine weitere Untergruppe mit radikal kritischer Zielsetzung bildeten die Nihilisten, die in Deutschland durch Nietzsche vertreten, das Fazit des Abbaus der alten symbolischen Wirklichkeit zogen, begleitet von den Existentialisten, die die religiösen Impulse Sören Kierkegaards verweltlichten und den Individualismus versuchten bis zu seinem ihn selbst aufhebenden Extrem zu steigern.

Daß als „Abfallprodukt" dieser Bewegungen ein Zynismus sich breitmachte, in dem sich die in der Rechenhaftigkeit des Kapitalismus angelegte Gleich-Gültigkeit gegenüber dem Gebrauchswert des Lebens mit den existentiellen Zweifeln an einer Realisierung einer besseren Gesellschaft (aus purer geschichtsphilosophisch abgeleiteter Notwendigkeit) verband, versteht sich aus unserer Perspektive fast von selbst. Dieser Zynismus hatte von Anfang an seine antidemokratische Komponente in der Ablehnung des „Mittelmaßes".

Alle diese intellektuellen Bewegungen besaßen nicht die direkte materielle Basis und den direkten politischen Einfluß, um sich unmittelbar im Baugeschehen artikulieren zu können. Dort aber, wo sich kritische Intelligenz der praktischen Politik zuwandte, nämlich in der Arbeiterbewegung, die sich in mühevollen Lernprozessen bildete, entstand eine gesellschaftliche Kraft, von der man annehmen oder hoffen konnte, daß sie eines Tages auch materiell im Stande sein würde, der besitzbürgerlichen Kultur und Architektur etwas anderes gegenüberzustellen. Gerade zu der Zeit, als dieser Eindruck entstehen konnte – etwa um 1895 –, hatte sich aber gegenüber der grundsätzlich anti-egalitär eingestellten – insbesondere un- und angelernten Arbeitschaft eine Mehrheit aus Bauernschaft, Selbständigen, Beamten, Angestellten und Facharbeitern gebildet, die von nun an die Oberhand behalten sollte.

Die Revolution einer Mehrheit der Arbeitenden fand nicht statt; dafür kündigte sich ein neuer Typ von Gesellschaft an: Die managerielle Gesellschaft.[22]

Das 19. Jahrhundert basiert also auf relativ abgeschlossenen Bewegungen: Der Aufklärung, der Ablösung des Feudalismus und absoluten Königstums durch den industriell orientierten Besitzbürger und ideologisch den Intellektuellen, den Grundlagen-Ergebnissen der neuen Technologie, besonders deutlich in der Dampfmaschine, der Dynamisierung der Natur-Wissenschaften durch den rapiden Zuwachs an Erkenntnissen.

Es entwickelt Produktivkräfte in vorher nicht geahntem Ausmaß, eine Produktivität, deren Organisation und Verwaltung eine Fülle neuer interessanter Positionen auswirft. Sie verleihen dem ganzen gesellschaftlichen System eine *„Positions-Elastizität"*, die die Entstehung oder das Durchhalten von Konsensus über friedliche Koexistenz der um die Regierungsmacht streitenden Eliten erleichtert oder erst ermöglicht. Mit der steigenden Produktivität werden aber auch die auf das Bürgertum zukommenden Organisationsfragen unterschätzt, – von deren fehlender Darstel-

20 Für die Fundamentalisten ist im Grunde immer noch das Wort Gottes, d.h. die Bibel maßgebend, und tendenziell muß man damit rechnen, daß ein Fundamentalist in seinem Handeln göttlicher Eingebung folgt...

21 S. dazu das in polemischer Absicht geschriebene Pamphlet von Eugen Richter, Demokratische Zukunftsbilder, Berlin 1907.

22 S. Field und Higley, op. cit.

lung und Vermittlung in Erziehung, Schule und Universität ganz zu schweigen.
Die Wissenschaft überwindet – nachhinkend – die Abhängigkeit von der Theologie, vertieft sich in die Ordnung des exponential steigenden Wissens, der Wissenschaftler beginnt den Gelehrten abzulösen, die schnell steigende Subkultur der Intellektuellen „geht an die Front".
Bürgerliches Selbstbewußtsein, Freiheitsstreben und teils extremer Individualismus bilden sich gegenseitig anregende Motivationszirkel, in denen der Fortschrittsglaube neue Nahrung erhält. Während einerseits die koloniale Machtexpansion auf vollen Touren läuft, verstärkt sich andererseits die Hoffnung auf die Möglichkeit der Realisierung einer besseren und gerechteren Gesellschaft.
Mit dem Ansteigen des materiellen Niveaus allerdings realisieren sich nicht nur einige Hoffnungen dieser Art, zugleich entwickelt sich auch – noch nicht zureichend gewürdigt, meist kritisiert – das industrielle, Handels- und staatliche Management. Das drückt sich auch in einer zunehmenden Bürokratisierung aus, die bisher so nicht bekannte Zwänge der Hierarchisierung entwickelt und in der in nicht zu ferner Zukunft alle Menschen nicht nur Aktentaschen – wie Tucholski spöttisch argwöhnen wird –, sondern Leitzordner und Schreibtische in ihren Wohnungen haben werden.
Während die Arbeiterbewegung mit Gewerkschaften und Parteien in den Horizont koalitionsfähiger Partner rückt, und damit zur potentiellen Entscheidungseliten-Gruppe im System der Konsensus-Eliten wird (eine Entwicklung, die erst Jahrzehnte später voll eingelöst wird), und während die Frauenbewegung zwischen Patriarchalismus von Besitzbürgertum und Arbeiterparteien nur mühsam Fuß faßt, ist das middle-class-Bürgertum um 1900 in einer nie vorher und nie wieder nachher erreichten Sicherheit, die sich in der Unbefangenheit äußert, mit der es sich in der ganzen Welt bewegen kann, in der ihm „respektvoll" begegnet wird.
So überläßt das 19. Jahrhundert seine gesamte angehäufte Problematik dem 20. Jahrhundert.
Mit der Entwicklung von Verbrennungsmaschine und Elektromotor als ersten Zeichen stürmischen Wachstums neuer Qualität als Symbol erlebt das 20. Jahrhundert an seinem Anfang eine weitere Steigerung der Produktivität, zu deren Bewältigung oder Verwaltung die theoretischen und praktischen Erfahrungen fehlen. Die Produktivität drängt auf einen *beliebigen* Einsatz,[23] und damit werden grundsätzlich neue Planungsentwürfe gefordert, die nicht vorhanden sind und zu deren schneller Entwicklung auch keine Bereitschaft besteht. So läuft das beginnende Jahrhundert mit einer Produktivität, die bereits den Massenkonsum auf höherem Niveau ermöglicht hätte, auf den ersten Weltkrieg auf, der de facto eine ungeheure Zerstörung oder Verschwendung von Kapital, Energie, Menschen, Gütern und Ideen bedeutet.
In dieser Übergangszeit hat die Suche nach Legitimität sich verästelt, und die daraus resultierende Oszillation läßt auch in der Architektur keine Ruhe und Einheitlichkeit aufkommen. Das Fehlen einer verbindlichen Anschauung der Welt – durch die divergierenden „Weltanschauungen" nur unterstrichen – läßt nach dem vergeblichen Durchspielen aller Stile die Sehnsucht nach „Ursprünglichem", dem „Organischen", wachsen. Einer unbekümmerten Zuwendung stehen aber alle Traditionen im Wege. Da der individualistisch arbeitende Architekt, ohne es recht zu wissen, in die Fußstapfen des Theologen getreten ist – wie der Philosoph und der Arzt, und als Rechtsphilosoph der Jurist – verbinden sich auch bei ihm Allmacht-Vorstellungen mit höchst privaten Philosophien.
Hierzu muß eingefügt werden, daß das Begriffsreservoir der europäischen Sprachen zur Erfassung gesellschaftlicher Strukturen und zum Ausdruck von Gestaltungsvorstellungen höchst begrenzt war und ist. Daher fahren sich Auseinandersetzungen leicht an Begriffen wie „Form" und „Inhalt" fest, und als Ersatz für „Volk" oder „Gemeinschaft" ist neben „Gesellschaft" nur „Organismus", „Mechanismus" oder „System" zu finden. Andererseits decken Begriffe wie „Funktion" alles Denkbare. Eine Diskussion, die zur Klärung von Standpunkten beitragen soll, läuft sich unter solchen Artikulierungsschwierigkeiten leicht zwischen Starrheit und Schwammigkeit fest oder endet in Manierismen. Hinzu kommt eine Trivialität, die neue Dimensionen annimmt: Beschleunigt sich eine gesellschaftliche Entwicklung derart, daß die Interpretationsmuster zu ihrem Verständnis alle 20, dann 10 Jahre wechseln müßten, erweist sich der Umstand, daß Menschen in ihrer Sozialisation noch von ihren Eltern geprägt wurden und von ursprünglichen Prägungsmustern, auch der eigenen Erfahrung in jüngeren Jahren, nur ungern abgehen, als ein außerordentliches Handicap.
Nur unter Einführung solcher Theoreme kann man ganz verstehen, wie sich in einer

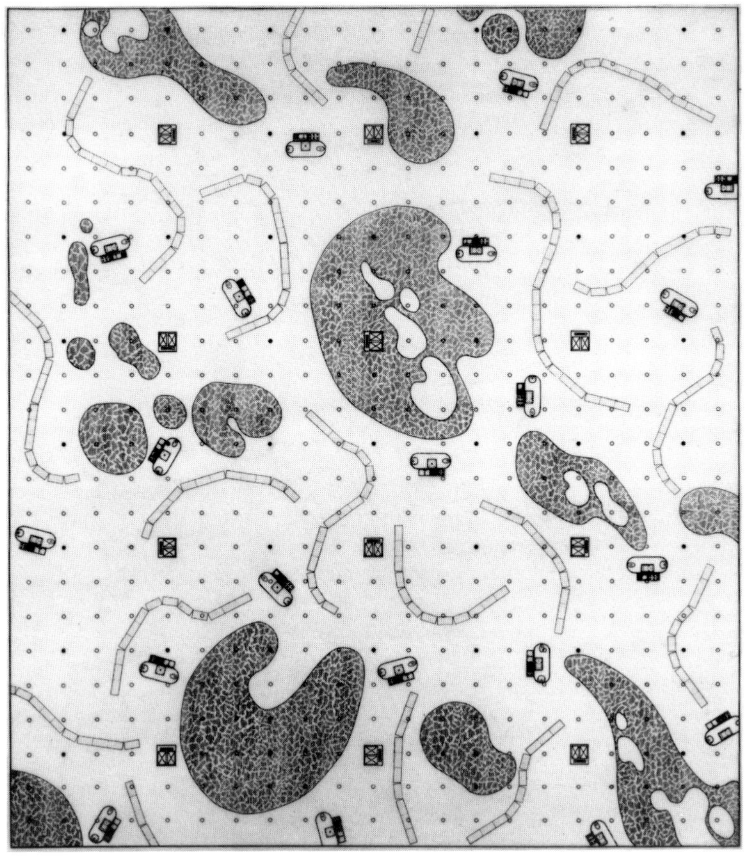

Andrea Branzi, No-Stop-City, Residential Park, 1969

Zeit der „Gleichzeitigkeit des Ungleichzeitigen" (Karl Mannheim) Ausdrucksweisen und Stile überschichten und Theorien zur Rechtfertigung von Handeln aus den verschiedensten Arsenalen geholt werden.
Von dieser Situation konnte besonders die Architektur nicht ausgeschlossen sein, in der von Bauleuten, die ihrer Zeit ungewiß waren, für Auftraggeber gebaut werden sollte und mußte, die ihrer Zeit ebenfalls ungewiß waren.
Theorien der Ästhetik begleiten den Abbau der alten symbolischen Wirklichkeit. Allein ihr Umfang – ob bei Hegel oder bei Lukács – verweist darauf, wie schwer sich die Verfasser damit taten und tun, die nackte Ratio mit dem „Schönen, Wahren und Guten" zu verbinden oder überhaupt Maßstäbe für das Gestalten derjenigen neuen Wirklichkeit zu finden, die ihnen *technologisch* unter den Händen wächst. In der Technologie von Dampfmaschinen

23 Zum Begriff der „Beliebigkeit" s. D. Claessens, Rationalität revidiert, in: ders., Angst, Furcht und gesellschaftlicher Druck, Dortmund 1965.

und Werkhalle, von Werkzeug und Werkstück drängt sich der Begriff der Funktion vor. Nicht mehr die *symbolische Struktur*, der sich die Funktion unterzuordnen hat, sondern die Funktion beginnt das Denken zu bestimmen. (In den Gesellschaftswissenschaften erfolgt diese Umdrehung 100 Jahre später, – als das Zeitalter technologisch ausgereift ist).
Der Funktions-Gedanke ist aber – wie oben angedeutet – ein äußerst heimtückischer, da er – zuerst untergründig, dann plötzlich deutlicher – mit dem Problem *der menschlichen Bedürfnisse* unlösbar verbunden ist.[24] Zuerst gibt sich daher der Funktionsbegriff sehr schlicht, als ob mit der Beantwortung der Frage: „Wozu?" alles getan sei. Aber fast nichts dient dem Menschen „nur als...", – stets hängt noch ein weiteres Bedürfnis daran. Daher verquicken sich in den Bauten seit Ende des 19. Jahrhunderts, und in Wellenbewegungen bis zu uns hin, „reines funktionales" Denken (im Glauben, man habe damit den Rükken an der Wand) mit den unterschiedlichsten Auffassungen über die Bedürfnisse des Menschen, von der rohen Auffassung, daß sich der Mensch anzupassen habe, da der Architekt wisse, was ästhetisch notwendig sei, bis hin zur bereitwilligen Aufnahme so individueller Wohn-Gewohnheiten, daß so gestaltete Innenräume nicht einmal dem Lebens-Rhythmus-Wechsel eines einzigen Menschen gerecht werden, – eine im Grunde sehr undemokratische Bauweise, da sie einem extremen Individualismus den Vorrang gegenüber dem „Üblichen" einräumt.
Auf dem Gebiet des Nutzbaus hatte das 19. Jahrhundert den Architekten (und nun oft notwendig beteiligten Ingenieuren) große Aufgaben angeboten, die mit den neuen Mitteln der Zeit, z.B. Eisen, und vielen Rückfällen in Bauvorstellungen der Vergangenheit realisiert wurden, wobei das architektonische Genie meist der Kühnheit der Konstruktion zugute kam, womit sich auch der „Geist der Zeit" offenbarte. Unter diesem Aspekt sind die neuen, meist US-amerikanischen „Wolkenkratzer" eher Konkurrenten zu den großen Brücken, Staudämmen und Eisenbahnbauten als architektonische Kostbarkeiten. Wichtig an ihnen ist die unbedingte Machtdokumentation des Geldes; damit sind sie die neuen unbekümmerten Symbole des Kapitalismus. Gleichzeitig sind sie aber auch Symbole einer neuen Teleologie, in der sich der Glaube an die Zukunft der Nation, der Glaube an die Realisierbarkeit einer fabelhaften Zukunft in technischer und organisatorischer Hinsicht mit jenem unerschütterlichen Optimismus verbinden, der die Brücke hinüber zum Sozialismus schlägt. Hier wie dort werden „kleinlicher Pessimismus" und „Zaghaftigkeit" gegenüber der Realisierung von Riesenprojekten verachtet. Logischerweise hatten Architekten für große Bauvorhaben als Auftraggeber weltliche oder geistliche Fürsten oder Geldmagnaten resp. die entsprechenden Konsortien oder Parteigremien.
Daran mag es wohl liegen, daß gerade berühmte Architekten eine geradezu panische Angst vor jenem „Mittelmaß" hatten, das allein human ist. Der Größenwahnsinn der für amerikanische Industrielle bauenden Architekten unterschied sich infolgedessen kaum von dem der in der Sowjet-Union für den zukünftigen Sozialismus/Kommunismus planenden, und einige Entwürfe von Gewalt-Häusern des für reiche Amerikaner einfühlsam bauenden Frank Lloyd Wright, Massenwohnmaschinen, übertrafen in der Größenordnung noch die kühnsten Pläne von Herrn Speer. Die Einsicht in den tief undemokratischen, die „Verordnung des Lebens von oben" verratenden Geist solcher Bauten oder Vorhaben läßt schon heute kaum noch Unterschiede sehen zwischen den wohlgemeinten Groß-Wohnbauten Corbusiers und dem elefantesken „Hannibal" bei Stuttgart. Fast alle waren damals durch und durch elitär, so fortschrittlich und humanitär sie sich auch gaben: Götter in Weiß. Das Wichtige für eine Beurteilung ist allerdings, daß diese Bautätigkeit von bestem Gewissen begleitet war: Man baute insgesamt im Geiste der Zeit. Daß man sich dabei in jeder Hinsicht in den technologischen Möglichkeiten der Zukunft und den menschlichen Bedürfnissen verschätzte, kann heute kaum vorgeworfen werden.
In der manageriellen Gesellschaft sind fast alle Menschen „Herr und Diener" ihrer selbst. Dienstbotenarchitektur, die noch im „Jugendstil" Blüten trieb, ist nicht mehr gefragt. In einer Demokratie ist das Mittelmaß das richtige Maß, für „Genies" ist hier kein Raum. Infolgedessen verfielen auch alle Pläne, die den Ideologien von Architekten entsprangen, die „durchgrünte Stadt" ebenso wie die „autogerechte" dem Richterspruch der Zeit, so daß sie bestenfalls exemplarisch realisiert wurden: Die Lebenspraxis der Bürger akzeptierte sie nicht. Daher der große Erfolg von Jane Jacobs' „Tod und Leben großer amerikanischer Städte" 1964, als noch die „Charta von Athen" mit den neuen Schlafblockmentalitäten neuer Funktionalisten stritt: Die nach alter Ästhetik „häßliche" Mischung alter und neuer Bauten zeigte sich *insgesamt* „funktionaler". So scheint das Wort von Sandor Ferenczi hierzu zu passen: „Vielleicht ließe sich bei genug tief reichender Analyse auch die gelungendste Sublimierung... in solche versteckten hedonistischen Befriedigungselemente zerlegen, ohne die anscheinend kein Lebewesen zu irgend einer Änderung seiner Tätigkeit zu bewegen ist".[25] Diese „Amphimixis" an den Tag zu bringen, entspricht vermutlich der Zeit und ihren Möglichkeiten. Die nicht dem Größenwahnsinn verfallenen Architekten oder auch sie in ihren besseren Phasen, haben genügend Beispiele einfallsreicher, ja auch anmutiger (bis vor kurzem hätte man dies Wort nicht wagen dürfen...) und einfühlsamer Architektur entwickelt, damit eine den neuen Bedürfnissen entsprechende Architektur entstehen oder weiterentwickelt werden kann.
Dabei ist zu berücksichtigen, daß ein Massen-Zeitalter weiterhin Bauten für Massenversammlungen brauchen wird, – aber hier werden vielleicht elegantere Lösungen einfallen als bisher. Und außerdem wird immer mehr die weitere Restriktion gelten, daß Architekt nur sein kann, wer Bauten baut, die ihre Kosten durch die von den Benutzern aufbringbaren Benutzungsentgelte wieder hereinbringen. Bauten für ausdrücklich repräsentative Staats- oder Kommunalzwecke müssen selbstverständlich von der Gesellschaft finanziert werden, wenn sie ihrer Verfassung einen sinnfälligen Ausdruck geben will, genau wie das beim Bau einer Infrastruktur ist. Ebenso, wie der Begriff der Repräsentation sich aber demokratisiert hat, müßte sich der bauliche Ausdruck dieser Repräsentation auch bescheiden. Wenig glückliche Versuche in dieser Richtung sind gemacht worden.
Der hier durchklingende Begriff der Bescheidenheit ist nicht modern. In Wirklichkeit wird sie als Lebensform – nicht nur erzwungen – vorweggenommen. Das muß keinen neuen „Biedermeier" bedeuten. Großmannssucht garantiert keine Größe. Vielleicht fehlen uns nur die Meister der kleinen Form, – oder deren Förderer.

---

24 Darauf einzugehen ist hier unmöglich. Man muß mit Michael Ende in der „Unendlichen Geschichte" sagen: „Das aber ist eine andere Geschichte..."
25 S. Sandor Ferenczi, Versuch einer Genitaltheorie, Leipzig-Wien-Zürich 1924.

Realismus und Architektur
Zur Konstruktion volksbezogener Sprachen

Manfredo Tafuri

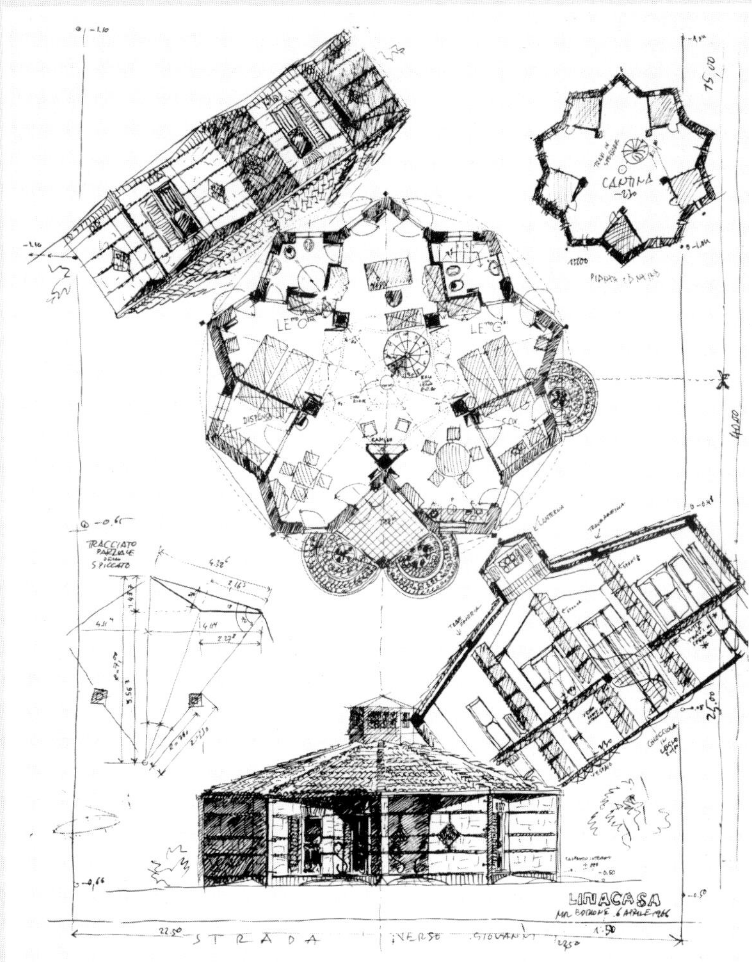

Für mich beabsichtigt „La Strada", die Erfahrung zu realisieren, die ein Philosoph, Emmanuel Mounier, für die wichtigste und ursprünglichste hält, um jedweder sozialen Perspektive Zugang zu verschaffen: die Gemeinschaftserfahrung zwischen zwei Menschen. Heute, wo so viel vom Sozialismus geredet wird, muß man, um die Fülle und Möglichkeit des Zusammenlebens zu erlernen, in erster Linie lernen, zunächst einmal mit einem einzigen Menschen zusammen zu leben. Ich glaube, daß das die Lehrzeit jeder Gesellschaft ist...

Federico Fellini, Ein Fall menschlichen Zusammenlebens, Über „La Strada" (1955)

Seite 131:
Mario Ridolfi, Casa Lina, Terni, 1966

Konstantin Stepanowitsch Melnikow, Einfamilienhaus, 1919

Konstantin Stepanowitsch Melnikow, Dreifamilienhaus, Ansicht, 1920

Will man sich ohne Vereinfachungen oder bequeme Behelfskategorien auf die komplexen Artikulationen der zeitgenössischen Kunstgeschichte einlassen, wird es offensichtlich, daß die von der traditionellen Geschichtsschreibung anerkannten Aufstellungen nur dazu da sind, zerlegt, fragmentiert, neu zusammengesetzt und den kritischsten Prüfungen unterzogen zu werden. Andererseits wird eine Kontextgeschichte der Architektur und der menschlichen Begebenheiten den sprachlichen Phänomenen, wie sie sich darstellen, nicht allzuviel Glauben schenken und es vorziehen, Texte und Dokumente im Licht der geistigen Systeme zu lesen, für die sie gleichsam das Lackmuspapier sind. Was heißt, daß eine Geschichte der zeitgenössischen geistigen Ausrüstungen die Werkzeuge der Architekturgeschichte nur benützen können wird, wenn diese sich zu inneren Neuordnungen und unvoreingenommenen Fragen bereit zeigt.

Das ist der Gesichtspunkt, unter dem hier aus dem Gewirr der architektonischen Tendenzen des 20. Jahrhunderts ein Gebiet, dessen Grenzen alles andere als fest umrissen sind, herausgegriffen werden soll. Was hier „Realismus" genannt wird, ist kein Ergebnis von Theoretisierungen, gehört nicht zu den beliebten Lektüreschemata der linearen Erzählungen der „Moderne", ist keine einheitliche geographisch und chronologisch festzumachende Tendenz. Mehr noch: der Gegenstand unserer Analyse ist selbst wieder Ergebnis einer *historischen Konstruktion;* also nicht eine von ihren Protagonisten als solche erlebte Tendenz, sondern eine Haltung, die sich außerhalb der bewußt gezogenen Entwicklungslinien ausdrückt und reproduziert.

Es soll daher der Versuch gemacht werden, das Wirken einer Geisteshaltung zu erkennen, die transversal durch die Bereiche der „Moderne" geht und sich als Element des Widerstands oder der Beunruhigung darin einschleicht. Der Terminus selbst, mit dem diese Geisteshaltung bezeichnet werden soll, ist konventionell. In seiner Assonanz verweist er auf die bemerkenswerteste Bewegung, die in unserem Jahrhundert anerkanntermaßen eine Poetik besaß, die der hier aufgespürten affin ist: den italienischen „Neorealismus". Und auch in Anbetracht dessen, daß die Konstruktion historiographischer Kategorien eine abstrakte Operation ist, wird doch dem Bedürfnis des Sich Spiegelns, das in jeder „realistischen" Haltung inbegriffen ist, Bedeutung beizumessen sein: Sich Spiegeln bedeutet Sich Wiedererkennen, und ein solches Sich Selber Erkennen mitteilen zu wollen, schließt das Bedürfnis ein, Teil eines *choralen Ganzen* zu sein, eines Universums von Werten, das dem, der darin im Namen aller spricht, Identität garantiert.

Es muß also zugegeben werden, daß den „realistischen" Poetiken ein dringender kommunikativer Anspruch zugrundeliegt. Das Problem der Sprache wird daher in die Bahn eines besonderen mimetischen Prozesses zurückgeleitet, und da ja „jenseits des Spiegels" eine Vorstellung kollektiver Existenz steht, wurzelt das archetypische Modell, auf das man sich bezieht, in den Formen der „volkstümlichen" Traditionen. Der *Idealtypus* des „Realismus" deckt sich daher mit einer ursprünglichen, doch von jeder aufklärerischen Abstraktion gereinigten *archē.* Die primären Strukturen des Wohnens und Bauens werden in der Tradition ermittelt, deren Schichtungen durch anonyme Spontaneität, fast immer bäuerlichen Ursprungs, entstanden sind: Der Bezugshorizont des „Realismus" hat unvermeidlich etwas Volkstümelndes. Aber es sollen hier nicht sofort ideologische Betrachtungen angestellt werden.

Es erscheint dafür in der geistigen Haltung, um deren Bestimmung es hier geht, eine Auf-

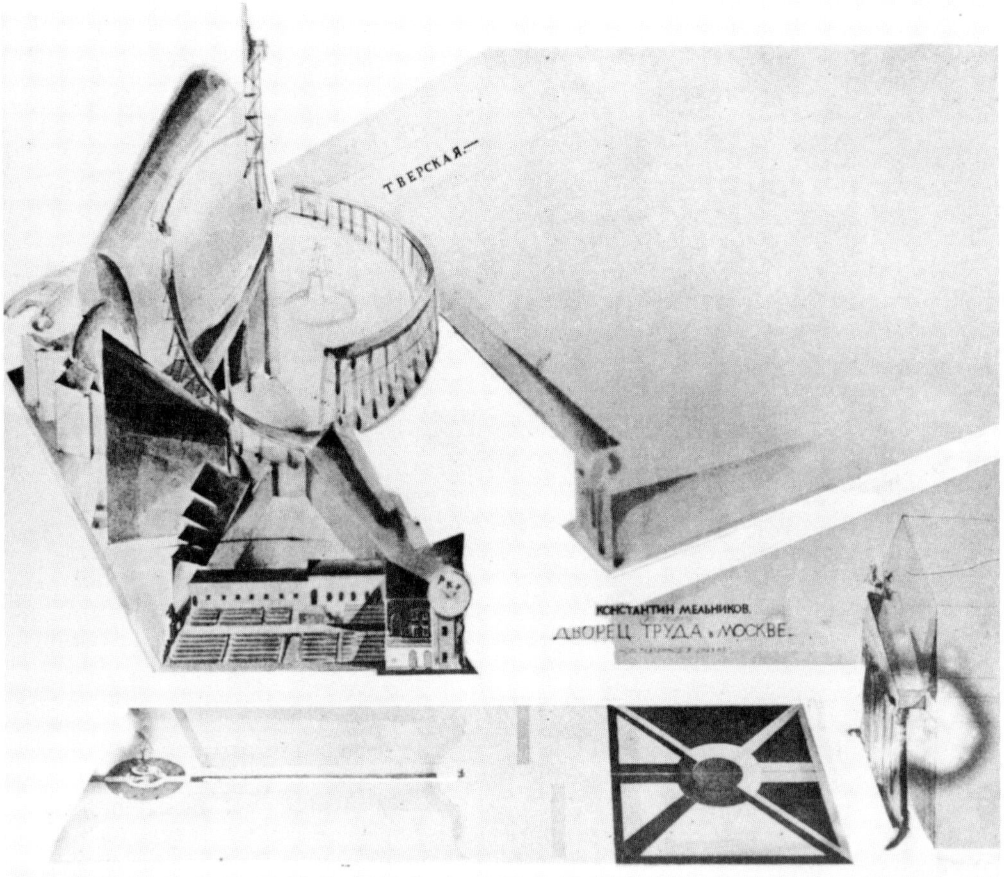

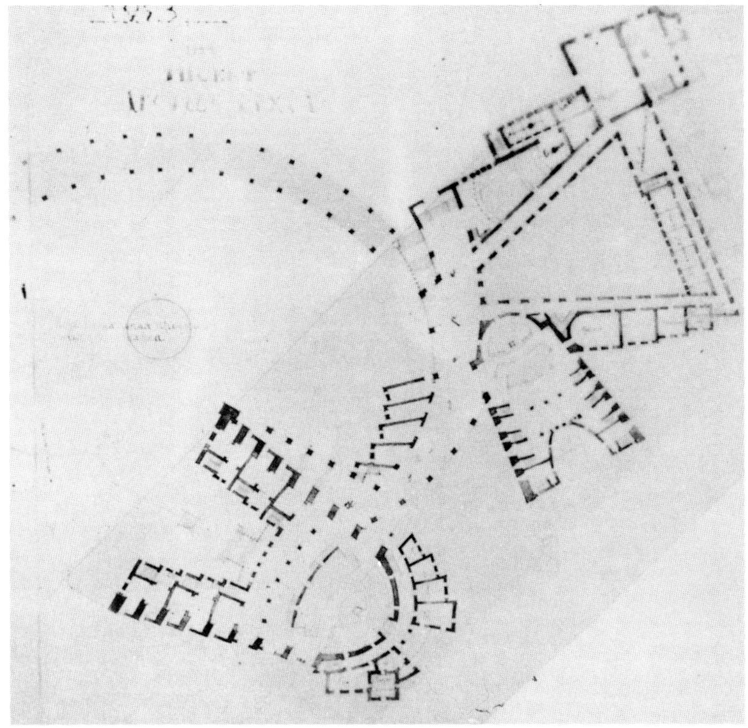

fassung der formalen Arbeit als *Kommentar,* Emphatisierung oder Manipulation bereits „zeitlos“ gegebener Syntaxen, die den Syntaxen der *Zahl,* der *Ratio,* des *Neuen* gegenüberstehen. Es handelt sich jedoch nicht um eine Opposition von „armen Wörtern“ und „vollen Wörtern“. Im Gegenteil: die Tradition, die es als das Erzeugnis einer „reinen“ Menschheit frei von den Zwängen der „entfremdeten“ Sprachen fortzusetzen gilt, wird so gelesen, als besäße sie als einzige wirklich volle Bedeutungen. Die Authenzität der *archē* wird durch die „Vertraulichkeit mit der Erde und der Materie“ dieses kollektiv fundierten Bauens bewahrt.

In erster Instanz also scheint es zwischen „Realismus“ und „Avantgarden“ nur einen frontalen Zusammenstoß zu geben. Die „Verwirrung der Alphabete“, die Verherrlichung der prometheischen und übermenschlichen Mythen, der Nihilismus, die Ideologie der permanenten Erneuerung, die provokative Beziehung zum Publikum, der Gebrauch der formalen Entstellung, kurz alle Instrumente und Meßbücher der historischen Avantgarden, scheinen auf der Gegenseite und alternativ zu dem zu stehen, was die „realistischen“ Strömungen charakterisiert. Doch auch da sollte man nicht mit Abstraktionen vorgehen. Daß ein tiefer Graben den „Realismus“ von

oben links:
Konstantin Stepanowitsch Melnikow, Palast der Arbeit, Moskau, 1923
oben rechts:
Konstantin Stepanowitsch Melnikow, Palast der Arbeit, Moskau, Grundriß, 1923
unten:
Konstantin Stepanowitsch Melnikow, Zentrale des Volkskommissariats für Schwerindustrie, Moskau, Vogelschauperspektive, 1934

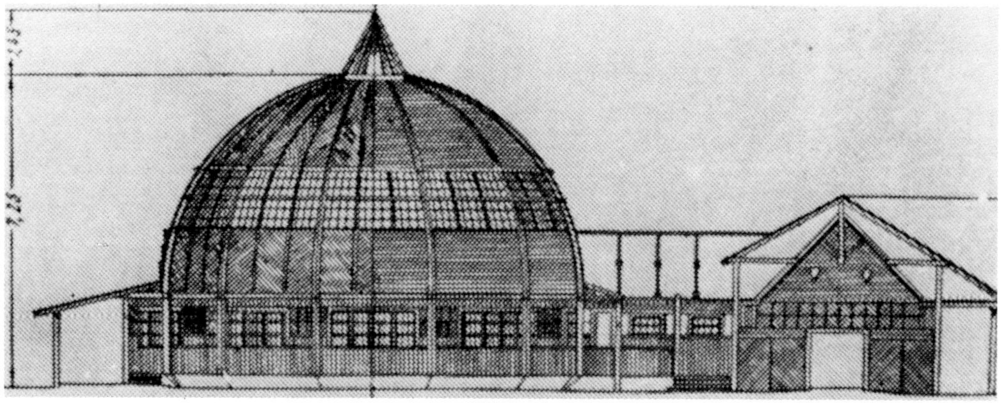

Ilja Alexandrowitsch Golosow, Ausstellungspavillon, 1923

der „Tradition des Neuen“ trennt, ist nur allzu offenkundig. Bleibt zu prüfen, ob nicht Brükken existieren, die mehr oder weniger diskontinuierlich diesen Graben überwinden.
Zunächst aber einige Unterscheidungen. Ein Teil wenigstens der oben beschriebenen Poetik wird in einem Band theoretisiert, der für einen Sektor der deutschen architektonischen Kultur zum „Manifest“ wurde: es ist das 1908 von Paul Mebes veröffentlichte Werk „Um 1800“. In der hier interessierenden Untersuchung der geistigen Paradigmen des „Realismus“ ist der Akzent jedoch auf eine sprachliche Hyperdeterminierung, eine Art von „Kommunikationsexzeß“, gesetzt. Weder die Tradition des englischen *Domestic Style*, noch der Traditionalismus von Schultze-Naumburg, von Schmitthenner, von Granpré-Molière gehören zu der Strömung, die ans Licht gebracht werden soll, und auch nicht die asketischen Verdünnungen von Heinrich Tessenow oder der Romantizismus von Richardson, Gesellius, Eliel Saarinen, noch, schließlich, der volkstümelnde Intellektualismus von Charles Moore. Der „Realismus“, dessen Artikulierungen hier verfolgt werden sollen, hat nichts mit den intimistischen Poetiken, nichts mit dem Naturalismus als Selbstzweck, nichts mit dem reduktiven Lakonismus zu tun. Seine ihm gemäßeste Diskursform ist vielmehr die Epik: er setzt ja tatsächlich der „schlechten Gegenwart“ einen Mythos im eigentlichen Sinn entgegen.
Es darf nicht unterschätzt werden, daß die Erinnerung an die „großen Muttersprachen“ angesichts einer Welt vorgenommen wird, die sich bereits die das „technische Zeitalter“ auszeichnende Umwertung der Werte zu eigen gemacht hat. Innerhalb dieses Zeitalters wird die *poíēsis* des „Menschlichen“ unvermeidlich zur Epik des „Allzumenschlichen“. Aus diesem Grund ist der Exzeß für den „Realismus“ ein sprachliches Mittel im eigentlichen Sinn: die dringende Absicht einer Kommunikation des Erkennens und Sich Erkennens erscheint nun nicht mehr so harmlos. Es werden zum Zweck, eine Kommunität zum Appell zu rufen, wohlbekannte Formen evoziert: es handelt sich um einen ethischen Imperativ.
Doch die Verallgemeinerungen sind nun zu weit gegangen; mögen sie als Arbeitshypothese dienen. Es soll versucht werden, sie in konkreten Kontexten zu verifizieren.
Rußland, 1917, Andrej E. Belogrud (1875–1933) entwirft ein „proletarisches Haus“: es handelt sich um einen der ersten Versuche der Begegnung zwischen der architektonischen Disziplin der prärevolutionären Jahre und den neuen sozialen Schlagworten. Überraschenderweise entsteht eine Art großer Isba, die von einem hohen Dach, das den Bau gleichsam in der Erde zu verwurzeln sucht, und einem Kamin in der Mitte des Hauses beherrscht wird. Es ist für diese Untersuchung unbedeutend, daß Belogrud kurz darauf Entwürfe im „neotoskanischen“ Stil (Wettbewerb für das Haus des Arbeiters von Petrograd, 1919) oder eklektischer Art (Wettbewerb für das Haus der Arbeit von Moskau, 1922–23) schuf, da der Slawismus des Hauses von 1917 in dem Projekt dieses Architekten für ein Viertel an der Serpuchovskaja Ulica in Moskau (1922-23) wiederaufgenommen wurde. Belogruds Inspiration am Volkstümlichen ist übrigens in jenen Jahren nichts Isoliertes: das bezeugen der Entwurf von Alexandr Ivanovic Gegello für ein Arbeiterdorf von 1923, der Komplex an der Traktornaja Ulica in Leningrad (1925-27) von Gegello, Nikol'skuj und Simonov, einige Entwürfe von Leonid Vesnin und Ilja und Pantelemon Golosov, einige der ersten Arbeiten von Konstantin Melnikov.[1]
Die „Formen“ der bäuerlichen Welt sind unterschiedlich dekliniert in die Formensprache von Architekten eingegangen, die gewöhnlich als Pioniere neuer Sprachen angesehen werden.
Es handelt sich dabei nicht um noch nicht überwundene traditionalistische Reste. Es ist darauf zu achten, daß den genannten Projekten die Würdigung einer Realität gemeinsam ist, die den historischen Augenblick stark bedingte. Es ist eine vorwiegend bäuerliche Bevölkerung, an die der neue Staat sich wendet; und für die Künstler hat dieses Thema noch andere Valenzen. „Der ewige Bauer“: ist das nicht ein Subjekt, das auf eine Sehnsucht nach dem Ursprünglichen, dem Überlieferten, absolut Reinen verweist? Gewiß drückt sich diese Sehnsucht in einem großen Teil der russischen Kultur des 19. und frühen 20. Jahrhunderts als Prophetentum, eschatologische Erwartung und Hoffnung auf eine Zukunft aus, die ein paradiesisches Glück wiederherstellen soll.
Das Streben nach einer paradiesischen Zukunft durchzieht in der Tat den ganzen russischen Futurismus, wo es sich im Kult der ursprünglichen Reinheit verfestigt: man denke an die transmentalen Gedichte Kručënychs, die sprachlichen Experimente Chlebnikovs, an die frühen Bilder von Malevič, an die Ideologie der Gileja-Gruppe, an Lisickij als Deuter der jüdischen Kunst[2]. Und schon berührt unsere Untersuchung wieder den Bereich der Avantgarden – ein Thema, über das zunächst ja kein Urteil gefällt werden soll, stellt sich auf beunruhigende Weise immer wieder.
Die Analyse einiger Entwürfe des jungen Melnikov kann zu einer Verdeutlichung des

1 Zur russischen Architektur der ersten Jahre nach der Oktoberrevolution: Iz istorii sovetskoj architektury 1917- 1925. Dokumenty i materialy, Moskau 1963; V. Chazanova, Sovetskaja Architektura pervych let oktyabra, Moskva 1970; J. L. Cohen, M. De Michelis, M. Tafuri, Les Avant-gardes et l'Etat. URSS 1917-1978, Paris-Roma, 1979; M. Tafuri, La sfera e il labirinto. Avanguardie e architettura da Piranesi agli anni '70, Torino 1980, S. 183 ff.; Versch. Aut., Architettura nel paese dei Soviet, 1917-1933 (Ausstellungskatalog), Milano 1982; S. O. Chan-Magomedow, Pioniere der sowjetischen Architektur. Der Weg zur neuen sowjetischen Architektur in den zwanziger und zu Beginn der dreißiger Jahre, Dresden 1983.
2 Zu diesen Aspekten der russischen Avantgarden: V. Markov, Russian Futurism: a History, London 1969; C. Abramsky, El Lissitzky as Jewish illustrator and typographer, in: Studio International, 1966, Bd. 172, Nr. 882, S. 182–185; A. C. Birnholz, El Lissitzky and the Jewish Tradition, ibid., 1976, Bd. 186, Nr. 959, Ss. 130-136; M. Tafuri, Avant-garde et Formalisme entre la NEP et le premier plan quinquennal, in Les Avant-gardes et l'Etat, a. a. O., S. 17 ff.

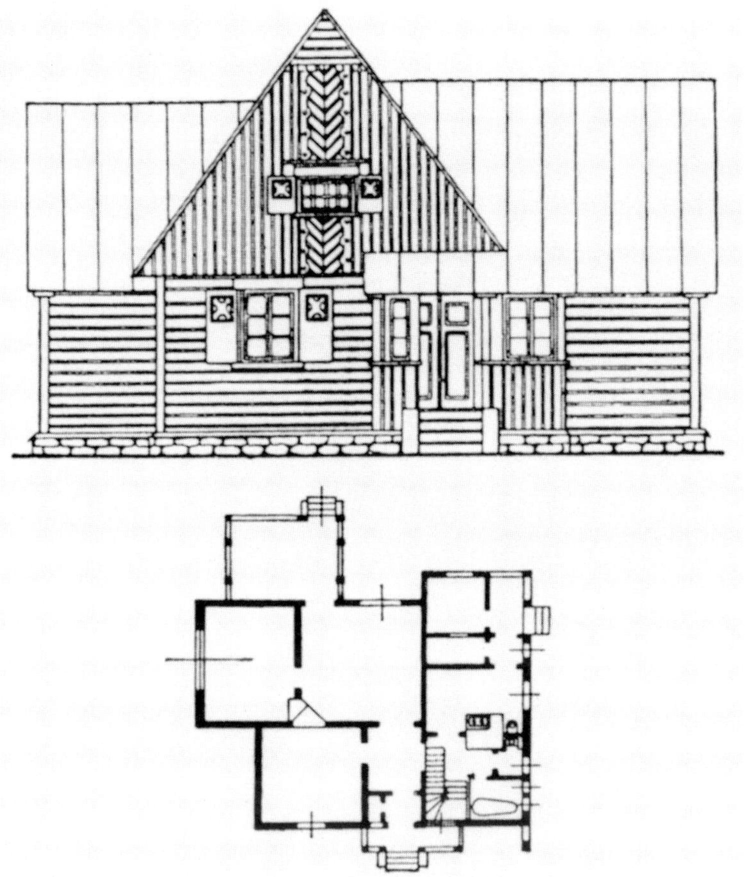

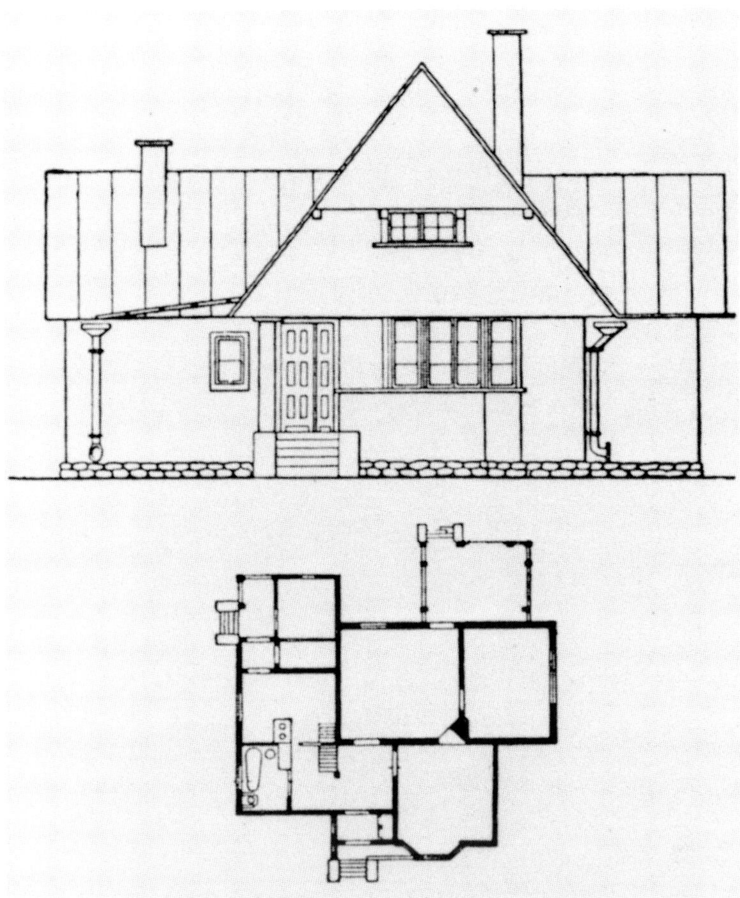

links:
Nikolai Wladimirowitsch Markownikow, Gartenstadt „Sokol“ bei Moskau, Ansicht und Grundriß eines Hauses, 1923
rechts:
Nikolai Wladimirowitsch Markownikow, Gartenstadt „Sokol“ bei Moskau, Ansicht und Grundriß eines Hauses, 1923

Problems beitragen: gemeint sind insbesondere die Studien für Doppel- oder Einzelhäuser aus den Jahren 1918–19, in denen der Bezug auf bäuerliche Themen besonders ins Auge springt. Es ist interessant, diese Entwürfe mit dem Plan für ein Krematorium zu vergleichen, den Melnikov 1919 zeichnete. Dort sitzt ein lokomotivartiger Turm auf betont naiv behandelten Volumen, die nach einer dem Kirchenbau nachempfundenen Planimetrie gegliedert sind. Es ist derselbe Primitivismus, der 1919 die Entwürfe von Einfamilienhäusern bestimmt. Doch in der zweiten Variante dieser letzteren wird der Archaismus durch eine diagonale Anordnung der inneren Mauern und des zentralen Kamins wieder umgestoßen.[3] Melnikov entwickelt seine persönliche Syntax der geometrischen Widersprüche und surrealistischen Gegensätze zwischen „Figuren“ und Abstraktionen. Gleichzeitig experimentiert er im Geist des russischen Futurismus mit einer Poetik der Übertretung, der Entstellung, des *priën,* die nicht aus dem Formenmaterial lebt, das der Maschinenidolatrie entspringt, sondern archaisch anmutendes Material verwendet. Darin steht der junge Melnikov dem Geist des *zaum* Kručënychs sehr viel näher, als man geglaubt hat.

Außerdem sind zwischen Belogruds Haus aus dem Jahr 1917 und Melnikovs Entwurf für drei Arbeiterwohnungen aus dem Jahr 1920 bemerkenswerte thematische Affinitäten auszumachen, die auf der Poetik des natürlichen Materials und traditionalistischen Tendenzen beruhen. Tatsache ist, daß Melnikov bereits in den Jahren 1919–20 der Verfremdungseffekt interessiert, den sprachliche „Verwirrungen“ oder überraschende geometrische Disartikulationen in einem herkömmlichen Kontext auslösen. Der 1923 eingereichte Entwurf für den Wettbewerb für ein Wohnviertel an der Serpuchovskaja Ulica in Moskau, der Mahorka-Pavillon und selbst der Plan für das Haus der Arbeit in Moskau verdanken zum großen Teil ihre Ausdrucksstärke der Gewaltsamkeit, mit der Melnikov Organismen verformt, die aus einem Repertorium sowohl bäuerlicher Themen als auch kindhafter Suggestionen stammen.

Zwischen „Realismus“ und Avantgarde existiert also eine unsichere Grenzlinie, die auf zweideutige Weise an den beiden gegensätzlichen Idealwelten teilhat. Melnikovs Werk nach 1923 gewinnt neue Themen hinzu und treibt auf komplexe Weise die in den erwähnten Entwürfen erforschte Syntax auf die Spitze. Doch die große Bedeutung der volkstümlichen Wurzeln von Melnikovs Werk darf nicht verkannt werden. Es ist anzumerken, daß in Kontexten, die als unmittelbar sprechende übernommen werden, Melnikovs *priëm* Valenzen einführt, welche die neuen Texte „schwierig“, fast hermetisch machen. Das ist sicher nicht der von den russischen Architekten begangene Weg, die versuchen, den „sozialen Mandaten“ zu entsprechen, indem sie Formen entwickeln, in denen die

3 Zu Melnikovs Architektur: F. Starr, Melnikov. Solo Architect in a Mass Society, Princeton 1978.

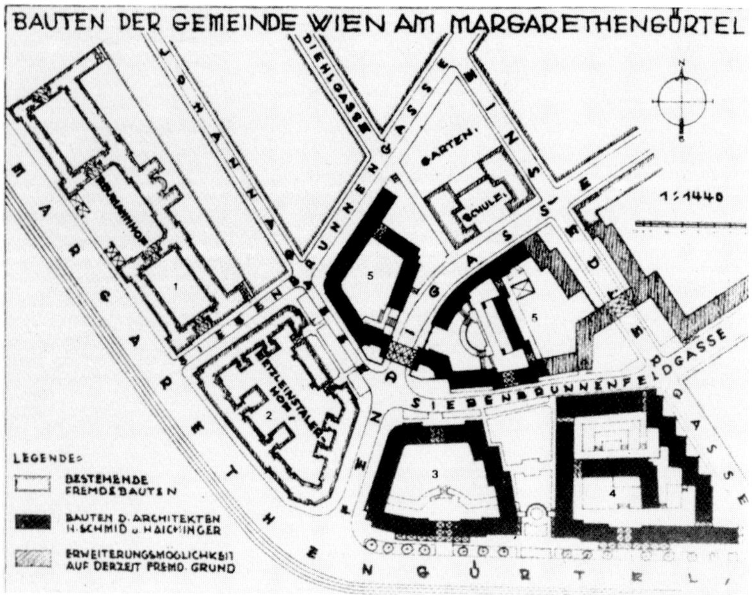

Bauten der Gemeinde Wien am Margarethengürtel

sowjetischen Massen „beheimatet" werden sollen. Dennoch hat, wie Catherine Cooke anmerkt[4], die Gartenstadt-Bewegung in Rußland, die in den nachrevolutionären Jahren durch das Werk Semënovs, Markovnikovs und Gelmans vorangetrieben wird, ihre Voraussetzungen in den ersten Jahren nach 1910, und die Ansprüche, die sich im Sokol-Viertel (1923–27) oder in dem Gartenstadt-Projekt von Privol'é (1920) ausdrücken, bleiben in Bezug auf die Debatte über neue Modelle der Stadtveränderung in Sowjetrußland marginal. Es ist eher symptomatisch, daß die später von A. Mostakov formulierten Kritiken an den Entwürfen neuer Industriestädte, die von der May-Gruppe entwickelt wurden, einen volkstümlichen Anspruch vertreten, der sich aus einem „Realismus" des 19. Jahrhunderts herleitet[5]. Und wenn Hans Schmidt als Erwiderung auf die sowjetischen Kritiken seinen Plan der Stadt Orsk im Ural neu bearbeitet, wird der „menschliche Maßstab" in einer Ausgabe in Erscheinung treten, die durch die technologische Armut der Baustelle und durch die konventionelle Interpretation des Architekten bedingt ist.

So antwortet dem hermetischen „Realismus" Melnikovs eine Banalisierung, die an kommunikativer Qualität verliert, weil sie exzessiv am „Realen" haftet.

Nicht in Rußland, sondern im austromarxistischen Wien bildet sich eine kollektive Bemühung um einen „sozialistischen Realismus" heraus[6]. Der Fünfjahresplan des sozialen Wohnungsbaus, den die sozialistische Gemeinde Wien 1923 beschließt, wird zum Anlaß, der ehemaligen Hauptstadt des habsburgischen Reichs eine neue Identität zu schaffen. Das „Rote Wien", isolierte Festung innerhalb der Republik, beschließt, „exemplarische Stadt" zu werden, ein Alternativmodell sowohl zu den sowjetischen Erfahrungen als auch zu den deutschen der Weimarer Republik. Und auch in Wien wird die Karte der technologischen Rückständigkeit ausgespielt: die handwerkliche Struktur der Baustelle wird als unveränderliche Gegebenheit einer städtischen Bauproduktion übernommen, deren Ziele es sind, die Mietpreise auf 3,40% der Ausgaben einer Arbeiterfamilie festzusetzen und die Löhne einzuschränken, um den Preisen der Exportwaren Konkurrenzfähigkeit zu sichern. Es ist daher nicht verwunderlich, daß in Wien die architektonischen Modelle der „radikalen" deutschen Kultur, der technologischen Mythen, der Ideologien der europäischen Avantgarden abgelehnt wurden. Die Utopie hat keinen Raum in einer Stadt, die sich dafür entscheidet, „Heim" einer „bewußten" und von den Werten der „Brüderlichkeit" getragenen Arbeiterklasse zu werden.

Der „Realismus" des „Roten Wien" hat übrigens präzise Vorbilder: der Wiener Wohnhof geht auf eine lange Tradition zurück, die unter anderem die Höfe einschließt, die sich der Klerus in den Städten des 18. Jahrhunderts baute. Außerdem gehören zu den Ahnen dieser neuen Wohnkomplexe für Arbeiter die *cités* des 19. Jahrhunderts, die eine Synthese der Modelle von Kaserne und Kloster darstellten; ein typisches Beispiel ist die „Cité de l'Union", die 1849 von Théodore Charpentier entworfen wurde. Wohnungen, Einrichtungen zur kollektiven Benutzung, Freizeit- und Arbeitsräume sind um Höfe angeordnet, deren funktionelle und formale Konnotationen von der Piazza bis zum Park gehen: so wird die erbarmungslose Wirklichkeit der Mietskasernen des 19. Jahrhunderts durch den Wohnhof verwandelt, der in einer zur „Krankheit" der Großstädte gegenläufigen Tradition wurzelt.

Nachdruck auf dem kollektiven Moment des Wohnens und Inbesitznahme der Stadt sind komplementäre Ziele für die Gemeinde Wien.

Nach und nach bildet sich in Abwesenheit urbanistischer Gesamtmodelle eine Art „virtueller Ring" heraus, der aus einzelnen, diskontinuierlich und in bezug zum traditionellen Stadtkern peripherisch angeordneten Zentren besteht. Die Autonomie des einzelnen Hofes – wie ein „Schloß" steht er in polemischem Gegensatz zu seiner städtischen Umgebung – spricht von einem unausrottbaren Widerspruch zwischen diesem Bruchstück einer „neuen Welt" und der „anderen" Gesetzen unterworfenen Stadt. Ökonomie des Maßstabs und Empirie bei Erwerb und Nutzung der Grundstücke bestimmen die örtliche Festlegung der neuen Sozialwohnungskomplexe, nicht zufällig wird ein großer Prozentsatz der Wohnbausteuer in den Um- und Ausbau bereits existierender Häuser gesteckt. In mehrfacher Weise versteht sich das „Rote Wien" als alternativ zu den Experimenten, die danach trachten, die begrifflichen Schemata der technischen Reproduzierbarkeit und des Fließbands in das Stadtbild einzuführen. Im Ganzen genommen ist das Wien der Wohnhöfe von 1919–1933 eine Erwiderung auf das Frankfurt Ernst Mays oder auf die Berliner Siedlungen der GEHAG.

Und obwohl keine verbindlichen Vorschriften von Seiten der kommunalen Baubehörden erlassen werden, denen die Ausführung der Bauprojekte untersteht, scheinen sie in ihren verschiedenen Sprachen spontan auf eine expressive *koinē* hinzuführen. Der wiederaufgewertete Begriff des „Ortes", der im Modell des Hofes inbegriffen ist, geht mit einem Rückgriff auf kommunikative Werte zusammen, der seinerseits die bewußte ökonomische und politische Herausforderung der österreichi-

4 Vgl. C. Cook, Le mouvement pour la cite'-jardin en Russie, in: Les Avant-garde et l'Etat, a. a. O., S. 200–232.

5 Über die neuen sowjetischen Industriestädte der 20er und 30er Jahre: M. de Michelis u. E. Pasini, La citta sovietica 1925–1937, Venezia 1976. Über Schmidt in Orsk außerdem: F. Very, Hans Schmidt et la construction de „la ville socialiste" d'Orsk, in: „VH 101", 1972, Nr. 7–8, S. 147–155.

6 Zur Geschichte des sozialen Wohnungsbaus in Wien in den 20er Jahren: C. A. Gulick, Austria from Habsburg to Hitler, Berkeley – Los Angeles 1948, besonders S. 407- 504; J. Schlandt, Soziale Wohnungspolitik in Wien von 1923 bis 1933, in: Wohnungspolitik im Wien der Zwanziger Jahre und in West Berlin, Berlin 1968, S. 9 ff; K. Novy, „Sozialisierung von Unten". Überlegungen zur vergessenen Gemeinwirtschaftsbewegung im „Roten Wien" 1918 bis 1934, Aachen 1978; Versch Aut., Kommunaler Wohnbau in Wien. Aufbruch 1923–1934, Wien 1978; M. Tafuri (Ed.), Vienna rossa. La politica residenziale nella Vienna socialista, Milano 1980; H. und R. Hautmann, Die Gemeindebauten des Roten Wien 1919–1934, Wien 1980. Zu den Wiener Siedlungen der 20er Jahre: K. Novy, The Rosenhügel Pioneers. On the Real Revolution of Worker's Housing by the Viennese Settlers, in: „9 H", 1983, Nr. 6, S. 45–51 (deutscher Originaltext in „Um Bau", 1981, Nr. 4), allerdings mit Vorsicht zu gebrauchen, da die historische Analyse auf ideologischen Vorurteilen fundiert ist. Zu den theoretischen Grundlagen des Austromarxismus: G. Marramao, Austromarxismo e socialismo di sinistra fra le due guerre, Milano 1977, mit großer Bibliographie.

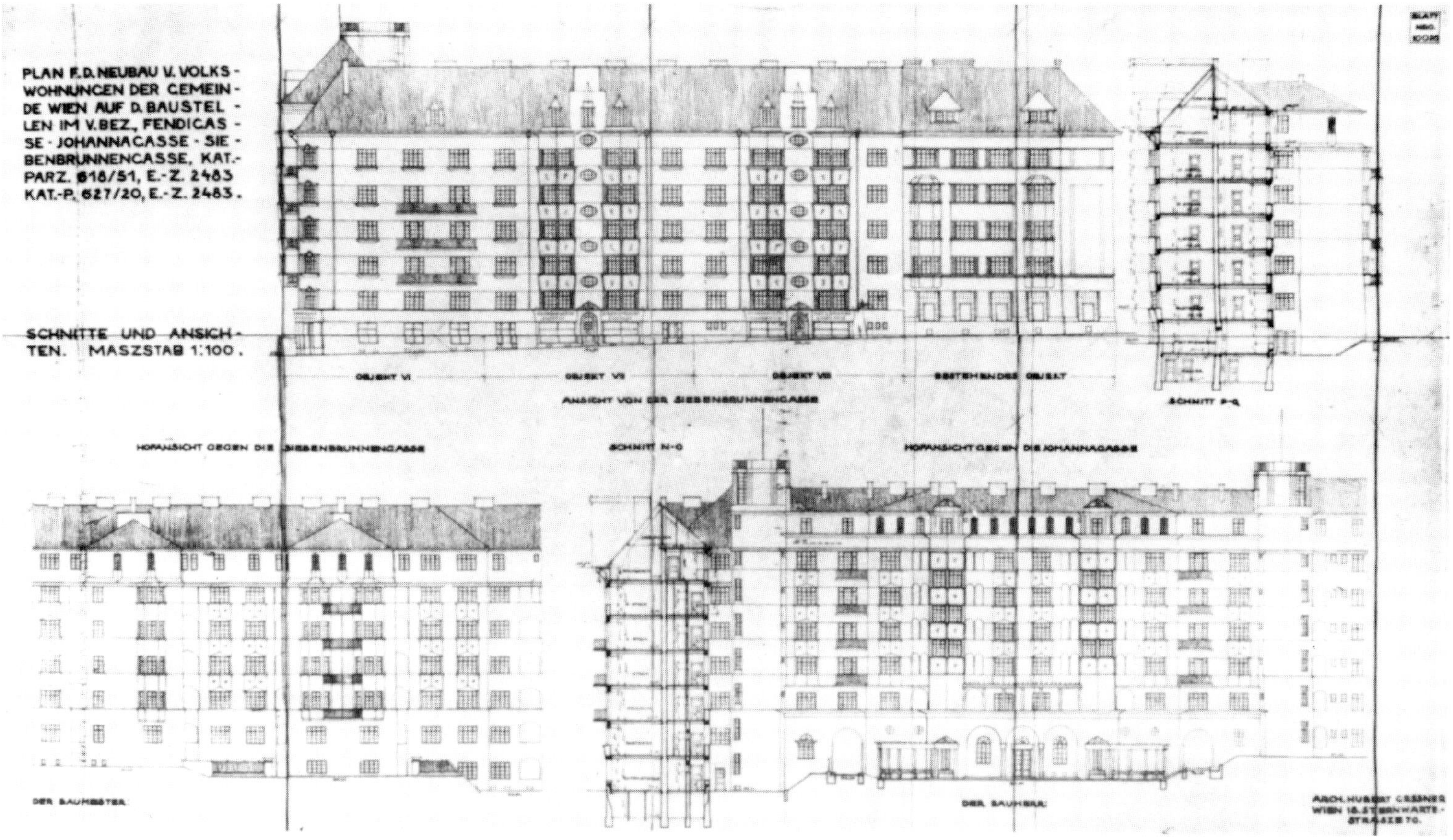

Robert Kalesa, Hubert Gessner: Metzleinstaler Hof, Wien, 1919

schen sozialistischen Partei in Wien im Gefolge hat. Die stillschweigende Übereinkunft unter den Architekten des „Roten Wien" bezieht sich auf die Wiedergewinnung einer Semantik, in der das vollständige Erbe der „national-völkischen" Sprachen eingehen soll; die Suche danach geht so verschiedene Wege wie die expressionistischen Disartikulationen des Professor Jodl-Hofs von Perco, Frass und Dorfmeister (1925–26) und des Liebknechthofs von Krist (1926), die neugotischen Anspielungen des Lorenshofs von Prutscher (1927), die *völkischen* Anklänge der Komplexe von Theiss und Jaksch, die epische Zurückhaltung der Werke von Behrens, Karl Ehn, von Schmid und Aichinger.

Zu Beginn des großen Wiener Bauunternehmens entsteht der Metzleinstalerhof. Er wird als geschlossener Plan für eine Gesamtkapazität von 252 Wohnungen 1919 von Robert Kalessa begonnen, im 5. Bezirk mit der Vorderfront zum Margaretengürtel, und 1923 von Hubert Gessner vollendet, der dann wenig später den danebenliegenden Reumannhof baut. Wegen seiner Pionierrolle verdient der Metzleinstalerhof aufmerksame Beachtung: er zeigt nämlich einen kritischen Wendepunkt für die Tradition der Wagnerschule an – aus ihr gehen ja mehrere Protagonisten der Architektur des „Roten Wien" hervor, darunter Gessner selbst, Perco, Dorfmeister, Ehn, Schöntal, Hoppe – und begründet in seinem Entwurf typologisch und sprachlich den neuen Zyklus, der mit dem Jahr 1923 beginnt. Der gewaltige Häuserblock folgt dem Verlauf des Margaretengürtels und läßt die aneinandergereihten einzelnen Wohneinheiten durchscheinen: der durch Leisten und Fenstergruppierungen unterstrichene horizontale Verlauf ist durch Erker über den Eingangstoren gegliedert, während das hohe Dach mit dem von vorspringenden Giebeln akzentuierten Dachgeschoß eine problematische Note einführt. Die „häuslichen" Werte in dieser Art der Überdachung suchen nach Übereinstimmung mit der Dimension des Gemeinschaftlichen: die Vermittlung soll über die Verzierungen erreicht werden. Besonders in den 1923 entstandenen Partien sprechen die Balkone, die Erker und die Kleeblattfenster der Treppenhäuser, die Eckverbindungen aus Keramik, die plastischen Akzente eine „Heimat"-Sprache. Die Werte des „braven Herrn Biedermeier" sind hier aus ihrer Isolierung herausgenommen und „dem Volk übergeben" worden.

Mit ähnlichen Mitteln schafft Robert Oerly den Hanuschhof (1923–25) und projektiert die Gruppe Hoppe, Schöntal, Matuschek, Theiss, Jaksch, Knauss und Tölk den Komplex Sandleiten (1924); am bedeutsamsten wird der George Washington-Hof, der Bau, mit dem Karl Krist und Oerly 1927 ihre Erwiderung auf das Modell des Karl Marx-Hofs geben. Im Washington-Hof gehen fünf Höfe, die den Unebenheiten des Baugeländes folgen, ineinander, doch vor allem wird das enorme Bauunternehmen (1085 Wohnungen) durch seine Öffnung zum anliegenden Park, der gleichsam das Rückgrat des Komplexes bildet, „aufgelöst". Die dreistöckigen Häuser mit ihren spitzen Dächern, der diagonal gezeichnete Verputz, das vielfach abgewandelte Beiwerk sprechen eine vertraute, intime Sprache: in den ruhigen Räumen des Washington-Hofs vereinen sich gestaltete Natur und national-völkische Idiome. Hier werden häusliche Stimmungen vorausgenommen, wie sie der

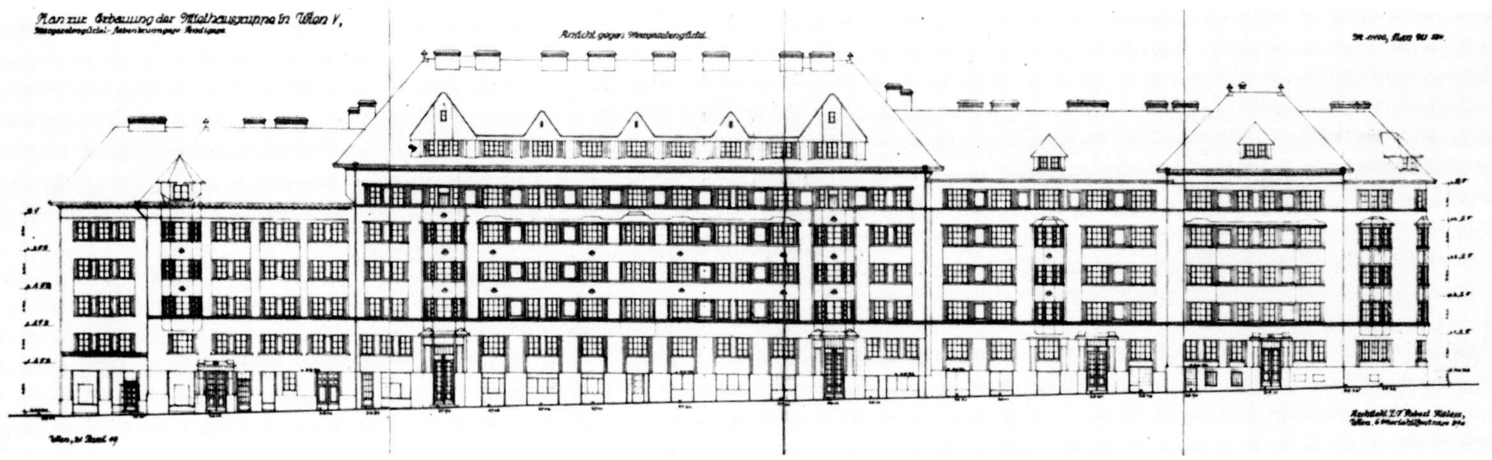

Robert Kalesa, Hubert Gessner: Metzleinstaler Hof, Wien, 1919

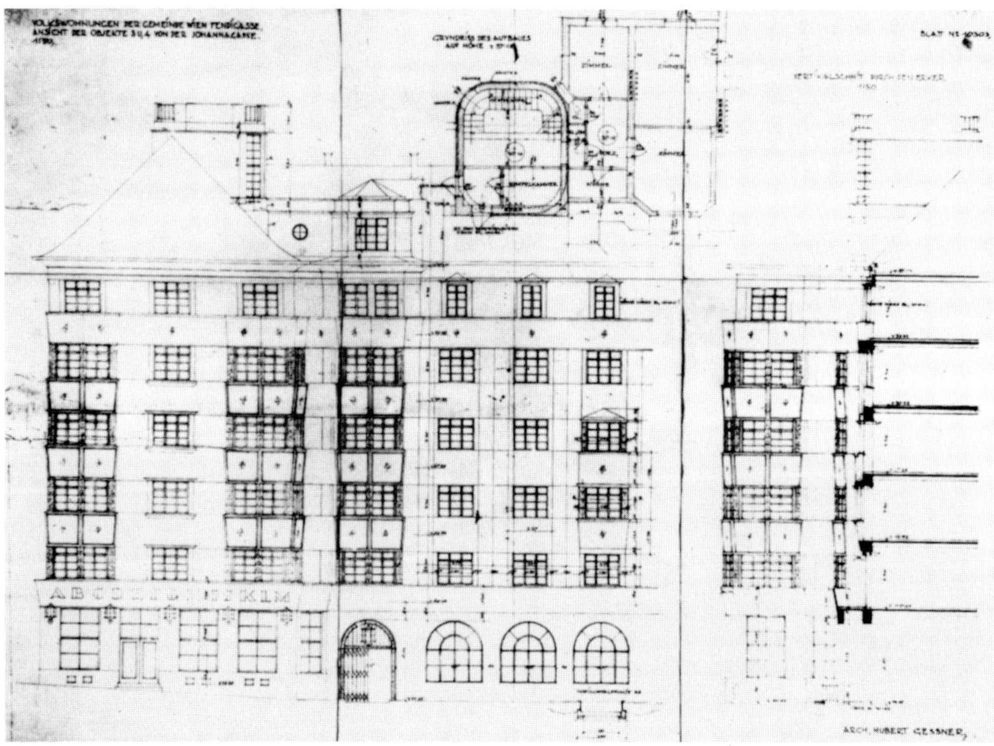

Robert Kalesa, Hubert Gessner: Metzleinstaler Hof, Wien, Ansicht, Schnitt durch den Erker, Grundriß des Aufbaus, 1919

Seite 139, oben: Karl Krist, Liebknechthof, Wien, Ansichten und Schnitte, 1925
Seite 139, unten: Karl Krist, Liebknechthof, Wien, Ansicht Malfattigasse, 1925

sogenannte „skandinavische Neoempirismus“ liebt.
Wie schon gesagt, ist in diesen glücklichen Inseln der Gemeinschaft in ihrer archaischen Zeitlosigkeit nicht das ganze „Rote Wien“ enthalten. Doch der besondere „Realismus“ in den genannten Werken verdient Beachtung: hier wird eine an völkischen Elementen reiche Sprache zu dem Ziel eingesetzt, Bruchstücke einer „neuen gemeinschaftlichen Gesellschaft“ traulich und reizvoll zu machen. Die leicht wiederzuerkennenden vertrauten Formen haben die Funktion, die Gemeinschaft im Ort zu „verwurzeln“: die Zukunft wird mit bekannten Worten, die von Heim und Heimat sprechen, evoziert. Und die Überredung, die von den national-völkischen Elementen ausgeht, verdeckt die typologischen Mängel der einzelnen Wohnungen, die fast immer mit offensichtlichem Desinteresse behandelt sind.
Kann daher das Werk, das im allgemeinen als Emblem des „Roten Wien“ gilt, nämlich der in den Jahren 1927–1930 von Karl Ehn nach Ablehnung eines 1925 entstandenen Entwurfs von Clemens Holzmeister gebaute Karl Marx-Hof, in dieser Untersuchung übergangen werden? Im Gegenteil: Im Karl Marx-Hof ist ein anderer Typus von „Realismus“ lebendig, ein epischer und monumentaler statt des traulichen, gewinnenden, doch er kann als exemplarisch für den „sozialistischen Realismus“ gelten, wie ihn György Lukàcs versteht. Der Riesenblock, der sich über einen Kilometer die Heiligenstädterstraße entlangzieht, wirkt wie eine Zitadelle, die ihre 5.000 Einwohner beschützt und gleichzeitig den Stadtteil um sie herum angreift. Ein Durchbruch der Mauermasse zeigt das Herz des Komplexes: sechs durch einen niedrigen Hauptteil miteinander verbundene Türme und sechs große Bögen über der Baumasse bilden den Höhepunkt und die symbolische Ziffer des ganzen Unternehmens. In seiner triumphalen Struktur braucht der Blick auf den Mittelhof des Karl Marx-Hofs nicht auf gewinnende Elemente zurückzugreifen. Seine Vorläufer sind eher die Wiener Bauten von Behrens, während in den dreieckigen Giebelchen an den Partien zwischen den Türmen Hoffmannsche „Zagheiten“ anklingen. Karl Ehn hatte an dem Bau in der Balderichgasse von 1922 und in der Siedlung „Hermeswiese“ von 1923 „völkische“ Elemente verwandt, doch vom Lindenhof (1924) und vom Bebelhof (1925) an wird die noch unsichere Sprache der früheren Werke durch eine Läuterung mit monumentalen Tendenzen abgelöst. Beim Karl Marx-Hof machen strenge Formen aus dem Riesenblock ein „Individuum“, das stolz ist auf seine Integrität: Karl Kraus hätte einen Engel darin sehen können, der mit flammendem Schwert „die Reiche der geistigen Armut“ verdammt. Doch ist das Drama des der Gesellschaft entgegengestellten Subjekts nicht genau das, was das Wesen des großen

bürgerlichen Romans ausmacht? In Ehns Wohnkomplex wird ein kollektives Ich dazu aufgerufen, sich in einem Konflikt mit der Geschichte zu erkennen: Lukàcs' Mythos der „Totalität“ ist hier gänzlich übernommen. Eine echte Mystik gestaltet den vollendetsten „Zauberberg“, den die sozialistische Gemeinde Wien geschaffen hat. „Realismus“ als „Beheimatung“ wird durch „Realismus“ als epischen Roman abgelöst.

Mehr als durch ein systematisches Bemühen um eine Sprache sind die formalen Bestrebungen im „Roten Wien“ durch das gemeinsame Ziel der „Wiedergewinnung des Semantischen“ miteinander verbunden. Die Lösungen werden mit verschiedenen Mitteln angestrebt: den „nationalvölkischen“ Anklängen oder dem „epischen Realismus“ wird eine allegorische Rolle übertragen, die nicht zufällig von solchen Unternehmungen des sozialen Wohnungsbaus ignoriert wird, die – wie die englischen – die Wiener Höfe als einfache Modelle der Urbanistik interpretieren. Und doch ist es gefährlich, einfach die Ausdruckswerte der Riesenblöcke des „Roten Wien“ mit den ethischen Valenzen des Austromarxismus gleichzusetzen. Es darf nicht vergessen werden, daß einige der Protagonisten damals den sozialistischen Ideen sehr fernstehen oder später recht ruhmlos die Machtübernahme des Nationalsozialismus begrüßen werden; es sollte daher besser gesprochen werden von einer provisorischen und instabilen Begegnung zwischen sprachlichen Erfordernissen, die einer inneren Krise der architektonischen Kultur entspringen, und Ideologien, die eine verzweifelte politische Situation zu überwinden versuchen.

Doch auch andere Experimente sozialen Wohnungsbaus in Europa verwenden „beheimatende“, fast folkloristische Formen. Die Aktivität des Instituto Case Popolari und anderer Körperschaften (wie das INCIS) in Rom ab 1920 ist dafür bezeichnend: die von Quadrio Pirani gebauten Wohnkomplexe, die Riesenblöcke des Trionfale III mit ihren Anklängen an phantastische Rekonstruktionen des antiken Rom, das Garbatella-Viertel, und dort besonders die von Innocenzo Sabbatini entworfenen Häuser, die Sozialwohnungen Sabbatinis an der früheren Piazza d'Armi (1925), der Komplex von E. Wittinch, A. Linogelli und M. de Renzi am Flaminio (1925–27), stimmen mit ihren unvereinbaren Sprachen doch in dem Versuch überein, eine „sprechende Architektur“ für die niederen Stände zu definieren. Irgendwie fühlen sich die Architekten verpflichtet, Pädagogen zu werden: der

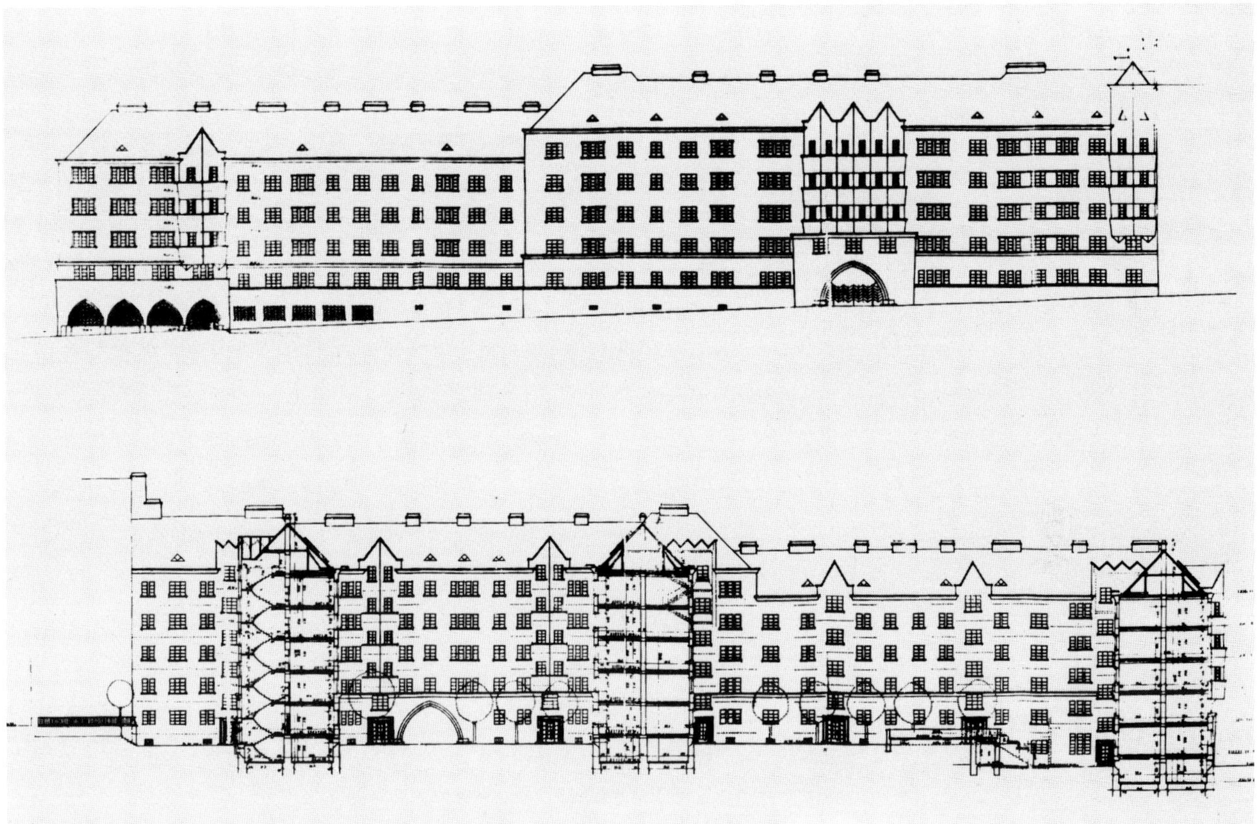

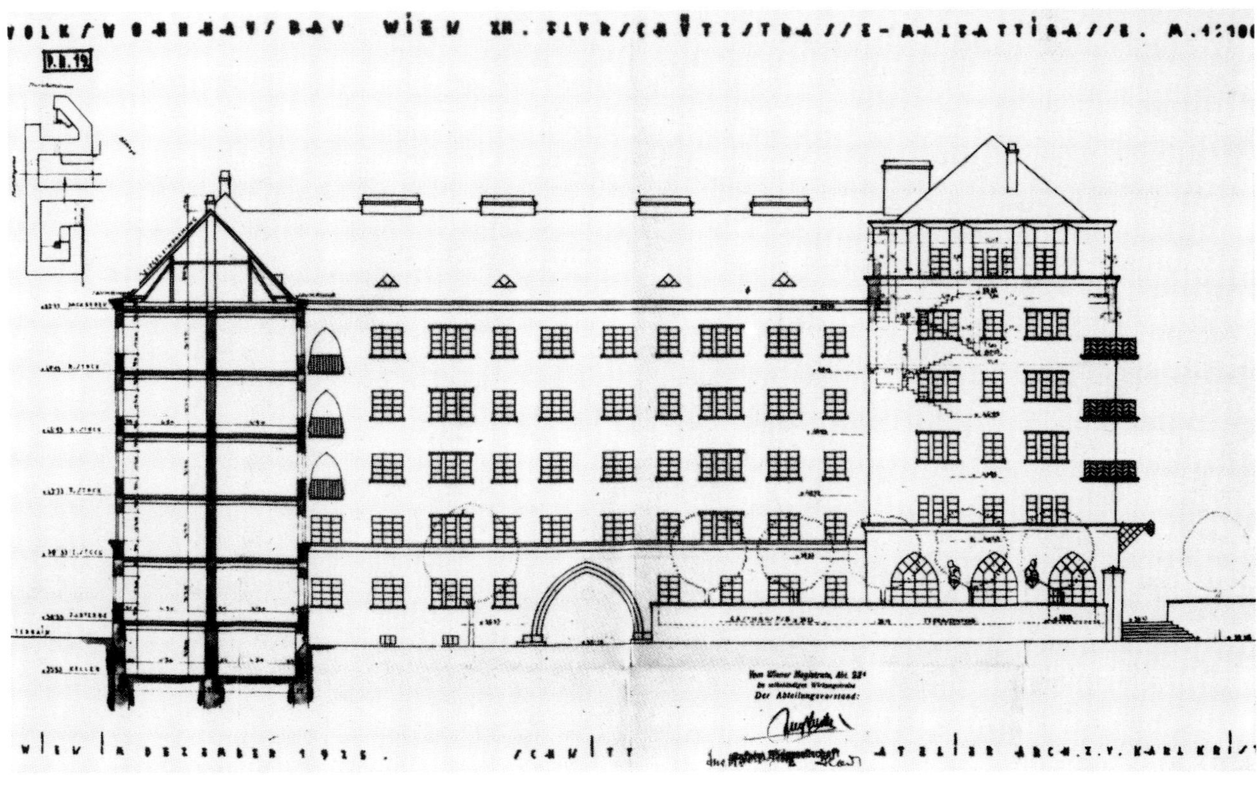

Karl Ehn, Karl-Marx-Hof, Wien, Grundriß, 1927

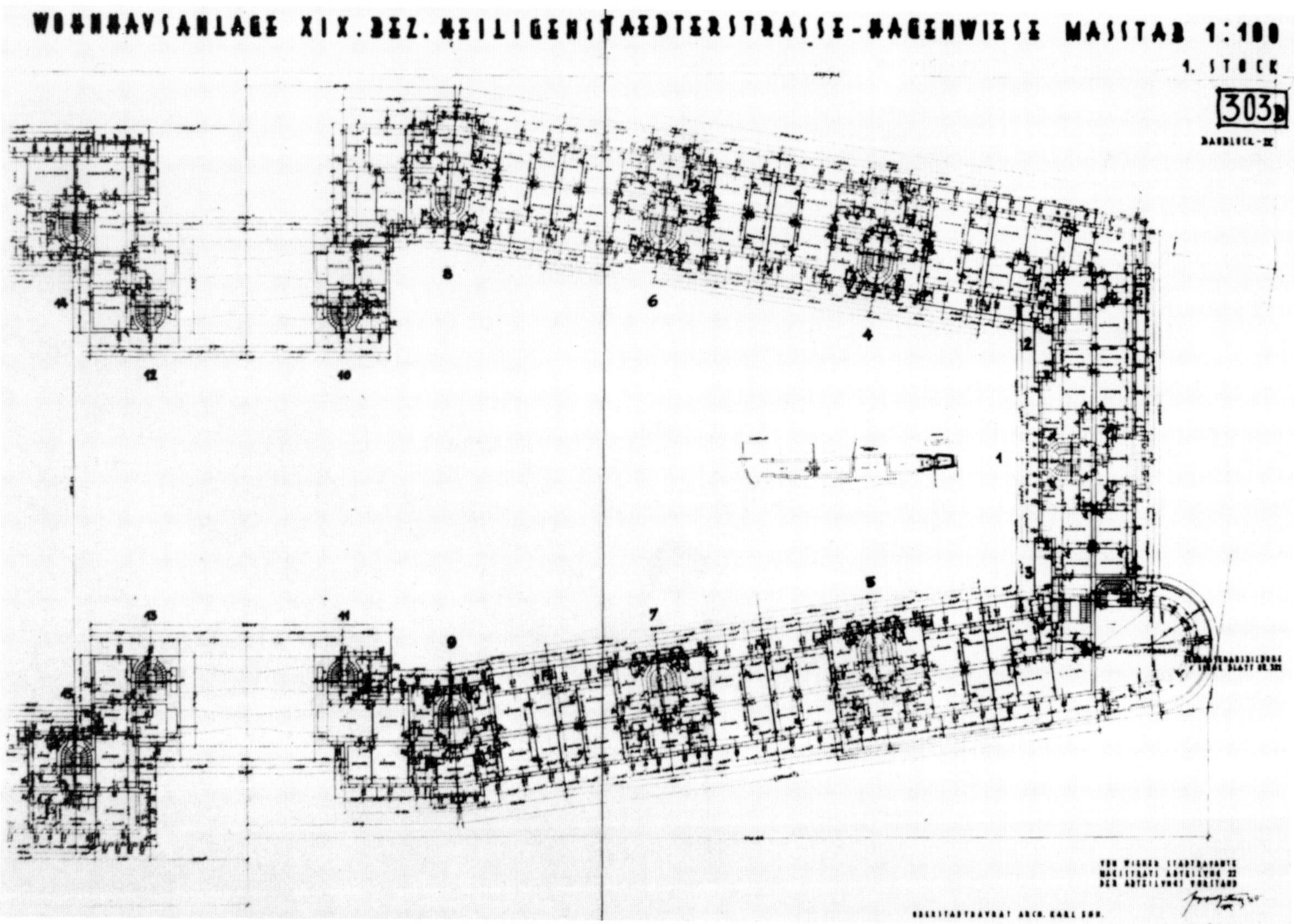

Karl Ehn, Karl-Marx-Hof, Wien, Ansicht, 1927

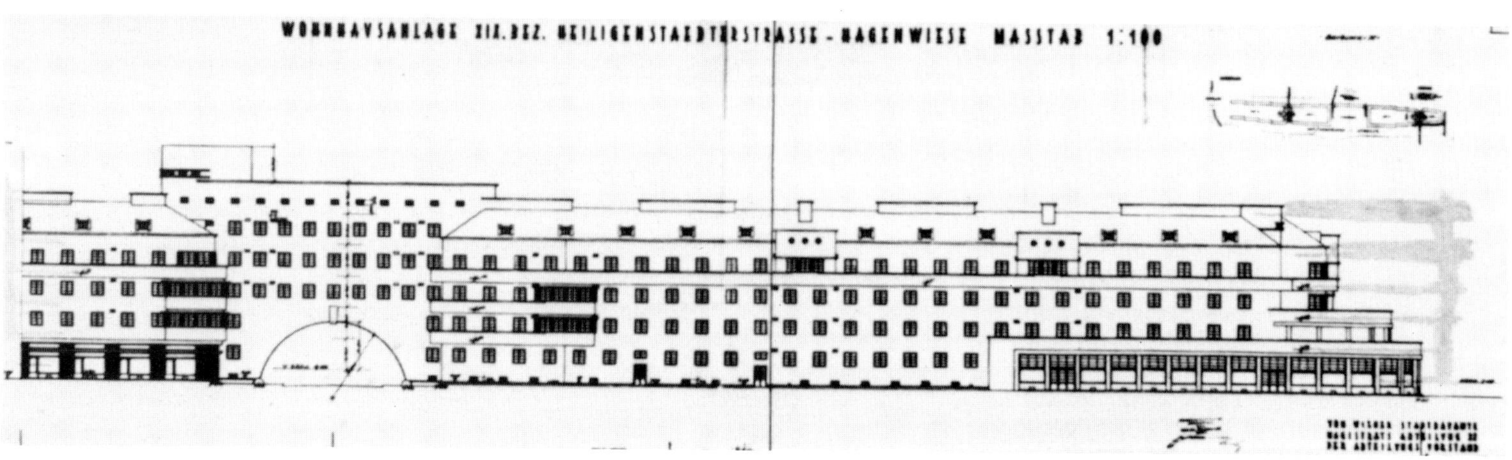

Seite 141 oben und unten: Karl Ehn, Karl-Marx-Hof, Wien, Skizzen, 1927

soziale Wohnungsbau stellt sie vor die Aufgabe, die Bewohner im „Ort“ zu verwurzeln, die spezifischen Charakteristika der „römischen Tradition“ zu bestimmen, vertrautes und leicht zu erkennendes sprachliches Material zu verwenden. Das Ergebnis ist die Verherrlichung einer kleinbürgerlichen Häuslichkeit für die Massen: und auch der Nachdruck auf überraschenden Effekten, auf Lösungen, die am römischen Settecento inspiriert, oder auf Stilisierungen, die futuristischer Unduldsamkeiten eingedenk sind, zielt auf das Thema des „Wiedererkennens“.[7]
Einige der Voraussetzungen des italienischen Neorealismus in der Architektur der 40er und 50er Jahre finden sich hier bereits – und nicht nur in Rom – in den Bauten der frühen 20er Jahre und deren Weiterentwicklung im Lauf der zwei faschistischen Jahrzehnte.
Wer einen präzisen, einheitlichen Hintergrund bei der Erscheinung, die hier analysiert werden soll, suchte, würde also enttäuscht. Die Entscheidung für das Völkische, Volkstümliche hat sehr verschiedene Gesichter, und die sprachlichen Mittel haben diesbezüglich ein so breites Variationsfeld, daß ein Historiker traditioneller Sichtweise in Schwierigkeiten gerät. Wie schon gesagt, geht es um eine geistige Haltung, die sich in Operationen und Operatoren einschleicht, die alles andere als kompakt sind: die schwankende ideologische Strömung, die hier „Realismus“ genannt wird, führt zu Lösungen, die nur die Überbestimmung ihrer Botschaften gemeinsam haben, die „Reaktion auf die Moderne“, den rückgewandten Blick auf „ursprüngliche“ Vorbilder für ein gemeinschaftliches Wohnen. Doch gerade im Bereich der radikalsten Moderne kann man Experimente finden, die auf ihr völlig antithetischen Tendenzen beruhen. Der Fall von Le Corbusier ist aufschlußreich: der Plan für die Maison Errazuris in Chile und die Villa für Madame de Mandrot in Le Pradet (1929–1932) scheinen eine plötzliche Wendung des französischen Meisters anzuzeigen.[8]

7 Zum sozialen Wohnungsbau im Rom der 10er und 20er Jahre: V. Fraticelli, Roma 1914–1929. La citta` e gli architetti tra la guerra e il fascismo, Roma 1982. Zum Einfluß der Wiener Höfe auf die englische Architektur der 30er Jahre: D. Calabi (Ed.), Architettura domestica in Gran Bretagna 1890–1939, Milano 1982, S. 115 ff.

8 Vgl. B. Reichlin, La villa de Mandrot a Le Pradet (Var), 1929–1932, in: Versch. Aut., Le Corbusier. La ricerca paziente, Lugano 1980, S. 87–102. Le Corbusiers Zeichnungen für die Maison Errazuris und die Villa de Mandrot sind veröffentlicht in The Le Corbusier Archive (H. Allen Brooks editor), Bd. IX, Palais des Soviets and Other Buildings and Projects, 1930, New York and London 1982, S. 3–26 u. S. 419–518.

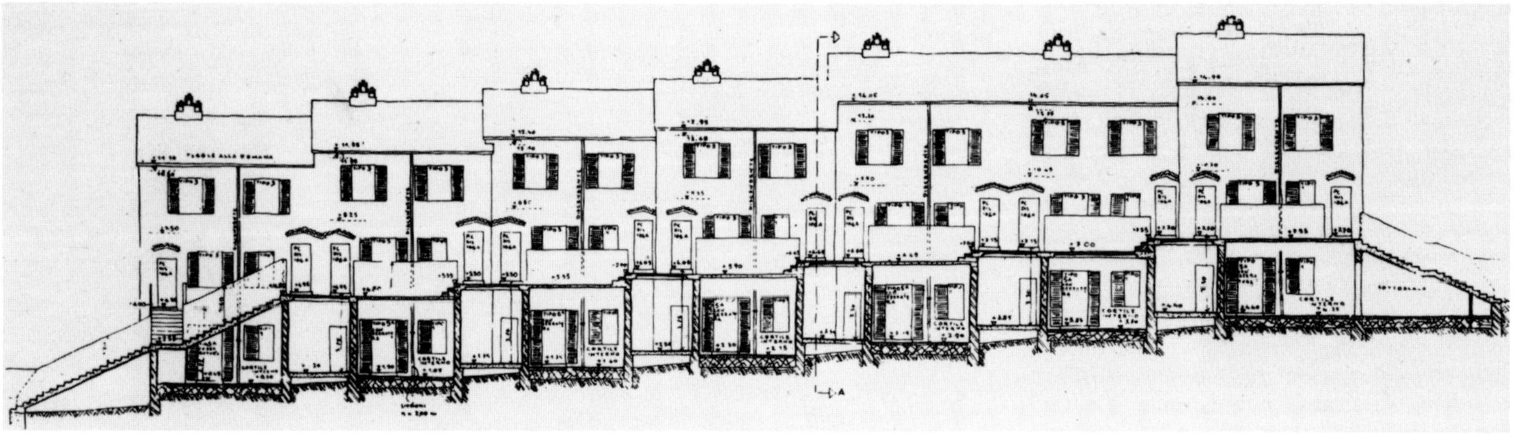

Mario Ridolfi, Ludovico Quaroni: Quartiere Tiburtino, Rom (1949-1954), Ansicht

Beide Landhäuser stehen auf dem Boden, und bei beiden werden rustikales Material und jahrhundertealte Bautechniken verwandt: bei der Maison Errazuris insbesondere werden einfache, geschälte und farbig gestrichene Stämme verwendet, die ein römisches Ziegeldach stützen. *Maçonnerie en pierre du pays* und Gespräch mit der Landschaft: Le Corbusier ist sich – wie die zu den Entwürfen geschriebenen Briefe zeigen – bewußt, neue Valenzen in seine Formensprache aufzunehmen, und mit einem strategischen Schachzug gegenüber seinen traditionalistischen Kritikern weist er auf die „primitive Hütte" seines geliebten Laugier hin. Mundartliche Formen und Materialien werden einer Logik unterworfen, die die Sprache der räumlichen Durchdringungen und Abstraktionen seiner früheren Werke keineswegs verrät. Übrigens führt Le Corbusier um 1930 sowohl als Architekt als auch als Maler immer stärker anspielende Materialvalenzen und Bildhaftigkeiten ein. Doch schon die beiden erwähnten Landhäuser sprechen – eher als von einer Wiederaufnahme des Regionalismus des jungen Jeanneret (zum Beispiel das Landhaus Jaquemet in La Chaux-de-Fonds, 1908) – von einem Eintritt in das Reich des Mythos, in dessen Innern Le Corbusier bekanntlich eine lange Reise unternehmen wird.

Zweifellos gehören Le Corbusiers Experimente mit den archaischen Baumethoden nur am Rande zu der Geschichte, die hier konstruiert werden soll. Doch da sie ein Bedürfnis anzeigen, sich mit ursprünglichen und selbständig sprechenden Werten zu messen, können sie als nicht zu vernachlässigende Symptome eines fruchtbaren Zweifels an der „Universalität" der „Moderne" gelten.

Die Wiener Modelle haben jenseits ihrer ideologischen Implikationen einen gewissen Erfolg bei der Bestimmung von Eingriffstypen innerhalb des Stadtgürtels: vielleicht verdankt auch die „Casa de las Flores" von Bergamin in Madrid den Höfen des „Roten Wien" etwas. Doch unter den Wohnbauten der 20er und frühen 30er Jahre in den Vereinigten Staaten scheinen nur die Phipps Garden Apartments in New York (1930) und die Hillside Homes (1932) von Clarence S. Stein - und das auch nur von fern - etwas mit dem Wiener Experiment zu tun zu haben.[9] Das ist kein Zufall. Die progressistischen und avantgardistischen Gruppen in Amerika zählen weder die Elementarismen, noch die Romantizismen, noch die „Realismen" europäischer Prägung zu ihrer Tradition. Die Kultur der Polemiker, der Soziologen, der Planer und Architekten der Regional Planning Association of America – darunter Benton Mac Kaye, Lewis Mumford, F. L. Ackerman, Charles Whitaker, Clarence S. Stein, Alexander M. Bing, Henry Wright – wurzelt eher im Conservation Movement, in der Aktion von Frederick Law Olmsted, in der American Tradition: im „Geist von Concord" also. Die von der City House Corporation finanzierten Komplexe – Sunnyside (1924-28) und Radburn (1928 und später) nach Entwürfen von Stein, H. Wright und F. Ackerman – haben als Vorläufer die Howardschen Modelle, die Theorie der Nachbarschaftseinheit von Clarence Perry, die Bauten von Unwin und Parker, einige *garden suburbs* der Vorkriegszeit. Die Form ist daher im Stadtmodell aufgelöst, in der Integration von Anlagen, Geschäfts- und Dienstleistungseinrichtungen und Wohnhäusern, in der Einbeziehung von Grünflächen: die Architektur ist zu einem „unerheblichen Gegenstand" reduziert.[10] Das hindert allerdings Stein und H. Wright nicht, „ländliche" Akzentuierungen an den 1930 für eine Privatgesellschaft begonnenen Reihenhäusern des Chatham Village in Pittsburgh einzuführen. Das Pittsburgher Viertel und die Phipps Garden Apartments zeigen die beiden Gesichter der für die Kultur der RPAA typischen Gleichgültigkeit gegenüber sprachlichen Fragen. Gerade diese Gleichgültigkeit – sie wird sich in Bezug auf so manche italienische, englische und skandinavische Experimente der 50er Jahre als prophetisch sehen" Wurzeln jener Kultur. Die bescheidenen Formen rücken die „Reform" der Institutionen, der Gesetze, der politischen Sitten in den Vordergrund: das Engagement der Mitglieder der RPAA während des ersten New Deal unter Roosevelt macht das deutlich.

Bei einer der bedeutendsten Unternehmungen des New Deal – der Planungsarbeit der Tennessee Valley Authority – kommt die durch eine landwirtschaftliche Ideologie bestimmte Kultur zu vollem Ausdruck: der Anlaß ist durch die Begegnung ebendieser Kultur mit einem als Modell demokratischer Programmierung propagandierten Versuch gegeben, die Rohstoffe und Energiequellen integriert zu nutzen. Vereinigung der Techni-

9 Vgl. C. S. Stein, Towards New Towns for America, New York 1957, Kapitel 5 u. 6, und I. Rosenfeld, Phipps Gardens Apartments, in: Architectural Forum, LVI, February 1932.

10 Zur „Regional Planning Association of America": R. Lubove, Community Planning in the 1920's: the Contribution of the Regional Planning Association of America, Pittsburgh 1963, und F. Dal Co, From Park to the Refion: Progressive Ideology and the Reform of the American City, in: G. Ciucci, F. Dal Co., M. Manieri-Elia, M. Tafuri, The American City. From The Civil War to the New Deal, Cambridge (Mass.) 1979, S. 143 ff (italienischer Originaltext Roma-Bari 1973).

ken für ein integriertes *planning*: das ist das erklärte Ziel der TVA.[11] Düngerproduktion, Überwachung der Gewässer, Nutzbarmachung der landwirtschaftlichen Flächen, Elektrifizierung auf regionaler Ebene: die verschiedenen Abschnitte der eigentlich alles andere als einheitlichen und kohärenten Aktion der TVA stehen alle innerhalb einer Planung der Entwicklungshilfe, in die das *social planning* Arthur Morgans paternalistische, gewerkschaftsfeindliche und autoritäre Valenzen einführt. Vielleicht gerade, um diese Valenzen zu verbergen, ruft Morgan progressistische *planners* wie Tracy Augur und Benton Mc Kaye, damit sie den Ansatz des von Earle S. Draper 1934 angelegten Städtchens „verbessern“: es handelt sich um ein abgeschiedenes Dorf, Norris Town, das auf regionaler Ebene als Beispiel für eine dezentralisierte Gemeinde gelten soll. Augurs und McKayes Vorschläge bleiben unbeachtet. Im Juni 1948 wird Norris Town von der TVA an eine Immobiliengesellschaft abgetreten: damit ist die pädagogische Utopie Arthur Morgans endgültig gescheitert.

Doch Drapers Dorf ist interessant. Es besteht aus freistehenden Häuschen, die an die anonyme Architektur der Pioniervorfahren erinnern, ist für die 1.700 Arbeiter am Staudamm bestimmt und verweist in seinem lagerartigen Aspekt mitten in der Natur deutlich auf eine transzendentalistische und Emersonsche Ethik. Norris Town soll von der sozialen Philosophie der TVA künden. Planning, Elektrifizierung und landwirtschaftliche Nutzbarmachung gelten als Antithesen zur „bösen Metropole“ und zum „Wall Street Geist“: Ländlichkeit und Naturalismus der um das Gemeindezentrum herum verstreuten Häuschen sprechen von den „menschlichen“ Qualitäten des Eingriffs in die Region. Einander völlig fremde Kulturen trennen Norris Town vom Orsk Schmidts und von „La Martella“ Quaronis; und zweifellos folgen sie auch ganz verschiedenen urbanistischen Modellen. Und doch verbindet eine gemeinsame Wurzel, die „Zeitlosigkeit“ der „primitiven“ Siedlung, unwillkürlich das amerikanische Dorf mit der Industriestadt im Ural und dem Städtchen Quaronis der 50er Jahre. Darüber hinaus ist zu bemerken, daß in Norris Town die puritanische Tradition New Englands im Aufruf zur Rückkehr zur „gesunden Tradition“, von der die doppeldeutige Aktion der Authority durchsetzt ist, weiterlebt. Auch dank der „truly american“ Volkstümlichkeit von Norris Town kann die TVA in der Nachkriegszeit „Exportware“ für unterentwickelte Gebiete wie Chile, Indien und das von der Cassa del Mezzogiorno unterstützte Süditalien werden.

Als Beispiele für Völkisches in der italienischen Architektur sind das Garbatella-Viertel und der Ruralismus des faschistischen Regimes erwähnt worden. Doch unmittelbar vor dem Krieg sind viele weitere Vorläufer dessen aufzuzeigen, was die „neorealistische“ Haltung sein wird: zum Beispiel die der ländlichen Architektur gewidmete Ausstellung, die Giuseppe Pagano 1936 für die VI Triennale

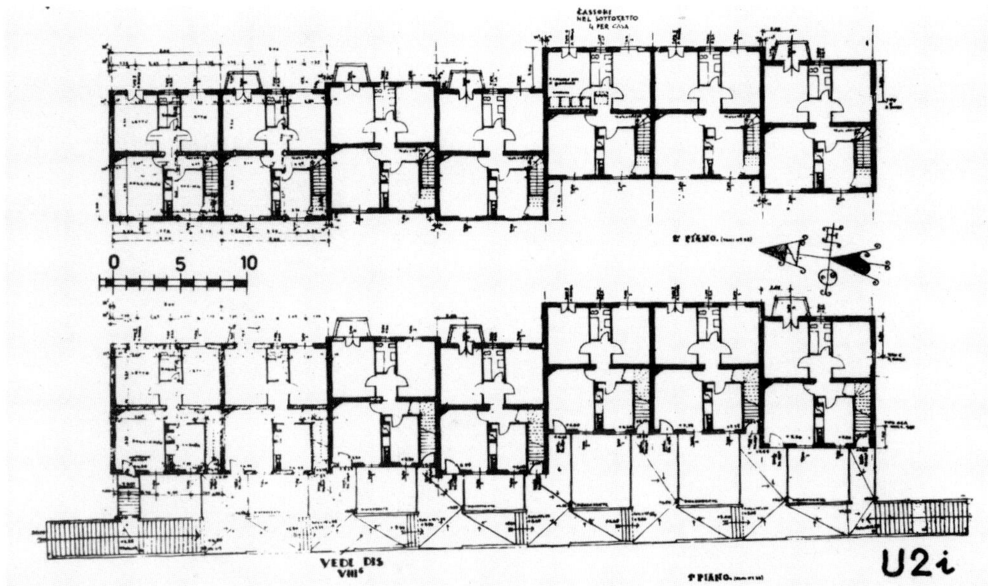

Mario Ridolfi, Ludovico Quaroni: Quartiere Tiburtino, Rom (1949-1954), Grundrisse

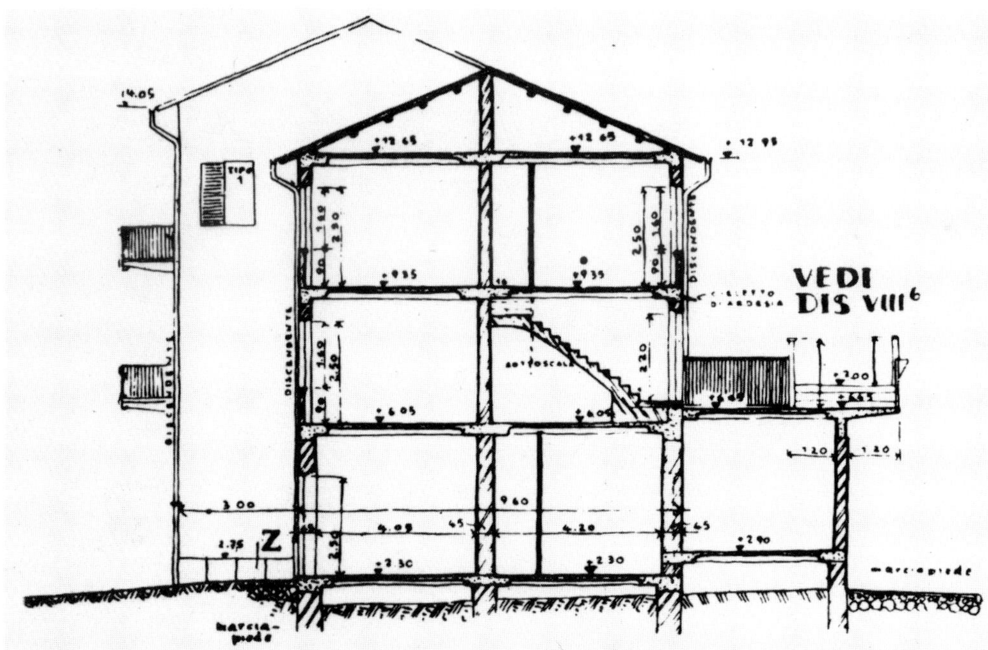

Mario Ridolfi, Ludovico Quaroni: Quartiere Tiburtino, Rom (1949-1954), Schnitt

11 Zur TVA und zu Norris Town, vgl. National Planning Board, (F. E. A. P. W.), F. A. Delano, C. E. Merriam, W. C. Mitchell, Final Report 1933/34, Washington 1934, Kapitel VII; C. H. Pritchett, The Tennessee Valley Authority. A Study in the Public Administration, Chapel Hill 1943; D. E. Lilienthal TVA, Democracy on the March, New York 1944; P. Selznick, TVA and the Grass Rooths. A Study in the Sociology of Formal Organization, Berkeley and Los Angeles 1949[1], New York 1966[2]; M. Scott, American City Planning since 1890, Berkeley and Los Angeles 1969, S. 270 ff; M. Owen, The Tennessee Valley Authority, New York 1973; F. Dal Co, Dalla „Progressive Era“ al New Deal. La questione di Muscle Shoals, in: Casabella, 1977, XLI, Nr. 425, S. 35–43.

Mario Ridolfi, Ludovico Quaroni: Quartiere Tiburtino, Rom (1949-1954), Wohnungsgrundrisse

von Mailand organisierte, die Villa in Porto Santo Stefano von Ludovico Quaroni (1938), Mario Ridolfis Entwurf eines landwirtschaftlichen Betriebs in Sant'Elia Fiumerapido (1940). Zusammen mit einem Film wie „Ossessione" von Luchino Visconti und einigen literarischen Texten von Pavese und Elio Vittorini zeugen diese Versuche von einem Willen zum „Engagement im Realen", von einem antirhetorischen Willen, der Grundworte in einer an den Mythos der „Natürlichkeit" und der „Spontaneität" gebundenen Logik sucht, von einem Bedürfnis, das zur Autobiographie hinstrebt.[12]

Nach der *Libera* bestimmt diese Wahl einen ganzen Sektor der italienischen Kultur, in dem es um das dringende Bedürfnis geht, die Erfahrung der überraschenden Begegnung zwischen Intellektuellen und den durch die *Resistenza* „auratisch" gewordenen Volksmassen zu erzählen. Hier wirkt auch der erwähnte „amerikanische Mythos". Es ist das Amerika Steinbecks, nicht so sehr das von Dos Passos: die Planung für das unterentwickelte Tennessee-Gebiet wird weit mehr als die anarchischen *cities* und das Manhattan der Wolkenkratzer zum mythischen Bezugsmodell.

Der „italienische Neorealismus" – sowohl der von Rosselinis „Roma città aperta" als auch der von De Sica, Beppe Fenoglio und Carlo Levi – projiziert auf ein sentimentales Bild der nationalen Realität einen Willen zur Regeneration, der das Bedürfnis verdeckt, uralte Schuld zu sühnen. Die Ethik des „Engagements" führt zu einer Suche nach den Wurzeln im Bäuerlichen: so wird die Angst gegenüber dem unheimlichen Kontakt mit der Massengesellschaft verdrängt. Und in der Architektur wird die Sprache des Materials und der volkstümlichen Tradition beschworen, um passive oder opportunistische Bindungen an internationalistische oder neoklassizistische Wurzeln aufzulösen, die als den Aufgaben der „Rekonstruktion" Italiens zuwiderlaufend angesehen werden.

Sicher charakterisiert die Notwendigkeit, als Alternative zur Hermetik der Werke von Terragni, Cattaneo oder Libera aus den 30er Jahren eine unmittelbar verständliche Sprache zu sprechen, einen großen Teil der italienischen Architektur der ersten Nachkriegszeit; man denke zum Beispiel an das „Weinbauernhaus" von Gardella (1945-46), an die Schutzhütte Pirovano in Cervinia von Albini (1949-51), an das Cesate-Viertel in Mailand (1950 u. später) von Albini, Albrizzi, BPR und Gardella. Doch nur in Rom bildet der Neorealismus in der Architektur eine erkennbare „Schule" aus. Der Entwurf der Gruppe Quaroni-Ridolfi für den Termini-Bahnhof (1947), die Kirche in Francavilla a Mare von Quaroni (1948-58), die INA-Casa-Bauten im Tiburtino-Viertel (1949-54) und die Türme von Ridolfi und Frankl am Viale Etiopia (1950-54) sind deren bedeutsamste Vertreter, wie auf dem Gebiet des Films De Sicas „Fahrraddiebe" oder Rossellinis „Sciuscià".

Im Tiburtino-Viertel bei Rom arbeiten Ridolfi und Quaroni – die anerkannten Meister der neuen Bewegung – mit jungen Schülern wie Carlo Aymonino, Mario Fiorentino, Federico Gorio, Carlo Melograni und anderen zusammen. Es handelt sich um eine der wichtigsten Unternehmungen des Plans INA-Casa, der 1949 verabschiedet wird, ein Programm zur Förderung der Beschäftigung unter der paternalistischen Leistung von Arnaldo Foschini. Paradoxerweise bildet Foschini, der die Bau-

12 Zur Geschichte der italienischen Architektur von den 40er Jahren bis heute; Versch. Aut., Il dibattito architettonico in Italia, 1945-1975, Roma 1977; G. Canella, Figura e fuzione nell'architettura italiana dal dopoguerra agli anni '60, in: Hinterland, 1980, Nr. 13-14, S. 48 ff; C. de Seta, L'Architettura del Novecento, Torino 1981 (eine moralische und flüchtige Analyse); M. Tafuri, Architettura italiana 1944-1981, in Storia dell'arte italiana, Einaudi, Bd. VII, Il Novecento, Torino 1982, S. 425-550. Zu den im Text erwähnten Werken Ridolfis und Quaronis außerdem: L. Quaroni, Il paese dei barocchi, in: Casabella, 1957, Nr. 215 (Selbstkritik in bezug auf das Tiburtino-Viertel); „Controspazio", 1974, Nr. 1 u. 3, sind dem Werk Ridolfis gewidmet; Versch. Aut., Le architetture di Ridolfi e Frankl, Roma 1979; M. Tafuri, Ludovico Quaroni e lo sviluppo dell'architettura moderna in Italia, Milano 1964.

programme der faschistischen Ära von innen erlebt hatte, eine Brücke zwischen den Tendenzen der vorausgegangenen zwanzig Jahre und dem neuen Bedürfnis nach „Wahrheit" bei den jungen Römern. In der Tat ist die Pflege der handwerklichen Techniken ein Ziel des INA-Casa-Plans: das Baugewerbe wird von dem nach 1948 herrschenden politisch-ökonomischen Block benutzt als erster Schulungsort für die auf die Industrie zustrebenden bäuerlichen Arbeitskräfte und als wirtschaftliches Instrument, das von fortgeschritteneren Produktionssektoren abhängt. So arbeitet der Mythos vom Bäuerlichen, der dem römischen Neorealismus zugrundeliegt, paradoxerweise den Programmen des „neuen Regime" in die Hand: die „Neorealisten" wollen eine völlig und unmittelbar verständliche Sprache sprechen und „werden" dabei unbewußt „gesprochen" von – politischen und ideologischen – Sprachen, die einer ganz und gar vom neuen Machtblock geleiteten Entwicklung dienen. Das „Manifest" dieser neuen, zweideutigen Sprache ist das Tiburtino-Viertel. Weit vom Zentrum Roms entfernt gelegen, kehrt es der Stadt verächtlich den Rücken. Sein Modell ist die „Reinheit" des Volkstümlichen, das Tiburtino-Viertel soll die Vitalität, „Spontaneität" und Menschlichkeit des Dorfes reproduzieren. Auf einer vage informellen Planimetrie schaffen Ridolfi, Quaroni und ihre Mitarbeiter Formen, an denen die bodenständigen Motive emphatisiert, auf die Spitze getrieben und entstellt sind. Im Ganzen – ausgenommen einige marginale Elemente von ein paar Mitarbeitern – erscheint das Tiburtino-Viertel als die Negierung des Begriffs der Typologie, die wiederaufgewertete Handarbeit fungiert im Dienste der „Dis-Alienation". Doch die „Bearbeitung" der dörflichen Formen ist, insbesondere bei Ridolfi, interessant. Sie hat zwei Aspekte. Einerseits zeugt sie nachgerade von einem *Furor* der Gestaltung, der die mundartlichen Grundformen durcheinanderwürfelt, zum Beispiel der Dächer oder der Außentreppen bei den Häusern mit umlaufenden Galerien. Zum anderen zeigt sie einen systematischen Gebrauch der sprachlichen *Entstellung,* wie er in der oben erwähnten Architektur Melnikovs zu finden war. Es ist klar, daß keine unmittelbaren Beziehungen zwischen der Kultur der Entwerfer des Tiburtino-Viertels und der des russischen Architekten existieren. Doch gerade deshalb wird diese Beobachtung noch interessanter. Auf dem Gebiet des „Realismus" wird vielfältiger Gebrauch von einem Ausdrucksmittel gemacht, das exklusiv für die Kunst der Avantgarde typisch

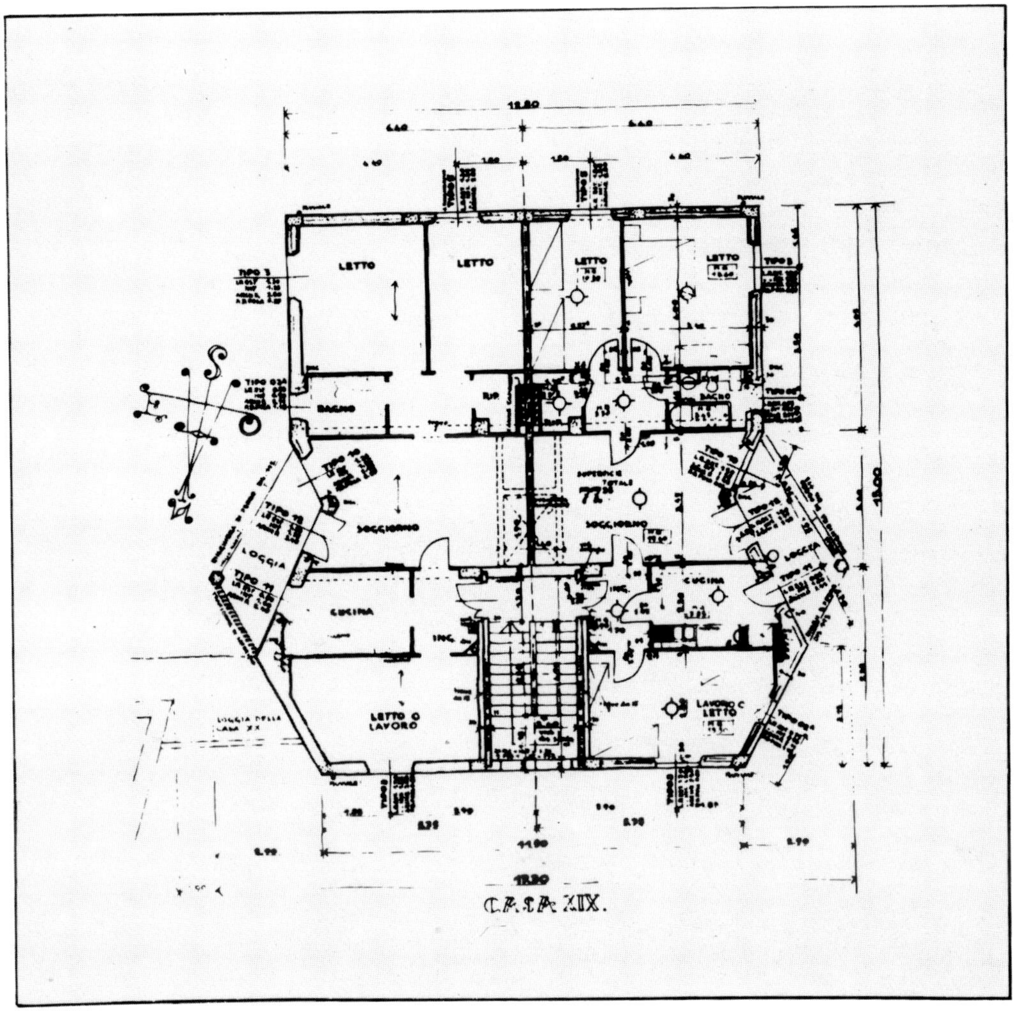

Mario Ridolfi, Ludovico Quaroni: Quartiere Tiburtino, Rom (1949-1954), Grundriß einer Wohnung

schien: die „semantische Verschiebung" macht auch das Tiburtino-Viertel „sprechend", obwohl sie auf eine wiederaufgenommene Mundart angewandt wird, die unmittelbar vom „Volk" verstanden werden sollte; der Gesamteindruck, der daraus resultiert, ist eine „Ohrfeige für den bürgerlichen Geschmack". Im danach entstandenen Dorf „La Martella" bei Matera sucht Quaroni die im Tiburtino erprobte Sprache lyrisch zu machen. Eine große Rolle spielt bei diesem Experiment die „Entdeckung des Südens" bei den italienischen Intellektuellen im Gefolge von „Christus kam nur bis Eboli" Carlo Levis, der Gedichte Rocco Scotellaros, der ersten soziologischen Untersuchungen über die „Sassi" (Höhlenwohnungen) von Matera und das Elend in Süditalien. Die neorealistische Poetik gewinnt „kommunitaristische" Töne: die Dörfer bei Matera – vor allem die von Luigi Piccinato – machen sich eine regressive Ideologie der „Nachbarschaftseinheit" zu eigen. Aus der Begegnung zwischen den Intellektuellen und den enterbten Massen entstehen überraschende Bestätigungen der urbanistischen Theorien von Clarence Perry und Lewis Mumford. Dagegen schaffen dann Ridolfi und Frankl mit dem INA-Viertel von Cerignola (1950) und den Turmhäusern am Viale Etiopia in Rom (1950–54) zwei der bedeutendsten Zeugnisse der kulturellen Krise der frühen 50er Jahre.

Die Türme vom Viale Etiopia gliedern sich in ein Stadtviertel von höchster Bebauungsdichte ein: es geht um die Aufgabe, eine Alternative zur brutalen Ausnutzung von Boden und Menschen zu finden, ohne auf „glückliche Oasen" auszuweichen. Ridolfi und Frankl verzichten nun auf die dörflichen Anspielungen des Tiburtino. Die Kontinuität der brutal zur

Mario Ridolfi, Volfango Frankl: Wohnblocks, viale Etiopia, Rom (1951-1954)

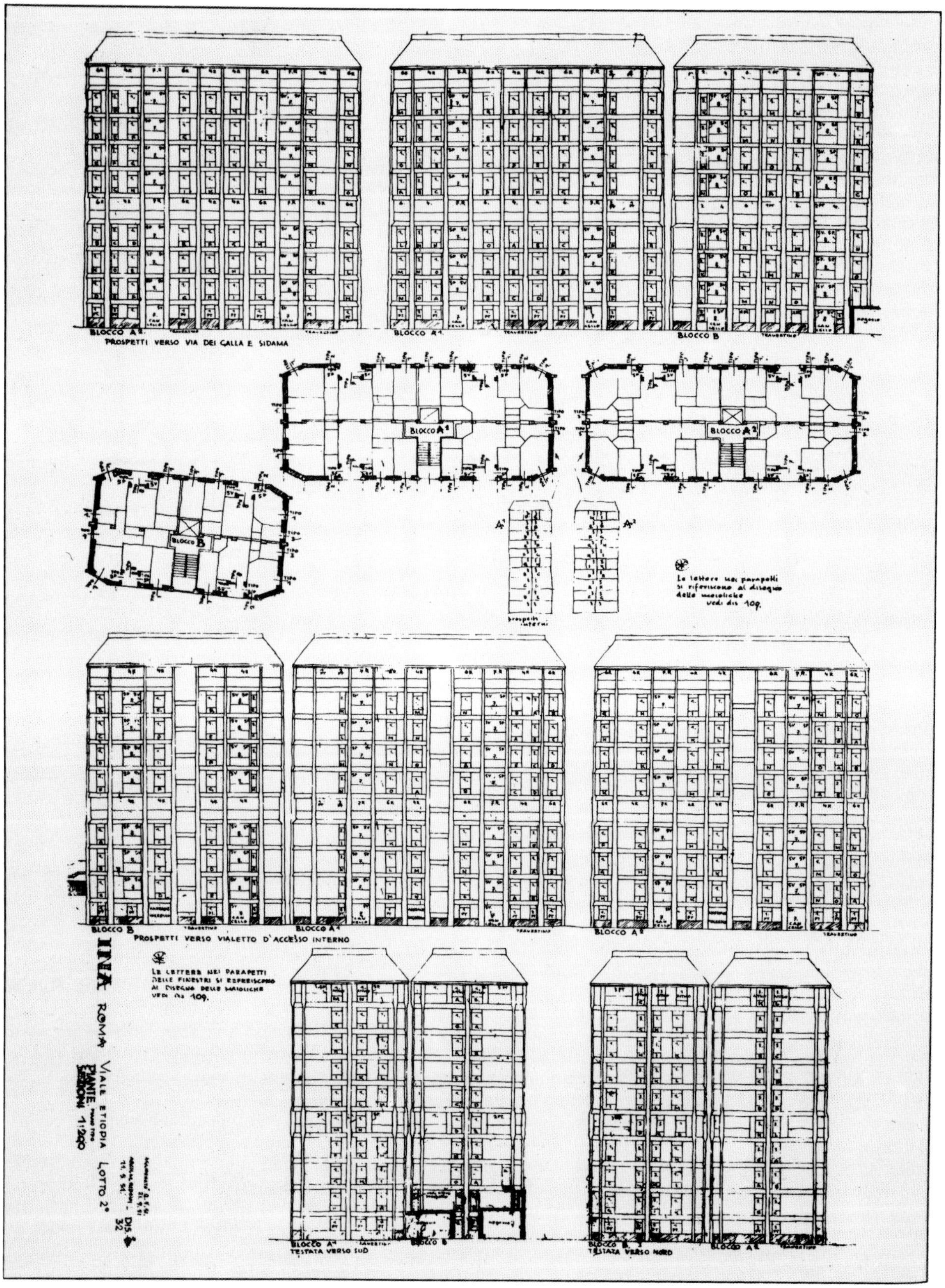

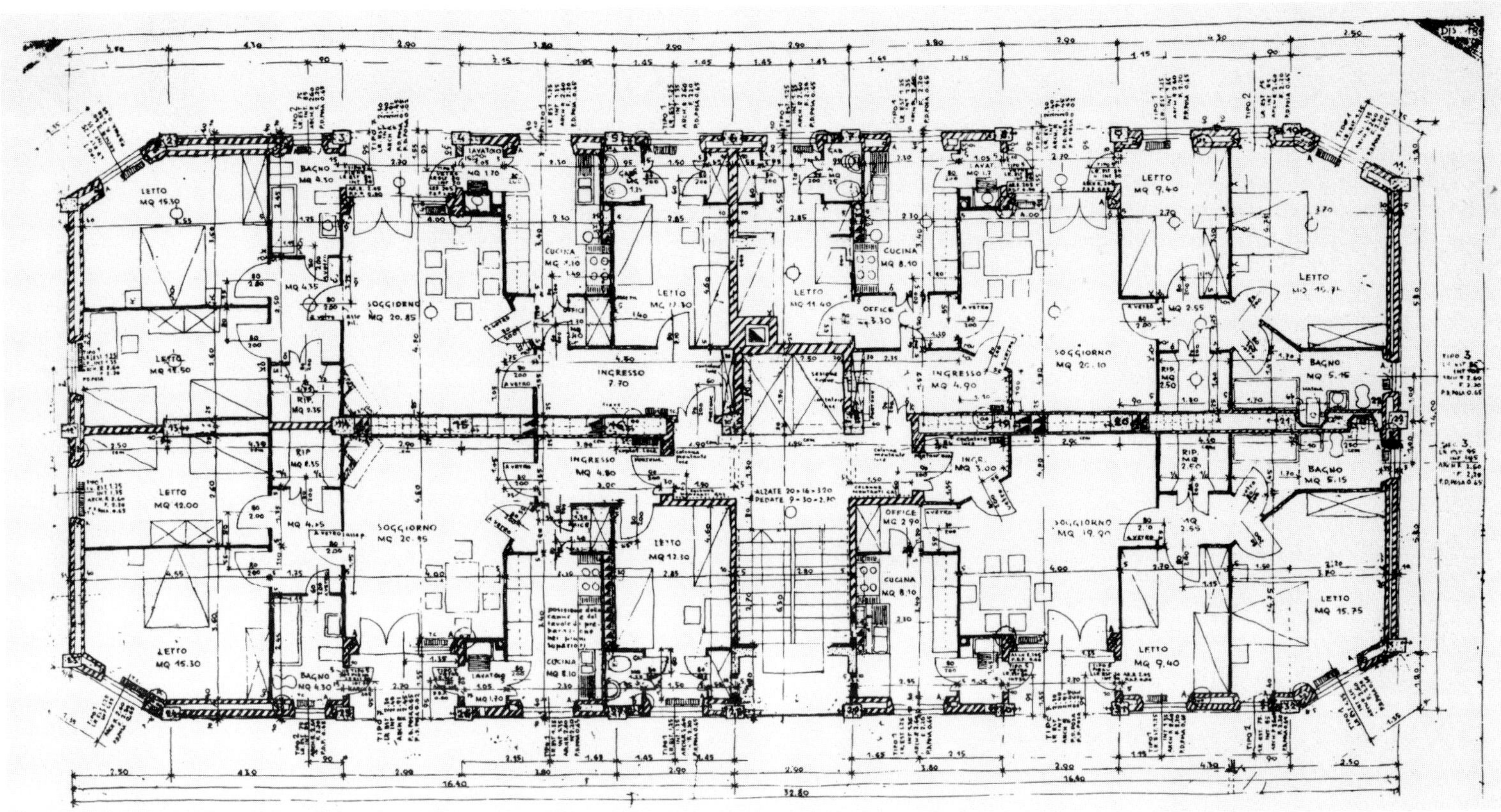

Mario Ridolfi, Volfango Frankl: Wohnblocks, viale Etiopia, Rom (1951-1954), Grundriß

Schau gestellten Zementstruktur, das Peremptorische der Volumen mit ihren abgerundeten Ecken, das Gewaltsame der Gegensätze von Hell und Dunkel an den Partien, wo ursprünglich Geschäfte und Schulen untergebracht werden sollten, finden zu einer authentisch erlebten Volksepik: in anderen Formen kehrt hier das Thema des Karl Marx-Hofs und des Matteotti-Hofs wieder. Ridolfis und Frankls Architektur kommentiert in ihrer Dramatik schmerzlich eine menschliche Lage, die durch keine architektonische „Gewißheit" zu heilen ist.
Überdies ist hier der „Realismus" eine Sprache im eigentlichen Sinn geworden. „Antigraziös" und materieverhaftet wird sie von Ridolfi bis zu den kürzlich entstandenen, paradoxen Häuschen bei Terni weitergetrieben und kann nun sogar von einem geschickten Vermittler wie Mario Fiorentino als „Manier" gedeutet werden. Eine Reihe von INA-Casa-Vierteln überschwemmt dann in den 50er Jahren das „Italien des Motorrollers" mit Formen, die zwischen dem „Bodenständigen" der verwässerten Nachahmung von Quaroni und Ridolfi und den zeitgenössischen schwedischen und englischen Modellen (ebenfalls

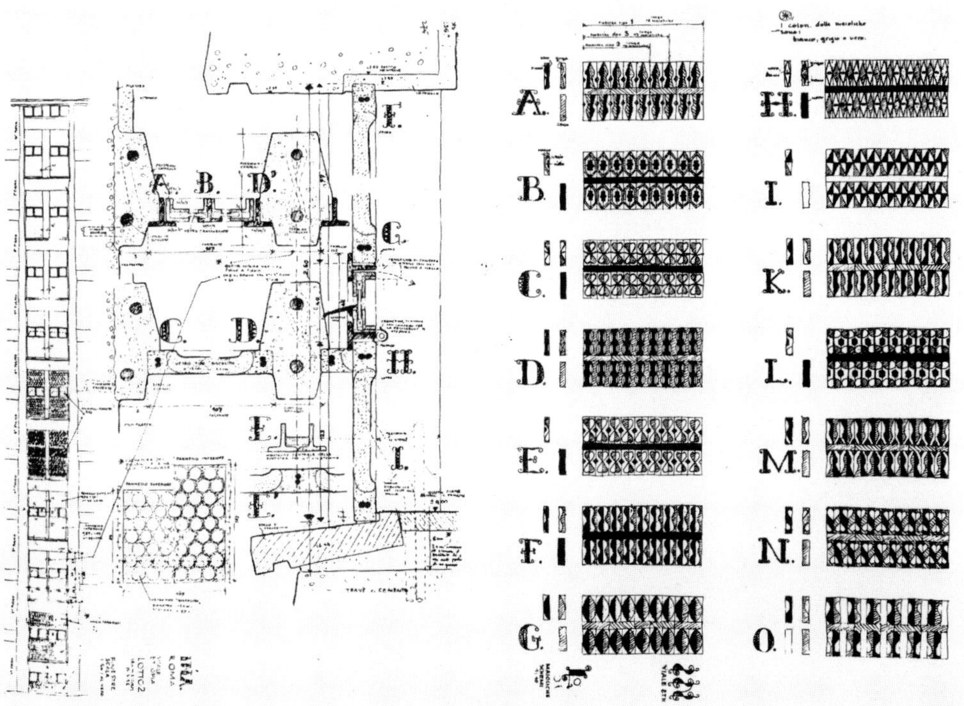

Mario Ridolfi, Volfango Frankl: Wohnblocks, viale Etiopie, Rom (1951–1954), Fensterdetail und Entwürfe für Fassadendekorationen

ungenau übernommen) schwanken. Statt „Rom, offene Stadt" wird nun „Brot, Liebe und Phantasie" gedreht, während Giovanni Michelucci vom Neorealismus der Kirche von Collina zum Informellen seiner Autobahnkirchen und der von San Marino[13] gelangt.
Die Parallele zum Neorealismus im Film kann sich hier als erhellend erweisen: eben von der Mitte der 50er Jahre an bis zum Beginn der 60er Jahre werden Fellini und Antonioni zu Interpreten eines „anderen" Realismus intimistischer, autobiographischer und surrealer Tönung, der aber auch in filmen wie „La dolce vita" „8 ½" und „La notte" die neue Lage der Menschen in den Großstädten des „Wirtschaftswunderitaliens" zu erkennen sucht. 1959 reicht die Gruppe Quaroni bei der Ausschreibung für ein CEP-Wohnviertel in La Barene di San Giuliano (Mestre) einen Entwurf ein, der eine historische Wende markiert. Einer generellen Gestaltung der großen *Zeichen* – einer Gruppe halbkreisförmiger Gebäude, die auf die Lagune und Venedig blicken – ist eine polymorphe, „offene" Textur angefügt: eine Struktur, die strahlenförmig ins Festland hinein explodiert. Die Ideologie des Wohnviertels und die Mikrosoziologie, von der sie durchdrungen war, sind hier endgültig überwunden. Der „Realismus" vereint sich mit der Ästhetik des Unbestimmten, mit dem Reichtum der Erinnerung, mit dem beunruhigenden Paradigma der Metamorphose.
An dieser Stelle könnte dieser *Excursus* schließen, denn Quaronis Entwurf von 1959 darf als Symbol eines Punktes der Nichtwiederkehr für den ganzen „Realismus", wie er hier aufgespürt wurde, gelten. Nur als snobistisches Spiel können vom Ende der 50er Jahre an die Wiederaufnahme dörflicher Formen und volkstümelnde Haltungen noch überleben; das beweisen einige neuere Versuche amerikanischer Architekten, die von einer chauvinistischen Kritik gefeiert wurden. Die palingenetische Botschaft, die dem „Völkischen" innewohnt, ist von den 60er Jahren ab deutlich unzeitgemäß geworden.
Doch die syntaktischen Eroberungen des italienischen „Realismus", das heißt die Vielsprachigkeit, das Autobiographische, das paradoxe Spiel mit der Beschwörung und der Materie, bleiben „in der Schwebe". 1967 findet sich bei Quaroni mit seinem Entwurf für das Geschäftsgebäude der Camera dei Deputati in Rom ein großartiger Schwanengesang der „Römischen Schule". Gleichzeitig, 1967–1970, arbeitet Carlo Aymonino mit seinen Leuten an den Entwürfen, die 1973 zum Bau des Wohnkomplexes Monte Amiata im Gallaratese 2 bei Mailand führen,[14] dessen Erwähnung in dieser Geschichte des „Realismus" verwundern mag. In dem Komplex, den Aymonino als einen Muskel von geschlossener Form in den peripherischen Ozean der lombardischen Metropole gesetzt hat, ist nicht mehr der geringste Bezug auf bäuerliche Formen auszumachen. Doch seine Sprache der typologischen Erzählung und figurativen Kontamination, die hier bis zur Grenze ihrer Möglichkeiten ausgenutzt wird, ist ein Vermächtnis des Informellen vom Tiburtino-Viertel. Die Feierlichkeit des Karl Marx-Hofs vermischt sich hier mit Erinnerungen an die Trajanischen Märkte und Stirlingischen Anklängen: allesfressend und alleseinbeziehend wie ein Film von Fellini, zeigt und konsumiert Aymoninos Wohnviertel noch einmal die dauerhafteren Instanzen der neorealistischen Ära.[15] Und tatsächlich beschließt dieses Werk würdig die Geschichte einer Bestrebung, die vielleicht mit ihren Appellen an das Chorale und Zeitlose eine Angst vor der Einsamkeit ausgedrückt hat, der das „Neue" in seinem abenteuerlichen „Bruch" gegenüber der Kontinuität der historischen Zeit ausgesetzt ist.

Aus dem Italienischen von Dora Winkler

13 Zum Werk von Michelucci: L. Lugli, Giovanni Michelucci. Il pensiero e le opere, Firenze 1966; A. C. Buscioni (Ed.), Michelucci, il linguaggio dell'architettura, Roma 1979; G. Michelucci, La nuova città, a cura di R. Risaloti, Pistoia 1975. Vgl. außerdem G. K. König, Architettura in Toscana 1931–1968, Torino 1968.

14 Zum Werk von Aymonino: C. Conforti, Carlo Aymonino, l'architettura non é un mito, Roma 1980; Ders., Il Gallaratese di Aymonino e Aldo Rossi, Roma 1981.

15 Eine nostalgische Wiederaufnahme der „dörflichen" Sprache des Tiburtino findet sich bei Mario Fiorentino – damals Mitarbeiter von Ridolfi und Quaroni am Tiburtino und Architekt des neuen Komplexes Corviale in Rom – in einem Entwurf für einen Wohnkomplex im Alto Lazio (1979–1981). Es ist bedeutsam, daß Fiorentino in seinem Entwurf „neorealistische" Formen bei einem steifen, an der Elementarität Aldo Rossis und Giorgio Grassis orientierten planimetrischen Ansatz verwendet. Vgl. M. Tafuri, Architettura italiana, a. a. O., S. 533–534 u. Abb. 453–454.

Die ethische und die ästhetische Lebensform des rechtschaffenen Menschen

Agnes Heller

Für den Bau von Palästen und Stadien
Wird viel Geld ausgegeben. Die Regierung
Gleicht darin einem jungen Künstler, der
Den Hunger nicht scheut, wenn es gilt
Seinen Namen berühmt zu machen. Allerdings
Ist der Hunger, den die Regierung nicht scheut
Der Hunger der andern, nämlich
Des Volkes.

Bert Brecht, Die Regierung als Künstler (Gedichte 1933–1938)

Seite 149: Konstantin Stepanowitsch Melnikow, Zentrale des Volkskommissariats für Schwerindustrie, Moskau, Blick durch das Portal, 1934

Pier Paolo Pasolini, „Uccellacci e Uccellini", Filmphotographie

Seite 151, oben: Giovanni Michelucci, Kirche bei Pistoia, Ansicht, 1953
Seite 151, unten: Giovanni Michelucci, Kirche in Belvedere bei Pistoia, Skizzen, 1959

Die Unversöhnlichkeit der Götter der Moderne, die Unvermeidbarkeit der Wahl zwischen Lebensweisen, das Entweder-Oder, dem man nicht entweichen kann, sind alles wohlbekannte Leitmotive in dem klassischen Text Webers, *Wissenschaft als Beruf.* Der Versuch, das Reich des Ethischen, des Ästhetischen, des Religiösen und des Politischen, ja sogar des Wissenschaftlichen – einschließlich ihrer jeweiligen Lebensweisen – miteinander zu versöhnen, erscheint im Text Webers als ein inauthentisches, ja ein gefährliches Unterfangen. Weder die Anklage der Inauthentizität, noch die Mahnung vor dieser Gefahr ist außer acht zu lassen. Die Ästhetisierung der Politik, die Politisierung der Moral und der Wissenschaft haben in unserem Jahrhundert bereits als Mittel des Bösen gedient; die Verwissenschaftlichung der Moral teilt zumindest diese Schuld. Auch wenn man all dies weiß und beachtet, so kann man doch die Frage stellen, ob die Idee der Aufklärung – oder zumindest einer ihrer Spielarten –, all diese Götter miteinander zu versöhnen, als ein zur endgültigen Niederlage verurteiltes Projekt zu betrachten ist? Kann man sich heute überhaupt eine Art der Versöhnung denken, die weder inauthentisch ist noch mit Gefahren droht? Ich will die Frage auf folgende Weise einschränken: ist heute eine ethische Lebensweise mit der ästhetischen versöhnbar? Kann ein rechtschaffener Mensch auch heute ein ästhetisches Leben führen? Kann eine solche Lebensführung *paradigmatisch* sein?

Wenn wir heute ein Kunstdenkmal irgendeiner Kultur ansehen, sollte diese Kultur nun unserer eigenen oder einer fremden Geschichte angehören, wird unser Genuß niemals bloß ästhetischer Natur sein. Wir erfreuen uns an Formen als *Lebensformen.* Genuß löst Nostalgie aus, zunächst Nostalgie für vergangene Zeiten, oder „primitive" Gesellschaften, wo es noch echte Lebensformen gab. Zur Zeit der Aufklärung, als die Idee der Versöhnung der ethischen und der ästhetischen Dimensionen des Lebens auftauchte, gab es diese unbestimmte Sehnsucht noch nicht. Als schön galt ein Denkmal der Vergangenheit oder der Gegenwart, wenn es echte Lebensformen darstellte, oder wenn es im Bewußtsein der Rezipienten solche Lebensformen darzustellen schien, welche auch ethisch gebilligt werden konnten. Trotz ihres unbestimmten Charakters scheint die moderne Sehnsucht zu bezeugen, daß die Götter der ästhetischen und der ethischen Sphäre heute nicht weniger versöhnt sind als im Projekt der Aufklärung, nur auf andere Weise.

Die ursprüngliche Idee von Shaftesbury, Lessing, Goethe, Schiller und anderen, die wir auch „klassisch" nennen können, stützte sich auf die Voraussetzung, daß es *rechtschaffene Menschen gibt,* und daß das „gute Leben" der rechtschaffenen Menschen eine ästhetische Dimension hat. Die Kultivierung der Sinne, die Entwicklung der Sensibilität, die „Harmonie" der Vernunft und der Gefühle, und auch das Sich-Äußern in der künstlerischen Tätigkeit mitten im Alltagsleben, sind in die ästhetische Dimension miteinbegriffen. Die „ästhetische Dimension" wurde nicht nur als „Verschönerung" der „ethischen Dimension" konzipiert, sie gehört auch mit zur letzteren. Rousseau hat diesen Faden in der „Neuen Heloise" aufgenommen, und auch Kant, der in seiner Ethik die ästhetische Dimension ausgeschlossen hat, argumentiert in der „Metaphysik der Sitten", daß eine gewisse Harmonie zwischen den beiden nicht nur möglich, sondern sogar wünschenswert sei. Aber bei Kant handelt es sich nicht um eine *harmonia praestabilita,* sondern um eine *harmonia a posteriori* – und um eine nicht gewollte – so werde ich ihn zusammen mit Rousseau im folgenden außer acht lassen.

Wenn man die Geschichte beiseite läßt, um nur die theoretischen Probleme des „klassischen Projekts" ins Auge fassen zu können, ist man imstande, sich mit seinen Schwächen auseinanderzusetzen. *Daß* rechtschaffene Menschen existieren, ist das Axiom dieser Konzeption, aber die Frage, *wie* rechtschaffene Menschen *möglich sind,* wird nicht gestellt. In einem Kunstwerk soll diese Frage überhaupt nicht gestellt werden. Man braucht nicht zu wissen, wie ein Mensch wie Horatio möglich sei, um in ihm einen rechtschaffenen Menschen, ein Paradigma der Rechtschaffenheit zu erkennen. Philosophisch jedoch ist ein solches Verfahren unvollständig und mangelhaft. Die ästhetische Lebensform steht auch einem nicht rechtschaffenen Menschen weit offen. Dieselbe Verfeinerung der Sinne, Entwicklung der Sensibilität, dasselbe Sich-Äußern in der künstlerischen Tätigkeit, ja sogar dieselbe „Harmonie" zwischen Vernunft und Gefühlen, die den rechtschaffenen Menschen rechtschaffen macht, kann den nicht rechtschaffenen Menschen sogar böse machen. Nicht einmal die „Paideia-Idee" der Klassik löst die Frage, sie verdoppelt sogar die Schwierigkeiten. „Paideia" heißt in der klassischen Auffassung „auf die Probe stellen". Der Mensch wird rechtschaffen, wenn man ihn auf die Probe stellt, indem er sich darin übt, das Gute zu tun. Der zur Probe gestellte Mensch muß jedoch schon *vor der Probe* ein rechtschaffener Mensch „in nuce" sein, um sich im Guten üben zu können. Mehr noch, die Menschen, die ihn auf die Probe stellen, müssen selbst rechtschaffene Menschen sein, um andere auf eine solche Probe stellen zu dürfen, bei der sie als autonome Wesen entscheiden können und sollen. Das Problem liegt darin, daß auch böse Menschen andere auf die Probe stellen können, und sich dieser Menschen als bloßem Mittel bedienen. Das Verfahren der „Paideia" ist in sich selbst überhaupt keine Garantie weder für die Rechtschaffenheit des Zur-Probe-Gestellten, noch für die Rechtschaffenheit derer, die andere auf die Probe stellen.

Daß die Frage, wie rechtschaffene Menschen überhaupt möglich sind, nicht gestellt wird, folgt aus einem anderen Mangel. Wir bekommen keine eindeutige Antwort auf die Frage: was heißt überhaupt *rechtschaffen sein?* Ein Problem zu veranschaulichen und es zu lösen, ist aber nicht dasselbe. Es wird uns dargestellt und beschrieben, *daß* Menschen rechtschaffen sein können, und wir lernen, daß Menschen auf *verschiedene Weise* (ihrer eigenen Natur gemäß) rechtschaffen sein können. Aber *was macht* alle rechtschaffen, die in verschiedener Weise rechtschaffen sind? „Das wissen wir ja alle" – könnte man antworten. Die Selbstverständlichkeit des „Das wissen wir ja alle" ist aber irreführend. Wenn wir in einer sittlich geregelten Welt handeln, dann „wissen wir es ja alle" in der Tat. Aber wenn wir *in unserer Welt* handeln, wo es eine allumfassende sittliche Regulierung nicht mehr gibt, und wenn wir die Handlungen anderer beurteilen wollen, dann wissen wir es gar nicht. Rechtschaffenheit ist heute überhaupt keine „Selbstverständlichkeit". Dies kann nicht einfach als „Regression" bezeichnet werden. Je mehr moralische Normen und Entscheidungen durchdacht sind, desto weniger „wissen wir ja alle", wer ein rechtschaffener Mensch ist, weil man auch über die Frage: „wer ist ein rechtschaffener Mensch?" rational nachdenken soll.

Die Tatsache, daß uns alle Kunstdenkmäler aller Kulturen gefallen – oder wenigstens gefallen können – heißt, daß wir alle Lebensformen mit Nostalgie „nacherleben", weil wir überhaupt keine haben, und weil wir die Pluralität der Lebensformen als einen Wert-an-sich betrachten. So erkennen wir mit Selbstver-

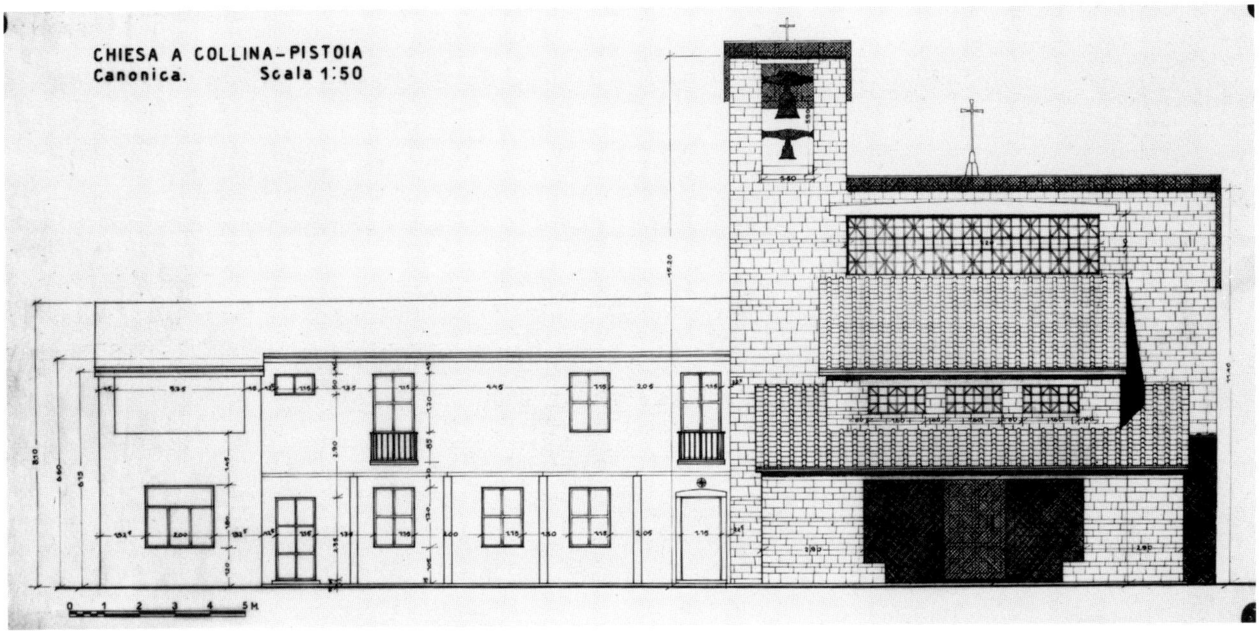

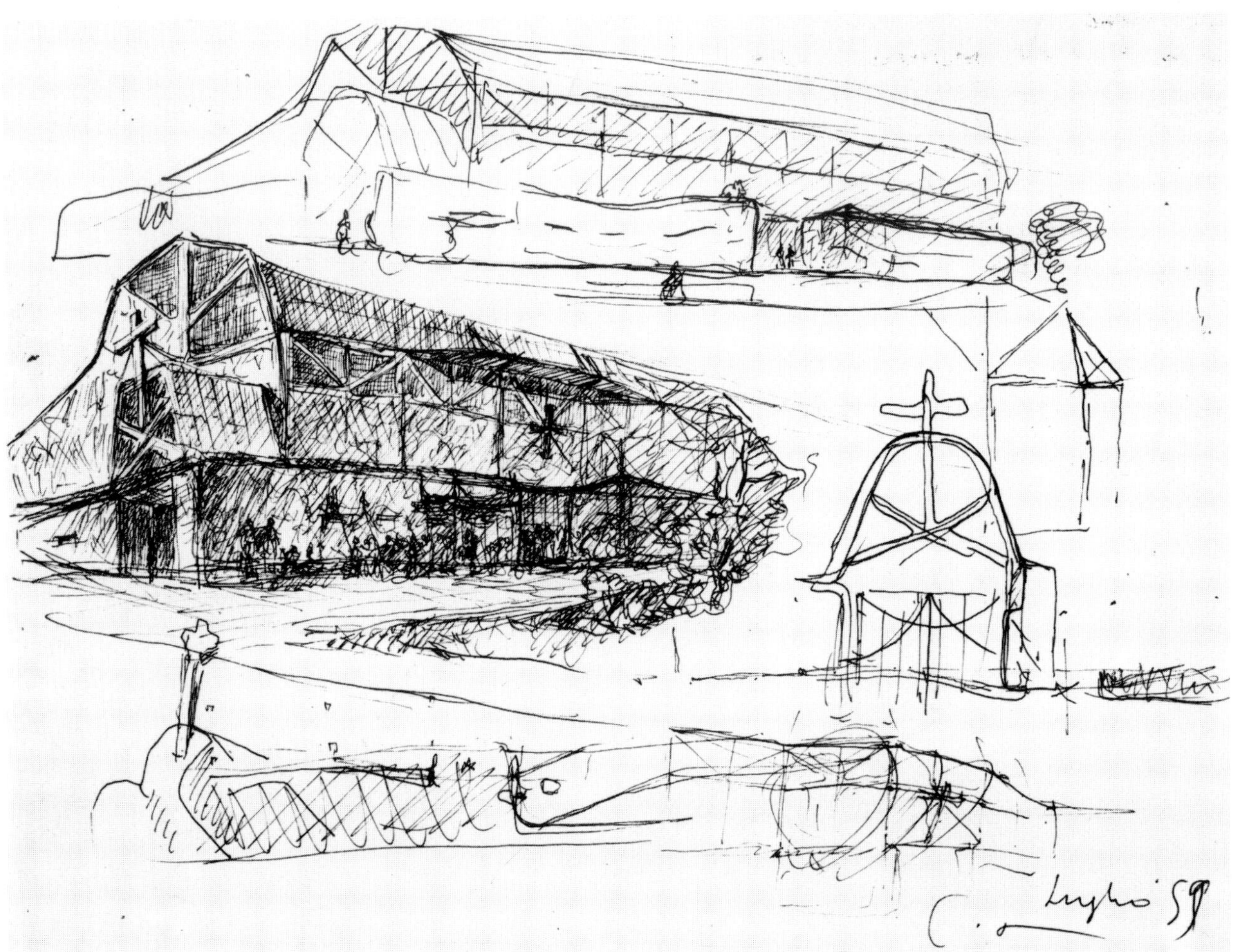

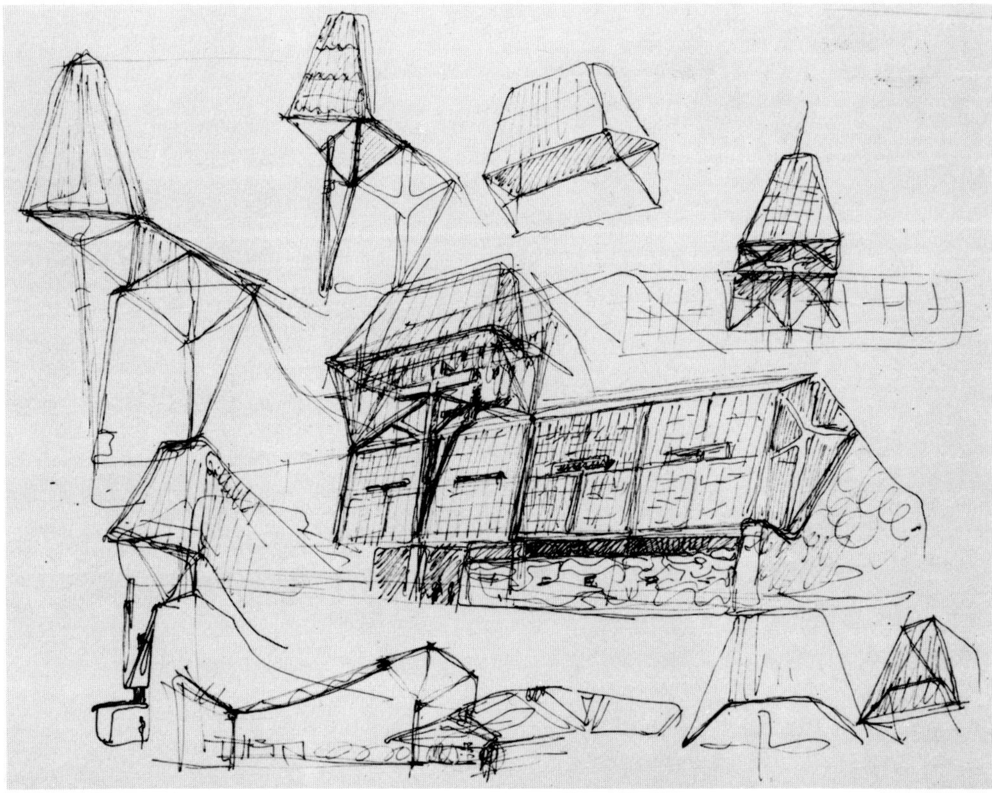

links:
Giovanni Michelucci, Kirche in Belvedere bei Pistoia, Skizzen, 1959
rechts:
Giovanni Michelucci, Osteria del Gambero Rosso, Collodi, Skizze, 1958

Giovanni Michelucci, Osteria del Gambero Rosso, Collodi, Skizze, 1958

ständlichkeit Rechtschaffenheit in allen Kulturen, mit der Ausnahme unserer eigenen, weil es eben nur in unserer Kultur kein Kriterium der Rechtschaffenheit ohne Reflexion gibt. Daß Rechtschaffenheit pluralistisch aufzufassen ist, – eine Idee, die wir mit den Klassikern teilen – befreit uns nicht von der Aufgabe, die Frage zu stellen, wie man, wenn auch auf verschiedene Weise, rechtschaffen sein kann, und wie Rechtschaffenheit überhaupt möglich ist. Ohne diese Frage zu beantworten, kann man sich mit dem von Weber so drastisch gestellten Problem auch nicht auseinandersetzen.

Ob die ethische und ästhetische Lebensform miteinander versöhnbar sind, ohne sich der Gefahr der Inauthentizität, oder der noch größeren Gefahr des Verlustes des Unterscheiden-Könnens zwischen Gutem und Bösem auszusetzen, ist nicht entscheidbar, solange man nicht weiß, wann und wie eine Lebensform überhaupt ethisch sein kann. Moralphilosophen, die diese Fragen stellen, sind sich des Verlusts der Normen der Sittlichkeit schon bewußt, und gerade deswegen geben sie sich Mühe, die letzten Prinzipien der Moralität philosophisch zu konstruieren. Obwohl die Lösung Kants, trotz aller relevanten Kritiken, die Probe der Zeit bestanden hat, teilt sie die Schwäche des Reduktionismus. Der ganze Reichtum der ethischen Lebensformen, die reiche Mannigfaltigkeit der verschiedenen Formen eines rechtschaffenen Lebens wird hier aus einem einzigen Prinzip abgeleitet, und aus der Höhe dieses einzigen Prinzips verstanden und betrachtet. Es ist diese Schwäche, die eine Reihe von Einwänden hervorrief, und die von Schiller bis Hegel behandelt wurde. Das Ableiten der Rechtschaffenheit aus einem einzigen Prinzip opfert die Pluralität der Lebensformen, und ist auch nicht dazu geeignet, die verschiedenen Typen

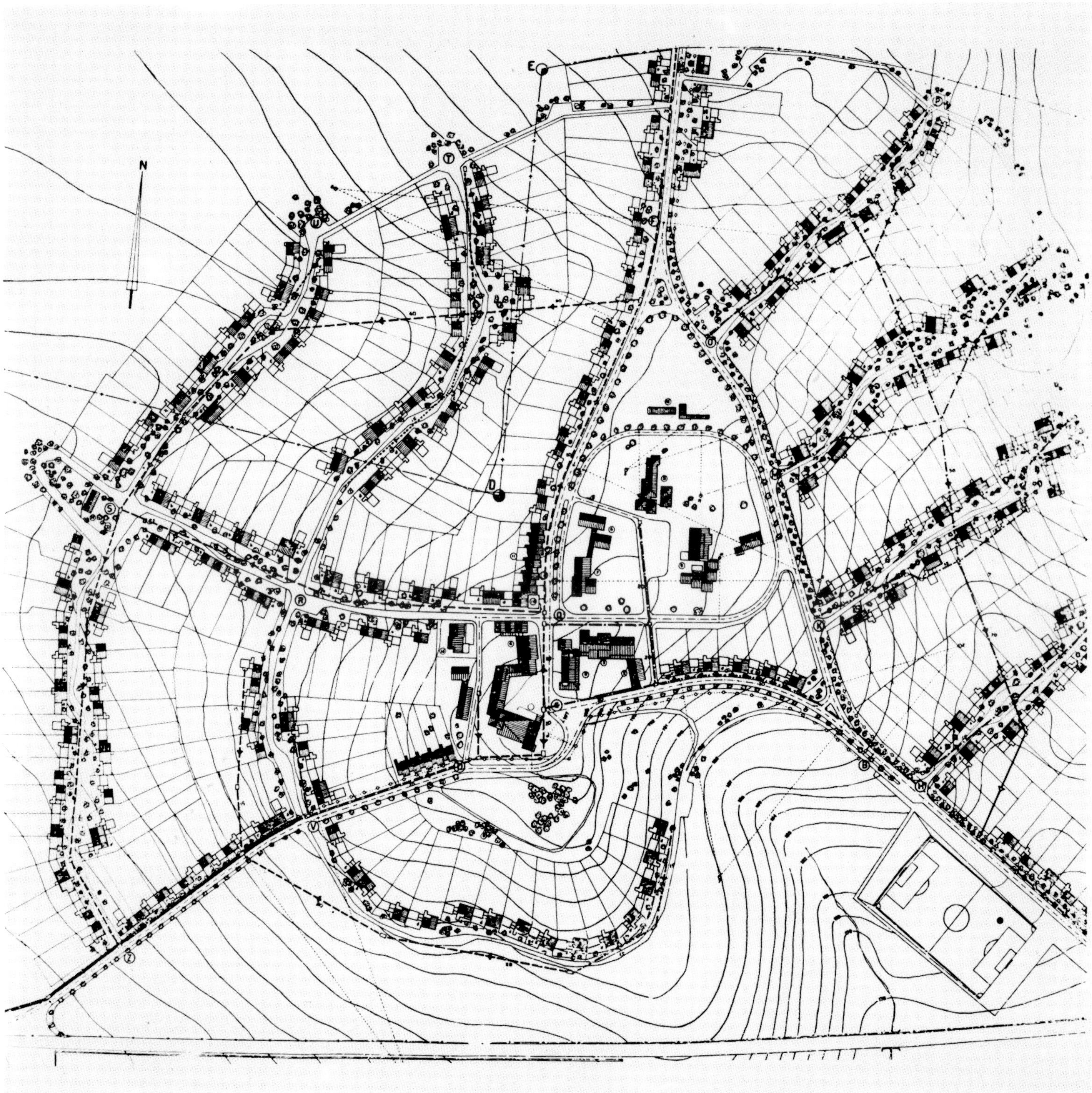

Ludovico Quaroni, Dorf „La Martella“ bei Matera, Lageplan

Vittorio de Sica, „Fahrraddiebe", Filmphotographie, 1948

der Entscheidungen, Handlungen und Motivationen innerhalb *einer* Lebensform zu ergründen. Vielleicht kann man die Vereinbarkeit der ethischen Lebensform mit der ästhetischen Dimension als eine Möglichkeit gelten lassen, aber immer nur innerhalb der Kategorie der bloßen Zufälligkeit.

So scheint es kein allzu großes Wagnis, eher eine „Forderung des Tages", zum Ausgangspunkt des sogenannten „Klassizismus" zurückzukehren. Die Auseinandersetzung mit der ethischen Lebensform wird am vielversprechendsten, wenn wir die ethische Lebensform selbst zum Ausgangspunkt nehmen. Rechtschaffen sind die Menschen, die ein aus ethischer Sicht paradigmatisches Leben führen. Wenn wir den paradigmatischen Fall verstehen, können wir auch die nicht-paradigmatischen Fälle begreifen. So fangen wir mit der „klassischen" Feststellung an: Es gibt rechtschaffene Menschen. Es gibt Menschen, die auf verschiedene Weisen rechtschaffen sind.

Wir stellen jedoch auch die Frage, die von den „Klassizisten" nicht, oder nur teilweise, gestellt wurde: Wie sind rechtschaffene Menschen möglich? Wie ist Rechtschaffenheit auf verschiedene Weise möglich? Man könnte einwenden, daß diese Frage sich nicht von der Kants unterscheidet. Sie unterscheidet sich aber, indem Kant Rechtschaffenheit – und ihre Möglichkeit – von einem einzigen Prinzip ableitet, und deswegen auch die Frage nicht in dieser Weise stellt.

Wir können die philosophisch-traditionelle Definition des rechtschaffenen Menschen als Ausgangspunkt nehmen. *Rechtschaffen ist der Mensch, der eher Ungerechtigkeit (Böses) erleidet als antut.* Platon, und andere, die ihm folgten, wollten die These beweisen, daß es besser sei, Ungerechtigkeit zu erleiden als anzutun. Diese These läßt sich aber nicht beweisen. Wenn man sie rational beweisen könnte, würde man beweisen, daß es besser sei, rechtschaffen zu sein als nicht. Aber besser für wen? Der nicht rechtschaffene Mensch ist eben deshalb nicht rechtschaffen, weil er es vorzieht, es nicht zu sein, und kein Argument kann ihm beweisen, daß es für ihn besser wäre, *nicht* auf die Weise zu leben, die ihm paßt. Der rechtschaffene Mensch aber bedarf dieses Arguments gar nicht; das Argument befestigt ihn nur in etwas, was er sowieso tut. Die These hat keine Beweiskraft, weil sie tautologisch ist. Sie beweist, was keines Beweises bedarf, nämlich daß ein rechtschaffener Mensch eher Ungerechtigkeit erleidet als antut.

Es gibt aber rechtschaffene Menschen. Es gibt Menschen, die eher eine Ungerechtigkeit erleiden als antun. Es gab sie immer, und es wird sie immer geben. Wie sind sie möglich? Im Geiste einer langen philosophischen Tradition könnte man sagen, daß alle Menschen Lust und Glück suchen und Leid vermeiden wollen. Die rechtschaffenen Menschen sind auch keine Ausnahme in dieser Hinsicht, nur sind sie Menschen, die mehr leiden, wenn sie Ungerechtigkeit antun als wenn sie Ungerechtigkeit erleiden, und die nie Glück oder Lust darin finden können, wenn sie einem anderen Ungerechtigkeit antun. Auch wenn man diese ein wenig vereinfachte Meinung teilt, kann man dieselbe Frage stellen: wie sind Menschen möglich, die mehr leiden, wenn sie Ungerechtigkeit antun, als wenn ihnen Ungerechtigkeit angetan wird?

Wir sind berechtigt, das Problem, ob es Menschen schwer oder leicht fällt, rechtschaffen zu sein, außer acht zu lassen. Wenn wir über rechtschaffene Menschen sprechen, meinen wir sowohl diejenigen, denen es leicht, als auch diejenigen, denen es schwer fällt, rechtschaffen zu sein. Die Möglichkeit des rechtschaffenen Menschen soll nämlich hier nicht psychologisch, sondern philosophisch begründet werden.

Rechtschaffene Menschen sind vor allem möglich, weil es moralische Normen gibt. Unter „moralischen Normen" verstehe ich Zwischen-Gruppen-Normen, die man ungeachtet gesellschaftlicher Sanktionen befolgt. Um rechtschaffen zu sein, muß man wissen, was das Gute überhaupt ist. In der Philosophie kann die Idee des Guten durch die absolute Autonomie des freien Willens bestimmt sein. Aber der Wille zum Guten eines rechtschaffenen Menschen setzt die Idee des Guten schon voraus. Wenn die Frage: „Was ist eigentlich das Gute?" gestellt wird, wird die Idee des Guten schon vorausgesetzt.

Es gibt rechtschaffene Menschen, weil Rechtschaffenheit *anerkannt* ist. Anerkennung ist

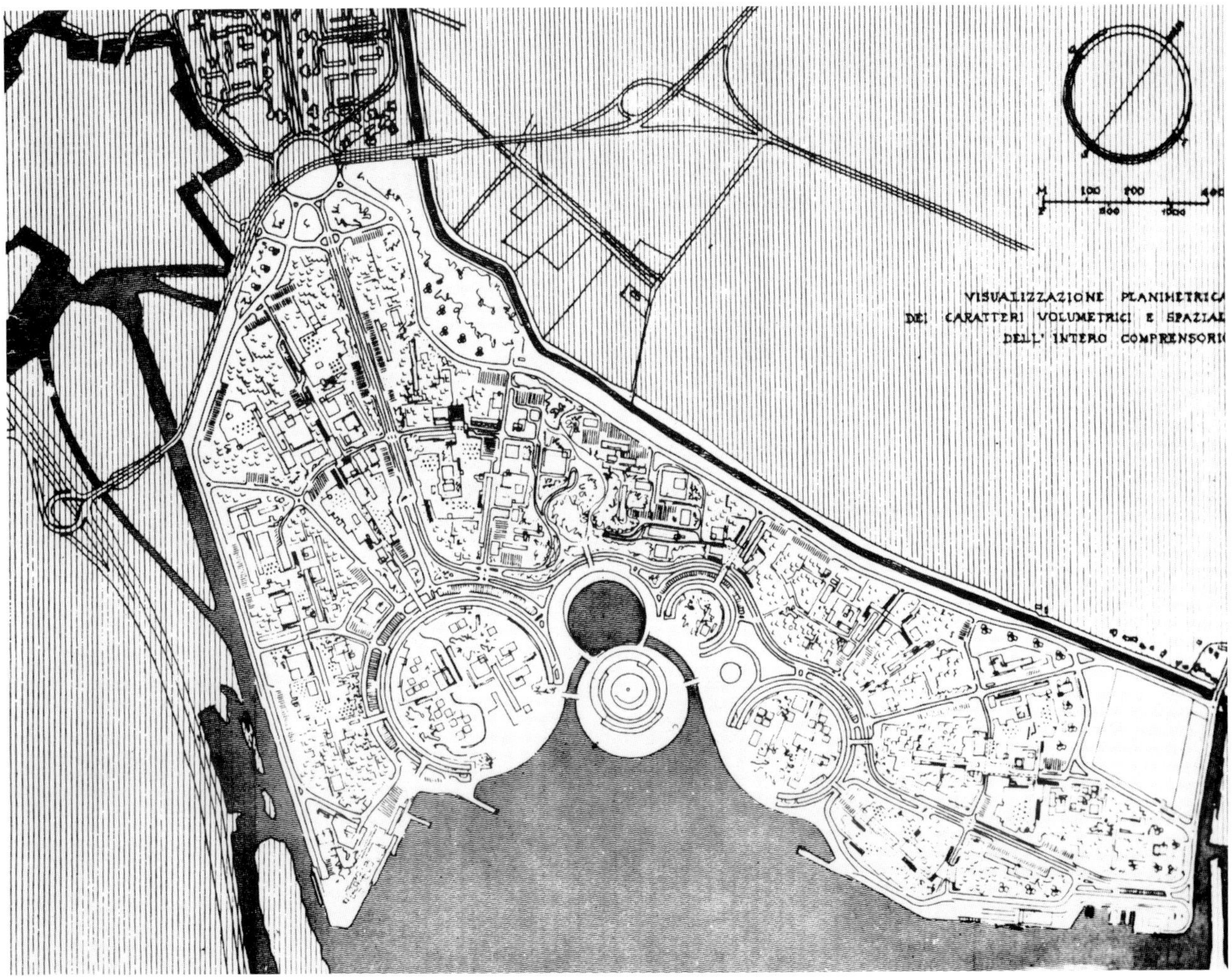

Ludovico Quaroni, Quartiere CEP, Mestre, 1959

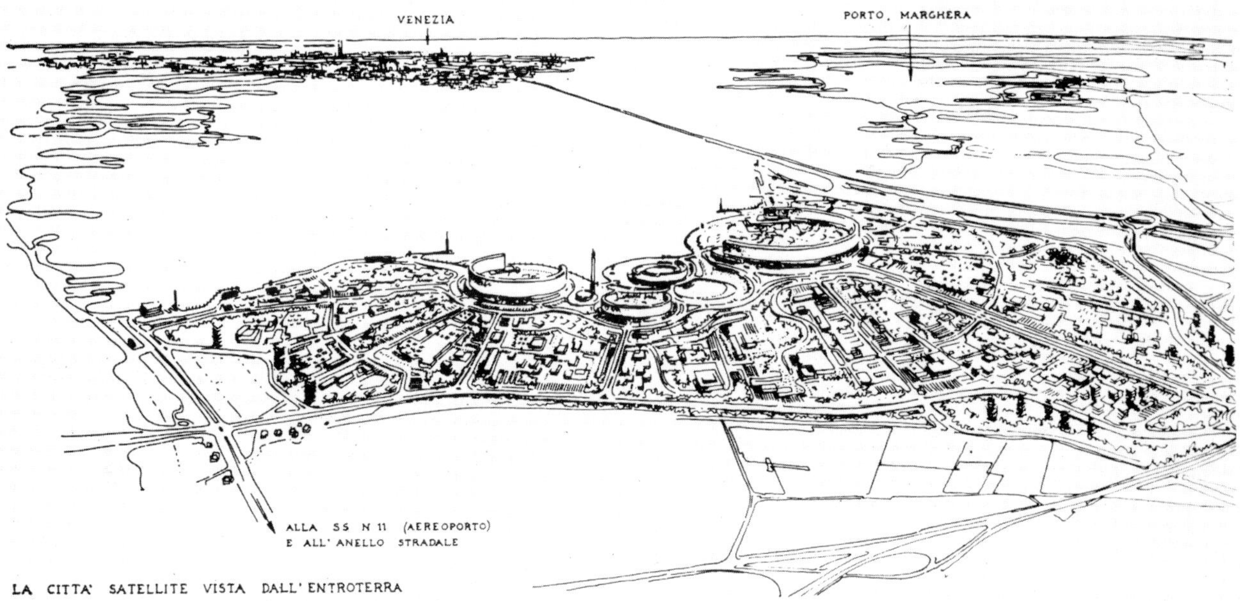

Ludovico Quaroni, Quartiere CEP, Mestre, 1959

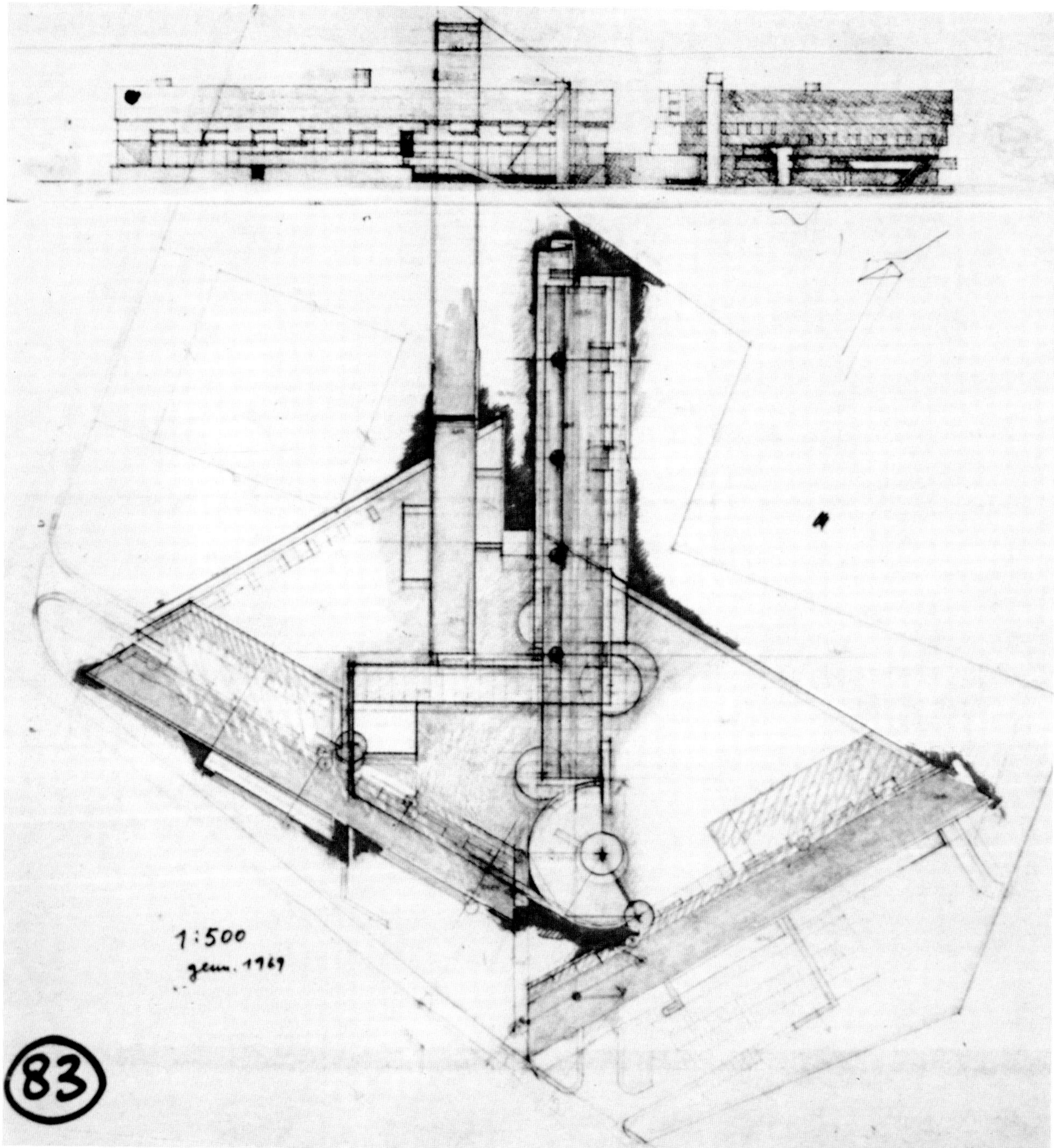

Carlo Aymonino, Quartiere Gallaratese, Mailand, Lageplan, 1969

weder Auszeichnung noch Belohnung. Weiterhin ist die Anerkennung der Rechtschaffenheit nicht mit der Anerkennung aller rechtschaffenen Menschen identisch. Unabhängig von der Tatsache, ob rechtschaffene Menschen als solche anerkannt werden oder nicht, wird Rechtschaffenheit immer anerkannt. Alle rechtschaffenen Menschen können Anspruch auf die Anerkennung der Rechtschaffenheit *in ihrer Person* erheben, wenn nicht jetzt, dann doch in der Zukunft, wenn nicht hier, dann doch im nächsten Leben, wenn nicht von allen, dann doch von einigen, usw.

Es gibt rechtschaffene Menschen, weil es nichts „radikal Böses" in der „menschlichen Natur" gibt. Nicht rechtschaffene Menschen sind normalerweise häufiger zu finden als rechtschaffene, nicht weil sie böse sind, sondern weil ihr Wille durch ein anderes Ziel als das Gute bestimmt ist. Die Rechtschaffenheit ist bei den Nicht-Rechtschaffenen ebenso anerkannt wie bei den Rechtschaffenen. Das Böse ist eine Antwort auf die Rechtschaffenheit.

Zusammenfassend: es gibt rechtschaffene Menschen, weil es moralische Normen gibt, und weil der Wille von diesen Normen bestimmt werden kann, weil Rechtschaffenheit anerkannt ist, und weil das „radikal Böse" nicht der menschlichen Natur innewohnt. Es gibt immer Menschen, die vorziehen, Ungerechtigkeit (das Böse) zu erleiden, als anderen Ungerechtigkeit (das Böse) anzutun.

Die zweite und dritte Voraussetzung der Existenz des rechtschaffenen Menschen haben sich in der modernen Welt nicht verändert. Die spezifische Schwierigkeit liegt in der ersten Vorbedingung. Wir sind der Mannigfaltigkeit der Geschichtlichkeit, und so auch der Relativität und Kulturgebundenheit der moralischen Normen gewahr geworden. Die Gültigkeit der Normen wird in Frage gestellt, moralische Normen können sogar als herrschaftslegitimierende Mittel denunziert werden. Wir müssen herausfinden, ob die eine oder die andere Norm wirklich „das Gute" verkörpert. Kants Lösung hat in diesem Punkte eine unbestreitbare Relevanz. Kant hat ein Verfahren erfunden, das uns ermöglicht, schon existierende moralische Normen (Pflichten) nach ihrer Gültigkeit zu prüfen. So hat er eine Antwort auf die Frage gegeben, wie heute, in der Moderne, rechtschaffene Menschen möglich sind.

Der rechtschaffene Mensch ist heute möglich, weil es Menchen gibt, die eher Ungerechtigkeit erleiden als antun, und die auch *wissen,* was heute Gut und was heute Böse genannt werden kann (was man anderen nicht antun soll). Aber wenn wir nicht über die Möglichkeit der Rechtschaffenheit sprechen, sondern über die rechtschaffenen Menschen und ihre Lebensform selbst, dann stellt es sich heraus, daß Kants Idee des rechtschaffenen Menschen nicht mit unserer traditionellen Definition des rechtschaffenen Menschen identisch ist. Daß wir eher Ungerechtigkeit (das Böse) erleiden als Ungerechtigkeit (das Böse) antun, ist eine Formel, die uns unter Umständen *verbietet,* das Böse anzutun, sie *gebietet* uns jedoch *nicht,* unter allen Umständen das Gute anzutun. Um Kants Sprache zu gebrauchen, die traditionelle Idee der Rechtschaffen-

Carlo Aymonino, Quartiere Gallaratese, Mailand (1967-1973), Detail

Federico Fellini, „8 1/2", Filmphotographie, 1962

heit gebietet uns nicht, immer auf solche Weise zu handeln, daß unser Handeln ein allgemeines Naturgesetz abgibt. Sie gebietet nur folgendes: falls mein Handeln in einer gegebenen Situation unter einer moralischen Maxime einzuordnen ist, ist es unerlaubt, maximenwidrig zu handeln. Anderen das Böse antun, und immer nur das Gute tun, sind zwei verschiedene Grundsätze.

Doch wenn man Kants „moralisches Gesetz" als Richtlinie für diese Unterscheidung zwischen Gutem und Bösem (oder nur Nicht-Gutem) nimmt, kann man aufgrund moralischer Maximen im Fall eines Konflikts der Werte (Normen, Pflichten) keine Entscheidung treffen; besser gesagt, man kann zu verschiedenen Entscheidungen kommen. Außerdem kann man auch nicht voraussetzen, daß alle anderen, gegen die oder für die man handelt, „das Gute" auch im Kantschen Sinne verstehen (sie können z. B. traditionelle Normensysteme anerkennen). Das Böse nicht antun kann heißen: das Böse nicht antun im Sinne dessen, der das Böse tut, oder im Sinne dessen, der es erleidet. Nur in Kommunikation mit anderen kann man herausfinden, was für sie gut oder böse ist. Aber auch wenn man es herausfindet, gibt es keine allgemeine Regel, die bestimmt, ob wir vermeiden sollen, das Böse im ersteren oder im letzteren Sinne zu tun. Rechtschaffen sein heißt aber, gerade diese Fragen auf die beste Weise (die jedoch nicht die einzig mögliche ist) zu lösen. Solche Entscheidungen trifft man *mit guter Urteilskraft.* Die ethische Lebensführung ist ohne gute Urteilskraft undenkbar.

Es gibt immer Fälle in unserem Leben, wo wir entscheiden müssen, ob wir eher Ungerechtigkeit zu erleiden oder sie anzutun bereit sind. Dies sind die moralisch repräsentativen Situationen unseres Lebens, wenn sie auch nicht häufig auftauchen. Und es ist wieder einmal die gute Urteilskraft, die darüber entscheidet, ob ein solcher Fall uns mit einer repräsentativen Situation konfrontiert. Es ist wiederum die gute Urteilskraft, die bestimmt, welche die Situationen sind, in denen uns nicht geboten ist, das Gute zu tun, obwohl es uns nicht erlaubt ist, das Böse zu tun.

Stehen einmal die Prinzipien fest, hängt die Rechtschaffenheit gänzlich von der Urteilskraft ab. Die gute Urteilskraft ist aber nicht nur ein geistiges Vermögen, sie ist auch ein Vermögen des moralischen Sinnes. Die Verfeinerung des moralischen Sinnes, durch Handeln, Selbsterkenntnis, Weltkenntnis schafft und bildet den rechtschaffenen Menschen. Die Verfeinerung der Sinne ist an sich moralisch gleichgültig, wenn aber die Verfeinerung der Sinne die Verfeinerung des moralischen Sinnes miteinbezieht, ist sie unerläßlich. Die Verfeinerung des moralischen Sinnes setzt das Kultivieren der menschenfreundlichen Gefühle voraus – der Liebe, des Mitleids, der Sympathie, des Taktgefühls. Sie setzt auch die Abgewöhnung von menschenfeindlichen Gefühlen, wie Neid, Eifersucht, Eitelkeit, voraus. Ich meine Abgewöhnung, und nicht Unterdrückung. Der rechtschaffene Mensch wendet die gute Urteilskraft auch auf sich selbst an.

So ist der rechtschaffene Mensch und seine Lebensform nicht aus einem einzigen philosophischen Prinzip zu verstehen und abzuleiten. Die gute Urteilskraft und die Verfeinerung des moralischen Sinnes setzt die Gültigkeit von Normen voraus (um mit Kant zu sprechen: die Gültigkeit des Sittengesetzes), sie sind aber nicht von der Gültigkeit dieser Normen (oder dieses Gesetzes) ableitbar. Man muß zumindest die gute Urteilskraft als ein selbständiges (nicht abgeleitetes) Prinzip voraussetzen, um den Charakter und die Lebensform der rechtschaffenen Menschen zu verstehen. Die Lebensform des rechtschaffenen Menschen ist die ethische Lebensform der Sittlichkeit (im Hegelschen Sinne des Wortes) und nicht die der Moralität. Es *scheint* aber die Lebensform der Moralität zu sein, weil die traditionellen sittlichen Lebensweisen heutzutage abgeschwächt sind, und sie scheinen auch in dieser abgeschwächten Form immer irrelevanter zu werden. Das erkannte schon Hegel, deshalb wollte er die nachkonventionelle Sittlichkeit im neuen Staat verankern. Was jedoch rational schien, war nicht real, und die sittliche

Mario Fiorentino, Quartiere San Basilio, Rom, Lageplan, um 1952

Lebensform scheint auch heute die der Moralität zu sein. Worauf aber erheben rechtschaffene Menschen heute Anspruch? Sie erheben keinen Anspruch auf eine Welt, in der alle Menschen nur das Gute tun, und zwar um des Guten willen. Sie erheben keinen Anspruch auf die vollkommene moralische Welt, wohl aber auf die bestmögliche moralische Welt, nämlich die sittliche.

Was man „gutes Leben" zu nennen pflegt, ist die Lebensführung des rechtschaffenen Menschen. Ein gutes Leben führen heißt aber nicht, daß man das Leben der Güte führt. Allumfassende Güte setzt moralische Motivation in allen unseren Handlungen voraus. Allumfassend gute Menschen (die ich „transkulturell gut" nenne) vervollkommnen ihre menschenfreundlichen moralischen Gefühle bis zu dem Punkt, wo sie freiwillig die Situationen suchen, und auch finden, die des Handelns aus Liebe, Mitleid und Sympathie bedürfen. Der rechtschaffene Mensch ist bereit, das Böse zu erleiden, und nicht anzutun, aber *nur in dem Fall,* daß er mit letzter Alternative konfrontiert ist. Von diesem einzigen Fall abgesehen, gehört das Erleiden von Ungerechtigkeit nicht zum guten Leben des rechtschaffenen Menschen. Er ist frei, allen seinen Interessen zu folgen, Vergnügen zu finden an Lebenstätigkeiten und Situationen, wo er den anderen (sich selbst inbegriffen) keine Ungerechtigkeit antut. Im Gegensatz zur Lebensform der transkulturell guten Menschen ist die Lebensform des rechtschaffenen Menschen auch *innerhalb der funktionalistischen Institutionen* möglich. Ohne gute Urteilskraft erkennt man aber die Situationen, in denen man wählen muß, nicht, und ohne das Kultivieren menschenfreundlicher Gefühle kann man, falls es zu solchen Situationen kommt, nicht normgemäß wählen und handeln. Der rechtschaffene *Charakter* ist die Vorbedingung der Erkenntnis der Wahlsituationen und auch des Treffens der rechten (guten) Wahl. Der *einzige* gemeinsame Zug aller rechtschaffenen Menschen ist es, eher Ungerechtigkeit zu erleiden als anzutun, eben dies macht sie rechtschaffen. In allen anderen Aspekten der Lebensführung sind sie verschieden. Alles obige vorausgesetzt, können sie auch die ethische und ästhetische Lebensform miteinander verbinden.

Wenn die ästhetische Lebensform auf die Weise konzipiert ist, daß Menschen ihr Leben primär, oder ausschließlich, nach ästhetischen Maßstäben gestalten, dann ist eine solche Lebensform mit der ethischen wahrlich unversöhnlich. Das Leben wird dann als ein *Kunstwerk* betrachtet, in dem nur die Normen der Schönheit gelten, und die Bedeutung aller menschlichen Verhältnisse und auch aller Entscheidungen wird ausschließlich an diesen Normen gesehen. Das Leben als Kunstwerk zu betrachten, ist aber nur dann eine rein ästhetische Idee, wenn wir voraussetzen, daß *Kunstwerke selbst* nur durch ihre Form, und nicht durch die formgestaltende Idee zu echten Kunstwerken *werden.* Das heißt, die Idee des ‚l'art pour l'art', die Idee, daß die „Stimmigkeit" eines Kunstwerks keine andere Vorbedingung hat als die „Stimmigkeit" selbst, wird schon als eine Selbstverständlichkeit vorausgesetzt. Wenn uns aber Kunstwerke der Vergangenheit und der Gegenwart entzücken, dann werden wir durch das Kunstwerk als ein *Symbol* einer Lebensform angezo-

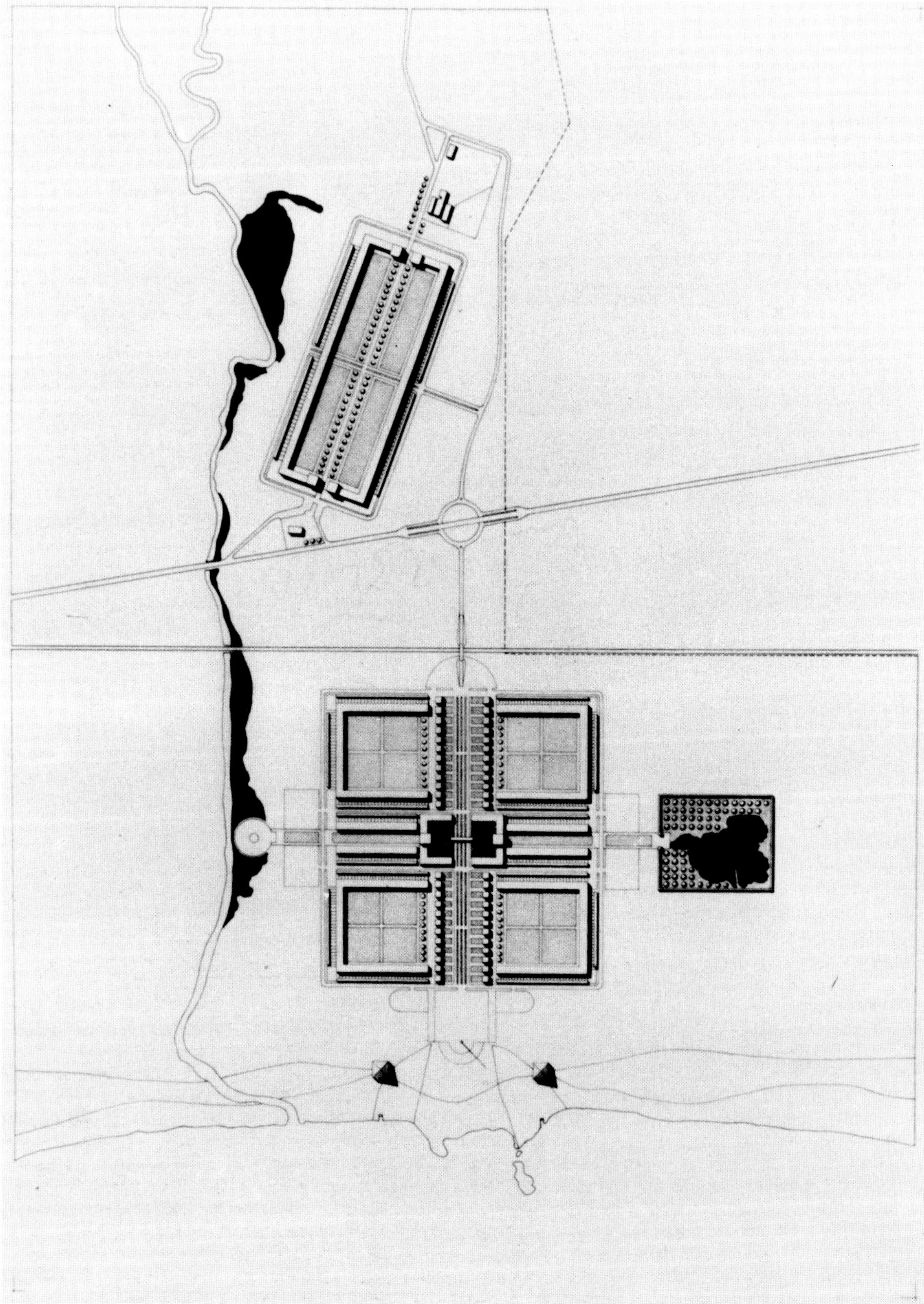

Mario Fiorentino, Wohnkomplex in Alto Lazio, Lageplan, 1980

Mario Fiorentino, Wohnkomplex im Alto Lazio, Ansicht, 1980

gen, und die Lebensform, die uns in der Rezeption mit Nostalgie erfüllt, ist keineswegs eine ästhetische, sondern eine totale, die ethische Aspekte mindestens miteinschließt. Wenn uns aber die Kunstwerke auch spontan als *Kundgaben* ethischer Lebensformen anziehen, so ist es nicht selbstverständlich, wenn wir unser Leben als ein „Kunstwerk" gestalten, daß wir dies nur oder vornehmlich unter der Leitung von ästhetischen Prinzipien vollbringen können. Spricht man über eine ethische Lebensform, so ist das Wort „Form" ernst zu nehmen. Man *formt* ja das Leben nach ethischen Maßstäben, und wenn man dies tut, sind ästhetische Prinzipien schon gegenwärtig, wenn auch nicht bestimmend und überwiegend. Man könnte auch sagen, daß ein rechtschaffener Mensch sein eigenes Leben als einen Roman schreibt, wo die Werthierarchien der Protagonisten durch ethische Maßstäbe bestimmt sind. Die Entwicklung der ästhetischen Sensibilität, der zweite Aspekt der ästhetischen Lebensform, kann auch zusammen mit der Entwicklung der moralischen Sensibilität gedacht werden. Man kann auch – Kierkegaard folgend – feststellen, daß die ästhetische Lebens*form* (als Form) nur innerhalb der ethischen Lebensform überhaupt möglich sei, weil das ästhetische Prinzip kein Gestaltungsprinzip für das Leben bietet, denn es konstituiert nur Diskontinuität, die Langeweile und die schlechte Unendlichkeit der immerfort wechselnden Impressionen.
Kierkegaard jedoch betrachtet auch die ethische Lebensform (die die ästhetische beinhaltet) als einen Irrweg. Er argumentiert, daß Ethik auch faktisch universalistisch sein soll. Alle rechtschaffenen Menschen sind als Einzelne die Träger der Universalität. Ihre Lebensform ist aber faktisch nicht universalisierbar. Die einzig mögliche Ethik widerspricht der Ethik selbst.
Damit verschiebt sich aber unser Problem. Die Frage, die aufgeworfen wird, ist nicht, ob die ethische und ästhetische Lebensform versöhnbar sind, vielmehr ob die ethische Lebensform heute überhaupt möglich ist. Falls sie möglich ist, beinhaltet sie schon den ästhetischen Aspekt.
Die Antwort auf diese Frage ist schon vorausgesetzt. Die ethische Lebensform ist eine *sittliche,* die Anspruch auf die bestmögliche sittliche Welt, und *keinen* Anspruch auf die beste (vollkommene) moralische Welt erhebt. Doch der uns heute zur Verfügung stehende normative Ausgangspunkt (die erste Voraussetzung für die rechtschaffenen Menschen) ist keineswegs in der Sitte verankert. Ob wir zum Ausgangspunkt die Kantschen Maximen oder die herrschaftsfreie Kommunikation rationaler Menschen wählen, ist aus praktischer Hinsicht gleichgültig. Weder die eine noch die andere Lösung ist in unseren Sitten verankert. Mehr noch: diese Prinzipien sind *universalistisch.* Folglich sollten sie, um in den Sitten verankert zu sein, in der Sittlichkeit aller Menschen als gültiges Verfahren anerkannt sein, sie sind es aber nicht. Der einzelne Mensch ist rechtschaffen, falls er das Böse und das Gute anhand universalistischer Kriterien voneinander zu trennen vermag. Er muß jedoch als Einzelner die Universalität tragen, da Universalität – hier hatte Kierkegaard recht – nur von Einzelnen getragen werden kann. Das heißt, daß Rechtschaffenheit, die Lebensform der Sittlichkeit, heute nur als eine moralische (und nicht als eine sittliche) Lebensform denkbar ist.
Vom philosophischen Standpunkt aus ist es eine wesentliche Frage, ob die Lebensform der rechtschaffenen Menschen in der Gegenwart als verallgemeinerbar zu denken ist oder nicht. Und heute ist dies sicher nicht möglich. Aber vom praktischen Standpunkt aus ist dieser Unterschied nicht besonders relevant. Die rechtschaffenen Menschen waren immer in der Minderheit, auch dann, wenn der Typus der Rechtschaffenheit als verallgemeinerungsfähig gedacht werden konnte. Und sie sind heute nicht weniger, und nicht mehr, in der Minderheit als je. Rechtschaffenheit ist zumindest nicht weniger möglich, als sie es früher war. Die Idee der Ethik – die faktische Universalisierung – ist durch die Rechtschaffenheit der heutigen rechtschaffenen Menschen gesetzt.
Am Anfang haben wir vorausgesetzt, daß es rechtschaffene Menschen gibt, und wir haben die Frage gestellt, wie sie möglich sind. Am Ende stellten wir die Frage, ob rechtschaffene Menschen heute möglich sind, und wir können nicht besser auf diese Frage antworten als mit dem einleitenden Satz: rechtschaffene Menschen sind auch heute möglich, weil es sie auch heute gibt.

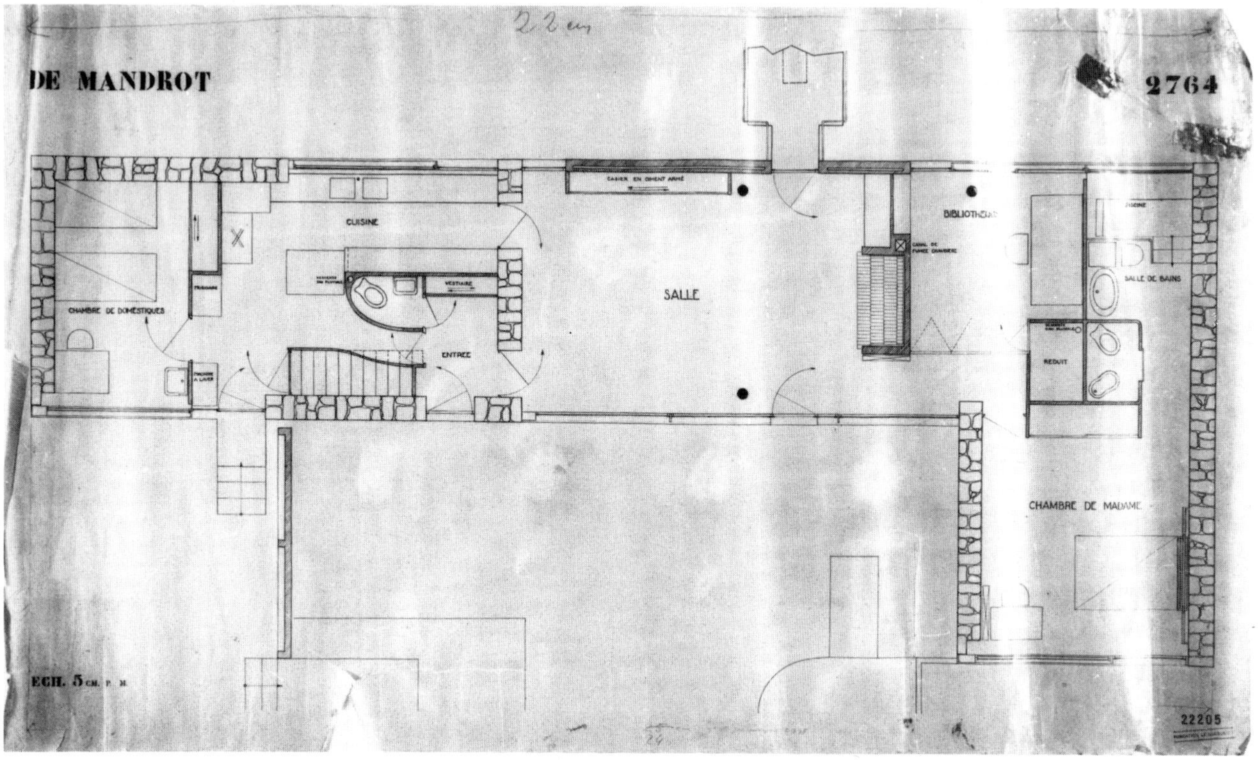

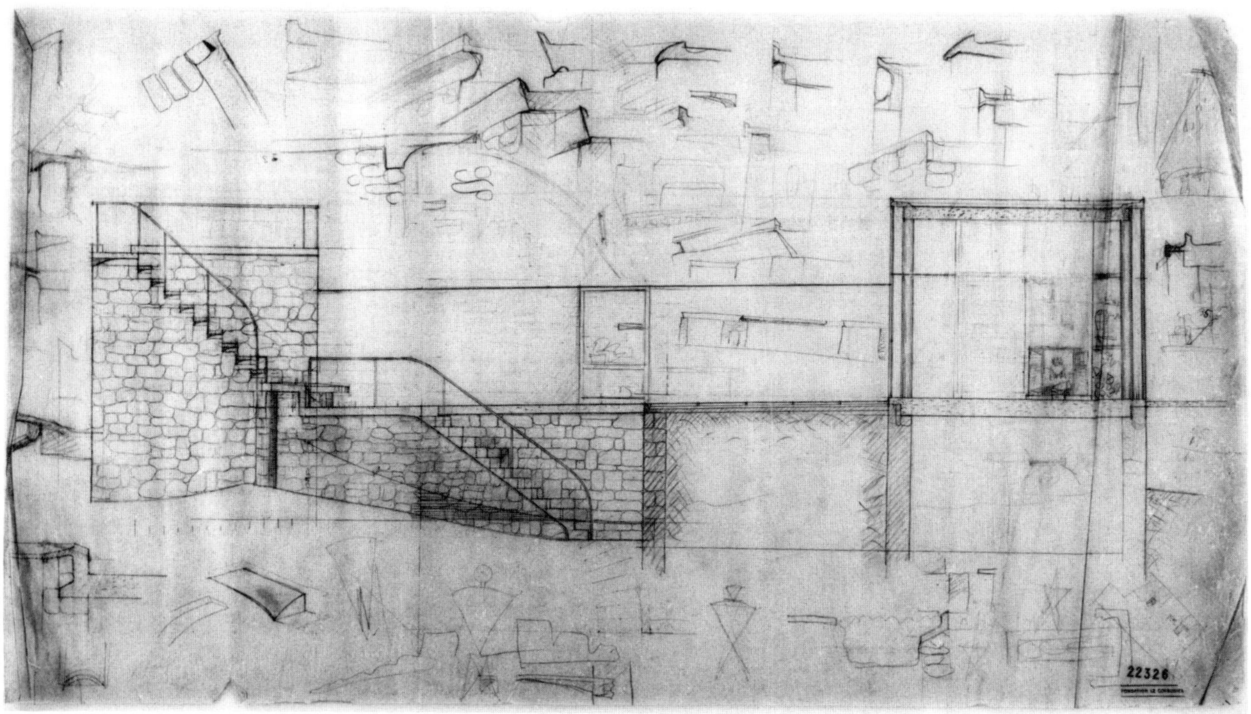

oben:
Le Corbusier, Villa de Mandrot, Le Pradet (1930–1931), Grundriß des Erdgeschosses

unten:
Le Corbusier, Villa de Mandrot, Le Pradet, Treppenstudie, Schnitt, 1930

„Es gibt mehr als einen Weg, unser Leben zu ändern“
Fragen an Agnes Heller, April 1984

REDAKTION Was haben Ihnen Lukács und Marx als Lehrer bedeutet?
AGNES HELLER Eine Lehrer-Schüler Beziehung ist immer persönlich. Marx war nicht mein „Lehrer“, aber Lukács war es. Ich lernte Marx zuerst von Lukács' Standpunkt aus kennen, „sein“ Marx wurde *mein* Marx. Es brauchte einige Zeit, bis ich Marx unabhängig von Lukács' Verständnis sehen und interpretieren konnte. Für Lukács stellte das Marxsche Werk die fleischgewordene Wahrheit dar, die Quelle alles Wissens, zu der jeder zurückmußte, der an der Wahrheit teilhaben wollte. Diesen Standpunkt habe ich hinter mir gelassen, was nicht ohne intellektuellen Schmerz verlief. Mein Marx ist eine Quelle der Inspiration und nicht der Wahrheit. Dies ist nicht ein Unterschied in der Interpretation, sondern in der Einstellung. Ich bin nicht auf ein cogito namens „Karl Marx“ eingeschworen, und meine Beziehung zu ihm ist vergleichbar mit meiner Beziehung zu allen großen Philosophen, von denen ich mich gleichermaßen inspirieren lasse, Lukács aber war in der Tat mein Lehrer und mein lieber Freund. Seine ständige Gegenwart in meinem Leben über 20 Jahre hinweg, seine selbstlose Sorge für meine intellektuelle Entwicklung, sein demokratisches Wesen, das mir in all unseren Diskussionen ein Gefühl von Gleichberechtigung gab, trotz der offenbaren Ungleichheit in Wissen, Begabung und Lebenserfahrung – all dies werde ich niemals vergessen können, und ich stehe in seiner Schuld für alles, was ich seither erreicht habe, wenn auch meine Philosophie sich jetzt von der seinigen weit unterscheidet.
R Sie haben in den philosophischen Realismus, dessen Mitbegründer Marx ist, klassische und existentialistische (zum Beispiel gefühlstheoretische) Überlegungen eingearbeitet. Wie kam es zu diesen „Überschreitungen“ der Grenzen des realistischen Paradigmas?
AH Marx hat nicht nur mit einem Paradigma operiert, sondern mit verschiedenen experimentiert, und in seinem Werk sind mit Leichtigkeit Widersprüche hinsichtlich der Paradigmata aufzufinden. Ich gelangte jedoch zu dem Schluß, daß keines der *Haupt*paradigmata funktioniert, zumindest nicht hinsichtlich meiner Weltanschauung. Daher habe ich eben das Paradigma geändert. Aber soweit es diese Änderung erlaubte, habe ich Marx' erhellendste Einsichten – bzw. die für mich

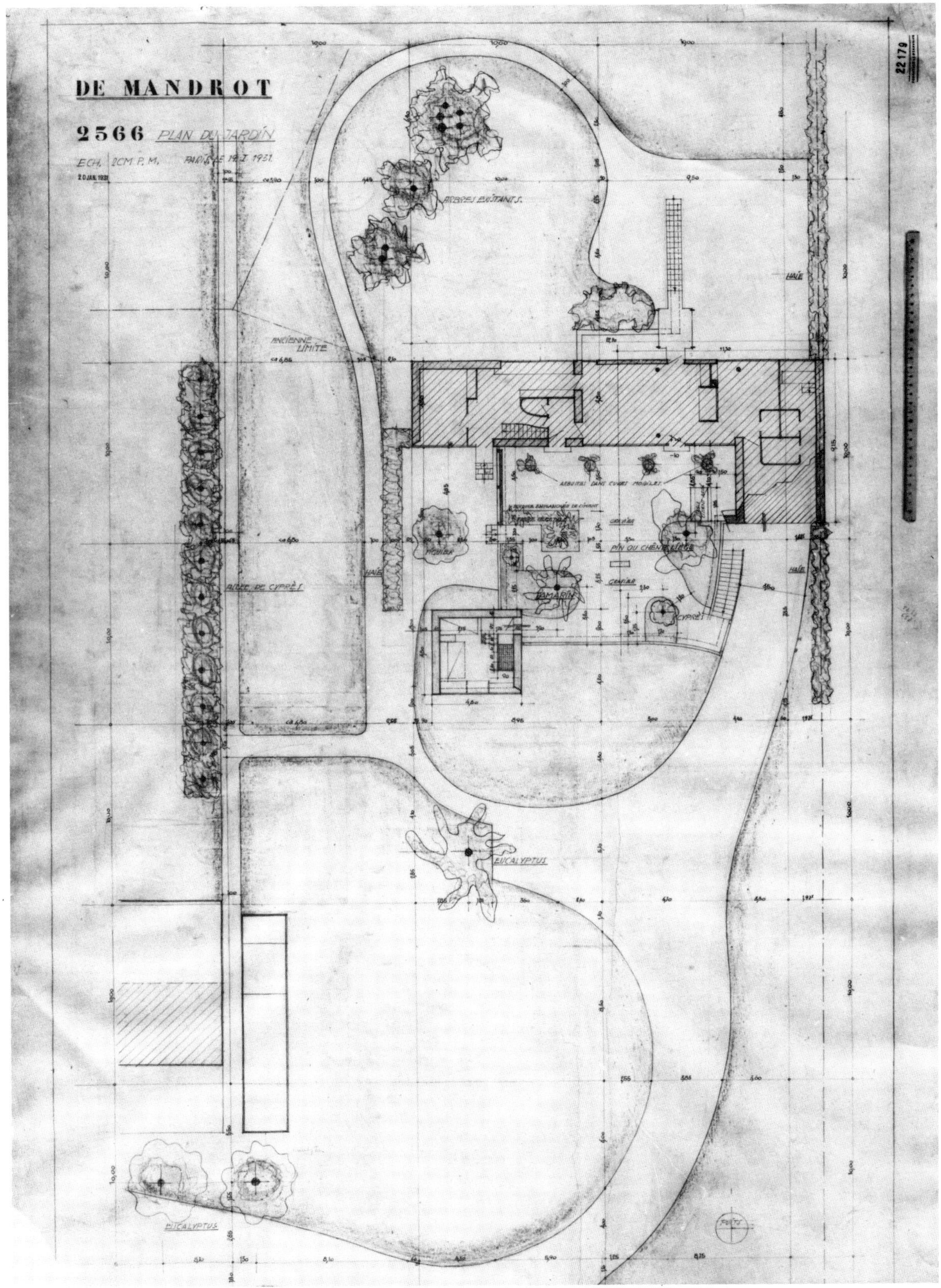

Le Corbusier, Villa de Mandrot, Le Pradet, Lageplan, 1931

Le Corbusier, Maison Errazuris, Innenansicht, 1930

Le Corbusier, Maison Errazuris, Skizzen, 1930

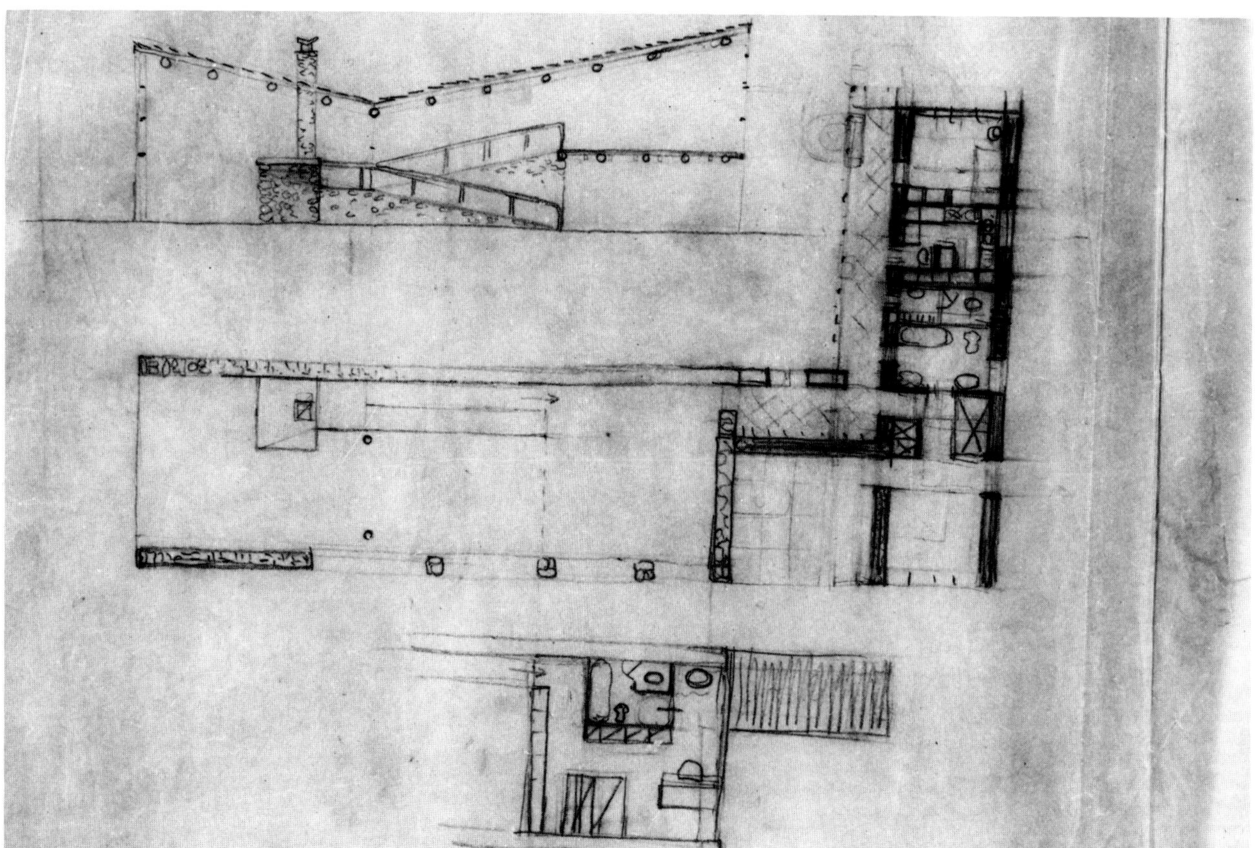

Mario Ridolfi, Ludovico Quaroni: Quartiere Tiburtino, Rom (1949–1954), perspektivische Ansicht

erhellendsten – benutzt und angewandt. All die Philosophien, die Sie erwähnen – und ich könnte noch Phänomenologie, Hermeneutik und Kommunikationstheorie hinzufügen – wurden mehr oder weniger bedeutend für mich eben wegen meines Paradigmenwechsels.

R Was heißt heute: „Das Leben ändern?" Welches sind die Werte, Orientierungen, Chancen, die wir haben oder haben sollten (das heißt uns erobern sollten)?

AH Es gibt mehr als einen Weg, unser Leben zu ändern. Das gute Leben eines jeden setzt die *Pluralität* von Lebensformen voraus, „Pluralität" bedeutet, daß jede Lebensform verschiedene Wertgefüge hat. Es gibt aber zwei Hauptwerte, die in jeder Lebensform und in ihrem Verkehr mit anderen beachtet werden sollten, nämlich: „gleiche Freiheit für alle" und „gleiche Lebenschancen für alle". „Gleiche Freiheit für alle" bedeutet einerseits: gleiches Recht und gleiche Möglichkeit für alle, an den Entscheidungsprozessen teilzunehmen, die das gesellschaftliche Zusammenleben betreffen; andererseits bedeutet es eine gleiche persönliche Freiheit. „Gleiche Lebenschancen für alle" bedeutet: gleiches Recht und gleiche Möglichkeit für alle, ihre Begabungen zu entfalten, seien sie verstandesmäßiger, moralischer oder sonstiger Art. Wir ändern unser Leben hier und jetzt, wenn wir es schaffen, „Nischen" gegenseitiger Verständigung unter der Leitung der eben erwähnten Universalwerte zu bilden. Welche konkreten Wertsysteme dann auf dem Wege der Verwirklichung der beiden Universalwerte entstehen, obliegt der Entscheidung der Gemeindemitglieder. Keine Philosophie ist hier zu irgendeiner Beratung berechtigt.

R Alexander Mitscherlich sprach von der „Unwirtlichkeit unserer Städte". Was kann die Architektur beitragen, um sie wieder wirtlich zu machen, um dem Menschen in all seinen Lebensäußerungen – instinktiven, triebbedingten, gefühlshaften, intellektuellen – einen Rahmen zu geben? Was erwarten Sie von der Architektur? Kann es revolutionäre Politik ohne progressiven Städtebau geben?

AH Unsere Städte repräsentieren unsere Lebensform. Wenn unsere Städte „unwirtlich" sind, so drückt dies nur die „Unwirtlichkeit" unseres Lebensfundamentes aus, das jeglicher Form entbehrt. Architektur hat diese Leere nicht geschaffen, und eine Änderung der Architektur kann sie nicht füllen. Aber wenn es Gegenbewegungen gibt, die alternative Lebensstile schaffen wollen, selbst in kleinem Maßstab, und wenn ihren Mitgliedern wirklich verschiedene Lebensformen gelingen, dann können Architekten, die sich auf solche Bewegungen einlassen, ihre schöpferische Phantasie entfesseln, um ein „habitat" zu gestalten für Lebensformen in statu nascendi. Die Zerstörung der großen Städte ist eine negative Utopie. Wir wurden mehr oder weniger zu Stadtbewohnern, und sowohl die Produktionsbedingungen als auch unsere kulturellen Bedürfnisse verlangen nach einer Humanisierung der Städte, um sie wirklich wohnlich zu machen. Eine soziale Revolution ist undenkbar ohne „progressiven Städtebau", denn dieser ist einer ihrer Hauptbestandteile. Ich spreche mit Absicht von „sozialer Revolution" statt von „revolutionärer Politik". Es gibt verschiedene Arten „revolutionärer Politik". Wenn diese Politik aber nach „Machtergreifung" strebt und nur nach einem Austausch der Herrschaftsform, dann ist der Boden für eine progressive Architektur noch schmaler als heutzutage – die Armseligkeit der sowjetischen Architektur bezeugt dies.

R Das gute, rechtschaffene Leben ist immer an eine Ethik gebunden. Kant, der Aufklärer und Klassiker, hat ihr die Gestalt des kategorischen Imperativs gegeben. Ein gewiß richtiger, aber auch abstrakter Satz. Wie werden wir rechtschaffen, wie lernen wir eine Ethik? Welche Bedeutung haben dabei Involviertsein in die Angelegenheiten der anderen, Kämpfe, Diskussionen, praktische Unternehmungen, gemeinsames Arbeiten, Genießen, Gestalten im Quartier?

AH Man lernt gerecht zu sein – und auch nicht gerecht zu sein – in sozialer Interaktion und Kommunikation. Sich einzulassen auf die Sorgen, Kämpfe, Diskussionen anderer (und auf alles andere, was Sie erwähnt haben), dies formt den gerechten Menschen und setzt ihn zugleich der Prüfung aus. Eine selbstbezogene Person kann nicht gerecht sein. Aber jemand, der sich blindlings, ohne Überlegung und Selbstreflexion, den Regeln seiner Umgebung beugt, kann ebenfalls nicht gerecht sein. Die Verbindung von Autonomie und Solidarität, von Skeptizismus und Enthusiasmus, die Vermeidung von Eigendünkel und verächtlicher Demut, die Bereitschaft zu rationalem Diskurs und die Fähigkeit, die Erfahrung des „Zusammenseins" zu genießen – all dies und noch viel mehr charakterisieren den „gerechten Menschen" unserer Zeit. Da heutzutage keiner vollständig gerecht sein kann, ohne in der einen oder anderen Weise an öffentlichen Belangen teilzunehmen, kommt ihm eine Portion Stoizismus gut zustatten. Mit Stoizismus meine ich nicht eine Gleichgültigkeit einem gemeinsamen Erfolg oder gemeinsamer Niederlage gegenüber, und ich meine keinen Mangel starker Gefühle. Ich meine einfach, daß weder Hoffnung noch Furcht die *Triebfedern* des gerechten Menschen sein sollten, und daß er/sie den Mut haben sollte, der Welt zu begegnen, wie sie ist, selbst wenn er/sie in der „utopischen Wirklichkeit" wohnt.

R Wie war Berlin?

AH Berlin ist eine aufregende Stadt, voller Experimente, Herausforderungen, Kontroversen, und immer noch eine „Kulturstadt". Ich habe meinen dortigen Aufenthalt im Jahr 1972 genossen, und wann auch immer ich später für kurze Zeit zurückkam, fühlte ich mich ein bißchen zu Hause.

Expressionistische Architektur – der philosophische Kontext

Iain Boyd Whyte

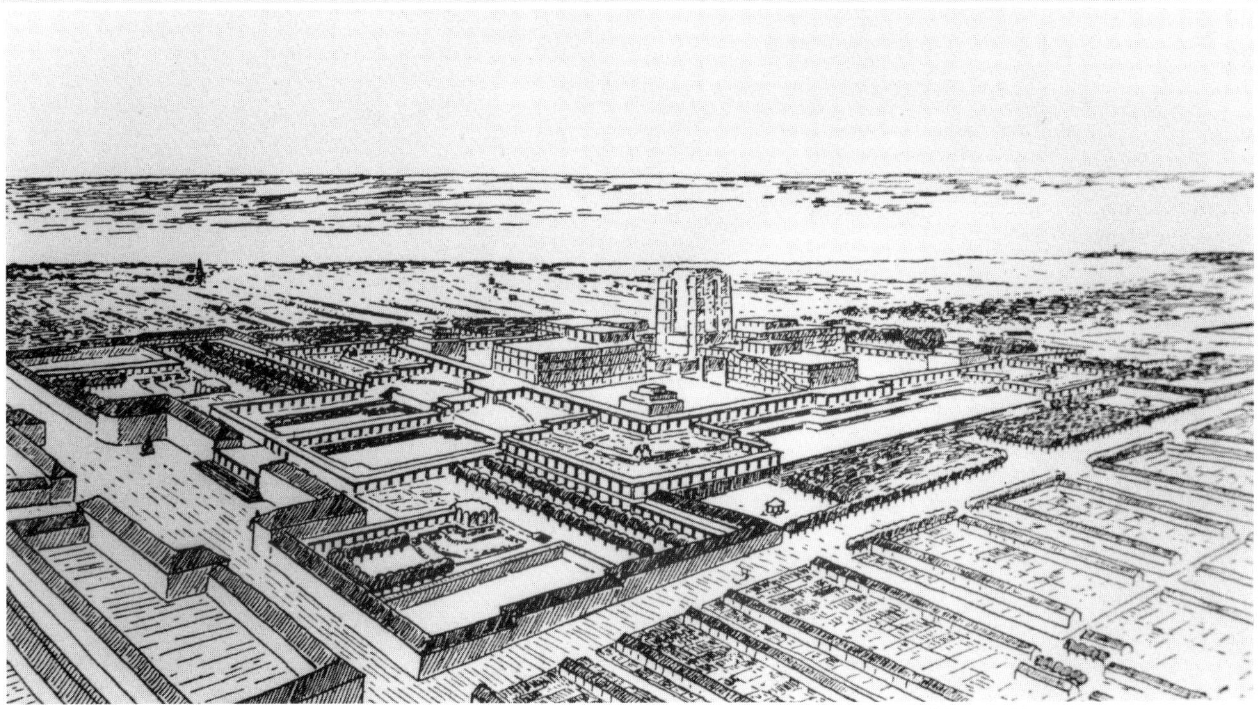

Und er entrückte mich im Geist auf einen großen und hohen Berg und zeigte mir die heilige Stadt Jerusalem, wie sie von Gott her vom Himmel herabkam im Besitz der Herrlichkeit Gottes. Ihre Leuchte ist gleich dem kostbarsten Edelstein, wie ein kristallheller Jaspis. . . . Und ihre Mauer ist aus Jaspis gebaut, und die Stadt ist reines Gold gleich reinem Glas.
Offenbarung des Johannes, Kap. 21

In uns allein brennt noch dieses Licht, und der phantastische Zug zu ihm beginnt, der Zug zur Deutung des Wachtraums, zur Handhabung des utopisch prinzipiellen Begriffs. Diesen zu finden, das Rechte zu finden, um dessentwillen es sich ziemt zu leben, organisiert zu sein, Zeit zu haben, dazu gehen wir, hauen wir die metaphysisch konstitutiven Wege, rufen was nicht ist, bauen ins Blaue hinein, bauen uns ins Blaue hinein und sichern dort das Wahre, Wirkliche, wo das bloß Tatsächliche verschwindet – incipit vita nova.
Ernst Bloch, Geist der Utopie (1918, 1923[2])

Der Architekt muß sich auf seinen hohen, priesterhaft herrlichen, göttlichen Beruf besinnen und den Schatz zu heben suchen, der in der Tiefe des Menschengemüts ruht. In voller Selbstentäußerung vertiefe er sich in die Seele des Volksganzen und finde sich und seinen hohen Beruf, indem er, als Ziel wenigstens, einen Materie gewordenen Ausdruck für das gibt, was in jedem Menschen schlummert. Ein glückbringendes, baugewordenes Ideal soll wieder erstehen und alle zum Bewußtsein führen, daß sie Glieder einer großen Architektur sind, wie es einst war.
Bruno Taut, Die Stadtkrone (1919)

Seite 167:
Bruno Taut, aus: „Die Stadtkrone", Jena 1919

Hermann Finsterlin, Skizze zum Roten Haus, 1921

Einen Architekturstil, der bewußt mit dem Expressionismus in der bildenden Kunst verbunden war – zum Beispiel mit dem Werk der Maler der Brücke oder des Blauen Reiters – findet man in Deutschland zuerst um 1914. Während der Kriegsjahre gedieh er als Subkultur und blühte eine kurze, ekstatische Zeitspanne lang nach dem Kriegsende im November 1918. Bis zum Jahresende 1920 war er schon sterbenskrank und 1922 tot und begraben. Unter architektonischen Stilen fast einzigartig, brachte er kaum Bauwerke hervor; die kanonischen Werke der Bewegung können an einer Hand abgezählt werden. Diese exklusive Liste müßte Bruno Tauts „Glashaus" für die Werkbundausstellung in Köln von 1914 enthalten, Poelzigs Großes Schauspielhaus in Berlin, das 1919 vollendet wurde, Gropius' und Meyers Entwurf für das Haus Sommerfeld in Lichterfelde von 1920/21 und Erich Mendelsohns Einsteinturm in Potsdam, der ebenfalls 1921 fertiggestellt wurde. Obgleich es sich dabei um großartige und eigenständige künstlerische Leistungen handelt, stellt diese kleine und nicht sehr einheitliche Sammlung kaum den Stoff dar, aus dem große architektonische Bewegungen gemacht werden. Was jedoch in Form von Bauwerken fehlte, wurde im Bereich der architektonischen Theorie und Phantasie mehr als wettgemacht, und die programmatische, visionäre Qualität der expressionistischen Architektur ist es auch, die dieser Richtung ihren andauernden Ruhm verschafft hat.

Obwohl der Begriff oft sehr unbestimmt und fast synonym mit „nicht-rationalistisch" benutzt wurde, ist es möglich, eine zusammenhängende Gesamtheit von Ideen zu bestimmen und eine Gruppe von Architekten und

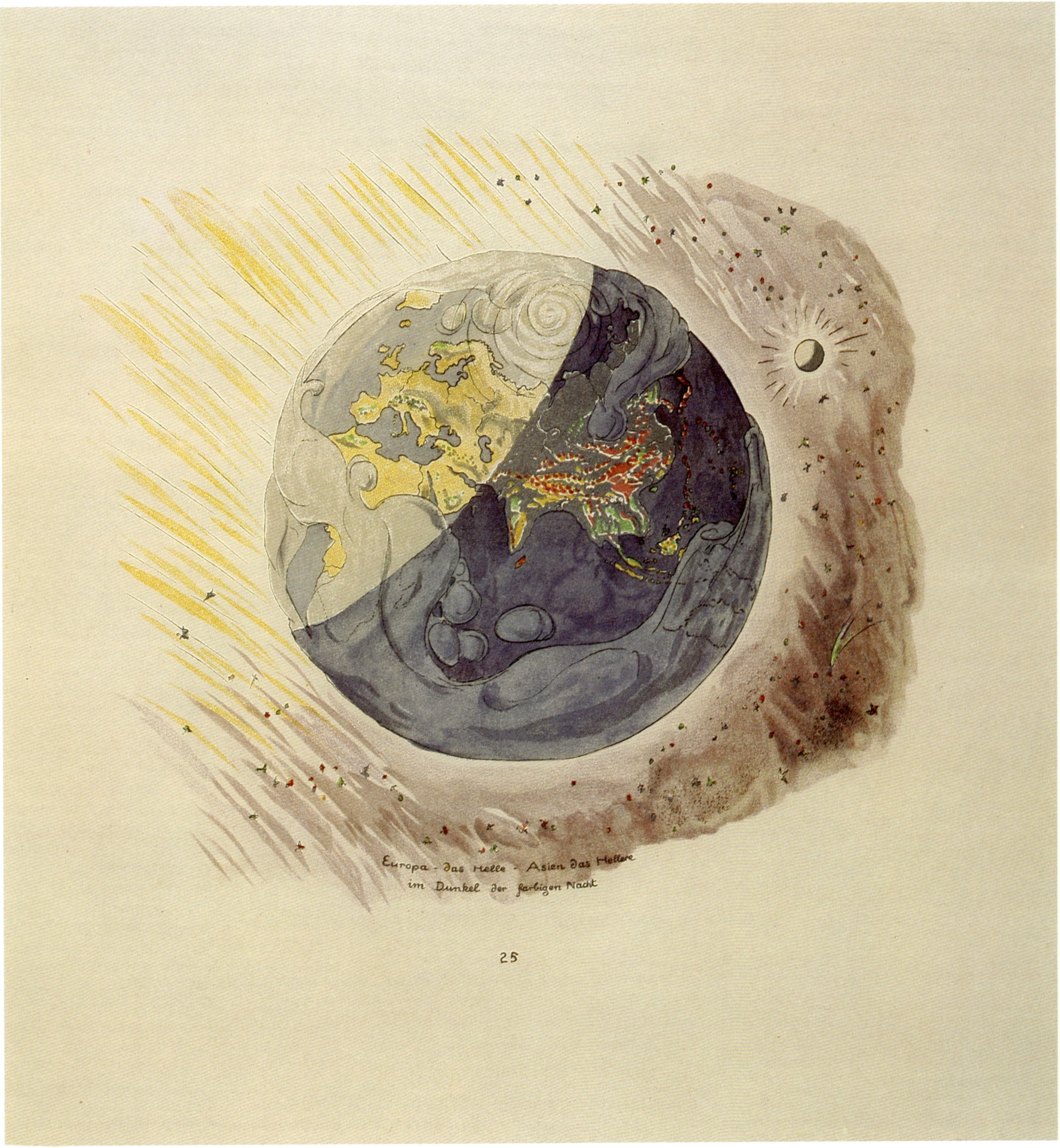

Bruno Taut, „Alpine Architektur", Hagen i.W. 1919, Blatt 25: Europa – das Helle – Asien das Hellere im Dunkel der farbigen Nacht

Edvard Munch, Der Schrei, 1895

Künstlern zu nennen, die für ihre Arbeiten in dieser Zeitspanne das Etikett „expressionistisch" akzeptiert hätten.
Im Titel eines ansonsten unbedeutenden Artikels, den der Kritiker Adolf Behne im Januar 1915 in der Zeitschrift „Der Sturm" veröffentlicht, erscheint der Begriff „expressionistische Architektur" zum ersten Mal in der Öffentlichkeit. Behne zitiert hier das Werk seines engen Freundes Bruno Taut als Beispiel für die neue Architektur, die ihm vorschwebt. Während der folgenden fünf Jahre geben Taut und Behne dem Konzept der expressionistischen Architektur in einer Reihe von Büchern, Artikeln und Entwürfen genauere Konturen. Nach dem Waffenstillstand und der Abdankung des Kaisers im November 1918 arbeiten sie in der ungestümen Atmosphäre der Revolution zusammen, um den „Arbeitsrat für Kunst" als Vehikel ihrer kunstpolitischen Ziele zu begründen. Eine Gruppe gleichgesinnter Radikaler, die sich im Arbeitsrat gesammelt hatten, findet sich ein Jahr später – im Dezember 1919 – um Taut zu einem Kreis zusammen, der seine Ideen in Rundbriefen austauscht. Dieser Kreis erhält später den Namen „Die gläserne Kette". Neben Bruno Taut gehören sein Bruder Max, die Brüder Hans und Wassili Luckhardt, Walter Gropius, Wenzel Hablik, Hermann Finsterlin, Paul Goesch und Hans Scharoun zu der Gruppe. Es sollte der Höhepunkt des expressionistischen Interregnums in der Architektur werden. Doch schon im Frühjahr 1920 äußert Taut selbst Zweifel an den Voraussetzungen, auf die sich die Bewegung gründet, und am Ende des Jahres wird der Briefwechsel eingestellt. An diesem Punkt werden die letzten Spuren des bereits untergehenden expressionistischen Impulses durch die Flut der neuen konstruktivistischen und funktionalistischen Ideen hinweggefegt, die hauptsächlich aus den UdSSR, Frankreich und den Niederlanden kommen. Die Bewegung verliert sich allerdings nicht spurlos, und die expressionistische Definition von Rolle und Funktion des Architekten wird einen lang anhaltenden Einfluß auf das deutsche architektonische Denken während der gesamten Zeit der Weimarer Republik haben. Es ist auch kein bloßer Zufall, daß viele der entschiedensten Fürsprecher eines architektonischen Expressionismus später zu erfolgreichen Exponenten des architektonischen Funktionalismus werden.
Wie ihre Entsprechungen in der Literatur und Malerei kann die expressionistische Architektur zunächst einmal recht griffig als Reaktion gegen solch typische Phänomene des 19. Jahrhunderts wie Akademismus, Materialismus, Industrialismus, Positivismus, Nationalismus, Militarismus, gesellschaftliche und sexuelle Heuchelei und so weiter definiert werden. Ob diese eher negative Analyse des wilhelminischen Deutschland vollkommen gerechtfertigt ist, mag bezweifelt werden, wenn man an die intellektuelle Vitalität der Zeit denkt. Nichtsdestoweniger übte die Überzeugung, der Expressionismus sei eine notwendige und unvermeidliche Reaktion der Generation von 1880 und 1890 auf die Sünden der Väter, auf

die Expressionisten selbst große Anziehungskraft aus, und sie ist immer noch Basis wissenschaftlicher Untersuchungen dieser Kunstrichtung. Indem sie zurückwies, was sie als den Materialismus und das Philistertum der „Backsteinkultur" des 19. Jahrhunderts betrachtete, meinte die jüngere Generation, auf irgendeine Weise einem neuen Zeitalter des Geistes den Weg zu bahnen, einem Zeitalter des Friedens, der Harmonie und der sozialen Gerechtigkeit. Von diesem Zeitalter glaubte man, daß es bevorstände, auch wenn die Form, die es annehmen würde, vielleicht noch unbestimmt sei. In seinem Vorwort zur ersten Ausstellung des Blauen Reiters faßt der Maler Franz Marc die Stimmung der Avantgarde von 1912 bündig zusammen: „Nichts kann zufällig und ohne organischen Grund geschehen. Wie töricht ist die Trauer über den Verlust des künstlerischen Zeitgefühls im neunzehnten Jahrhundert! Muß uns diese vielbeschriebene Tatsache nicht zu dem Gedanken leiten, daß wir heute an der Wende zweier langer Epochen stehen, ähnlich wie die Welt vor anderthalb Jahrtausenden, als es auch eine kunst- und religionslose Übergangszeit gab, wo Großes und Altes starb und Neues, Ungeahntes an seine Stelle trat? Die Natur wird den Völkern nicht ohne große Absichten Religion und Kunst mutwillig gemordet haben. Wir leben der Überzeugung, die ersten Zeichen der Zeit schon verkünden zu können. Die ersten Werke einer Zeit sind unendlich schwer zu definieren. Wer kann klar sehen, auf was sie abzielen und was kommen wird? Die Tatsache allein, daß sie existieren und heute an vielen voneinander unabhängigen Punkten entstehen und von innerlicher Wahrheit sind, läßt es uns zur Gewißheit werden, daß sie die ersten Zeichen der kommenden neuen Epoche sind. Feuerzeichen von Wegsuchenden."[1]

Das erste Manifest der expressionistischen Architektur, das im Februar 1914 im „Sturm" veröffentlicht wurde, setzt mit derselben Überzeugung ein: ein neues Zeitalter kommt herauf und mit ihm ein neuer künstlerischer Geist. Bruno Tauts Artikel „Eine Notwendigkeit" beginnt: „Es ist eine Freude in unserer Zeit [zu] leben, und wer das nicht fühlt, dem ist nicht zu helfen. Eine Intensität hat Künstler aller Künste ergriffen, eine Religiosität, die sich nicht mit weichen Abwandlungen begnü-

Wenzel August Hablik,
Der Weg des Genius, 1918

1 Franz Marc, Vorwort zum Katalog der Ausstellung „Der blaue Reiter", 2. Auflage (Oktober 1912), in: Klaus Lankheit (Ed.), Franz Marc Schriften, Köln 1978, S. 151.

Wenzel August Hablik, Dom-Inneres, Festhalle, Gondelkanal, Wasserkünste, Gasglasballons, 1921

Virgilio Marchi, Stadtvision, 1919–1920

links:
Paul Goesch, Zeichnung, um 1920
rechts:
Paul Goesch, In einer Grotte, um 1920

gen will, sondern nach gesetzmäßigen Formen strebt."[2] Die „Notwendigkeit" des Titels steht für die neuen Richtungen in den Künsten, die unter der Ägide einer neuen Architektur aus Glas, Stahl und Beton zusammengebracht werden, einer Architektur, die die bloße Funktionalität überschreiten würde. „Bauen wir zusammen an einem großartigen Bauwerk! An einem Bauwerk, das nicht allein Architektur ist, in dem alles, Malerei, Plastik, alles zusammen eine große Architektur bildet, und in dem die Architektur wieder in den andern Künsten aufgeht."[3] Taut schlug vor, daß für ein solches, ideales Bauprojekt Delaunay das bunte Glas schaffen könnte, Franz Marc und Kandinsky die Wandgemälde, Archipenko die äußeren Säulen und Campendonk die übrigen Ornamente. Indem er den Glauben an einen neuen religiösen Impetus, die Farbtheorien Kandinskys und Marcs und die neuen technischen Möglichkeiten von Stahl, Beton und Glas zusammenbrachte, setzte Taut die Parameter für die Entwicklung der expressionistischen Architektur. Obwohl aus diesem ersten Vorschlag nichts wurde, konnte Taut im Sommer 1914 etwas ähnliches verwirklichen: er baute den Pavillon der Glasindustrie auf der Werkbundausstellung in Köln, der als „Glashaus" bekannt wurde. Tauts gesamten damaligen Ideen von einer leichtgewichtigen Architektur aus Farbe und Glas nahmen in diesem juwelengleichen Pavillon Gestalt an. Seine propagandistischen Ziele wurden durch die Leitsätze betont, die der Romancier und Phantast Paul Scheerbart entworfen hatte, und die in die Betonstürze eingeschrieben wurden. Einer faßt die expressionistische Überzeugung präzise zusammen, daß ein neues Zeitalter heraufkäme: „Das Glas bringt uns die neue Zeit; Backsteinkultur tut uns nur Leid." Die Überzeugung, daß die materialistischen Werte des 19. Jahrhunderts vor dem Zusammenbruch ständen, wurde durch den Ausbruch des Krieges im August 1914 bestärkt. Anfangs willkommen geheißen als Schlacht für Geist und Kultur gegen die Kräfte des Materialismus und der Barbarei, überzeugten die schrecklichen Ausmaße des Konfliktes, die Jahre des ausweglosen Gemetzels an der Front und die Entbehrungen zu Hause die radikalen Intellektuellen und Künstler davon, daß es sich wirklich um das apokalyptische Ende der alten Ordnung handelte.

Beim Aufbau einer neuen Gesellschaft aus den Trümmern der alten beanspruchten die Architekten eine führende Rolle. So behauptete das erste und berühmteste Manifest des Arbeitsrats für Kunst im Dezember 1918: „Kunst und Volk müssen eine Einheit bilden. – Die Kunst soll nicht mehr Genuß weniger,

---

2 Bruno Taut, Eine Notwendigkeit, in: Der Sturm, Bd. 4, Nr. 196/197 (Februar 1914), S. 174.
3 Ebd., S. 175.

sondern Glück und Leben der Masse sein. – Zusammenarbeit der Künste unter den Flügeln einer großen Baukunst ist das Ziel."[4] Der Architekt sollte der Messias sein, der Führer, er sollte Brennpunkt sein für die latenten, unausgesprochenen Wünsche der Gemeinschaft und ihnen greifbare Form geben. Durch seine Vermittlung und inspiriert von der idealen Zukunft, die der Architekt aufzeigen könne, würde die Gesellschaft ihre Begrenzung überschreiten und auf ein neues Zeitalter des Geistes zugehen.

Diese expressionistische Version der Ziele der Kunst war fest verankert in Kants Ästhetik. Daß sich die Expressionisten selber der Bedeutung des Kantischen Modells bewußt waren, wird aus einem der Aphorismen deutlich, die Franz Marc vor seinem Tod in Verdun 1916 schrieb: „Nach dem mythischen großen Kant haben wir einen einzigen Stützpunkt, eine grüne Insel dieser Vorzeit unserer Epoche."[5] Kant siedelte die Kunst neben Rationalität und Logik an und argumentierte, Ziel der Kunst sei nicht, Objekte des Wissens darzubieten, sondern vielmehr, die Grenzen menschlicher Möglichkeiten zu erforschen. Die Aufgabe der Kunst sei deshalb kritisch und prophetisch zugleich. Ihr Ziel sei die Vision eines idealen Zustands, der in der Zukunft vielleicht erreicht werden könne. Dieser Idealzustand, ist nach Kant nur der Einbildungskraft zugängig, nicht dem Verstand. Einen solchen idealen Zustand des Friedens und der Harmonie strebte Tauts „Alpine Architektur" an, eine Reihe von Zeichnungen, die er im Sommer 1918 vollendete und im folgenden Jahr veröffentlichte. Entstanden waren sie sowohl als Protest gegen den Krieg als auch als Ehrung für Paul Scheerbart, der 1915 gestorben war. In einem seiner letzten Romane, „Das graue Tuch und zehn Prozent Weiß" (1914), beschreibt Scheerbart den Weg eines Architekten namens Krug, der in einem Luftschiff um die Welt fliegt und den Bau phantastischer Glasgebäude auf exotischen Bauplätzen überwacht. Sie waren das Vorbild für die Glaskathedralen, die sich Taut auf Alpengipfeln vorstellte, und für die Domsterne, die in den schwarzblauen Tiefen des Universums glitzern sollten. Getreu dem Kantischen Vorbild waren Tauts Bauwerke keine praktischen Vorschläge für die sofortige Reali-

Hermann Finsterlin, Traum aus Glas, 1920

Hermann Finsterlin, Rotes Haus, 1921

4 Programm „‚Arbeitsrat für Kunst' in Berlin" (Dezember 1918), in: Mitteilungen des Deutschen Werkbundes, 1918, Nr. 4, S. 14.

5 Franz Marc, Aphorismen 29, in: Lankheit, op cit., S. 194.

links:
Paul Goesch, Architekturphantasie, Felsentor, 1920
rechts:
Paul Goesch, Schwebende Prinzessin, um 1920

Seite 177, oben:
Friedrich Kiesler, Plan for Endless House, 1923
Seite 177, unten:
Bruce Goff, Garvey House Projekt, Urbana (Ill.), 1952, perspektivische Innenansicht

sierung, sondern vielmehr Wegweiser in eine ideale Zukunft, Metaphern der Selbstüberschreitung. So stellt Taut selbst in einem der Texte die Frage: „Ja! Unpraktisch und ohne Nutzen! Aber sind wir vom Nützlichen glücklich geworden?“[6]

Neben Kant gab es einen jüngeren philosophischen Vorbereiter des Expressionismus, der die Gestaltung einer ästhetischen Alternative zur realen Welt anregte. Friedrich Nietzsche übte geistig den stärksten Einfluß auf die Generation der Expressionisten aus. Bruno Taut schreibt seinem Bruder Max im Sommer 1904: „Ich habe im verlaufenen Vierteljahr Nietzsche's Zarathustra gelesen, ein Buch von ungeheurer ernster Lebenskraft –. Ich habe viel davon gehabt.“[7] In seinen frühen Werken, wie zum Beispiel der „Geburt der Tragödie“, besteht Nietzsche wiederholt darauf, daß die Welt und unsere Existenz nur als ästhetisches Phänomen gerechtfertigt werden können. Diese Überzeugung wurde als Notwendigkeit des Hinausgehens über sich selbst zum zentralen Thema von „Also sprach Zarathustra“. Als notwendige Manifestation des ‚Willens zur Macht‘ muß die Menschheit sich selbst übersteigen und besiegen, und die künstlerische Schöpfung ist ein schlüssiges Modell für diesen Vorgang. In dem postum zusammengestellten Werk „Der Wille zur Macht“ (Fragment 822) drückt Nietzsche diesen transzendenten Drang fatalistischer aus: „Wir haben die Kunst, damit wir nicht an der Wahrheit zu Grunde gehn.“[8]

Da die expressionistische Avantgarde die Überschreitung des Selbst – sowohl individuell als auch kollektiv – zum Ziel hatte, ist es nicht verwunderlich, daß auch andere Modelle transzendenter Religiosität erhebliche

6 Bruno Taut, Alpine Architektur, Hagen 1919, Nr. 16.
7 Bruno Taut, Brief an Max Taut, 8. 6. 1904, Sammlung Heinrich Taut, Lehnitz.
8 Friedrich Nietzsche, Werke, Kritische Gesamtausgabe, VIII, 3, Berlin u. New York 1979, S. 296.

Anziehungskraft ausübten. Während die Literaten sich mit dem transzendenten Christentum Meister Eckeharts und Jakob Böhmes beschäftigten und mit gleichermaßen transzendenten Tendenzen des Hinduismus, des Taoismus und Buddhismus, richteten die Architekten ihren Blick vor allem auf die materiellen Manifestationen dieses Glaubens, auf die gotischen Kathedralen Europas und die großen Tempel des Orients. Zwischen 1910 und 1920 erschien in Deutschland eine Flut gelehrter und weniger gelehrter Bücher über gotische und orientalische Kunst. Die erfolgreichsten, z.B. Wilhelm Worringers „Formprobleme der Gotik" (1912) und Karl Schefflers „Der Geist der Gotik" (1917), verkauften sich zu Zehntausenden und sind ganz eindeutig als Antwort auf ein stark empfundenes Bedürfnis nach einer Alternative zur industriellen Zivilisation des wilhelminischen Deutschland zu verstehen. 1919 erschien „Die Stadtkrone", die bereits während des Krieges konzipiert worden war, worin Bruno Taut zusammen mit Adolf Behne und Erich Baron eine ideale Stadt als Brennpunkt für die neue Gesellschaft entwarf, die, so argumentierte man, im Verein mit einer geistigen Revolution dem Krieg folgen würde. Wie der Titel des Buches andeutet, besteht das geistige Zentrum der neuen Stadt aus einem großartigen Gebäude, das die Stadt nach Art einer gotischen Kathedrale oder eines indischen Tempels beherrscht. Diese Parallele wurde in den Illustrationen des Buches und in dem begleitenden Text verdeutlicht: „Der Dom, die Kathedrale, die Pagode über den Hütten der Inder. . . sie zeigen, daß die Spitze, das Höchste, die kristallisierte religiöse Anschauung Endziel und Ausgangspunkt zugleich für alle Architektur ist und ihr Licht auf alle die einzelnen Bauten bis zur einfachsten Hütte hin ausstrahlt."[9] In Tauts Plan nimmt das Kultgebäude die Form eines Kristallhauses an, eines Gebäudes mit keiner anderen Funktion als der, Symbol zu sein für die transzendenten Bestrebungen der Gemeinschaft. Die Ähnlichkeit zwischen Worringers Darstellung der gotischen Kathedrale und Tauts Beschreibung des Kristallhauses ist auffällig. Worringer schreibt: „Wir erleben innerlich den Anblick einer gotischen Kathedrale nicht wie ein Schauspiel konstruktiver Vorgänge, sondern wie einen in Stein ausgedrückten Ausbruch transzendentalen Wesens."[10] Von seinem Kristallhaus sagt Taut: „Dies soll Träger eines kosmischen Empfindens werden, einer Religiosität, die nur ehrfürchtig schweigen kann. . . Der Glanz, das Leuchten des Reinen, Transzendentalen schimmert über der Festlichkeit der ungebrochenen strahlenden Farben. Und als Farbenmeer breitet sich der Stadtbezirk rings umher aus, zum Zeichen des Glückes im neuen Leben."[11]

Die leere Hülle – still und doch erhaben schön – ist Metapher für die reine Seele, die von allen unwürdigen Gedanken und Bestrebungen gereinigt ist und vom göttlichen Geist erfüllt werden kann. Meister Eckhart ist hier die entsprechende Autorität: „Ich will Gott niemals bitten, daß er sich mir hingeben soll; ich will ihn bitten, daß er mich leer und rein mache. Denn wäre ich leer und rein, so müßte Gott aus seiner eigenen Natur sich mir und in mir hingeben und in mir beschlossen sein."[12] Das bevorzugte Symbol für diese reine, transzendente Leere, für das „Nichts" in Eckharts Schriften, ist das Kristall, wie es Taut in einem Brief an den Regisseur Ludwig Berger erklärt:

9 Bruno Taut, Die Stadtkrone, Jena 1919, S. 51/52.
10 Wilhelm Worringer, Formprobleme der Gotik, München 1922, S. 71.
11 Bruno Taut, Die Stadtkrone, op. cit. S. 69.
12 Meister Eckhart, zit. nach: Bruno Taut, Die Stadtkrone, op. cit. S. 69.

oben und unten:
Hans Poelzig,
Kreideskizzen, 1919–1920

„Es bleibt das Un-sagbare, kein Wort, das ‚Nichts'. Wiederverkörperung, selbst ‚Gott' – alles nur 5 Sinneprojektion. Aber ich liebe das Nichts, es zieht mich an, ich möchte mich schon oft hineinstürzen. . . Der Quell der letzten Heiterkeit, des reinen Lachens. Und aus ihm springt das Kristall, das Zeichen unserer 5 Sinne, das in diesem bestimmten Kreise reflektiert, funkelt von jenen ‚Jenseits'-Dingen."[13]

Die Geschichte der Kristallmetapher läßt sich über Jahrtausende zurückverfolgen. Die unmittelbare Anregung für die expressionistischen Architekten kam, wie bereits angemerkt, aus den Schriften Paul Scheerbarts, vor allem aus seinem Buch „Glasarchitektur", das mit einer Widmung an Bruno Taut 1914 im Sturm-Verlag herauskam. Der Inhalt besteht aus 111 kurzen Erklärungen, in denen Scheerbart die physikalischen Eigenschaften des Glases und seine Vorzüge als Baumaterial beschreibt. Das Buch hatte jedoch eher moralische als technische Ambitionen, denn Scheerbart stellte fest: „Das neue Milieu, das wir uns dadurch schaffen, muß uns eine neue Kultur bringen."[14] Ein weiterer, zeitlich noch ziemlich naher Hinweis auf die Kristallmetapher, der im übrigen auch die theatralischen Tendenzen des Expressionismus angesprochen haben muß, bot die Eröffnungszeremonie der Künstlerkolonie in Darmstadt 1901: „Das Zeichen", geschrieben von Georg Fuchs und vom Architekten Peter Behrens inszeniert. Auf ihrem Höhepunkt stieg der Prophet vom goldenen Portal herab und enthüllte feierlich ein Zeichen – einen großen Kristall. Nietzsche als Quelle ist hier offenkundig, denn „Das Zeichen" ist auch der Titel des letzten Kapitels des „Zarathustra", und der Prophet, der mit dem Kristall auf der Mathildenhöhe erscheint, ist die symbolisierte Darstellung Zarathustras, der seine Höhle verläßt, „glühend und stark, wie eine Morgensonne, die aus dunklen Bergen kommt."[15] Die Schmuckvignetten der Festschrift, die Behrens für die Eröffnung gestaltete, basierten auf den beiden Symbolen Zarathustras, dem Kristall und dem Adler. Der Text, ebenfalls von Behrens, beschreibt in fast expressionistischer Sprache die Bedeutung des Diamanten: „Und wo der ewige Glanz des Äthers zu uns strahlt, von dort und hier crystallene Helle uns durchdringt, der großen Ordnung klarer Geist in einem Demant uns sich offenbart, da erkennen wir in ernster Lust das Recht auf neues Leben."[16] Weiter zurück in der Zeit findet sich die Kristallmetapher im Mittelpunkt der Gralslegende von Richard Wagners „Parsifal", der 1882 uraufgeführt wurde. Von hier aus könnte man die Metapher über Novalis zurückverfolgen, über Ludwig Tieck, Schwester Hadewich und Wolfram von Eschenbach bis hin zur Beschreibung von König Salomons Tempel im Buch der Könige und des neuen Jerusalems in der Offenbarung des Johannes. Auszüge aus Schwester Hadewichs Visionen und aus der Offenbarung des Johannes wurden im „Frühlicht" zitiert, dem Sprachrohr der Gruppe um die „Gläserne Kette", das in den ersten sechs Monaten des Jahres 1920 in Berlin publiziert wurde.

Das reine Kristall war das bevorzugte Symbol für die mystische Vereinigung der menschlichen Seele mit dem Kosmos – Eckeharts „Nichts" –, auch organische Analogien als Beispiele für elementare, urzeitliche Formen waren beliebt. Hierfür ist Ernst Haeckels „Kunstformen der Natur" eine wichtige Quelle. Es handelt sich um eine Reihe von preiswerten Büchern, die um die Jahrhundertwende erschienen, in denen eine große Vielfalt tierischer und pflanzlicher Formen beschrieben und illustriert wird. Besonders wichtig waren den Architekten bei ihrer Suche nach grundlegenden Strukturen die Urtiere und Urpflanzen – Protozoen und Protophyten –, bei denen der gesamte lebende Organismus aus einer einzigen Zelle gebaut ist. Die sehr detaillierten und außerordentlich schönen Illustrationen der Thalamophoren und Infusorien, die durch Haeckels Publikationen einem breiten Publikum zum ersten Mal zugänglich wurden, beeinflußten die Entwürfe des Jugendstils sehr und treten als Quelle für die architektonischen Phantasien von Hermann Finsterlin, Wenzel Hablik und Erich Mendelsohn deutlich in Erscheinung. Aber während die Künstler des Jugendstils sich damit zufriedengegeben hatten, die äußeren Formen der Natur nachzuahmen, haben die Expressionisten hinter diesen Formen nach einem wiederkehrenden Muster und einem eindrucksvollen System gesucht, nach dem alles Leben geordnet wird. Diese monistische Tendenz, die wiederum durch Haeckels quasiphilosophische Schriften wie „Die Welträtsel" (1899) und „Monismus und Naturgesetz"

13 Bruno Taut, Brief an Ludwig Berger, 13. 10. 1920, Berger-Archiv, Akademie der Künste, West-Berlin.
14 Paul Scheerbart, Glasarchitektur, Reprint, München 1971, S. 25.
15 Friedrich Nietzsche, Also sprach Zarathustra, Kritische Gesamtausgabe VI, 1, Berlin u. New York 1968, S. 404.
16 Peter Behrens, in: Ein Dokument deutscher Kunst, Die Austellung der Künstler-Kolonie in Darmstadt – 1901, München 1901, S. 10.

links oben:
Carl Krayl, Kosmischer Bau, um 1920
oben Mitte:
Bruno Taut, Bruckner IX. Symphonie, 3. Satz, 1919
rechts oben:
Robert Wiene, „Genuine", Filmphotographie, 1920
unten:
Wassili Luckhardt, An die Freude, 1919

(1907) angeregt wurde, ist in den Briefen der „Gläsernen Kette" deutlich zu erkennen. Finsterlin schreibt: „Ich erkenne nur einen Gestaltungstrieb, einen Bildungswillen und sein Können, der wirkt im Schwan des Lotosteiches wie im Schwantierchen des Infusionstropfens, im Wechseltierchen, wie im Nebel der Andromeda."[17] Adolf Behne, der „Gläsernen Kette" eng verbunden, beschreibt die organische Analogie als Grundlage der neuen Architektur: „Diese Besinnung auf die Wurzel ist gerade für uns wichtig. Unser Schaffen muß aus einer Urzelle naturorganisch wachsen."[18] Obwohl es innerhalb der „Gläsernen Kette" eine lebhafte Diskussion über die jeweiligen Vorzüge der organischen bzw. der kristallinen Analogien gab, herrschte doch die monistische Überzeugung vor, daß letzten Endes beide miteinander verbunden seien. Die augenscheinliche Einheit der organischen und anorganischen Welt wurde für die expressionistische Generation durch die Atomspaltung bestätigt. So erinnerte sich Kandinsky: „Das Zerfallen des Atoms war in meiner Seele dem Zerfall der ganzen Welt gleich.

17 Hermann Finsterlin, „Der achte Tag", in: Die gläserne Kette, Visionäre Architekturen aus dem Kreis um Bruno Taut 1919–1920, Ausstellungskatalog, Leverkusen und Berlin 1963, S. 33.
18 Adolf Behne, „Die Zukunft unserer Architektur", Sozialistische Monatshefte, Jg. 27, Bd. 56 (31. Januar 1921), S. 90.

links:
Wenzel August Hablik, Museum im Hochgebirge, 1920
rechts:
Max Taut, Monument auf dem Kreuzberg, Berlin, 1920

Plötzlich fielen die dicksten Mauern."[19] Jetzt schien es möglich, zu der reinen, eigentlichen Materie zu gelangen, von der alle andere Materie stammt.
Die dramatischen Fortschritte in den Naturwissenschaften schienen auch die gleichzeitig populären theosophischen Theorien von einem alles durchdringenden Geist zu unterstützen, der die materielle Welt, die menschliche Seele und den Kosmos verbindet. Anstatt sie als vollkommen getrennte Einheiten zu betrachten, sahen einige jetzt die physische und die geistige Welt als durch einen gemeinsamen Geist verbunden an. Um diese These zu veranschaulichen, verweist der Begründer der Anthroposophie, Rudolf Steiner, auf die Verwandtschaft von Eis und Wasser: „Was Materie ist, verhält sich zum Geist wie Eis zum Wasser. Lösen Sie das Eis auf, so gibt es Wasser. Lösen Sie Materie auf, so verschwindet sie als Materie und wird Geist. Alles, was Materie ist, ist Geist, ist die äußere Erscheinungsform des Geistes."[20] Die Aufgabe des Künstlers im neuen Zeitalter des Geistes ist es, dem universellen „Geist" Form zu geben, ihn auf diese Weise der Masse der Menschen zugänglich zu machen, denen es an der notwendigen Sensibilität und Aufnahmefähigkeit fehlt.
Wie konnte dies in der Theorie erreicht werden? Nach damaliger expressionistischer Überzeugung war die Resonanz – oder Vibration – das Medium, mit dessen Hilfe der Künstler der reinen geistigen Essenz Form geben und sie auf diese Weise anderen Menschen verständlich machen konnte. Die unmittelbaren Quellen dieser Überzeugung stellten die Schriften der Theosophen und Anthroposophen wie Blavatsky und Steiner dar; ebenso wichtig war der Begriff der Einfühlung, den Theodor Lipps ausgearbeitet hatte und der von Wilhem Worringer bekannt gemacht wurde. Über Steiner gab es auch eine Verbindung zur romantischen Tradition der „Farbenlehre" Goethes und zu Schillers „Theosophie des Julius". In einer Beschreibung seiner Bühnenkomposition „Der gelbe Klang", die 1912 herauskam, charakterisiert Kandinsky die Kraft der Resonanz folgendermaßen: „Das von dem Künstler richtig erfundene Mittel ist eine materielle Form seiner Seelenvibrationen, welcher einen Ausdruck zu finden er gezwungen ist. Wenn dieses Mittel richtig ist, so verursacht es eine beinahe identische Vibration in der Seele des Empfängers."[21] Das Vehikel dieser Vibration konnte Farbe sein, Musik, materielle Erscheinungsform oder eine Kombination von allen dreien. Die sowohl der Farbe als auch der Musik gemeinsame harmonische Natur führte zu mehreren Experimenten, beide in einem Kunstwerk zu vereinen. Neben „Der gelbe Klang"

---

19 Wassily Kandinsky, Kandinsky 1901–1913, Berlin 1913, S. X.
20 Rudolf Steiner, Die Erkenntnis der Seele und des Geistes, in: Gesamtausgabe, Öffentliche Vorträge, Dornach 1965.
21 Wassily Kandinsky, Über Bühnenkomposition, in: Der blaue Reiter, Reprint, München 1966, S. 192.

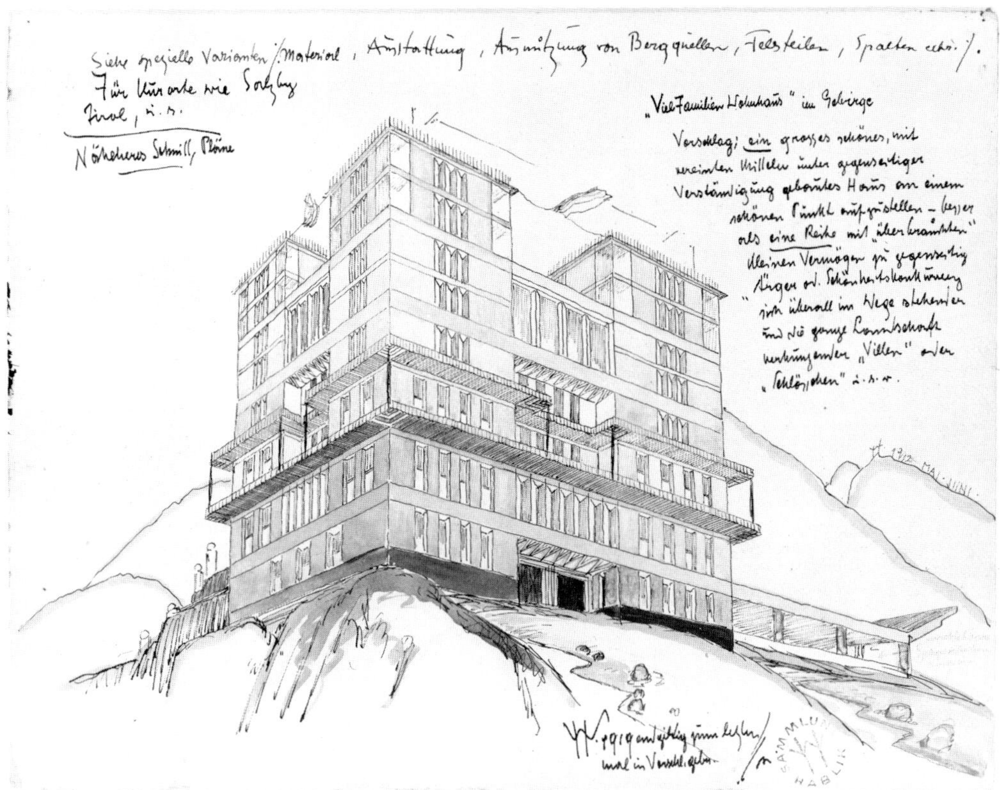

links:
Wenzel August Hablik, Schaffende Kräfte, Adler auf Felsspitze, 1909
rechts:
Wenzel August Hablik, Vielfamilienhaus im Gebirge, 1912

gibt es weitere Beispiele aus derselben Zeit und aus denselben künstlerischen Kreisen, so Skrjabins „Prometheus", in welchem die musikalischen Strukturen auf einem strengen System von Farbharmonien beruhen, und das Musikdrama „Die glückliche Hand", für das Schönberg ein genaues Farbschema ausarbeitete, das mit seiner atonalen Musik und dem von ihm selbst geschriebenen Text im Einklang stand.

Indem sie diesem selben, theosophisch ausgerichteten Pfad folgten, strebten die Architekten danach, die harmonische Beziehung noch weiterzutragen und Farbe, Musik, rhythmische Form und sogar die natürliche Umgebung in einem großartigen Gesamtkunstwerk zusammenzubringen – als zwingendste Metapher des kosmischen Geistes. Ein frühes Beispiel hierfür ist Fidus' Plan für einen „Tempel der Erde", der 1895 und 1901 datiert ist. Der Tempel war als massives kubisches Gebäude konzipiert, das von Wasser umgeben ist und in einem heiligen Hain liegt. Durch eine Reihe von Räumen, die in verschiedene, unterschiedlichen Empfindungen entsprechende Farben des Lichts getaucht waren, sollten die Andächtigen nach Geschlechtern getrennt geführt werden. Das letzte Ziel, das durch die dunkelblaue Kammer des Schweigens erreicht werden sollte, war das in einer Kuppel hinter dem Hauptkubus liegende Heiligtum. Fidus' Tempelzeichnungen wurden auf der berühmten Ausstellung „Für unbekannte Architekten" gezeigt, die der Arbeitsrat für Kunst vorbereitete und im April 1919 in Berlin veranstaltete. Ähnliche Projekte, die Bauwerk, Farbe, Musik und religiöse Bestrebungen zusammenbrachten, wurden von fast allen Architekten vorgeschlagen, die mit dem Arbeitsrat verbunden waren, und erschienen in verschiedenen Gewändern als Tempelbau, Kultbau, Volkshaus oder Kristallhaus. Zwei der am weitesten entwickelten Beispiele waren Wenzel Habliks Riesenkuppel – Brennpunkt der neuen Stadt der Zukunft – und Bruno Tauts „Haus des Himmels".

Schon vor dem Krieg hatte Hablik mehrere Pläne für Kuppeltempel entworfen; vom Briefwechsel der „Gläsernen Kette" angeregt, verfaßte er im Frühling 1920 einen langen Bericht über den Bau einer Riesenkuppel und die umgebende ideale Stadt. Auf dem Höhepunkt seiner Ausführungen stellt er dar, wie der Tempel nach den langen Jahren des Bauens für die Öffentlichkeit freigegeben wird: „Nun schloß sich der letzte Kuppelring – das letzte Seil gleitet unbelastet zur Tiefe – und frei im Raum erhebt sich das Siegeszeichen einer Einheit des Friedens, des positiven neuen Weltgeistes, wie es sich sinnfälliger, wie es sich geschlossener noch nie erwiesen. Hunderttausende Männer und Frauen strömen durch riesen Eingangspforten – die Augen zu dem unwahrscheinlichen Glitzern und Gleissen zu erheben, zu dem Farbenglühen und Sonnenfunkeln und der Blick stürzt freudetrunken in die Höhen, daher es wie die Götterstimmen orgelt und jubelt. Aus Edelmetall und Steinen gefertigte Weltkörper schweben an kunstvollen Ketten in den Raum und vollenden den Eindruck der Ätherfreiheit, durch die der Atem der Gottheit weht."[22] Tauts fast unmittelbar gleichzeitiges Projekt für ein „Haus des Himmels" hatte sehr ähnliche Intentionen. Durch die Verbindung der Kristallmetapher mit der Resonanz von Musik und Farbe wollte Taut ein Gefäß schaffen, das den göttlichen Geist empfangen konnte: „Das Glück der Baukunst wird den Besucher erfüllen, seine Seele leer machen vom Menschlichen und zu einem Gefäß für das Göttliche."[23] Nicht nur sollten hier kosmische Dramen und Pantomimen wie jene von Scheerbart und August Stramm aufgeführt werden, sondern die gläsernen Hallen sollten auch von Musik erfüllt werden. Taut schlug Bruckners Neunte Symphonie, die der Komponist „dem lieben Gott" gewidmet hatte, als dazu passend vor.

22 Wenzel Hablik, Die neue Stadt, 1920, unveröffentlichtes Manuskript, Sammlung Hablik, Itzehoe.
23 Bruno Taut, Haus des Himmels, Frühlicht, 7 (April 1920), in: Stadtbaukunst alter und neuer Zeit, Jg. 1, Bd. 7 (April 1920), S. 109.

links:
Bruno Taut, Glashaus auf der Werkbundausstellung, Köln, 1914
rechts:
Bruno Taut, Glashaus auf der Werkbundausstellung, Köln, Innenansicht, 1914

Das Ergebnis würde ein idealer geistiger Zustand des Friedens, der Harmonie und der Reflektion sein: „Sprühend und funkelnd entzündet die Sonne den Glanz der Farben, ernst und schwer spricht durch sie der graue Tag, und der Mond und die Sterne klingeln wie Silberglöckchen ihr Licht durch das bunte Glas."[24]

Das Konzept der Resonanz und Harmonie war jedoch keinesfalls auf geistige Erhebung und ästhetische Freuden beschränkt. Es hatte auch eine politische Dimension. Die Resonanz wurde nicht nur als Mittel gesehen, um den sterblichen Menschen mit der Welt des Geistes zu vereinen, sondern auch als Schlüssel zu irdischer Harmonie und Glück. Wie Taut in der „Stadtkrone" schreibt: „Es gibt ein Wort, dem arm und reich folgt, das überall nachklingt und das gleichsam ein Christentum in neuer Form verheißt: der soziale Gedanke." Diesen beschrieb er als den „Sozialismus im unpolitischen, überpolitischen Sinne".[25] Hier gibt es eine klare Parallele zu der ungestümen Mischung aus messianischem Christentum, kabbalistischen Ideen und Marxismus, die Ernst Bloch in seinem „Geist der Utopie" vorstellt, der 1918 zum ersten Mal veröffentlicht wird. Das Ziel von Tauts „reinem" Sozialismus zu dieser Zeit war jedoch keine proletarische Revolution im marxistischen Sinne, sondern vielmehr eine soziale und ideelle Revolution, an deren Spitze ein geistiger Führer steht, der besonders begabte und sensible Künstler oder Intellektuelle. Die Vorbilder dieses expressionistischen Sozialismus entstammen denn auch nicht den Werken von Marx und Engels oder dem Erfurter Programm von 1891, sondern gehen vielmehr auf den romantischen Sozialismus Gustav Landauers zurück, auf den Mutualismus von Kropotkin und auf den von Nietzsche inspirierten Utopismus Kurt Hillers und der literarischen Aktivisten. In „Von alten und neuen Tafeln", Höhepunkt des „Zarathustra", verkündet Nietzsche: „Darum, oh meine Brüder, bedarf es eines neuen Adels, der allem Pöbel und allem Gewalt-Herrischen Widersacher ist und auf neue Tafeln neu das Wort schreibt ‚edel'."[26] In „Menschliches, Allzumenschliches" hatte er früher postuliert, daß die Periode der Tyrannei vorüber wäre und daß die Menschheit in Zukunft von einer geistigen Elite geführt werden würde, einer „Oligarchie des Geistes". Diese Idee stand im Mittelpunkt der politischen Ziele des Expressionismus. Sie lag Kandinskys Beschreibung der Gesellschaft als Pyramide mit dem hochbegabten Künstler an der Spitze zugrunde, und sie wurde von Bruno Taut auf der gefeierten Versammlung des Werkbundes von 1914 wiederholt, auf der er auch forderte, daß die Zukunft des Werkbundes einem künstlerischen Diktator anvertraut werde. In den allerletzten Tagen des Krieges gestaltete Wenzel Hablik diese Überzeugung in seinem Gemälde „Der Weg des Genies", das die Prüfungen und Leiden eines Genies lebhaft veranschaulicht. Eine einsame Figur steht auf einem Berggipfel, die Arme ausgestreckt vor Verwunderung über eine herrliche Vision, die ihn zu sich ruft, die Vision einer großartigen Stadt der Zukunft. Die schroffen Felsen in seinem Rücken sind übersät mit den zerbrochenen Leibern jener Menschen, deren Vorstellungskraft nicht ausreichte und die den letzten begrifflichen Sprung zum Gipfel nicht zu tun vermochten. Unter der wohlwollenden Diktatur des Geistes – im Kristallhaus oder dem Kultusbau symbolisiert – würde eine neue Gesellschaftsordnung errichtet werden. In dieser Ordnung würde das Volk, die edle, aber sprachlose Masse der Menschheit, von der Tyrannei des Na-

24 Ebd., S. 111.
25 Bruno Taut, Die Stadtkrone, S. 59/60.
26 Friedrich Nietzsche, Also sprach Zarathustra, op. cit. S. 250.

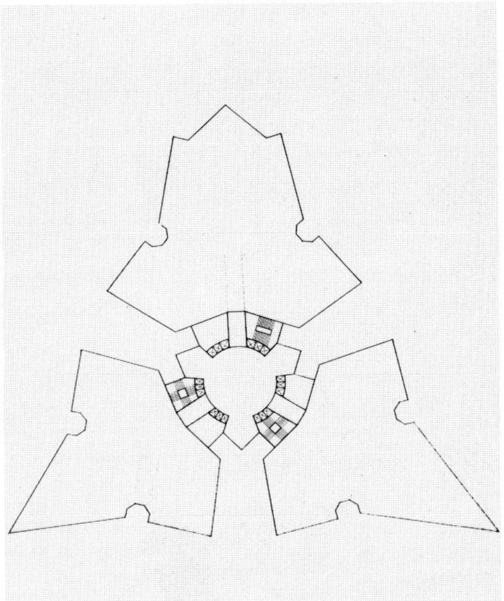

links:
Ludwig Mies van der Rohe, Wolkenkrater für Berlin, Grundriß, 1919
rechts:
Ludwig Mies van der Rohe, Wolkenkratzer für Berlin, Perspektive, 1919

tionalismus, des Kapitalismus und der Armut der Städte befreit werden. In seinem Aufruf zum Sozialismus (1911) definiert Gustav Landauer die ideale Gesellschaft als „ein Bund von Bünden von Bünden; ein Gemeinwesen von Gemeinschaften von Gemeinden; eine Republik von Republiken von Republiken. Da nur ist Freiheit und Ordnung, da nur ist Geist; ein Geist, welcher Selbständigkeit und Gemeinschaft, Verbindung und Unabhängigkeit ist."[27] Und diese ideale Gesellschaft, sagt Landauer, könne nur auf dem Land errichtet werden. „Der Kampf des Sozialismus", sagt er, „ist ein Kampf um den Boden; die soziale Frage ist eine agrarische Frage."[28] Taut gab dieser romantischen, anarcho-sozialistischen Vision der Zukunft in seinem Buch „Die Auflösung der Städte" (1920) bildhafte Gestalt, hier sind unabhängige Gemeinschaften über die Landschaft verstreut wie Blumen auf einer Wiese. Der Hausbau der neuen Gesellschaft sollte extrem einfach sein. Holz, Erdstampfbau und einfache Formen waren die charakteristischen Züge dieses Neo-Primitivismus, der seine Vorbilder in unterschiedlichsten Quellen fand: von den Rundhütten der Germanen über die Bauhütte des mittelalterlichen Europa und die Strenge der ländlichen Architektur im Preußen um 1800 bis hin zu den Reihenhäusern der englischen und deutschen Gartenstadtbewegungen. Die ideologische ästhetische Vorliebe für das Einfache wurde erheblich gefördert durch die wirtschaftlichen Entbehrungen in der Folge des Krieges und durch den tiefen gesellschaftlichen und ökonomischen Pessimismus, den der Versailler Vertrag vom Mai 1919 verursacht hatte. Die Überzeugung, daß der Zusammenbruch des Kaiserreiches das Ende der industriellen, städtischen Zivilisation in Deutschland und eine Rückkehr zu einer einfacheren, ländlichen Gesellschaft markiere, war jedoch keinesfalls auf die romantischen Sozialisten der politischen Linken beschränkt. Vielmehr war es ein Glaube, der allen politischen Rich-

27 Gustav Landauer, Aufruf zum Sozialismus, Berlin 1919², S. 131.
28 Ebd., S. 142.

tungen gemeinsam war, was auch den außergewöhnlichen Erfolg Oswald Spenglers erklären mag, dessen „Untergang des Abendlandes" in zwei Teilen 1918 und 1922 veröffentlicht wurde. Aus seiner summarischen und exzentrischen Untersuchung der wiederkehrenden Muster kulturellen Aufstiegs und Untergangs schließt Spengler: „Der Steinkoloß ‚Weltstadt' steht am Ende des Lebenslaufes einer jeden großen Kultur. Der vom Lande seelisch gestaltete Kulturmensch wird von seiner eigenen Schöpfung, der Stadt, in Besitz genommen, besessen, zu ihrem Geschöpf, ihrem ausführenden Organ, endlich zu ihrem Opfer gemacht."[29] Auf der Jahresversammlung des Werkbundes 1919 in Stuttgart sah Hans Poelzig in der aufgezwungenen Armut der neuen Republik die Chance, wieder eine am Handwerk orientierte neue Architektur zu schaffen: „Der Krieg hat uns arm gemacht, ärmer als wir jetzt wohl übersehen können. Karg wird der Boden sein, auf dem wir pflanzen müssen. Wenn wir den Mut nicht verlieren, kann aber dieser karge Boden zur Gesundung führen, zur Abstoßung alles Krankhaften und allzu Üppigen, das unser Schaffen zu überwuchern drohte."[30] Dieselbe Überzeugung, daß nämlich die neue Architektur nur auf das Einfache und auf das Handwerk gegründet werden könne, war auch für Walter Gropius' Bauhaus in den frühen Jahren in Weimar der bestimmende Lehrsatz.

So, wie die Expressionisten das Ziel der Architektur definierten, bestand kein Widerspruch darin, einerseits primitive Behausungen vorzuschlagen und andererseits phantastische Kristallkathedralen. Denn beide, Hütte und Kristallhaus, waren von ein- und demselben, allumfassenden monistischen Geist inspiriert. Taut erklärt es so: „Wer einen Stall baut, braucht kein Kristallhaus bauen zu können. Aber er wird ihn nicht richtig, einfach, wie es sich gehört, erbauen können, wenn er nicht weiß, auf welche Sprosse der Himmelsleiter sein Stall gehört. Diese Himmelsleiter müssen wir bauen."[31]

Eine kurze Zeit lang, in den Wochen, die der deutschen Revolution von 1918 folgten, schien es, als könnte der messianische Idealismus der Künstler und Intellektuellen in wirkliche politische Macht umgesetzt werden. Zusammen mit Schriftstellern wie Kasimir Edschmid, Rudolf Kayser, Robert Musil, René Schickele und Fritz von Unruh, dem Sozialtheoretiker Magnus Hirschfeld und dem Maler Ludwig Meidner war Bruno Taut Mitglied von Kurt Hillers Politischem Rat geistiger Arbeiter, der in den frühen Tagen der Revolution als selbsternannte Oligarchie des Geistes gebildet wurde. Nach dem Modell dieser Gruppe schuf Taut den Arbeitsrat für Kunst, der danach strebte, die bildenden Künste im neuen Staat zu führen. Die maßgebende Kraft der neuen sozialistischen Kulturpolitik sollte die Architektur sein, denn „die Architektur ist formgewordener Ausdruck der Zeit; denn wir alle, alle, die wir wollen und arbeiten, sind Bauende, Bauende einer neuen Kultur."[32] Mit der Einberufung der Weimarer Nationalversammlung und mit dem Zusammenbruch der kurzlebigen Räterepublik in Bayern im Mai 1919 erwiesen sich die chiliastischen Erwartungen der Künstler und Intellektuellen als Chimäre. Während der folgenden zwei Jahre wandten sich die Visionäre der expressionistischen Architektur einer innerlichen Analyse des kulturellen Vakuums zu, das durch den Zusammenbruch der alten Ordnung verursacht worden war. Die neuen Ideen, die in den Jahren 1922 und 1923 gierig in dieses Vakuum eingesogen wurden, kamen jedoch nicht von den früheren Expressionisten, sondern vielmehr von den neuen Propheten des Funktionalismus in den UdSSR, den Niederlanden und Frankreich.

Sechzig Jahre später ist es eine triviale Bemerkung, wenn man sagt, daß die funktionalistische Architektur auf ebenso mystische, chiliastische und irrationale Grundlagen gebaut wurde wie der vorangegangene Expressionismus. Der funktionalistische Glaube an die Kraft der reinen Geometrie zur Veredelung der Gesellschaft war nicht weniger mystisch als der expressionistische Glaube an das Kristall. Und auch der expressionistische Glaube an ein fast göttliches Recht des Architekten, die materielle und damit die moralische Struktur der Gesellschaft im ganzen zu bestimmen, verschwand nicht mit dem Vorübergehen der offen ekstatischen Phase im Jahr 1920. Dies ist die wahre Erbschaft der expressionistischen Architektur.

Aus dem Englischen von Christiane Trabant-Rommel

29 Oswald Spengler, Der Untergang des Abendlandes, 2 Bände, München 1918–1922, II, S. 117.

30 Hans Poelzig, Werkbundaufgaben, Vortrag bei der Jahresversammlung des DWB 1919 in Stuttgart, zitiert nach: Mitteilungen des deutschen Werkbundes, 1919, Nr. 4, S. 124.

31 Bruno Taut, Architektur neuer Gemeinschaft, in: Alfred Wolfenstein (Ed.), Die Erhebung, Bd. 2 (1920), S. 276.

33 Bruno Taut, An die sozialistische Regierung, Sozialistisches Monatsheft, Jg. 24, Bd. 51 (26. November 1918, S. 1050–1051).

Die Immaterialien

Manifest eines Projekts am Centre Georges Pompidou (Beaubourg)

Jean-François Lyotard

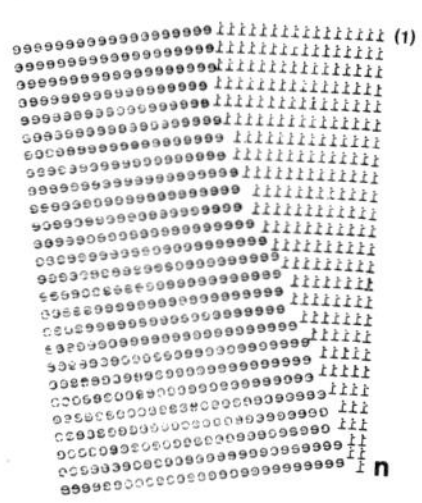

wurf

„ni/ni“.

$$\left(\begin{array}{l}\text{transjunctions}\\ \begin{array}{c|c|c|l} \multicolumn{3}{r|}{\text{oppositions}} & \text{propositions}\\ \hline & & & \alpha\;\mathbb{X}^{(m)}\beta\\ . & \alpha!_{i+j} & R?_i & \alpha_i \\ \beta!_{i+j} & . & L?_i & \beta_i\; 1\le i,j\le\binom{m}{2}\end{array}\end{array}\right)$$

verwirft die Wahl;

(1) garnier

Rudolf Kaehr zu den Immaterialien, 2.8.1984

Seite 185:
Walter Gropius mit Frank Moller: Wohnberge, Schnitt, 1928

Frank Lloyd Wright, Point Park, Pittsburgh (Penn.), 1947

Vorbemerkung

Der folgende Text ist die Präsentation einer „Die Immaterialien" betitelten Veranstaltung, die das Centre Georges Pompidou (Beaubourg) vom 5. März bis zum 27. Mai 1985 organisiert.
Diese Veranstaltung wird aus einer Ausstellung in der „Grande Galerie" (5. Stock) des Centre bestehen, einer Reihe von Konzerten, einer Reihe von Filmen, einem internationalen Kolloquium, und sie wird zu einem schriftstellerischen und editorischen Experiment Anlaß geben, aus dem ein Katalog völlig neuartiger Konzeption entstehen soll.
Mit der Realisierung der Veranstaltung beauftragt ist das Centre de Création Industrielle (Leiter Paul Blanquart), Abteilung Centre Pompidou, in Zusammenarbeit mit der Bibliothèque Publique d'Information (Leiter Michel Melot), dem Institut de Recherche et Coordination Acoustique/Musique (Leiter Pierre Boulez), und dem Musée National d'Art Moderne (Direktor Dominique Bozo).
Die mit der Konzeption und Realisierung dieser Veranstaltung beauftragte Equipe ist folgendermaßen zusammengesetzt:
Martine Castro, Koordinatorin für das Audiovisuelle Material
Thierry Chaput, Bevollmächtigter, Projektleiter
Véronique Guillaume, Sekretärin
Jean-François Lyotard, allgemeiner Beauftragter
Martine Moinot, Dokumentation
Chantal Noel, Redaktionssekretärin
Catherine Testaniere, Dokumentation
Nicole Toutchev, Dokumentation
Sabine Vigoureux, Dokumentation.
Die Equipe übernimmt die Verantwortung für den vorliegenden Text. Mit ihrer Zustimmung und als ihr Vertreter unterzeichne ich allein.
Dieser Text stellt den ersten Teil eines Konvoluts dar, das weiter enthält:
· eine Beschreibung einiger Situationen, die in der Ausstellung gezeigt werden sollen, mit ihrer Begründung;
· eine Kurzbeschreibung des „Katalogs" und der Experimente, aus denen er hervorgehen soll;
· eine Kurzbeschreibung der Programme der Debatten, Filme und Musikwerke (das letztere wird einen Workshop „Luigi Nono" in Anwesenheit des Komponisten einschließen und die Welturaufführung von Kathinkas Gesang von Karlheinz Stockhausen).

Wir danken Claus Baldus und den Verantwortlichen der Ausstellung „Das Abenteuer der Ideen“ dafür, daß sie unserer waghalsigen Exposition durch den Abdruck in ihrem Katalog einen Ort und Widerhall verschaffen. Trotz der Knappheit unserer „Präsentation“ wird der Leser unserer Meinung nach ohne Schwierigkeiten erkennen, wie eng die Fragen, die hier in Paris gestellt werden, denen, die zur Berliner Ausstellung geführt haben, verwandt sind.
Er wird eine Ahnung davon gewinnen können, daß das heutige Denken im Begriff ist, sich auf internationaler Ebene in der Trauer, die den Niedergang der Moderne begleitet, und der frohen Unruhe, in der sich die Geburt einer anderen vorbereitet, neu zu verbinden.

Bruce Goff, Crystal Chapel, Universität Oklahoma, 1949

Präsentation

In der Tradition der Moderne ist die Beziehung der Menschen zu den Materialien durch das cartesianische Programm festgelegt: es gilt, sich zum Herrn und Besitzer der Natur zu machen. Ein freier Wille unterwirft Gegebenheiten, indem er sie ihrem natürlichen Sinn entfremdet, seinen Zielen. Er bestimmt seine Ziele dank der Sprache, die ihm erlaubt zu artikulieren, was möglich ist (ein Projekt), und es dem, was wirklich ist (der Materie), aufzuzwingen.
Die Veranstaltung des Titels „Die Immaterialien“ hat sich die Aufgabe gesetzt, fühlbar zu machen, wie sehr sich diese Beziehung durch die Tatsache der „neuen Materialien“ verändert hat. In einem erweiterten Sinn sind die neuen Materialien nicht allein das, sie werfen Fragen auf, zwingen zum Überdenken einer Vorstellung vom Menschen als Arbeitenden, Planenden, sich Erinnernden: als Autor.
Die Veranstaltung, die vom Centre de Création Industrielle vorbereitet wird, hat zum Ziel, diese Fragen offenzulegen und zu intensivieren. Die Illustrationen sollen nicht nach technologischen, ja nicht einmal nach anthropologischen (wegen ihrer sozialen, psychischen usw. Wirkungen) Kriterien ausgewählt werden, sondern insofern sie diese Fragen ins Licht rücken und dramatisieren. Der Terminus „Immaterial“, der in sich widersprüchlich ein Material, das keine Materie für ein Projekt ist, denotiert, wird vorgeschlagen, um diese Ungewißheit zu konnotieren.

Die Intention

Die Konzeption soll philosophisch sein. Zunächst geht es um die Frage und das Sich-Infragestellenlassen nicht nur dadurch, was Material ist, sondern was ihm assoziiert ist: materiell versus spirituell, materiell versus personell (in der Verwaltung, der Armee), materiell versus logistisch (in einem Computer), Materie versus Form (in der Analyse eines hergestellten oder natürlichen Gegenstands, eines Kunstwerks), Materie versus Geist (in der Philosophie und der Theologie), Materie versus Energie (in der Physik des klassischen Zeitalters), Materie versus Zustand (in der modernen Physik), Materie versus Produkt (in der Anatomie, dem Buchdruck, der Münzprägung, dem Metallguß; Problem der Reproduktion, der Multipla in der Kunst), Mutter versus Kind, Mutter versus Vater, usw. Zur Erinnerung: Sanskrit *mâtram*: Materie und Maß (Wurzel *mât*: mit der Hand machen, messen, bauen).

Bruno Taut, Folkwang-Schule, Hagen 1919–1920

Hans Scharoun, Volkshaus und Kulthaus, Gelsenkirchen, 1920

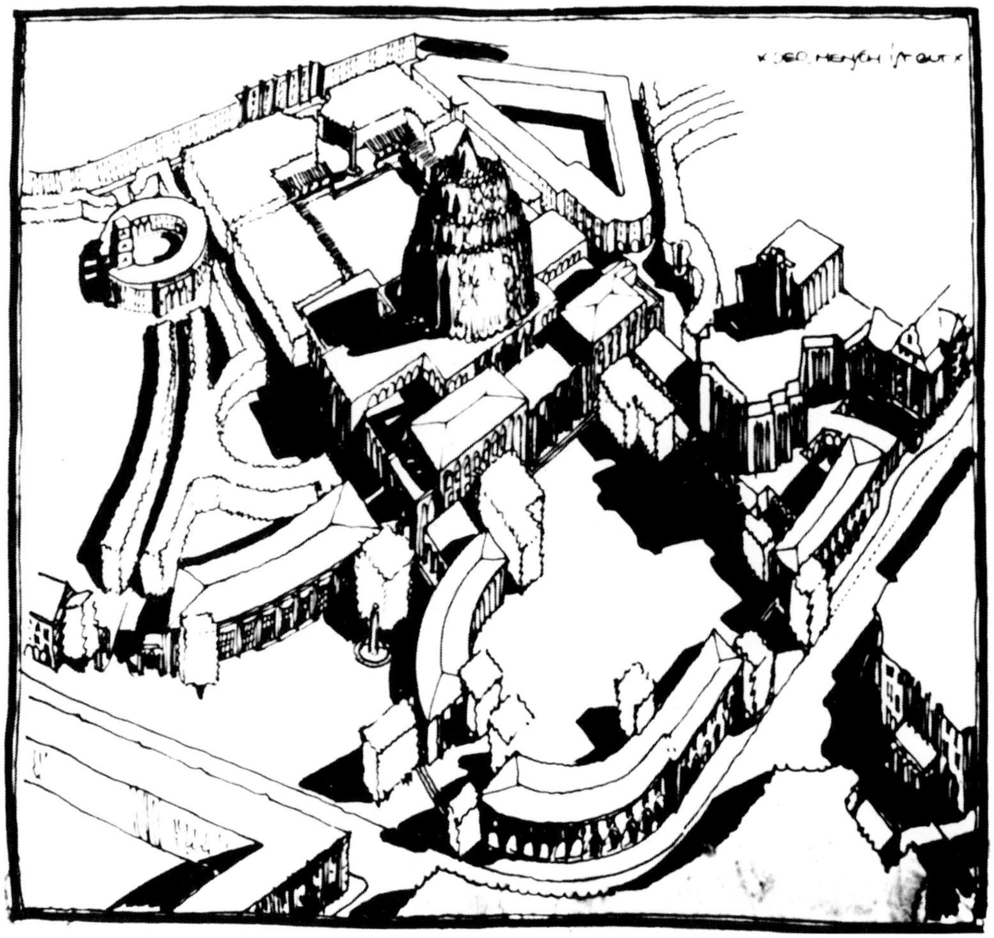

Das semantische Feld ist beträchtlich (vgl. Bachelard zum Beispiel). Es geht nicht darum, es ganz abzustecken, ja, nicht einmal die Veranstaltung auf diesen wuchernden Aspekt zu zentrieren. Sie soll aber anläßlich der gezeigten „Objekte“ Übergänge, Übergriffe, das Gleiten einer semantischen Zone in die andere anregen. Der Besucher soll wenigstens spüren, daß Material nicht einfach nur das ist, worauf menschliche Tätigkeit ausgeübt wird, und daß im eigentlichen Sinn neues Material auch das ganze Netz der Assoziationen, das eben angedeutet wurde, verändert.
Das Interesse für diesen semantischen Aspekt erlaubt es, die Erforschung der „Immaterialien“ in Richtungen auszuweiten, die ein soziologischer, psychologischer oder historischer (die Geschichte der Technologien betreffender) Ansatz nicht berücksichtigen würde, zum Beispiel die „Entmaterialisierung“ der Effekten oder die elektronische Währung einerseits, und andererseits Suprematismus und Minimal Art in der Malerei oder den Serialismus in der Musik.
Diese Erweiterung des zu erforschenden Feldes ist jedoch nur philosophisch unter einer weiteren Bedingung: sie muß durch eine klare Problemstellung reguliert werden. Die notwendig willkürlichen Beispiele, die gezeigt werden können, sollten daher einer Hauptfrage untergeordnet sein, und der Ausstellungsraum sollte, auch wenn er komplex ist, deutlich artikuliert sein. Dies soll durch eine Gruppe von gleichzeitig einfachen, konstanten und pertinenten Operatoren (oder Operationsstruktur) bewirkt werden, die sich auf diese Frage und auf das semantische Feld beziehen. Diese Operationsstruktur, die der Veranstaltung ihre innere Einheit geben soll, wird untersucht im Abschnitt: *Der Operator.*

Die Hauptfrage

Sie lautet: verändern die „Immaterialien“ die Beziehung des Menschen zum Material, wie es in der Tradition der Moderne festgelegt ist, zum Beispiel durch das cartesianische Programm: „sich zum Herrn und Besitzer der Natur zu machen“?
Man sollte nicht eilends antworten, daß diese Beziehung offensichtlich eine tiefe Umwälzung, eine „Revolution“, durchmache. Der apokalyptische Ton beim Thema „Erneuerung“ ist seit langem zur Banalität geworden. Auch nicht, daß es nichts Neues unter der Sonne gebe. Der Geist der Konzeption verlangt vielmehr, daß die Frage für den Besu-

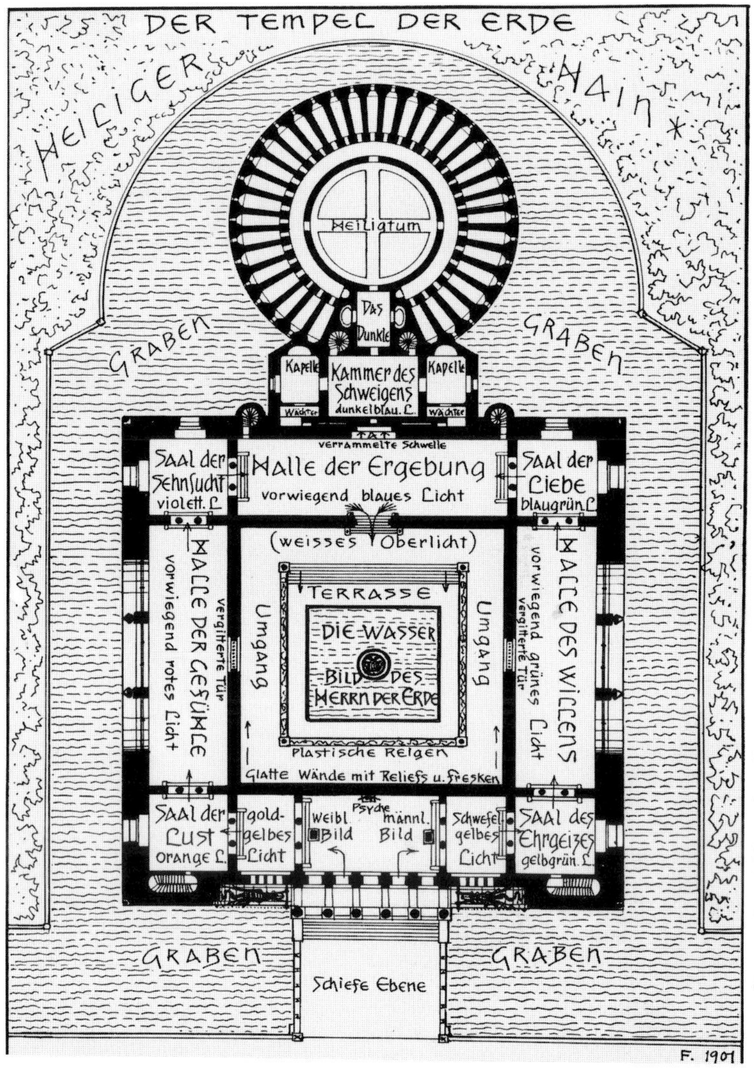

cher der Veranstaltung bis zum Ausgang und noch darüber hinaus offenbleibt. Es geht darum, die Frage zu intensivieren und sozusagen die Ungewißheit zu verschärfen, mit der sie auf Gegenwart und Zukunft des Menschen lastet. Es ist leicht, denn es kommt unserer latenten Ideologie entgegen, zu zeigen, wie sehr die neuen Technologien insbesondere die neuen Materialien oder "Immaterialien" (der Terminus wird begründet im Abschnitt: *Der Titel*), die Kontrolle des Menschen über die Natur „maximieren".

Wenn die angestrebte Wirkung eine Intensivierung der Frage sein soll, muß daher dieses moderne, bequeme Vorurteil durch beunruhigendere Ansichten gestört werden. Das Beunruhigende für den Menschen ist aber, daß ihm seine (angebliche) Identität als „menschliches Wesen" entgleitet. Nun impliziert ein Aspekt, und nicht der geringste, der „Immaterialien" eine solche Desidentifizierung. Wie das Material das Komplement eines Subjekts ist, das dieses zur Erreichung seiner eigenen Ziele beherrscht, bedeutet das „Immaterial" in seinem widersprüchlichen Begriff ein Material, das keine Materie (ob Rohstoff oder nicht) für ein Projekt mehr ist, und es deckt auf Seiten des „Menschen" eine Auflösung auf, die jener, der es unterliegt, korrelativ ist. Die meisten dieser "Immaterialien" sind auf der Grundlage der Technowissenschaften Informatik und Elektronik erzeugt oder hängen zumindest von deren Ansatz ab. Und dieser beeinträchtigt die Identität des als Geist und Willen oder Bewußtsein und Freiheit begriffenen „Menschen". Das „Menschliche", als substantiviertes Adjektiv, bezeichnet eine alte Domäne von Kenntnissen und Interventionen, in die sich heute, sie aufbrechend, die Technowissenschaften teilen, die dort analoge (wenn auch im allgemeinen komplexere) "Immaterialien" zu denen, die sie in anderen Bereichen aufspüren, entdecken und ausarbeiten. Man „liest" die menschliche Gehirnrinde, wie man ein elektronisches Feld liest, man „beeinflußt" die menschliche Affektivität durch das neurovegetative System wie eine komplexe chemische Organisation von Informationen, die durch verschiedene Trägter transportiert und nach verschiedenen Codes übertragen werden, die durch Interfaces verbunden sind, an denen „Übersetzungen" stattfinden.

Auf Grund dieser Tatsache sind die mit dem Begriff „Material" assoziierten Vorstellungen, die das unmittelbare Gefühl einer Identität des Menschen nähren, schwächer geworden. Nämlich: Erfahrung, Gedächtnis, Arbeit, Autonomie (oder Freiheit), selbst das „Schaffen" und im allgemeinen der radikale Unterschied zu dem, was nicht der Mensch ist. Die Vorstellung der allgemeinen Interaktion wird dagegen stärker.

Der Operator

Es handelt sich um den der Kommunikation oder der „Pragmatik" im linguistischen Sinn. Laswell, Wiener und dann Jakobson haben seine ersten Formulierungen erarbeitet. Die

links:
Fidus (Hugo Höppener), Tempel der Erde, Ansicht, 1901
rechts:
Fidus (Hugo Höppener), Tempel der Erde, Grundriß, 1901

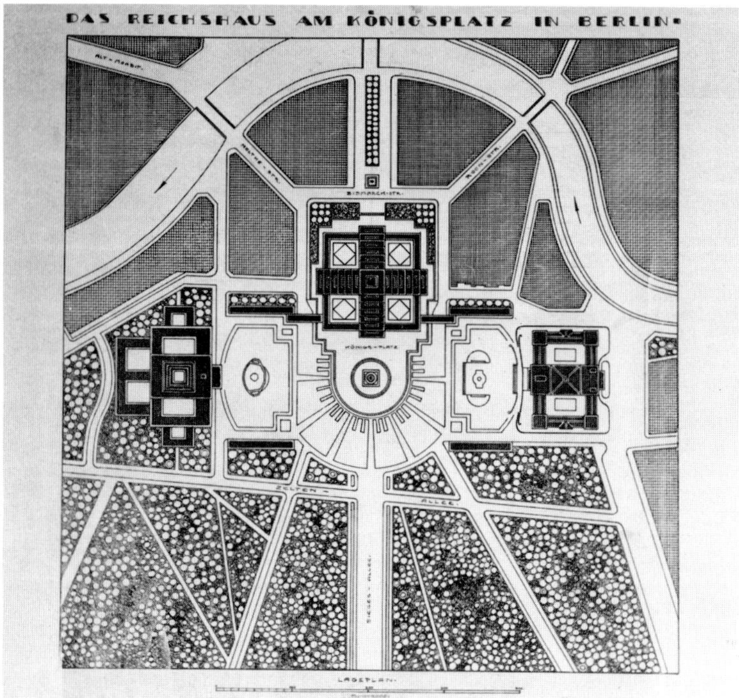

links:
Otto Kohtz, Das Reichshaus am Königsplatz, Berlin, Lageplan, 1920
rechts:
Otto Kohtz, Das Reichshaus am Königsplatz, Berlin, perspektivische Ansicht, 1920

derzeitigen Studien erlauben, ihn aus seinen anthropologischen Bindungen zu lösen. Ein Gegenstand im allgemeinen oder ein Phänomen wird als eine Nachricht (eine Kombination von Zeichen) betrachtet. Die Zeichen, die sie konstituieren, sind aus diskreten Elementen gebildet, welche distinktive Merkmale des Trägers oder *Materials* (des Materiellen) sind (das Modell ist das der relevanten Merkmale in der Phonologie). Die distinktiven Unterschiede, nach denen diese Merkmale verteilt sind, bilden den *Code* der Nachricht. Diese geht von einem *Sender*-Pol zu einem *Empfänger*-Pol, wobei je nachdem am oberen Ende Inkodierung und am unteren Ende Dekodierung stattfindet. Die Nachricht liefert eine Information über wenigstens einen *Referenten* (das, um was es sich handelt).

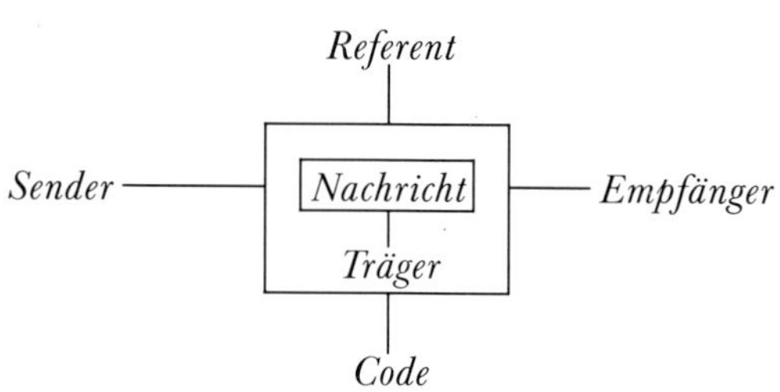

Der allgemeine Begriff von Interaktion bedeutet zunächst, daß jeder der Pole der Struktur allein in seinen Beziehungen zu den anderen Polen relevant ist, dann, daß eine Änderung in der Funktion einer der Pole eine Destrukturierung und Restrukturierung des Ganzen nachsichzieht: es handelt sich dann um eine andere Nachricht.

Der Titel

Der Terminus „Immaterialien" ist aus zwei Gründen gewählt worden:

· Die Nachricht ist nicht von ihrem Träger (dem Materiellen) zu lösen, und der Code selbst ist in den Träger eingeschrieben als die geregelte Anordnung der diskreten Elemente (Körner), die das Materielle (elektronische Wellen, Schallwellen, Lichtwellen, Elementarteilchen und ihre distinktiven Merkmale, usw.) konstituieren. Das Materielle verschwindet als unabhängige Einheit. Das Prinzip, auf dem die Operationsstruktur aufgebaut ist, ist nicht das einer stabilen „Substanz", sondern einer unstabilen Menge von Interaktionen. Das Modell der Sprache ersetzt das Modell der Materie.

· Der Maßstab, in dem die Struktur in der zeitgenössischen Technowissenschaft und dem künstlerischen Experimentieren operiert, ist nicht mehr der menschliche Maßstab. Das Äußerst Kleine, das auch das einzige Mittel der Information über das Äußerst Große (Astrophysik) ist, überschreitet die Grenze des Menschlichen. Diese Veränderung des Maßstabs ist ein Erfordernis der Atomphysik, der Genetik und Biochemie, der Elektronik, der Informatik, der Phonologie. . .

Bei den „Immaterialien" erscheint die Zuweisung einer Identität („Sache", „Mensch", „Geist" usw.) an einen Pol der Struktur als ein Fehler. „Einunddieselbe" Identität kann verschiedene Pole der Struktur besetzen.

Konzeption

Das Prinzip

Ausgehend von der Wurzel *mât* werden diese fünf Termini ausgewählt:
– Materielles (Material)
– Material (Ausrüstung)
– Maternität
– Materie
– Matrix.

Sie werden auf die Operationsstruktur verteilt:
– das Materielle ist der (stoffliche) Träger der Nachricht;
– das Material ist die Ausrüstung, die das Erfassen, die Übertragung und das Einfangen der Nachricht erlaubt;
– die Maternität bezeichnet die Funktion des Senders der Nachricht;

– die Materie der Nachricht ist ihr Referent (das, worum es geht; das Thema, der Inhalt, wie in einem „Inhaltsverzeichnis"); – die Matrix ist der Code der Nachricht.

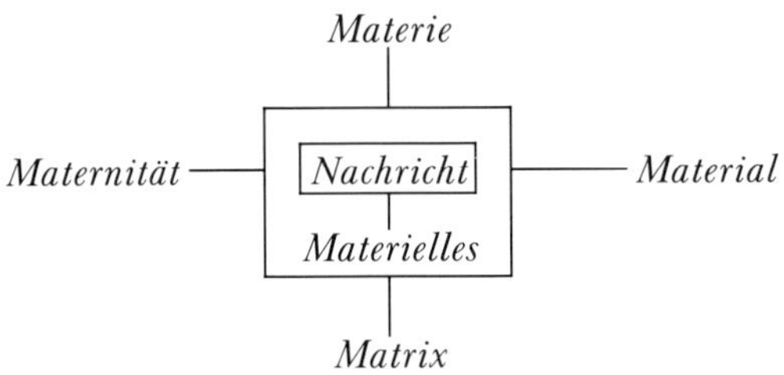

In Laswells Formulierung:

· Materielles = mittels was spricht es?
· Material = bestimmt zu was spricht es?
· Maternität = im Namen von was spricht es,
· Materie = von was spricht es?
· Matrix = in was spricht es?

(„es" = Nachricht; Bedeutung = was es heißt/ aussagt).

Der Kontext

Die Veranstaltung versucht, einen Aspekt der heutigen Situation, die an die neue technologische Revolution gebunden ist, herauszuarbeiten. Die durch die Informatik und Elektronik erzeugten Automaten sind imstande, Denkoperationen auszuführen, während früher die mechanischen Diener vor allem „physische" Dienste leisteten. Bestimmte Tätigkeiten des Geistes werden also nun beherrscht. Die neue Technologie setzt auf diese Weise das moderne Programm: „sich zum Herrn und Besitzer der Natur zu machen" fort und wird es vielleicht sogar vollenden. Doch gerade dadurch zwingt sie dieses Projekt zur Reflexion, versetzt es in Unruhe, destabilisiert es. Sie deckt auf, daß der menschliche Geist seinerseits ein Teil der „Materie" ist, die er zu beherrschen plant, und daß die entsprechend behandelte Materie sich in Maschinen organisieren kann, die bei einem Vergleich mit dem Geist besser abschneiden. Zwischen Geist und Materie ist die Beziehung nicht mehr die zwischen einem intelligenten, seine Absichten verfolgenden Subjekt und einem leblosen, trägen Objekt. In der Familie der "Immaterialien" sind sie Vettern.

Doch die Technologie ist nicht die Ursache des Niedergangs der modernen Gestalt, eher eines der Zeichen dafür. Ein anderes Symptom ist unsere Traurigkeit. Am Ende des 18. Jahrhunderts erhoben Europa und Amerika den Anspruch an den aufgeklärten, freien und tugendhaften Geist, Licht, Recht und Reichtum in der Menschenwelt zu verbreiten. Nach zwei Jahrhunderten der Bürgerkriege, der internationalen Kriege, der Weltkriege und Massaker beginnt nun die Trauerarbeit um diese Arroganz. „Die Immaterialien" sollten von ferne, in ihrer Szenographie wenigstens, diese weise Melancholie anklingen lassen.

Das Ziel, das die Veranstaltung anstrebt, ist genau umrissen: es gilt, mittels der fünf *mât*-Fragen anläßlich der Bereiche, in denen sie am kritischsten sind, im Besucher eine Reflexion und eine Beunruhigung in Bezug auf das Thema der postmodernen Lage hervorzurufen.

Einige Assoziationen

Einige Begriffe, die zu dem Terminus "Immaterial" assoziiert werden sollen, damit seine Reichweite thematisch erfaßt werden kann. Sie zeigen das geistige Klima der Ausstellung an.

Unreif. Modernes Projekt: der „Discours de la Méthode", Zweiter Teil. Descartes träumt von einer Reife von Anbeginn des Lebens an: „(. . .) wenn wir vom Ausgangspunkt unseres Wachsens an den vollen Gebrauch unseres Verstandes gehabt hätten." Mehrere Modelle werden einer Moderne ohne Erbe angeboten: das in einem Zug von einem einzigen Architekten entworfene Gebäude; die Stadt, „die ein Ingenieur ganz nach seiner Vorstellung in einer Ebene anlegt", die bürgerlichen Institutionen, die ein weiser Gesetzgeber einrichtet, die Welt, die Gott ganz allein erschaffen und mit einem Schlag geordnet hat. Postmoderne Gegenmetaphern: ein Kind-Wohngebiet und eine Kind-Stadt in ständiger Auflösung und Neuerbauung; der Aufbruch der geschlossenen Stadtgebiete durch die großen Metropolen; der Kosmos als ungeheurer Niederschlag einer Explosion, der seine Uhren mit sich fortreißt.

Ungeschaffen. Moderne: ein intelligentes, mit Vorstellung und Willen begabtes Subjekt zerlegt analysierend die „Gegebenheiten" in Elemente und schafft sie dann entweder nach (Schein, Fiktion) oder erschafft neue (Artefakte). Metaphysiken, Politiken eines Subjekts gegenüber den Materialien. Postmoderne: das menschliche Subjekt hat nicht mehr das alleinige Recht auf die Situation Erschaffer – Autor – Sender; nicht mehr allein ihm sind alle Nachrichten bestimmt. Seine Aufgabe: das Wunder seiner Nervenorganisation dem Einfangen, Erfassen und Rückerstatten unbekannter Nachrichten zu widmen. Übersetzer. Eine Metaphysik, eine Politik der Immanenz?

Unmittelbar. Moderne: sich zum Herrn nicht nur des Raums, sondern auch der Zeit zu machen. Das Verhalten eines Objekts zu kontrollieren erfordert, unmittelbar auf seine relevanten Variablen einwirken zu können. Quantitative Analyse und Synthese müssen in Picosekunden (1.10^{-12} Sekunde) durchgeführt werden. Das Prinzip „Zeit gewinnen" erstreckt sich vom täglichen Leben (alle Tele-, Roboter-, Transport-, Bereitstellungs-, Zahlungssysteme) auf das Wissen (Datenbanken, elektronische Karteien) und auf die Kunst (Computer für musikalische Komposition in Realzeit).

Otto Kohtz, Das Reichshaus am Königsplatz, Berlin, perspektivische Innenansicht, 1920

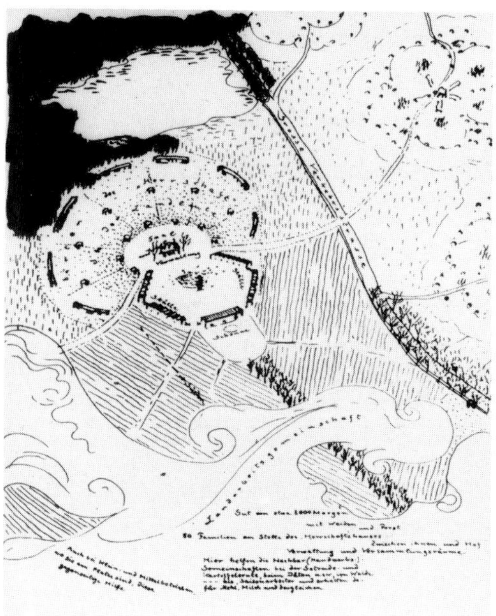

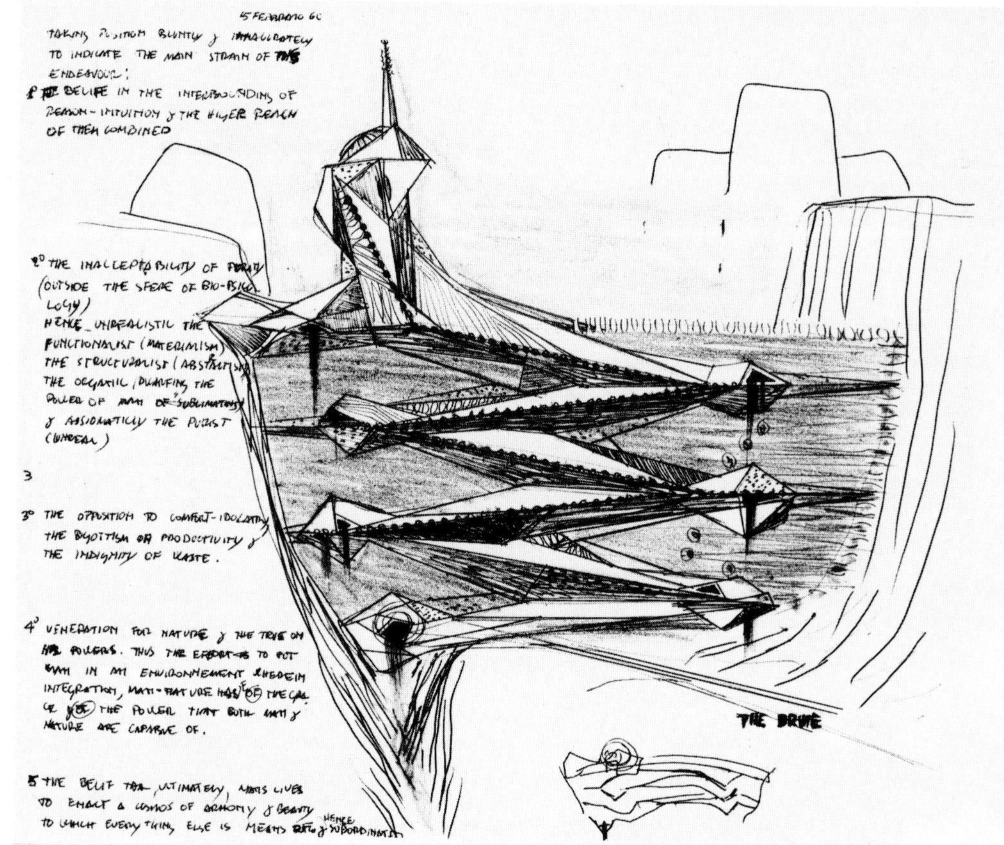

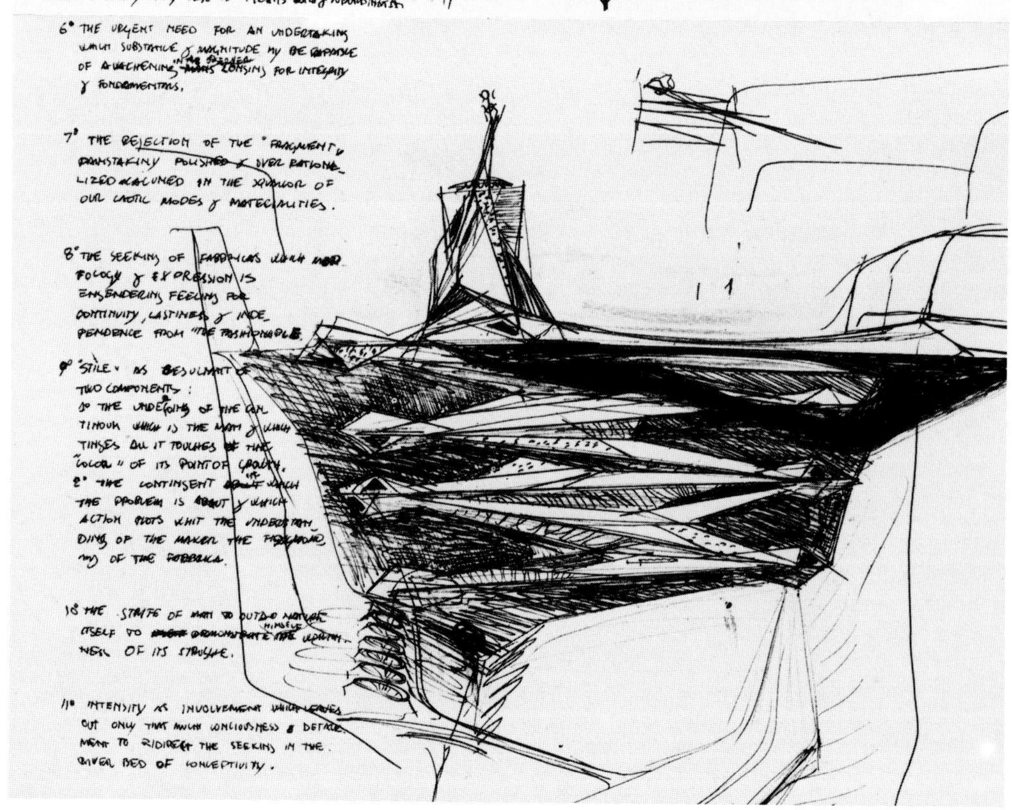

links oben:
Hans Scharoun, Siedlungseinheiten, um 1940
links unten:
Bruno Taut, aus: „Die Auflösung der Städte", Hagen 1920
rechts:
*Paolo Soleri (*1919), Zeichnungen aus seinem Skizzenbuch*

Das Ideal des Zeitgewinns ist die absolute Geschwindigkeit des Performativen (vom Typus: „Ich erkläre euch den Krieg") oder des nahezu Performativen (vom Typus: „Es werde Licht").

Unbeherrschbar, immanent. Postmoderne: kein Gegebenes ist seinem Erscheinen/seiner Vorstellung gleichzeitig, weder der fünfzig Millionen Lichtjahre entfernte Stern, noch das Elementarteilchen, das eine Blasenkammer durchquert, noch das affektive Ereignis, dessen traumatische Wirkung erst „nachträglich“ und verschoben in Erscheinung tritt. Die Verallgemeinerung des Prinzips der Bewegung verallgemeinert die Relativität, auch in der Erkenntnis der menschlichen Gegebenheiten. Verlust des Ideals einer für sich selbst transparenten, einfachen Gesellschaft. Die Suche nach Unmittelbarkeit entdeckt überall eine Komplexität, die nicht mehr „auf einen Streich“ zu meistern ist.

Ungeschlechtlich. Die Antike träumte von einer Überwindung des Geschlechtsunterschieds, Hermaphroditen, Engel. Die Moderne baute den Psychismus wieder auf dem Gesetz dieses Unterschieds auf (die Psychoanalysen). Postmoderne: mit Hilfe der Medizin wieder an die antike Engelvorstellung anknüpfen, künstlich ein drittes Geschlecht, ein synthetisches Geschlecht, erzeugen (die Transsexuellen als Geschlechtslose).

Unsterblich. Antike und Moderne: der Tod als Fälligkeit und Erfüllung einer Schuld (die geliehene Seele zurückerstatten). Moderne: mit Hilfe der biologischen Medizin die tödlichen Fälle absondern und getrennt behandeln. Postmoderne Vorstellung: der Tod entspricht bestimmten Zuständen gewisser „lebenswichtig“ genannter Organe; er muß daher heilbar sein wie ein klinisches Akzidens. Durch das Hinausschieben des Todes lernen die Menschen die Unsterblichkeit als einen Zustand, der weder Leben noch Tod ist.
Was wird in einem solchen Zustand aus der Identität des Subjekts, seiner Verantwortlichkeit, seiner Geschichte, seiner Hegemonie über die Zeit?

links:
Walter Gropius mit Frank Moller: Wohnberge, Modell-Aufsicht, 1928
rechts:
Wenzel August Hablik, Cyclus-Architektur, Fliegende Siedlung, 1924–1925

Wilhelm Brückmann, aus: „Stadtbaukunst alter und neuer Zeit. Frühlicht“, Nr. 9, 1920

Zeit-räumliche Darbietung

Veranstaltung, Manifestation: manifest machen. *Ausstellung:* vollständig nach außen stellen.
Die beiden Begriffe sind juridisch, rhetorisch, politisch, philosophisch.

Das Problem

Die Wörter *Galerie, Salon* bezeichneten die Räume des Louvre-Palasts, in denen (kurz nach Beginn des 18. Jahrhunderts) die ersten Ausstellungen stattfanden. Die Gemäldeausstellung ist eine moderne Einrichtung. Sie impliziert in ihrer Modernität Folgendes:

· Der Besucher ist ein Auge. Von seinem Blick, der sich nicht nur auf die ausgestellten Werke, sondern auch auf die Ausstellungsräume richtet, wird angenommen, daß ihn die Prinzipien der „gesetzmäßigen Konstruktion“ leiten, die im Quattrocento aufgestellt wurden: Geometrie der Herrschaft über den Wahrnehmungsraum;

· der Besucher ist ein Körper in Bewegung, welchen Zweck verfolgt diese Bewegung? Er gleicht dem eines „Bildungsromans“ des 18. und 19. Jahrhunderts: der junge Held durchläuft die Welt, erlebt Abenteuer aller Art, erprobt so seine Intelligenz, seinen Mut und seine Leidenschaften und kehrt schließlich „gebildet“ nach Hause zurück. Eine Organisation Raum-Zeit-Subjekt, die von der „Odyssee“ an bis zum „Ulysses“ von Joyce und vielen Western mächtig gewesen ist;

· in der Gemäldeausstellung bildet sich die Erfahrung des Subjekts nur über einen Sinn, das Sehen. Die Galerie bietet ihm zu beiden Seiten Ausblicke (vedute), die Bilder, auf Landschaften, Orte oder Situationen, die „Sujets“ der Bilder. Durch das Erkennen dieser Sujets und der Art, in der sie dargestellt sind, ist der Besucher in die Lage versetzt, sich an der visuellen Erfahrung zu bilden. Galerie: Kulturetablissement, das heißt Erfassung und Assimilierung heterogener Gegebenheiten in der Einheit einer Erfahrung, die ein Subjekt konstituiert. Der Weg durch die Ausstellung ist festgelegt und obligatorisch;

· Vergleich dieser Anlage der visuellen Galerie mit der der Stadt, die Descartes sich erträumte: Kampf der formalen Organisation

mit der Unordnung der Gegebenheiten und Sieg der ersteren. Wieder das moderne Projekt.
„Die Immaterialien" können also nicht in einem Zeit-Raum dieser Art untergebracht werden. Notwendigkeit, einen Zeit-Raum der „Postmoderne" zu suchen. Als ein erster Ansatz zu dieser Erforschung sind einerseits Diderots Schreibpraxis in „Les Salons" erhellend, andererseits die Intuitionen von Urbanisten, Architekten und Stadtsoziologen wie Virilio und Daghini.
Fährt man im Wagen von San Diego nach Santa Barbara, also eine Strecke von mehreren hundert Kilometern, durchquert man eine Zone der „Verstadtung" (Zersiedlung). Das ist weder Stadt, noch Land, noch Wüste. Der Gegensatz zwischen Zentrum und Peripherie verschwindet, ja, es gibt auch kein Innen (Stadt der Menschen) und kein Außen (Natur) mehr. Man muß dabei mehrere Male das Autoradio wieder neu einstellen, da man mehrere Male den Sendebereich wechselt. Es wäre eher angemessen, von einem Nebelgebilde zu sprechen, in dem die Materialien (Gebäude, Straßen) metastabile Zustände einer Energie sind. Die „städtischen" Straßen sind ohne Fassaden. Die Informationen zirkulieren über Strahlungen und unsichtbare Interfaces.
Ein solcher Zeit-Raum, wie er hier flüchtig skizziert wurde, wird gewählt, um „Die Immaterialien" aufzunehmen. Dem Auge wird das Exklusivrecht, das ihm die moderne Galerie zuspricht, entzogen. Die zur Reflexion zwingende Unruhe, das von der Ausstellung angestrebte Ziel, kann durch einen vorgezeichneten Weg durch die Ausstellung nicht bewirkt werden. Es darf keine Ausstellung (exposition) sein, sondern es sollte eine „Überausstellung" („surexposition") sein im Sinn der „überbelichteten Stadt" („ville surexposée") von der Virilio spricht. Die ausgestellten Objekte sollen auch nicht mehr nach „Materien", Themen oder Disziplinen verteilt werden, als wäre die Aufteilung, auf der diese beruhen, heute noch intakt.

Die Hypothese

Unterbringung im Centre Georges Pompidou, im Herzen des modernen alten Paris. „Grande Galerie" im fünften Stockwerk (dem höchsten). Raum 3000 m², rechteckig, mit zwei Enklaven (Zwischenstock im vierten Stockwerk, Eingangsbereich). Durchgehender Fußboden, äußere Wände aus Glas, Kabel und Röhren sichtbar an der Decke, Kontrolllampen ständig in Betrieb, Eingang und Ausgang in der Enklave. Im Ganzen kaum irgendwelche Zwänge, außer der Beleuchtung.
Auf der ganzen Fläche zwanzig oder dreißig Radiosender, von denen jeder eine sorgfältig abgegrenzte Zone versorgt. Jeder Sender sendet ein Tonband, das sich thematisch auf eine der *mât*-Fragen (vgl. *Konzeption, Das Prinzip*) bezieht. Die Besucher werden mit Kopfhörern ausgestattet. Die mündlichen Mitteilungen sind nicht unbedingt Instruktionen, sondern auch Gedichte, Prosatexte, Fragen, Ausrufe, Zitate, Vorträge. Ebenso musikalische Botschaften. Kunst der Zeit von der immateriellsten Art.
In jeder Zone sind *Operationsfelder* gruppiert. Diese setzen sich aus Beispielen verschiedener Bereiche zusammen (Ernährung, Malerei, Astrophysik, Industrie, usw.), sind aber durch die gemeinsame Frage, die sie illustrieren, verbunden. Zum Beispiel, Maternität: Wer ist der Autor eines elektronischen musikalischen Werks? Wer ist die Mutter eines Kindes aus einem in der Retorte befruchteten Ovulum, das einer „Mietmutter" eingepflanzt und später adoptiert wurde? Welches ist die Lichtquelle eines abstrakten Bildes? Die Operationsfelder vergleichen entweder zwei Momente derselben Disziplin oder stellen zwei Disziplinen einander gegenüber.
Zwischen den Zonen „öde", neutralisierte Bereiche. Der Besucher, der von einer Zone zur anderen geht, befindet sich in der Lage, zu suchen und zu forschen; er läßt sich durch die Stimmen und die Musik rufen, gleichzeitig aber auch durch die sichtbaren Operationsfelder. Der einzelne Weg, den er gegangen ist, kann auf einer Magnetkarte registriert und ihm am Ausgang gedruckt ausgehändigt werden.

April 1984

Aus dem Französischen von Dora Winkler

Arbeit als Wissen und Arbeit als Bild
Zur Tradition der „gewöhnlichen" Architektur

Martin Steinmann

Es scheint manchmal, als sei die Einfachheit mit der Armut verwandt; aber diese beiden haben praktisch ohne weiteres noch nichts miteinander zu tun; unsere Einfachheit kann gewiß ebensogut größter Reichtum sein wie unsere Vielheit größte Armut sein kann.
Heinrich Tessenow, Hausbau und dergleichen (1916)

Es bleibt die Herrlichkeit der Welt zu sehen und Menschen liebend verbunden zu sein, mit Gegenwärtigkeit, solange es vergönnt ist. Es bleibt: in welcher Liebe wir uns des Ursprungs und der Ewigkeit vergewissern.
Karl Jaspers, Die Atombombe und die Zukunft des Menschen (1946)

Die eigentliche Wohnungsnot ist auch älter als die Weltkriege und ihre Zerstörungen, älter auch denn das Ansteigen der Bevölkerungszahl auf der Erde und die Lage des Industrie-Arbeiters. Die eigentliche Not des Wohnens beruht darin, daß die Sterblichen das Wesen des Wohnens immer erst wieder, daß sie das Wohnen erst lernen müssen.
Martin Heidegger, Bauen Wohnen Denken (1952)

Seite 195: Heinrich Tessenow, Ansicht der Straßenseite eines eingebauten 3-Zimmer-Hauses, Hohensalza, 1911

links oben: Michael Gottlieb Bindesbøll, Haus Orla Lehmann, Vejle, 1849
rechts oben: Axel Gallén Kallela, Atelier des Künstlers, Ruovesi (1894–1895), Grundriß. Zeichnung: Aivi Gallén Kallela
links unten: Lars Sonck, Haus Sibelius, Ainola, Tuusula (1899–1902), Perspektive
rechts unten: Yrjö Blomstedt, Victor Sucksdorff: Gebäudedetails, aus: „Karjalaisia rakennuksia ja koristemuotoja", Helsinki 1900

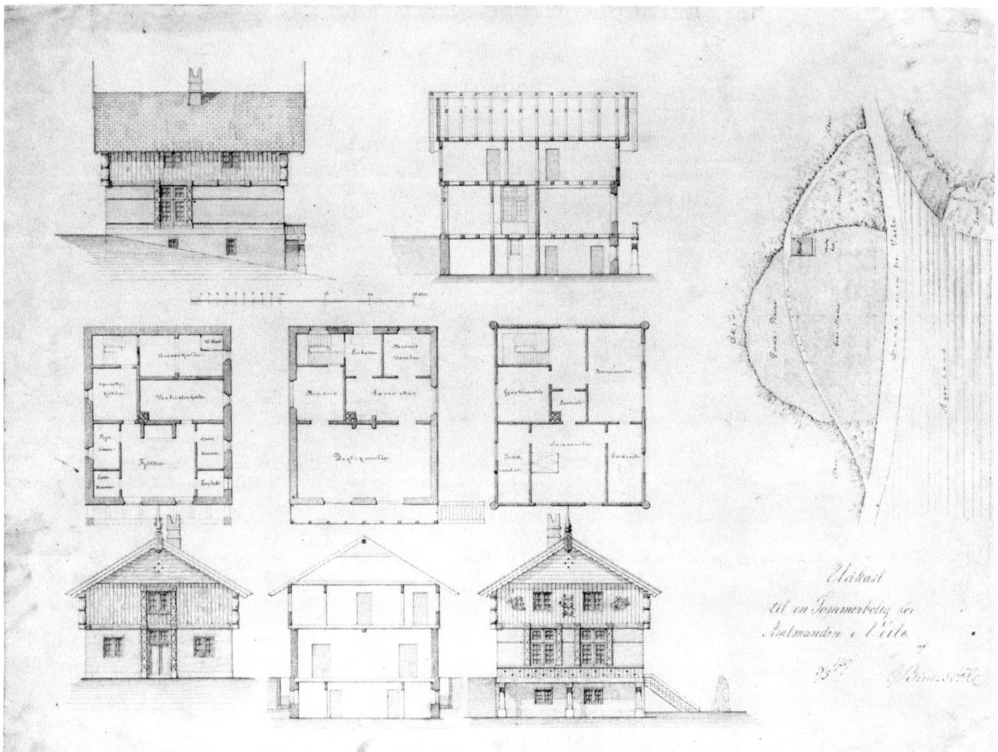

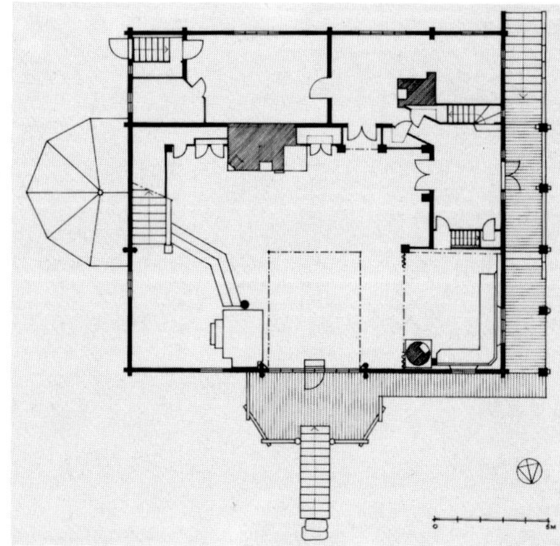

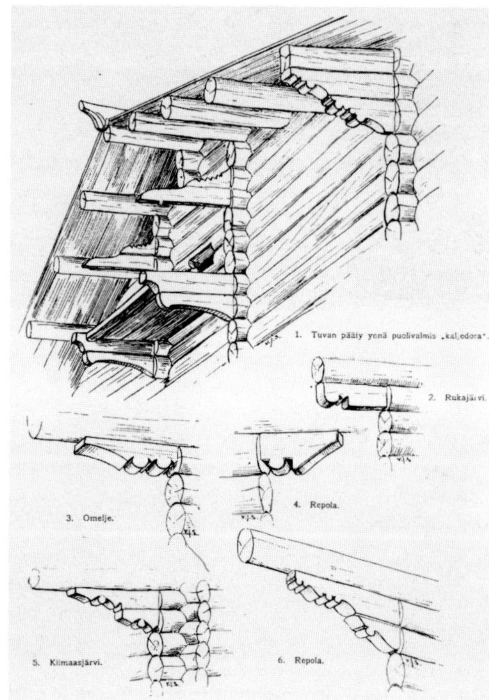

Im Unterschied zu anderen Ismen gibt es kaum eine verbindliche Bestimmung des Begriffs Traditionalismus, und auch die Frage, welche Werke nun traditionalistisch sind, ist schwer zu beantworten. Im weitesten Sinn sind es die „anderen" Werke, wie sie von der allgemeinen Geschichte der Architektur im 20. Jahrhundert aus gesehen werden, obschon deren Grenzen nicht ein für allemal festgelegt sind. Der Begriff Traditionalismus wird dieserart zu einem Sieb, in dem zurückbleibt, was nicht durch die Maschen der anderen Ismen

Eliel Saarinen, Hauptbahnhof, Helsinki, perspektivische Innenansicht, 1910

fällt. Selbstverständlich gibt es schon bei Giedion[1] die „Tradition des Neuen Bauens"; sie bezeichnet die Bauten, die die Entwicklung zum Neuen Bauen als „notwendig" erscheinen lassen, und so haben auch andere Ismen ihre Tradition, aber sie ist nicht gemeint: gemeint ist Traditionalismus als etwas für sich. In den Büchern, die sich mit der Geschichte der Architektur im 20. Jahrhundert befassen, kommt der Begriff nur bei zwei Autoren vor: Hitchcock verwendet ihn für verschiedene Haltungen des 19. Jahrhunderts, die in unserem Jahrhundert überleben. Er gesteht die Schwierigkeiten ein, sie in allgemeiner Weise zu klassifizieren, nennt aber zwei „Linien": die eine stützt sich auf die „Gesetze der Architektur" (dazu gehören die Klassizismen), die andere auf die Regeln des Handwerks. Beiden gemeinsam ist, daß sie sich gegen die Architektur der „Stile" des 19. Jahrhunderts wenden. Sie können sich auch verbinden, was besonders in den nordischen Ländern der Fall sei, die „die bemerkenswerteste traditionelle Architektur der ersten Jahrzehnte hervorbringen".[2]

Lampugnani – er verwendet den Begriff ausdrücklich – beschreibt den Traditionalismus als vorwiegend deutsche Erscheinung, auf Grund der nach 1900 in Deutschland erschienenen Bücher (Muthesius, Schultze-Naumburg, Mebes, Ostendorf und andere), die die Forderung vertreten, die Architektur müsse – aus verschiedenen Gründen – an die vor 1850 abgebrochene Tradition anknüpfen. Er versucht, die damit verbundenen Vorstellungen in fünf Punkte zu fassen:

1 Die Bindung an die Anschauungen eines Volkes und an die Gegebenheiten eines Landes.
2 Die Bindung an das Handwerk.
3 Die Bindung an den Ort.
4 Die Unterscheidung der Bauaufgaben in öffentliche, Wohn- und Zweckbauten. Diese Hierarchie spiegelt sich in den Formen und Materialien, die den Bauaufgaben zugewiesen werden.
5 Die Vereinfachung der Formen auf ihr „Wesen", sodaß sie nicht historistisch sind.[3]

Was diese Punkte nicht sagen – in ihrer Kürze auch nicht sagen können –, sind die inneren Gründe des Traditionalismus. Nach Lampugnani stützt er sich auf Schriften, die eine Verabsolutierung von Volk, Blut, Rasse, Landschaft usw. betreiben. An dieser Stelle erweist sich die Beschränkung auf Deutschland als Mangel, denn sie identifiziert *eine* Form von Traditionalismus – eine stark ideologisch bestimmte – mit Traditionalismus im allgemeinen. Das führt dazu, daß beispielsweise Tessenow zum Außenseiter erklärt wird, damit das Bild stimmt. Dabei gehört er mitten hinein, aber in ein anderes Bild, als es Lampugnani zeichnet.

Das Bestreben, der Architektur eine tiefere „Wirklichkeit" zu verschaffen, indem man von der Tradition eines Landes bzw. eines Volkes ausgeht, beschränkt sich auch nicht auf

1 „Schält man aus dem (19.) Jahrhundert die Elemente, die in uns leben und lebendig sind, so sieht man mit Erstaunen, daß wir unsere eigene Entwicklung – wenn man will unsere TRADITION – vergessen haben." Sigfried Giedion, Bauen in Frankreich, Leipzig u. Berlin 1928. Giedion hat eine Zusammenfassung seines Buches in den Münchener Neuesten Nachrichten vom 9. April 1929 unter eben dem Titel „Die Tradition des Neuen Bauens" veröffentlicht.

2 Henry Russell Hitchcock, Architecture: dixneuvième et vingtième siècle, franz. Ausgabe, Bruxelles u. Liège 1981, S. 560/561 und 566.

3 Vittorio Magnago Lampugnani, Architektur und Städtebau des 20. Jahrhunderts, Stuttgart 1980, S. 123–143, besonders S. 124.

links oben:
Gunnar Asplund, Villa Snellman, Djursholm (1917–1918), Skizzen
rechts oben:
Povl Baumann, Haus Christiansvej 6, Kopenhagen (1914), Ansicht
unten:
Ivar Bentsen, Thorkild Henningsen: Reihenhäuser (1922), Kopenhagen

Deutschland. Es hat seine Wurzeln in der Romantik: die Menschen, die in einem Land leben, sind durch ihre Kultur eine Nation; umgekehrt wird die Nation zum Schlüssel für das Verständnis der Kultur. Daraus leitet sich die Forderung ab, das zu erinnern, was national ist, weil es die Wirklichkeit ist, die die Menschen haben. Die Märchen, die die Gebrüder Grimm festhalten (auch so, wie man etwas festhält, das in Bewegung ist; ihre Sammlung weist auf ein grundlegendes Problem von Traditionalismus hin) zählen dazu, die Lieder, die Bräuche, oder die landschaftlichen und baulichen Denkmäler. Die gleichen Bestrebungen finden wir, wie noch zu zeigen ist, auch in anderen Ländern. Wenn wir dennoch von den Verhältnissen in Deutschland ausgehen, so hat das seinen Grund in der Verfügbarkeit der entsprechenden Bücher. Daß sich die Ergebnisse auch auf andere Länder bzw. Nationen übertragen lassen, namentlich auf die nordischen Länder, kann – aufgrund von wenigen Aufsätzen, die die traditionalistische Architektur aufarbeiten[4] – vermutet werden.

Aber auch in Deutschland hat diese Auseinandersetzung erst begonnen, nachdem sie – wegen der Besetzung der (welcher?) Tradition durch den Nationalsozialismus – lange Zeit nur mit negativem Vorzeichen möglich war. Und sicher fällt es, wie Petsch schreibt, schon vor 1933 schwer, traditionalistische und nationalsozialistische Weltanschauung gegeneinander abzugrenzen.[5] Daß die Auseinandersetzung nun begonnen hat, kann nicht einfach mit dem größeren Abstand zu allem, was mit dem Nationalsozialismus zu tun hat, erklärt werden, wenn er auch hilft, Leute wie Schultze-Naumburg differenzierter zu sehen. Sie würde nicht erfolgen, wenn die traditionalistische Architektur nicht „von der Gegenwart aus sichtbar" wäre, um ein Wort von Hauser zu verwenden, das meint: wenn sie nicht eine Gegenwartsfrage betreffen würde.[6] Posener weist darauf hin, wenn er über die „Kulturarbeiten" schreibt, die Kapitel über die Zerstörung der Landschaft im Namen des Geldes seien erstaunlich aktuell.[7]

4 Zum Beispiel Ritva Tuomi, On the search for a national style, in: abacus Yearbook 1 of the Museum of Finnish Architecture, Helsinki 1979, S. 57–96.
5 Joachim Petsch, Baukunst und Stadtplanung im Dritten Reich, München u. Wien 1976, S. 45.
6 Arnold Hauser, Kunst und Gesellschaft, München 1973, S. 103.
7 Julius Posener, ‚Kulturarbeiten' von Paul Schultze-Naumburg, in: arch+, 72, S. 35–38. Abgedrucktes Kapitel aus: Berlin auf dem Weg zu einer neuen Architektur – Das Zeitalter Wilhelms II, München 1979.

Mit den „Kulturarbeiten“, die von 1902 an in vielen Bänden erschienen und auch in anderen Ländern – gerade in den nordischen – große Wirkung hatten, ist angezeigt, daß sich dieser Aufsatz auf eine bestimmte Tradition bezieht. Es ist also notwendig, sie zu bestimmen. Um das mit einem Wort zu tun: es ist die Tradition der einfachen, gewöhnlichen (Schultze-Naumburg würde sagen bürgerlichen) Architektur. Andere Sprachen kennen dafür das Wort „vernacular“.
Achleitner hat den Widerspruch, der im istischen Bauen steckt, in einem anderen Fall sichtbar gemacht: als er regionales und regionalistisches Bauen unterschieden hat. Im regionalen Bauen ist die Beziehung zur Tradition keine Wahl, im regionalistischen Bauen dagegen ist sie es, mehr noch, diese Beziehung ist die Mitteilung des regionalistischen Bauens. So wie Traditionalismus hier verstanden ist, enthält der Begriff beide Auslegungen, und beide sollen untersucht und voneinander unterschieden werden, traditionales und traditiona*listisches* Bauen. Im Sinne einer Annahme unterscheiden sie sich so: beide beziehen sich auf die Arbeit, die es braucht, um einen Gegenstand herzustellen, die erste Haltung aber versteht diese Arbeit „von innen“, die zweite „von außen“, das heißt von ihrem Bild her; die erste ist realistisch, die zweite idealistisch.
Bevor diese Annahme an einzelnen Fällen verifiziert – oder falsifiziert – wird, ist es notwendig, das Verhältnis des Traditionalismus zu anderen Haltungen zu bestimmen, mit denen er sich teilweise deckt. Er steht dem Historismus gegenüber in dem Sinne, daß er sich zwar wie dieser auf die Vergangenheit beruft, aber eine Vergangenheit außerhalb der Stile, und er ist geschichtlich aus dieser Opposition hervorgegangen. Er ist aber, wie zu zeigen ist, immer wieder in Gefahr, selber Historismus zu werden.
Anders verhält es sich mit dem Klassizismus: Seit der Romantik wurden klassisches und volkhaftes Bauen gegenübergestellt. Das erste entstand aufgrund strenger Regeln, das zweite schien dagegen „natürlich“ zu entstehen.[8] Auf der Ebene des gewöhnlichen Bauens aber laufen die beiden Haltungen zusammen: die „klassischen“ Regeln, die beispielsweise die Häuser bestimmen, die in den 1780er Jahren in London gebaut wurden, waren Regeln der Arbeit, und es war für Webb selbstverständlich, seine städtischen Häuser im „builder's classical“ zu bauen. Diese Bauweise – was sie mehr ist als ein Baustil – bestimmt das Bauen in vielen Städten noch lange, und es ist richtiger, beispielsweise die großen Blöcke, die Fisker in den 1920er Jahren baut, dem Traditionalismus – im Sinne des gewöhnlichen Bauens – zuzurechnen, und nicht dem Klassizismus. Sie bestätigen jedenfalls die Äußerung von Hitchcock.
Diese Unterscheidung kommt, wörtlich als die zwei Seiten der Medaille, zum Ausdruck

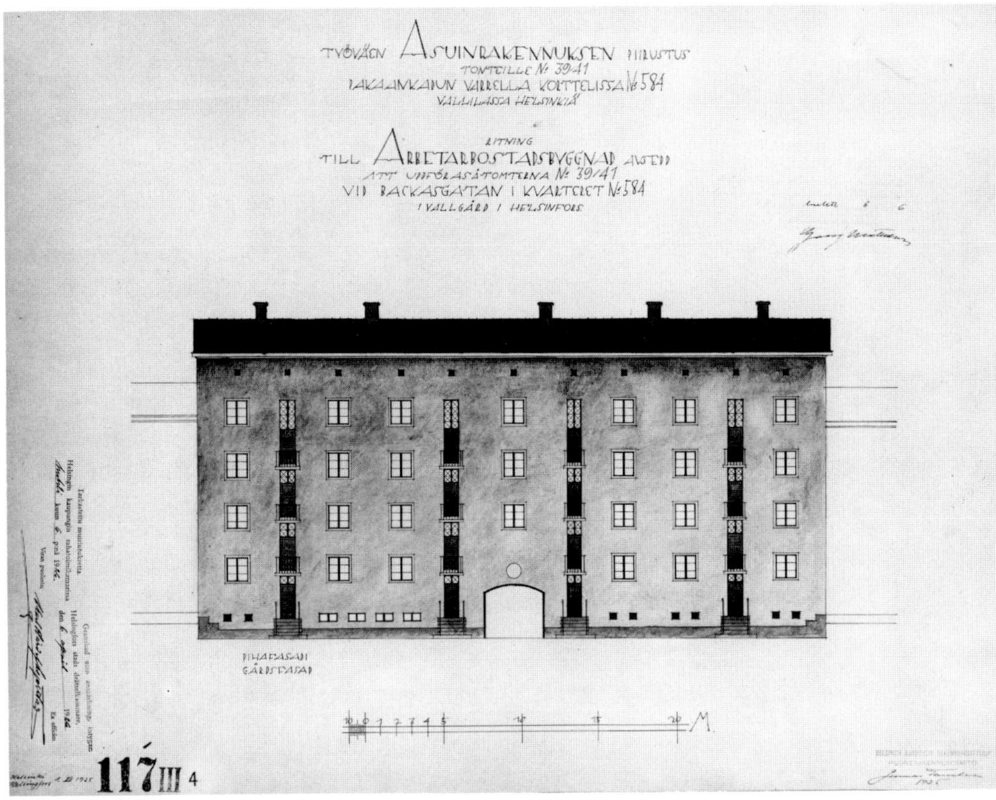

Gunnar Taucher, Kommunales Wohnhaus für Arbeiter an der Mäkelänkatu, Helsinki, Gartenansicht, 1925

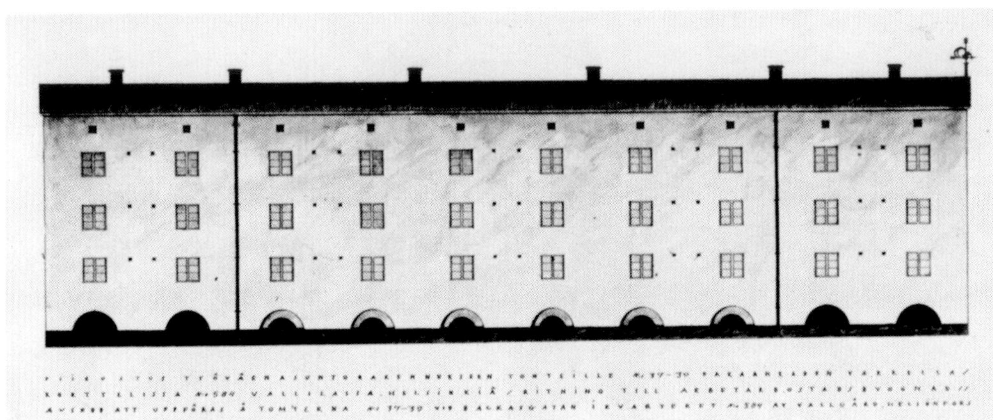

Gunnar Taucher, Kommunales Wohnhaus für Arbeiter an der Mäkelänkatu, Helsinki, Ansicht des Seitenflügels, 1924

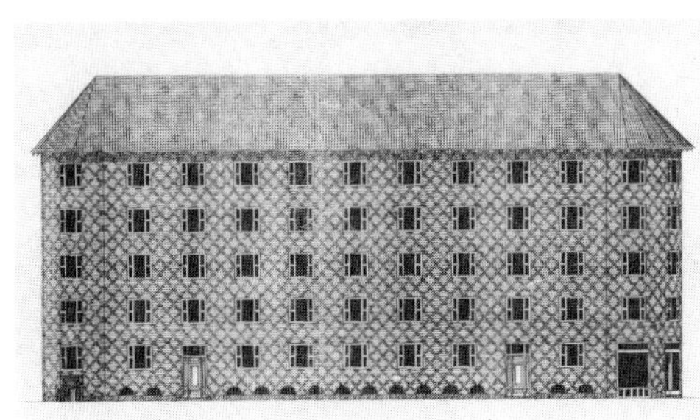

Povl Baumann, „Linoleumhaus“, Kopenhagen, Straßenansicht, 1931

8 Vgl. Alan Colquhoun, Classic, Primitive, Vernacular, in: Casabella H. 501, 1984, S. 25.

Philip Webb, Haus in Caterham, Ansichten, Schnitte, Grundrisse und Details, 1868

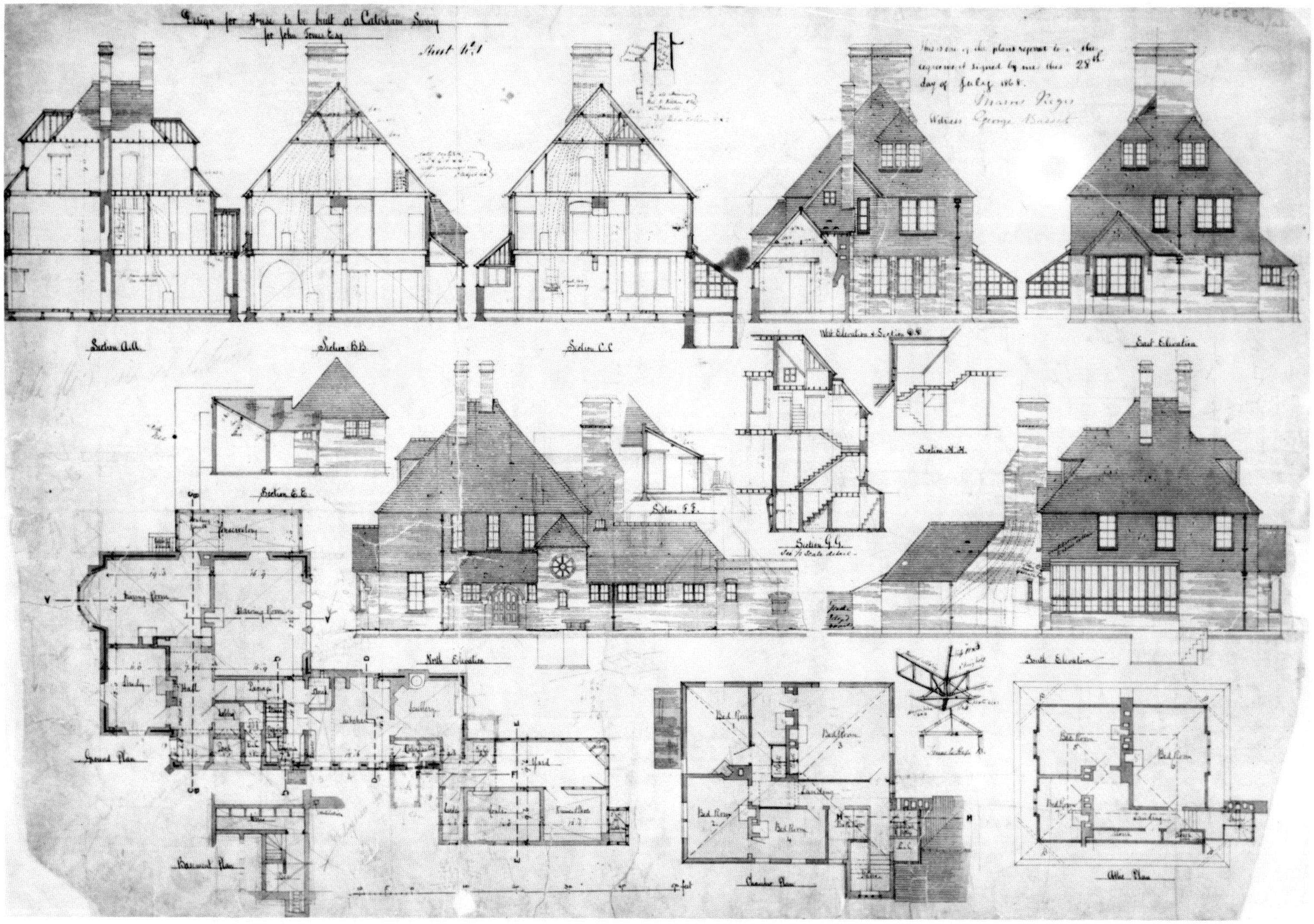

in der (von Leon Krier betriebenen) Ausschreibung eines Preises „Für den Wiederaufbau der Stadt", indem sie die folgenden Begriffe einander zuordnet:
1 „construction traditionnelle", „culture matérielle", „métier" und „édifices doméstiques".
2 „architecture classique", „culture intellectuelle", „art" und „édifices publiques".[9]

In einem dritten Punkt – im Fall des Realismus – geht die Grenze mitten durch den Traditionalismus hindurch, indem sich die Auslegung, die sich auf die Tradition als Arbeit bezieht, mit dem Realismus deckt.
Geschichtlich entsteht der Traditionalismus, wie er hier verstanden wird, als Bewegung, die sich gegen den Historismus bzw. gegen die Verwendung der historischen Stile wendet, und zwar entsteht er in England im Bereich des Hausbaues. Das Haus gehört zur „bürgerlichen", das heißt alltäglichen Architektur. „Bei ihr (. . .) blieb man einfach und natürlich, beschränkte sich auf das Notwendige (. . .) und folgte im allgemeinen einer durch die Jahrhunderte weitergeführten (. . .) Tradition", schreibt Muthesius über diese Bewegung.[10] Sie bedeutete die Beseitigung des Baustils „zugunsten einer einfachen, natürlichen, vernünftigen Bauweise".[11] Diese und andere Wörter, die immer wieder vorkommen, laufen schließlich in der Sachlichkeit zusammen, die zum Feldzeichen in beiden Lagern wird: dem der "Alten" wie dem der „Modernen". So wendet sich unter anderen Schmitthenner gegen das Schlagwort der „Neuen Sachlichkeit". Es gebe weder eine alte noch eine neue, es gebe nur Sachlichkeit.[12] Ingenieurbauten und alte ländliche Bauten sind gleichermaßen Beispiele für Sachlichkeit und Notwendigkeit, wie Hans Schmidt sie in seiner bekannten Definition anspricht: Bauen sei eine Sache der Notwendigkeit, und: Bauen habe aufgehört, eine Sache der Schönheit zu sein, zu deren Verständnis wir eine höhere Bildung brauchen.[13] Damit nimmt er eine Haltung ein, die sich

9 In Archives d'Architecture Moderne, H. 26, 1984, S. 8.
10 Hermann Muthesius, Stilarchitektur und Baukunst, Mülheim-Ruhr 1902, S. 45.
11 Hermann Muthesius, Stilarchitektur. . ., op. cit. S. 61.
12 Paul Schmitthenner, Baukunst im neuen Reich, München 1934, S. 10. „Ich kenne die vollendete Sachlichkeit des alten Handwerks (...)."
13 Hans Schmidt, „Bauen ist nicht Architektur", in: Das Werk 1927, H. 5, S. 139–142.

durch die ganze Auseinandersetzung um 1900 zieht: die Tradition ist abgebrochen, als sich eine geschichtliche Betrachtung „von außen", von der Form her, an die Stelle einer Betrachtung „von innen" gesetzt hat, die von der Arbeit ausgeht, die die Form hervorbringt. Anders gesagt, als sich die Ausbildung von der Werkstatt in die Schule, genauer in die Akademie verlagerte. Andererseits tritt bei den alltäglichen Bauten der Bauunternehmer an die Stelle des Baumeisters, und zwar „der ungeschulte oder zum mindesten verschulte Bauunternehmer".[14]

England hat den Weg aus dem Akademismus gezeigt, indem man, wie Muthesius schreibt, die bürgerliche und ländliche Bauweise wieder aufnahm. Für Deutschland fordert er das gleiche: „Es liegt kein Grund vor, warum wir nicht dasselbe (. . .) tun sollten, was man damals in England tat: in unserer bürgerlichen Baukunst zur Einfachheit und Natürlichkeit zurückzukehren." Wenn das geschehe, „so haben wir bald (. . .) eine nationale bürgerliche Baukunst".[15]

Die Bewegung in England weist zwei Linien auf. Die eine bezieht sich vor allem auf die Lebensweise, die im „Englischen Haus" – im Sinne der Anlage der Teile nach funktionalen Gesichtspunkten – ihre Form gefunden hat. Sie führt in der von Pevsner festgelegten Sicht zur „Modern Movement". Die andere bezieht sich mehr auf die Bauweise. Sie steht der „Modern Movement" kritisch gegenüber.[16] Wir können sie die Linie des traditionalen Bauens nennen. Ihr wichtigster Vertreter ist Webb, dessen 1859 für Morris gebautes Haus als Anfang der „Modern Movement" (miß-)verstanden wird.

In seinem Buch über Webb stellt Lethaby auch die zwei Architekten dar, die für Webb von besonderer Bedeutung waren: Pugin (1812–1852) und Butterfield (1814–1900). Beide waren auch als Handwerker ausgebildet; Butterfield hatte eine Lehre als Baumeister gemacht. Er verwendete gewöhnliche Materialien, verarbeitete sie aber mit den neuen Werkzeugen, was sich in seiner Architektur auch zeigt: „Er paßte seinen Stil der modernen Art der Ausführung an".[17] Beispielsweise verwendet er die Kreissäge. Es geht ihm also nicht darum, die Arbeit zu romantisieren.

Butterfield war ein „bauender" Architekt, nicht ein „zeichnender". Das gilt auch für Webb, der von Butterfield wesentlich beeinflußt ist: Bauen ist eine Volkskunst. Das Volk macht keine Zeichnungen. Es baut. Es baut so, wie es gelernt hat. „Mit einem Wort: Architektur ist auf traditionale Weise bauen".[18]

Max Liebermann, Arbeiter im Rübenfeld, 1873

In Webbs Zeichenbüchern gibt es verschiedene Hinweise auf die Bauten von Butterfield, und als er das „Red House" baut, bezieht er sich auf sie, aber auch hinter sie zurück auf die einfachen ländlichen Häuser der Umgebung. Andererseits ist es folgerichtig, daß er seine städtischen Häuser dem „builder's classical" anpaßt. Das Wort bezeichnet in London das „gewöhnliche" Bauen, das Webb anstrebte: „Ich bin erst zufrieden, wenn meine Arbeit gewöhnlich ausschaut".[19] Gewöhnlich heißt in diesem Fall auch vernünftig: so wie der Baumeister baut, wenn man ihn machen läßt[20], und die Beziehung zu diesem gewöhnlichen Bauen ist eine realistische. (Darin unterscheidet er sich von Shaw, dessen Beziehung zum ländlichen Bauen mehr von den „Bildern" bestimmt ist, die es bietet.)

In einer schönen Passage seines Buches beschreibt Muthesius das gewöhnliche Bauen in England als hart, schwer, dunkel, verschlossen, „auf der anderen Seite hat es (. . .) etwas ungemein Kraftvolles und Selbstbewußtes".[20] Diese Häuser paßten auf das beste unter den von schweren Wolken bedeckten Himmel. Die englische Architektur sei immer wieder auf diese Schwere zurückgekommen; in ihr komme ein nationales Empfinden zum Ausdruck, und „Webb war der erste, der sie wieder in die Gegenwart einführte".[21]

Bevor wir die Auswirkungen des „Englischen Hauses"[22] verfolgen, wollen wir kurz die Frage des nationalen Ausdrucks untersuchen, und zwar am Beispiel der nordischen Länder, wo diese Frage um 1900 unmittelbar mit den politischen Entwicklungen verbunden war. Finnland war damals Teil des Russischen Reiches und mußte sich seit 1895 gegen Bestrebungen zur Wehr setzen, seine Kultur zu unterdrücken. Die Ausdrucksformen dieser Zeit – als „nationalromantisch" bezeichnet – haben also die gleiche Grundlage wie die der Romantik im früheren 19. Jahrhundert: das Bewußtsein vom nationalen Wesen der Kultur als der gemeinsamen Kultur eines Volkes (das Bewußtsein also, das verlangt, daß sich Volk und Nation decken).

Der Historismus verwendet, wie Tuomi über die Suche nach einem nationalen Stil schreibt, das Mittel von Formen, die zur Geschichte des Volkes in Beziehung stehen, um die Architektur als national zu kennzeichnen.[23] Der eigentliche Historismus kann das aber aus zwei Gründen nicht: einerseits setzt das Verständnis der Assoziationen mehr und mehr Bildung voraus – und gegen diese Entwicklung richtet sich der Traditionalismus gerade –, andererseits wird der Historismus mehr

---

14 Hermann Muthesius, Das englische Haus (1904), 2. Auflage Berlin 1908, Band 1, S. 101.
15 Hermann Muthesius, Stilarchitektur..., op. cit. S. 62.
16 Stefan Muthesius, Das englische Vorbild, München 1974, S. 56.
17 William Lethaby, Philip Webb and His Work, (1925) Oxford 1935, S. 68.
18 William Lethaby, Philip Webb..., op. cit. S. 120.
19 Zit. in William Lethaby, Philip Webb. . ., op. cit. S. 136. „I never begin to be satisfied until my work looks common-place."
20 „If builders had been let alone, they were coming round to doing rational work again". William Lethaby, in: Philip Webb..., op. cit. S. 65.
21 Hermann Muthesius, Das englische Haus, op. cit. S. 149–150.
22 Das ist in einem zweifachen Sinn gemeint: das „Englische Haus" in den Grundlagen, die das gleichnamige Buch von Hermann Muthesius darstellt, und eben dieses Buch.
23 Ritva Tuomi, On the search for a national style, in: abacus, op. cit., S. 61–62.

links:
Theodor Fischer, Gemeinschaftshaus Pfullinger Hallen, Pfullingen (1904–1907), Ansicht
rechts:
Theodor Fischer, Gemeinschaftshaus Pfullinger Hallen, Pfullingen (1904–1907), Grundriß des Erdgeschosses

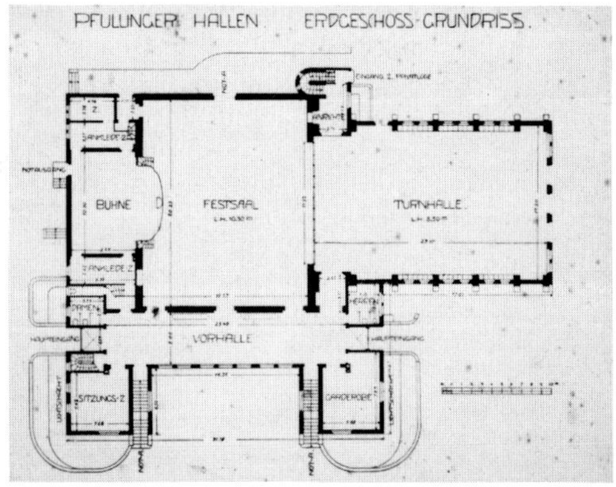

Theodor Fischer, Gemeinschaftshaus Pfullinger Hallen, Pfullingen, Nordwest-Ansicht, 1904

Theodor Fischer, Gemeinschaftshaus Pfullinger Hallen, Pfullingen (1904–1907), Schnitt, Ansicht

und mehr „international“ und wird identifiziert mit der hohen Kultur, die etwas anderes ist als die Kultur des Volkes. Sie ist wie ein Anstrich, der nur schlecht auf dem Grund haftet, und dieser Grund ist die wirkliche nationale Architektur. So wenigstens beschreibt Ahlberg – mit einem ausdrucksstarken Bild – die Beziehung zwischen den beiden Kulturen in Schweden: Die Zeit habe die auf die Mauern aufgebrachte Dekoration des 17. Jahrhunderts meist abblättern lassen, zum guten der Bauten, „denn hinter dieser dünnen und flüchtigen barocken Dekoration (...) tritt eine feste und männliche Struktur hervor“.[24] Gleiche Aussagen finden sich auch für Norwegen, wobei die Architektur unter diesem Anstrich[25] dort aus Holz besteht.

Die Holz-Architektur ist im späteren 19. Jahrhundert in vielen Ländern der „Tannen-Zone“[26] Gegenstand von Untersuchungen, wobei diese Untersuchungen nach zwei Gesichtspunkten erfolgen, die im Bauen des Volkes zur Deckung kommen: die Suche nach einer *nationalen* Architektur und die nach einer *rationalen* Architektur. So war beispielsweise das 1884 erschienene Werk von Ernst Georg Gladbach „Die Holzarchitektur der Schweiz“ „geeignet, den Sinn für gesunde, wahre und schöne Konstruktion zu heben“.[27] In Finnland baute der Maler Axel Gallén 1894 sein Haus als Blockbau; damals wird die Holz-

24 Hakon Ahlberg, Moderne Schwedische Baukunst, Berlin 1927, S. 12.
25 Die Künstler, die um 1900 die alte norwegische Architektur untersuchten, „kratzten die dünne Schicht des klassisch-gesinnten 18. Jahrhunderts weg und fanden Gegenden, wo das Mittelalter (...) noch lebendig war.“ Georg Eliassen: Norwegian Architecture throughout the Ages, Oslo 1950, S. 257.
26 Ritva Tuomi, On the search..., in: op. cit.
27 Besprechung des Werkes in der Zeitschrift für Baukunde 1884, H. 50.

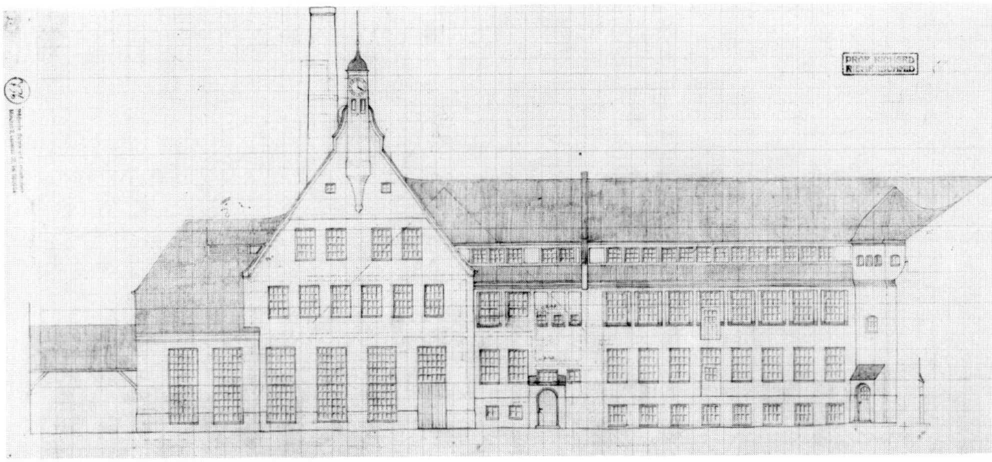

links:
Richard Riemerschmid,
Gasthaus am Markt,
Hellerau, Perspektive, 1909
rechts:
Richard Riemerschmid,
Fabrikneubau „Deutsche Werkstätten für Handswerkskunst",
Hellerau, Ansicht, um 1907

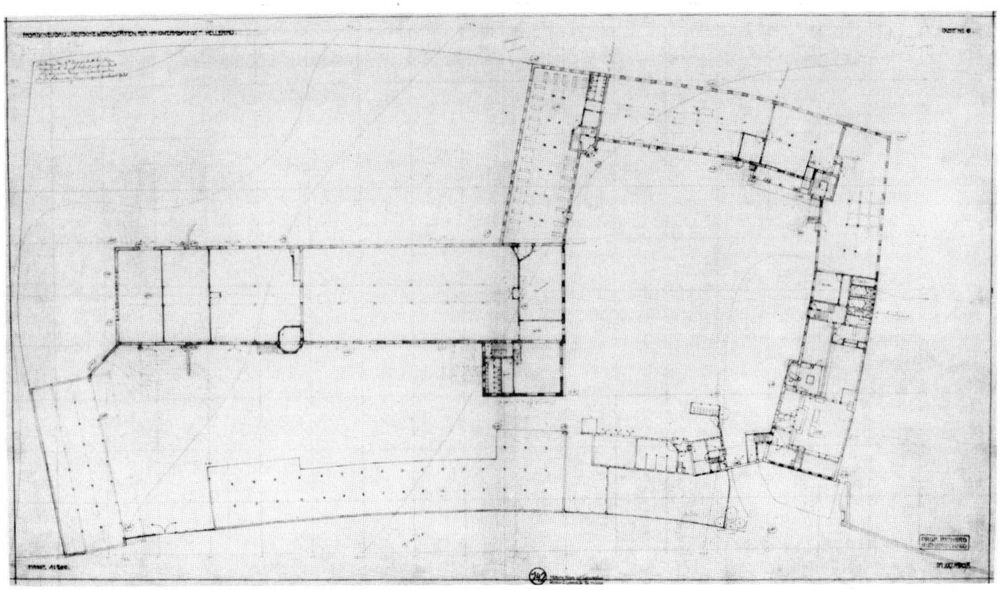

Richard Riemerschmid,
Fabrikneubau „Deutsche Werkstätten für Handwerkskunst",
Hellerau, Grundriß des Erdgeschosses, 1907

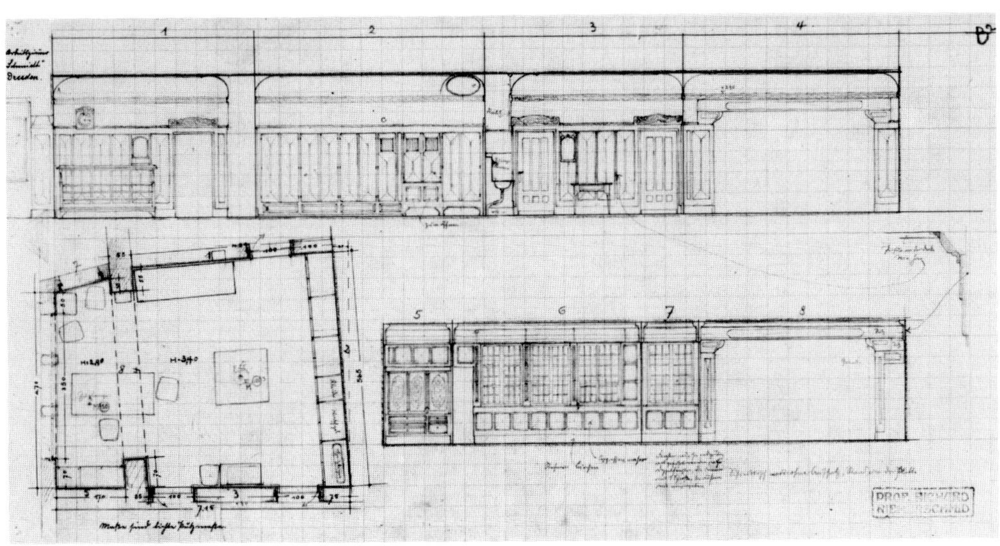

Richard Riemerschmid,
Fabrikneubau „Deutsche Werkstätten für Handwerkskunst",
Hellerau, Arbeitszimmer Schmidt, um 1907

architektur Kareliens erforscht, um den Grund für eine nationale Architektur zu legen, die an die Vergangenheit des Landes anschließt, ohne historistisch zu sein.[28] Das gleiche gilt für die Untersuchungen in Norwegen, das sich 1905 von Schweden trennt, und es ist bezeichnend, daß eine Ausstellung norwegischer Architektur, die während der Deutschen Besetzung im Untergrund vorbereitet wurde, auch aus dem 20. Jahrhundert vor allem Holzbauten zeigte: „Unsere Stärke liegt in der Bearbeitung des Holzes", heißt es in der Einleitung des 1950 dann erschienenen Buches. „Hier können wir die Architektur der Gegenwart mit den unabweisbaren Traditionen überall in unserem Land verbinden (...)."[29] Diese schöne Holz-Architektur kommt in keiner Geschichte der Architektur im 20. Jahrhundert vor.[30] Dabei zeigt sie – abseits der Auseinandersetzung um die Ismen – die Entwicklung des gewöhnlichen Bauens, wie wir es, gestützt auf Webb, bestimmt haben (und Webb und das Englische Haus haben mit Sicherheit eine Rolle dabei gespielt).
In der 2. Auflage seines Buches sagt Muthesius, daß sich Deutschland von England abzuwenden beginne, und die Empfindlichkeit der Deutschen in Rechnung stellend schreibt er, daß die alten ländlichen Bauten in England nichts hätten, was sie vor gleichen Bauten in Deutschland auszeichnen würde, eher „im Gegenteil", und es würde zu einer vergleichbaren Erneuerung des Bauens führen, „wenn erste Schritte unternommen würden, sie ans

28 S. Ritva Tuomi, On the search..., in: op. cit.
29 Georg Eliassen, Norwegian Architecture..., op. cit. S. 9.
30 Möglicherweise ändert sich das, was die zwei bedeutendsten traditionalistischen Architekten in Norwegen betrifft, mit der Ausstellung über Arnstein Arneberg (1882–1961) und Magnus Poulsson (1881–1958), die gegenwärtig auf der Reise ist. Im Katalog schreibt Ulf Grønvold mit Recht: „Heute hat ihre Architektur eine neue Bedeutung erlangt. Wie am Anfang dieses Jahrhunderts sucht man wieder nach einer einfachen regionalen Architektur."

Hans Poelzig, Schwefelsäurefabrik, Luban/Posen, Kammerhaus und Turmhaus, 1910

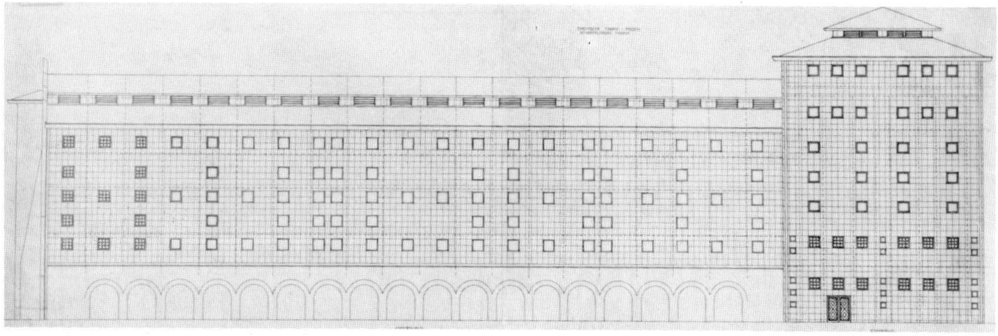

Hans Poelzig, Schwefelsäurefabrik, Luban/Posen, Halbfabrikatschuppen, 1910

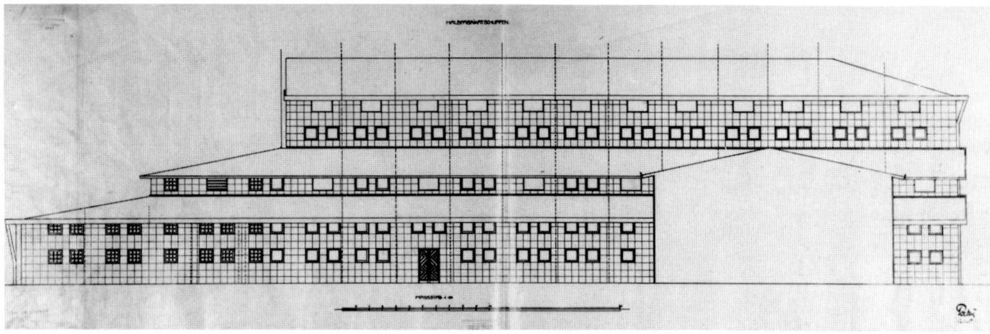

Licht zu ziehen“.[31] Seit 1902 gibt Schultze-Naumburg seine „Kulturarbeiten“ heraus, die eben diesen Anspruch erheben, die aber das deutsche Haus auf seine Erscheinung beschränken: es gibt im Band 1 „Hausbau“ keine Grundrisse, wie es auch keine Darstellung der technischen, wirtschaftlichen und gesellschaftlichen Bedingungen gibt, aus denen dieses Haus herausgewachsen ist.

Was macht die Bauten, die Schultze-Naumburg abbildet, in der von ihm angewendeten Gegenüberstellung von „gut“ und „schlecht“ zu guten Bauten? Die Frage bringt die Bedeutungen ins Spiel, die mit der Tradition verbunden werden. Wir können sie vereinfachend in zwei Kategorien teilen: die erste ist, wie wir am Fall von Webb angedeutet haben, auf die Arbeit bezogen, die es braucht, um einen Gegenstand herzustellen, während sich die zweite auf die ideologischen Bedeutungen bezieht, mit denen diese Arbeit belegt wird. Die beiden Kategorien sind auf viele Weisen miteinander verbunden. Das zeigen die Schriften von Tessenow mit ihrer Gleichsetzung von „gewerblichen“ und bürgerlichen Werten wie „das Erste“, „das Wesentliche“, „das Einfache“, „das Notwendige“ oder „das Einfach-Notwendige“.[32] Auf der anderen Seite zeigen das die Bauten von Schmitthenner, bei denen sich absichtliche und unabsichtliche „Spuren der Arbeit“ nur schwer unterscheiden lassen. Wie er schreibt, liegt „der Weg zur Gestaltung mit baulichen Mitteln“ darin, die handwerkliche Arbeit sichtbar zu lassen[33] (und „Handwerklichkeit“ und die Werte, die damit verbunden werden, zu konnotieren, wie wir anfügen können). Aus diesem Grund schlämmt er die Mauern gerne: so treten vor allem die Fugen – die eigentlichen „Spuren der Arbeit“ – in Erscheinung. Die Darstellung der eigenen Kodes aber ist das natürliche Ziel des traditionalistischen Bauens.

Traditionalismus, wie er hier verstanden wird, stellt den Versuch des Bürgertums dar, *seine* architektonische Sprache zu finden, das heißt eine Sprache, die seine Werte zum Ausdruck bringt. Es sind immer wieder die gleichen: Einfachheit, Sachlichkeit, Bürgerlichkeit, und die Architektur, die sie vertritt, ist die Architektur vor der Industrialisierung, in der das Bürgertum seine „Schuldlosigkeit“ verlor. Die „Kulturarbeiten“ machen diese Grundlagen klar: indem man das Bürgerhaus um 1800 „den veränderten Bedingungen gemäß“ weiterführt, schafft man das Wohnhaus der Gegenwart[34], schreibt Schultze-Naumburg. Das unterscheidet seine Auffassung von der Auffassung Ostendorfs. Wenn er aber baut, gelingt ihm gerade das nicht: sich von den Formen des Bürgerhauses um 1800 zu lösen.

Das ist nicht erstaunlich: Die „Kulturarbeiten“ schränken dieses Haus, wie schon gesagt, auf seine Erscheinung ein, im Unterschied beispielsweise zu den seit 1909 erscheinenden Heften von „Das Bürgerhaus der Schweiz“, in denen alte Häuser – nach Gegenden gegliedert – auch mit Plänen dargestellt werden[35]; sie erklären die Erscheinung. Wenn man sich in sie „eindenkt“, ist man imstande, neue Häuser zu bauen, die ebenso „richtig“ sind. Schultze-Naumburg dagegen fühlt sich in sie ein. Damit verfehlt er die Tradition: er verfehlt die Arbeit, die einer bestimmten Form zugrunde liegt – und damit auch die Form – in ihrer Geschichtlichkeit. In der einen Sicht gerinnt Tradition zu einem Satz von Formen, die „Tradition“ konnotieren. In der anderen, von der Arbeit ausgehenden Sicht ist Tradition „in Bewegung“, und die Formen verändern sich zusammen mit den Bedingungen. Loos macht sie sich zu eigen, wenn er rät, auf die Formen des Bauern zu achten. „Aber suche den Grund der Form auf. Haben die Fortschritte der Technik es möglich gemacht, die Form zu verbessern, so ist immer diese Verbesserung zu verwenden.“[36]

So verstanden bezeichnet Tradition eine Sammlung von Formen, die wir „formes-types“ nennen können.[37] Auf diesen Gesichtspunkt weist beispielsweise Steinmetz hin, wenn er die alten einfachen Bauten in Ostpreußen untersucht: in ihrer Sachlichkeit seien sie als Muster geeignet für den Wiederaufbau, besonders unter den schwierigen wirtschaftlichen Bedingungen nach dem Ersten Weltkrieg.[38] Die Tradition, die sich in diesen Bauten auswirkt, besteht in der Optimierung des Verhältnisses von Material, Arbeit und

31 Hermann Muthesius, Das englische Haus, op. cit.

32 Heinrich Tessenow, Hausbau und dergleichen (1916), 4. Auflage, Baden-Baden 1953, S. 16.

33 Paul Schmitthenner, Baugestaltung – Erste Folge: Das deutsche Haus, Stuttgart 1932, S. 24.

34 Paul Schultze-Naumburg, Kulturarbeiten, op. cit. 1. Band, S. 11.

35 Schweizerischer Ingenieur- und Architektenverband als Herausgeber, Das Bürgerhaus der Schweiz, 30 Bde., erschienen Berlin 1910, Berlin 1912–14, Zürich 1917–37.

36 Adolf Loos, Regeln für den, der in den Bergen baut (1913), in: Trotzdem, Innsbruck 1931, S. 131–132. In einem Bericht über seine Bauschule aus dem gleichen Jahr, in: Der Architekt 1913, H. 10, schreibt Loos, an die Stelle der Adaptierung von alten Stilen oder der Suche nach neuen „will ich meine Lehre setzen: die Tradition. (...) Am Anfang des 19. Jahrhunderts haben wir die Tradition verlassen. Dort will ich wieder anknüpfen.“

37 S. Ozenfant und Jeanneret, La peinture moderne, Paris o.J. S. 167–168.

38 Georg Steinmetz, Grundlagen für das Bauen in Stadt und Land (1918), 2. Auflage Berlin u. München 1921, 2. Band, S. XVII–XIX.

Form. Die Tradition ist aber „in Bewegung“: das Auftreten eines neuen Materials oder einer neuen Weise, ein altes Material zu bearbeiten (beispielsweise neue Werkzeuge), macht eine neue Optimierung notwendig. (Wenn Steinmetz Bauweisen verwendet, die, am Stand der Entwicklung gemessen, technisch veraltet, aber wirtschaftlich sind, so steht er damit nicht in Gegensatz zu Loos: die Wirtschaftlichkeit ist ein „Grund der Form“.)

Der „technologischen“ Sicht der Tradition, wie wir sie nennen können, steht die „ideologische“ gegenüber. Hier bilden die einfachen bürgerlichen Bauten eine Gegenwelt zu den Verhältnissen in den großen industriellen Städten. Entscheidend sind die „Bilder, die die Tradition vermitteln. Andererseits wird weniger die Industrialisierung – als technisch-wirtschaftliche Tatsache – abgelehnt als die „Bilder“, die sie mit sich gebracht hat. Das erweist sich in den „Kulturarbeiten“. Schultze-Naumburg zeigt, wie die Stadt und die Landschaft entstellt werden, er nennt auch die Gründe: die Herrschaft von Verstand, Maschine und – das vor allem – Geld als Werten, die das Handeln bestimmen, aber er verfolgt sie nicht in den gesellschaftlichen Zusammenhang hinein. Darin ist er, wie Posener schreibt, ein Kind seiner – wilhelminischen – Zeit (die auch den Deutschen Werkbund hervorgebracht hat).[39]

Man kann von den Vertretern *dieses* Traditionalismus nicht sagen, sie seien gegen die Technik eingestellt. Die Bauten der Technik haben in ihren Augen einen Platz in der Landschaft, unter der Voraussetzung, daß sie dem „Volkstum“ dienen.[40] (Nach 1933 wird dem maßgebenden Flügel der Partei bald klar, daß sich das „Neue Deutschland“ seine Stellung in der Welt nur auf industrieller Grundlage sichern kann.) So werden sie andererseits auch zum Ausdruck des deutschen Wesens und der deutschen Landschaft, wie Todt 1934 von den Straßen verlangte.[41] Ein wesentliches Mittel zu diesem Ziel ist das Material, in dem diese Bauten erstellt sind.

Das Material als etwas, das aus dem Boden stammt, erlangt für den Traditionalismus einen grundlegenden – den Grund der Beziehung zur Landschaft legenden – Wert. Die Frage ist allerdings, welcher Art diese Beziehung ist. Ist sie eine mythische? („Es ist bestimmt ein Stück der Landschaft geworden“, schreibt Schmitthenner – in einer schönen Passage – über sein Berhaus, „denn alles an ihm ist der Landschaft unmittelbar entnommen“.[42]) Oder ist sie eine geschichtliche? (Weil ein bestimmtes Material zuhanden war, wurde es verwendet, und weil es verwendet wurde, war es mit der Zeit ein traditionelles Material.)[43] Wir finden wieder die zwei Kategorien von Bedeutungen.

So betrifft die Wahl des Materials nicht nur „die tiefen Zusammenhänge zwischen ... Landschaft, Mensch und Haus“, sie betrifft wirtschaftliche Zusammenhänge, die beispielsweise beim Holzhaus-Wettbewerb zum Ausdruck kommen, den der Schweizerische Werkbund 1932 ausschreibt: der Verkauf von Holz stelle für viele Gemeinden die wichtigste und sicherste Geldquelle dar.[44] In den 1930er Jahren gewinnt das Holz in der Schweiz an Bedeutung, was nicht einfach ideologisch damit zu erklären ist, daß es als „unser Holz“[45] Werte der Heimat konnotiert (Heimatstil). In der Tat sind einige der schönsten Häuser des Neuen Bauens mit diesem Material verwirklicht worden. Dabei spielt die Möglichkeit eines gewissermaßen industriellen Bauens eine nicht geringe Rolle. Das zeigt auch der genannte Wettbewerb: das Holzhaus soll aus Teilen bestehen, die auf der Baustelle trocken zusammengesetzt werden, um eine kurze Bauzeit zu erreichen, und zwar aus standardisierten Teilen, „damit die Zimmereien im Winter mehr Arbeit haben“.[46]

Auf diese Weise kann das Neue Bauen die Formen, die es in den 1920er Jahren entwickelt hat, unter den veränderten technischen und wirtschaftlichen – und auch ideologischen – Bedingungen der 1930er Jahre bauen. (Der Realist Hans Schmidt lehnt das allerdings ab, indem er den Satz von Loos auf den Kopf stellt: er kehrt zu traditionellen Formen zurück, die der Wirklichkeit besser entsprechen.)[47] Aber die neuen Formen verändern sich unter diesen Bedingungen, wie sich auch die alten Formen zusammen mit der Arbeit verändern, die ihnen zugrunde liegt (wenn beispielsweise ein neues Werkzeug zur Verfügung steht, wie die Kreissäge von Butterfield).

Das Beispiel weist auf die Schwierigkeiten hin, die neuen Bauweisen – und die damit verbundenen neuen Ausdrucksweisen – in die Wirklichkeit einzubringen. Tafuri hat die Probleme an einem anderen Beispiel, an der modernen Architektur der 1930er Jahre in Italien, dargestellt.[48] Sie bestehen darin, daß die Bedingungen hier ganz andere sind als in den Ländern, in denen die Vorstellungen dieser Architektur – in Beziehung zu der technischen Entwicklung – entstanden sind. Die Folgen dieser mangelnden Verbindung mit der Wirklichkeit kommt in der Klage zum Ausdruck, man habe das Bauen auf das Feld der Abstraktion verlegt.[49] Die Häuser von Le Corbusier, die sich auf ländliche Bauweisen stützen (die Häuser aus Bruchstein, die Villa de Mandrot, 1931, u.a.), stellen dann diese Ver-

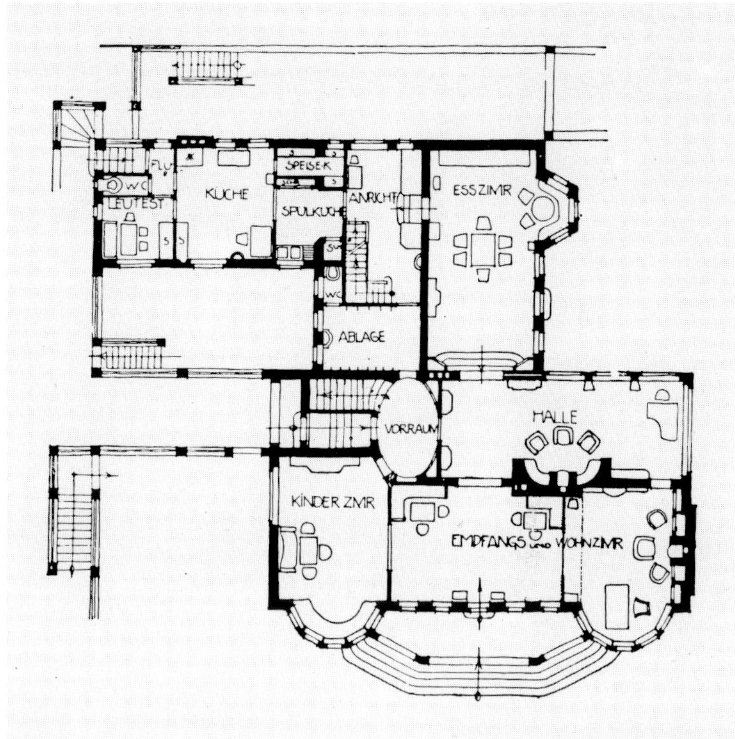

Hermann Muthesius, Haus Cramer, Berlin (1911–1912), Grundriß

39 Julius Posener, ‚Kulturarbeiten‘ von Paul Schultze-Naumburg, in: op. cit.

40 Paul Schmitthenner, Baukunst im neuen Reich, op. cit. S. 36.

41 Fritz Todt in: Die Straße 1934, H. 1, S. 2; zit. in: Christina Ursula-Thiele, Autobahnen, in: Kunst im 3. Reich, Frankfurt 1975, S. 68–85 (S. 74).

42 Paul Schmitthenner in: Der Baumeister 1941, Heft 10, S. 280–287.

43 Wie Muthesius schreibt, trägt die Verwendung örtlicher Materialien auch dadurch zu einer Verbindung neuer Häuser mit der Landschaft bei, daß sie sich auf diese Weise den alten anpassen. Hermann Muthesius: Das englische Haus, op. cit., Bd. 2, S. 4–5.

44 Broschüre des Holzhaus-Wettbewerbes, (Zürich) 1933, o.S.

45 An der Schweizerischen Landesausstellung 1939 in Zürich war der von Franz Scheibler entworfene Pavillon der Holzwirtschaft „Unser Holz“ benannt.

46 Broschüre des Holzhaus-Wettbewerbes, op. cit.

47 S. Martin Steinmann, Hans Schmidt – Zur Frage des Sozialistischen Realismus, in: werk 1972, H. 10, S. 553–556.

48 Manfredo Tafuri, Ludovico Quaroni e lo sviluppo dell’architettura moderna in Italia, Mailand 1964.

49 Manfredo Tafuri, Ludovico Quaroni... op. cit. S. 42. Es handelt sich um die Stelle aus einem Aufsatz von Ludovico Quaroni: Tradizione e standard nelle abitazioni, in: Il Giornale d’Italia, 28. Juli 1938.

bindung her. So wird es andererseits möglich, diese Bauweisen in Italien in den Begriffen der modernen Architektur zu sehen.
Mit dieser Sicht ist eine Teilung der Tradition verbunden, auf die wir bei unserem Gegenstand immer wieder stoßen: die Teilung, die der hohen Architektur im Namen der Sachlichkeit eine niedere gegenüberstellt: die Architektur des Volkes, die Ausdruck von Notwendigkeit ist. Das tut Pagano 1936 mit der Ausstellung „Architettura rurale italiana". Und indem er diese ländlichen Häuser in den Begriffen von „Klarheit und Ehrlichkeit" beschreibt[50], verschafft er im Gegenzug den modernen Entwürfen ihren italienischen Pass: sie sind Teil der gleichen Tradition.
Wir begegnen in Italien also den gleichen Begründungen wie um 1860 in England, um 1900 in Deutschland oder zu anderen Zeiten in anderen Ländern, als die ländlichen Häuser als sachlich – was nach Georg Schmidt nichts anderes heißt als realistisch – zum Ausgangspunkt für eine Erneuerung der Architektur werden.[51] Als es nach dem Zweiten Weltkrieg darum geht, unter schwierigen wirtschaftlichen Bedingungen Wohnungen zu bauen und sich dabei auf einfache Bauweisen und auf Bauformen zu stützen, die den Erfahrungen des Volkes entsprechen, kommen Traditionalismus und Realismus zur Deckung.
Dabei beziehen sich die Architekten immer wieder auf die Erfahrungen in anderen, vor allem in nordischen Ländern, in denen die Architektur die Verbindung mit der Tradition nie abgeschnitten hat. In Dänemark zum Beispiel entwickelt sie sich schrittweise aus dem Baumeister-Klassizismus zu einer Architektur, die die neuen Vorstellungen mit den alten, die ihre Geltung behalten haben, amalgamiert. Hier dürfen wir von Tradition „in Bewegung" sprechen, das heißt von einer Architektur, die sich auf ihren eigenen Grundlagen stetig – statt in Brüchen – weiterentwickelt.
Bindesbøll (1800–1856) war der bedeutendste dänische Architekt im 19. Jahrhundert.[52] Seine früheren Bauten waren von romantischen (italienischen wie deutschen) Vorstellungen beeinflußt. In den 1850er Jahren bezog er sich mehr und mehr auf die einfache Baumeister-Architektur vom Anfang des Jahrhunderts. Seine aus Backstein errichteten Bauten vermittelten diese sachliche Architektur in die 1920er Jahre. Rafn erwähnt sie mit Wörtern, die auf die Werte verweisen, die mit der Architektur von Bindesbøll, bzw. mit der Tradition, die er vertrat, verbunden werden: er schreibt von einer „klaren" und „gesunden" Bauweise, die „keinen ausgesprochenen Stil" aufweist.[53] Ist die Beziehung zu dieser Tradition anfänglich noch romantisch gefärbt – das beste Beispiel ist Nyrop, der seinen Bauten auch Stimmung zu geben suchte[54] –, so wird sie mit der Zeit einfacher und sachlicher. Dabei spielt die Entwicklung in England ebenso eine Rolle wie die in Deutschland (Rafn weist auf die „Kulturarbeiten" hin). Sie mündet schließlich – wie in Deutschland die „‚Um 1800'-Bewegung" – in einen neuen Klassizismus, wobei es mehr als fraglich ist, ob die in den 1910er und 1920er Jahren entstehenden Bauten klassizistisch genannt werden können. Es ist richtiger, sie dem Humus zuzurechnen, in dem der Klassizismus seine Wurzeln hat: dem traditionellen Bauen, wie wir es eingangs bestimmt haben. Das gilt in besonderem Maß für die großen Wohnblöcke von Fisker, Baumann oder Hansen.
Dieses Bauen entspricht in seiner Sachlichkeit den Forderungen des Funktionalismus – wenn man von dessen vorweggenommener Industrialisierung absieht, die aber, gerade weil sie vorweggenommen ist, im Grunde nicht sachlich ist. Darum konnten Architekten, wie die genannten, diesen Forderungen in den 1930er Jahren zustimmen, ohne deswegen mit der Tradition zu brechen. Andererseits hatte der Funktionalismus zur Folge, daß sich namentlich der Backsteinbau vollends von den geschichtlichen Stilen emanzipierte. Die besten Bauten der 1930er und 40er Jahre machen die Kraft dieses Traditionalismus anschaulich, vor allen anderen die Bauten von Fisker (1863–1960), der einer der großen Architekten unseres Jahrhunderts ist, gerade wegen der Stetigkeit seiner Arbeit.[55]
Es scheint an den besonderen Bedingungen in den nordischen Ländern zu liegen, daß eine Entwicklung abseits der ideologischen Auseinandersetzungen möglich ist. Auf dieses Merkmal weist auch Rasmussen in seinem Buch von 1940 über „Nordische Baukunst" hin: „Dieses Buch ist die Geschichte einer Baukunst, die sich ganz ruhig entwickelt hat von den 90er Jahren (. . .) bis heute."[56] Es ist die Geschichte eines Traditionalismus im besten Sinn dieses Wortes.

---

50 Giuseppe Pagano e Guarniero Daniel, Architettura rurale italiana, Mailand 1936, S. 76.
51 S. Bruno Reichlin und Martin Steinmann, Zum Problem der innerarchitektonischen Wirklichkeit, in: archithese 1976, H. 19, S. 3–10.
52 Tobias Faber, A History of Danish Architecture, Kopenhagen 1963 (engl. Ausg. o. J., dän. Ausg. Kopenhagen 1963).
53 Aage Rafn, Einleitung zu: Kay Fisker und F.R.S. Yerbury, Moderne Dänische Baukunst, Berlin 1927, S. 9.
54 Tobias Faber, A History..., op. cit. S. 134.
55 S. Hans Erling Langkilde, Arkitekten Kay Fisker, Kopenhagen 1960.
56 Steen Eiler Rasmussen, Nordische Baukunst, Berlin 1940, S. 5.

Die Prinzipien der islamischen Architektur und Probleme der heutigen Stadt

Seyyed Hossein Nasr

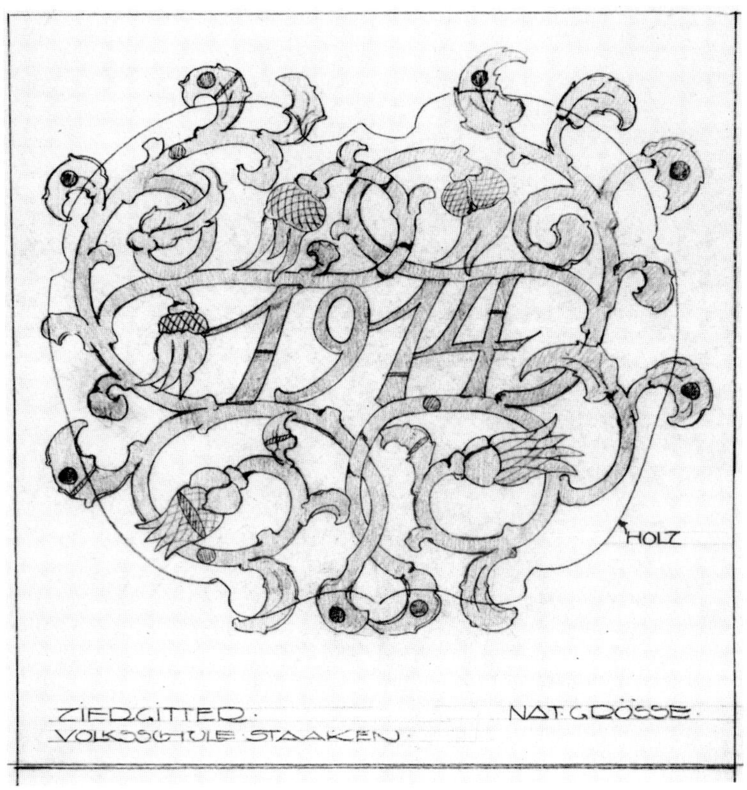

Und wenn dich das Irdische vergaß
zu der stillen Erde sag: Ich rinne.
Zu dem raschen Wasser sprich: Ich bin.
Rainer Maria Rilke, Sonette an Orpheus (1922)

Seite 207:
Paul Schmitthenner, Gartenstadt Staaken, Berlin, Volksschule, Detail für Ziergitter, 1914

Paul Schmitthenner, Gartenstadt Staaken, Berlin, Marktplatz, 1914

Paul Schmitthenner, Gartenstadt Staaken, Berlin, Schild des Uhrmachers, 1914

Die Prinzipien der islamischen Kunst, nicht zuletzt die der islamischen Architektur und Stadtplanung, stehen in einer doppelten Abhängigkeit, einer direkten und einer indirekten, von der islamischen Offenbarung. Sie leiten sich direkt aus den inneren Dimensionen der koranischen Offenbarung und der dort niedergelegten göttlichen Wissenschaft her. Sie leiten sich vom Wort Gottes her, so wie es der Koran enthält und wie es in den Herzen der Menschen nachklingt und seinen Widerhall in der ganzen islamischen Stadt findet, den Raum bestimmend, in dem die Menschen leben und wirken. Sie leiten sich von einer inneren Anschauung der Seele des Propheten, des Empfängers des göttlichen Worts, her, von einer prophetischen Gegenwart, die die traditionelle islamische Stadt umfängt, man könnte auch sagen einhüllt, in einer Art seliger Verklärung jenes spirituellen Todes, aus dessen Tiefe das geistige Leben quillt.

Indirekt sind die islamische Architektur und Stadtplanung rückbezogen auf und beeinflußt durch das göttliche Gesetz, die *šarī'a,* die das Leben der einzelnen Muslime wie auch der islamischen Gemeinschaft und der Gesellschaft insgesamt formt. Das göttliche Gesetz selbst entspringt der islamischen Offenbarung, und wenn auch Architektur und Stadtplanung nicht seine Schöpfung sind, liefert es doch den gesellschaftlichen und menschlichen Hintergrund für jene Architektur, die in ihrer sakralen Form nicht-menschlichen Ursprungs ist. In ihrer traditionellen Ausbildung, die uns hier allein interessiert, sind demnach die islamische Architektur und Stadtplanung durch die islamische Religion hervorgebracht, geformt und bestimmt, und zwar sowohl nach ihren inneren Prinzipien, ihrer Symbolsprache und ihrer intellektuellen Grundlage als auch nach dem menschlichen und gesellschaftlichen Milieu, für das sie den äußeren Rahmen schaffen.

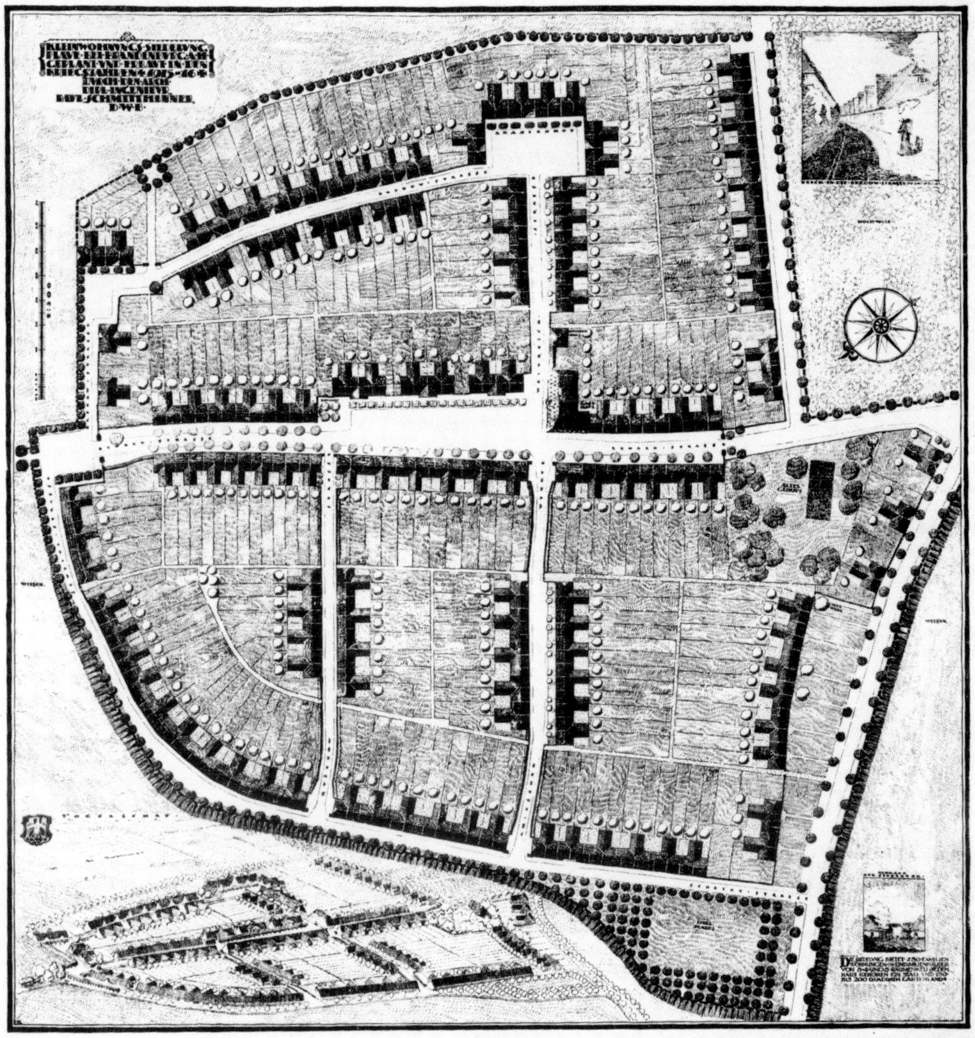

links oben:
Paul Schmitthenner, Gartenstadt Staaken, Berlin, Straße „zwischen den Giebeln", 1914
links unten:
Paul Bonatz, Bahnhof, Stuttgart, Perspektive, 1918
rechts:
Paul Schmitthenner, Siedlung Plaue, Lageplan, 1915–1916

Es läßt sich nun nach der Relevanz fragen, die solch eine Architektur oder Stadtplanung für die westliche Welt und für jene Krise der Stadt haben kann, mit der sich nicht nur der Westen, der Entstehungsort der modernen Lebensform, konfrontiert sieht, sondern auch all die Regionen, auf die die moderne Lebensform übergegriffen hat, sei das in Asien, Afrika oder Amerika. Man kann der Meinung sein, daß Muslime, deren heutige Städte in vielen Fällen alles andere als traditionelle islamische Städte sind, zur Überwindung der entsetzlichen Probleme, denen sie sich gegenübersehen, die Prinzipien ihrer Architektur nutzbar machen können. Man kann geltend machen, daß sie dazu imstande sind, weil ihnen diese Prinzipien zugänglich sind und auch weil sie in einer Gesellschaft leben, in der die *šarīʿa*, wenn auch nur teilweise, noch funktioniert und wiederbelebt werden und neue Kraft gewinnen kann, weil in den Herzen der Menschen der Glaube an den Islam noch stark ist.[1] Aber wie können diese Prinzipien Probleme tangieren oder vielleicht sogar lösen helfen, die städtische Milieus im Westen betreffen, wo die Bevölkerung in ihrer überwältigenden Mehrheit nicht-muslimisch ist und vielfach sogar an der Religion überhaupt uninteressiert? Die Antwort lautet, das erstens der Mensch in seinem Wesen und in seinem Verhältnis zur natürlichen Umwelt gewisse universale Grundzüge aufweist, die die Einführung solcher Prinzipien auch in ein Milieu erlauben, das, aus dem Blickwinkel einer besonderen Religionssphäre betrachtet, als fremdes erscheint. Zweitens gehört die im Westen vorherrschende Religion, nämlich das

1 Die Art und Weise, wie sich traditionelle Prinzipien der islamischen Architektur und Stadtplanung auf Probleme der gegenwärtigen islamischen Gesellschaft anwenden lassen, unterscheidet sich deshalb von der ihrer Anwendung auf die Situation westlicher Stadtmilieus. Im vorliegenden Aufsatz geht es uns nur um das letztgenannte Problem. In bezug auf die Situation der gegenwärtigen islamischen Welt siehe S.H. Nasr, The Contemporary Muslim and the Architectural Transformation of the Urban Environment of the Islamic World, in: The Aga Khan Award for Architectural Proceedings, Seminar One, Philadelphia 1978, S. 1–4; außerdem A. El-Wakil, Identity, Tradition and Architecture, in: Arab Architecture, Past and Present, Durham 1984, S. 26–29.

links oben:
Heinrich Tessenow, Perspektivische Ansicht der Eingangsfront eines Gutsherrenhauses in Mecklenburg, um 1913
links unten:
Heinrich Tessenow, Haus Nau-Roeser in Lostau bei Magdeburg, perspektivische Schrägsicht der Gartenseite, 1910
rechts:
Heinrich Tessenow, Perspektivische Innenraumansicht der Diele eines Gutsherrenhauses in Mecklenburg, um 1913

Christentum, derselben Familie von Religionen an wie der Islam, und bestimmte, aus dem Islam geschöpfte Prinzipien, Normen oder Ideen können jederzeit eine sympathetische Resonanz in Geist oder Seele eines Europäers hervorrufen, der bis in die innersten Fasern seines Seins von jahrhundertelanger Erfahrung mit christlicher Religion und Kultur geprägt ist.[2] Drittens ist der Islam in gewissem Sinn eine Rückkehr zur ursprünglichen Religion der göttlichen Einheit und verfügt über eine ebenso einfache wie universale Botschaft, die jene ursprüngliche Natur anzusprechen vermag, die, häufig verborgen und nur in latenter Form, dem Herzen und innersten Wesen aller Menschen innewohnt.[3] Auch für eine Welt, in der seine Glaubenssätze nicht praktiziert werden, können deshalb die Prinzipien und Lehren des Islam, auch die auf den Bereich von Architektur und Stadtplanung bezüglichen, von Bedeutung und Interesse sein. Im Lichte dieser Überlegungen mag es vielleicht von einigem Nutzen sein, gewisse Prinzipien der islamischen Architektur näher zu erörtern, um dann zu sehen, wie sie sich auf Probleme der heutigen Städte anwenden lassen.

Wie in anderen Bereichen im Islam ist auch in der Architektur das Prinzip der Einheit (*at-tauḥīd*) von zentraler Bedeutung. Im Bereich der Metaphysik und Religion beinhaltet dieses Prinzip die Einheit des göttlichen Prinzips, die innere Verknüpfung aller Dinge und ihre vollständige ontologische Abhängigkeit vom Einen sowie die völlige Ergebung des einzelnen in den Willen des Einen. In der Architektur bedeutet Einheit die Integration verschiedener Elemente der Architektur, die innere Verknüpfung von Raumfunktionen und räumlichen Zwecken und die Allgegen-

2 Wegen der inneren oder transzendenten Einheit der Religionen kann es zu solchen Resonanzphänomenen über jede Religionsgrenze hinweg kommen, aber die Wahrscheinlichkeit, daß es dazu kommt, wächst, wenn die betreffenden Religionen zur selben Familie gehören. Im Falle von Christentum und Islam hat die enge Verwandtschaft bekanntlich durch die Jahrhunderte hindurch auch zu den heftigsten Reaktionen und Konfrontationen geführt, insbesondere auf seiten der christlichen Theologie, die bis zum heutigen Tag der islamischen Offenbarung immer wieder die Authentizität bestritten hat. Aber dieser historische Gegensatz schließt, wie schon im mittelalterlichen Spanien und Sizilien, so auch heute die Möglichkeit einer positiven Resonanz über die Religionsgrenzen hinweg nicht aus. Zur Frage des inneren Zusammenhangs zwischen Christentum, Islam und Religion überhaupt siehe F. Schuon, The Transcendent Unity of Religions, übers. v. P. Townsend, London 1975; Formes et substance dans les religions, Paris 1975; Christianisme-Islam – Visons d'Oecuménisme ésotérique, Mailand 1981; und Das Ewige im Vergänglichen, Weilheim 1970.

3 Siehe S.H. Nasr, Ideals and Realities of Islam, London 1975, Kapitel Eins.

wart des Heiligen in sämtlichen Architekturformen derart, daß bereits die bloße Vorstellung einer dem Sakralen gegenüberstehenden Kategorie des Profanen hinfällig wird. Sie bedeutet die Verwirklichung des Einen in den von Menschenhand geschaffenen Bauwerken auf eben dieselbe Weise, wie die jungfräuliche Natur mittels der Harmonie, Ausgewogenheit und inneren Verknüpfung, die ihre vielfachen Formen und Erscheinungen auszeichnen, ihren Schöpfer widerspiegelt. Da *at-tauḥīd* im Arabischen sowohl Einssein als auch Vereinigung oder Integration bedeutet, umfaßt das Prinzip der Einheit in der Architektur sowohl den Zustand des Einsseins, wie er in dem inneren Frieden, der Ruhe und der Harmonie islamischer Architektur seinen Ausdruck findet, als auch den Akt der Vereinigung oder Integration, durch den die Elemente eines einzelnen Bauwerks bzw. in der Tat auch eines ganzen Orts oder städtischen Gebiets miteinander vermittelt werden, mit dem Erfolg, daß graduell immer größere Einheiten in Richtung auf das Ziel der Einheit schlechthin geschaffen werden.[4] Man könnte in der Tat sagen, daß, ebenso wie eine Abhandlung in Arabisch in Wirklichkeit aus einem einzigen langen Satz besteht, die islamische Stadt oder Großstadt aus einem einzigen Gebäude besteht, in dem alle Teile zu einem Ganzen zusammengefaßt sind, das mehr ist als die Summe der Teile, das gleichermaßen im Begriff und in der Ausführung den Teilen vorausgeht und ihnen Sinn und Ordnung verleiht. Genauso geht im kleineren Rahmen eines einzelnen Gebäudes das Ganze den Teilen voraus, da ja stets die Einheit vor der Vielheit und das Ganze vor den Teilen Vorrang genießt.

Dieses Prinzip der Einheit drückt sich in der inneren Verknüpfung verschiedener Bautypen aus. Nicht nur fehlt so etwas wie eine Aufteilung der Architektur in einen religiösen und einen davon getrennten profanen Bereich; darüber hinaus entwickelt sich die gesamte islamische Architektur aus der Moschee heraus und entfaltet sich ganz im Sinne eines Verhältnisses, demzufolge jede in der Moschee ausgeführte Handlung oder rituelle Aktion auch zu Hause oder im Bazar vollzogen werden kann. Etwas von der Gnade des Koran und der Seele des Propheten breitet sich über das gesamte Umfeld der islamischen Stadt aus, vergleichbar dem Gebetsruf, der jeden umbauten Raum durchdringt, oder dem vom Himmel gesandten Regen, der auf jedes Dach fällt, gleichgültig ob sich darunter ein Privathaus, die Moschee oder die Schule befindet. Dieselben Techniken, architektonischen Symbole, Verwendungsarten von Licht, Raumverhältnissen und Formen, die sich in der Moschee finden, findet man auch im Palast oder Privathaus, abgesehen natürlich von so ausgesprochenen baulichen Besonderheiten, wie sie das Minarett oder die Gebetsnische (*miḥrāb*) darstellen, die der Moschee vorbehalten bleiben.

Moschee, Palast, Bazar, Schule und Privathaus sind miteinander durch die innere orga-

Heinrich Tessenow, Planung Mosigkau, Gemeinschaftssiedlung für 800 Wohnungen, perspektivische Ansicht des Marktplatzes von Norden, 1940

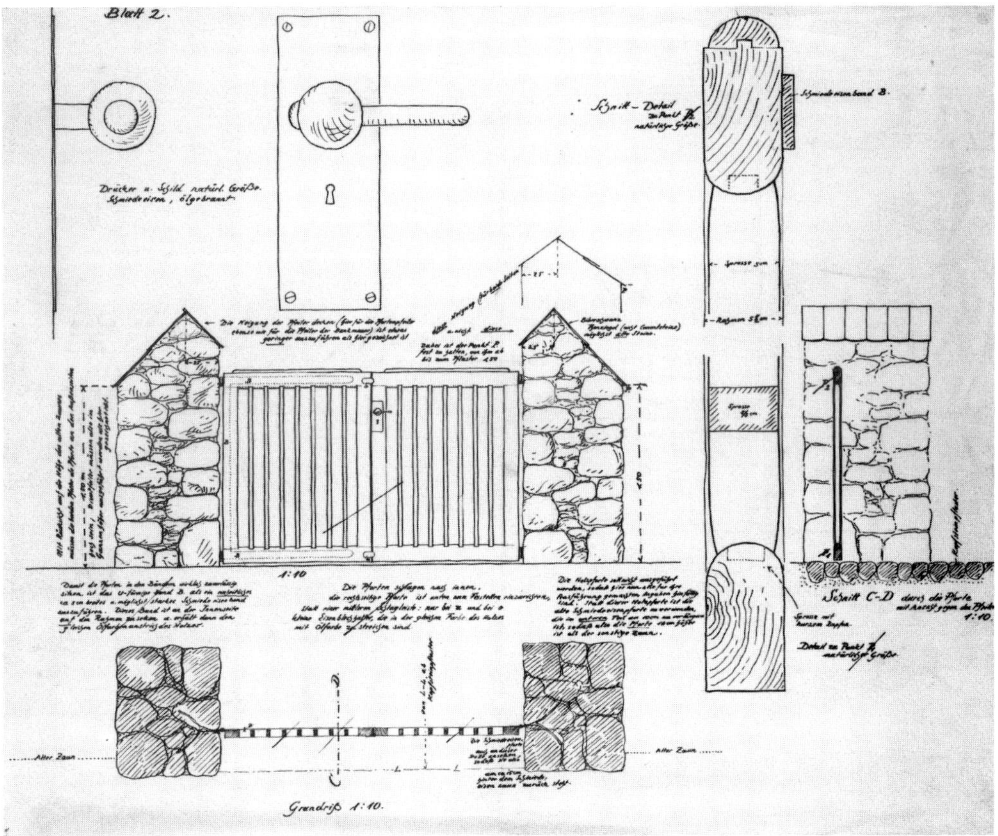

Heinrich Tessenow, Familiengrabstätte Dohrn, Ansicht, Grundriß und Schnittdetails von Pforte, Drücker, Schild, 1940

4 Zu diesen Stufen der Einheit in der islamischen Architektur siehe N. Ardalan und L. Bakhtivar, The Sense of Unity, The Sufi Tradition in Persian Architecture, London 1973.

5 In der Ausbildung des traditionellen muslimischen Architekten spiegelt sich dieses Prinzip deutlich wider; denn man lehrt ihn, stets mit der Vorstellung des Ganzen anzufangen und dann zu den Teilen herabzusteigen, statt erst die Teile eines Gebäudes oder Gebäudekomplexes zu konzipieren und zu zeichnen, um sie dann zu einem Ganzen zusammenzufügen, wie das die modernen Architekturstudenten lernen.

Franz Scheibler, Hermann Siegrist: Häuserblock, Winterthur, (1. Entwurf), Gartenansicht, 1928

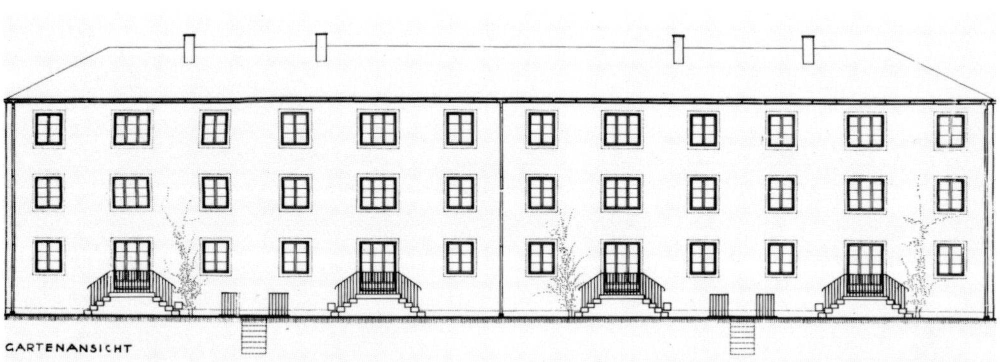

Hannes Meyer, Siedlung Freidorf auf dem Schänzli in Muttenz bei Basel (1919–1922), Haustypen

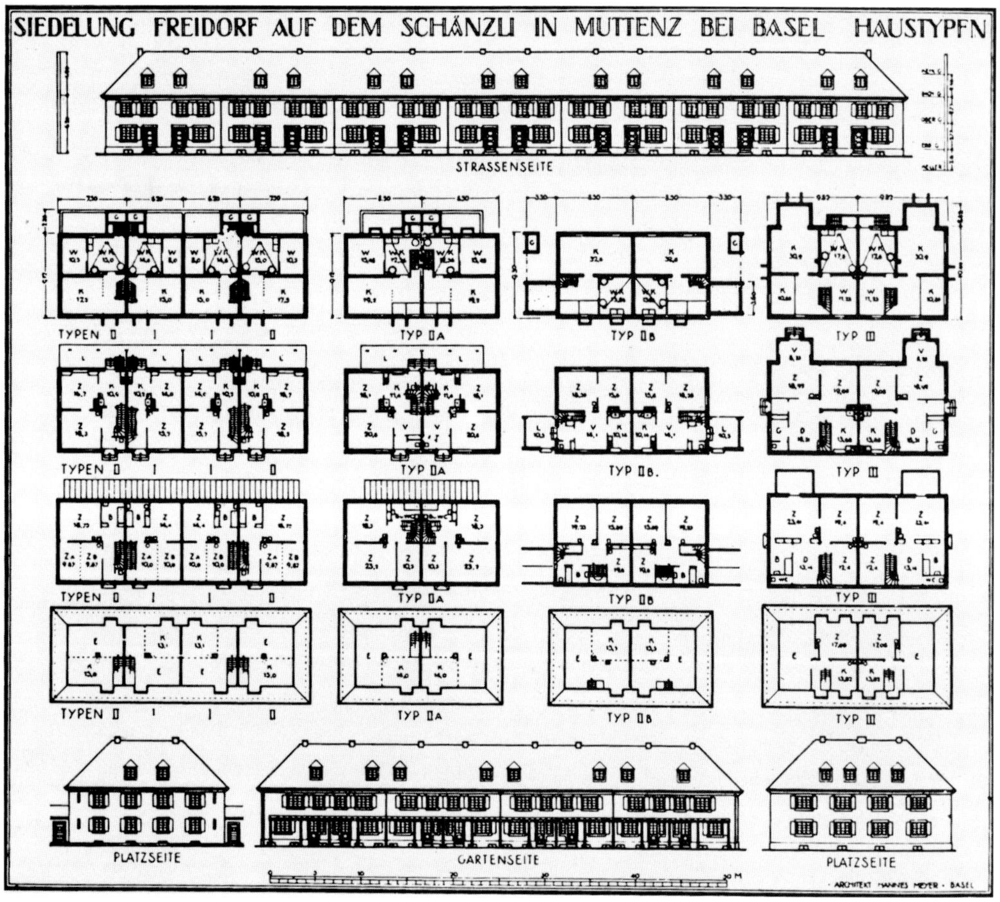

nische Einheit verschränkt, die ihren architektonischen Raum verbindet und gliedert. In einer traditionellen Stadt wie Fez[6] oder Isfahan ist die Moschee nicht nur, für sich genommen, ebensosehr Mittelpunkt der Gemeinschaft wie Ort der Religionsausübung, sondern ist auch in der Weise zum Bereich des Wirtschaftslebens, der Privathäuser, Schulen und Paläste hin offen, daß sie zum allgemeinen Bindeglied wird. Dergestalt spiegelt die Architektur die Einheit des traditionellen Lebens im Islam wider, wobei sie selbst der Praktizierung einer integrierten Lebensform förderlich ist.

Die Wirksamkeit des Prinzips der Einheit läßt sich auch an der Art und Weise erkennen, wie die islamische Architektur mit der Außenseite, den Innenräumen und der landschaftlichen Umgebung eines Gebäudes umgeht. In der modernen Architektur werden diese drei Faktoren unterschieden und in der Tat für jeden einzelnen Faktor normalerweise besondere Personen als Spezialisten ausgebildet. Ein Architekt überläßt gewöhnlich die Innendekoration einem Innenarchitekten und die Umgebung eines Gebäudes einem Landschaftsgestalter. In der islamischen Architektur hingegen sind diese drei Komponenten Facetten einer einzigen Realität, die gewöhnlich von ein und demselben Baumeister bzw. ein und derselben Baumeistergruppe entworfen und geschaffen wird. Wenn man den Löwenhof in der Alhambra oder die Gartenpavillons des Fin-Gartens in Kashan oder des Schalimar-Gartens in Lahore betrachtet, stellt man fest, daß hier alle architektonischen Aspekte Facetten ein und derselben Realität sind und eine Einheit verkörpern, die sie organisch zu einer einzigen integralen Erfahrung zusammenschließt, zu der die Innenräume, die Architektur selbst im modernen westlichen Sinn und die das Bauwerk umgebende Landschaft gehören.

Das Prinzip der Einheit läßt sich auch in der Vielfalt der Funktionen erkennen, denen die Räumlichkeiten in der traditionellen islamischen Architektur, speziell diejenigen des Privathauses, normalerweise dienen. Im Gegensatz zur modernen Architektur, wo den verschiedenen Räumlichkeiten zuerst ihre Funktionen zugewiesen werden und dann ein Gebäude errichtet wird, bei dem das Ganze als eine Zusammensetzung wohldefinierter Teile erscheint, entspringen in der islamischen Architektur die verschiedenen Bestandteile des geschaffenen Raums der Vorstellung von der Gesamtstruktur und weisen in der Verwendung eine Plastizität auf, die der Funktionenvielfalt entspricht; die mit den meisten Räumen verknüpft ist. Ein Raum in einem traditionellen muslimischen Privathaus kann im Laufe eines Tages als Schlafraum, Eßraum, Gästeraum und als Andachtsraum fungieren, wobei das Fehlen eines im modernen Sinn festgelegten Mobiliars diese Mehrfachverwendung der Räume außerordentlich erleichtert. In früheren Zeiten hätte kaum jemand ein Haus mit drei oder vier Schlafräumen verlangt. Die traditionelle Architektur schuf ein Ganzes, aus dem die für das tägliche Leben nötigen Räume sich ergaben, und zwar so, daß die Ganzheit für den Lebensraum der betref-

6 Eine außergewöhnliche Untersuchung, die das Prinzip der Einheit in Beziehung setzt sowohl zur Architektur als auch zum gesellschaftlichen, geistigen und künstlerischen Leben der Stadt Fez, ist das Buch von T. Burckhardt, Fez – Stadt des Islam, Olten 1960.

fenden einzelnen Familie oder Familien auf eben die Weise bestimmend blieb, wie die Ganzheit, die eine Stadt oder Großstadt verkörperte, den Vorrang vor ihren Teilen behielt. Natürlich gab es unterschiedene Komponenten, Elemente und Faktoren, wobei die Palette vom einzelnen Haus bis zum Stadtviertel reichte, aber die Einheit behielt stets den Vorrang vor der Vielheit und bewahrte die Teile davor, eine vom Ganzen abgelöste Realität zu gewinnen. Analog zu der Art und Weise, wie in einer traditionellen islamischen Stadt der gesamte Lebensraum unter einem einzigen Dach zusammengefaßt scheint, behält sowohl im metaphysischen als auch im architektonischen Sinn die Einheit stets die Herrschaft über die Teile, was den Teilen zwar ein Wachstum erlaubt, aber stets nur in bezug auf das Ganze und im Einklang mit ihm.
Das Prinzip der Einheit steht auch in einem direkten Zusammenhang mit der für alle islamische Kunst und insbesondere Architektur so überaus charakteristischen Verbindung von Schönheit und Funktionalität oder Zweckmäßigkeit. Der Islam betont nachdrücklich die Rolle der Schönheit als Aura der Wahrheit; denn ein berühmter Ausspruch des Propheten des Islam lautet: „Gott ist schön und liebt die Schönheit." Und an anderer Stelle heißt es: „Gott hat das Zeichen der Schönheit allen Dingen ‚eingeschrieben'." Das Verlangen nach Schönheit ist der menschlichen Natur immanent, und Schönheit ist letztlich für das Überleben des Menschen ebenso untentbehrlich wie die Luft, die er atmet. Weit entfernt davon, ein Luxus zu sein, ist Schönheit für den Menschen eine Lebensnotwendigkeit. Schön sein bedeutet im wahrsten Sinne des Wortes „nützlich" sein, nämlich durch die Befriedigung eines menschlichen Grundbedürfnisses. Funktionalität und Zweckmäßigkeit bilden deshalb keinen Gegensatz zur Schönheit, sondern sind ihr komplementär. Wer sich vom Menschen das umfassende und vollständige Bild eines Wesens machen will, das ineins Körper, Seele und Geist ist, das zugleich ein Geschöpf dieser Welt und doch aber für die Unsterblichkeit und das ewige Leben geschaffen ist, muß erkennen, daß wahre Funktionalität und Zweckmäßigkeit sich von Schönheit nicht trennen läßt, weil das Häßliche letztlich „unnütz" ist, insofern als es falsch ist und den vitalsten Interessen des Menschen widerstreitet. Im muslimischen Bewußtsein wird nicht nur Schönheit mit Wahrheit und Güte identifiziert, sondern umgekehrt gilt auch Häßlichkeit als die Kehrseite der Falschheit und des Bösen. Ausgehend davon, daß im Arabischen *al-Ḥaqq*, einer der Beinamen Gottes, gleichermaßen Wahrheit und Wirklichkeit bedeutet, worin denn auch Schönheit impliziert ist, könnte man sogar sagen, daß, in der logischen Umkehrung dieses Zusammenhangs, Häßlichkeit die Bedeutung der Unwirklichkeit und des Getrenntseins von dem Einen hat, der ineins Wirklichkeit, Wahrheit und Schönheit ist. Eine architektonische Funktionalität anzunehmen, die abtrennbar von der damit auf einen platten Luxusbegriff reduzierten Schönheit ist, heißt die fundamentalsten metaphysischen Lehren des Koran und des *Ḥadīṯ* außer Acht lassen, in denen Schönheit beständig mit der Quelle aller Wirklichkeit und Wahrheit identifiziert wird.

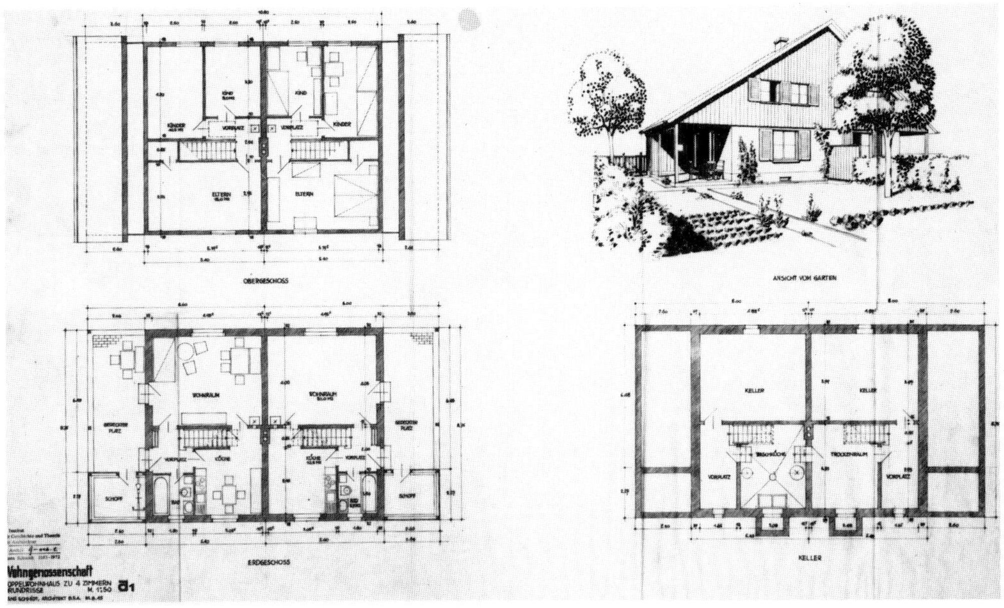

Hans Schmidt, Siedlung Haslerain, Riehen, Vorprojekt mit Musterhäusern, Grundrisse und Gartenansicht eines Doppelwohnhauses, 1945

Hans Schmidt, Siedlung Haslerain, Riehen, Vorprojekt mit Musterhäusern, Straße am Friedhof, 1945

Clemens Holzmeister, Franziskanerkloster, Hermeskeil, 1929

Clemens Holzmeister, St. Adalbert-Kirche, Berlin (1930–1933)

Die Einheit von Schönheit und Funktionalität hängt auch mit dem zusammen, was man als das Prinzip des „Realismus" in der islamischen Kunst und Architektur bezeichnen könnte.[7] Mit Realismus meinen wir hier nicht, was die moderne Philosophie darunter versteht, sondern einen Standpunkt, der die Realität jedes Wesens nach dessen eigenem Maßstab beurteilt und die Dinge so sieht, wie sie „objektiv sind", wobei der Modus dieser Objektivität sowohl in den Aussagen der islamischen Offenbarung gründet als auch in der Kraft des Erkennens, der Fähigkeit zu wissen und zu unterscheiden, jener Erkenntnisfähigkeit, die der Islam in seiner Definition vom Menschen so oft betont und die für das Verständnis des traditionellen *homo islamicus*[8] so zentral ist. Für die Kunst bedeutet dieser Realismus, daß man jedes Material seiner Natur entsprechend behandelt und nicht nach dem, was es zu sein scheint oder als was man es erscheinen lassen könnte. Ziegel sollten als Ziegel genommen und als Ziegel verwendet werden und Steine als Steine. Sogar die Naturkräfte und Naturgesetze, die die von der Architektur benutzten Materialien bestimmen, sollte man in der Weise behandeln und berücksichtigen, daß ihr Charakter als Teil der Schöpfung Gottes und folglich auch ihre Beteiligung am Aufbau der für die Schöpfung charakteristischen Harmonie und Schönheit deutlich wird.

Diese Ansicht von der Natur der Baustoffe und der angemessenen Art ihrer Behandlung steht in einem inneren Zusammenhang mit der Betonung des Mathematischen durch die islamische Architektur, die stets dazu tendiert, Gewicht auf eine größtmögliche Reinheit geometrischer Formen und Grundmuster zu legen. Der muslimische Geist sieht in geometrischen Formen und Grundmustern nicht einfach Größenverhältnisse, sondern eine Widerspiegelung der archetypischen und intelligiblen Welt[9], so daß sich von einer Art „Abrahamitischen Pythagoräismus" sprechen ließe, der im islamischen Universum ein Zentrum gefunden hat.[10] Wenn die islamische Sakralbautenarchitektur sowohl in ihrer Raumabmessung als auch in ihrer Oberflächenbehandlung überaus geometrisch orientiert ist, so deshalb, weil die intelligible Welt (*ʿālam al-maʿqūlāt*), in die der muslimische Geist den Ursprung geometrischer Formen und Grundmuster wie auch mathematischer Maßverhältnisse setzt, nichts anderes ist als die Welt der himmlischen Geister. Mittels dieser spirituellen Welt führt der von jener Architektur geschaffene sakrale Raum hin zum Zentralgestirn der Einheit, dessen Glanz zu sehr blendet, um direkt darstellbar zu sein, und deshalb der indirekten Darstellung durch jene regelmäßigen geometrischen Figuren, Formen und Grundmuster bedarf, die allesamt Emanationen des einen Punktes sind, der überall und nirgends ist.

Daß in der islamischen Architektur die Bearbeitung der Oberflächen von Gebäuden, insbesondere von Moscheen, Sufizentren, u.ä., deren Wände häufig mit kalligraphischen Zeichen, geometrischen Mustern und Arabesken überdeckt sind, eine so große Rolle spielt, hat nichts mit bloßer Dekoration oder mit Kosmetik im modernen Sinn zu tun.

---

7 Diese Fragen hat T. Burckhardt in seinen vielen Arbeiten über die islamische Kunst meisterhaft behandelt. Siehe insbesondere The Art of Islam, Language and Meaning, übers. v. P. Hobson, London 1976; Vom Wesen heiliger Kunst in den Weltreligionen, Zürich 1955; und The Spirit of Islamic Art, in: Islamic Quarterly, Dez. 1954, S. 212–218.

8 Siehe F. Schuon, Understanding Islam, übers. v. D. M. Matheson, London 1976, S. 13ff; außerdem S. H. Nasr, Knowledge and the Sacred, New York 1981, Kapitel Fünf.

9 Siehe K. Critchlow, Islamic Patterns, London 1976.

10 Zur Frage der islamischen Auffassung von der Zahl und der geometrischen Form siehe S. H. Nasr, An Introduction to Islamic Cosmological Doctrines, London 1978, Kapitel Zwei; zur universalen Bedeutung von Zahlen in ihrem qualitativen Aspekt siehe F. Schuon, Esoterism as Principle and as Way, übers. v. W. Stoddart, London 1981, S. 65–78.

Walter Pichler, „Fundament für die Scheune", 1975

Diese Behandlung ließe sich nur dann „kosmetisch" nennen, wenn das Wort in seiner ursprünglichen Bedeutung genommen würde, in der es den Versuch bezeichnet, etwas kosmos-ähnlich zu machen bzw. in ein Korrespondenzverhältnis zum Kosmos und zur kosmischen Harmonie zu bringen. Wenngleich dem Augenschein nach auf die Oberfläche eines Bauwerks beschränkt, spiegeln die ornamentalen Muster der islamischen Architektur die tiefsten Strukturen der Körperwelt wider, deren Erscheinungen sie in ihrer mathematischen Ordnung und Harmonie sichtbar werden lassen.

Entsprechend dem ursprünglichen Charakter der islamischen Offenbarung und der Harmonie zwischen Mensch und Natur, die sie wiederherstellt, haben die islamische Architektur und Stadtplanung stets besonderes Gewicht auf die Integration der Bauten in ihre natürliche Umgebung gelegt. In einem gewissen Sinn ist die traditionelle islamische Stadt mitsamt ihren Baulichkeiten von Natur durchdrungen und durchtränkt. Die Moschee selbst ist nicht ein vom Naturraum geschiedener heiliger Raum, sondern der in eine von Menschen gemachte Umwelt hineinragende jungfräuliche Naturraum als solcher, der, weil von Gott geschaffen, als solcher heilig ist und noch die ursprüngliche paradiesische Vollkommenheit atmet. Luft und Licht können in die Moschee und andere Gebäude ungehindert eindringen, und selbst während der feierlichsten Augenblicke einer religiösen Zeremonie fliegen Vögel im Gebäude frei herum. Das flache Land ist stets benachbart, und der Pulsschlag der Wüste und der Berge dringt bis in die Stadt.

Nicht bloß läßt sich eine wechselseitige Durchdringung von Naturkräften und Naturelementen einerseits und traditioneller islamischer Stadtlandschaft andererseits beobachten, – die islamische Architektur hat auch keine Mühe gescheut, von den Naturkräften, von Licht, Wind, Schatten, usw., den bestmöglichen Gebrauch zu machen. Niemals hat sie sich als eine im Gegensatz zur natürlichen Ordnung stehende oder dem Naturrhythmus und der Harmonie der Natur trotzende Instanz aufgespielt. Auch die meisten Baustoffe, wie etwa Lehmwände und Lehmziegel, waren von der Art, daß ein von seinen menschlichen Bewohnern verlassenes Gebäude wieder in den Schoß der Natur zurückkehren konnte. Muslimische Städte und sogar große Metropolen waren so gebaut, daß sie, wären sie ihrer traditionellen Form treu geblieben, im Prinzip ad infinitum hätten fortbestehen können, ohne ökologische Katastrophen von der Art heraufzubeschwören, wie sie die Welt der Moderne nur zu gut kennt. Wie andere Völker der Vergangenheit sah sich der traditionelle Muslim als Hüter der Natur, deren Gesetze und Rhythmen er respektierte, unbeschadet dessen, daß er einige der größten städtischen Regionen schuf, die die Menschheit in vormodernen Zeiten kannte.

Weder bei der Schaffung solcher großen Stadtgebiete, bei der man eine Architektur von monumentalen Ausmaßen antrifft, noch bei der Konstruktion bescheidenerer Einheiten in Kleinstädten und Dörfern haben die Muslime je zwischen Technik und Handwerk oder zwischen Handwerk und Kunst unterschieden. Künste, Handwerke und technologische Disziplinen galten als ein und dieselbe Sache, und sie wurden sogar alle mit denselben Begriffen, wie etwa dem arabischen Wort *ṣinā'a*, bezeichnet. Etwas machen und es im Einklang mit der Arbeit und dem verwendeten Material schön machen, waren synonyme Bestimmungen.[11] Die großen Baumeister waren auch in der Technologie des Materials, mit dem sie zu tun hatten, wohlbewandert, wie etwa im Brennen von Ziegeln oder im Herstellen von Kacheln. Diejenigen, die die technologischen Aufgaben bewältigten, Aufgaben, die auch nach den Maßstäben der auf ihre Technologie so stolzen Moderne oft höchst außerordentlicher Natur waren, ebenso wie die Künstler, die Muster von großer Schönheit entwarfen, und die Baumeister, die die Bauwerke schufen, waren in vielen Fällen ein und dieselben Leute oder Angehörige einer Gruppe, die so eng zusammenhing, daß ihre Arbeit wie von einer einzigen Person vollbracht wirkte. Die Meister-Schüler-Verhältnisse, die nicht nur die Vermittlung architektonischer und handwerklicher Techniken ermöglichten, sondern auch für eine geistige Disziplin sorgten, die das Individuum über sich selbst hinauswachsen ließ, führten zu einer Anonymität des einzelnen, die dessen Kreativität nicht etwa zerstörte, sondern ganz im Gegenteil von den Schlacken aller bloß individuellen Vorlieben und Neigungen reinigte. Die Einigkeit der Beteiligten machte ein so umfassendes und enges Zusammenwirken möglich, daß auf diese Weise Werke von universaler Bedeutung hervorgebracht und auch die weniger anspruchsvollen und vergänglicheren architektonischen Werke von Leuten geschaffen

11 Siehe T. Burckhardt, Perennial Values in Islamic Art, in: C. Malik (u.a.), God and Man in Contemporary Islamic Thought, Beirut 1972, S. 129; und J.-L. Michon, Education in the Traditional Arts and Crafts and the Cultural Heritage of Islam, in: S. H. Nasr (Ed.), Philosophy, Literature and Fine Arts – Islamic Education Series, Sevenoaks 1982, S. 49–62.

Aldo Rossi, La casa della vita, 1982

wurden, die mit großem Eifer bei der Arbeit waren, ohne daß es egoistischer Anreize bedurft hätte. In der Tat wirkte die Arbeit der Selbstsucht entgegen, indem sie ein Wohlgefühl erzeugte, das sich innerhalb der engen Schranken individueller Leidenschaften und egoistischer Motive niemals in Erfahrung bringen läßt.

Die islamische Architektur beförderte auch die Integration der verschiedenen Aspekte des Alltagslebens, etwa der Arbeit, der Freizeit, des Spiels, usw., wie sie ja auch selber das Ergebnis einer solch integrativen Betrachtung des Alltagslebens war. Im traditionellen islamischen Lebenszusammenhang ist Arbeit niemals abgetrennt von der Freizeit oder auch vom Kultus oder vom Lernen. Bis zum heutigen Tag kann man überall da, wo dieser traditionelle Zusammenhang fortdauert, wie etwa in bestimmten Bazarmilieus, Handwerker oder Händler finden, die an die zwölf bis vierzehn Stunden außerhalb ihres gewöhnlich in der Nachbarschaft gelegenen Hauses an dem Ort verbringen, den man heutzutage als ihren Arbeitsplatz bezeichnen würde. Aber an diesem Arbeitsplatz und während dieser scheinbar vielen Stunden verbringen die Betreffenden einen Gutteil der Zeit mit Beten, Essen, freundschaftlichen Unterhaltungen oder auch damit, für ein oder zwei Stunden zur Andacht oder religiösen Unterweisung eine nahegelegene Moschee oder Schule traditioneller Art (*madrasa*) aufzusuchen. Wenn sie abends heimkommen, sind sie nicht müder als ein Angestellter oder Arbeiter, der acht Stunden in einem Büro oder einer Fabrik verbracht hat und der sein Bedürfnis nach Freizeit, Erholung, Kultur, Fortbildung und religiöser Betätigung anderswo befriedigen muß. Die traditionelle islamische Architektur und Stadtplanung gründen in der Idee einer solchen integrierten Lebensform, für die sie zugleich selber die Voraussetzungen schaffen und deren Verwirklichung sie befördern. Sie schaffen Räume, die kraft ihrer Verbundenheit untereinander, ihrer Nähe zueinander und ihrer vielfachen Verwendbarkeit den Menschen die Erfahrung dieser Verschränkung der Arbeit mit der Freizeit, der Sorge um den praktischen Lebensunterhalt mit dem Streben nach Vervollkommnung des Geistes und der Seele durch Bildung und Religion ermöglichen. Auf diese Art wie auch auf viele andere Weisen spiegelt sich in der islamischen Architektur und Stadtplanung das Prinzip der Einheit, das als Kernpunkt der islamischen Offenbarung mehr als jeder andere Faktor maßgebend ist für den eigentümlichen Stil in Architektur und Städtebau, der die durch jene Offenbarung hervorgebrachte Welt auszeichnet.

Wieweit die Prinzipien der islamischen Architektur, von denen einige dargestellt worden sind, sich auf städtische Probleme in der modernen Welt anwenden lassen, hängt nicht nur von ihnen selber ab, sondern auch von den Bedingungen, die dort herrschen, wo sie Anwendung finden sollen. Wenngleich manche der heutzutage in städtischen Milieus auftretenden Probleme, wie etwa die der Verschmutzung und Zerstörung der Umwelt, weltweite Probleme sind, ist doch die Frage der Anwendung jener Prinzipien auf die islamische Welt der Gegenwart einigermaßen verschieden von der uns hier hauptsächlich interessierenden Frage ihrer Anwendbarkeit auf die westliche Welt. Die meisten Städte in der islamischen Welt kranken an entsetzlichen Umwälzungs- und Auflösungserscheinungen, deren Ursache Überbevölkerung, ein maßlos rapides Wachstum, das Eindringen fremder Lebensstile und eine der Herausforderung nicht gewachsene Architektur sind. Sie stehen sozialen und ökonomischen Problemen gegenüber, auf die sich verschärfend Brüche in der kulturellen und religiösen Kontinuität auswirken, die direkt zur traurigen Lage der islamischen Stadt beitragen. Außerdem sehen sich diese Städte mit der neuartigen Situation konfrontiert, daß in vielen Fällen die Mehrzahl ihrer heutigen Bewohner aus ländlichen Gebieten kommen und mit dem Leben in einem traditionellen islamischen Stadtmilieu unvertraut sind. Nichtsdestoweniger wird der Alltag der Bevölkerung zumeist noch von der *šarī'a* bestimmt, und wenn die Herrschenden die inneren Dimensionen der islamischen Tradition reaktualisieren und fruchtbar machen würden, statt sie im Namen politischer Selbstbehauptung zu unterdrükken,[12] ließen sich die Prinzipien der islamischen Kunst und Architektur für die Lösung vieler der unerhörten Probleme nutzbar machen, denen sich heute zahlreiche muslimische Städte gegenübersehen.

In der westlichen Welt allerdings ist die Sozialstruktur eine ganz andere als die der in der islamischen *šarī'a* gründenden Gesellschaften, und das gilt auch für das religiöse und für das säkulare Ethos, die beide zusammen die Wertsysteme der modernen westlichen Menschen bestimmen, seien diese Werte nun ethischer oder ästhetischer Natur. Dessenungeachtet aber beschwört das Ausmaß der Krise, von der das städtische Milieu betroffen ist, eine Situation herauf, in der, die Einheitlichkeit der menschlichen Natur im allgemeinen und der weitreichende innere Zusammenhang zwischen Islam, Christentum und Judentum im besonderen vorausgesetzt, eine ernsthafte Beschäftigung mit den Prinzipien der islamischen Architektur und Stadtplanung auch im Westen und von seiten derer, die mit der Zukunft der dortigen Städte und Großstädte befaßt sind, sinnvoll erscheint.

Die moderne westliche Stadt krankt daran, daß sie einer exzessiven Segmentierung unterliegt, daß sie sich nicht im Gleichgewicht mit der natürlichen Umwelt befindet, daß sie, speziell in ihrem Umgang mit den Energieressourcen, ökonomisch und ökologisch unsolide ist, daß sie unter Berufung auf ökonomische Notwendigkeiten alles mit einem Schleier der Häßlichkeit überzieht, der Schönheit als Luxus und als abgetrennt von der Nützlichkeit erscheinen läßt. Die islamische Betonung der Einheit der Lebensaspekte, wie sie in unterschiedlichen architektonischen Räumen ihren Ausdruck findet, der Nachdruck, den der Islam auf ein harmonisches Verhältnis zwischen dem Menschen und seiner natürlichen Umgebung, auf die Verbindung von Schönheit und Nützlichkeit legt, – dies wie auch manches andere damit zusammenhängende Prinzip ist keineswegs nur für die islamische Welt selbst von Bedeutung,

12 Eine Eigentümlichkeit der meisten sogenannten Erneuerungsbewegungen oder „fundamentalistischen" Bewegungen in der islamischen Welt ist die Vernachlässigung der inneren Dimensionen des Islam, denen die Prinzipien der islamischen Kunst und Architektur entspringen. Siehe S. H. Nasr, Islamic Art and Spirtuality, Kapitel Eins (im Druck).

Adolph von Menzel, Die Berlin-Potsdamer Eisenbahn, 1847

sondern muß nolens volens auch für diejenigen im Westen von Interesse sein, die sich ernsthaft und ohne in ihren Erwägungen gleich durch Ruhmsucht oder Habgier bestimmt zu sein, über die Zukunft des städtischen Lebens Gedanken machen. Nachdem der Islam durch die Jahrhunderte hindurch dem christlichen und auch nach-christlichen Westen als der „Gegenspieler" erschienen ist, kann in dieser düsteren Stunde der menschlichen Geschichte die Philosophie seiner Architektur, die von der Idee des in ursprünglicher Harmonie mit der Schöpfung begriffenen Menschen ausgeht, doch eine Rolle spielen bei der Schaffung eines ineins kulturellen und architektonischen Umfelds, das imstande ist, die wahre Natur des Menschen zum Ausdruck zu bringen und ihm in Erinnerung zu rufen, wer er ist und wozu er seine Erdenbahn beschreibt. Wiewohl diese Prinzipien eine solche Transformation nicht bewirken können, wenn nicht der Mensch selbst und die Gesellschaft sich verändern, kann ihre Anwendung in der Architektur und Stadtplanung doch zu jener Transformation, die letztlich nur aus dem Herzen des Menschen und aus der menschlichen Seele kommen kann, einen Beitrag leisten.

Aus dem Englischen von Ulrich Enderwitz

„. . .die Vernetzung der Baukörper, die Verdichtung der Aktivitäten in den Bauten und Quartieren, das alles bringt uns der Einheit näher“

Aus einem Gespräch über S. H. Nasrs Essay, Mai 1984

REDAKTION Martin, Du bist Gärtner, Landschaftsarchitekt, Architekt und Stadtplaner mit jahrelanger Berufspraxis und Reiseerfahrungen in Persien und Nordafrika – Theda, Du bist Philosophin (Lieblingsautoren Hegel und Nietzsche), und seit vielen Jahren auf dem Weg zu meditativen Erfahrungen, seit einiger Zeit besonders an Tanz, Meditation und Glauben der Sufi interessiert. Ich möchte mit Euch Seyyed Hossein Nasrs Einladung, doch aus unserer westlichen Perspektive mal rüberzuschauen in die Tradition des Islam, aufgreifen und einige Überlegungen versuchen.
THEDA ITES Warum sollen wir uns auf den Islam einlassen; warum besinnen wir uns nicht auf unsere eigene Tradition? Obwohl ich an der Lebensform der Sufi interessiert bin, möchte ich eigenen Boden unter den Füßen behalten.
MARTIN HEISIG Bei uns gibt's ein Problem: die Glaubensreform des Protestantismus hat die Rationalisierung und mit ihr ein System von Vereinzelungen und Abtrennungen schon vorbereitet.
R Das wird bestätigt durch Max Webers religionssoziologische Untersuchungen, die zeigen, wie die puritanisch nüchterne Wertordnung des reformierten Christentums den Rationalismus der modernen Industriegesellschaft impliziert. Offenbar ist der Islam dem der Sinnlichkeit zugewandteren Katholizismus näher als dem reformierten und das heißt begrifflich aufgeklärten Christentum.
MH Die Verleugnung der Gefühlsfragen, die Europa seit Renaissance und Reformation betreibt, hat uns in Schwierigkeiten gebracht, hat die Lebenseinheit zerstört und hat uns die natürliche Zuneigung zu den Phänomenen der Natur und des Lebens genommen. Auf diesem Weg kommen wir nicht weiter.
R Gut, was hast Du also von Deinen Reisen nach Persien und Nordafrika mit rübergenommen in Deine Arbeit als Städte- und Landschaftsplaner?
MH Im Islam kann eine Blüte etwas wichtiges sein, und Wasser eine Gottesgabe. Das ist es, das hat meinen Umgang mit den Dingen der Welt verändert. In Kashan/Persien ist im Bazar ein Bad, das ein Stück Kultur ist und ein Medium der gemeinschaftlichen Lebensform: die Leute pflegen dort nicht nur ihren Körper, sie sprechen auch miteinander oder trinken Tee. In dem Bad wird also eine Situation geschaffen, die dazu beiträgt, sich zu verstehen.
TI Meine Mutter hat heute noch ein Verhältnis zum Wasser, daß sie eine Gottesgabe darin sieht, und meine Großmutter war noch in ihrem Haus aufgebahrt, so daß wir auf unmittelbare Weise Abschied nehmen und den Tod als Station auf dem Weg, den wir alle gehen, vorerleben konnten. Heidegger hat immer wieder darauf hingewiesen, auch in „Bauen, Wohnen, Denken“, daß uns der Verlust des Kontakts mit den elementaren Daseinsmächten nur immer tiefer in die Katastrophe hineintreiben wird. Aber das Hauptproblem bei uns scheint mir der Nihilismus zu sein, der Gottesverlust.
MH Ich glaube, wir brauchen den Gottesverlust.
R Wie kannst Du Dich dann für den Islam interessieren?
MH Ich habe dort gesehen, wie Menschen mit Freude leben, und das ist es, was mir wichtig ist, unabhängig vom Glauben.
R Also gibt es die Möglichkeit des Dialogs auch dann, wenn man die Glaubensmaximen nicht teilt?
MH Auch Le Corbusier ist von einem ganz anderen Standpunkt an orientalische Architektur herangegangen, nämlich als entschiedenen Moderner. Le Corbusier war in der Türkei und hat dort alte christliche Architektur skizziert, und er war in der Sahara, in den M'Zab-Städten und hat auch dort skizziert, um zu lernen. Le Corbusier hätte „Ronchamp“ nicht entwerfen können ohne das Erlebnis der M'Zab-Städte. Worauf es ankommt ist, sich auf das Detail und, wenn man in eine andere Kultur sich begibt, das befremdliche Detail einzulassen. Wir studieren heute in der Architektur – und inzwischen gibt es schon so etwas wie eine Klimaarchitektur – persische, islamische Lüftungs- und Klimatisierungstechniken, und wir lernen viel dazu.
TI Auf diese Weise picken wir uns nur Spezialprobleme heraus. Wir verwerten technische Details ohne die grundlegende Idee. Das technische Detail kann die Unwirtlichkeit unserer Städte nicht beseitigen. Seyyed Hossein Nasr will mehr. Ohne den geistigen Kontext geht es auch nach meiner Ansicht nicht.
MH Das Detail: die bessere Lüftung, die Vernetzung der Baukörper, die Verdichtung der Aktivitäten in den Bauten und Quartieren, das alles bringt uns sukzessive der Einheit, von der Nasr spricht, näher, auch ohne den ideellen Überbau.
R Theda, wie stellt sich die Einheit in der Meditation oder im Tanz her?
TI Der erste Schritt ist, daß Du Frieden in Dir selbst spürst, das Gefühl: alles ist gut. Zugleich hört das Zweifeln auf. Du hast das Gefühl ganz da und ganz wach zu sein, aber Du denkst nicht. Du erfährst Nähe, und dieses Gefühl erstreckt sich dann auch auf die anderen Menschen, die sich im Raum befinden. Alles kommt näher, der Wind und die Farben und die ganze Natur.
MH Die Leute, die meditieren, haben die Probleme erfühlt, aber nicht begriffen. Die meditativen Erfahrungen und überhaupt das Unternehmen, die verlorene Einheit wiederzufinden, müssen sich im Detail ausweisen. Es müssen Probleme gelöst werden, vielleicht nur kleine Probleme. Aber an ihrer Lösung weisen sich die Selbsterfahrungen aus.

Die Industrialisierung und die Krisen der Architektur

Kenneth Frampton

Es gibt ein Bild von Klee, das Angelus Novus heißt. Ein Engel ist darauf dargestellt, der aussieht, als wäre er im Begriff, sich von etwas zu entfernen, worauf er starrt. Seine Augen sind aufgerissen, sein Mund steht offen, und seine Flügel sind ausgespannt. Der Engel der Geschichte muß so aussehen. Er hat das Antlitz der Vergangenheit zugewendet. Wo eine Kette von Begebenheiten vor uns erscheint, da sieht er eine einzige Katastrophe, die unablässig Trümmer auf Trümmer häuft und sie ihm vor die Füße schleudert. Er möchte wohl verweilen, die Toten wecken und das Zerschlagene zusammenfügen. Aber ein Sturm weht vom Paradiese her, der sich in seinen Flügeln verfangen hat und so stark ist, daß der Engel sie nicht mehr schließen kann. Der Sturm treibt ihn unaufhaltsam in die Zukunft, der er den Rücken kehrt, während der Trümmerhaufen vor ihm zum Himmel wächst. Das, was wir den Fortschritt nennen, ist dieser Sturm.
Walter Benjamin, Über den Begriff der Geschichte (1942)

Seite 219: Ron Herron, Cities-Moving, 1966

Die grundlegenden Veränderungen der Produktionsmittel, die sich zwischen 1750 und 1850 vollzogen, bewirkten im besagten Zeitraum nicht nur eine radikale Umwandlung der vom Menschen gestalteten Natur, sondern auch eine fundamentale Neuordnung des gesamten Distributions- und Konsumtionssystems. Diese sogenannte Industrielle Revolution wurde von zwei wesentlichen Umwälzungen im Bereich des Denkens und des Handelns vorweggenommen und beschleunigt: durch Galileis Entdeckung, daß das Universum heliozentrisch ist und durch den Ausbruch der Französischen Revolution. Beide hatten einen grundsätzlichen Wandel der gesamten westlichen Welt zur Folge. Zusammen mit dem Auftreten der Presse unterwanderten sie auf konstitutioneller wie symbolischer Ebene die im *ancien régime* noch gültige „Herrschaft von Gottes Gnaden". Während Galilei die Einheit von Sein und Erscheinung zerstörte, und so dazu beitrug, den kartesischen Zweifel zur grundlegenden Voraussetzung jeder wissenschaftlichen Methode zu machen, brachte die Französische Revolution eine neue Menschenklasse hervor, die im Namen des gesamten Volkes auf der politischen Tribüne ihren Platz beanspruchte.[1]

Mit Descartes verlor die Antike ihre bisherige Geltung als unveränderbare Quelle der Ordnung, wohingegen die Architektur in ihrer Erscheinung die Kraft verlor, als Mandala der Könige und Priester, die Welt zu deuten und zu lenken.[2]

Der Wandel vom geozentrischen zum heliozentrischen Weltbild geschah als Folge einer Vermittlung, genauer gesagt vermittelt durch ein optisches Gerät – das Fernrohr. Mit dessen Hilfe konnte der *homo faber,* der tätige Mensch, durch eine Neubestimmung seiner traditionellen Rolle einen neuen Platz in der Neuzeit einnehmen. Seit Galilei wurde er nicht mehr ausschließlich an seinem Produkt als fertigem Ergebnis gemessen, sondern am Prozeß, der zu dessen Fertigstellung führte. Das Herstellen selber war bisher in das Produkt eingeflossen, wohingegen es jetzt selber zum Zweck wurde, da sich die reine Wissenschaft nicht mehr für die Erscheinung von Objekten interessierte, sondern für die ihnen zugrundeliegenden Eigenschaften. Die Wissenschaft hörte auf, die Objekte allein in passiver Kontemplation wahrzunehmen, sondern versuchte stattdessen, sie in ein Verhältnis zur Natur zu setzen. Dies bedeutete eine Umkehr des traditionellen hierarchischen Verhältnisses von Kontemplation und Handeln; ein Wandel, der auch für die Architektur tiefgreifende Folgen hatte. „Was den Homo faber anlangt", schreibt Hannah Arendt, „so war die neuzeitliche Akzentverlagerung von dem Was auf das Wie, von dem Ding selbst auf den Herstellungsprozeß, keineswegs ein ungeteiltes Glück. Sie beraubt mit einem Schlage den am Herstellen und Machen orientierten Menschen jener festen Regeln und eindeutigen Maßstäbe, die in allen Zeiten der Mehrzahl der Menschen als Leitfäden für ihr Handeln und als Kriterien für ihr Urteilen gedient haben ... menschliche Existenz (wurde) überhaupt als eingebettet in die beiden übermenschlichen und umfangreichen Prozesse der Natur und der Geschichte verstanden, als sei das Menschengeschlecht nicht fortschreitend, sondern fortgerissen in eine unabsehbare und endlose Zukunft, von der ein dem Prozeß übergeordneter Sinn nicht zu erwarten steht, in dem vielmehr alle Ziele und Zwecke unaufhaltsam überspült werden."[3]

Der kartesische Zweifel an der äußeren Erscheinungswelt und an der allgemeinen Verbindlichkeit traditioneller Wahrheiten erschütterte zusammen mit der Tendenz, beim Herstellen ausschließlich nützliche Zwecke zu erfüllen, von Grund auf das traditionelle Verhältnis der Architektur zu ihrem Gegenstand. Die Auswirkungen dieser schleichenden Erschütterung blieben im Verlauf der Aufklärung allerdings noch im Verborgenen. Im gesamten Produktionsprozeß stand die eigentliche Veränderung noch aus. Gleichwohl hatte die Architektur *Mitte des 18. Jahrhunderts* die erste postkartesische Krise bereits hinter sich.

Die Krise 1747

Mit Perronets Gründung seiner „École des Ponts et Chaussées" im Jahre 1747 wurde zum ersten Mal zwischen den Berufen des Ingenieurs und des Architekten unterschieden. Damit wurde eine formale Trennungslinie zwischen den beiden Aspekten der Architektur gezogen, die im „Oxford English Dictionary" folgendermaßen definiert werden: zwischen (1) der Kunst und der Wissenschaft, *Bauten* für den menschlichen Gebrauch zu entwerfen und (2) der Tätigkeit und dem *Prozeß* des Bauens selber. An anderer Stelle habe ich bereits ausgeführt, daß diese Dichotomie mit derjenigen Hannah Arendts verglichen werden könnte, wenn sie zwischen der *Arbeit,* die dem Leben entspricht, und dem *Herstellen* unterscheidet. Das Herstellen entspricht dem Widernatürlichen eines von der Natur abhängigen Wesens, das sich der immerwährenden Wiederkehr des Gattungslebens nicht fügen kann und für seine individuelle Vergänglichkeit in der potentiellen Vergänglichkeit des Geschlechts keinen Ausgleich findet.[4]

Kraft einer Festschreibung dieser impliziten Unterscheidung zwischen *Stasis* und *Prozeß* wurde das Ingenieurwesen 1747 von den sozio-kulturellen Forderungen einer symbolischen Formensprache befreit. Von nun an konnte es sich ohne Rücksicht auf den Symbolgehalt voll und ganz auf sein utilitaristisches Potential konzentrieren, während die Architektur künftig in den theoretischen Überlegungen der „Academie Royale" nach ihrem mittlerweile bröckelnden Gegenstand Ausschau halten mußte.

Die Architekturtheorie, die einerseits durch eine seit Galilei zunehmende Säkularisierung der Welt unterlaufen, und andererseits durch den kartesischen Zweifel der Möglichkeit beraubt worden war, traditionelle Wahrheiten zu beteuern, sah sich nicht zuletzt auch durch den eigenen Verlust des bisherigen Glaubens an die Gültigkeit des kulturellen Erbes der Renaissance auf das testamentarische Zeugnis der Archäologie verwiesen. Gleichzeitig begann sie in den allgemeinen Naturprozessen nach ihrer ultima ratio zu suchen. Für die Architektur galten von nun an die Gesetze der Natur als oberstes Ordnungsprinzip, während die Menschen anfingen die über die klassische Tradition der Renaissance vermittelten Umrisse der Antike zu erforschen und nachzuahmen. Die moderne Archäologie und die moderne Geschichtswissenschaft waren beide gleichermaßen das Ergebnis solcher Strömungen. Erstere begann mit Winckelmann 1764 und letztere mit Voltaire 1751. Die durch die Wissenschaft ihrer bisherigen wunderbaren Einheitlichkeit beraubte moderne Welt begann auseinanderzufallen. Mehr noch, seit nun auch die Erscheinung die Wahrheit Lügen strafte, wurde es notwendig, die Form unabhängig vom Inhalt zu betrachten; die moderne Wissenschaft der Ästhetik war 1750 mit Baumgartens „Aesthetica" ins Leben gerufen.

---

1 Vergleiche dazu: Hannah Arendt, Vita Activa oder Vom tätigen Leben. München 1983, s. 275.

2 Vergleiche dazu: J.B. Bury, The Idea of Progress. New York 1932, Dover Books 1955, S. 65.

3 Hannah Arendt, Vita Activa, a.a.O., S. 299f.

4 Kenneth Frampton, „Labor, Work and Architecture", in: Meaning in Architecture, hrsg. von Charles Jencks und George Baird. New York 1970, S. 151–157. Arendts knappe und wunderschöne Unterscheidung zwischen Arbeit und Herstellen, findet sich in: Vita Activa, S. 14.

Gino Severini, Der Zug zwischen den Häusern, 1913

Architekturtheoretiker, wie der Abbé Laugier in seinem 1753 veröffentlichten „Essai sur l'Architecture", befürworteten ihrerseits nun Bauwerke von größter Klarheit und Luzidität bis hin zu ihrer gänzlichen Transparenz. Zum ersten Mal wurde Licht buchstäblich als Illumination der Vernunft betrachtet und als allein fähig, eine leblose Masse zu entmaterialisieren. Die im 17. Jahrhundert perfektionierte Massenherstellung des Glases, bot ein Material an, das ein solches Durchdringen der Erscheinung versprach. Fenster, bisher schwarze Öffnungen in klassischer Reihung, wurden nun Teil eines durchgehend illuminierten Gefüges. Joseph Paxtons Kristallpalast von 1851 wurde von den Architekturtheorien der Mitte des 18. Jahrhunderts bereits vorweggenommen. 1753 befürwortete Laugier eine extensive Verglasung einer Horizontalbalkenkonstruktion mit folgenden Worten: „Ein Gebäude mit freistehenden Säulen, die das Gebälk tragen, benötigt keine Türen oder Fenster – ist andererseits aber unbewohnbar, wenn es von allen Seiten offen ist."[5] Gleichzeitig stand fest, daß Versailles, die letzte barocke kartesische Geste des *ancien régime* – die Manifestation der Welt als optische Matrix, die Zergliederung des Sehens durch ausgerichtete Alleen, die als Strahlen

5 Abbé Laugier, Essai sur l'Architecture. Paris 1755, S. 49.

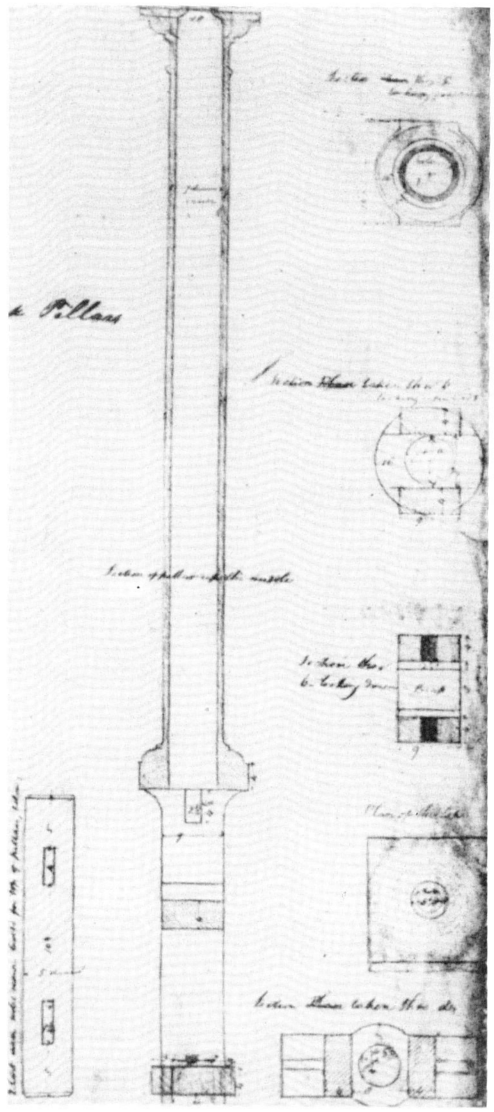

links:
James Watt, Matthew Boulton: Spinnerei in Salford, Manchester, Gußeisenträger und -stützen, Ausführungszeichnung, 1801
rechts:
James Watt, Matthew Boulton: Spinnerei in Salford, Manchester, Schnitte durch eine Gußeisenstütze, Ausführungszeichnung, 1801

von einer einzigen metaphorischen Quelle königlicher Macht ausgingen – nicht wiederholt werden konnte. Der unwillkürliche Niedergang des *ancien régime* (als Folge der Konfrontation des Feudalismus mit der Rationalität der Aufklärung), der Aufstieg der Bourgeoisie, der Aufschwung des öffentlichen und privaten Lebens, das Vertrauen in die Fähigkeiten des Menschen, die Wiederentdeckung der Antike, die Dualität von Licht und Natur als die erhabene Emanation des Höchsten Wesens, vor allem aber der Einfluß Rousseaus und Newtons, sie alle gingen gemeinsam gegen die Architektur vor, indem sie ihr die Aussicht auf eine Realisierung in ihrer Zeit nahmen, und sie entweder auf eine archäologisch weit zurückliegende Vergangenheit oder auf eine unerreichbare utopische Zukunft vertrösteten. Ihr eigentlicher Gegenstand war für die Gegenwart zu einem Problem geworden. Die utopische Variante läßt sich am besten anhand der Arbeiten Etienne Boullées ablesen, der spektakuläre Steinmassen in der Größenordnung natürlicher Befestigungsanlagen entwarf – riesige Megalithe, die abgesehen von ihrer hinderlichen Größe, oft von endlosen Galerien unzugänglicher Räume durchzogen waren.

Im Gegensatz zur Architektur, die, sofern sie wie bei Laugier Theorie war, dahin tendierte, Masse zu entmaterialisieren, oder aber sich der Surrealität der reinen, doch nutzlosen Form zuwandte, wie Boullées Idealisierung der Kugel als Wesen des Erhabenen, bearbeitete das Ingenieurwesen weiterhin die Natur. Zum ersten Mal gelang es, die bisher ungenutzten Ressourcen für eine bescheidene Infrastruktur von Straßen und Kanälen zu verwerten. Unter Vorwegnahme der anstehenden, tiefgreifenden Veränderungen der gesamten Produktionsmittel konnte so ein weitverzweigtes Distributionsnetz aufgebaut werden. Das Bauingenieurwesen, daß sich bisher ausschließlich mit Befestigungsanlagen beschäftigt hatte, das heißt mit der Verteidigung der Stadt als dem konkreten, ursprünglichen Gegenstand der Zivilisation, fand jetzt seine Funktion in der Erstellung einer ganzen Reihe von regionalen Infrastrukturen – im Ausbau der öffentlichen Straßen, Kanäle und Eisenbahnnetze des 18. und 19. Jahrhunderts. Zum Tätigkeitsfeld gehörten nicht länger die Wehrbauten, die Böschungen und die Enfilades, die bisher Teilbereich der Architektur zwischen dem 13. und dem 17. Jahrhundert gewesen waren. Von nun an wurden Dämme, Tunnels, Schleusen, Straßen, Aquädukte, Viadukte, Brücken und Talsperren notwendige Voraussetzungen eines allumfassenden Distributionssystems, zu dessen *lingua franca*. Ihre glorreiche Technik übertraf nicht nur die bisherige Anwendung traditioneller Materialien und Methoden, sondern erforderte auch eine weitaus deutlichere Formensprache: eine Formensprache, welche die Aufgabe hatte, hinter der Erscheinung das Prozeßhafte zu offenbaren. Metaphorisch gesprochen könnte man sagen, dies ist die vom *Prozeß* durchdrungene *Stasis*. Denn während der Gegenstand der Architektur sich gleich blieb, war das Bauingenieurwesen zu einer dynamischen Kraft geworden. Von nun an ist die Architektur zur Vergegenständlichung ihres eigenen Symbolgehaltes in hohem Maße auf das Ingenieurwesen angewiesen. Und es ist daher nicht verwunderlich, wenn wir hören, daß ein klassizistischer Architekt wie Karl Friedrich Schinkel während seines Englandaufenthalts im Jahre 1826 der zeitgenössischen Architektur keinerlei Aufmerksamkeit schenkt, sondern sich stattdessen mit Interesse den großen Errungenschaften des damaligen Ingenieurwesens zuwendet.

Die 1747 vollzogene Loslösung des Ingenieurwesens von der Architektur sollte im Verlauf des gesamten 19. Jahrhunderts eine subtile Unterwanderung des architektonischen Gegenstandes zur Folge haben und sich Anfang des 20. Jahrhunderts zögernd in eine Bauweise umwandeln, die einem wirtschaftlich

determinierten Funktionalismus gehorchte. Diese materialistische Sichtweise wurde vom damaligen Direktor des Bauhauses Hannes Meyer 1928, kurz vor Zusammenbruch der Weimarer Republik aphoristisch umschrieben: „alle dinge dieser welt sind ein produkt der formel: funktion mal ökonomie." Meyer, dessen Position vom Proletkult der Russischen Revolution herrührte, schreibt weiter: „alle kunst ist komposition und mithin zweckwidrig. alles leben ist funktion und daher unkünstlerisch. die idee der ‚komposition eines seehafens' scheint zwerchfellerschütternd! jedoch wie entsteht der entwurf eines stadtplans? oder eines wohnplans? komposition oder funktion? kunst oder leben? ... architektur als ‚affektleistung des künstlers' ist ohne daseinsberechtigung. architektur als ‚fortführung der bautradition' ist baugeschichtlich treiben."[6]
Es ist klar, daß „baugeschichtlich treiben" heißt, das Eigene im Sinne einer natürlich entstandenen Verbindung von *Technik* und *gesellschaftlichem Bedürfnis* zu beschwören. Dadurch werden einerseits *Natur,* die in den Bereichen der angewandten Wissenschaft (dem Ingenieurwesen) schon enthalten ist, und andererseits *Geschichte* im Sinne von gesellschaftspolitischer Bestimmung des Menschen als die beiden unabänderlichen Determinanten des Bauens postuliert. Einheit liegt nicht wie in der Antike in einem vorherbestimmten statischen Ideal, sondern im Prozeß selbst, abzulesen an den Wucherungen einer rationalisierten Technik als Antwort auf die veränderten Bedürfnisse. Hannes Meyers Entwurf für das Gebäude des Völkerbundes von 1927 mit seinen systematischen, aus Modulen zusammengesetzten Einheiten, wollte eine solche Manifestation sein. Hinsichtlich der technischen Methode kann man seine Abkunft von Paxtons Kristallpalast schwerlich übersehen.

Die Krise 1851

Zwischen 1830 und 1860 brachte die folgenreiche Entwicklung der Eisen- und Glas-Passage, der Markthalle, der Ausstellungshalle und des Kaufhauses eine Gebäudetypologie hervor, die ganz im Dienste der verschiedenen Konsumtionsbereiche stand. An diesem Schnittpunkt entwickelte das Ingenieurwesen von sich aus eine vollkommen neue Bausprache, in der die grundlegende Modultechnik der Glashauskonstruktion Mitte des Jahrhunderts mit den vorfabrizierten Einzelteilen des Eisenbahnbaus kombiniert wurden.

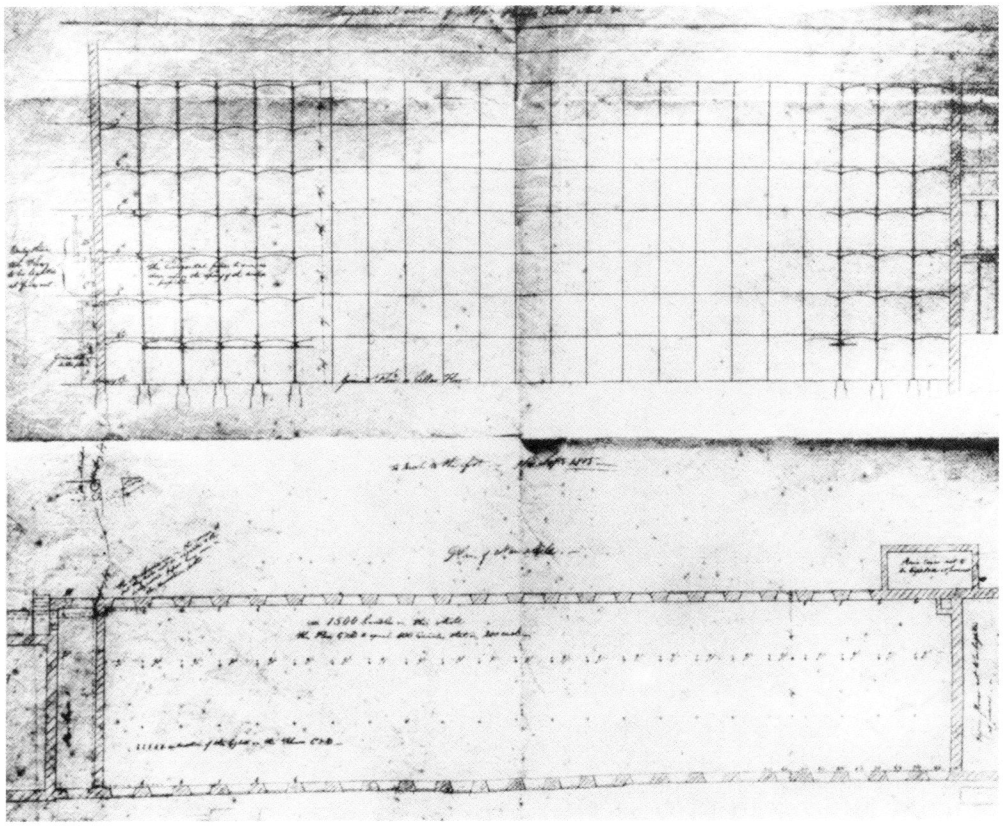

James Watt, Matthew Boulton: Spinnerei in Salford, Manchester, gußeiserne Säulen und Träger, Ausführungszeichnung, 1801

Paxtons riesiges Gewächshaus, das als gigantisches internationales Kaufhaus diente, wäre ohne Mitwirkung des Eisenbahningenieurs Charles Fox, in den vorgesehenen vier Monaten nicht realisiert worden. Fox war derjenige, der für sämtliche neuartigen Verbindungen und für die Erfindung und Betreuung der vorfabrizierten, aus Modulen zusammengesetzten Einzelteile letztlich verantwortlich war.
Der Kristallpalast war Auslöser dafür, daß in der Öffentlichkeit die Frage des ‚wie', die des ‚was', nämlich nach dem Gegenstand selbst in den Hintergrund drängte. Letzteres charakterisierte John Ruskin etwas vereinfacht mit folgenden kritischen Worten: „... nichts anderes als ein großes Gewächshaus." Von Bedeutung ist, daß die Größe des Kristallpalasts, besonders seine Länge, in keiner Weise durch die Form limitiert wurde, da er ohne weiteres über die symbolische Länge von ca. 564 Meter hinaus noch hätte fortgesetzt werden können. Die wichtigste Eigenschaft des Kristallpalasts lag also in seinem prozeßhaften Gefüge, in seiner Verbindung aus Glas, Fensterstäben, Rinnen, Balken, Trägern und Pfeilern, die endlos wiederholt und neu zusammengesetzt werden konnten wie die Einzelteile eines Eisenbahnsystems, mit dem er unmittelbar etwas zu tun hatte. Paxtons Palast konnte unendlich verlängert und beliebig verändert werden. Burtons Vorschlag, die einzelnen Bauteile zu einem ca. 304 Meter hohen Turm zusammenzufügen, die von dampfbetriebenen Aufzügen (das vertikale Gegenstück zur Lokomotive) befahren werden sollten, beweist die vielfältigen Verwendungsmöglichkeiten des Systems. Es ist völlig kar, daß man von dem Palast in keiner Weise behaupten kann, er sei in der althergebrachten Bedeutung des Wortes *entworfen.* Wäre außerdem der in letzter Minute geäußerte Einwand nicht gewesen, die Bäume doch stehen zu lassen, man hätte ihn tatsächlich ohne das zentrale Querschiff gebaut – das einzige Merkmal, das der sonst undifferenzierten Fassade eine eher zufällige Symmetrie verlieh.
Die Umkehrung der traditionellen hierarchischen Rangordnung von Mittel und Zweck, die mit der Weltausstellung zeitlich zusam-

6 Hannes Meyer, „Bauen 1928", in: Bauhaus, 2. Jg., Nr. 4, 1928, S. 12.

Tony Garnier, Die Hochöfen, aus: „Une cité industrielle. Etude pour la conctruction des villes“, Paris 1917, Taf. 164

menfällt, verdient näher betrachtet zu werden, da die Folgen einer solchen Umkehrung für den Palast selbst sowie für die Gegenstände in ihm völlig verschieden sind. Bei beiden lag die Betonung auf dem ‚wie‘ statt auf dem ‚was‘, die Folgen aber waren derart unterschiedlich, daß die gewaltige Diskrepanz, die zwischen der Ausstellung als Gebäude und der Ausstellung als Anhäufung von Gegenständen, einer Erklärung bedarf. Vielleicht könnte man es erklären mit dem Stellenwert, der ihnen jeweils zugewiesen wurde. Während die Ausstellung als Gebäude im wesentlichen als Ausdruck des *primären Produktions- und Distributionssystems* galt, dessen längst überholte Technik mit den in der Maschinenhalle ausgestellten gußeisernen Drehbänken und der Lokomotive identisch war, wurde durch die Ausstellung der Gegenstände das *Endprodukt* zum Wesentlichen gemacht. Sie schuf eine Konsumkultur, einen Vorrat an vertrauten Erzeugnissen, mit dessen Hilfe sich die neue Klasse theatralisch inszenieren konnte.

Es ist kein Zufall, daß das Phänomen eines in Massen produzierten Kitschs ausgerechnet 1860 auftaucht, zum Zeitpunkt der Krise und zum Zeitpunkt des Kaufhauses, als die bürgerliche Welt, im Überfluß schwelgend, sich im Verhältnis zu ihren Bedürfnissen mit überschüssigen Mitteln konfrontiert sieht, und so gezwungen wird, eine eigenständige Kultur hervorzubringen. Scheinbar nützlich bewegte sie sich zwischen der Askese der Produktion (dem puritanischen Ethos) und dem Trost des Konsums (dem Erbe der Zügellosigkeit). In seinem 1951 publizierten Aufsatz über den „Kitsch“ beschreibt Hermann Broch dieses Phänomen.[7]

Die bürgerliche Welt verfügte infolge ihres plötzlichen Aufstiegs weder über einen traditionellen Rahmen noch über vorgegebene Bräuche, mit deren Hilfe sie ihre Macht und ihren Reichtum zur Schau stellen und ihr Image in der Außenwelt realisieren konnte. Gezwungen durch ihre eigene Selbstentfremdung, konnte sie nur entweder eine Kultur aus aristokratischem Prunk hervorbringen, oder aber die verlorene Beschaulichkeit einer vorindustriellen Welt, in der die Produktion noch fest in der Gemeinschaft des mittelalterlichen Zunftwesens verankert war, als liberalen Protest zelebrieren. So versuchte sie die

7 Hermann Broch, „Einige Bemerkungen zum Problem des Kitsches“, in: Gillo Dorfles, Der Kitsch. Aus dem Italienischen von B. Mayr. Tübingen 1977, S. 53.

aristokratische Landschaft der *Libertinage* zu domestizieren, die barocken Exzesse des *ancien régime* zu zähmen. In diesem Zusammenhang könnte man meinen, die konstitutionelle Monarchie sei die letzte Inszenierung bürgerlicher Phantasie gewesen. In Brochs Worten ausgedrückt: „Überflüssig zu betonen, daß das Bürgertum sich einen vollen Sieg seiner Einstellung vorgeheuchelt hat; durch das 19. Jahrhundert hat es so getan, als hätte es die große Kunst ins Leben gerufen und dazu noch die Libertinage ausgemerzt."[8]
Dies galt für die gesamte Mittelschicht, ausgenommen die fortschrittlichen Theoretiker, Architekten und Designer, die sich nicht so leicht hinter's Licht führen ließen. Kritisch wie verwirrt zugleich kämpften sie (auch um den Preis, selber dem Kitsch zu verfallen) gegen den überwältigenden Haufen von Kitsch an, der ihnen mit Pathos vorgesetzt wurde. Die Verbindung zwischen dem Utilitarismus und dem Kitsch ist kaum zu übersehen. Jeremy Benthams Richtschnur, „... ein so großes Glück wie möglich für so viele wie möglich", genügt, um den Kitsch auf ewig weiterleben zu lassen. Der Kristallpalast war ein überdimensionaler Umschlagplatz für den Kitsch, ungeachtet der Nützlichkeit seiner Bauweise und des maschinellen Funktionalismus einiger Gegenstände. Keiner war sich der Krise von 1851 mehr bewußt als der deutsche Architekt und liberale Revolutionär Gottfried Semper, der in seinem Essay „Wissenschaft, Industrie und Kunst" von 1852 unter Bezugnahme auf die Weltausstellung schreibt: „Unausgesetzt bereichert (die Wissenschaft) sich und das Leben mit neu entdeckten nutzbaren Stoffen und Wunder wirkenden Naturkräften, mit neuen Methoden in der Technik, mit neuen Werkzeugen und Maschinen. Schon zeigt es sich, daß die Erfindungen nicht mehr, wie früher, Mittel sind zur Abwehr der Not und zum Genusse; vielmehr sind die Not und der Genuß Absatzmittel für die Erfindungen. Die Ordnung der Dinge hat sich umgekehrt... Die Maschine näht, strickt, stickt, schnitzt, malt, greift tief ein in das Gebiet der menschlichen Kunst und beschämt jede menschliche Geschicklichkeit... Der Überfluß an Mitteln ist die erste große Gefahr, mit welcher die Kunst zu ringen hat. Dieser Ausdruck ist zwar unlogisch (es gibt keinen Überfluß an Mitteln, wohl aber einen Mangel an Vermögen, ihrer sich zu bemeistern), er rechtfertigt sich aber, insofern er das Verkehrte unserer Verhältnisse richtig bezeichnet."
Später schreibt Semper über die Maschinenproduktion: „Wohin führt die Entwertung der Materie durch ihre Behandlung mit der Maschine, durch Surrogate für sie und durch so viele neue Erfindungen? Wohin die Entwertung der Arbeit, der malerischen, bildnerischen oder sonstigen Ausstattung, veranlaßt durch die nämlichen Ursachen? Ich meine natürlich nicht ihre Entwertung im Preise, sondern in der Bedeutung, in der Idee... Wie wird die Zeit oder die Wissenschaft in diese bis jetzt durchaus verworrenen Zustände Gesetz und Ordnung bringen?"[9]
Semper war nicht in der Lage, seine 1852 rhetorisch gestellten Fragen zu beantworten. Seiner Ratlosigkeit, die ihn angesichts der Weltausstellung befiel, konnte nicht abgeholfen werden. Die Krise, die er kurz und bündig skizziert hatte, konnten weder er noch all die nachfolgenden Anhänger von Pugin, Ruskin und Morris lösen – die zahlreichen Schüler der englischen „Arts and Crafts"-Reaktion auf die Auswirkungen der Industriellen Revolution. Alle Versuche, die Handwerkszünfte wieder auferstehen zu lassen, und die Reformbewegungen des Designs hatten keine Erfolgsaussichten bei dem vergeblichen Versuch, der Industrialisierungsflut entgegenzutreten. Lediglich der 1911 von Hermann Muthesius gegründete „Deutsche Werkbund", ein Zusammenschluß von Industriellen und Künstlern, hatte geringe Erfolgsaussichten. Letzten Endes bewirkte das Konzept des „Deutschen Werkbundes" (wie verschwommen es auch gewesen sein mag) keine kulturelle, soziale und politische Neuerung der „Arts and Craft"-Bewegung, auch Muthesius' egalitäre Welt der guten Form nicht, sondern eine Vergrößerung des preußischen Anteils am Welthandel. In der Zwischenzeit mußte sich der Sozialist William Morris damit abfinden, für die Großbourgeoisie, dem industriellen *nouveau riche,* Tapeten und präraffaelitische, pseudomittelalterliche Möbel zu entwerfen. Morris' Utopie, in der Wind und Wasser wieder die einzigen Energiequellen sein würden, und die Landkommune der Ort öffentlichen Lebens, und allein die Zunft Arbeit, Essen und Mobilar verteilen würde, sollte nicht verwirklicht werden. Morris drückte es gegen Ende seines Lebens anders aus, in der Hoffnung, eine für das 19. Jahrhundert kulturell verbindliche und von der Entfremdung befreite Architektur zu entwikkeln: „Die mit unserer Unkenntnis verbundene Hoffnung ist vergangen. Aber die aus Kenntnis geborene Hoffnung ist nicht an ihre Stelle getreten."[10]
Die Krise der Architektur nach ihrer Trennung vom Bauingenieurwesen Mitte des 18. Jahrhunderts bewirkte letzten Endes zweierlei; den Beginn privater Behaglichkeit und Gemütlichkeit, sowie ein Aufblühen des öffentlichen Lebens, und im Bereich der Produktion die nach 1750 allmählich eintretenden Veränderungen.[11]
Wenn auch in hohem Maße durch den schnellen Ausbau der maschinellen Produktion und Distribution Mitte des Jahrhunderts gefördert, ist das Fortleben des ‚Kitschs' nach 1860 nur als gesellschaftliches Phänomen zu verstehen. Durch seinen Stilpluralismus war er bestrebt, gerade den aufsteigenden Gesellschaftsklassen einen Phantasieraum anzubieten, die sonst auf keinen Stil zurückgreifen konnten, und unabhängig von ihrer gesellschaftlichen Stellung über keinen sozio-kulturellen Bereich verfügten, in dem sie ihre gesellschaftliche Rolle und zukünftige Macht hätten verwirklichen können.
Was indessen die Massengesellschaft bereits unerträglich machte, lag, um Hannah Arendt zu zitieren: „... Nicht eigentlich, jedenfalls nicht primär, in der Massenhaftigkeit selbst; es handelt sich vielmehr darum, daß in ihr die Welt die Kraft verloren hat, zu versammeln, d. h. zu trennen und zu verbinden."[12] Daher ist es sicher dem Verfall des öffentlichen Bereichs zuzuschreiben, daß sich Theoretiker, Architekten und Neuerer des 19. Jahrhunderts überwiegend um die Wiederbelebung einer kulturell lebensfähigen Gemeinschaft bemühten, in der der ‚Ort öffentlichen Lebens' wieder die Funktion haben würde, die ihm in der antiken Polis der Griechen zukam. So wurde ein vorindustrielles soziales Gerüst – oft eine agrarische Handwerksproduktion – zum hypothetischen Schlüssel für die Wiederherstellung einer kohärenten und authentischen Kultur. Aus diesem Grund wurden in dieser Zeit so viele sozio-kulturelle Modelle angeboten, von John Ruskins politökonomischem Essay, „Unto this Last" (1862), bis Ebenezer Howards „Tomorrow: A Peaceful Path to Real Reform" (1898); von Richard Wagners „Das Kunstwerk der Zukunft"

8 Ebda., S. 53.
9 Gottfried Semper, Wissenschaft, Industrie und Kunst. Braunschweig 1852. Zit. nach: Hans M. Wingler, Das Bauhaus. 1919–1933, Weimar, Dessau, Berlin. Bramsche 1962, S. 24.
10 William Morris, The Revival of Architecture (1888), in: Nikolaus Pevsner (Ed.), Some Architectural Writers of the Nineteenth Century. Oxford 1972, S. 323.
11 Vergleiche hierzu: Hannah Arendt, Vita Activa, a.a.O., S. 40.
12 Ebda., S. 52.

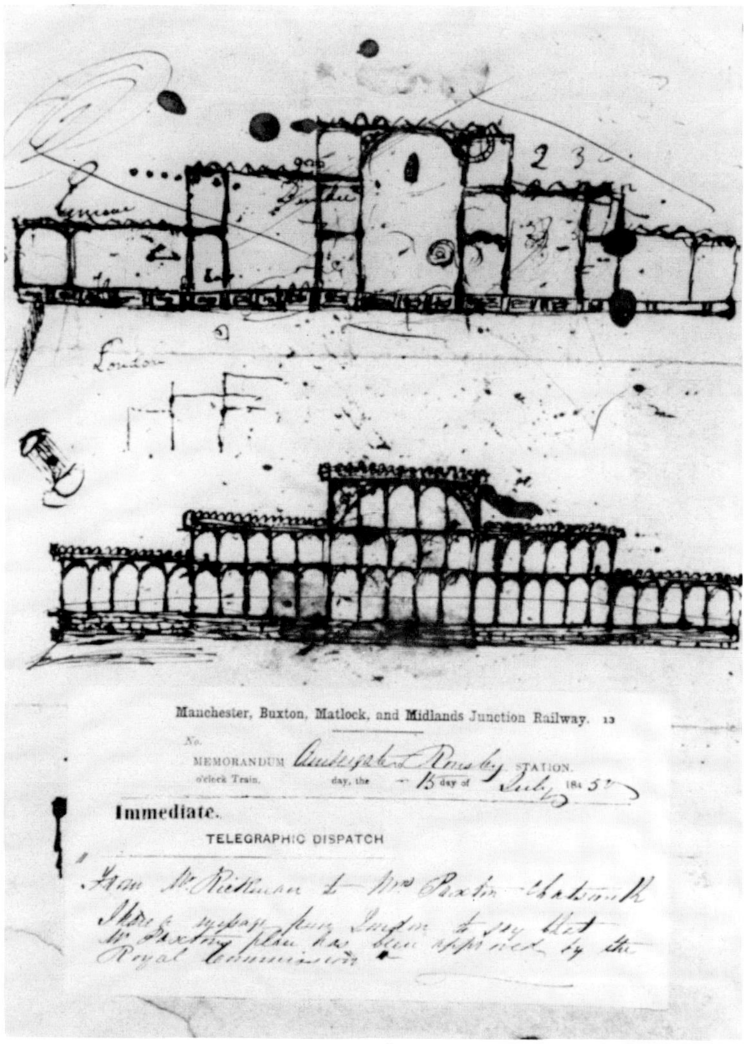

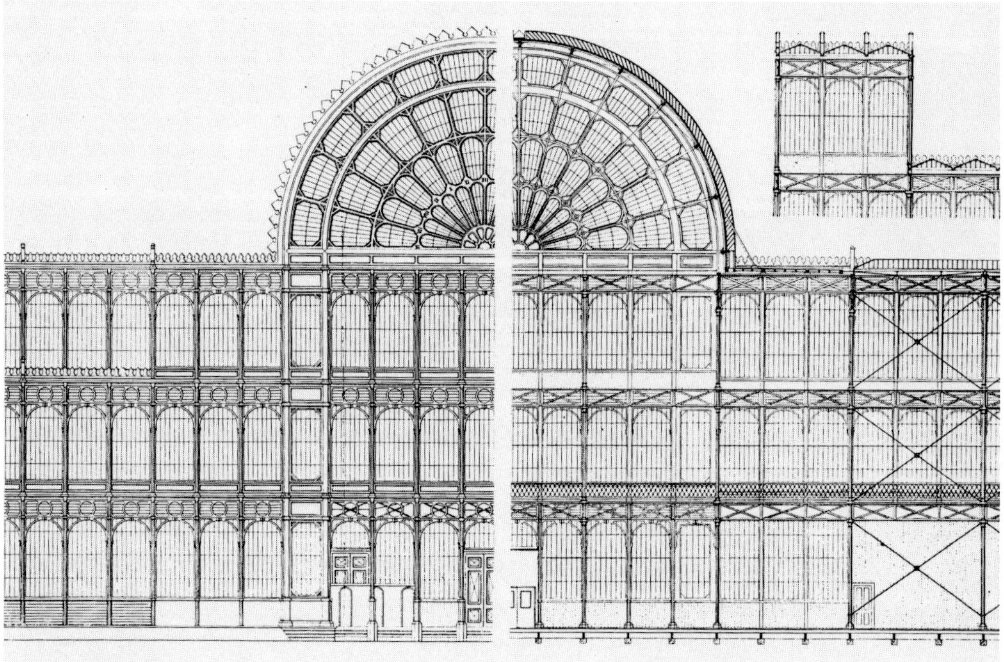

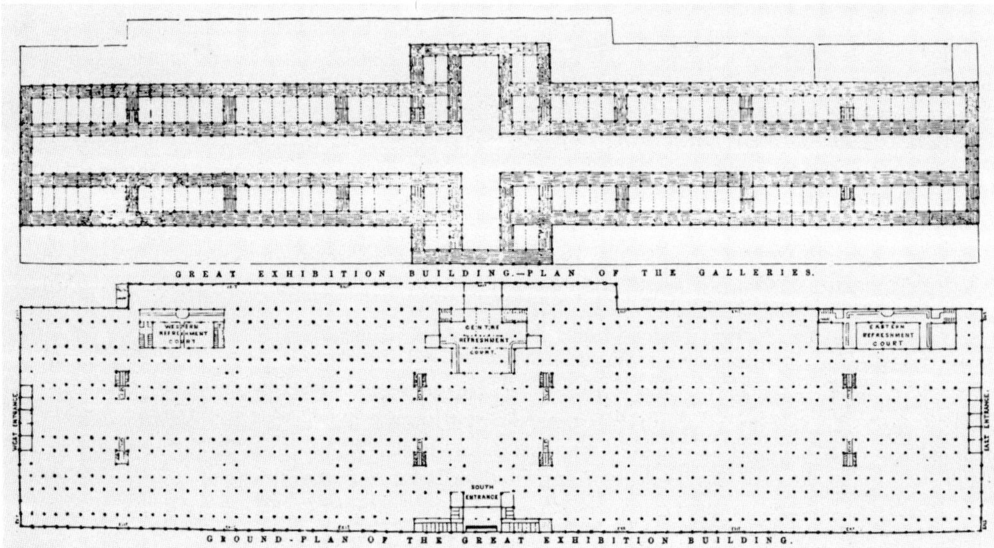

links:
Joseph Paxton, Kristallpalast, London, Skizze, 1850
rechts oben:
Joseph Paxton, Kristallpalast, London, Innenansicht, 1851
rechts unten:
Joseph Paxton, Kristallpalast, London, Grundriß, 1851

(1858) bis Peter Kropotkins „Factories, Fields an Workshops" (1899).
Vorschläge dieser Art kamen besonders lange aus England und Deutschland. Die Vehikel, derer man sich hierbei bediente, entsprachen den kulturellen Vorlieben der beiden Länder – in England, das sich nostalgisch auf seine mythische Vergangenheit als Sasse besann, war es die Gartenstadt, in Deutschland, das noch immer nach dramatischen Ausdrucksmitteln Ausschau hielt, mit deren Hilfe es seine nationale Identität konsolidieren könnte, war es das Theater. Während Männer wie Wagner in ihrem Reformeifer zum großen Schlag gegen einen bloß illusionären Raum öffentlichen Lebens, das Theater, ausholten, waren andere direkt damit beschäftigt, die eigene Umgebung zum Gesamtkunstwerk zu erheben. Kurz gesagt, Wagners Gesamtkunstwerk wurde zum ästhetischen Vorbild für den Massenrückzug der Bourgeoise aus der Barbarei einer industrialisierten Welt. Von Morris' „Red House", das 1859 in Bexley Heath errichtet wurde zu Wagners „Tristan und Isolde" des gleichen Jahres war es nur ein kleiner Schritt.

Die Krise 1918

Der hypostasierte Triumph der Produktion und Technik des 19. Jahrhunderts, in der protzigen Manier der Pariser Ausstellung von 1900 formal zum Ausdruck gebracht, dauerte ohne Unterbrechung bis zum Ausbruch des Ersten Weltkrieges. Mit dem Ausbruch des „Krieges nach Stundenplan" (von Moltke), in dem die Eisenbahn und die Technologie der Werkzeugmaschinen eine herausragende Rolle spielten, bekam die Industrieproduktion und der Verbrauch eine neue und furchterregende Dimension – die Massenproduktion des Todes und der Massenverschleiß von Men-

links oben:
Hector Horeau, Projekt für die Weltausstellung 1867, Paris (I. Fassung), 1865
links unten:
William Le Baron Jenney, First Leiter Building, Chicago, 1879
rechts:
Medardo Rosso, „Tetti", 1896?

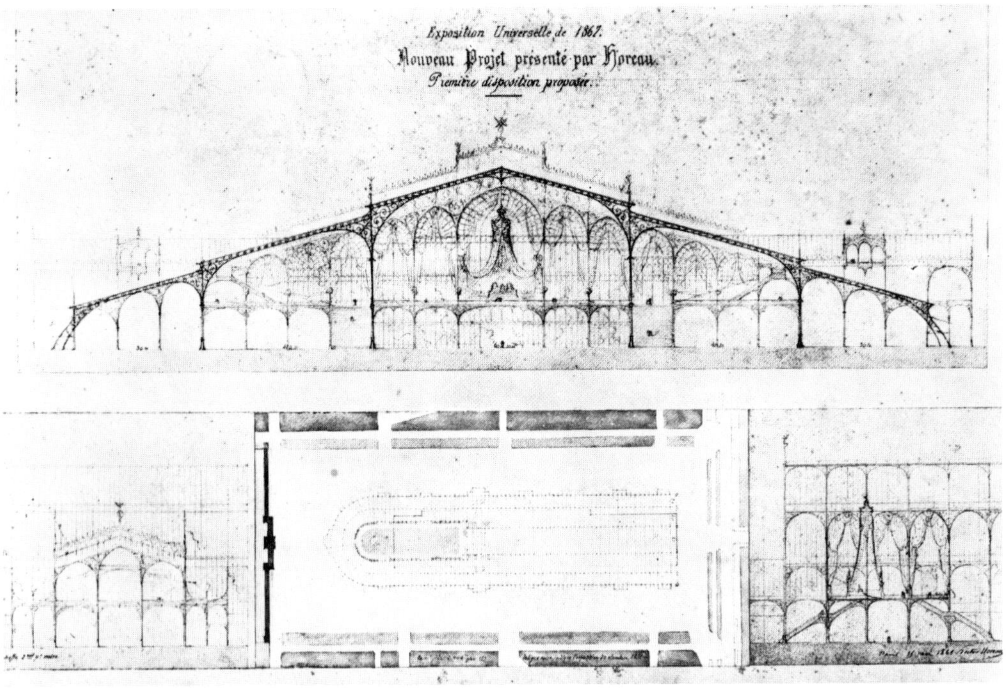

schen. Die Massenvernichtung, das erste Beispiel eines ‚totalen Krieges', in den die Zivilbevölkerung verwickelt war, brachte den Romantizismus des späten 19. Jahrhunderts ins Wanken; die dem Privaten zugeordneten, aber nichtsdestoweniger fremdenfeindlichen Stilrichtungen des Art Nouveau, des Jugendstils und des Stile Floreale. Im Oktober 1917 brachte Lenins Eroberung des Winterpalastes in St. Petersburg den stolzen, doch zerbrechlichen Turm der bürgerlichen Kultur des 19. Jahrhunderts zum Einsturz. Mit ihm fielen auch die zuversichtliche *fin de siècle*-Huldigung des Staates – die Verkleidung der konstitutionellen Monarchie –, und der klaustrophobische Individualismus des exotischen Gesamtkunstwerks in sich zusammen.
Diesmal sind es die Deutschen und die Russen, die vor der Erfahrung ‚eines Nullpunkts der Architektur'[13] stehen. Der Unterschied ihrer Haltung gegenüber dieser Erfahrung ist aufschlußreich. Die vom Krieg

13 Diesen äußerst aufschlußreichen Begriff „am Nullpunkt" verdanke ich Roland Barthes, Am Nullpunkt der Literatur. Aus dem Französischen von Helmut Scheffel, Frankfurt/M. 1982. Ich gebrauche diesen Begriff, um einen kulturellen Einschnitt zu umschreiben, in dem das gesamte kulturelle System gänzlich außer Kraft gesetzt ist. Das ‚schwarze Loch', das dadurch entsteht, bringt ein völlig unvorhergesehenes sozio-kulturelles Gebilde hervor.

links:
Antonio Sant'Elia,
Elektrizitätswerk, 1914
rechts:
Antonio Sant'Elia,
Elektrizitätswerk, 1914

lahmgelegte und vielerorts zerstörte industrielle Produktion brachte eine finstere, gegenstandlose Welt hervor. Sie bewirkt einen kulturellen Hiatus; die Menschen, die vom Alptraum der Industrialisierung überrumpelt worden waren, erhielten kurzfristig Gelegenheit, über alternative Möglichkeiten nachzudenken. Im Anschluß an den Waffenstillstand von 1918 sind sie für einen kurzen Moment nicht dem grausamen Produktions- und Distributionszyklus ausgesetzt; einen Moment lang werden sie durch die extremen sozio-ökonomischen Krisen, in die sie verstrickt sind, aufgerüttelt: die spartakistischen Aufstände 1919 in Deutschland, den traumatischen Bürgerkrieg zwischen 1917 und 1921 in Rußland. Der Würgegriff des im 19. Jahrhundert sorgfältig institutionalisierten bürgerlichen Professionalismus, lockert sich vorübergehend. Kurzfristig verliert die Mitte des 18. Jahrhunderts entstandene Trennung zwischen Architektur und Ingenieurwesen ihre Bedeutung. Die Kunst wird zur potentiellen Verkörperung nicht entfremdeter Werte

links:
Antonio Sant'Elia, La Cittá Nuova, terrassiertes Wohnhaus mit Galerie, 1914
rechts:
Antonio Sant'Elia, La Cittá Nuova, terrassiertes Wohnhaus, 1914

und der Künstler erneut zur höchsten Erscheinung des *homo faber.*
In Deutschland, wo man die Besitzverhältnisse unverändert gelassen hatte, übte die reformerische Handwerkszunft eine unverminderte Anziehungskraft aus. Obgleich sie in phantastischer und mystischer Form auftritt, sind ihre Wertvorstellungen nicht anders denn als bürgerlich und utilitaristisch zu bezeichnen. In dieser Verkleidung fördert sie den besonderen Geist von Überspanntheit und Reform, aus dem das Bauhaus in Weimar entstand; aus dem jene Bewegung kam, die als der „Arbeitsrat für Kunst" bekannt ist, und in Berlin unmittelbar nach dem Waffenstillstand 1918 von Bruno Taut und Adolf Behne ins Leben gerufen wurde. Deutschland befindet sich auf der Schwelle einer neuen Gesellschaftsordnung, als sich Soldaten und Arbeiter in offenen Aufständen zu Arbeiter- und Soldatenräten zusammenschließen und das Rätesystem als Grundlage für eine neue Verfassung fordern. Dies ist der Geist des „Arbeitsrates der Kunst". Das ist abzulesen an Walter Gropius' Vorwort für eine seiner Ausstellungen (des ‚Arbeitsrates für Kunst') im Frühjahr 1919, ein Text, der Wort für Wort die noch im selben Jahr gehaltene Antrittsrede für das Bauhaus vorwegnimmt: „Wollen, erdenken, erschaffen wir gemeinsam den

links:
Virgilio Marchi [1895–1960], Stadtvision
rechts:
Mario Chiattone, Bauten für eine moderne Metropole, 1914

neuen Baugedanken. Maler und Bildhauer, durchbrecht also die Schranken zur Architektur und werdet Mitbauende, Mitringende um das letzte Ziel der Kunst: die schöpferische Konzeption der Zukunftskathedrale, die wieder alles in einer Gestalt sein wird, Architektur und Plastik und Malerei."[14]

Dieser Wagnerische Ruf nach einem neuen religiösen Gebäude, das alle Menschen in ihrer kreativen Arbeit vereinen sollte, war eine Wiederbelebung des Traums der Präraffaeliten, nur fehlte ihm das Vertrauen in die traditionelle Liturgie bzw. Form. Sein und nicht Erscheinung, Geist und nicht Ritual wurden zu den wichtigsten Schlagworten dieser Bewegung; und Glas, die Quintessenz von Transparenz und Licht, wurde das wichtigste Material, um sie umzusetzen. Erneut ist es die Helligkeit, das bedeutende Leitbild der Aufklärung, die zum Prüfstein einer neuen Gesellschaftsordnung wird. 1918 äußerte sich Behne zu dieser Zukunft: „Es ist keine verdrehte Poetenmarotte, daß die Glasarchitektur uns eine neue Kultur bringen würde. Es ist so! Nicht neue Fürsorgeorganisationen, Krankenhäuser, Erfindungen oder technische Vereinfachungen und Beschleunigungen bringen uns die neue Kultur... aber die Glasarchitektur würde sie uns bringen."[15]
Diese anarchische Forderung einer kulturellen Erneuerung unter Mitwirkung eines antibürgerlichen Stoizismus, wurde durch Tauts phantastische Vision einer „Alpinen Architektur" nur zu gut ergänzt. Die jetzige Stadtbevölkerung sollte auf's Land rückübersiedelt werden, um in einer gänzlich künstlichen alpinen Umgebung zu leben, vor den schwierigen klimatischen Bedingungen gänzlich durch eine Glaskuppel geschützt. Dort sollten sie

---

14 Walter Gropius, Einleitung zur Ausstellung Unbekannter Künstler (in Berlin 1919 vom Arbeitsrat für Kunst organisiert). Zit. in: Ulrich Conrads und Hans G. Sperlich (Hrsg.), Phantastische Architektur. Stuttgart 1960, S. 137.
15 Ebda., S. 133. Behnes Hinweis auf die „Poetenmarotte" bezog sich auf den Berliner Dichter Paul Scheerbart, dessen 1914 veröffentlichte Glasarchitektur den Architekten des Arbeitsrates für Kunst als unmittelbare Vorlage diente.

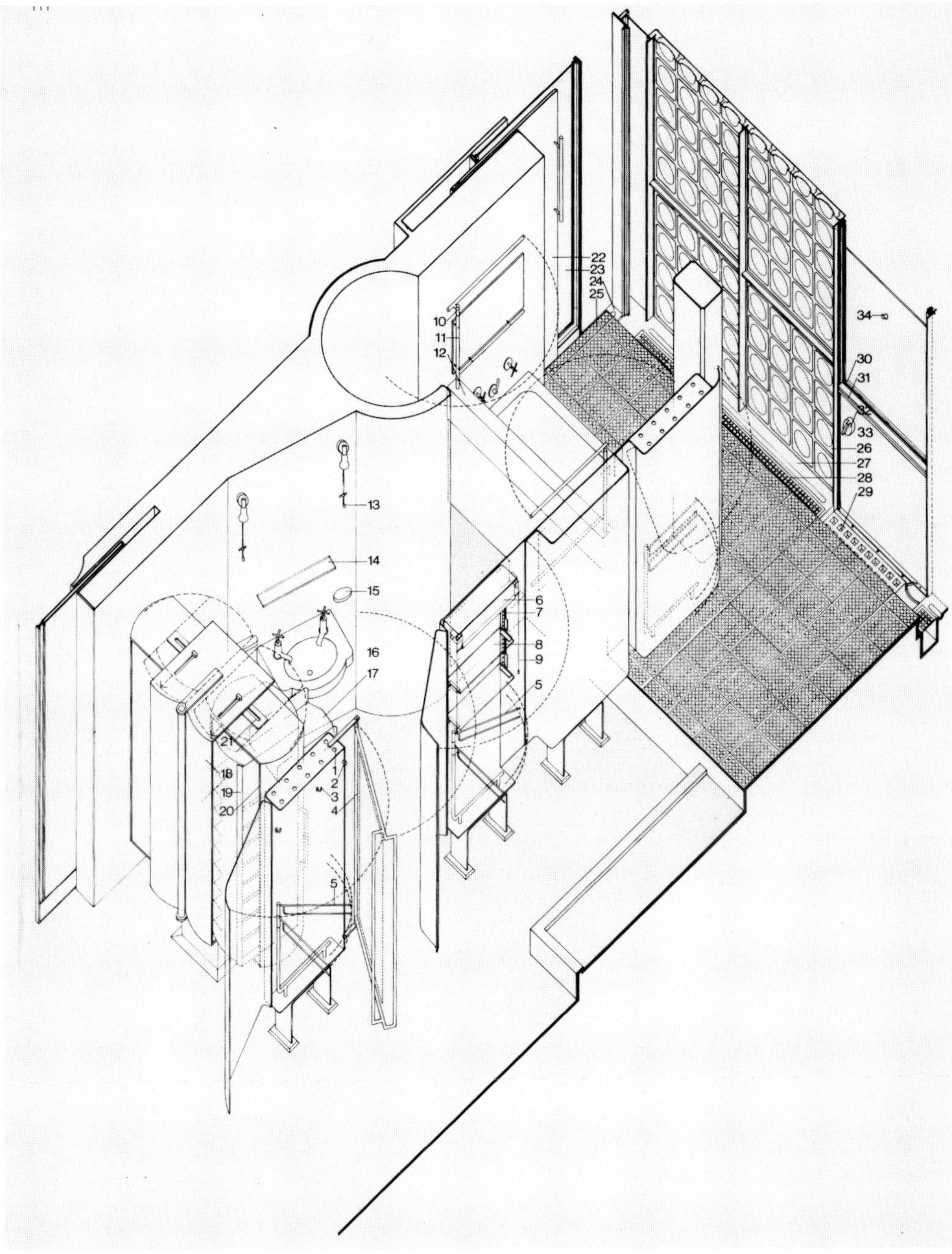

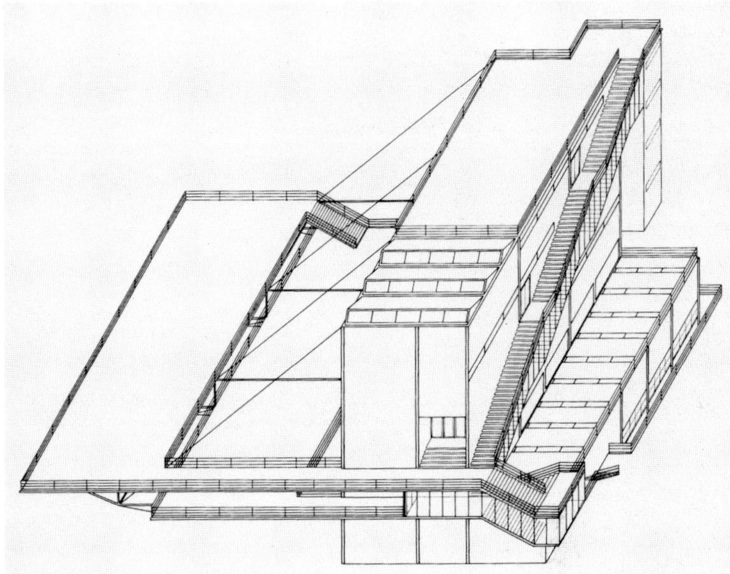

links:
Pierre Chareau, Bernard Bijvoet, Maison de Verre, Paris (1928–1932), Axonometrie des Badezimmers
rechts:
Hannes Meyer, Hans Wittwer: Petersschule, Basel, Axonometrie, 1926

um ein in der Mitte der Siedlung errichtetes „Haus des Himmels" gruppiert sein, in dem sich, Tauts utopischer Vision zufolge, die waisen Männer regelmäßig treffen sollten, um die Gemeinde zu regieren. Wir können diese auf keiner Konfession beruhende religiöse Phantasie, diese pseudoanarchische Rückkehr zu William Morris' „Nowhere" (Nirgendwo), nicht einfach so abtun. Sondern wir müssen sie als eine positive Desillusionierung verstehen, angesichts der Industrialisierung schlechthin, und als Abscheu vor einem zutiefst entfremdeten Wertesystem, das ihnen durch die Arbeitsprozesse bis hin zur Selbstzerstörung auferlegt worden war. Den nicht realisierbaren Traum, mit der „Alpinen Architektur" einen Ort zufriedenstellenden menschlichen Wohnens zu finden, mit dem „Haus des Himmels" einen *Ort öffentlichen Lebens* in mystischer Manier wiederherstellen zu wollen, können wir lediglich zur Kenntnis nehmen. Weil Taut Rationalität scheute und an kausaler und logischer Analyse, den erwiesenen Handlangern eines nihilistischen Instrumentalismus, verzweifelte, fiel er zurück in eine romantische Haltung, und befürwortete eine willkürliche Hierarchie im Sinne Nietzsches. Dadurch unterlag er dem zwingenden Trugschluß eines bürgerlichen Reformismus, der glaubte, die Gesellschaft auf dem Wege einer unmittelbar zugänglichen Kultur verändern zu können.

In Rußland war die Situation nach der Revolution 1917 vollkommen anders. Die bürgerliche Welt hatte plötzlich aufgehört zu existieren. Die Produktionsmittel, sofern es sie gab, waren in den Händen des Staates. Das bevorstehende Zeitalter des Staatskapitalismus war, trotz seines Vorläufers im Kompromiß der NEP von 1922 kaum vorherzusehen. Für die städtische Bevölkerung waren die Beziehungen zwischen Mensch und Mensch und zwischen Menschen und Gegenständen durch einen eindeutigen Eingriff in die Geschichte wechselseitig und bewußt verändert worden. Für die russischen Arbeiterräte war der Ort des öffentlichen Lebens nicht mehr ein phantastischer Traum der „Narodniki", wie in der „Zukunftskathedrale" von Gropius oder in Tauts „Haus des Himmels", sondern eine alltägliche Realität.[16]

---

16 Vergleiche hierzu: Hannah Arendt, Über die Revolution, München 1974, S. 340.

Pierluigi Nervi, Entwurf für einen Sportpalast, Wien, 1953

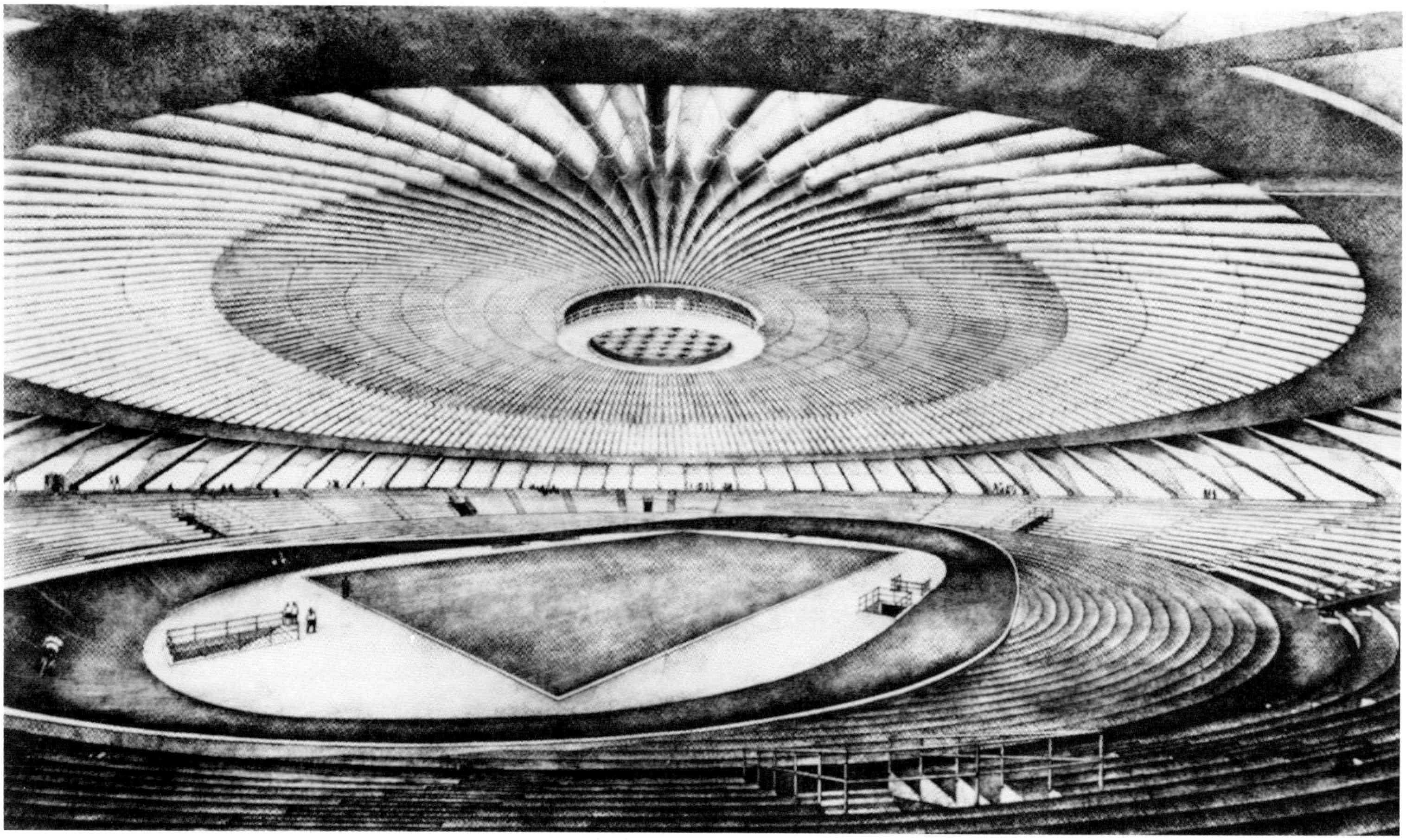

Theoretisch waren von nun an alle Gegenstände, ob für den Gebrauch bestimmt oder nicht, derselben Teleologie unterworfen – die generelle Aufhebung der Entfremdung für alle Menschen. Die Produktion diente nicht mehr ausschließlich der Konsumtion, Gegenstände, die bisher dem Produzenten allein als Arbeitsprodukte für das Kapital gegenüberstanden, verkörperten nun den eigentlichen Lebensinhalt, waren dessen notwendige Objektivierung. Die von den Narodniki getragene Reformbewegung des 19. Jahrhunderts und der bürgerliche Utilitarismus trugen zu dieser neuen Auffassung des Gegenstandes bei. In der überwiegend analphabetischen sowjetischen Gesellschaft spielte der Gegenstand von nun an in der Sphäre des öffentlichen Lebens eine privilegierte Rolle. Alles forderte eine neue Sprache, und in dieser Situation wurden, mehr noch als das geschriebene Wort die Gegenstände und ihre Umgebung zum allgemeinen Verständigungsmittel und zum letzten Willen des Volkes. Wie im Mittelalter wurde nun die Stellung des Gegenstandes und des Menschen im Raum selbst zum Bedeutungsträger. Wie in der traditionellen russischen Ikone oder „Lubok", wurden Bezeichnung und Bild eines Gegenstandes nahezu austauschbar. Das Wort wird zum Zeichen, während der Gegenstand durch seine Vereinfachung zur Inschrift wird. Nun konnte das einfachste Holzgerüst die konstruktiven Absichten der Räte evozieren, und der in Großbuchstaben geschriebene Name Lenins kurz nach der Revolution 1917 zur Ikone des neuen sozialistischen Staates werden.

Im Erfinden eines theoretischen Überbaus für jenen Prozeß einer ‚Resemantisierung' war niemand so erfolgreich wie der Sozialdemokrat Alexander Malinowsky, auch unter dem Namen Bogdanow (der göttlich Begnadete) bekannt, der im Verlauf der revolutionären Krise 1903 die Sozialdemokraten verließ und bei den Bolschewiki drei Jahre danach die Organisation für proletarische Kultur, später als „Proletkult" bekannt, gründete. Die Bewegung machte sich zur Aufgabe, die Kultur durch einen neuen Zusammenschluß von Wissenschaft, Industrie und Kunst zu erneuern. Der „Proletkult" wies dem Kollektiv einen Weg, die traditionelle Kultur und seine eigene Produktion zugunsten einer neuen einheitlichen Ordnung zu überschreiten.

Die traditionellen Gebiete der Kunst, Architektur und des Ingenieurwesens sahen sich überschwemmt und überholt von einer Welt der in Bewegung geratenen Gegenstände. Bauwerke waren nun nicht länger hermetisch abgeschlossene Kompositionen, sondern eine Anhäufung einzelner Bauelemente, gerade dabei, zusammengesetzt zu werden. Die Bestandteile waren nicht nur Ausdruck von möglichen produktiven Verbindungen, wie in Paxtons Kristallpalast, sie waren zugleich Ausgangspunkt für eine deutlichere Ikonographie und Information. Bestückt mit Fahnen, Uhren, Scheinwerfern, Filmprojektoren, Radioantennen, Lautsprechern, Spruchbändern und Anzeigetafeln, trugen sie die Dialektik des Sozialismus bewußt auf die Straße. Sie waren seine sichtbare Manifestation und wört-

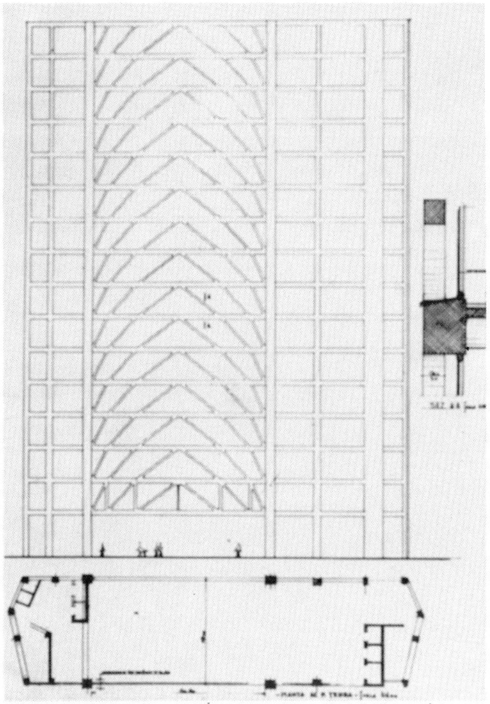

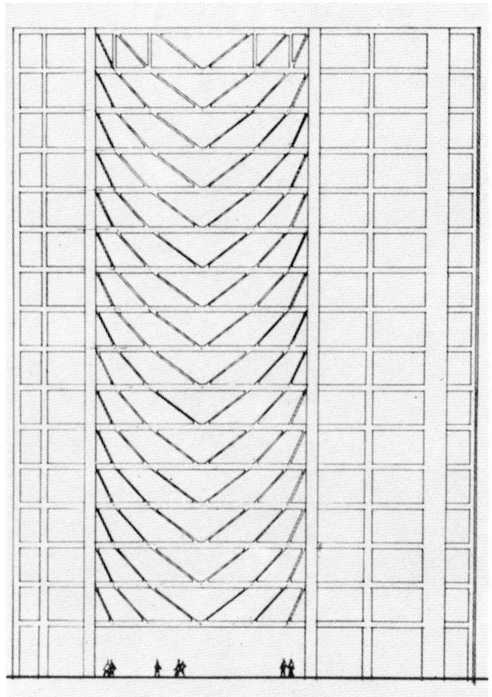

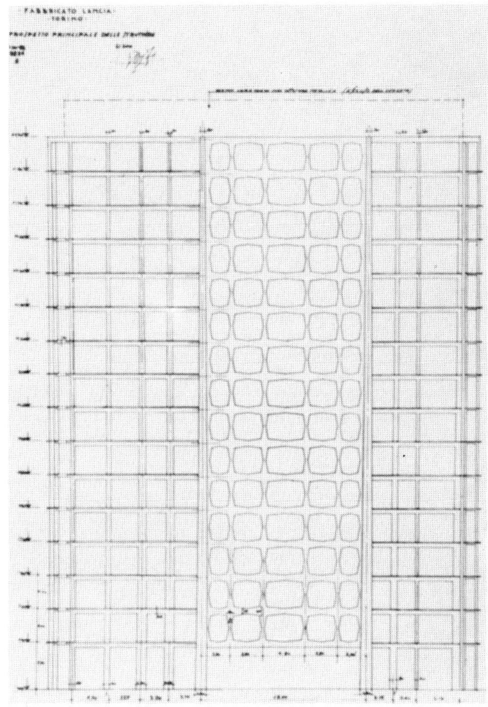

links:
Pierluigi Nervi, Lancia-Fabrik, Turin, Alternativ-Entwurf. 1953
Mitte:
Pierluigi Nervi, Lancia-Fabrik, Turin, Alternativ-Entwurf, 1953
rechts:
Pierluigi Nervi, Lancia-Fabrik, Turin, Alternativ-Entwurf, 1953

liche Bedeutung zugleich. Auch die Möbel des Proletkults gehorchten nicht mehr dem bürgerlichen Bedürfnis nach gepolstertem Trost, wie in den dekorierten Intérieurs der Bourgeoisie des späten 19. Jahrhunderts. Stattdessen wurden simple, unbearbeitete Holzteile verwendet, die den einfachen Charakter ihrer Herstellung ihre vielfältigen Verwendungsmöglichkeiten, ihre Beweglichkeit, und die Möglichkeit einer Wiederverwendung ausdrücklich betonten. Die Möbel wurden also auf ihre ursprüngliche Bedeutung zurückgeführt, wie es in dem französischen Wort *meubles* noch enthalten ist. Im Grunde waren sie von den beweglichen Bühnenteilen oder Spielmaschinen des Agitproptheaters kaum zu unterscheiden. Genauso war ja das akrobatische Slapstickrepertoire des Zirkus' in die agitatorischen Aufführungen des westlichen klassischen Theaters eingegangen. Die ehemals selbstverständlichen Grenzen zwischen Kunst, Leben, Theater, Zirkus, Kino und Architektur wurden bewußt nicht mehr gezogen. Diese ‚Kunst der Straße' manifestierte sich ohnehin äußerst eindringlich in der Inszenierung des täglichen Lebens: In den Agitprop-Propagandazügen und -booten, die der Proletkult entworfen hatte, wie in dem „Monumentalplan", der von den Behörden unmittelbar im Anschluß an die Revolution mit dem ausdrücklichen Ziel lanciert worden war, jede zur Verfügung stehende Fläche mit Sprüchen und abstrakten Bildern zu versehen, um dadurch die neue Ordnung zu repräsentieren. Alles war in Bewegung, alles war öffentlich. Gleichzeitig verloren alle Kategorien der alten Welt vorübergehend ihre Bedeutung. Inmitten von Hungersnöten, Krisen, Bürgerkrieg und politischen Auseinandersetzungen war das Leben insgesamt zu einem totalen Kunstwerk geworden; wobei die Totalität allerdings mehr als die Kunst betont wurde. Über Nacht vergaßen bildende Künstler bedenkenlos ihre Berufung und richteten stattdessen ihr gesamtes kreatives Potential auf den Bereich der angewandten Künste. Von nun an beschäftigten sie sich damit, Lampen, Klappmöbel, haltbare Arbeiterkleidung und effizientere Werkzeuge zu entwerfen. Etwas von ihrer grundsätzlichen Haltung kann man der rhetorischen Polemik des „Programms der Produktivisten" entnehmen, das mit den Worten endet: „Nieder mit der Kunst! Lang lebe die Technik! Religion ist eine Lüge! Kunst ist eine Lüge! Nieder mit der Erhaltung von Kunsttraditionen! Lang lebe der konstruktivistische Techniker!"[17]
Die kulturellen Auswirkungen des Jahres 1918 auf die Nachkriegszeit, das zunächst ein Triumph war und später ein Debakel wurde,

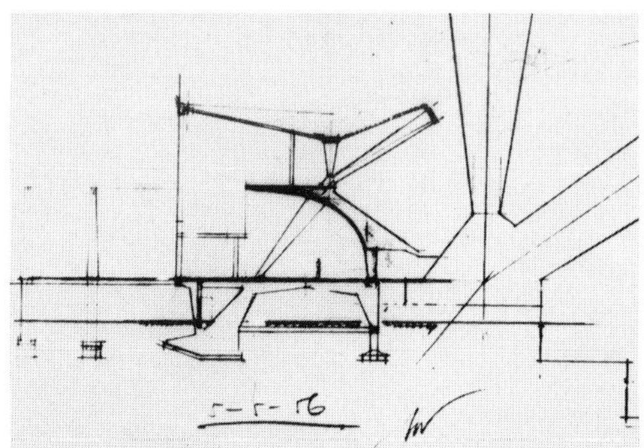

Pierluigi Nervi, Sportpalast, Rom, Konstruktionsskizze, 1956

sind heute noch zu spüren. Sie verdienen eine nähere Betrachtung. Es steht außer Zweifel, daß das gesamte moderne Design vermittelt über das Bauhaus 1923 seine wichtigsten Anreize von der proletarischen Kultur der Russischen Revolution erhalten hat. Obschon die Wurzeln des modernen Funktionalismus im Utilitarismus des 19. Jahrhunderts liegen,

17 Das Manifest ist in Gabo (Cambridge 1957, S. 153) vollständig zitiert. Unterzeichnet wurde dieses Manifest von Wladimir Tatlin und Alexej Gan. Parallel hierzu verfaßt Alexej Gan 1920 in Moskau eine Schrift mit dem Titel „Konstruktivismus". Sie erschien zuerst in Twer 1922. Vgl. auch: Camilla Gray, Das große Experiment. Die russische Kunst 1863–1922. Köln 1974, S. 224–227.

links:
Richard Buckminster Fuller, Minimum Dymaxion Home, 1927–1929
rechts:
Richard Buckminster Fuller, Dymaxion House, Geschoßplan, 1927–1929

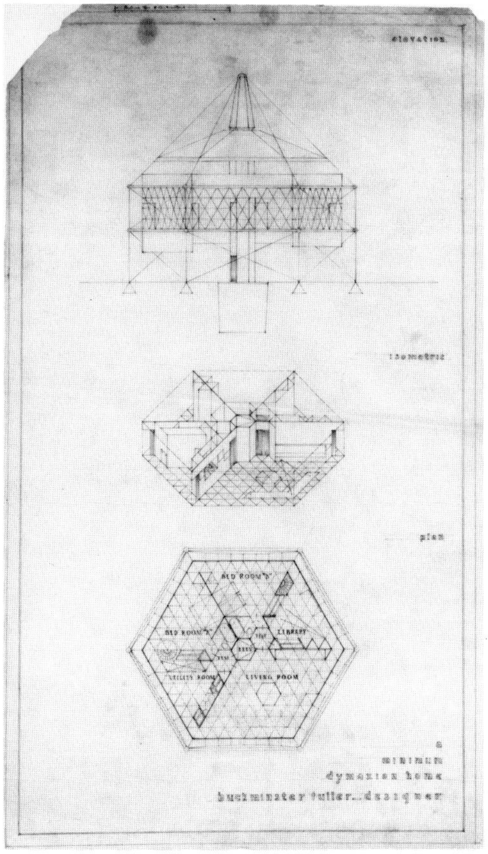

Richard Buckminster Fuller, Dymaxion Hanging Restaurant, für Romany Marie, 1929

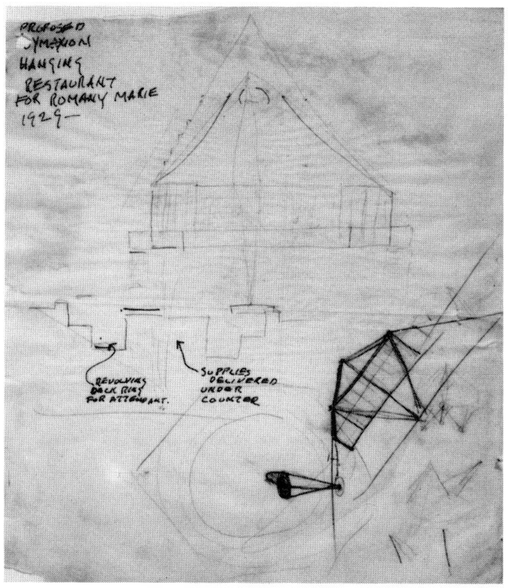

ist dessen Erhebung in den Rang eines Werts und eines Zeichens – als das ‚Ding an sich' menschlicher Kultur – im wesentlichen dem Proletkult der ersten russischen Räte zuzuschreiben. In gewissem Sinn ist er die Essenz, die sich das Bauhaus einverleibte und in das Produkt-Design-Ethos der Mitte des 20. Jahrhunderts übersetzte.

Anhand der oben genannten Wurzeln läßt sich vielleicht am ehesten die beständige Unvereinbarkeit zwischen dem rigorosen modernen Design und der Welt, in der wir leben, erklären. Während ersteres, trotz der subtilen Wiedereingliederung in den Produktionszyklus, einen im voraus bestimmten Zustand des Mangels oder der Homöostasis verlangt (in dem Gegenstände nicht zu dem Zweck ihrer unmittelbaren Konsumtion hergestellt werden), verharrt oder, alternativ dazu, regrediert letztere in einen Zustand, in dem die Chancen, eine nicht entfremdete Welt zu schaffen, vereitelt wurden; im Osten durch bürokratische Trägheit, im Westen durch „Massensomnambulismus". Dort wo das Design eine sterile Orthodoxie fordert, die mit dem Leben nichts mehr gemein hat, predigt die Welt den sichtbaren und trügerischen Pluralismus des Kitsches. Bei beiden steht die allgemeine Krise stellvertretend für eine Identitätskrise und für eine Krise der Machtverhältnisse: das Versagen des Zentrums, zu wissen, was es ist und mit welcher Legitimität es regiert; das Versagen der Peripherie, weder seine historische Identität zu erkennen noch zu wissen, warum und zu welchem Zweck sie regiert wird. Der Triumph von 1789, so erinnert uns Hannah Arendt, führte dazu, daß die Bourgeoisie sich der Fallstricke des abgesetzten Adels bemächtigte und dessen vorneh-

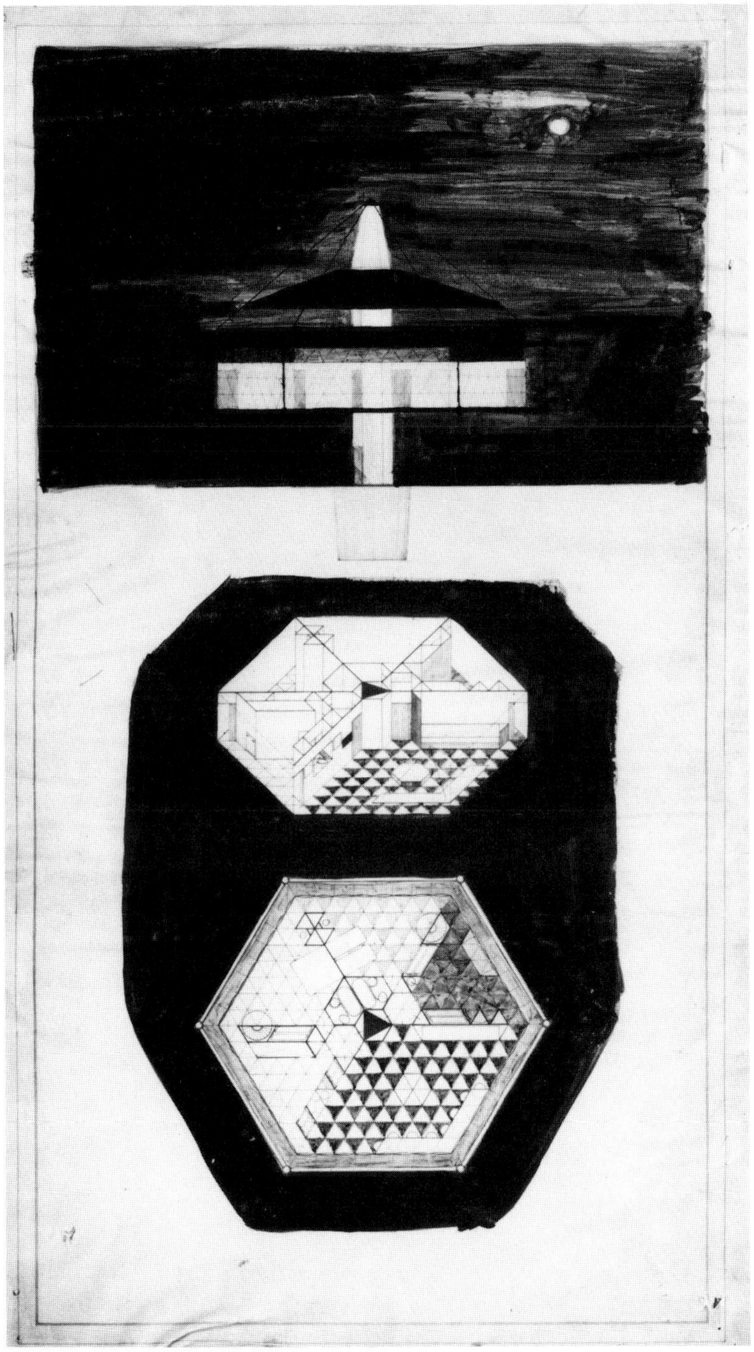

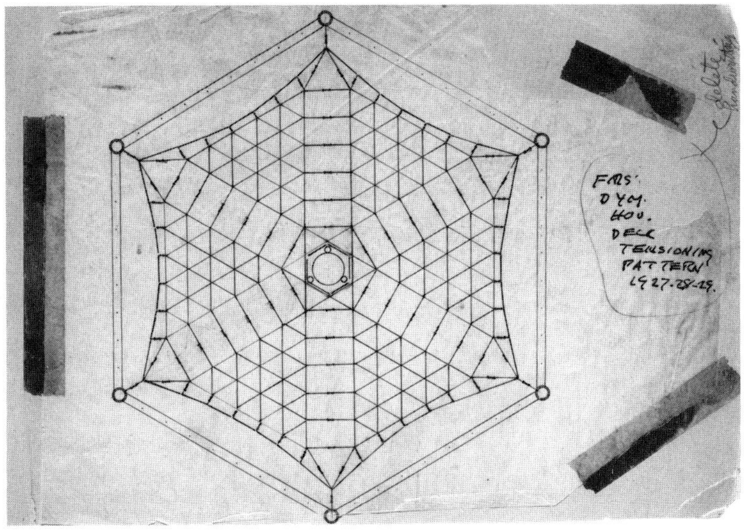

links:
Richard Buckminster Fuller, Dymaxion Home, um 1927
rechts oben:
Richard Buckminster Fuller, Erstes Dymaxion House, 1927–1929
rechts unten:
Richard Buckminster Fuller, Dymaxion House, Allegra gewidmet, 1930

men Lebensstil imitierte. In gleicher Weise meinten die Revolutionäre von 1917, den bürgerlichen Staat und die bürgerliche Kultur, die sie soeben niedergeschlagen hatten, simulieren zu müssen. Sie gebrauchten sie als Mittel, die Legitimität ihrer absoluten Herrschaft zu verteidigen und aufrechtzuerhalten. Der konstruktivistische Techniker hat möglicherweise die Revolution durch sein Versäumnis, die Tatsache einer solchen psychologischen Verknüpfung anzuerkennen, verpaßt oder, ernsthafter ausgedrückt, durch seine technische Unfähigkeit, vielmehr durch sein Unvermögen, einzusehen, daß die Rhetorik der Technik notgedrungen dem Kampf weichen muß, aus einer unterentwickelten Wirtschaft einen modernen Industriestaat zu machen. Umgekehrt kann man behaupten, daß auch der Parteifunktionär die Revolution verpaßt hat, da er die direkte Mitwirkung der Kultur des Proletkults nicht weiter zuließ, eben weil sie auf dem spontan hergestellten Raum sichtbarer Öffentlichkeit basierte. Stattdessen mußte er im Namen der Macht und der

Sicherheit die Kunst im Sinne einer Kodifizierung erzieherischer Werte verfechten, deren Sinn nicht darin besteht, ein menschlicheres Leben zu entwickeln, sondern produktives Verhalten – das Paradigma des „Stachanowismus" statistisch zu erfassen.
Angesichts dieser geschichtlichen Paradoxie ist erneut nicht allein die Architektur, sondern die Kultur insgesamt mit einer grundsätzlichen teleologischen Krise konfrontiert. James Billington weist darauf hin, daß sich Bogdanow dieses Problems völlig bewußt war: „Bogdanow, der Saint-Simon näher stand als Marx, verkündete, die destruktiven Konflikte der Vergangenheit könnten nicht ohne eine positive neue Religion behoben werden; die einigende Funktion, die einst die Kirche und ein religiöser Glaube gespielt hatten, müßten nun vom Proletariat und von einer pragmatischen gesellschaftsorientierten Philosophie des ‚Empirismus' übernommen werden.[18]
Während wir direkt auf die allumfassende Krise der Zukunft zusteuern, wird zunehmend deutlich, daß die Ereignisse in Rußland 1918 die Maßstäbe für den kulturellen Neubeginn geprägt haben, der all das vorwegnahm, was die Menschen des 20. Jahrhunderts seither erfahren sollten. Mit Bogdanow erreichte die Architektur einen ‚Nullpunkt', der bisher nicht überwunden werden konnte, obwohl wir uns in einer Kitsch-Konsumhaltung angesichts vieler Häuser, in denen wir gezwungenermaßen leben müssen, arrangiert haben. Die damaligen Versprechungen konnten bis heute nicht eingelöst werden. Die Architektur hatte sich verpflichtet, das Proletariat auf drei parallelen Ebenen, einer politischen, einer ökonomischen und einer kulturellen voranzubringen, setzte dabei aber Kultur ‚an und für sich' schon als einen Ort der Öffentlichkeit voraus. Zu Lenins großem Ärger forderte sie für den Kultursektor als formatives Element den gleichen Rang wie für die Rechtsprechung der Partei. Umwelt sollte von nun an durch das gesellschaftliche Leben bestimmt, und so zur eigentlichen Substanz und Bedeutung menschlicher Zivilisation werden. Das aber meinte ein Kontinuum von Gegenständen, die, um ihre fantastisch-willkürliche Bedeutung reduziert, ihre wahre Bedeutung erst im Verhältnis zur Gesellschaft als Ganzer erhalten sollten. Funktionalismus hieß für den Proletkult zum einen, daß die Dinge nicht ausschließlich für den Konsum produziert werden, zum anderen aber galt ihm die Produktion als eigentliches Ziel. Es ist das gleiche Dilemma, mit dem sich Ost wie West noch heute herumquälen – nämlich, wie es möglich ist, der endlosen zyklischen Kette der Zweck-Mittel-Relation zu entkommen, ohne dabei selbst gleich wieder einem Telos oder Zweck unterworfen zu sein. Oder anders gesagt, wie es möglich ist, eine Form zu bestimmen, ohne vorher das Bild eines vollendeten Zustands festzulegen.
Die Krise von 1918 war nicht zuletzt deshalb eine Krise der Architektur, weil sich die Menschen zum ersten Mal eingestanden, daß es aus der Geschichte kein Entrinnen gibt, daß die Einheit der Antike längst vergangen ist, und daß eine ziellose Produktion ohne eine Theorie, die die materiellen und geistigen Bedürfnisse einschränkt, notwendigerweise eine zügellose Konsumtion nach sich zieht – die nicht enden wollende Phantasmagorie des Kitsches. Wir haben uns heute in einer Ideologie, die den Überfluß predigt, verfangen, von der Hannah Arendt meint: „. . . sie (die moderne Wissenschaft) würde sofort zum Stillstand kommen, wenn Menschen anfangen würden, Dinge in Gebrauch zu nehmen, sie zu respektieren und den ihnen innewohnenden Bestand zu erhalten. Die Häuser, das Mobiliar, die Autos, alle Dinge, die wir benutzen und die uns umgeben, müssen so schnell wie möglich verbraucht, gleichsam verzehrt werden, als seien auch sie die ‚guten Dinge' der Erde, die nutzlos verkommen, wenn sie nicht in den endlosen Kreislauf des menschlichen Stoffwechsels mit der Natur gezogen werden. Es ist, als hätten wir die schützenden Mauern eingerissen, durch welche alle vergangenen Zeiten die Welt, das Gebilde von Menschenhand, gegen die Natur abschirmten."[19]
Wenn Arendt in dieser Passage die Architektur der zyklischen Produktion entgegensetzt, so um zu zeigen, daß die Architektur auf die Erhaltung eines wirklich politischen Bereichs gänzlich angewiesen ist, da Rationalität, das heißt rationale Wahrheit, oder, wie Habermas es nennt, zweckrationales Handeln allein nicht in der Lage ist, eine menschliche Welt zu garantieren, von der die Architektur aber ihrerseits abhängig ist.[20] Eben weil der Architektur ein endgültiges Ziel fehlt, sie ohne die metaphysische Einheit der Antike oder des Christentums auskommn muß, vor allem aber weil sie nicht die Möglichkeit hat, Bedürfnisse wissenschaftlich zu bestimmen, kann sie sich letztlich nur im Bereich des Politischen behaupten. In diesem Zusammenhang wird deutlich, daß es nur eine Möglichkeit gibt, unsere selbstverzehrende Überflußideologie zu überwinden und die Architektur zu erlösen: die Natur unserer Umwelt demokratisch zu bestimmen. Die Alternative ist, sich weiterhin dem unterzuordnen, was Hannah Arendt die größte Tyrannei überhaupt genannt hat – der Tyrannei des Niemand, dem Totalitarismus der Technik.

Aus dem Amerikanischen von Renate Schein

18 J. Billington, The Icon and the Axe. New York 1968, S. 489.
19 Arendt, Vita Activa, a.a.O., S. 115.
20 Jürgen Habermas, Technik und Wissenschaft als ‚Ideologie'. Frankfurt/M. 1971, S. 48–104.

Wie Bauwerke bedeuten – und wann und weshalb[1]

Nelson Goodman

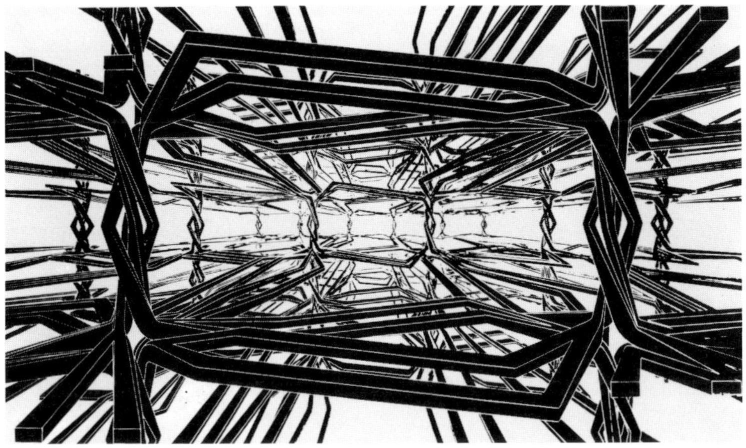

So kann man sagen, daß derjenige, der in vollkommener Weise handelt, einem vortrefflichen Geometer gleicht, der die besten Konstruktionen eines Problems zu finden weiß; einem guten Architekten, der mit seinem Platz und den für das Bauwerk bestimmten Mitteln aufs vorteilhafteste umgeht, der nichts Störendes zuläßt und nichts, was der Schönheit, deren es fähig wäre, Abbruch täte . . .
Gottfried Wilhelm von Leibniz, Discours de Métaphysique (gegen 1685)

Die Form entsteht aus einem System der Konstruktion. Entwicklung ist Konstruktion. In der Ordnung ist schöpferische Kraft. Im Entwurf ist das Mittel – womit was wann mit wieviel . . .
Louis I. Kahn, Order is (1960)

Seite 237: Konrad Wachsmann, Vinegrape, Konstruktionsstudie, 1953–1954

Yona Friedman, Ohne Titel, Projekt für Paris, 1959

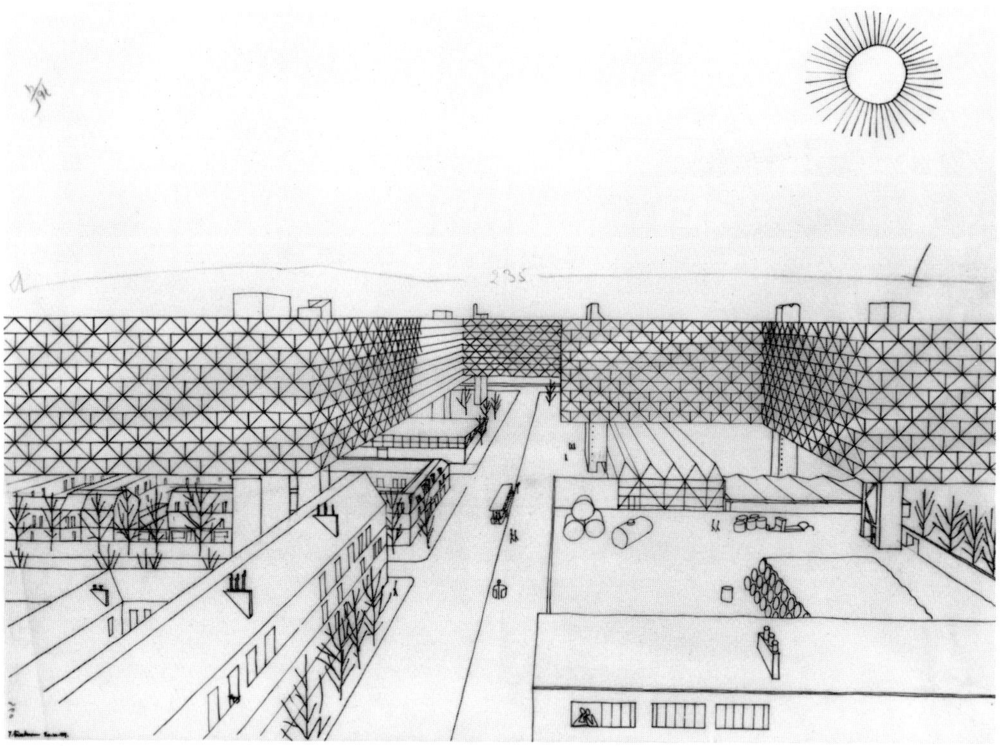

*Yona Friedman [*1923], Ohne Titel*

Schopenhauer stellte eine Rangordnung der Künste auf mit Dichtung und Drama an der Spitze, Musik auf einem alles überragenden Ehrenplatz, während die Baukunst unter der Last ihrer Balken und Steine zu Boden sank.[2] Er legte dabei anscheinend irgendein Maß an Spiritualität zugrunde, so daß die Architektur wegen ihrer groben Materialität auf den niedrigsten Platz zu verdammen war.

Heutzutage werden solche Wertungen kaum noch ernst genommen. Wir sind im Begriff, traditionelle Ideologien und Mythologien der Künste einer Dekonstruktion und Entwertung zu unterziehen, und somit Raum zu schaffen für ein neutrales vergleichendes Studium, das uns nicht nur die Beziehungen zwischen den verschiedenen Künsten offenlegt, sondern uns auch Verwandtschaften und Gegensätzlichkeiten zwischen den Künsten einerseits, den Wissenschaften und anderen Arten und Weisen, auf die Symbole am Erkenntnisfortschritt teilhaben, andererseits, enthüllen kann.

Wenn wir die Baukunst mit den anderen Künsten vergleichen, springt uns zunächst trotz Schopenhauer ihre enge Verwandtschaft mit Musik ins Auge; Werke der Architektur und Musik sind, anders als Gemälde, Theaterspiele oder Novellen, selten beschreibend [„descriptive"] oder darstellend [„representational"]. Werke der Architektur bezeichnen [„denote"], bis auf einige interessante Ausnahmen, nicht – d. h. sie beschreiben, nacherzählen, schildern oder porträtieren nicht. Sie bedeuten [„mean"], wenn überhaupt, auf andere Weise.

Andererseits jedoch besteht ein Gegensatz zwischen einem Werk der Architektur und anderen Kunstwerken, und zwar im Maßstab. Ein Gebäude, ein Park, eine Stadt[3] sind nicht nur räumlich und zeitlich größer als eine musikalische Darbietung oder ein Gemälde, sondern sogar größer als wir. Wir können sie nicht von einem einzigen Standort aus umfassen; wir müssen uns innerhalb und außerhalb ihrer herumbewegen, um sie in ihrer Ganzheit zu umfassen. Darüberhinaus ist ein Werk der Architektur normalerweise unbeweglich; im Unterschied zu einem Gemälde, das andernorts aufgehängt oder einem Konzert, das in verschiedenen Sälen aufgeführt werden kann, ist das Werk der Architektur fest in eine physische und kulturelle Umgebung gestellt, die sich nur langsam ändert.

Schließlich hat ein Werk der Architektur – wie kaum ein anderes Kunstwerk – gewöhnlich eine praktische Funktion, wie Gewährung von Schutz oder Erleichterung bestimmter Tätigkeiten, die nicht weniger wichtig ist als seine ästhetische Funktion, bzw. diese oftmals überwiegt. Das Verhältnis zwischen diesen beiden Funktionen reicht von gegenseitiger Unabhängigkeit über gegenseitige Verstär-

1 Laurie Olin und John Whiteman leisteten mir wertvolle Unterstützung mit der Literatur über Architektur.
2 Vgl. Bryan Magee, The Philosophy of Schopenhauer, Oxford 1983, S. 176–178.
3 Von nun an verwende ich den Ausdruck „Bauwerk" als Oberbegriff.

kung bis hin zu offenem Zwist und kann höchst verwickelt sein.
Bevor wir uns einigen Fragen und Konsequenzen zuwenden, die sich aus diesen Merkmalen der Architektur ergeben, sollten wir uns fragen, was ein Werk der Baukunst überhaupt ist. Offen gesagt, nicht alle Bauwerke sind Kunstwerke, und der Unterschied liegt nicht in ihrer Vortrefflichkeit [„merit"]. Die Frage „Was ist Kunst?" darf nicht mit der Frage „Was ist gute Kunst?" verwechselt werden; denn die meisten Kunstwerke sind schlecht. Auch ist das Kunstwerk-Sein nicht abhängig von den Intentionen des Schöpfers oder anderer Personen, sondern vielmehr davon, wie das fragliche Objekt tätig ist [„functions"]. Ein Bauwerk ist ein Kunstwerk nur insofern, als es in irgendeiner Weise bezeichnet, bedeutet, verweist, symbolisiert [„signifies, means, refers, symbolizes"]. Das mag wenig offenkundig sein; denn die schiere Masse eines architektonischen Werkes und seine tägliche Inanspruchnahme für praktische Zwecke verdecken häufig seine symbolische Funktion. Mehr noch, einige formalistische Autoren predigen, reine Kunst müsse frei sein von allem Symbolismus, dürfte nur an und für sich selbst sein und betrachtet werden, und jeglicher Bezug auf anderes komme einer Entweihung gleich. Diese Auffassung jedoch beruht auf einem verkürzten Begriff von Bezugnahme [„reference"], wie wir sehen werden.
Natürlich ist nicht jede symbolische Funktion ästhetisch. Eine wissenschaftliche Abhandlung bezeichnet ausgiebig, ist aber dadurch noch kein literarisches Kunstwerk; ein gemaltes Hinweisschild ist noch kein malerisches Kunstwerk. Und ein Gebäude mag in einer Weise bedeuten, die nichts damit zu tun hat, daß es ein architektonisches Werk ist – mag durch Assoziation zu einem Symbol des Allerheiligsten, einer Schreckensherrschaft oder Korruption werden. Ohne allgemein charakterisieren zu wollen, welche Grundzüge symbolischer Funktion Kunstwerke kennzeichnen, können wir dazu übergehen, einige einschlägige Möglichkeiten zu betrachten, wie architektonische Werke als solche symbolisieren.
Ich bin weder Architekt noch Historiker oder Kritiker der Architektur. Mein Unterfangen hier ist nicht, Werke zu beurteilen oder Regeln der Beurteilung aufzustellen, noch zu sagen, was einzelne Werke der Architektur bedeuten; vielmehr will ich beleuchten, wie solche Werke bedeuten mögen, wie wir bestimmen, was sie bedeuten, wie sie sich auswirken [„work"], und weshalb das wichtig ist.

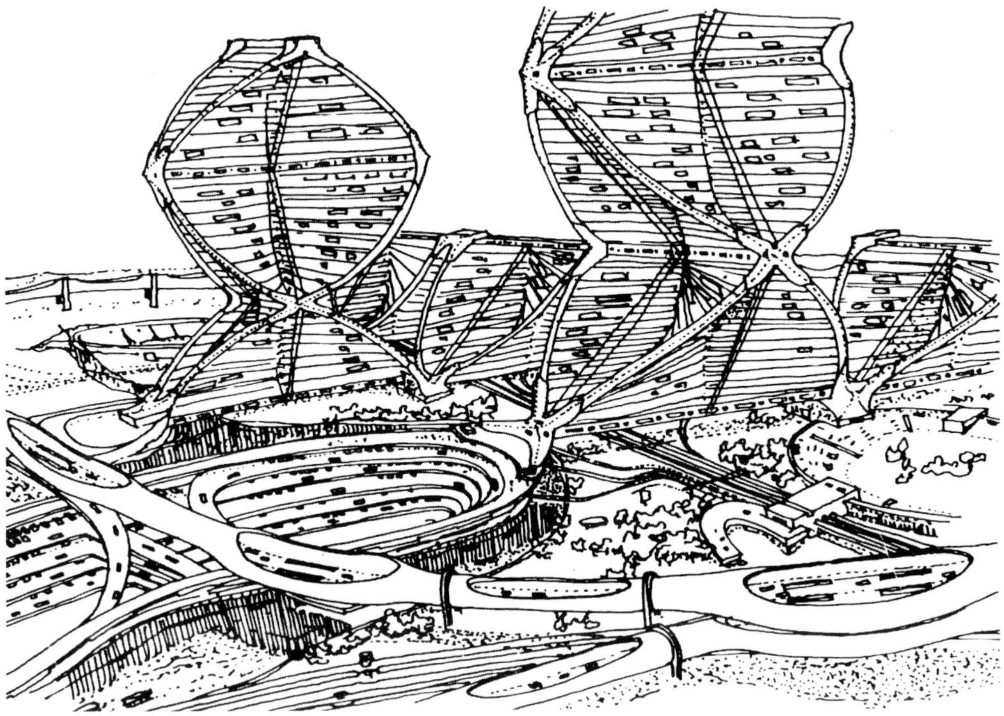

Kisho Kurokawa, Helix City, Zukunftsplanung für Tokio, 1961

Es gibt vielfältige Möglichkeiten, eine Bezugnahme auszudrücken; innerhalb weniger kurzer Abschnitte zweier Essays über Architektur können wir lesen, daß Gebäude anspielen, ausdrücken, heraufbeschwören, anrufen, kommentieren, zitieren; daß sie syntaktisch, literarisch, metaphorisch sind; daß sie zweideutig oder sogar widersprüchlich sind! All diese Ausdrücke, und viele mehr, haben in der einen oder anderen Weise mit Bezugnahme zu tun, und können uns helfen zu begreifen, was ein Gebäude bedeutet. Hier möchte ich einige Unterschiede und Wechselbeziehungen zwischen diesen Ausdrücken hervorheben.[4] Zunächst können die Variationen von Bezugnahme unter folgende vier Rubriken gefaßt werden: „Bezeichnung" [„denotation"], „Veranschaulichung" [„exemplification"], „Ausdruck" [„expression"] und „vermittelter Bezug" [„mediated reference"].
Bezeichnung umschließt Namensgebung, Aussage, Erzählung, Beschreibung, Erklärung, ebenso Porträtierung und jede malerische Darstellung – tatsächlich jegliche Kennzeichnung, jegliche Zuordnung eines Symbols irgendeiner Art zu einem Gegenstand, Ereignis oder sonstiger Erscheinungsform desselben. „Berlin" und eine bestimmte Postkarte bezeichnen beide Berlin, ebenso wie „Stadt", obwohl dieses Wort auch andere Orte bezeichnet.

Gebäude sind keine Texte oder Gemälde und beschreiben oder schildern in der Regel nicht. Manche architektonischen Werke jedoch weisen eine Darstellung [„representation"] in hervorragendem Maße auf, wie byzantinische Kirchen mit ihrem mosaikverkleideten Inneren oder romanische Fassaden, die beinahe nur aus Bildhauerei bestehen. Eben wo Bildhauerei ein so integrierter Teil des Gebäudes ist, sind wir vielleicht geneigt zu sagen, daß eher hervorstechende Teile des Gebäudes darstellen als das Gebäude an sich oder als Ganzes. Bei Gebäuden, die selbst etwas darstellen, denken wir zunächst an Läden, die eine Erdnuß oder einen Eisbecher darstellen, aber nicht alle Beispiele sind so banal. Joern Utzons Opernhaus in Sydney, Australien (1973) ist beinahe eine genaue Darstellung von Segelbooten, wenn es sich auch über formale Belange hinwegsetzt. In Arland Dirlams Erster Baptistischer Kirche in Gloucester, Massachusetts (1964) ist ein traditionelles, spitzes Dach genügend modifiziert und akzentuiert, um die Formen von Segelbooten sehen zu lassen, wenn wir von Westen kommen; und

4 Eine ausführlichere Behandlung erfolgte in Nelson Goodman, Routes of Reference, in: Of Mind and Other Matters, Cambridge, Mass. 1984, S. 55–71; siehe auch Catherine Z. Elgin, With Reference to Reference, Indianapolis 1983.

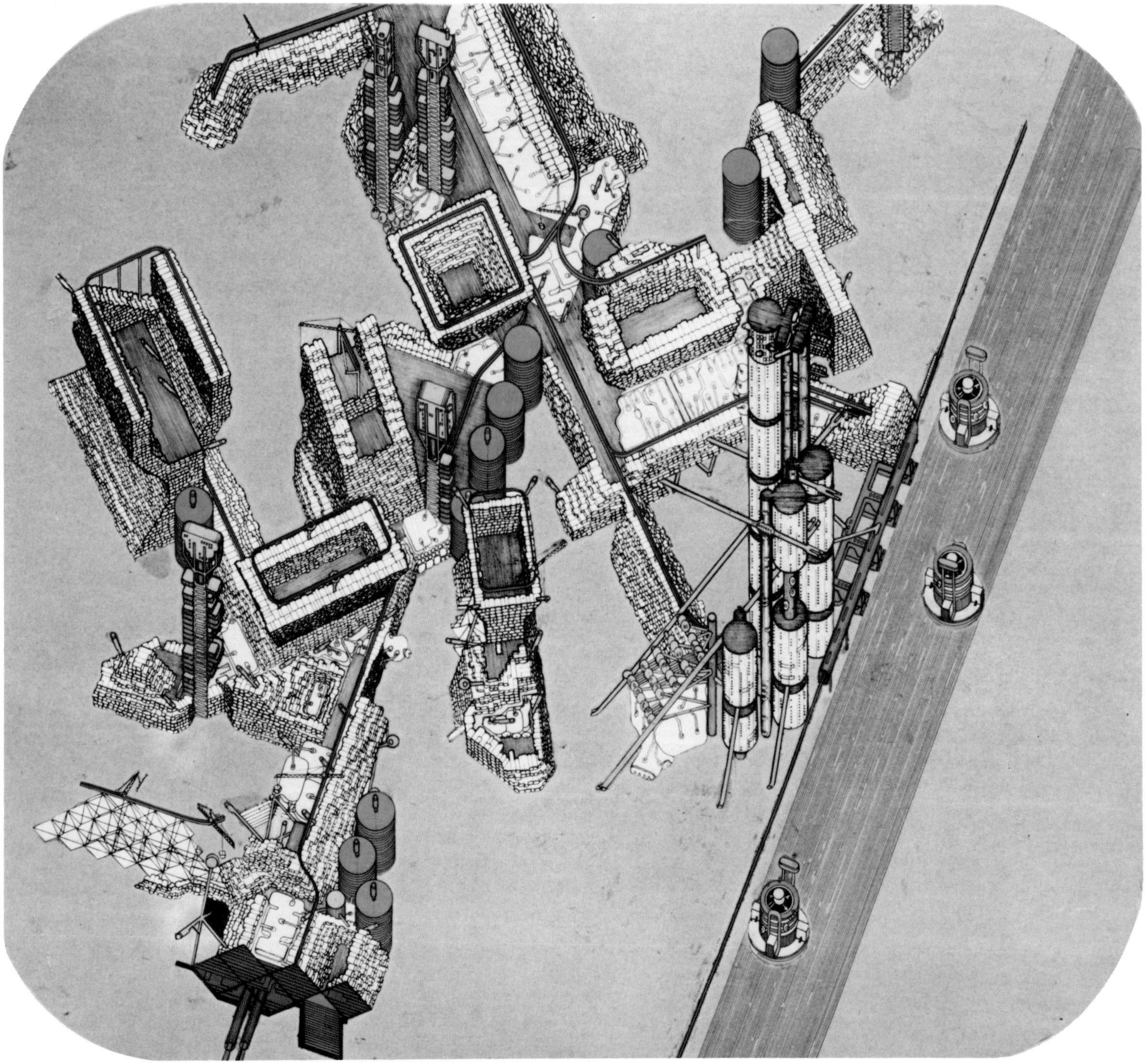

Peter Cook, Plug-in-City, Axonometrie, 1964

der Rahmen des Kirchenschiffes, aus gebogenen Holzbalken gebildet, stellt die Skelette von Fischerbooten dar, die man oft im nahe gelegenen Essex im Bau befindlich sieht. Wiederum, die merkwürdigen Türme von Gaudis Sagrada-Familia-Kirche entpuppen sich als überwältigende Darstellungen, wenn wir einige Meilen entfernt am Montserrat uns auf die konisch spitz zulaufenden Berge hinbewegen. Da jedoch wenige Werke der Baukunst als Ganzes oder in Teilen darstellen, hatte das Trauma, welches das Ereignis der Abstraktion in der modernen Malerei verursachte, in der Architektur keine Parallele. Wo Darstellung Brauch war, hinterließ ihr Fehlen manchmal ein Gefühl von Verlust und gab Anlaß zu scharfer Anschuldigung und trotziger Verteidigung der Bedeutungslosigkeit; wo aber Dar-

stellung nicht erwartet wird, sind wir bereit, uns auf andere Formen von Bezugnahme zu konzentrieren. Obgleich diese nicht weniger wichtig in Malerei und Literatur sind – in der Tat ist ihr Vorliegen ein Grundzug, der literarische Texte gegenüber nichtliterarischen auszeichnet – bleiben sie oftmals verdeckt, weil wir uns die Frage, was dargestellt oder beschrieben oder nacherzählt wird, mehr angelegen sein lassen.
Ob nun ein Bauwerk etwas darstellt oder nicht, es kann bestimmte Eigenschaften ausdrücken bzw. veranschaulichen. Solch ein Bezug läuft nicht, wie die Bezeichnung, vom Symbol zu dem, worauf es als Kennzeichnung zutrifft, sondern umgekehrt: vom Symbol zu bestimmten Kennzeichnungen, die auf es zutreffen – oder zu seinen Eigenschaften.[5] Ein alltäglicher Fall ist der eines Stücks gelben, karierten Wolltuchs, das als Muster dient. Es hat keinen Bezug auf irgendetwas, das es abbildet oder beschreibt oder anderweitig bezeichnet, sondern nur auf seine Eigenschaften des Gelb-, Kariert- und Wolleseins oder auf die Wörter „gelb“, „kariert“ und „wollig“, die es bezeichnen. Freilich veranschaulicht es so nicht alle seine Eigenschaften bzw. alle Kennzeichnungen, die auf es zutreffen – nicht, z. B., seine Größe oder Gestalt.
Dies ist eine der Hauptweisen, wie architektonische Werke bedeuten. In formalistischer Architektur kann sie den Vortritt vor allen anderen Weisen einnehmen; so hat z. B. laut William H. Jordy „der holländische Architekt Gerrit Rietveld ... Architektur in ihre wesentlichen linearen Elemente (Säulen, Balken und Rahmen für Öffnungen) und Ebenen (Mauernzulagen) fragmentiert, um so den ‚Bau‘ des Bauwerks („the ‚build‘ of the building“) sichtbar zu machen.“[6]
D. h., das Gebäude ist so entworfen, daß es ausdrücklich auf bestimmte Eigenschaften seiner Struktur Bezug nimmt. In anderen Gebäuden, die auch aus Säulen, Balken, Rahmen und Wänden hergestellt sind, ist die Struktur keineswegs solcherart veranschaulicht, sie hat vielmehr nur praktische und evtl. andere symbolische Funktionen. Jedoch eine Veranschaulichung der Struktur kann andere Weisen des Bedeutens begleiten, und diese entweder bevormunden oder ihnen untergeordnet werden; z. B. ist der Bezug zur Struktur nicht die vorrangige symbolische Funktion einer Kirche, mag jedoch eine bemerkenswerte unterstützende Rolle spielen. So schreibt Christian Norberg-Schulz über die Vierzehnheiligenkirche bei Bamberg: „Eine Analyse zeigt, daß in der Anlage zwei Systeme verbunden wurden: ein zweiachsiger Organismus ... und ein konventionelles lateinisches Kreuz. Da das Zentrum der zweiachsigen Anlage nicht mit dem Kreuz zusammenfällt, ergibt sich eine außergewöhnlich starke Synkope. Über dem Kreuz, wo sich traditionellerweise das Zentrum der Kirche befinden sollte, wird

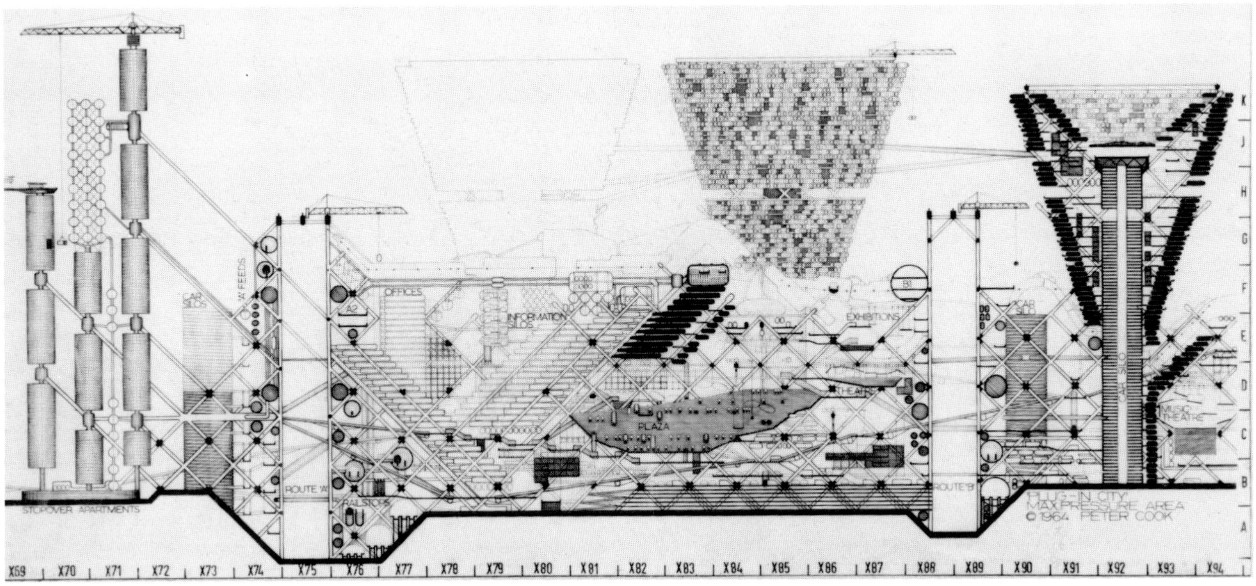

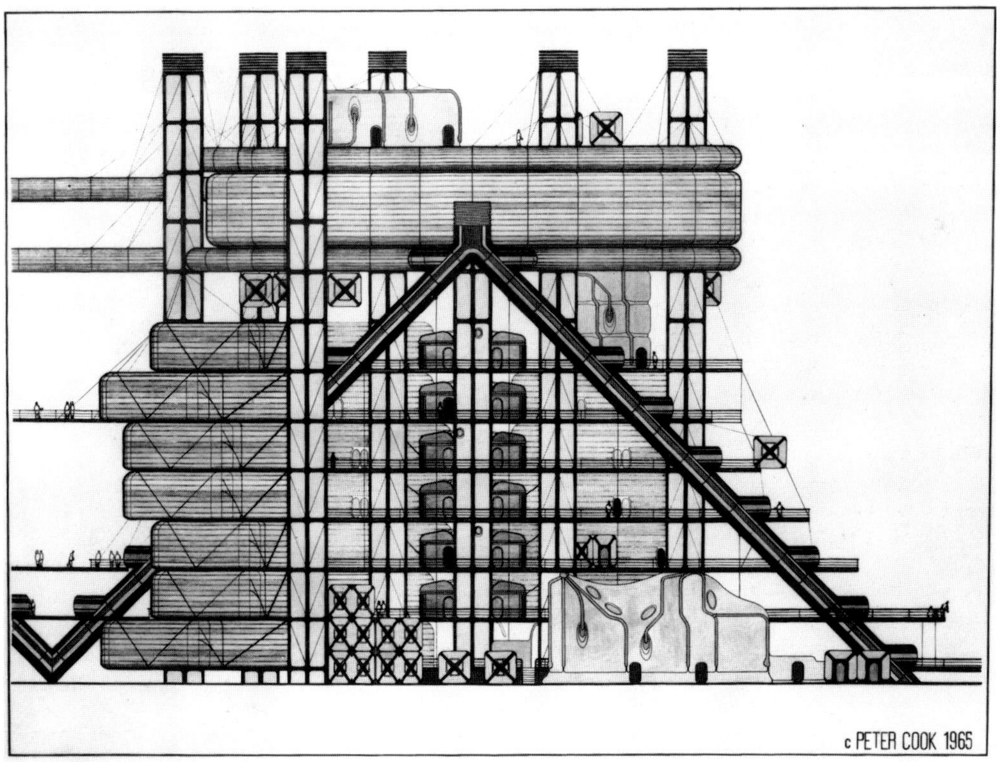

Peter Cook, Plug-in City, Maximum Pressure Area, 1965
Peter Cook, Plug-in University, 1965

5 Ich spreche hier von Eigenschaften oder Kennzeichnungen, ohne diese Termini näher zu unterscheiden. Zur Diskussion dieses Themas siehe Nelson Goodman, Languages of Art, Indianapolis 1968; 2. Auflage 1976. S. 54–57.
6 William H. Jordy, Aedicular Modern: The Architecture of Michael Graves, The New Criterion Vol. 2 (Oct. 1983), S. 46.

Ron Herron, Cities: Moving, Master Vehicle-Habilitation, 1964

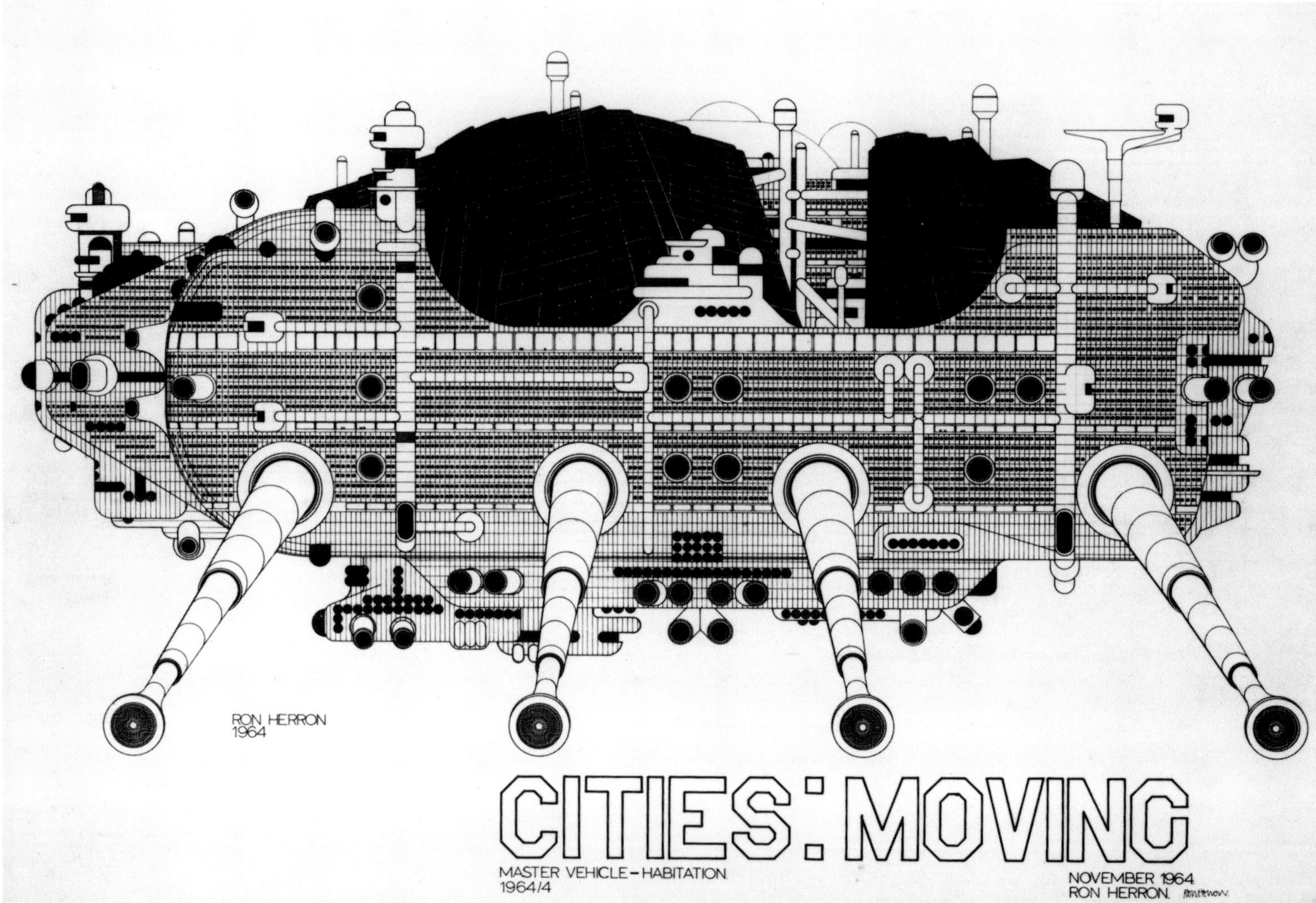

das Gewölbe von vier angrenzenden Baldachinen verzehrt. Der durch den Grundriß definierte Raum wird dadurch entsprechend dem durch das Gewölbe definierten Raum versetzt, und die sich ergebende synkopische, wechselseitige Durchdringung weist eine innigere räumliche Integrierung auf als je zuvor in der Architekturgeschichte. Dieses dynamische und zweideutige System der Haupträume ist von einer sekundären Zone umgeben, hergeleitet aus den traditionellen Seitenschiffen der Basilika."[7]
Die Form der Kirche mag auf vielerlei andere Weisen ebenso zutreffend beschrieben worden sein – der Grundriß als hochkomplexes Vieleck usw. Was aber aufgrund der größeren Vertrautheit von Rechtecken und Kreuzen und der langen Vorgeschichte von Basiliken und kreuzförmigen Kirchen hier herauskommt, was hier veranschaulicht wird, ist die Struktur als eine von diesen einfacheren Formen abgeleitete. Gleicherweise zeigt sich das Gewölbe nicht als eine einzelne wellige Schale, sondern als eine glatte, von anderen Gestaltungen unterbrochene Form. Die oben erwähnte Synkopierung und Dynamik hängen von der Wechselbeziehung formaler Eigenschaften ab, und zwar nicht solcher, die das Bauwerk schlicht besitzt, sondern solcher, die es veranschaulicht.
Nicht alle Eigenschaften (oder Kennzeichnungen), auf die ein Bauwerk Bezug nimmt, fallen unter die Eigenschaften, die es buchstäblich besitzt (oder die buchstäblich auf es zutreffen). Das Gewölbe der Vierzehnheiligenkirche wird nicht buchstäblich verzehrt; die Räume sind nicht wirklich in Bewegung, und ihre Organisation ist nicht in buchstäblichem, sondern vielmehr in metaphorischem Sinne dynamisch. Obgleich J. L. Serts Sherman Union Gebäude (1964) nicht buchstäblich Saxophon spielt und Trommeln schlägt, ist es zutreffend als „jazzig“ beschrieben worden. Ein Bauwerk kann Gefühle ausdrücken, die es nicht empfinden, Ideen, die es nicht denken, Taten, die es nicht ausführen kann. Daß eine derartige Zuschreibung von Eigenschaften metaphorisch ist, läuft nicht einfach darauf hinaus, daß sie buchstäblich falsch ist; denn metaphorische Wahrheit ist ebenso scharf von metaphorischer Falschheit unterscheidbar wie buchstäbliche Wahrheit von buchstäblicher Falschheit. Der emporstre-

7 Christian Norberg-Schulz, Meaning in Western Architecture, London 1975, S. 311.

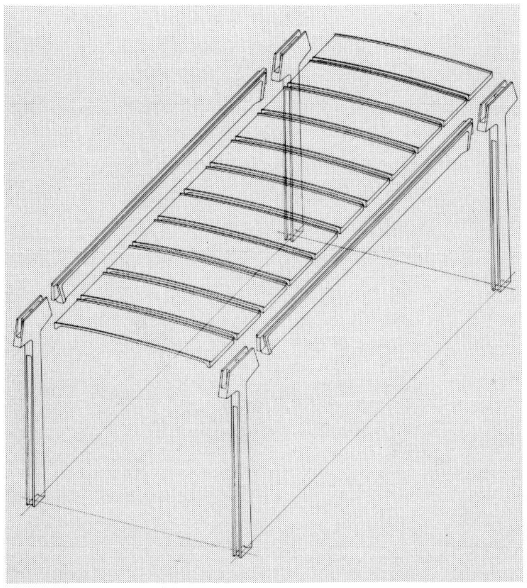

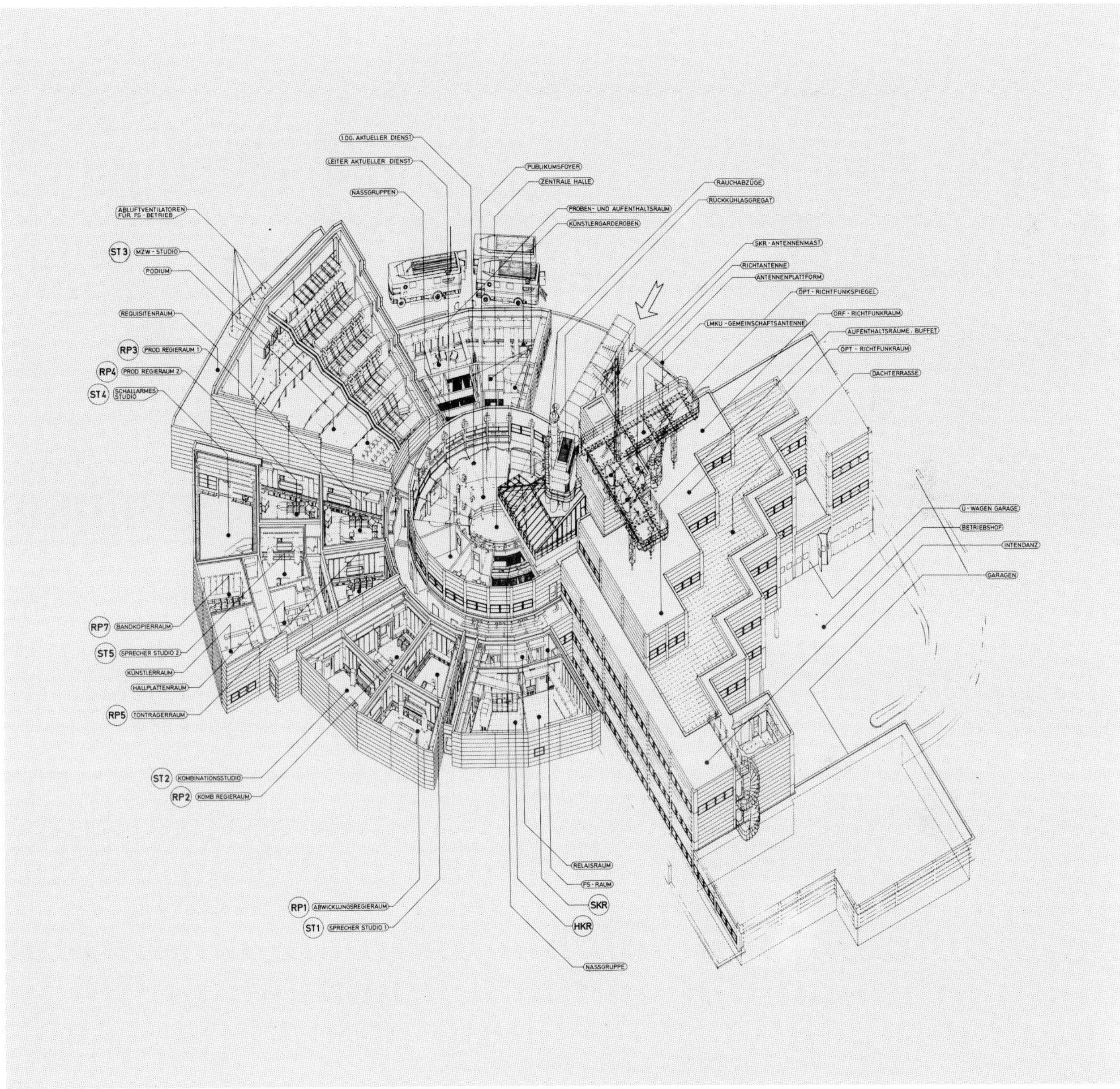

bende und singende gotische Dom sinkt und brummt nicht gleicherweise. Obwohl beide Beschreibungen buchstäblich falsch sind, ist die erstere metaphorisch wahr, nicht aber die letztere.

Der Bezug eines Bauwerks auf Eigenschaften, seien sie buchstäblich oder metaphorisch, ist Veranschaulichung; eine Veranschaulichung metaphorischer Eigenschaften aber nennen wir meist *Ausdruck*. Um den Unterschied zu kennzeichnen, sage ich kurz „Veranschaulichung" für „buchstäbliche Veranschaulichung" und behalte „Ausdruck" für die metaphorischen Fälle vor; vielfach wird jedoch „Ausdruck" für beide Arten verwendet. So lesen wir z. B. häufig, ein Gebäude „drükke" seine Funktion „aus"; da aber eine Fabrik die Funktion des Herstellens hat, ist ihre Veranschaulichung dieser Funktion die einer buchstäblichen Eigenschaft. Nur wenn die Fabrik, sagen wir, die Funktion des Vermarktens veranschaulichte, würde sie in meiner Terminologie eine Funktion ausdrücken. Die Unterscheidung zwischen Veranschaulichung und Ausdruck ist jedoch weniger wichtig als die Anerkennung buchstäblichen Veranschaulichens als einer wichtigen Art des Bezuges, vor allem in der Baukunst. Einem rein formalen Bau, der weder etwas beschreibt noch Gefühle oder Gedanken ausdrückt, wird manchmal jegliche symbolische Funktion abgesprochen. Er veranschaulicht aber tatsächlich bestimmte Eigenschaften und unterscheidet sich nur so von Bauten, die nicht Kunstwerke sind.

Natürlich kann ein Werk der Architektur auch zugleich einige Eigenschaften buchstäblich veranschaulichen und andere ausdrücken. Rudolf Arnheim schreibt über die Fassade von San Miniato al Monte in Florenz: „sie drückt ihren Charakter als ein selbstbewerkstelligter Gegenstand, der von... der Erde abhängt, aus; aber sie symbolisiert auch das Ringen des menschlichen Geistes um Behauptung seiner in sich ruhenden Integrität gegen die Einmischung äußerer Kräfte."[8] Oder in meiner Terminologie: die Fassade *veranschaulicht* die erste (buchstäbliche) Eigenschaft und *drückt* die zweite (metaphorische) *aus*.

Darstellung, Veranschaulichung und Ausdruck sind elementare Spielarten der Symbolisierung; der Bezug eines Bauwerks auf hintergründige oder komplizierte Ideen geht jedoch gelegentlich gewundene Wege, nämlich über gleichartige bzw. verschiedenartige Ketten elementarer Bezugsglieder. So stellt z. B. die oben erwähnte Gloucesterkirche Segelboote dar; Segelboote veranschaulichen Freiheit

links:
Angelo Mangiarotti, Vorgefertigtes Bausystem für Industriebauten, 1964
rechts:
Gustav Peichl, Landesstudio Tirol des ORF, Salzburg, Isometrie, 1969

8 Rudolf Arnheim, The Symbolism of Centric and Linear Composition, Perspecta 20, Cambridge, Mass., S. 142.

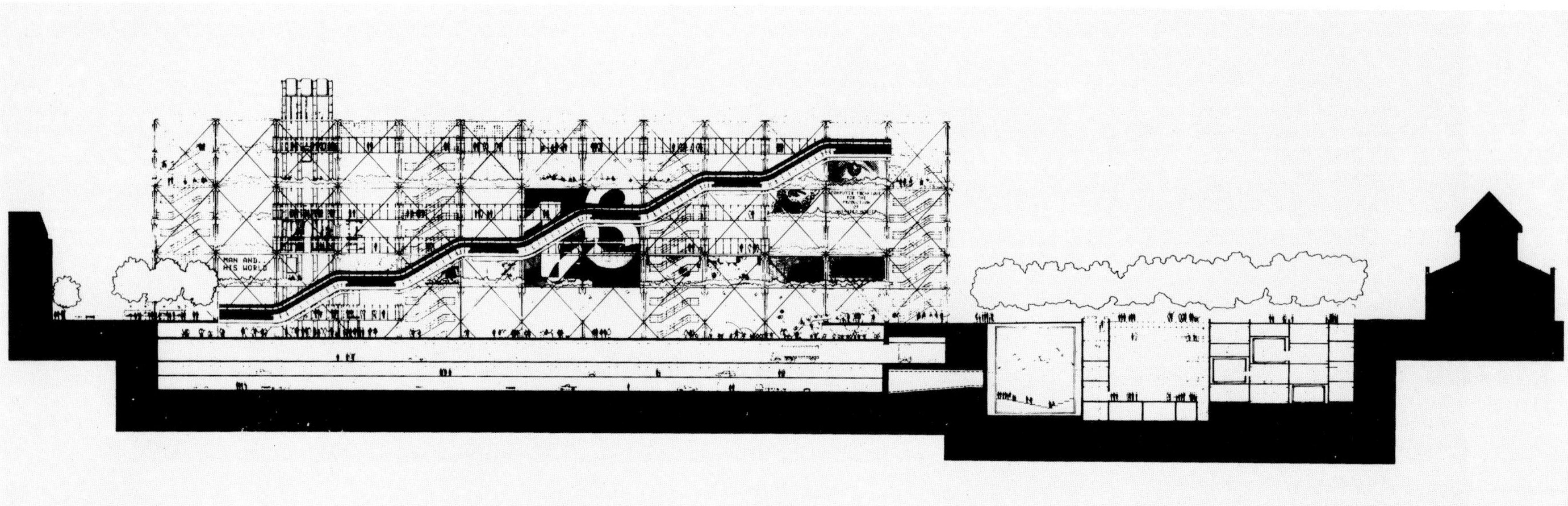

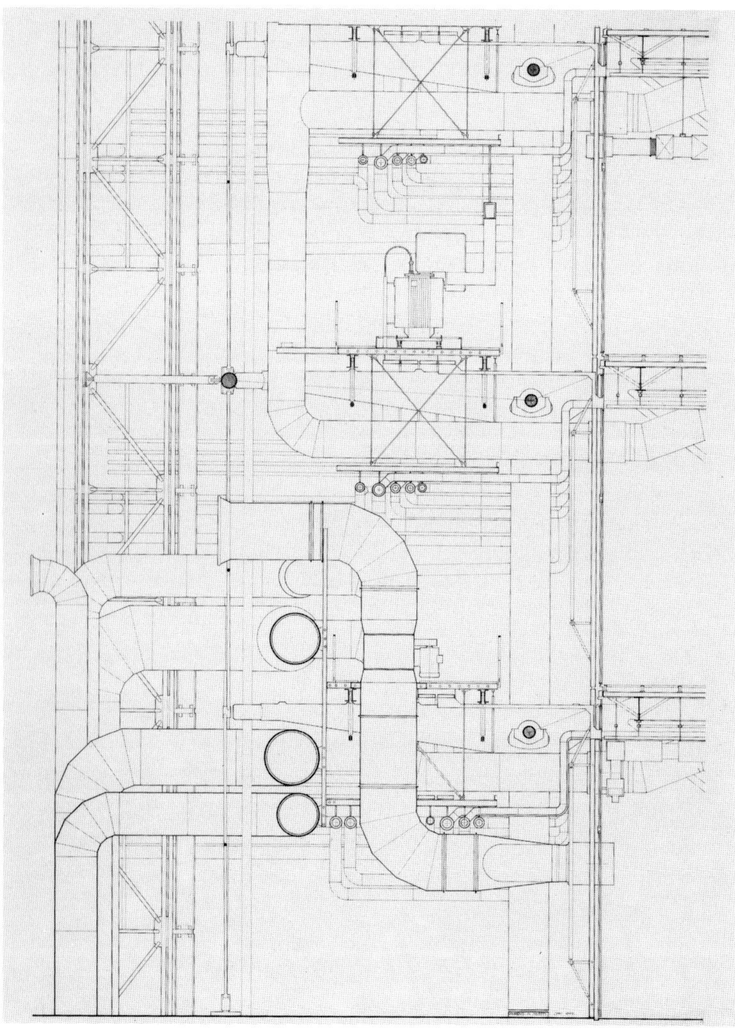

von der Erde; Freiheit von der Erde hinwiederum veranschaulicht Spiritualität. Somit stellt die Kirche über eine dreigliedrige Kette einen Bezug auf Spiritualität her. Teile eines Bauwerks von Michael Graves veranschaulichen Schlußsteine und andere Formen, die in ägyptischer und griechischer Architektur dargestellt oder veranschaulicht sind, und ergeben somit einen indirekten Bezug auf solche Bauwerke bzw. auf darin veranschaulichte oder ausgedrückte Eigenschaften.[9] Solch ein indirekter oder vermittelter Bezug wird häufig *„Anspielung“* genannt, wenn etwa über die „Fünf Architekten“ zu hören ist, sie machten „Anspielungen auf antiken und Renaissance-Klassizismus“ und seien „gefesselt von Le Corbusiers witziger Einschiebung von Collage-Anspielungen in seine Bauwerke“.[10] Oder, wenn Robert Venturi über „Widerspruch“ in einem Bauwerk schreibt,[11] so meint er nicht, ein Gebäude könne tatsächlich eine widersprüchliche Behauptung aufstellen; vielmehr will er sagen, ein Gebäude veranschauliche Formen, die, nebeneinandergestellt, Anlaß zu widersprechenden Erwartungen geben, weil sie ebenfalls in unterschiedlichen Baustilen (z. B. Klassik und Barock) gesondert veranschaulicht sind. Der „Widerspruch“ entsteht so aus indirekter Bezugnahme.

Nicht alle aus Bezugsgliedern gebildeten Ketten leiten die Bezugnahme von dem einen Ende zum anderen. Der Name des Namens der Rose ist nicht der Name der Rose, und „Gaudis berühmte Kirche in Barcelona“ bezieht sich auf ein bestimmtes Gebäude, nicht aber auf das Gebirge, auf das das Gebäude Bezug nimmt. Andererseits kann ein Symbol, das mittels einer Kette Bezug nimmt, sich auch direkt auf denselben Gegenstand beziehen; und wo Bezugnahme über eine gegebene Kette Gewohnheit wird, kommt häufig auch eine Abkürzung vor. Zum Beispiel kann ein Gebäude, das auf griechische Tempel anspielt, welche ihrerseits klassische Proportionen veranschaulichen, dazu kommen, diese Proportionen direkt auszudrücken, ohne sie selbst zu besitzen. Überdies bleibt die Bezugnahme eines Werkes über eine Kette selten auf eine einzige beschränkt; ein Gebäude kann symbolisch über verschiedene Wege zu demselben Bezugspunkt gelangen. Der Leser wird sein eigenes Beispiel finden.

Manchmal werden andere Beziehungen, in denen ein Gebäude sich befinden mag – zum Beispiel zu seinen Wirkungen oder Ursachen – als Bezugspunkte mißverstanden. Was ein architektonisches Werk bedeutet, kann im allgemeinen weder mit den Gedanken, die es inspiriert, oder Gefühlen, die es hervorbringt, identifiziert werden, noch mit den Bedingungen, die für seine Existenz oder sein Design

---

9 Obgleich die Bezugsglieder einer Kette normalerweise in ihrer Richtung nicht festgelegt sind, kann es vorkommen, daß ein Glied auf ein anderes Bezug nimmt aber nicht umgekehrt. Jedoch in Fällen, wo ein Glied ein anderes veranschaulicht, ist der Bezug wechselseitig, denn jede Veranschaulichung ist von der anderen Richtung aus gesehen eine Bezeichnung.

10 Vgl. den Aufsatz von Jordy, Anm. 6, S. 45.

11 Robert Venturi, Complexity and Contradiction in Architecture, New York 1966.

verantwortlich sind. Obwohl „Hervorrufung“ [„evocation“] manchmal beinahe austauschbar mit „Anspielung“ [„allusion“] oder „Ausdruck“ [„expression“] gebraucht wird, muß sie von ihnen unterschieden werden; denn einige Werke spielen zwar auf hervorgerufene Gefühle an bzw. drücken sie aus, dies gilt jedoch nicht für alle Werke. Ein Gebäude einer früheren Ära drückt nicht immer die Nostalgie aus, die es hervorruft; oder ein Wolkenkratzer in einer Stadt Neu-Englands nimmt nicht immer Bezug auf den Zorn, den er erregt, wie weitverbreitet und anhaltend er auch sei. Gleichermaßen müssen Anspielung und jede andere Bezugnahme von Verursachung [„causation“] unterschieden werden. Sogar wenn in manchen Fällen „eine Epoche in ihren Monumenten eingeprägt ist... Architektur ist nicht wertfrei. Sie drückt politische, soziale, ökonomische und kulturelle ‚Zweckbestimmtheiten‘ aus.“[12] Dennoch bezieht sich ein architektonisches Werk nicht immer auf ökonomische, soziale, psychologische oder andere Faktoren und Ideen, die seine Erstellung bewirkten oder sein Design beeinflußten.

Selbst wenn ein Gebäude bedeutet, so braucht das überhaupt nichts mit seiner Architektur zu tun zu haben. Ein Gebäude jeglichen Designs kann für einige seiner Ursprünge oder Wirkungen stehen; oder für ein historisches Ereignis, das dort stattfand; oder für seinen vorgesehenen Zweck. Ein jedes Schlachthaus kann Schlachtung symbolisieren, ein jegliches Mausoleum Tod, und ein Kreisgerichtshaus Extravaganz. In solcher Weise bedeuten, heißt noch nicht als ein Werk der Baukunst tätig sein.

Soviel zu einigen der Möglichkeiten, wie Bauwerke als solche bedeuten bzw. nicht bedeuten. Aber wann bedeutet ein Gebäude als solches eigentlich? Einige Arbeiten über Architektur vermitteln den Eindruck, Prosa sei ein ebenso wichtiger Bestandteil der Baukunst wie Stahl, Stein und Zement. Bedeutet ein Werk jeweils das, was ein Beliebiger als seine Bedeutung angibt, oder besteht ein Unterschied zwischen richtigen und falschen Aussagen darüber, wie und was es bedeutet?

Von einem bestimmten Standpunkt aus gesehen, gibt es nur eine einzige zutreffende Interpretation; es gibt keine Alternativen, und Prüfstein der Richtigkeit ist die Übereinstimmung mit der Absicht des Künstlers. Offensichtlich sind hier jedoch drastische Anpassungen nötig, um solche Werke unterzubringen, die es nicht schaffen, des Künstlers Absicht zu verwirklichen, oder die sie übersteigen oder von ihr abweichen. Nicht nur der

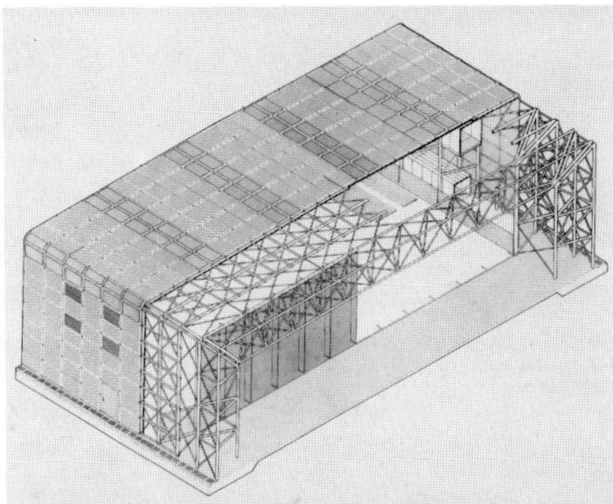

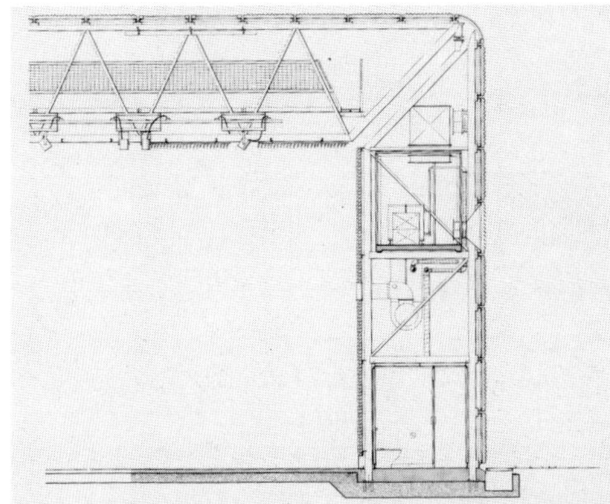

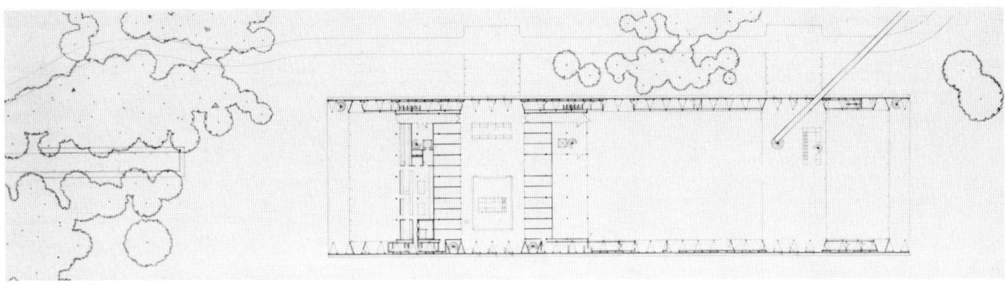

links oben:
Norman Foster, Sainsbury Centre for Visual Arts, Universität East Anglia, Norwich (1974–1978), Axonometrie
rechts oben:
Norman Foster, Sainsbury Centre for Visual Arts, Universität East Anglia, Norwich (1974–1978), Schnitt durch Wand- und Deckenkonstruktion
unten:
Norman Foster, Sainsbury Centre for Visual Arts, Universität East Anglia, Norwich (1974–1978), Grundriß des Erdgeschosses

Seite 244 oben:
Renzo Piano, Richard Rogers: Centre National d'Art et de Culture Georges Pompidou, Paris (1971–1977), Hauptfassade
Seite 244 unten:
Renzo Piano, Richard Rogers: Centre National d'Art et de Culture Georges Pompidou, Paris, Schnitt. Zeichnung: Laurence A. Abbott, 1977

Weg zur Hölle ist mit unerfüllten Absichten gepflastert; und große Werke sind oft voll von unbeabsichtigten Realisationen. Darüberhinaus sind wir kaum je völlig außerstande, ein vorgeschichtliches oder anderes Werk zu interpretieren, wenn so gut wie nichts über den Künstler oder seine Absicht bekannt ist. Jedoch der Hauptfehler dieser Betrachtungsweise liegt eher in ihrer Absolutheit als in dem aufgeführten einzelnen Prüfstein der Richtigkeit. Denn es ist kennzeichnend für ein Kunstwerk, auf mannigfaltige, voneinander abweichende und wechselhafte Weisen zu bedeuten.

Der einem solchen Absolutismus entgegengesetzte Standpunkt ist ein radikaler Relativismus, dem jegliche Interpretation gleich gut oder schlecht gilt. Alles ist möglich, wenn nur irgendetwas möglich ist. Alle Interpretationen sind dem Werk äußerlich, und Aufgabe der Kritik ist, sie abzustreifen. Ein Werk hat jede Bedeutung, die ihm zugelegt wird, oder, mit anderen Worten, es bedeutet überhaupt nicht. Ein Unterschied zwischen richtiger und falscher Interpretation wird nicht anerkannt.

Diese Sichtweise beinhaltet offenkundig eine grobe Vereinfachung. Mehr als jede andere Kunst macht die Architektur uns bewußt, daß Interpretation nicht so leicht vom Werk zu unterscheiden ist. Ein Gemälde kann als Ganzes auf einmal präsentiert werden – obgleich unsere Wahrnehmung eine Synthetisierung der Ergebnisse der Betrachtung in sich schließt – aber ein Gebäude muß zusammengesetzt werden aus einer heterogenen Sammlung visueller und kinästhetischer Erfahrungen, die daraus resultieren, daß man es aus verschiedenen Entfernungen und Winkeln angesehen hat, in ihm herumgegangen ist, Treppen gestiegen ist, den Hals verrenkt hat, Erfahrungen, die von Photographien, Miniaturmodellen, Abrissen, Plänen, und vom tatsächlichen Benutzen stammen. Eine derartige Konstruktion [„construction“] des Werkes ist bekanntlich gleichartig mit einer Interpretation und ist beeinflußt dadurch, was wir über das Gebäude denken, und was es bzw. seine Teile bedeuten. Derselbe Altar mag ein entscheidender Angelpunkt oder eine nebensächliche Abweichung sein. Eine Moschee hat nicht dieselbe Struktur für einen Moslem, einen Christen und einen Atheisten. Ein Abstreifen oder Herausreißen aller Deutungen [„construals“] (d.h. aller Interpretation und Konstruktion), hinterläßt ein Werk nicht gereinigt von jeder Verkrustung, sondern vernichtet es.

12 François Mitterand, zitiert in Julia Trilling, Architecture as Politics, The Atlantic Monthly, Vol. 252 (Oct. 1983), S. 35.

Der entschiedene Dekonstruktionalist wird freilich davor nicht zurückschrecken. Er wird ungedeutete [„unconstrued“] Werke als Trugbilder von sich weisen und jegliche Interpretation nicht als Interpretation *von* etwas, sondern als frei erfundene Geschichte behandeln. Er ist so eines jeden stereotypen Begreifens eines Werkes und der verstrickenden, hoffnungslosen Suche nach der einzig richtigen Interpretation entbunden. Eine großartige Freiheit ersetzt die niederdrückende Verbindlichkeit, allerdings um den Preis der Inkonsequenz. Was auch immer gesagt wird, zählt als richtige Interpretation eines beliebigen Werkes.

Somit weisen sowohl der absolutistische Standpunkt, ein Werk sei und bedeute das, was der Architekt beabsichtigt, als auch der extrem relativistische, ein Werk sei und bedeute das, was irgendjemand über es äußert, ernsthafte Mängel auf. Ein dritter Standpunkt, den man Konstruktiven Relativismus nennen kann, faßt *De*konstruktion als Vorspiel zu *Re*konstruktion auf, und besteht darauf anzuerkennen, daß unter den vielen Deutungen [„construals“] eines Werkes einige – selbst einander widerstreitende – richtig seien, andere hingegen falsch. Also müssen wir überlegen, was den Unterschied ausmacht.

Diese Frage kann nicht beschränkt werden auf Deutungen [„construals“] von Kunstwerken, sie betrifft vielmehr gleichermaßen die Richtigkeit der Werke selbst als Welt-Deutungen [„world-construals“]. Und immer, wenn wir solches erforschen, stellen wir uns einer ungeheuren Frage, die die Frage nach der Wahrheit umfaßt bzw. sogar übersteigt, denn Wahrheit kommt nur verbalen Behauptungen zu. Es ist augenfällig, daß keine volle und endgültige Antwort auf diese Frage erfolgen wird. Jede Suche nach einem handlichen, endgültigen Prüfstein der Richtigkeit (ein Schlüssel zu allem Wissen, nichts Geringeres!) ist offenkundig absurd, ja selbst eine handliche und befriedigende Definition kann kaum erwartet werden. Ich kann hier nur einige Überlegungen anbieten: die Natur der Richtigkeit betreffend, und die Faktoren, die unsere versuchsweisen Entscheidungen, welche Lesarten [„version“] richtig bzw. richtiger sind, beeinflussen.[13]

Richtigkeit im allgemeinen kann nicht als getreue Spiegelung aufgefaßt werden, als Übereinstimmung damit, was eine Lesart beschreibt oder bezeichnet – denn die Lesart bildet einen Bestandteil genau der Konstitution dessen, was sie beschreibt oder bezeichnet. Richtigkeit eines Werkes oder einer sonstigen Lesart ist eher eine Sache der guten Ausführung [„being well-made“] und des wirkungsvollen Funktionierens [„functioning effectively“] als der Ähnlichkeit mit etwas anderem. Gute Ausführung beinhaltet eine Art guten Passens [„good fit“] – das Passen der Teile zueinander und des Ganzen zu Umgebung und Hintergrund. Solch ein Passen bzw. Zusammenhalt ist nicht statisch, sondern entwickelt sich. Wie im Falle eines „Widerspruchs“ in der Baukunst erläutert: drastische Veränderungen in den Maßstäben des Passens beginnen bei und vollziehen sich gegen Begriffe und Bräuche, die nur langsam weichen.

Gute Ausführung jedoch ist dem untergeordnet – trägt dazu bei und wird geprüft davon –, wie gut eine Lesart funktioniert. Was uns in der Baukunst interessiert, ist, wie ein Werk als Kunstwerk arbeitet. Ein Gebäude kann tadellos und brauchbar sein, ohne ein gutes Kunstwerk oder überhaupt ein Kunstwerk zu sein. Ob es als ein Werk der Architektur funktioniert und gar gut ausgeführt ist, hängt davon ab, was und wie es in den oben ausgeführten Weisen bedeutet – durch Bezeichnung, Veranschaulichung, Ausdruck, oder durch eine Bezugskette. Betrachten wir z. B. folgenden Abschnitt: „Die Gegebenheiten des Geländes werfen auch schwierige Fragen auf. Die Place [de la Bastille] ist ein formloses, häufig befahrenes Verkehrsrondell – ein schwacher östlicher Brennpunkt der berühmten Ost-West-Achse, die vom Arc de Triomphe entlang der Champs-Elysées, vorbei am Louvre zur Bastille und weiter zur Place de la Nation verläuft. Die Julisäule, die 1840 auf dem Platz errichtet wurde, befriedigte Haussmanns Wunsch niemals, jede Allee klassisch in einem eindrucksvollen Ausblick enden zu sehen. Aber selbst Haussmann glückten nicht immer die richtigen Proportionen. Das Opernhaus von Garnier, obwohl unbestreitbar monumental in sich selbst, schafft es nicht wirklich, die Avenue de l'Opéra zu vervollständigen. Es ist zu breit für seinen Platz, übertritt seinen Rahmen, der von den angrenzenden Gebäuden der Allee definiert wird. Im Falle der Place de la Bastille wäre die zutreffende Lage des neuen Opernhauses nicht die auf dem früheren Bahnhofsgelände gewesen, sondern direkt daneben auf dem Kanal, der Haussmanns Boulevard Richard Lenoire vollendet.“[14]

Was hier diskutiert wird, ist nicht physisches Passen; es gibt keine Klagen über verbaute Zugänge oder mangelndes Licht oder Eindringen in öffentlichen Grund. Das in Frage stehende Passen betrifft das der veranschaulichten Formen zueinander und zu der durch das Ganze veranschaulichten Form. Insofern hängt es davon ab, was die Teile und das Ganze in der einen oder anderen Weise bezeichnen – in diesem Falle vorwiegend durch Veranschaulichung. Und das wirkungsvolle Funktionieren eines Werkes hängt zum Teil wiederum von solchem Passen ab.

Dies läßt immer noch die Frage offen, wie wir bestimmen, wann und ob ein Werk wirkungsvoll funktioniert oder ob überhaupt – wann wir mit Recht sagen können, daß und wie ein Werk in den einschlägigen Weisen bedeutet, sowie ob es gut ausgeführt ist und gut funktioniert. Ein Teil der Antwort ist, daß es dazu keine allgemeingültigen Regeln gibt, ebenso wie es keine allgemeingültigen Regeln gibt, die festlegen, was ein Text bedeutet oder ein Bild aussagt. Jedoch wirkt ein architektonisches Werk oder jedes andere Kunstwerk als solches in dem Ausmaß, in dem es unsere Art zu sehen, fühlen, wahrzunehmen, zu begreifen und verstehen ganz allgemein berührt. Ein Besuch einer Gemäldeausstellung kann unsere Sichtweise umgestalten; und ich habe schon anderweitig vertreten, daß die Vorzüglichkeit eines Kunstwerks eher eine Sache der Aufklärung als des Vergnügens ist. Ein Gebäude verändert unsere räumliche Umgebung mehr als andere Werke; als ein Werk kann es aber darüberhinaus durch die verschiedensten Bedeutungsschichten unsere gesamte Erfahrung beseelen und neu ordnen. Wie andere Kunstwerke – ebenso wie wissenschaftliche Theorien – kann es neue Einblicke eröffnen, Verständnis vorantreiben und teilhaben am fortlaufenden Prozeß der Weltformung.

Aus dem Amerikanischen von Theda Ites

13 Eine weitergehende Diskussion ist zu finden in Nelson Goodman, Ways of Worldmaking, Indianapolis 1978, Chapter VII.

14 Vgl. den in Anm. 12 genannten Aufsatz von Trilling, S. 33–34.

Zwischen Architektur und Philosophie: Rationalismus 1750–1970

Alan Colquhoun

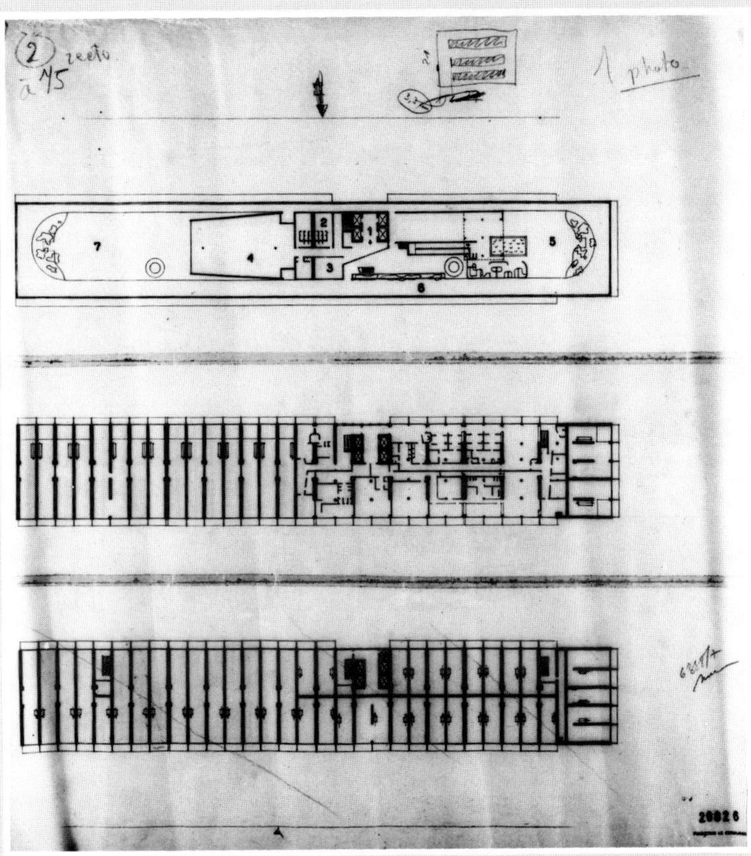

Die Philosophie ist in diesem großen Buch geschrieben (womit ich das Universum meine), das immer vor unseren Augen offenliegt, aber es kann nicht gelesen werden, wenn man nicht lernt die Sprache zu verstehen und die Symbole zu entschlüsseln, in denen es geschrieben ist, und die Symbole sind Dreiecke, Kreise und andere geometrische Figuren, ohne die es dem Menschen nicht möglich ist, auch nur ein Wort davon zu verstehen; ohne sie wandern wir in einem dunklen Labyrinth.

Galileo Galilei, Il Saggiatore (1623)

Die oberste Maxime der wissenschaftlichen Philosophie ist diese: Wo immer es möglich ist, sollten angenommene Ganzheiten durch logische Konstruktionen ersetzt werden.

Bertrand Russell, The Relation of Sense-data to Physics (1914)

Die Architektur wirkt sich auf die Typenbildung aus. Typen sind Sache der Logik, der Analyse, gewissenhaften Studiums; sie entstehen auf Grund eines richtig gestellten Problems. Baukunst ist gestaltende Erfindung, ist intellektuelle Spekulation, ist höhere Mathematik. Baukunst ist eine Kunst höchster Würde.

Le Corbusier, Vers une architecture (1923)

Seite 247:
Le Corbusier, Unité d'Habitation, Marseille (1946–1952), Geschoßpläne, (1. Fassung)

Marc-Antoine Laugier, Urhütte, aus: „Essai sur l'Architecture", Paris 1753

Vom klassischen Rationalismus bis zur Aufklärung

Die Suche nach Ästhetik

Der Commonsense teilt die Geistestätigkeiten ein in die auf Vernunft beruhenden wissenschaftlichen und die auf Gefühl und Intuition beruhenden künstlerischen Tätigkeiten. Eine solche vereinfachende Zweiteilung übersieht sowohl die Rolle, die die Intuition im wissenschaftlichen Denken, als auch die, die der beurteilende Verstand bei der künstlerischen Schöpfung spielt. Gleichwohl enthält die Unterscheidung ein Element von Wahrheit – jedoch weniger als Möglichkeit der Unterscheidung zwischen Wissenschaft und Kunst, denn als Möglichkeit, verschiedene Aspekte des schöpferischen Prozesses voneinander zu unterscheiden.

Von allen Künsten ist Architektur diejenige, in der es am wenigsten möglich ist, die Rationalität auszuschließen. Ein Gebäude muß pragmatische und konstruktive Bedingungen erfüllen, die den Bereich umschreiben, wenn nicht gar bestimmen, in dem die Imagination des Architekten arbeitet. Bis zu welchem Grad Architektur rational genannt werden kann, hängt deshalb weniger von der Anwendung „rationaler" Kriterien ab, als vielmehr von der Wichtigkeit dieser Bedingungen innerhalb des ganzen Prozesses des architektonischen Entwurfs und innerhalb einzelner ihn bestimmender Theorien. Das Rationale in der Architektur existiert niemals isoliert. Es darf nicht als kunsthistorische Kategorie wie „Klassizismus" aufgefaßt werden. Es handelt sich vielmehr um eine Seite eines komplexen Systems, das nur in einer Reihe mehr oder weniger homologer Gegensatzpaare ausgedrückt werden kann: Vernunft/Gefühl, Ordnung/Unordnung, Notwendigkeit/Freiheit, Allgemeines/Besonderes etc.

Nach dieser ersten Unterscheidung sind wir sogleich mit einer weiteren konfrontiert. Das „Rationale" in der Architektur wurde im Lauf der Geschichte verschieden definiert. Wir haben es nicht mit einem einfachen, feststehenden Begriff zu tun, sondern mit einem, der sich entsprechend der Ideenkonstellationen, welche die einzelnen historischen Phasen beherrschten, veränderte. Diese Bedeutungsveränderungen sind abhängig vom Wandel der Ideologien und können außerdem weder von ökonomischen und sozialen Faktoren, noch von philosophischen Strömungen losgelöst werden.

Wenn wir das Wort „rational" in der Philosophie benutzen, dann wird unsere Aufmerksamkeit nicht auf die Vernunft im Gegensatz zur Intuition gelenkt, sondern wir beziehen uns auf eine bestimmte Deutung des verstandesmäßig Erfaßbaren, eine Erkenntnistheorie. In der Philosophiegeschichte wird eine grundsätzliche Unterscheidung zwischen Rationalismus und Empirismus – oder Vernunft und Erfahrung gemacht, bei der Erkenntnis als a priori beziehungsweise als a posteriori definiert wird. Beide erstreben gleichermaßen eine Aufstellung universeller Gesetze, stimmen aber in deren Ermittlung nicht überein. Je nachdem wie stark Erkenntnisbedingungen apriorisch festgelegt werden, erscheint empirisches Wissen zufällig, unbegründet und anfechtbar. Wird Erkenntnis für aposteriorisch gehalten, so werden die Begriffe umgedreht und das apriorische Wissen scheint jetzt unsicher und abhängig von tradierten Vorstellungen, Autoritäten und Gewohnheiten.

Beide Betrachtungsweisen ziehen sich durch die Geschichte des Denkens und stehen in gewissem Sinne für ein ungelöstes Problem. Jedoch dominierte die eine oder die andere Ansicht in bestimmten Perioden. Die Idee der apriorischen Vernunft beherrschte das 17. Jahrhundert, das Jahrhundert Descartes', Spinozas und Leibniz'. Im 18. Jahrhundert wurde die rationalistische Tradition besonders unter dem Einfluß der englischen Philosophie mehr und mehr durch den Empirismus in Frage gestellt. Dieser Wandel spiegelt sich in künstlerischen und architektonischen Debatten wider. Descartes' Suche nach Klarheit des Konzepts, Schärfe der Schlußfolgerung und seine intuitive Sicherheit der Grundprinzipien läßt sich in der akademischen Kunsttheorie des 17. Jahrhunderts wiederfinden. Boileaus „L'art poetique", Rameaus „Traité de l'harmonie réduite a ses principes naturels" und Françoise Blondels „Cours de l'architecture" können dafür als Beispiele gelten. In der Architekturtheorie wurde Cartesianischer Rationalismus auf die klassische Theorie aufgesetzt, die in Italien im 15. Jahrhundert entwickelt worden war. Diese Theorie beruhte teilweise auf Vitruv und teilweise auf einer allgemeinen Kunsttheorie, die von Aristoteles, Horaz und Cicero auf der einen und dem Neoplatonismus auf der anderen Seite abgeleitet wurde. Die wichtigste Komponente dieser Lehre war die Idee, daß Kunst Nachahmung der Natur sei, und daß daher die nach dieser Vorschrift entstandene Kunst der Antike ihrerseits der Nachahmung wert sei. So fand man Zugang zur Natur vor allem über die Autorität der Antike, und die Vorstellung von dieser Autori-

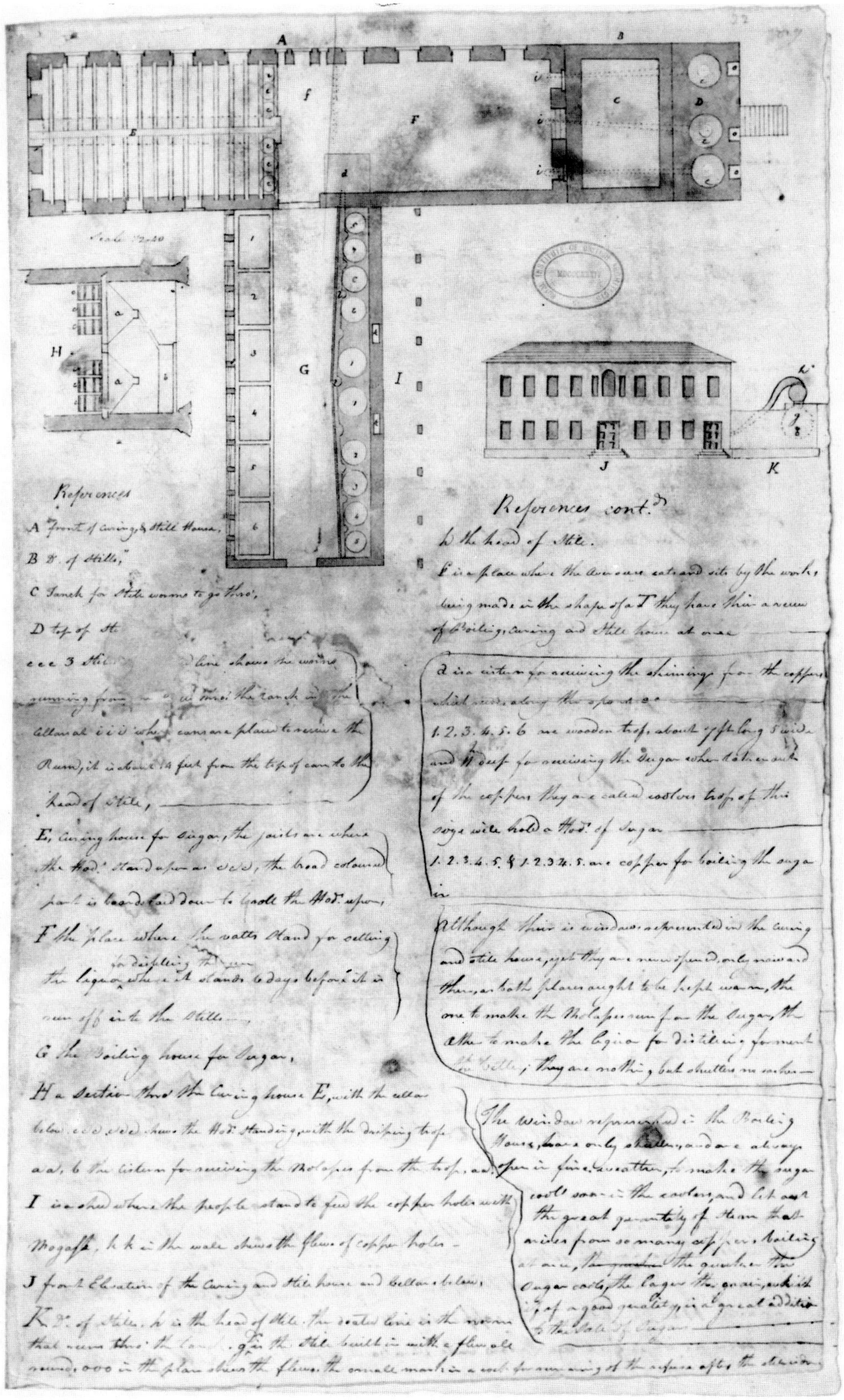

George Mitchell, Brief aus Tobago, 1796

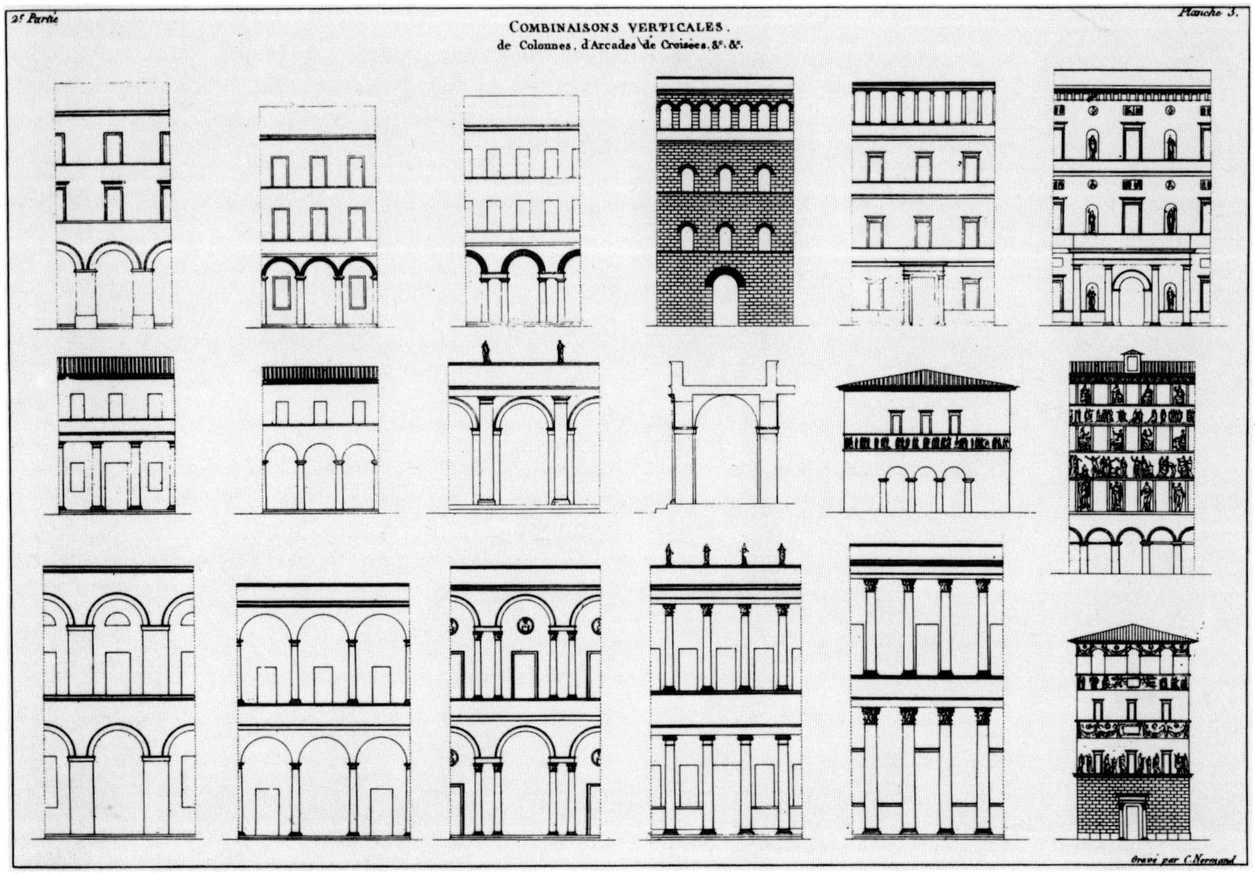

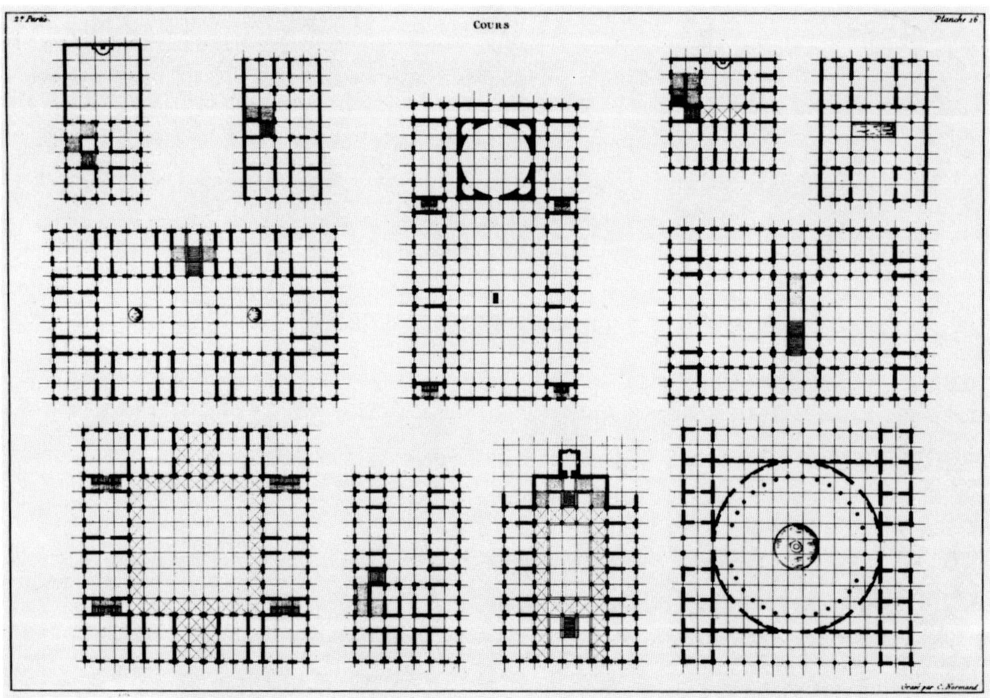

Jean-Nicolas-Louis Durand, Vertikale Kombinationen, aus: „Précis", Paris 1805, II. Band, Taf. 3
Jean-Nicolas-Louis Durand, Höfe, aus: „Précis", Paris 1805, II. Band, Taf. 16

tät war eng verknüpft mit der Lehre eines apriorischen Wissens und der „ideae innatae" im 17. Jahrhundert.

Eine der Quellen des Nachahmungsbegriffs ist die Aristotelische „Physik", in der es heißt: „Wenn das Haus etwas von der Natur Vorgegebenes wäre, dann würde es genau so entstehen, wie jetzt durch die Kunst, und wenn die natürlichen Dinge auch durch unsere Kunst entstehen könnten, dann würden sie ebenfalls auf dieselbe Art und Weise ihrer Natur entsprechend entstehen... Überhaupt sucht unsere Kunst teils zu vollenden, was die Natur nicht zu Ende bringen kann, teils ahmt sie die Natur nach..."[1]

Hier erkennen wir zwei Gedanken, die für das moderne Bewußtsein verschieden, wenn nicht gar gegensätzlich sind: die Idee, daß Architektur und andere künstlerische Schöpfungen in einer erweiterten Anwendung von Naturgesetzen entstehen, und die Vorstellung, daß dies ein Prozeß des Nachahmens oder Repräsentierens bedeutet. Tatsächlich vollzieht sich im 18. und 19. Jahrhundert fortschreitend eine Trennung dieser beiden Konzepte, und die Vorstellung von Baukunst wird in konstruktive und „wissenschaftliche", sowie repräsentative und „künstlerische" Funktionen aufgespalten, wobei erstere in den Zuständigkeitsbereich der „Vernunft" fallen und zweite von „Gefühl" und „Empfindung" bestimmt sind.

Eine solche Spaltung wäre für das klassische Bewußtsein undenkbar gewesen. Der Zugang zu Wahrheit und Schönheit schien über allgemeine Gesetze erreichbar, die, wenn auch verschlüsselt, in der Natur bereits festgelegt waren. Wahrheit war die Enthüllung dessen, was existierte, und da sie von Enthüllung abhängig war, mußte sie sich gleichermaßen auf Wahrheiten gründen, die zu früheren Zeiten bereits offenbar geworden waren. Jede Wahrheit war somit Repräsentation. Diese Meinung behalten bestimmte Autoren noch bis zum Ende des 18. Jahrhunderts. John Wood der Ältere vertrat die Auffassung, daß der wissenschaftliche Teil der Architektur spekulativen oder metaphysischen Charakter habe, während die Kunst in der Architektur das Wissen um ihre spezifischen Bedingungen und ihre Adaption für den menschlichen Gebrauch bedeute.[2] Es ist der Endzweck, der

1 Aristoteles, Vorlesungen über die Natur (kurz Physik) in: Werke, Paul Gohlke (Ed.). Paderborn 1956.
2 John Wood der Ältere, The origin of Building, or the Plagiarism of the Heathens Detected, London 1741.

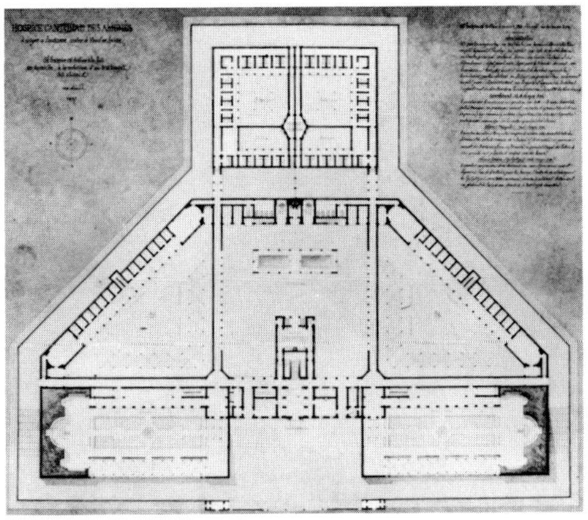

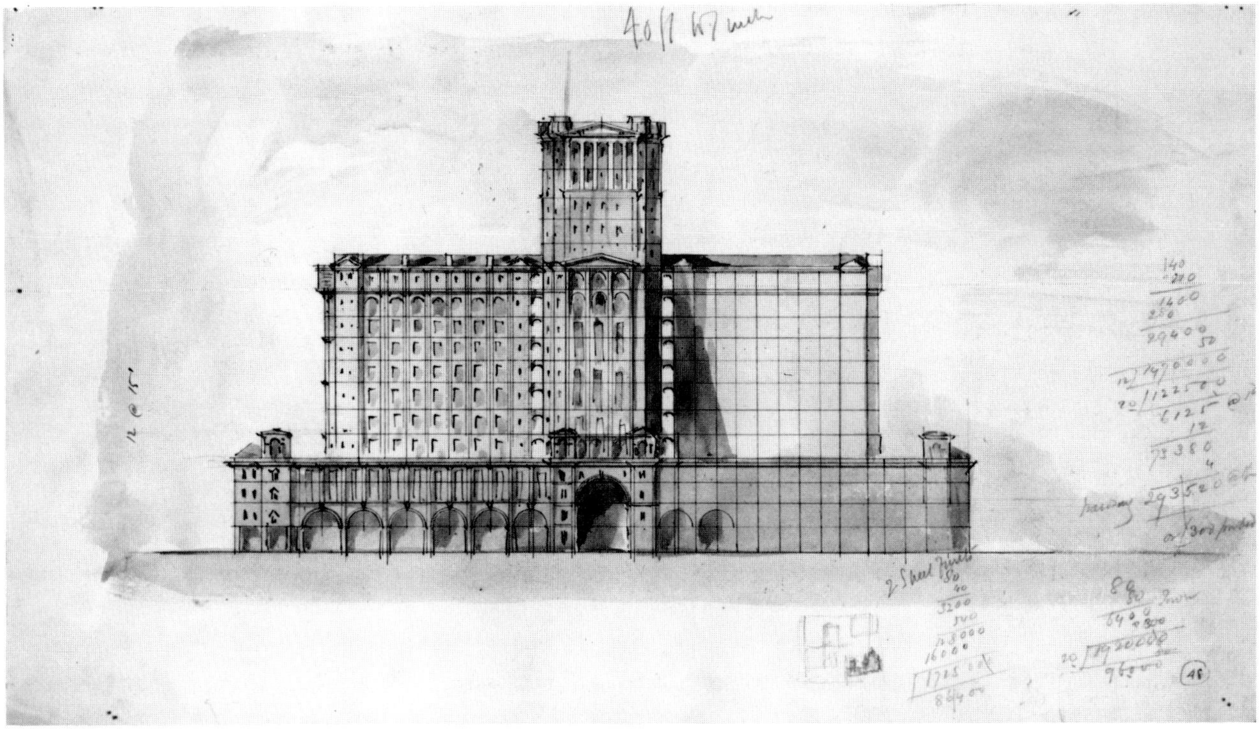

der Architektur Bedeutung verleiht, nicht die Effizienz oder die Lösung spezifischer Probleme. Diese Differenzierung von Wissenschaft und Kunst verhält sich zur heutigen genau gegensätzlich: für Wood gehört Wissenschaft in den Bereich der Metaphysik und Kunst in den des Pragmatischen und Anwendbaren. Quatremère de Quincy vertritt gleichermaßen unbedingt die Ansicht, daß Architektur die Gesetzmäßigkeiten der Natur nachahmen solle. Die Ergebnisse dieser Nachahmung manifestieren sich für ihn in einem bestimmten Gebäudecharakter, der von dreierlei Art sein kann: essentiell, relativ und akzidentiell, je nachdem, ob die Natur in ihren typischen und zeitlosen, oder in ihren eher spezifischen und momentanen Aspekten imitiert wird.[3] (Der Begriff des Charakters stammt aus der Theorie der Gattungen in Aristoteles' Poetik, aber Quatremère verwandelte ihn ins Neoplatonische.)

Innerhalb des rationalistischen Ethos jedoch entwickelte sich im 17. Jahrhundert eine neue Haltung, die das Gewicht im Prozeß der Wahrheitsfindung auf empirische Untersuchungen und individuelle Intelligenz verlagerte und die Zweifel an der Bedeutung des apriorischen Wissens und der angeborenen Idee aufwarf, wie auch an der Autorität der Antike oder der Bibel. Der Streit zwischen den „Alten“ und den „Modernen“ war der Anlaß einer zunehmend kritischen Auseinandersetzung darüber, welche architektonischen Regeln dem Bereich des Absoluten und welche dem Bereich der empirischen Erfahrung angehören. Gesetzmäßigkeiten wurden nun in ewige, absolute und gewohnheitsmäßige unterteilt, wobei letztere mehr und mehr vom Diktat des „Geschmacks“ bestimmt wurden.

Diese Trennung wird sowohl in der Architektur-, als auch in der Musiktheorie deutlich. In der Architektur wandte sich Claude Perrault gegen die klassische Symmetrielehre und behauptete, daß die Regeln der Proportion allein durch Gewohnheit vorgegeben seien.[4] In der Musik bestand Uneinigkeit zwischen den Anhängern Zarlinos, die eine mathematische Herleitung der Erzeugung angenehmer Akkorde für notwendig hielten, und denen Vincenzo Galileis, die behaupteten, daß über musikalische Schönheit nur das menschliche Ohr entscheiden könne.

Angesichts dieses Problems strebte das 18. Jahrhundert danach, rationalistischen Apriorismus mit Geschmack oder subjektivem Urteil in Einklang zu bringen und zu zeigen, daß die Veranlagung des individuellen Menschen zur Harmonisierung mit dem Naturgesetz tendiert. Briseaux beispielsweise sagte: „Die Natur handelt stets mit derselben Weisheit und in gleichförmiger Art. . ., woraus geschlossen werden kann, daß für Aug und Ohr Genuß an der Vollendung harmonischer Übereinstimmung besteht, die der Mensch analog zur Tendenz seiner Naturveranlagung empfindet, und daß dieses Prinzip nicht nur auf die Musik, sondern auf alle Kunstproduke zutrifft. . .“[5]

In Laugiers „Essai sur l'architecture“ von 1753 wird die These aufgestellt, die Regeln guter Architektur seien für den unverdorbenen Betrachter offensichtlich; apriorische Vernunft wird durch empirische Wahrnehmung und Erfahrung bestätigt. So bestätige der ungeschulte Verstand die Wahrheiten, die in den frühesten Beispielen der Architektur enthalten sind, und sei deshalb nicht mehr auf die Richtlinien bestimmter antiker Vorbilder angewiesen. Trotzdem waren die Konzepte von Vernunft und Wahrheit in der Architektur noch immer an eine Verfeinerung der mehr oder weniger unvollkommenen Vorbilder der antiken Tradition gebunden. Ebenso wie es nach klassischer und klassizistischer Lehre die Aufgabe vom Maler oder Bildhauer war, die größere Idee, die den unvollkommenen Erscheinungen der Natur zugrunde liegt, darzustellen, so war es Sache des Architekten, die Formzusammenhänge zu enthüllen, die sich in den mannigfaltigen, aber unvollkommenen Beispielen verbergen, die in der Baugeschichte allgegenwärtig sind. Architektur wird also wie ein Naturphänomen aufgefaßt und abge-

links:
Henri Labrouste, Irrenanstalt des Kantons Vaud, Lausanne, Grundriß, 1837
rechts:
Arthur Beresford Pite, Tower of Healing, um 1898

3 Quatremère de Quincy, Architecture, 1788, „Caractère“. Und: Dictionaire historique d'architecture, 1832, „Caractère“.
4 Siehe Wolfgang Herrmann, The Theory of Claude Perrault, London 1962.
5 Charles-Etienne Briseaux, Traité du Beau Essentiel dans les Arts, Paris 1752.

Henri Sauvage, Charles Sarazin: Rue à gradins, Paris, 1913?

Henri Sauvage, Charles Sarazin: Immeuble à gradins (terrassierter Wohnblock mit Garagen für 4000 Autos). Zeichnung: Soussigne, 1928

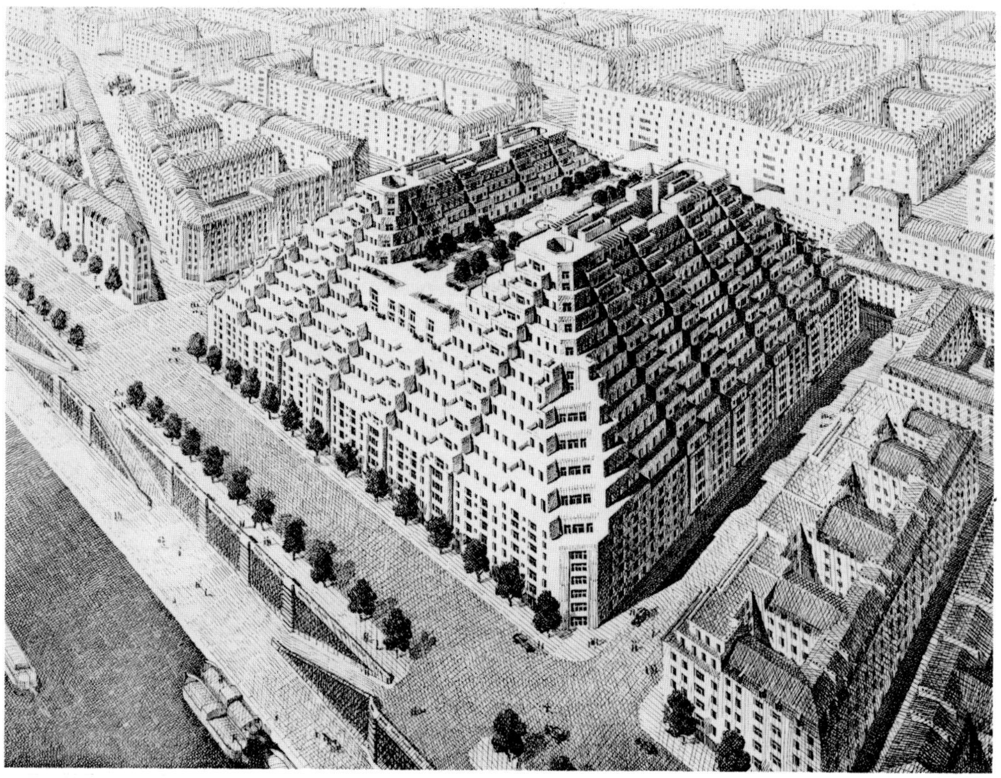

handelt. Sogar Carlo Lodoli, dessen Funktionalismus avant la lettre oft fälschlich für reinen Empirizismus gehalten wird, hielt sich an ein Konzept der Baukörperornamentik, das klar zwischen dem Normativen und Typischen einerseits unterscheidet und den Resultaten kulturhistorischer „Zufälligkeiten" andererseits.[6] Die Aufklärung wollte wohl *l'esprit du systéme* durch *l'esprit systèmatique* ersetzen, um die architektonische Praxis aus ihrer Abhängigkeit von Autoritäten und tradierten Vorstellungen zu befreien. Ein Gebäude wie Soufflots St. Géneviève, das „die edle Ornamentik der Griechen und die Leichtigkeit der gotischen Baumeister",[7] sowie den Rationalismus Lodolis oder Laugiers in sich vereinigte, bewies den Zeitgenossen die Notwendigkeit, die Architektur von den willkürlichen und geschmacklosen Regeln des Barock zu befreien und zu den einfachen und ewigen Gesetzen der Natur zurückzuführen. Dieses Anliegen glich in vieler Hinsicht dem der Grammatiker, die nach den universalen und rationalen Regeln der Sprache suchten.[8] Architektur galt ebenso als rationale Formen-„Sprache", deren Ausformung zwar den Variablen Klima, Sitte und Konvention unterworfen war, die aber nichtsdestotrotz qua menschlicher Vernunft auf eine Systematik universeller Gesetzmäßigkeiten, der selbst künstlerisches Genie unterlag, reduziert werden konnte. Das Denken des 18. Jahrhunderts war geprägt vom Gegensatz zwischen Vernunft und Phantasie, wobei nur die Vernunft Einsicht in allgemeine Wahrheiten gewährte. Aber die Vernunft wurde nun als Verbündete subjektiver Erfahrung aufgefaßt. Empirische Erfahrung stand nicht mehr im Gegensatz zu einer gottgegebenen Vernunft, die die unangefochtene letzte Instanz ausmachte. Sie wurde stattdessen benutzt als zusätzlicher Beweis für die Existenz eines Naturgesetzes.

6 Siehe Joseph Rykwert, The First Moderns, MIT Press 1980, Kapitel 8.

7 Diese und andere zeitgenössische Meinungen über St. Géneviève, siehe: R. D. Middleton, The Abbey de Cordemony and the Graeco Gothic Ideal, in: Journal of the Warburg and Courtault Institutes, Band 25, 1962, Seite 111.

8 Die Suche nach den Gesetzen einer Universalgrammatik gründete sich auf die Arbeit der Port-Royal-Grammatiker, Arnauld und Lancelot, deren Grammaire génerale et raisonnée 1660 herausgegeben wurde. Der englische Grammatiker James Harris definierte Universalgrammatik als „die Grammatik, die ohne die verschiedenen Idiome einzelner Sprachen zu beachten, nur jene Prinzipien festhält, die für alle Sprachen wichtig sind". Die Hauptvertreter dieser Tradition waren Cesar Chesneau Dumarsais (1676–1746), Nicolas Beauzée (1717–1789) und Destutt de Tracy (1754–1836).

Utilitaristischer und eklektizistischer Rationalismus

Die Suche nach Funktionalität

Mit dem Aufkommen utilitarischen Denkens wurde die Gedankenkonstruktion, die eine Verbindung zwischen Rationalismus und Klassik hergestellt hatte, zunehmend brüchig. „Wissenschaftliche“ Vernunft wurde auf funktionale Wirksamkeit gerichtet statt auf metaphysische Einsichten. Statt Allgemeingültigkeit wurde Effizienz zum Endziel. Keine Theorie konnte den Vormarsch der Kapriziosität und des Eklektizismus weder aufhalten, noch die Ausbreitung dessen verhindern, was laut Quatremère „Zufallscharakter“ hatte. Jean Nicolas Louis Durand arbeitete zwar noch mit der Formensprache der Klassik, rechtfertigte aber eine rationale Architektur aufgrund rein ökonomischer und funktionaler Faktoren.[9] Solche Architekten und Theoretiker wie Durand, Legrand, Thomas Hope und Schinkel bemühten sich nun um einen vermittelnden Eklektizismus, der mit einem System von Kombination und Permutation geeignete Stilelemente aus dem Panorama historischer Baukunst oder aus funktionalen Baukörpern auswählte.
Man erkannte jetzt ebensoviele „Architekturen“ (das Wort stammt von Legrand) wie es Epochen und Völker gab: Klassizismus galt als spezifische Tradition (unsere eigene immerhin), deren Anwendung allein die Konvention rechtfertigte. Am Schluß seines Werkes „Essai sur l'histoire génerale de l'architecture“ von 1800 stellte Legrand die rhetorische Frage: „Können wir nicht das Ziel (moderner Architektur) erreichen, indem wir aus allen Stilrichtungen das Vernünftige und Auserlesene entlehnen und so einen modernen Stil zusammenstellen, der dem Klima, den Gewohnheiten, Materialien und Anstandsregeln jedes Landes angepaßt ist und so das gelungene Ergebnis unserer Kenntnis der Geschichte der Baukunst darstellt?“ Noch vierzig Jahre später drückte Thomas Hope denselben Gedanken aus: „Niemand scheint bis jetzt den Wunsch gehabt zu haben, einfach aus allen früheren Stilrichtungen zu borgen, was sich dort an Nützlichem und Dekorativem findet, an Durchdachtem und Geschmackvollem. . ., um daraus eine Architektur zusammenzustellen, die. . . auf unserem Boden gewachsen, mit unserem Klima, unseren gesellschaftlichen Einrichtungen und Bräuchen harmoniert. . . und daher mit Recht die Bezeichnung »unser eigen« verdient“.[10]

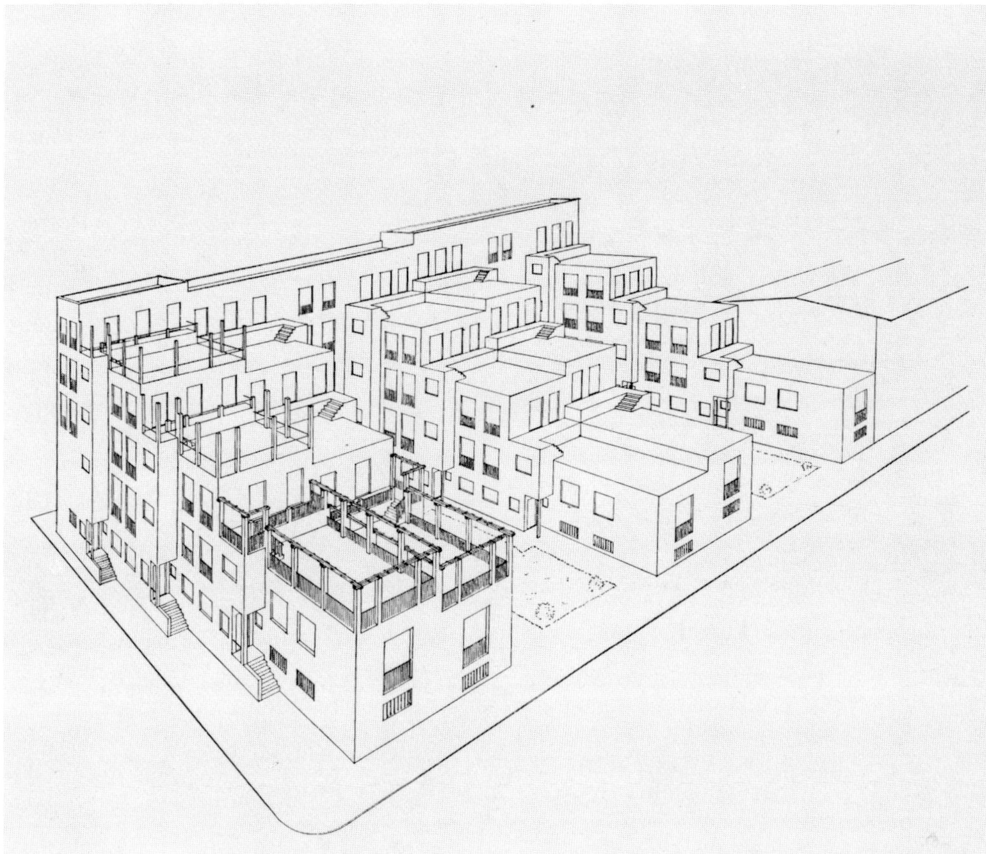

Adolf Loos, Gruppe von zwanzig Villen mit Dachgärten, 1923

Zwar scheinen diese Ansichten auf Romantik und Neugotik vorzugreifen, aber sie folgen doch ganz dem Sittlichkeitsbegriff des 18. Jahrhunderts und dem Konzept der „mechanischen Komposition“, das seit der Jahrhundertwende so vehement von den deutschen Romantikern angegriffen wurde.[11]

Struktureller und organischer Rationalismus

Die Suche nach Authentizität

Seit der Mitte des 18. Jahrhunderts unterminierte die konzeptionelle Trennung in Architektur als Konstruktion und Architektur als Repräsentation wirksam die Einheitslehre des Klassizismus. Dennoch überlebte eine abgeschwächte Form klassischer Doktrin, die den Gebrauch verschiedener Stilmittel im Sinne klassischer Ideen des Gebäudecharakters und der sittlichen Erfordernisse erlaubte.
Die Entwicklung eines auf die Erfordernisse der Baustruktur gegründeten Rationalismus vollzog sich hauptsächlich in Frankreich, wo die Architekten bis zum 17. Jahrhundert die gotische Architektur als rationales, konstruktives Prinzip anerkannt hatten. Die strukturellen Rationalisten des späten 18. Jahrhunderts lehnten die Klassik nicht ab, sondern versuchten, sie im Hinblick auf neue wissenschaftliche Erkenntnisse über Materialbelastbarkeit und -verwendbarkeit einer strengeren funktionalen Analyse zu unterziehen.[12] Diese Tradition setzte sich trotz der Schlagkraft des Comte'schen Positivismus bis tief ins 19. Jahrhun-

---

9 J. N. L. Durand, Precis des leçons d'architecture données a l'école royale Polytechnique, Paris 1819, „Introduction“.
10 Thomas Hope, An Historical Essay on Architecture, 3. Ausgabe, 1840, Band 1, Seite 492, zitiert in D. Watkin, Thomas Hope and the Neoclassical Idea, London 1968.
11 Das entscheidende Dokument der romantischen Kunstlehre war die Zeitschrift: Das Athenäum, in der hauptsächlich Friedrich und August Wilhelm Schlegel schrieben. In Frankreich und England wurde diese Lehre von Madame de Staël verbreitet, deren Buch: De l'Allemagne 1813 veröffentlicht wurde.
12 Siehe Peter Collins, Changing Ideals in Modern Architecture. Kapitel 19, „Rationalismus“.

Umberto Boccioni, Tavolo + bottiglia + caseggiato, 1912

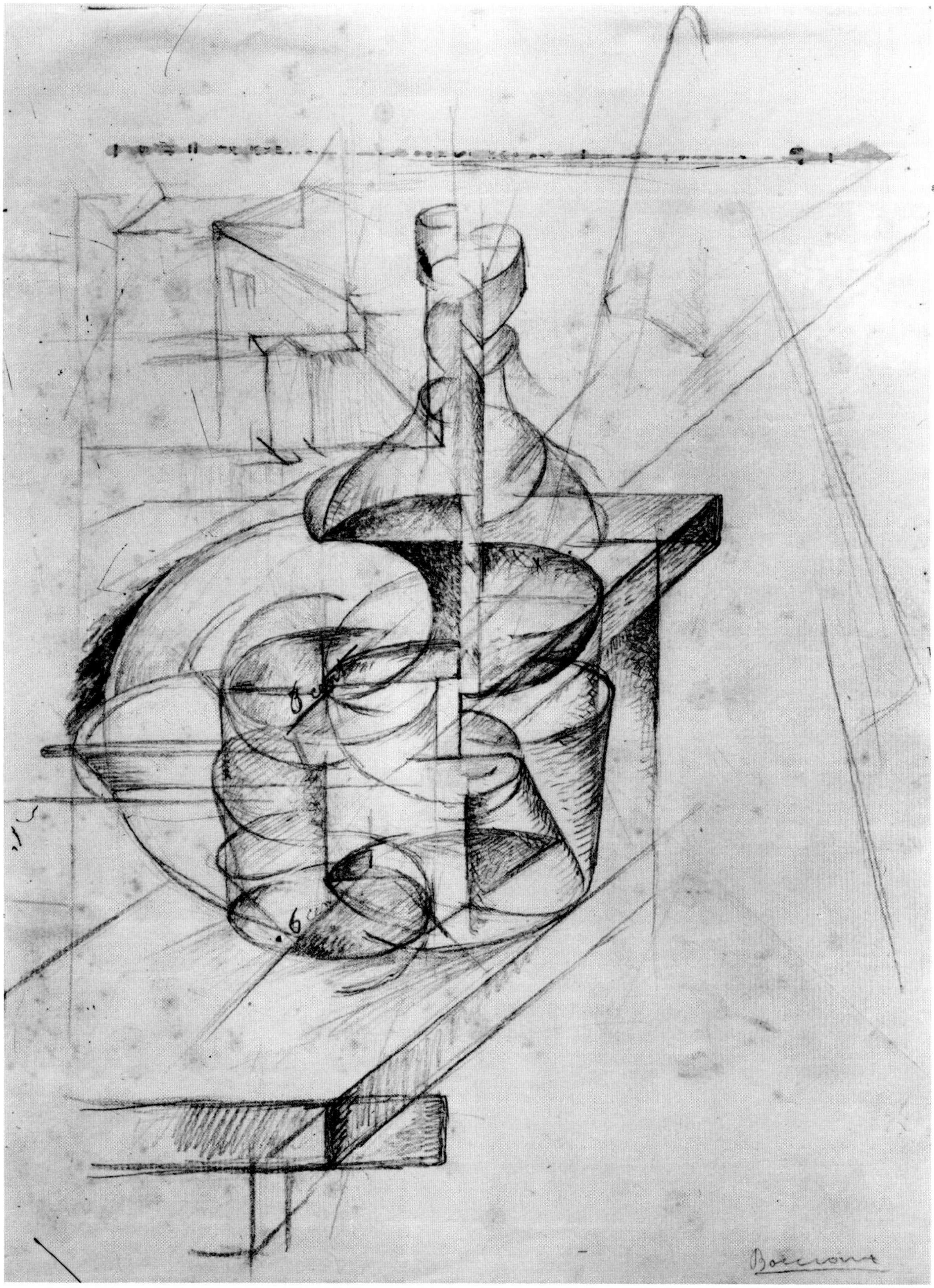

dert fort. Die für die Positivisten charakteristische Annahme, daß die Naturwissenschaft die einzige gültige Erkenntnis liefere, und daß Fakten ihr einziger Gegenstand seien, war durchaus vereinbar mit einer Form von Idealismus, die alles, was sich nicht mit den Mitteln experimenteller Naturwissenschaft erfassen ließ, in einen vagen, klassizistischen Bereich „Schönheit“ verwies. Leonce Reynard, ein damals bekannter Lehrer klassizistisch rationalistischer Überzeugung, schrieb um die Mitte des 19. Jahrhunderts: „Wenn man der Ansicht ist, wissenschaftliche Betrachtungen in das Studium der Formen unserer Gebäude einschalten zu müssen, so glaube ich deswegen noch lange nicht, daß man mit ihnen alles erfassen kann. Jene Dinge, die an das innerste Wesen der Kunst rühren, lassen sich nur fühlen, sie drücken sich nicht aus. . .“[13] Die Klassik war für Reynard ein System allgemein definierter formaler Prinzipien, das als Basis für die Architektur des naturwissenschaftlichen Zeitalters dienen konnte. Gewisse historisch gewachsene Formen hätten in ihrer Entwicklung nahezu Perfektion erreicht und sollten nicht verworfen werden (Auswirkungen dieser Idee sieht man noch bei Le Corbusier). Reynards Kategorien architektonischer Wertmaßstäbe – Nützlichkeit, Ordnung, Einfachheit und Charakter – ähneln denen, die Durand ein halbes Jahrhundert früher vorgeschlagen hatte.

Der letzte Vertreter dieser Richtung, Cesar Daly, der Begründer der „Revue Générale d'Architecture“, definierte architektonischen Rationalismus folgendermaßen:

1 Architektur ist dekoriertes Baugefüge.
2 Architektonische Form muß rational begründbar und aus naturwissenschaftlichen Gesetzen hergeleitet sein.
3 Das Ziel der Rationalistischen Schule ist es, die Architektur mit der modernen Wissenschaft und Technik zu versöhnen.
4 Ist die Verbindung von Architektur und Vernunft hergestellt, folgt als nächster Schritt die Verbindung von Architektur und Einfühlung.[14]

Der gleiche Synkretismus von moderner Technik und Klassizismus ist häufig in praktischen Beispielen der Architektur zu finden. So ließ Henri Labrouste in der Bibliothek von Sainte Géneviève nicht zu, daß sein Interesse an der Eisenstruktur des Gebäudes seine aus der klassischen Theorie gewonnene Vorstellung von der angemessenen äußeren Form eines öffentlichen Gebäudes beeinflußte.

Diese Debatte wurde in anderer Form von den architektonischen Wiedererweckern der Gotik geführt. Ihre Schule hielt gotische Architektur nicht für einen Stil, der eklektizistisch benutzt werden könne, um literarische Assoziationen *innerhalb* eines klassisch definierten Baucharakters zu wecken; sie sahen die Gotik vielmehr als eine *alternative* Tradition zur Klassik an. Die neugotischen Architekten und die klassizistischen Eklektiker unterschieden sich darin, daß für die ersteren die Baustruktur selbst zur Grundlage der architektonischen Bedeutung wurde. Ornament und Repräsentation sollten sich aus der Gliederung des Baus von selbst ergeben, statt wie ein Kleid hinzugefügt zu werden. Daraus folgte, daß von Quatremères drei Baucharakteren nur der erste – der essentielle Charakter – beibehalten wurde.

Antonio Sant'Elia, Fabrik, Studie, 1913

Der Wortführer dieser Schule und vielleicht einflußreichste Architekturschriftsteller des 19. Jahrhunderts war Viollet-le-Duc.[15] Für Viollet war die Technik Basis einer im tiefsten Wesen rationalen Architektur. Er sah in der gotischen Architektur ein Konstruktionsprinzip, das zum methodologischen Paradigma zukünftiger Architektur werden sollte.

---

13 Leonce Reynard, Traité d'architecture, Vorwort, Seite ix, Paris 1860–63.
14 Siehe Peter Collins a.a.O. (Anm. 12.)
15 Viollet-le-Ducs wichtigste theoretische Aussagen können gefunden werden im: Dictionnaire raisonnée d'architecture française du XIe au XIVe siècle, Paris, 1858–68, und in den Entretiens sur l'architecure, Paris, 1863–72.

Jacobus Johannes Pieter Oud, Fabrik in Purmerend, 1919

Obwohl in Viollets Werk die Restaurierung und die Sehnsucht nach der mittelalterlichen Kultur vorherrschen, zeigen seine Schriften denselben Hang zum Positivismus wie die der entgegengesetzten Schule des klassizistischen Eklektizismus. Er hegte sogar einen noch stärkeren Glauben an den unaufhaltsamen Fortschritt der Menschheit, der für ihn von der industriellen Revolution unabänderlich eingeleitet worden war. Für Viollet war die Geschichte der Baukunst ein kontinuierlicher technischer Fortschritt, der die Möglichkeit ausschloß, „vollkommene" antike Formen zu bewahren. Die Morphologie der Architektur war nicht mehr bestimmt durch die Taxonomie äußerer und historisch bedingter *Formen,* sondern durch ein System ihr zugrundeliegender *Funktionen.* „Das, was nach allgemeiner Ansicht wahre Kunst ausmacht, nämlich die Symmetrie, die augenscheinliche Form, ist im Grunde eine sekundäre Überlegung."[16]

Dieser „evolutionäre" Rationalismus, der die Architektur mit einem festgelegten objektiven historischen Weg in Zusammenhang bringt, hing mit einer subjektiven Moral zusammen. Die Prinzipien gotischer Architektur waren für ihn beides: rational und moralisch. In einer brillanten Analyse von Viollets Schriften zeigt Phillipe Junod, daß Viollets Standpunkt ständig zwischen Objektivität und Subjektivität schwankt. Einerseits stellt er die Vernunft in Gegensatz zum Gefühl, die Überlegung gegen die Phantasie, Systematik gegen Intuition,auf eine Art, die ihn mit der (mutatis mutandis) von Descartes bis Comte reichenden Tradition verbindet; andererseits beschwört er die Gegensätze Aufrichtigkeit, Ehrlichkeit, Wahrheit und Verstellung, Falschheit, Lüge. Bei dieser deutlich zirkulären Argumentation beruft Viollet sich auf subjektive Gefühle, um den Rationalismus, und auf das Rationale, um subjektive Empfindungen zu rechtfertigen.[17]

Welcher Art sind die „Gesetze", die Viollet erlauben, mit solch augenscheinlicher Inkonsequenz zwischen einer negativen und einer positiven Wertung des subjektiven Gefühls zu schwanken? Es sind die Gesetze der Natur, die gleichermaßen Kopf und Herz, objektive Wirklichkeit wie Gefühl beherrschen. In seiner Erläuterung des Verhältnisses der Teile eines Bauwerks zum Ganzen sagt Viollet: „Ebenso wie man vom Blatt einer Pflanze auf die ganze Pflanze schließt, von einem Knochen auf das ganze Tier, so kann man von der Seitenansicht eines Gebäudes auf die Bestandteile des Baukörpers, und von den Teilen auf das ganze Gebäude schließen."[18] Dieser Vergleich war nicht besonders neu. Denis Diderot hatte bereits darauf hingewiesen, daß die Zoologie dem Künstler ein vortreffliches Beispiel funktionaler Zusammenhänge liefere.[19] Bis Mitte des 19. Jahrhunderts war dieser Argumentationsgang erweitert worden. Viollet konnte (wie Gottfried Semper) Cuviers Taxonomie der Tierarten als Beweis anführen; mehr noch, er konnte sich in seiner Argumentation auf die deutschen Romantiker berufen. Seine Analogie ist nicht weit entfernt von A. W. Schlegels Ausführungen in seinen „Vorlesungen über dramatische Kunst und Literatur": „Mechanisch ist die Form, wenn sie . . .irgendeinem Stoffe bloß als zufällige Zutat, ohne Beziehung auf dessen Beschaffenheit erteilt wird, (. . .) Die organische Form hingegen ist eingeboren, sie bildet von innen heraus, und erreicht ihre Bestimmtheit zugleich mit der vollständigen Entwicklung des Keimes . . . Auch in der schönen Kunst wie im Gebiete der Natur, der höchsten Künstlerin, sind alle echten Formen organisch, d.h. durch den Gehalt des Kunstwerkes bestimmt. Mit einem Worte, die Form ist nichts anderes als ein bedeutsames Äußeres, die sprechende. . . Physiognomie jedes Dinges, die von dessen verborgenem Wesen ein wahrhaftes Zeugnis ablegt."[20]

Viollets Einfluß auf die Avantgarde des 20. Jahrhunderts, besonders auf die vitalistischen Künstler und Architekten des Jugendstils wie Horta und Guimard und die Architekten der Chicago School, wäre schwer ohne Verweis auf das romantische und „organische" Moment zu erklären, das integraler Bestandteil seiner Gotik-Interpretation ist. Louis Sullivans Theorie der organischen Architektur (die später von Frank Lloyd Wright übernommen wurde) leitet sich teilweise von Viollet und teilweise aus der deutschen Romantik her

---

16 Viollet-le-Duc, „Style", in: Dictionnaire raisonnée, Anm. 15.

17 Siehe Phillipe Junod, „La terminology esthétique de Viollet-le-Duc", in Viollet-le-Duc, Centenaire de la mort a Lausanne, Lausanne, 1979.

18 Viollet-le-Duc, „Style", im Dictionnaire Raisonnée.

19 Siehe Peter Collins a.a.O., Anm. 12.

20 A. W. Schlegel, Vorlesungen über Dramatische Kunst und Literatur, 1809–11. Zit. nach: René Wellek, History of Literary Criticism, 4. Vol., Vol. 2, „Romanticism".

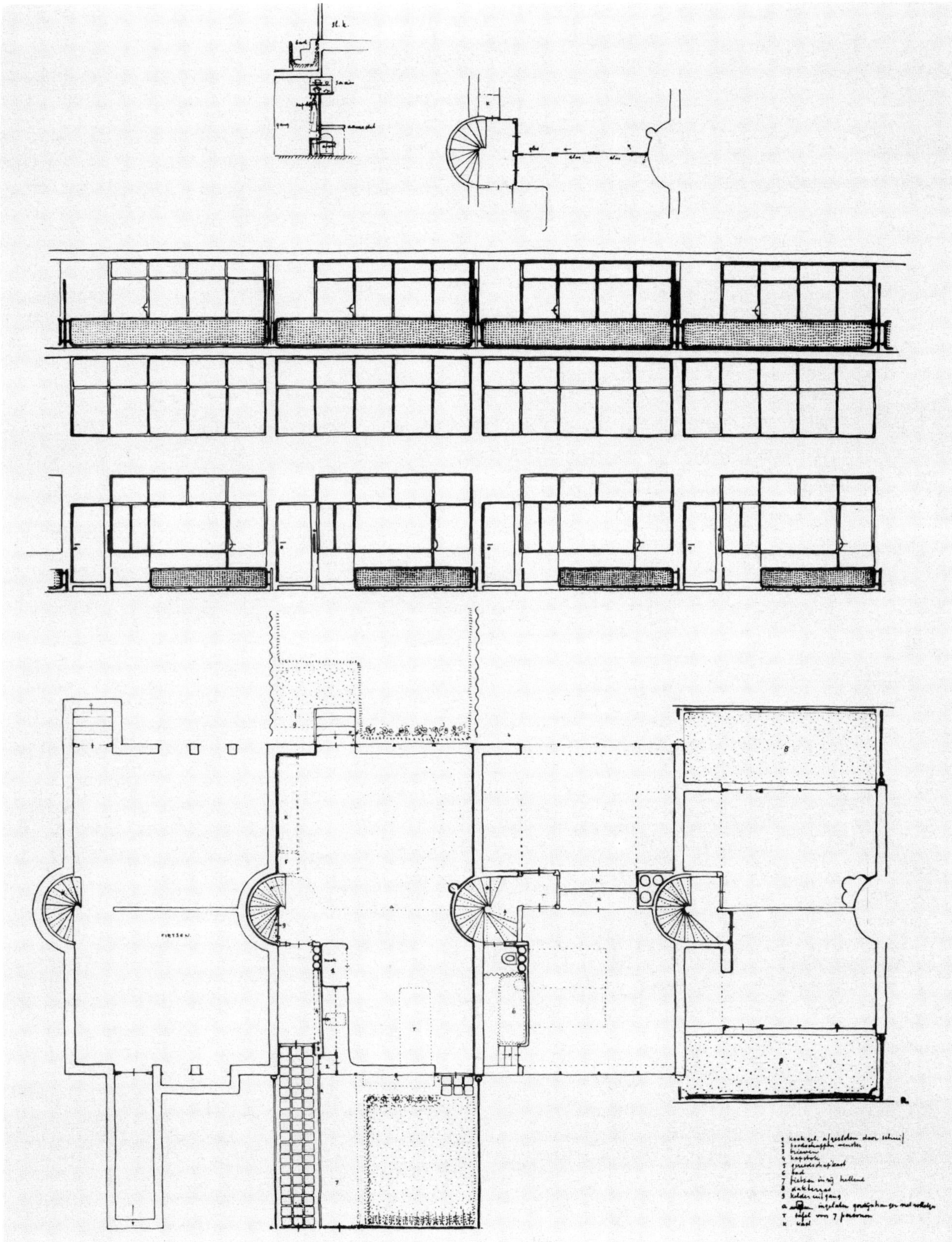

Gerrit Thomas Rietveld, Reihenhäuser, Utrecht, 1931

Wladimir Tatlin, Komposition, 1916

(qua Vermittlung durch Coleridge und die amerikanischen Transzendentalisten). Das zeigt sich an folgendem Statement Sullivans:

„Es gibt ein alles durchdringendes Gesetz in Bezug auf alle Dinge, die organischen und unorganischen, die irdischen und übernatürlichen, und ist auf alle wahren Äußerungen des Kopfes, Herzens und der Seele anwendbar, daß das Leben in seinen künstlerischen Manifestationen erkennbar ist, und daß die Form immer der Funktion folgt. Dies ist das Gesetz."[21]

Offensichtlich sind im 19. Jahrhundert die Grenzen fließend zwischen positivistischem Rationalismus und romantisch organischer Richtung, die einem moralischen Imperativ zur Befolgung der Naturgesetze verbunden war. In diesem Essay kann jedoch jener Entwicklungsstrang, der von Viollet-le-Duc über Art Nouveau zur organischen Schule und zum Expressionismus führt, nicht weiterverfolgt werden; denn er würde uns von der Hauptströmung der Avantgarde des 20. Jahrhunderts ablenken, welche die Theorie der organischen Form in ihren analytischen und mechanistischen Konzepten assimilierte; welche die Errungenschaften der Technik eher in sich aufnahm, als sich ihnen zu widersetzen.

Rationalismus und die Avantgarde des 20. Jahrhunderts

Die Suche nach Transparenz

Es ist häufig darauf hingewiesen worden, daß der Positivismus und strukturelle Rationalismus des 19. Jahrhunderts erst im 20. Jahrhundert Früchte trug. Als das Gesetz des historischen Fortschritts zum Beweis anstand, mußte auch die Architektur schließlich die Fesseln vergangener Stilformen ablegen und Bedeutung und Ausdruck allein aus den objektiven Erfordernissen der Technik und den Bedingungen ihres neuen Programms beziehen. Aber erst gegen Ende des 19. Jahrhunderts begannen einige Architekten diese Ansprüche in die Tat umzusetzen. Unter diesen waren Hendrik Petrus Berlage und Otto Wagner herausragend in der Fähigkeit, ihr Erbe an Baustiltradition (Neu-Gotik im Falle Berlages, Klassizismus im Falle Wagners) durch die Anwendung rationaler konstruktiver Elemente zu transformieren. In den beiden paradigmatischen „Hallen" des frühen 20. Jahrhunderts, der Amsterdamer Börse und dem Postsparkassengebäude in Wien, ist das Konzept der Ausstellungs- oder Eisenbahnhalle des 19. Jahrhunderts in ein soziokulturelles Programm assimiliert und eingebettet in eine Architektur, die trotz ihres offensichtlich traditionellen Gesamteindrucks versucht, eine neue, nämlich von der Baukonstruktion abgeleitete Ornamentik zu entwickeln.

Obwohl die handwerklich-kunstgewerblichen Prinzipien, die diese Bauten verkörpern, in die Lehre der Avantgarde des 20. Jahrhunderts aufgenommen wurden, kann der Rationalismus der modernen Bewegung nicht aus die-

---

21 Louis Sullivan, Kindergarten Chats and other Writings, New York 1947.

Laszlo Moholy-Nagy, Komposition Z VIII, 1924

sem Aspekt allein verstanden werden. Der Rationalismus des 20. Jahrhunderts unterscheidet sich radikal von dem des 19. Jahrhunderts. Um diesen Unterschied zu verdeutlichen, ist es notwendig, ihn in Hinsicht auf drei Konzepte zu analysieren: den *logischen Atomismus,* den *Funktionalismus* und den *Formalismus,* die als Ideen zwar nicht absolut neu waren, doch im 20. Jahrhundert eine gänzlich neue Form annahmen.

Logischer Atomismus

Die Logik bestimmte das positivistische Denken und doch haben wir gesehen, daß für Viollet-le-Duc der Weg immer von der Logik über die Technik zum subjektiven Gefühl und zur organischen Natur führte. Viollet hatte die Maschine als Paradigma der Architektur angeführt, aber die Mechanisierung bedeutete für ihn keine Veränderung der Beziehung zwischen den Komponenten des Baus und dem Gesamtgebäude. Eisen konnte Holz oder Stein ersetzen; aber obwohl dieser Austausch gravierende formale Änderungen mit sich brachte, war er im Grunde nur dadurch bedingt, daß die Materialien analoge Eigenschaften besaßen und handwerklich bearbeitet werden konnten. Eben diese Verknüpfung von baulicher „Logik" und „Technik" ermöglichte es Viollet, Architektur als einen evolutionären

Theo van Doesburg,
Cornelius van Eesteren:
Kontrakonstruktion,
um 1921

Prozeß aufzufassen, dessen Prinzipien konstant blieben, auch wenn sich ihre materielle Verkörperung änderte.
Eine Reihe von Entwicklungen in der ästhetischen Theorie und im Denken, in Bauweise und Produktion des späten 19. und frühen 20. Jahrhunderts verursachten einen radikalen Wandel dieser traditionellen Architekturkonzeptionen. Hier geht es nicht um die Frage nach Ursache und Wirkung, es sollen lediglich parallele Entwicklungen aufgezeigt werden, die auf den ersten Blick Ähnlichkeiten besitzen.
Die Konstruktions- und Produktionsbedingungen der Architektur des 20. Jahrhunderts wurden durch Ingenieure geprägt, die beim Bau von Brücken, Gewächshäusern, Bahnhöfen, Markt- und Ausstellungsgebäuden, Guß- und Schmiedeeisen benutzten. Bei allen diesen Bauwerken war es möglich, pragmatische und analytische Methoden zu entwickeln, die möglichst wenig von architektonischer Ideologie beeinflußt waren. Ein Paradebeispiel ist Paxtons Kristallpalast aus dem Jahre 1850, bei dem zum ersten Mal (im Geiste eines typisch englischen Empirismus) Arbeitsteilung und Standardisierung von Werkzeug und Material ein wesentliches Element des Planungskonzepts wurden. In dem schmiedeeisernen Turm, den Gustave Eiffel für die Pariser Ausstellung von 1889 baute, wurden, ergänzend zu diesen Produktionsbedingungen, empirisch-mathematische Planungsmethoden benutzt, um den Eindruck einer neuartigen Transparenz und Dynamik hervorzurufen. Eine Weiterentwicklung der Konstruktionstechnik zeigt sich in Robert Maillarts Brückenbauten, für die ein völlig neues System eisenverstärkter Betonplatten entwickelt wurde.
Die erste bedeutende Anwendung der neuen empirischen Vorgehensweisen in der Architektur war die Einführung der Stahlskelettbauweise in den mehrgeschossigen Bürogebäuden in Chicago in den 80er Jahren des 19. Jahrhunderts. Bei der Stahlskelettbauweise sind die Konstruktionselemente eher von den Anforderungen des Bauvorgangs bestimmt, als durch solche Konstruktionslogik, wie sie Viollets Philosophie bestimmt hatte. Stahlskelette bewirken einen verallgemeinerten systematisierten Gesamteindruck; Unterschiede zwischen den Bauteilen sind genau da nivelliert, wo Viollet sie betont hätte, zum Beispiel bei den tragenden und nicht tragenden Bauteilen und deren Knotenpunkten. Die daraus resultierende Formensprache ist Cartesianischer Abstraktion näher, als den sogenannten

Pantelenon Alexandrowitsch Golosow, Elektrobank, Moskau, 1926

„organischen" Gesetzen des Materials und ihren Umsetzungen ins Visuelle.
Ein solcher Verallgemeinerungsprozeß am Bau steht im Zusammenhang mit der Arbeitsteilung in den Fabriken, die Frederick Winslow Taylor in seinen „Principles of Scientific Management" von 1912 darlegte. Dieses Werk hatte gewaltigen Einfluß auf die europäische Architektur-Avantgarde der 20er Jahre. In Taylors Rationalisierung des Produktionsprozesses wird Arbeit in ihre nicht weiter zerlegbaren kleinsten Abläufe unterteilt. Diese Rationalisierung hat nichts mehr mit der Abfolge von Handlungssequenzen im handwerklichen Herstellungsprozeß zu tun: sie ist das Resultat einer Reihe rein formaler und abstrakter Gliederungsoperationen.
Eine ähnliche Zersplitterung komplexer Ganzheiten findet sich in der Photographie. Auf den Photoplatten bewegter Körper von Edgar Marey und Edward Muybridge aus den 80er Jahren des 19. Jahrhunderts ist die Bewegung in für das Auge tatsächlich nicht sichtbare „Momente" zerlegt. Im Film wurden diese „unnatürlichen" Bewegungsfragmente wieder zusammengesetzt, um die komplexe Realität unserer visuellen Erfahrung zu simulieren.

Zwischen diesen pragmatischen Entwicklungen und zeitgenössischen Strömungen in der Philosophie zeichnen sich gewisse Parallelen ab, besonders zu Bertrand Russells Theorie des „Logischen Atomismus", die er seit 1900 entwickelte. In dieser Theorie versucht Russell zu zeigen, daß alle spekulativ angenommenen Ganzheiten, die vom Standpunkt der Erfahrung oder des Commonsense problematisch scheinen, auf einfache, unproblematische Entitäten reduziert oder aus ihnen konstruiert werden können: „Die wichtigste Maxime der wissenschaftlichen Philosophie ist diese: wo immer möglich, müssen logische Konstruktionen angenommene Ganzheiten ersetzen." Bei der Theorie des „Logischen Atomismus", die Russell teilweise in Zusammenarbeit mit Ludwig Wittgenstein entwikkelte, handelte es sich aber darüber hinaus um den Versuch, diesem rein epistemologischen Prinzip metaphysischen Status zu verleihen, indem er eine ideale, empirisch fundierte Sprache postuliert, die mit der Struktur der Realität korrespondieren soll. 1918 und 1924 formulierte Russell diese Theorie folgendermaßen:

Cornelius van Eesteren,
Theo van Doesburg,
Maison particulière,
Axonometrie, 1923

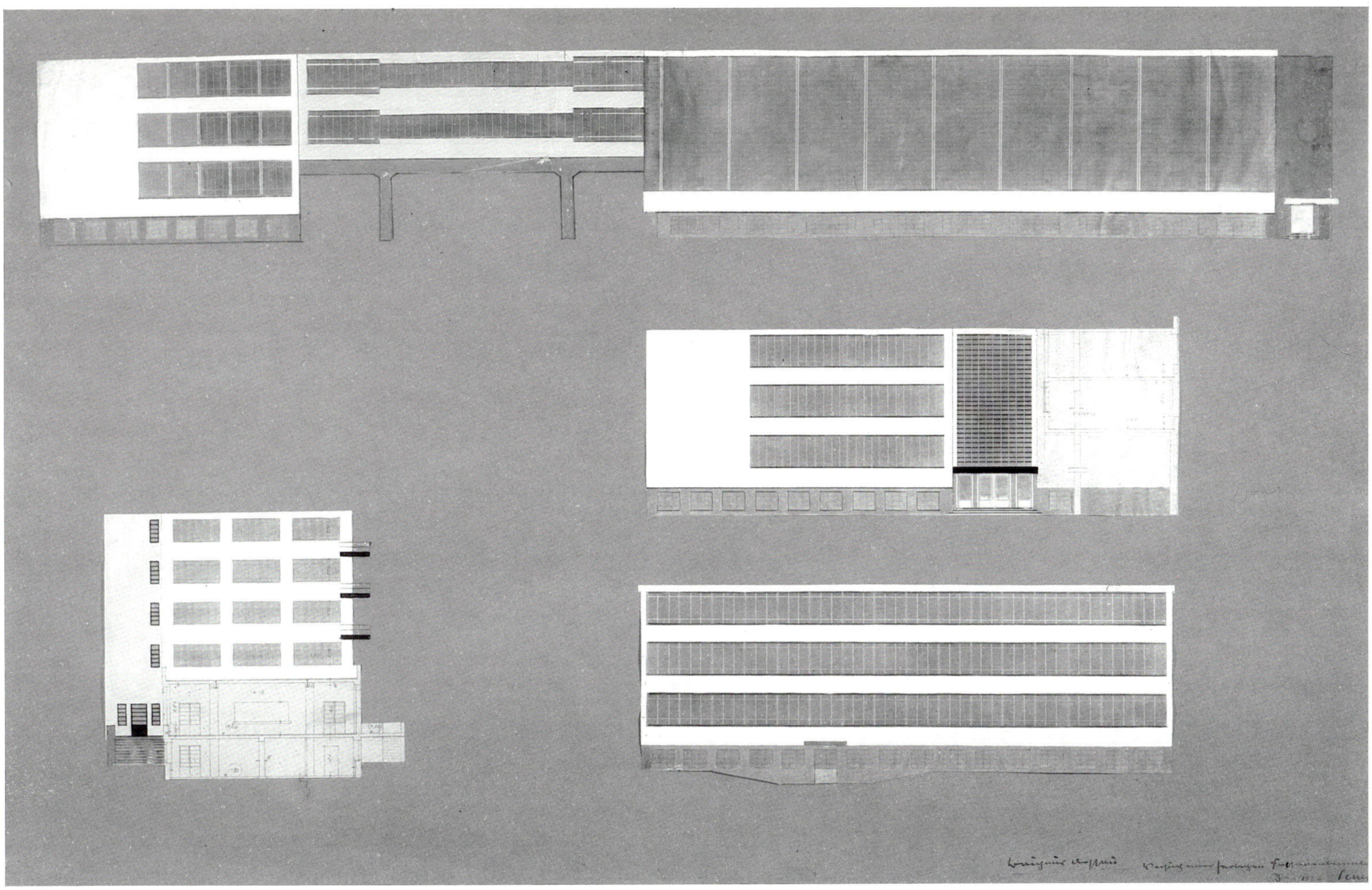

Walter Gropius, Bauhaus, Dessau. Zeichnung: Hinnerk Scheper, Farbvorschläge für die Fassaden, 1926

links:
Jakow Georgiewitsch Tschernikow, Harmonische Komposition von aufsteigenden und statischen Formen, 1927-1928
rechts:
Nikolai Alexandrowitsch Ladowski, Monument für Christoph Columbus, Santo Domingo, Wettbewerbsprojekt, 1929

1 Die Welt besteht aus elementaren Entitäten, die nur elementare Eigenschaften besitzen und nur durch elementare Relationen verbunden sind.
2 Unsere wissenschaftliche Weltsicht muß analog aus elementaren Lehrsätzen zusammengesetzt sein.[22]
Das Paradoxe dieses Vorhabens ist, daß, um der empirischen Wahrheit willen, die Welt einer rein formalen Analyse unterzogen und aller unmittelbaren Bedeutung beraubt werden muß. Damit wird der Versuch unternommen, alle geistigen Vorgänge auf mit Mitteln der wissenschaftlichen Physik erfaßbare Abläufe zu reduzieren.
Eine deutliche Parallele besteht zwischen dieser Theorie und der der Begründer der künstlerischen Moderne im zweiten Jahrzehnt des 20. Jahrhunderts, die gleichermaßen die tradierten Kunst- und Architekturformen in nicht mehr reduzierbare Elementarteile zerlegen wollten. Ob diese Elemente nun „formal" konzipiert sind (wie bei Kandinski, Mondrian und der de Stijl-Bewegung) oder „konstruktiv" (wie in der russischen Avantgarde), sie ergeben einen Katalog nicht mehr reduzierbarer, durch elementare Beziehungen miteinander verbundener Entitäten. Genauso wie in Russells „Konstruktionismus" werden Ganzheiten durch einfache Einheiten von immanenter und augenscheinlicher Bedeutung ersetzt.
Diese Elementarisierung kann sicher als Verarmung an von traditionellen Kulturkonventionen getragener Bedeutung gesehen werden. Dabei muß aber betont werden, daß diese

22 Siehe Bertrand Russell, The Relation of Sense-Data to Physics (1914), in: B. Russell, Mysticism and Logic and Other Essays, London 1976, The Philosophy of Logical Atomism (1918) und Logical Atomism (1924), beide in: B. Russell, Logic and Knowledge, Essays 1901–1950, London u. New York 1971. In einer Vorbemerkung zu „The Philosophy of Logical Atomism" erkannte Russell die Rolle an, die sein „Freund und früherer Schüler" Ludwig Wittgenstein bei der Entwicklung des Logischen Atomismus hatte. Während des Krieges arbeitete Wittgenstein seine eigene Auffassung der Philosophie der Logischen Analyse unabhängig von Russell weiter aus und publizierte 1921 in Ostwalds „Annalen der Naturphilosophie" seine „Logisch-philosophische Abhandlung", die unter dem Titel der 1922 in London erschienenen zweisprachigen Ausgabe, als „Tractatus-logico-philosophicus" zu einem der berühmtesten philosophischen Texte des 20. Jahrhunderts avancierte. Siehe Ludwig Wittgenstein Schriften 1, Frankfurt/Main 1969, in denen sich neben dem „Tractatus" auch die „Philosophischen Untersuchungen" finden, die das wichtigste Zeugnis für Wittgensteins Spätphilosophie, die Theorie der „Sprachspiele" sind.

Interpretation nicht mit der Sichtweise der avantgardistischen Künstlerkreise übereinstimmt, wo man im Gegenteil die Reduktion als Möglichkeit sah, zu profunderen, weil einfacheren Bedeutungen vorzudringen und damit den Künstler von einer degenerierten, „bourgoisen" Kunstauffassung zu distanzieren.

Solche Tendenzen deuteten sich bereits vor den hier beschriebenen Bewegungen an. Sie sind zum Beispiel in der impressionistischen und postimpressionistischen Malerei zu finden, wo die Vielfältigkeit der Wahrnehmung in kleinste Partikel zergliedert und aus ihnen wieder konstruiert wird. Man findet sie auch bei den deutschen Formalisten, den neokantianischen Ästhetikern von Herbart bis Fiedler,[23] die ein logisches System künstlerischer Apperzeption entwickelten. Diese Tendenzen müssen insofern als Teil eines rationalistischen Programms interpretiert werden, als sie die Methode der Naturwissenschaft auf die Analyse subjektiver Erfahrung anwendeten. Die architektonische Moderne der 20er Jahre bezog formale Inspiration von den Erben dieser analytischen Richtung in der Malerei – hauptsächlich vom Kubismus –, seien ihre anderen Quellen nun positivistisch oder metaphysisch.

Eine direktere Verbindung mit der Philosophie des „Logischen Atomismus" mag man im Werk von Adolf Loos sehen, dessen Raumplan-Analysen etwa um die Jahrhundertwende entstanden. Dabei wird der Gebäuderaum aus „Raum-Atomen" mit jeweils besonderem Charakter konstruiert. Man könnte hier zwar parallele Einflüsse von den Haus-Grundrissen der englischen Neu-Gotik und der Arts and Crafts-Bewegung sehen; aber man hat doch den Eindruck, daß Loos' Raumplan-Konzept Teil eines Versuchs ist, der Architekturästhetik das Geheimnis zu nehmen, indem die grundlegenden empirischen Bedingungen ihrer Existenz offengelegt werden: vor diesem Hintergrund ist Loos' Konzept sowohl mit dem Ikonoklasmus eines Karl Krauss, als auch mit dem zeitgenössischen logischen Positivismus des Wiener Kreises verbunden. Ein weiteres Beispiel dafür ist das Haus, das Ludwig Wittgenstein 1926 in Zusammenarbeit mit dem Architekten Paul Engelmann, der ein Schüler von Loos war, für seine Schwester baute. In diesem Haus sind alle Elemente „resemantisiert" im Sinne ihrer grundlegenden Funktionen, sie scheinen Wittgensteins Bild-Sprachtheorie widerzuspiegeln, die er im unter dem Einfluß von Russell entwickelten und 1921 veröffentlichten „Tractatus Logico-Philosophicus" formuliert, demzufolge ein gleichwertiges Verhältnis von den Sätzen zu den Dingen besteht. Dieses Haus gehört gleichermaßen zum Geist der Avantgarde des 20. Jahrhunderts wie zu Wittgensteins eigenen philosophischen Präokkupationen, denn nichts könnte sein Diktum: „Alles, was sich aussprechen läßt, läßt sich klar aussprechen" („Tractatus", 4.116) besser ausdrücken.

Das Beharren auf der strengen Analyse des Denkens und der Ausdrucksmittel in der Architektur von Loos und Wittgenstein verbindet den Logischen Atomismus mit dem „funktionellen" Konzept.

Funktionalismus

Die der Moderne grundlegende Vorstellung einer vorrangigen kausalen Beziehung von Funktion und Form in der Architektur ist Teil einer Tradition, die bis zu Vitruv zurückreicht. Diese Auffassung stand, wie wir gesehen haben, bis zum Ende des 18. Jahrhunderts eng mit der Idee der Nachahmung im Aristotelischen Sinne im Zusammenhang. In der ersten Hälfte des 19. Jahrhunderts wurde sie jedoch unter dem Einfluß der Romantik und des Historismus mit der Vorstellung einer genetischen Entwicklung verbunden. „Innere Notwendigkeit" sollte anstelle der Analogie Formen erzeugen, welche die Aufgabe oder Bauart eines Gebäudes ausdrücken. Diese „innere Notwendigkeit" konnte entweder idealistisch interpretiert werden, wobei ein unsichtbarer spiritueller Zusammenhang der Form-Funktion-Kausalität des Baus die Richtung wies, oder aber wissenschaftlich, wobei Effizienzgründe und empirische Nachforschung die Grundlage bildeten.

Am Ende des 19. Jahrhunderts hatte der Begriff „Funktion", wie er in verschiedenen Disziplinen gebraucht wurde, viel von seinem Sinn und einiges von seinem idealistischen Gehalt verloren. In der Mathematik zum Beispiel war eine Funktion nicht länger die Beziehung zwischen zwei Variablen und einer Konstanten, sondern die Beziehung zweier Variabler zueinander. Ernst Mach zufolge sollte der Begriff der „Funktion" den der „Ursache" ersetzen. Wenn die Naturwissenschaft ver-

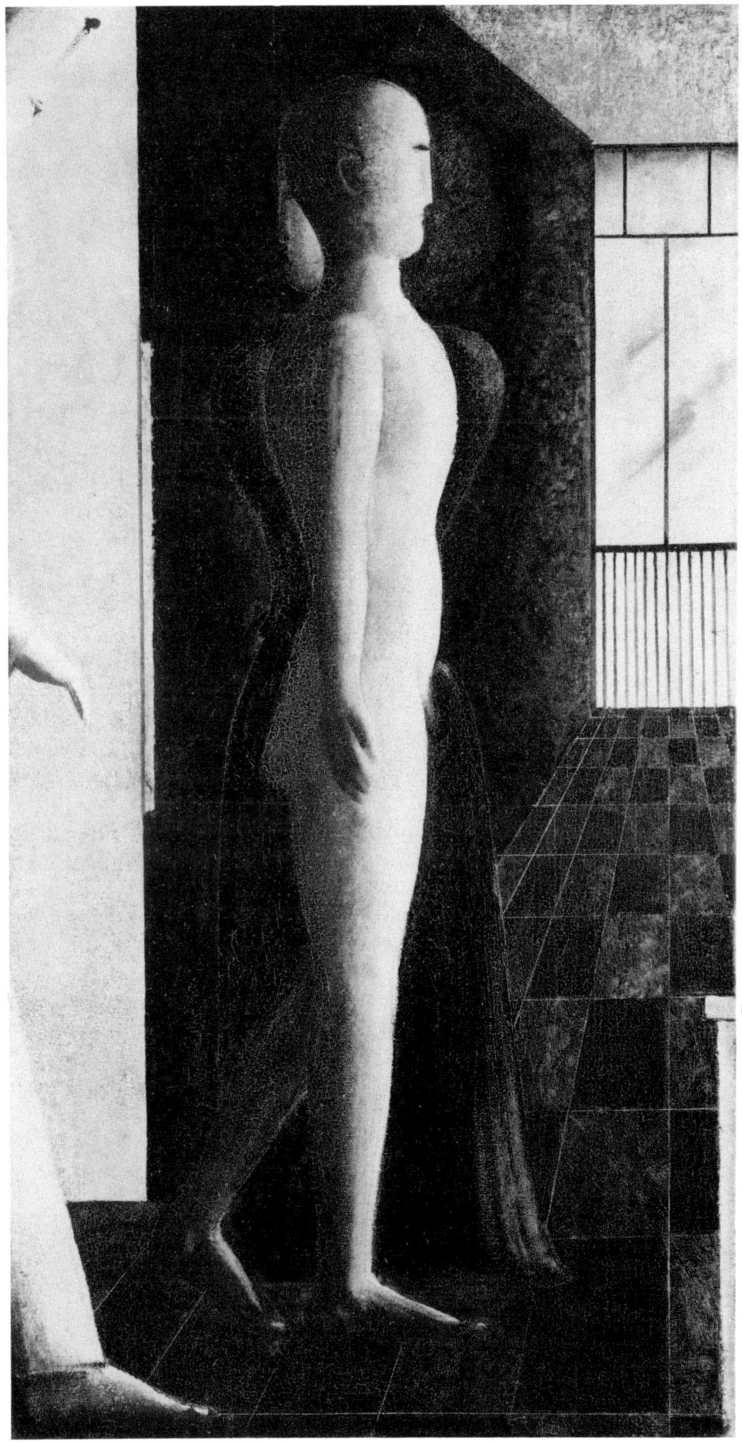

Oskar Schlemmer: Akt, Frau und Kommender, 1925

23 Die deutschen formalistisch-ästhetischen Philosophen waren Gegner der klassischen Nachahmungstheorie. Nach Johann Friedrich Herbart (1766–1841) ist Schönheit eine nicht reduzierbare Empfindung, die nichts außer sich selbst „bedeutet". Herbarts Methode wurde auf verschiedene Art und in verschiedenen Werken von Wilhelm Unger, Robert Zimmermann, Eduard Hanslick, Konrad Fiedler und anderen bis zum Ende des 19. Jahrhunderts entwickelt.

Ludwig Mies van der Rohe, Landhaus in Eisenbeton, Gartenansicht, 1923

schiedene Elemente in einer Gleichung zusammenfaßt, wird jedes Element eine Funktion der anderen; die Abhängigkeit der Elemente untereinander wird reziprok und die Relation von Ursache und Wirkung umkehrbar.[24]

Ein solcher Funktionsbegriff, der implizit ein von äußeren Werten unabhängiges System voraussetzt, ist eng verwandt mit der funktionalistischen Anthropologie Malinowskis. Nach Malinowskis These ist eine Gesellschaft ein sich selbst organisierendes System, und die „Funktion" eines Elements des Systems ist die Rolle, die es bei der Aufrechterhaltung des Systems spielt. Malinowski drückt es so aus: „Das Grundprinzip der funktionellen Interpretation ist, daß in jeder Zivilisationsform jede Konvention, jedes materielle Objekt, jede Idee und jeder Glaube im arbeitenden Ganzen eine vitale Funktion erfüllt."[25] Die Zirkularität dieser Argumentation ist offenkundig. Das System wird als Summe seiner Elemente definiert, während das Element als das erklärt wird, was durch das System besteht.

Eine Analogie zu dieser Vorstellung existiert in der Idee einer „funktionellen" Architektur, derzufolge weder im Entwurf noch in der Bewertung eines Gebäudes vorgefaßte Begriffe von „Architektur" mitspielen dürfen. Die Architektur solle allein als ein empirisches System, aufgebaut aus einander gegenseitig beeinflussenden Elementen definiert werden, wobei das System wiederum als Summe dieser Elemente bestimmt wird.

Die Architekten der „Neuen Sachlichkeit" vertraten eine extreme Richtung dieser Art „Funktionalismus". Mit der Definition von Architektur als „Funktionsökonomie" versuchte Hannes Meyer eine Reduzierung auf ein primitives formelhaftes System, das jedes apriorische Werturteil ausschloß.[26] Aber natürlich war das System schon durch seine eigene willkürliche Benennung der relevanten Fakten vorgegeben: „Struktur", „Ökonomie" und „fundamentale Notwendigkeit", die empirisch durch „wissenschaftliche" Methoden getestet werden konnten. In einem vollständig axiomatisch organisierten Wissenschaftsbereich wie der Mathematik, sind solche aufgesetzten Begrenzungen gerechtfertigt und wesentlich. Aber in einem kulturellen Bereich wie der Architektur läßt sich ihre rigide Anwendung nur mit ideologischen Motiven erklären, die die unsichtbar wirkenden Kräfte ihrer eigenen Ausschließung sind.

Der Begriff „funktional" wurde in der modernen Architektur so verwendet, daß er durch das, was logisch abgeleitet oder empirisch bewiesen werden konnte, willkürliche Begrenzung erfuhr. Anstatt die Resultate wie in der Mathematik als Ergebnis rein formaler Operationen aufzufassen, wurden sie als objektiv wahre Beschreibung der Realität begriffen.

Eine ähnliche Situation herrschte in der funktionalistischen Anthropologie vor, wo die Aufzeichnung von empirisch beobachteten Verhaltensweisen als einzige Möglichkeit galt, wahre Aussagen über eine bestimmte Kulturgemeinschaft zu machen. In den 40er Jahren des 20. Jahrhunderts trat zuerst in der Anthropologie und dann in der Architektur eine Strukturalismus-Kritik auf, deren Absicht es war, zu beweisen, daß es keine notwendige Korrelation zwischen „Form" und „Struktur" auf der einen, sowie „Funktionen" und „Verhaltensmustern" auf der anderen Seite gebe. Man behauptete jetzt, daß Formen unabhängig von der empirischen Situation seien, die ihnen zu irgendeiner Zeit und an irgendeinem Ort Bedeutung verliehen habe.

Formalismus

Man kann Formalismus definieren als ein Denksystem, das regelbestimmte Relationen vor die Relationen von Ursache und Wirkung setzt. Danach beruht Formalismus auf einer rein mathematischen Definition der Funktion. Er untersucht die Strukturen vorgegebener Bereiche unabhängig von Variablen außerhalb dieser Bereiche; er fragt nach dem „wie" eines Ablaufs, nicht nach dem „warum". Dieses Phänomen ist im späten 19. und frühen 20. Jahrhundert charakteristisch für so unterschiedliche Disziplinen wie Philosophie, Mathematik, Kunst und Architektur.

---

24 Ernst Mach, Die Mechanik in ihrer Entwicklung.
25 Bronislaw Malinowski, „Anthropology" in der Encyclopaedia Britannica, 13. Auflage, 1. Nachtrag, Chicago 1926.
26 Siehe Claude Schnaidt, Hannes Meyer. Bauten, Projekte und Schriften, Teufen/Schweiz 1965, Seite 23.

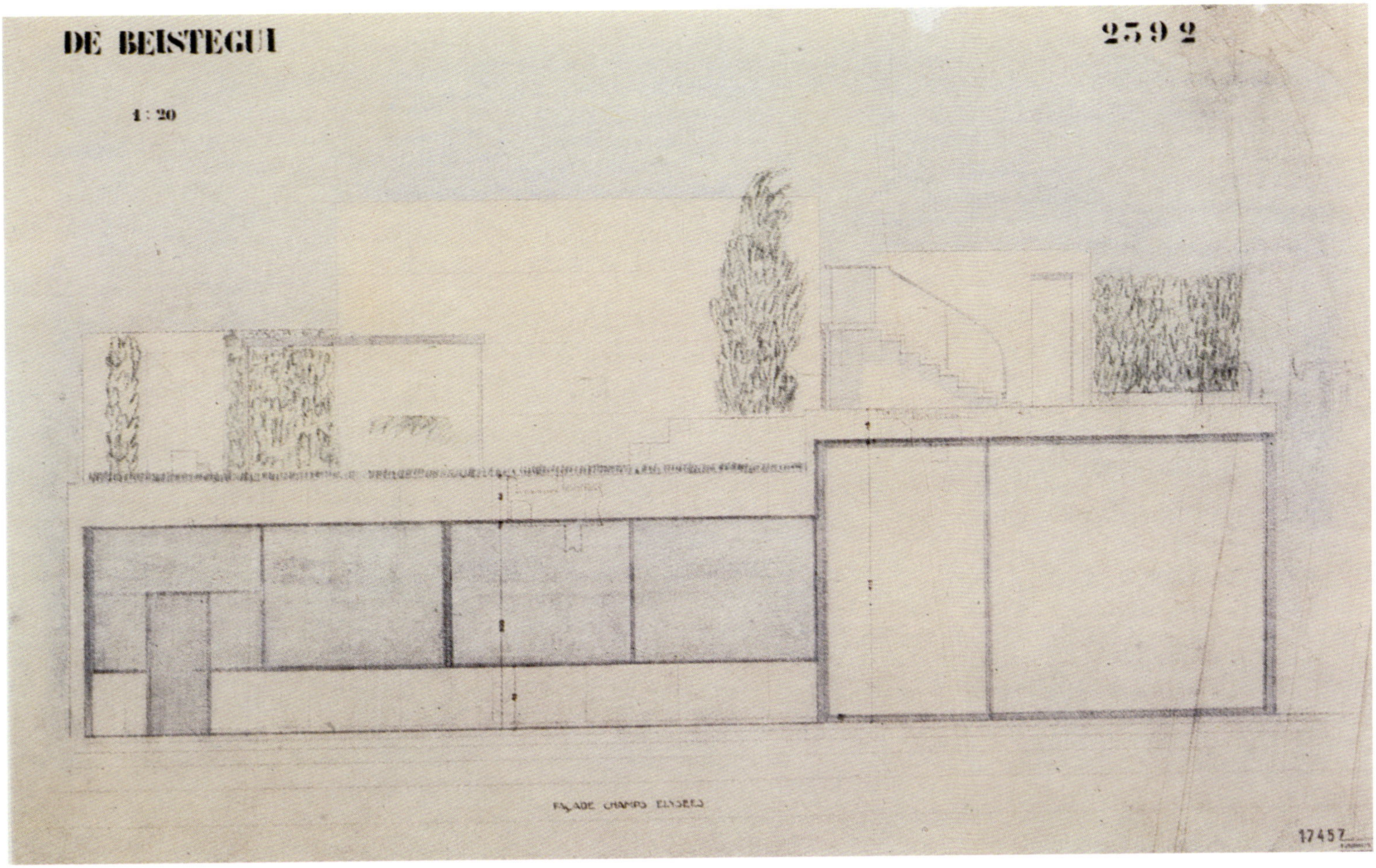

Le Corbusier, Maison de Beistegui, Paris (1930–1931), Ansicht

Wir haben diesen Ansatz schon im Zusammenhang mit der ästhetischen Theorie im Deutschland des 19. Jahrhunderts erwähnt. Dasselbe Phänomen kann etwas später auch in der Kunstgeschichte beobachtet werden. Hier reduzierte der formalistische Ansatz die Betrachtung eines Kunstgegenstands auf die Untersuchung seiner formalen Strukturen und vermied die Behandlung seiner historischen Bedeutung. Genauso sucht er eher die Veränderung der spezifischen künstlerischen Probleme, denen sich Künstler zu verschiedenen Zeiten gegenübergestellt sahen, in ein logisch-historisches System zu pressen, statt sie als (nicht nachweisbares) Resultat äußerer historischer Gegebenheiten zu untersuchen.
Die Kunsthistoriker Wickoff, Riegl und Wölfflin sind repräsentativ für diese Position. Sie waren stark von Konrad Fiedlers Theorie der „reinen Sichtbarkeit" beinflußt und alle beeinflußten im Gegenzug die intellektuelle Atmosphäre der künstlerischen Avantgarde des frühen 20. Jahrhunderts.
Eines der Ziele der formalistischen Kunstgeschichte war, sich dem Einfluß der normativen klassischen Ästhetik zu entziehen, doch konnte diese Absicht nur verwirklicht werden, indem man allgemeinere Normen schuf, die auf alle Kunstgattungen und alle Perioden angewandt werden konnten. Sie tendierte also zur Aufstellung a-historischer Regeln und ähnelte damit selbst der klassizistischen Theorie. Die formalistische Kunsttheorie konzentrierte sich auf die Frage des „wie" in der Kunst, weil sie Antworten auf „Warum"-Fragen als Rechtfertigung eines partikularen Wertesystems oder eines bestimmten Stils *verwarf.* Die klassizistische Lehre konzentrierte sich ebenfalls auf das „wie" (die Regeln guter Poetik und Rhetorik usw.), aber gerade weil sie ein partikulares Wertesystem fraglos *akzeptierte.*
Die formalistischen Tendenzen der Avantgarde des 20. Jahrhunderts standen mithin im Widerspruch zu den historisierenden Interpretationen der Architektur von Viollet-le-Duc und seinen Anhängern. Statt die Architektur als etwas zu sehen, das sich kontinuierlich nach einem historischen Gesetz technischen und sozialen Fortschritts entwickelt, behaupteten sie, daß die moderne Architektur ein radikaler Bruch mit der Tradition sei und daß sie eine Stufe erreicht hätte, die es ihr ermöglichte, zeitlosen ästhetischen Gesetzen Gestalt zu geben. In dieser Hinsicht kann sie als klassizistischer Typus aufgefaßt werden, nur eben als einer, der die spezifischen, historisch determinierten Formen des Klassizismus ablehnt. Diese Absicht der modernen Architektur ist stark auf Entwicklungen der Konstruktionstechnik gestützt, da diese eine Befreiung des Architekten von jenen technischen Zwängen bedeutete, die zuvor die

Walter Gropius, Adolf Meyer: Fagus-Werk Karl Benscheidt, Alfeld a. d. Leine, 1910–1911

Walter Gropius, Meisterhäuser in Dessau, Axonometrie, 1925–1926

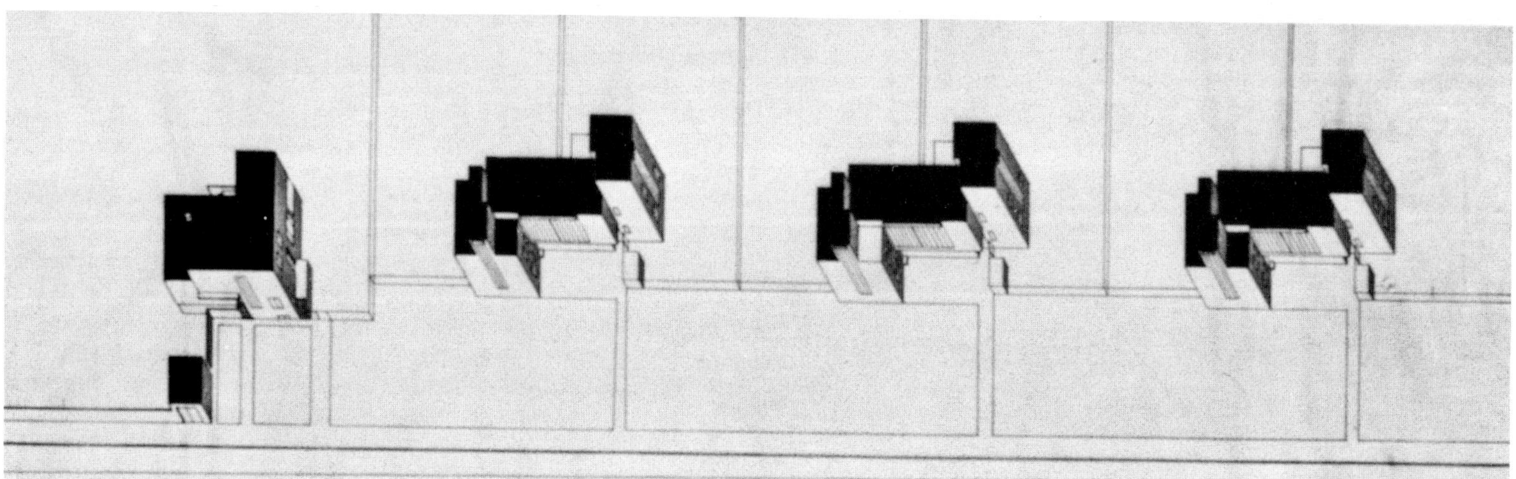

architektonische Ästhetik an bestimmte Epochen und bestimmte Handwerkstraditionen gebunden hatten.

Einer der ersten Architekten, der explizit eine industrielle Architektur mit Klassizismus verband, war Hermann Muthesius; er sah darin die Möglichkeit, einen Typenkatalog architektonischer Formen zu entwickeln, der mit den Universalgesetzen ästhetischer Wahrnehmung korrespondiert. Die Rationalisierung des Bauens im Hinblick auf serienmäßige Produktion würde auf einer abstrakteren Ebene die künstlerischen Traditionen und kulturellen Werte wiedererschaffen, zu deren Zerstörung sie beigetragen hatte.[27]

Seit den 20er Jahren akzeptierten die meisten Architekten der Avantgarde die Verdrängung des Handwerks durch die Maschine als den Preis, den sie zu zahlen hatten, um die dringenden sozialen Aufgaben der Architektur zu lösen. Obwohl dies eine gewisse Vereinfachung der Baumasse nach sich zog und die Betonung des Typischen vor dem Individuellen, wurde ihr anfänglicher Klassizismus trotzdem von elementaristischen und montageähnlichen kompositorischen Prinzipien bestimmt, welche die formale Hierarchie des klassischen Systems verneinten.

27 Siehe Hermann Muthesius' „Vorschlag" in: Protokoll der Werkbunddebatte in Köln, 1914. 1912 zog der englische Kritiker T. E. Hulme in seinem Angriff auf die expressionistische Lyrik ebenfalls eine Verbindung vom Klassizismus zur Maschine. Siehe Raymond Williams, Culture and Society, New York 1958.

Walter Gropius, Hochhäuser mit Stahlstruktur, Perspektive, 1930

Walter Gropius, Sanatorium „Sonnenfang", Berlin, Perspektive, 1931

Dies trifft in besonderer Weise auf die in der Weimarer Republik tätigen Architekten der „Neuen Sachlichkeit“ zu – unter anderen Hannes Meyer, Ernst May, Mart Stam, Hans Schmidt, Walter Gropius und Ludwig Hilberseimer.
In den Arbeiten dieser Architekten und speziell den Stadtanlagen von Hilberseimer zeichnet sich ein extremer Schematismus ab, rein analytisch deduzierte Diagramme werden tatsächlich in reale Objekte und damit in wahrnehmbare Umwelt transponiert. Durch diesen primitiven Formalismus wird ein Abstraktionsprozeß auf halbem Wege unterbrochen, so daß der zweite Schritt, nämlich die Umsetzung in ein adäquates Erscheinungsbild, nicht erreicht wird.
In den Arbeiten von Le Corbusier und Mies van der Rohe wurde dieser schematische Formalismus jedoch offen mit Elementen der klassischen Tradition verbunden. Besonders bei Le Corbusier zeigt sich ganz explizit ein Klassizismus, der auf einer generellen Verarbeitung der Tradition der Französischen Klassik gründet. Im größeren Teil seines Werkes befaßte er sich damit, die klassische Idee eines absoluten künstlerischen Gesetzes mit der historischen und positivistischen Vorstellung eines kontinuierlichen Fortschrittes in Einklang zu bringen. In seiner Zeichnung des Dom-Ino Gerüsts wurde zum ersten Mal ein dialektisches Prinzip demonstriert, das sein ganzes späteres Werk bestimmen sollte. Das Betongerüst vermittelt die ganze Absolutheit eines Cartesianischen a priori. Innerhalb des Gerüsts können Raumvolumen frei gestaltet werden. Es wird vorausgesetzt, daß das Arrangement nach diesen Erwägungen einer empirischen Notwendigkeit folgt, deren Gesetze so rigoros seien wie die des Platonischen Gedankengerüsts und seiner (darin implizierten) kubischen Hülle (obwohl gerade hier der Erfindungsgeist des Architekten/Künstlers faktisch hinzu kommt und damit die Freiheit der metaphorischen Anspielung). Eine Dialektik zwischen Gerüst und Füllung wird mit Hilfe kubistischer Techniken von räumlicher Simultaneität verdeutlicht, die selbst (erst) durch neue Bautechniken möglich gemacht worden waren.
Le Corbusiers Architektur verleiht dem Konflikt zwischen den beiden hier behandelten Traditionen des Rationalismus künstlerischen Ausdruck: der apriorischen und der empirischen. Zum einen finden wir jene „klaren und differenzierten“ Ideen, die in der Tradition französischer Theoretiker von Boileau bis Durand eine Cartesianische Metaphysik in ziemlich greifbare Kunstobjekte transponiert; zum anderen entdecken wir die empirischen und naturwissenschaftlichen Konzepte des Positivismus, die sich im Funktionellen, Bedingten und Zufälligen ausdrücken. Beide lassen sich auf Typologien reduzieren: die erste auf die Typen, die unserem Bewußtsein und unserer Wahrnehmung eingeschrieben sind, die zweite auf die Typen, die aus einer teleologischen Evolution materieller Gegebenheiten resultieren.
Ein gleichermaßen zum Klassischen tendierender Formalismus ist sowohl in der skandinavischen wie italienischen Moderne zu beobachten. In Skandinavien ist er in den späten Arbeiten von Gunnar Asplund und in den frühen von Alvar Aalto zu finden, in beiden Fällen auf Grund einer starken klassizistischen Tradition aus dem ersten Jahrzehnt des 20. Jahrhunderts. In Italien ist diese Tendenz untrennbar verbunden mit den kulturellen Forderungen des Faschismus und dem Versuch, progressive Ideen mit kultureller und politischer Vergangenheitssehnsucht in Einklang zu bringen. Le Corbusiers Bauten und Schriften übten vielleicht den wichtigsten Einfluß eines einzelnen Architekten auf die Italienische Avantgarde der 30er Jahre (die selbsternannten „Rationalisten“ der „Gruppo 7“) aus. In seinem Buch „Vers une architecture“ von 1923 hatte Le Corbusier die Produkte moderner Technologie, wie zum Beispiel Automobile, dem Parthenon gleichgesetzt und beides als Resultat eines evolutionären Prozesses betrachtet, der in einem perfekten „Formtypus“ gipfele. Dieser bildhafte Vergleich ermöglicht es den italienischen Architekten, die dynamischen und mechanistischen Aspekte ihres Futurismus mit der klassischen Tradition zu verbinden.
Sant'Elia hatte in seiner „Città Nuova“ von 1914 eine Synthese der Ideen von Henri Sauvage und der Wagner-Schule geschaffen, und damit ein ergreifendes Bild der überbevölkerten und mechanisierten modernen Stadt gezeichnet. Vergleicht man die Bilder dieses Buches mit einem Werk der Rationalisten, wie der Casa dei Fascio von Guiseppe Terragni und bestimmten Arbeiten von Persico und Pollini, so sieht man, daß der romantische Expressionismus eines Sant'Elia einem ruhigen, zeitlosen Klassizismus gewichen ist. Diesem Klassizismus fehlte jedoch die stilistische Ikonographie, die für die Novecento Architekten Muzio und Piacentini charakteristisch gewesen war. Er ist zusammengeschrumpft zu einem abstrakten Anspruch von beabsichtigter Neutralität. Eine dynamische Asymmetrie ist immer noch vorhanden, aber ganz und gar im zeitlosen Kubus gemäßigt, und schafft keine „Kraftlinien“ wie in den Zeichnungen Sant' Elias und den Skulpturen Boccionis.

Die Postmoderne

Die Suche nach der Bedeutung

Die Moderne der 20er Jahre zeichnete sich durch eine missionarische Inbrunst aus, die ihr fast die Erscheinung einer religiösen Bewegung verlieh. Wie in allen religiösen Bewegungen mußten ihre Anhänger die Konversion zu einem neuen Bewußtsein durchmachen, in dem die kleinsten und weltlichsten Aspekte des Lebens verklärt wurden. Der Rationalismus der Avantgarde des 20. Jahrhunderts war eingebettet in einen dogmatischen und idealistischen Anti-Rationalismus, der in seiner reinen Form nur sehr kurz überleben konnte. Schon in den 30er Jahren setzte ein Prozeß der „Liberalisierung“ ein, der in den 50er Jahren seinen Höhepunkt erreichte. Diese Liberalisierung bedeutete zwar nicht das Aufgeben der rationalistischen Grundposition, aber ihre Humanisierung. In den 30er Jahren begann Le Corbusier natürliche Werkstoffe und ortsgebundene Elemente in seine Arbeit einzuführen, J. J. P. Oud, der mit der de Stijl-Bewegung assoziiert gewesen war, führte das Ornament in seine Bauten wieder ein, und Alvar Aalto trat für einen Stil ein, der „irrationale“ und „psychologische“ Faktoren einkalkulierte. Nach dem 2. Weltkrieg setzte sich dieser Assimilationsprozeß unter den unterschiedlichen Etikettierungen „Neo-Empirismus“, „Brutalismus“ und „Neo-Realismus“ fort. Gleichzeitig erreichte der technische Fortschritt, vor allem in den Vereinigten Staaten einen Stand, der es ermöglichte, den rational-konstruktiven Aspekt des Modernismus mit den spekulativen Ansprüchen der Bodenpolitik zu verbinden und damit seine eigenen utopischen Grundlagen zu untergraben.
Keine dieser Tendenzen stellte die Grundprämissen des modernen Rationalismus in Frage; der Modernismus sollte sich von innen her nach und nach selbst reformieren, um so den „humanistischen“ und pragmatischen Notwendigkeiten Genüge zu tun, die von seinem ursprünglichen Programm ausgeschlossen waren.
Eine Parallele kann *vielleicht* in den Entwicklungen innerhalb der analytischen Philosophie gesehen werden, die sich ebenfalls seit den 30er Jahren anbahnen. Wittgensteins „Sprachspiele“ in den „Philosophischen

Untersuchungen“, die Philosophie der „normalen Sprache“ von Austin und Karl Poppers Konzept der „offenen Gesellschaft“ verzichteten alle, wenn auch unterschiedlich, auf den Versuch, die Prozesse rationaler Analyse mit realen Vorgängen gleichzusetzen.
Mitte der 60er Jahre trat jedoch eine starke Gegenreaktion in der Architekturtheorie auf, die statt die Architektur im Sinne einer spezifisch modernen Rationalismusinterpretation zu reformieren, eher danach strebte, den Rationalismus als autonome Architekturrichtung zu reformieren. Diese Bewegung entstand in einem Kreis junger Architekten um Ernesto Rogers, dem Herausgeber der Zeitschrift „Casabella“. Die verschiedenen Erscheinungsformen des Rationalismus in der Geschichte wurden als sekundär und abhängig von einem tieferen Sinn aufgefaßt, demzufolge das „Rationale“ in der Architektur überhaupt der Aspekt ist, der sie im Vollzug der Geschichte zu einem Teil des Kulturgeschehens macht. Diese Ideen stammen zum großen Teil aus der strukturalistischen Linguistik, welche den paradigmatischen Wert typischer und invariabler Einheiten, die individuellen Sprechakten zugrunde liegen, hervorgehoben hatte.
Obwohl es einen klaren, historischen Zusammenhang zwischen dieser Theorie und den formalistischen Aspekten des Modernismus gibt, unterscheiden sie sich in einem wichtigen Punkt. Die formalistische Moderne hatte vorausgesetzt, daß Architektur auf Formen reduziert werden könne, die mit den Grundstrukturen des menschlichen Bewußtseins korrespondieren (les constants humains). Im neuen Formalismus, den wir beschreiben, werden die Invariablen der Architektur als soziale und kulturelle Realitäten gesehen, die nur bis auf die Erfahrung der Architektur selbst zu reduzieren sind.
Diese Sichtweise impliziert, daß wir die Geschichte der Architektur (oder immerhin einen großen Teil von ihr) betrachten sollen, als wäre sie ein angehaltener Moment, in welchem Gedanke und Erinnerung zugleich bestehen. Die Vorlage für eine solche Auffassung ist das aufklärerische Denken, das den Fortschritt nicht für eine berechenbare und unendliche Entwicklung hielt, wie der Positivismus, sondern für eine Möglichkeit der vernunftgemäßen Ordnung und Ausnutzung des Vorhandenen. Tatsächlich bezog die Casabella-Gruppe Anregungen aus zwei Werken: Adornos und Horkheimers „Dialektik der Aufklärung“ und Emil Kaufmanns „Die Architektur im Zeitalter der Vernunft“, die, grob zusammengefaßt, beide die Aufklärung als ein unvollendetes Projekt interpretieren.[28]
Die typologischen Charakteristika einer rationalen Architektur werden nach dieser Sichtweise nicht durch Technologien oder durch spezifisch moderne Formen sozialen Verhaltens bestimmt, sondern sind solche, die technologische und soziale Veränderungen überdauern und an ein beständiges Menschenbild geknüpft sind. Das bedeutet eine Rückkehr zum Vernunftsbegriff des 18. Jahrhunderts:

Arne Jacobsen, Munkegård-Schule, Gentofte (1952–1956), perspektivische Ansicht, Vogelschauperspektive

28 Siehe Ignacio de Sola-Morales Rubio, „Critical Discipline“ in: Oppositions 23, MIT Press, als feinfühlige Studie der Arbeit und Ideen Giorgio Grassis.

Vernunft wird als Kraft außerhalb der Geschichte verstanden, die Geschichte präsentiert der Vernunft unterschiedliche Beispiele menschlicher Errungenschaften (wie z.B. Architektur), unter denen sie frei wählen kann.
Die Architekten, die diese Haltung am klarsten exemplifizieren, sind Giorgio Grassi und Aldo Rossi. Ersterer, indem er die eher schematischen und didaktischen Aspekte der rationalistischen Tradition hervorhebt, und letzterer, indem er sich auf die subjektiven, poetischen Bilder konzentriert, die sie hervorbringen kann.[29] Als Teil einer allgemeinen „postmodernen" Tendenz muß dieser Typ Rationalismus als defensive Reaktion auf gegenwärtige soziale Bedingungen von Produktion und Konsum gesehen werden. Es ist kein Zufall, daß in beiden Fällen der Output gering ist und absichtlich bescheiden im Ausmaß. Die soziale Entwicklung ist soweit fortgeschritten, daß die Produkte der menschlichen Ratio zunehmend von der Erfahrung des Herstellens, Bauens oder Erfindens getrennt sind. Paul Valery sprach 1894 von der Distanz zwischen modernem, wissenschaftlichem, konzeptuellem Denken und unserer Fähigkeit, die Welt auf geordnete Bilder sinnlicher Erfahrung zu reduzieren und stellte sich die Frage: „Warum kann nur ein kleiner Teil der Welt auf diese Weise reduziert werden? Es gibt einen Moment, in dem das Figürliche so kompliziert wird, oder ein Ereignis so neu zu sein scheint, daß wir aufhören müssen, es als ganzes erfassen zu wollen, oder fortzufahren, es in dauerhafte Werte zu übersetzen. An welchem Punkt blieben unsere modernen Euklide mit ihrer formalen Fassungskraft stehen?"[30]
Fast hundert Jahre später ist das Problem noch krasser geworden. Können wir den Begriff „Rationalismus" in der Architektur trotz all seiner Bedeutungsveränderungen noch in dem Sinne gebrauchen, den er immer innehatte: als den Versuch, das sinnlich Analoge, die sinnbildliche Präsenz einer Vernunft zu liefern, von der einst geglaubt wurde, daß sie das Universum durchdringen könne?

Aus dem Englischen von Renate Brosch und Doya Hacker

29 Siehe Aldo Rossi, The Architecture of the City, MIT Press, und A Scientific Autobiography, MIT Press 1981.
30 Paul Valéry, „Introduction à la Méthode de Leonard de Vinci" in: La Nouvelle Revue Française, August 15, 1895.

Erkenntnistheoretische und ethische Aspekte der operationalen Philosophie

Anatol Rapoport

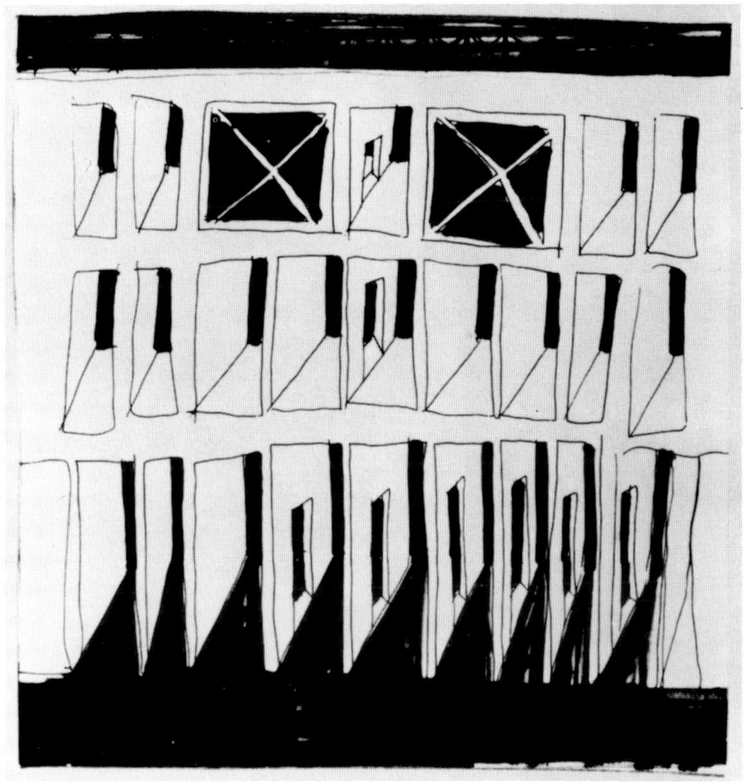

Ich sage oft, daß man über eine Sache, über die man spricht, Bescheid weiß, wenn man sie messen und in Zahlen ausdrücken kann; . . .
William Thomson (Lord Kelvin), Popular Lectures and Addresses (1889)

Der lange Weg vom Material durch Funktion zu schöpferischer Arbeit hat nur ein einziges Ziel: Ordnung zu schaffen in der verzweifelten Verwirrung unserer Zeit. Denn wir müssen Ordnung haben, einem jeden Ding den ihm zugehörigen Platz weisend und das Seine zubilligend nach seiner Natur. Dies möchten wir so vollendet tun, daß die Welt unserer Schöpfungen von innen heraus zu blühen beginnt. Mehr wollen wir nicht; mehr können wir nicht.
Ludwig Mies van der Rohe, Antrittsrede Armour Institute of Technology (1938)

Aber die Jahre angstvoller Suche im Dunkel, mit ihrer tiefen Sehnsucht, ihrem Wechsel von Vertrauen und Erschöpfung und ihrer endlichen Ankunft im Licht – nur die, die es erfahren haben, können das verstehen.
Albert Einstein, nach M.J. Klein.

Seite 273:
Aldo Rossi, Quartiere Gallaratese, Mailand (1970–1973), Skizze

Ludwig Mies van der Rohe, Bürogebäude aus Stahlbeton, 1922

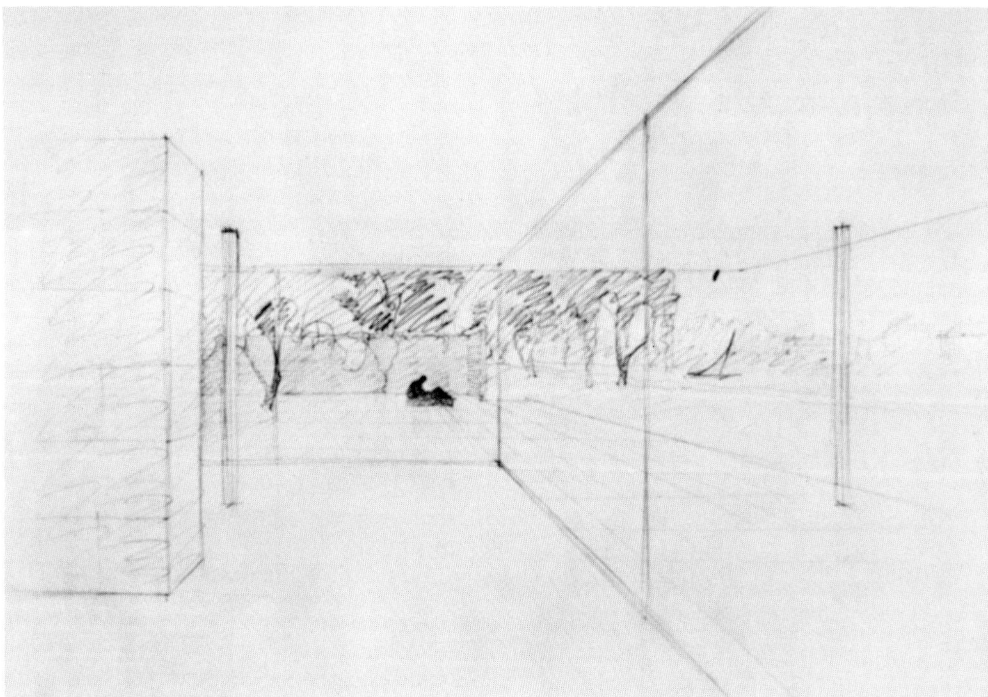

Ludwig Mies van der Rohe, Haus Hubbe, Magdeburg, Ausblick aus dem Wohnraum, 1935

Die Zweige der Philosophie, denen mein hauptsächliches Interesse gilt, sind die Sprachphilosophie, insbesondere die Bedeutungslehre und allgemeine Semantik, die Ethik, und hier besonders deren Rolle in der Entscheidungstheorie, die Erkenntnistheorie und die Philosophie der Wissenschaft. Ich bekenne mich zum Rationalismus, wenn man darunter die in den Wissenschaften üblichen Denkweisen versteht, habe also eine Skepsis bezüglich aller Spielarten dogmatischer Betrachtungen, wenig Interesse für das Mystische, Übernatürliche u. d. g. Vom Rationalismus aber, der die Philosophie Platons oder Descartes' kennzeichnet, distanziere ich mich. D. h. ich glaube nicht, daß man durch Deduktion allein die Realität erkennen kann. Die empirische Komponente der Erkenntnis halte ich für unentbehrlich. Die Welt offenbart sich uns durch unsere Sinne. Daher soll in Auseinandersetzungen über das, was wirklich oder wahr ist, das sinnlich Wahrgenommene das letzte Wort haben. Allerdings heißt es nicht, daß wir unsere Empfindungen mit der Wirklichkeit identifizieren sollen. Zwischen diesen Empfindungen und der Erkenntnis erstreckt sich eine lange Kette von Inferenzen und Interpretationen. Diese Ketten zu bilden, ist die Aufgabe der Wissenschaft, und die Regeln ihrer Konstruktion zu untersuchen, kann, meiner Ansicht nach, als eine der Hauptaufgaben der Philosophie gelten.

Ich bekenne mich zu operationalen Kriterien der Bedeutung, zu logischen Kriterien der Gültigkeit, zu wissenschaftlichen Kriterien der Wahrheit. Schließlich glaube ich, daß die obigen Kriterien auch eine wertorientierte Dimension haben, die eine Brücke zwischen Erkenntnis- und ethischen Präferenzen bildet.

Bedeutungskriterien

Ich glaube, daß all unser Wissen (im wissenschaftlichen Sinn des Wortes) von Erfahrungen stammt, entweder von unseren eigenen oder von denen anderer, wobei diese uns durch Wörter übermittelt werden. Auch durch unsere eigenen Erfahrungen gewonnenes Wissen muß erst mittels der Sprache „verdaut" werden. Die Sprache vermittelt die Aneignung von Wissen, indem sie die Erfahrungen in Wörtern speichert, also Wörter aus Erfahrungen „prägt". Diese Impressionen heißen „Bedeutungen". Eine Bedeutung ist demnach ein Verhältnis zwischen Wörtern und Dingen, Ereignissen, Beziehungen oder Prozessen, die keine Wörter sind. Diese können „da draußen", d. h. in der wirklichen Welt sein oder in unseren Köpfen existieren. Kann man auf ein solches Verhältnis hinweisen, so haben die betreffenden Wörter Bedeutungen. Andernfalls haben sie keine; sie sind dann bloß Geräusche oder Tintenflecke. Eine Aufgabe der Sprachphilosophie ist es, Bedingungen zu untersuchen, unter denen Wörtern Bedeutungen zugeschrieben werden können.

In formalen Schriften werden Bedeutungen von Wörtern durch Definitionen erläutert. Definitionen bestehen natürlich ebenfalls aus Wörtern. Wenn also ein Wort durch andere definiert wird, und diese Wörter wieder durch andere, muß endlich ein Zyklus entstehen, denn die Anzahl der Wörter ist endlich. Daher genügt die Erörterung von Bedeutungen von Wörtern mittels anderer Wörter nicht, wenn wir unter „Bedeutung" eine Beziehung zwischen Wörtern und etwas außerhalb der Sprache verstehen. Die dadurch entstehenden

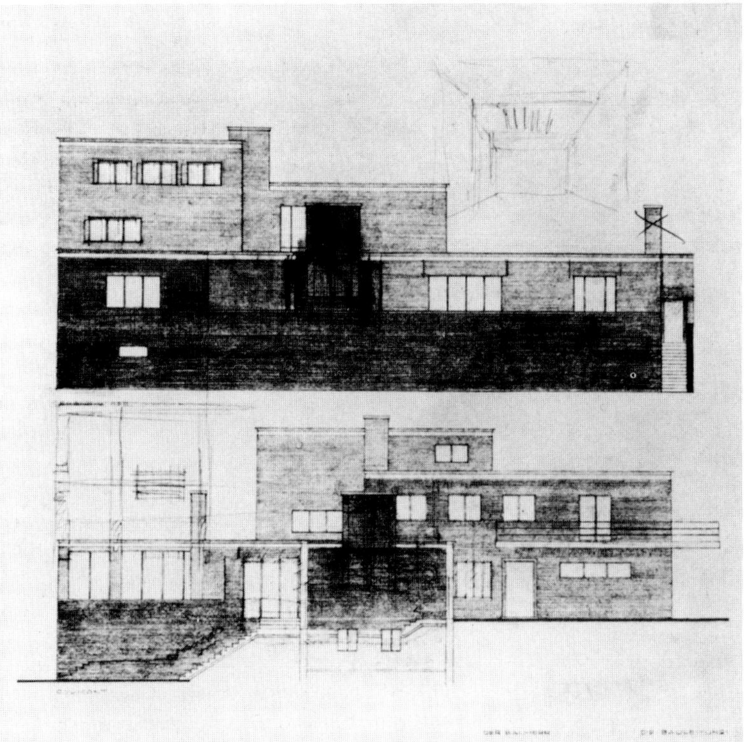

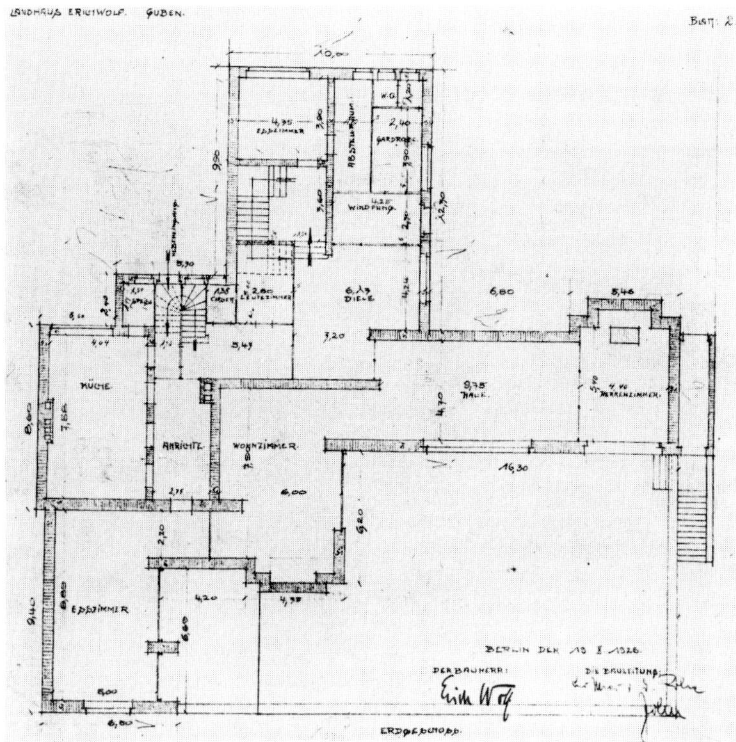

links:
Ludwig Mies van der Rohe, Haus Wolf, Guben (1925–1927), Süd- und Ostansicht
rechts:
Ludwig Mies van der Rohe, Haus Wolf, Guben, Grundriß des Erdgeschosses, 1926

Probleme wurden zu zentralen Problemen der traditionellen Philosophie.

Was in der traditionellen Philosophie steril ist, stammt, meiner Meinung nach, von einer Verwechslung zwischen den beiden ganz verschiedenen Bedeutungen der Frage „Was ist X?"

Einerseits kann die Antwort eine Definition von X sein; andererseits eine Beschreibung der wesentlichen Merkmale von einem schon definierten X. Das letztere verlangt eine *Untersuchung* eines *schon bestimmten* Gebiets; das erstere ist nichts weiter als eine *Vereinbarung* dessen, was man unter dem betreffenden Begriff verstehen *will.* Eben dieser konventionelle Aspekt der Definition wird in der traditionellen Philosophie öfters außer acht gelassen. Man glaubt, daß man mittels einer Definition das „Wesen" von etwas in der Wirklichkeit Existierendem enthüllen kann. So werden die Fragen „Was ist Tugend?" oder „Was ist Materie?" gestellt, Fragen, die ohne eine vorbereitende Vereinbarung darüber, wie man diese Wörter gebrauchen will (d. h. auf welche Erfahrungen man sie beziehen will) steril bleiben müssen.

Ich betone die wesentliche Willkürlichkeit der Definition, um auf den erkenntnistheoretischen Grundfehler der traditionellen Philosophie hinzuweisen. Vom heuristischen Standpunkt aber dienen einige Definitionen gewiß besser als andere, und zwar diejenigen, die eine gewisse *Invarianz,* die einen betreffenden Begriff nahelegt, hervorheben. D. h. was einen Namen verdient, soll einigermaßen „sich selbst gleich" bleiben. So geben wir Leuten und Bergen Namen, nicht aber Wolken.

Zusammenfassend scheinen die folgenden Eigenschaften eine zweckmäßige Definition zu charakterisieren:

1 Weil sie nur eine Vereinbarung und keine Aussage ausdrückt, kann eine Definition weder „richtig" noch „falsch" sein, genauso, wie die Regeln eines Spiels weder richtig noch falsch sein können.

2 Eine Definition soll auf etwas in unserer Erfahrung hinweisen.

3 Eine Definition soll auf eine wesentliche (also invariante) Eigenschaft des Definierten hinweisen.

Die von Aristoteles formulierte *intensionale* Definition betont 3: sie bezeichnet eine durch Merkmale erkennbare Kategorie, zu der das Definierte gehört. Beispiel: „Ein Säugetier ist eines, das Jungtiere gebärt (und nicht etwa Eier legt) und sie säugt." Ein Nachteil der intensionalen Definition besteht darin, daß sie nicht erkennen läßt, ob das definierte Wort sich auf etwas in der Wirklichkeit Existierendes bezieht. Beispiel: „Ein Vampir ist eine Leiche, die menschliches Blut trinkt" bezieht sich auf nichts Wirkliches, aber man kann dies anhand der Definition nicht erkennen. Ihrer Form nach unterscheidet sich diese Definition in keiner Weise von einer, die etwas in der Wirklichkeit erläutert, z. B. „Ein Ameisenfresser ist ein Tier, das Ameisen frißt".

Die von den Vertretern der allgemeinen Semantik vorgezogene *extensionale* Definition spezifiziert einfach die Mitglieder der definierten Kategorie, betont also 1 und 2. Sterile Auseinandersetzungen über die Frage, ob das Eier legende aber Jungtiere säugende Schnabeltier ein Säugetier ist, können nicht entstehen, wenn infolge einer extensionalen Definition das Schnabeltier entweder auf der Liste von Säugetieren erscheint oder nicht.

Die in den exakten Wissenschaften am häufigsten formulierte *operationale* Definition befriedigt die obigen Prinzipien am besten. Eine operationale Definition weist auf *Handlungen* (Operationen) hin, die unternommen werden sollen, um die den betreffenden Begriff charakterisierende *Invarianz* zu beobachten. Beispiel: „Man ziehe einen Körper horizontal über einen anderen und merke, daß, je schwerer der Körper, desto größer die dazu nötige

Ludwig Hilberseimer, Schema einer Hochhausstadt, 1925

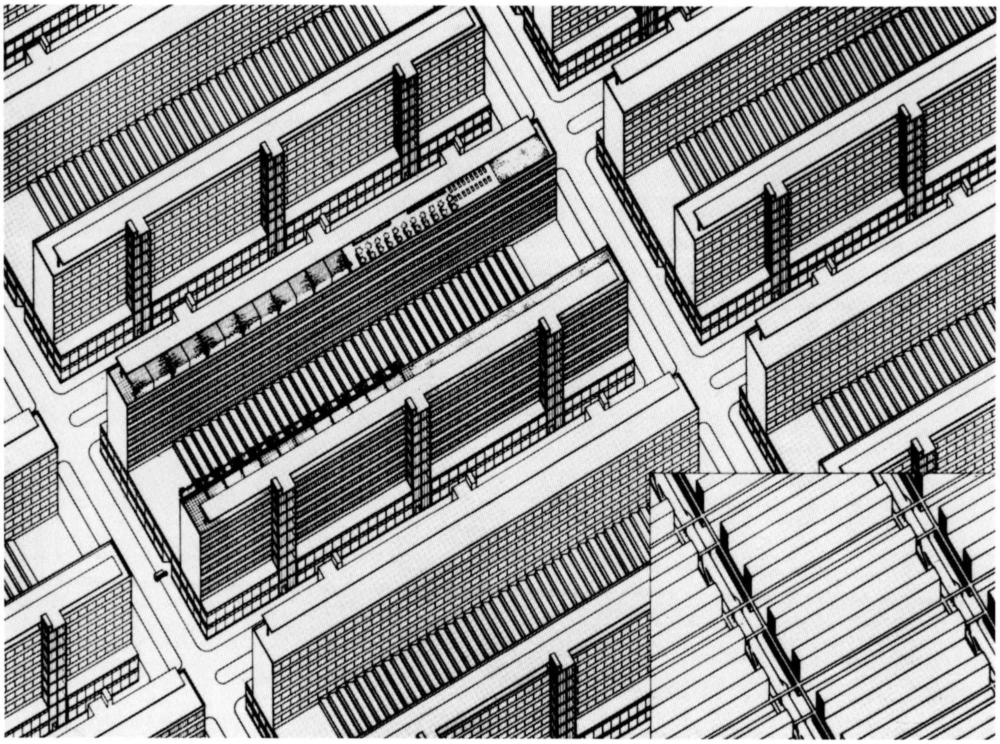

Kraft ist, daß aber das V*erhältnis* der Kraft zum Gewicht konstant bleibt. Diese *Konstante* heißt der *Reibungskoeffizient,* der für diese einander berührenden Oberflächen charakteristisch ist."

Wie gesagt ist die Invarianz die zentrale Idee der operationalen Definition. Das Gewicht G kann sich ändern. Dabei verändert sich auch die Kraft K. Aber das Verhältnis K/G bleibt innerhalb gewisser Grenzen invariant.

Die Bedeutung der operationalen Definition in der Wissenschaft ist enorm. Die Relativitätstheorie wird nur dann verständlich, wenn man die metaphysischen Vorstellungen von Raum und Zeit, die der Newtonschen Theorie unterliegen, aufgibt und die Begriffe „Raumintervall" und „Zeitintervall" operational definiert, wozu Hinweise auf Lichtsignale benötigt werden. Der scheinbare Widerspruch zwischen dem korpuskulären und wellenartigen Wesen des Lichts wird nur dann beseitigt, wenn die metaphysische Frage „Ist das Licht *eigentlich* korpuskulär oder wellenartig?" durch auf Experimente bezogene Fragen ersetzt wird. Dann wird man bemerken, daß die Operationen, die die korpuskulären Eigenschaften des Lichts feststellen, mit denjenigen, die das Licht mit Wellenphänomenen identifizieren, nicht gleichzeitig durchgeführt werden können. Da die operationale Definition des Lichts auf Handlungen (d.h. Experimente) bezogen werden muß, verschwindet der Widerspruch, denn die verschiedenen Antworten müssen auf verschiedene Verfahren bezogen werden.

Man soll diesen Überlegungen keineswegs entnehmen, daß Redeweisen, bei denen operationale Definitionen von verwendeten Ausdrücken fehlen oder gar unmöglich scheinen, für „bedeutungslos" oder „trival" gehalten werden sollen. So eine Einstellung hieße die Verwerfung aller Poesie, aller intimen Kommunikationen, aller schöpferischen Spekulation, kurz gesagt von allen Äußerungen, die nicht zur formalen Sprache der exakten Wissenschaft gehören. Nichts könnte meiner Absicht ferner sein. In der Sprache der Wissenschaft oder in Äußerungen, die als wissenschaftliche Aussagen bezeichnet werden, halte ich die operationale Definition für unentbehrlich. Gleichzeitig sehe ich natürlich, daß es Gebiete gibt, in denen Erfahrungen vom Wissen (im wissenschaftlichen Sinn des Wortes) unabhängig sind. Diese sind das Gebiet intuitiver Wahrnehmungen, das der Gefühle, der Libido – es sind alle außerhalb des Gebiets der wissenschaftlichen Erkenntnis, aber es sind nichtsdestoweniger ebenso wichtige Bestandteile des menschlichen Daseins. Ich behaupte nur, daß der wissenschaftlichen Erkenntnis eine ganz besondere Rolle im menschlichen Leben zugeteilt werden soll. Auf diese Überzeugung möchte ich weiter unten zu sprechen kommen.

Wahrheitskriterien

Wir haben bereits Bedingungen angesehen, die erfüllt sein müssen, damit Wörtern im wissenschaftlichen Sinn gültige Bedeutungen zugeschrieben werden können. Wenden wir uns nun den Bedingungen zu, unter denen Aussagen als wahr bezeichnet werden können.

Analytische Aussagen unterscheiden sich von den synthetischen. Die ersteren können gültig oder nicht gültig sein, je nachdem sie intern konsistent sind oder Widersprüche enthalten. Die letzteren können dagegen wahr oder falsch sein, je nachdem sie mit den in der Wirklichkeit beobachteten Umständen übereinstimmen oder nicht. Der Satz „Wenn Hans der Gatte von Anna ist, so ist Anna die Gattin von Hans" ist analytisch. Seine Gültigkeit wird dadurch bestimmt, daß auf Deutsch die Wörter „Gatte" und „Gattin" laut Vereinbarung in gewisser Weise verwendet werden. Von Wahrheit kann hier nicht die Rede sein, denn man muß weder Hans noch Anna kennen, um der Aussage zuzustimmen. Dagegen ist der Satz „Hans ist der Gatte von Anna" synthetisch und kann daher wahr oder falsch sein, vorausgesetzt, daß „Gatte" operational definiert wurde. Um die Wahrheit dieses Satzes festzustellen, müssen wir die in der operationalen Definition angegebenen Handlungen durchführen, sei es Unterlagen nachprüfen oder Leute, die Hans und Anna kennen, befragen. Die Wahrheit von synthetischen Sätzen kann nur mittels derartiger Verifikationen festgestellt werden. Allerdings ist die Verifikation wissenschaftlicher Aussagen gewöhnlich mit Ketten von rein logischen Operationen, d. h. mit gültigen analytischen Aussagen verbunden. Dies wird deswegen nötig, weil eine direkte, aufgrund von einfachen Beobachtungen begründete Verifikation wissenschaftlicher Aussagen öfters unmöglich ist.

Betrachten wir beispielsweise eine Aussage, die die zwischen der Erde und dem Mond bestehende Anziehungskraft spezifiziert. Eine operationale Definition von Kraft könnte auf das Ausmaß der von der Kraft verursachten Verlängerung einer Feder hinweisen. Offensichtlich können wir aber nicht zwischen der Erde und dem Mond eine Feder anbringen, die die Anziehungskraft messen soll. Wir müssen daher die Kraft mittels anderer Operationen definieren. Wenn aber der Begriff „Kraft“ eine Bedeutung haben soll, so sollen die beiden Operationen zum gleichen Ergebnis führen, damit das Prinzip der Invarianz erfüllt bleibt. Wo die beiden Operationen zugleich nicht durchgeführt werden können, muß theoretisch (d. h. durch Deduktionen) bewiesen werden, daß sie einander äquivalent sind. Dazu braucht man eine ziemlich verwickelte mathematisch formulierte Theorie. Diese Theorie mag zwar nur von Fachleuten völlig verstanden werden. Nichtsdestoweniger kann sie recht überzeugend sein, wenn nämlich durch sie deduzierte Voraussagen wiederholt bestätigt werden.

Verifikation ist immer mit der Bestätigung von Voraussagen verbunden, allerdings manchmal nur implizit. Die Aussage „der Schnee ist weiß“ enthält eine (implizite) Voraussage: „Wenn du auf Schnee schaust, wirst du ‚Weißheit‘ empfinden.“ Die Aussage „Napoleon starb 1821“ enthält die Voraussage: „Wenn du gewisse Bücher, Dokumente u. d. g. anschaust, wirst du gleichbedeutende Aussagen finden.“ Gewiß kann die Echtheit der Dokumente in Frage gestellt werden. Aber die Aussage, daß ein Dokument echt, richtig, gefälscht oder unglaubwürdig ist, ist doch auch eine Aussage, die ebenfalls durch Handlungen nachgeprüft werden kann, die der operationalen Definition von Echtheit u. s. w. entsprechen. Es ist die Aufgabe des Historikers derartige Handlungen durchzuführen.

Für die Feststellung des Grades der Glaubwürdigkeit wissenschaftlicher Aussagen gibt es ausführliche Verfahren. Für den Historiker gelten gewisse Standards der Echtheit und Glaubwürdigkeit von Dokumenten. Der Physiker vergleicht die Aussagen mit aufgrund von physikalischen Gesetzen deduzierten Voraussagen bzw. unterwirft die in den Aussagen implizierten Voraussagen verschiedenen empirischen Tests. Gewissen Aussagen werden Ausmaße von Wahrscheinlichkeit zugeschrieben, die mit der relativen Häufigkeit der bestätigten Fälle verglichen werden können. Die Methoden von Verifikation sind verschieden, aber der Vergleich von Voraussagen mit Beobachtungen muß immer irgendwo im Verfahren vorkommen.

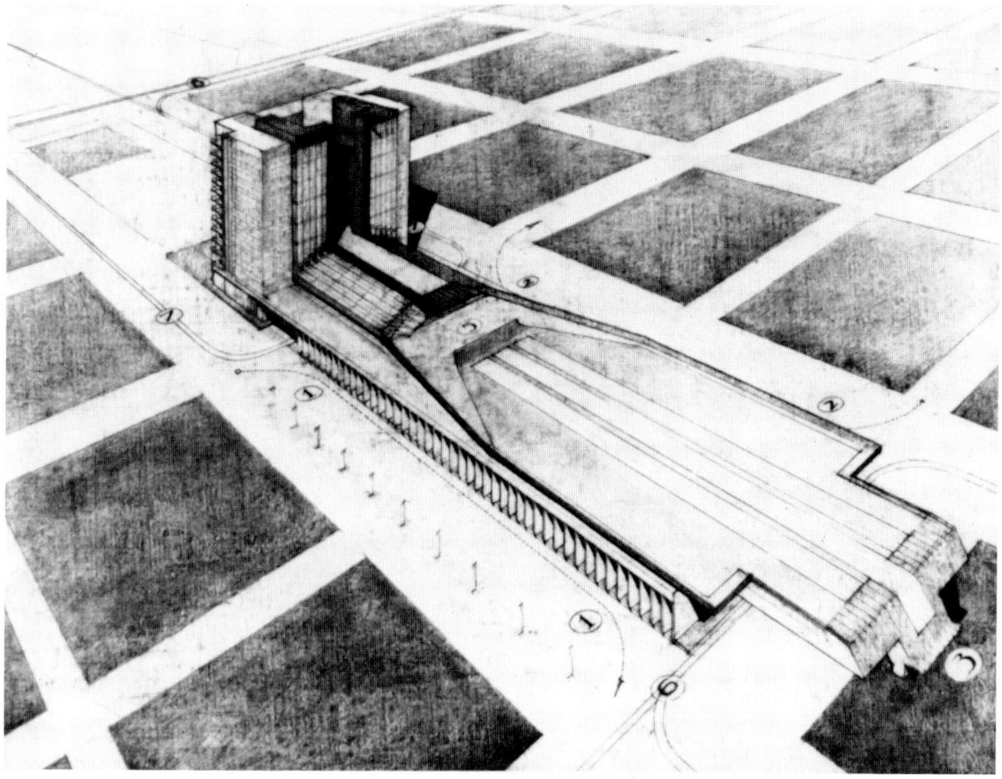

Richard Neutra, Rush City Reformed, um 1927

Glaubwürdigkeit von Theorien

Unter „Theorien“ versteht man verschiedenes. Zunächst werde ich mit „Theorie“ eine Menge miteinander logisch verbundener Aussagen bezeichnen, die auf Beziehungen zwischen beobachteten Ereignissen oder Prozessen hinweisen. Im Kontext der exakten Wissenschaften werden diese Beziehungen mit mathematischer Strenge festgestellt. Darüberhinaus müssen sie von Beobachtungen bestätigt werden. Je nachdem dies der Fall ist, wird die Theorie mehr oder weniger glaubwürdig.

Man kann sich fragen, wie „das Ausmaß der Bestätigung“ festgestellt werden kann. Die Anzahl der bestätigten Aussagen besagt wenig, denn man kann nicht ohne weiteres jeder Aussage das gleiche Gewicht zuschreiben. Ein angemessenes Kriterium des „Bestätigungsgrades“ ist die *a priori Unwahrscheinlichkeit* der bestätigten Aussage. D. h. die Bestätigung eines a priori unwahrscheinlichen Ereignisses wiegt mehr als Beleg der zugrundeliegenden Theorie als die Bestätigung eines wahrscheinlichen.

Nehmen wir beispielsweise an, es wird vorausgesagt, daß es in Wien im Juli des nächsten Jahres heiß sein wird. Auch wenn diese Voraussage bestätigt wird, muß man von der Theorie, von der diese Voraussage abgeleitet wurde, nicht viel halten. Wenn aber eine Voraussage, daß es in Wien im Juli des nächsten Jahres schneien wird, bestätigt wird, könnte man von der Theorie beeindruckt sein. Und weil die aufgrund der Himmelsmechanik abgeleiteten Voraussagen (z. B. zu genau angegebenen Zeiten eintretende Sonnenfinsternisse) sich auf a priori höchst unwahrscheinliche Ereignisse bezogen haben, wurde das Newtonsche universale Gravitationsgesetz für beinahe unangreifbar gehalten.

Die Qualifikation „beinahe“ ist wichtig. Keine synthetische Aussagen beinhaltende Theorie kann als vollkommen sicher betrachtet werden. Man kann sich immer Umstände vorstellen, unter denen die Theorie widerlegt werden könnte. Tatsächlich werden beinahe alle Theorien mit empirischem Inhalt früher oder später widerlegt. Manchmal können sie mit nur unwichtigen Modifikationen wiederaufgestellt werden. Zuweilen aber muß das Begriffsgerüst einer Theorie einer gründlichen Revision unterzogen werden, was z. B. die Erweiterung der klassischen Mechanik und Elektrodynamik durch die Relativitäts- bzw. Quantentheorie nötig machte. Wiederum mußten diese neuen Theorien Überprüfungen unterzogen werden, um ihre Glaubwürdigkeit aufgrund der Bestätigung unwahrscheinlicher Ereignisse zu erhalten. Im Falle der Relativitätstheorie z. B. wurde die Ablen-

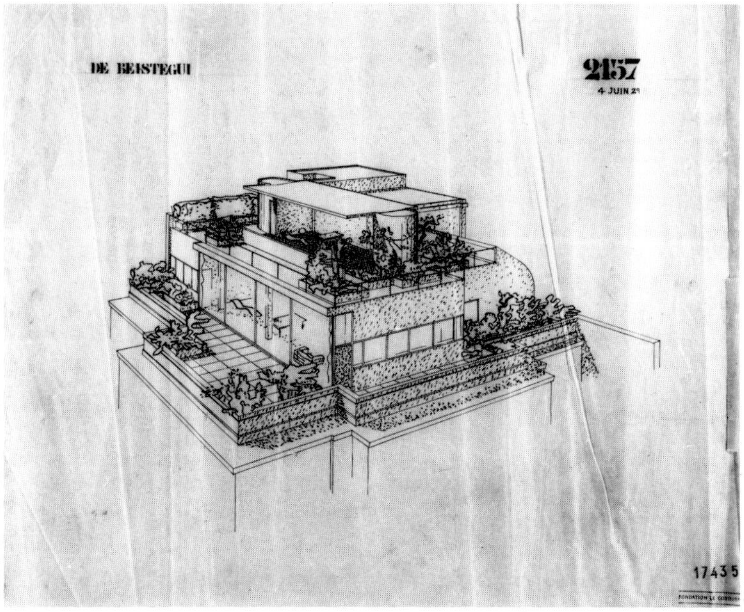

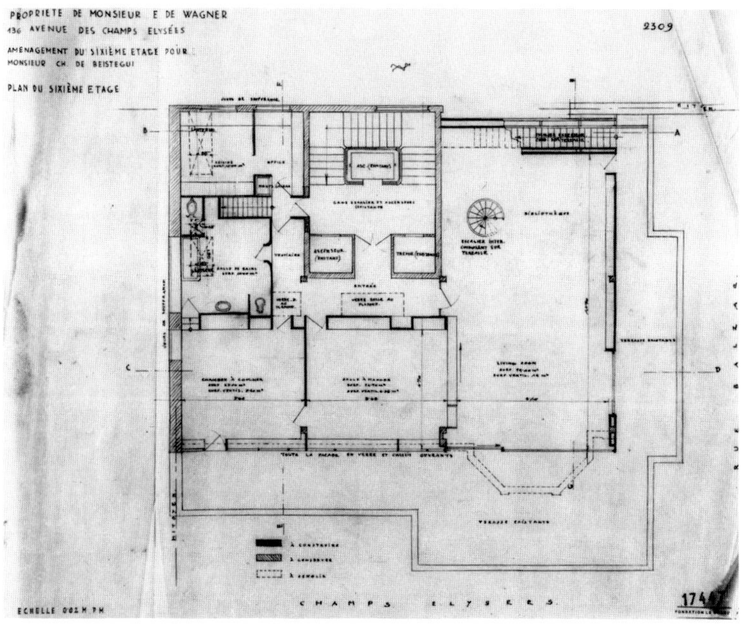

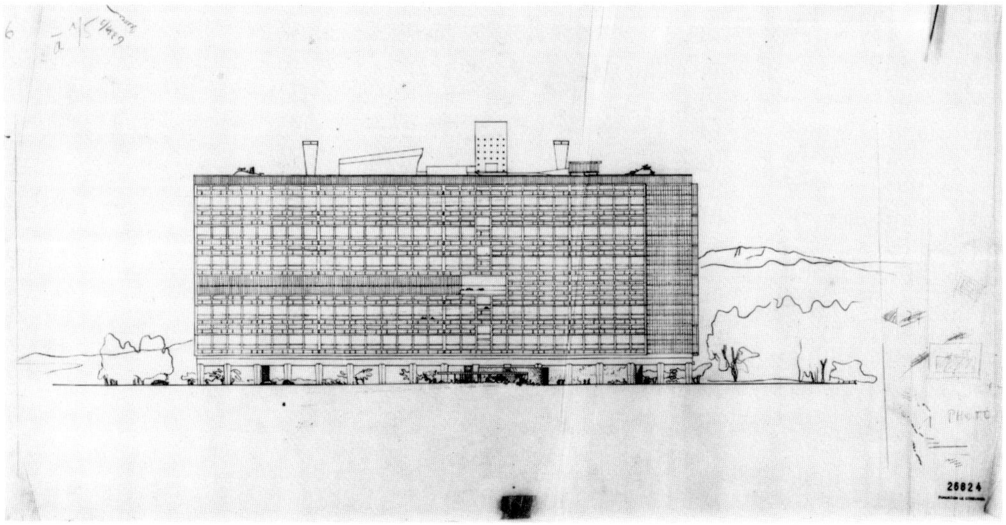

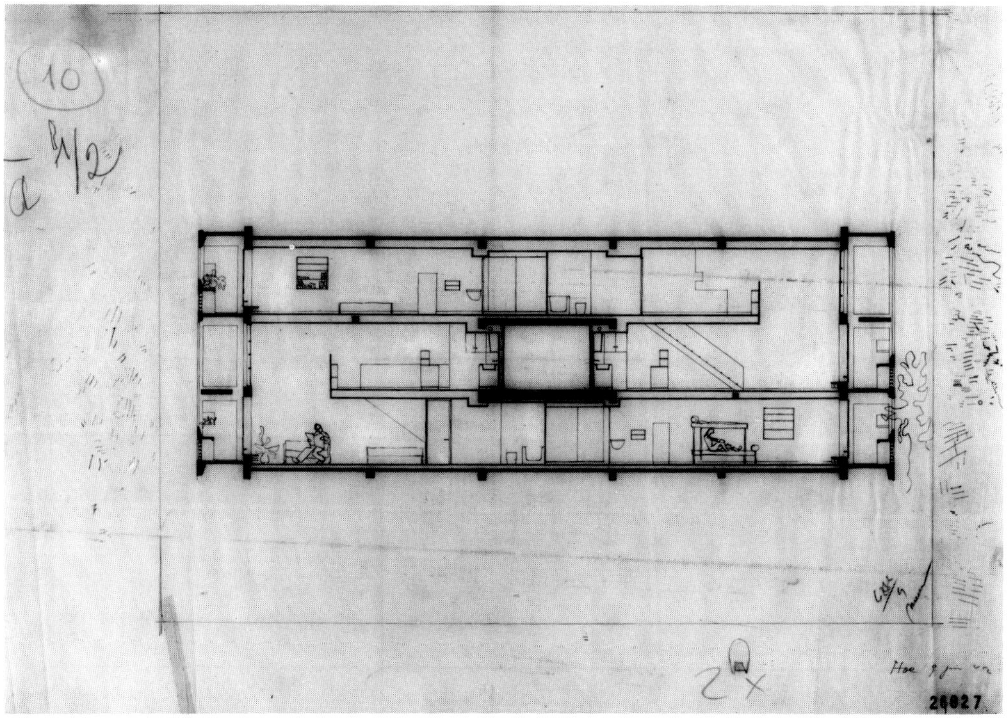

Le Corbusier,
links:
Maison de Beistegui, Paris (1929–1931), Ansicht und Grundriß der 6. Etage
rechts:
Unité d'Habitation, Marseille (1946–1952), Ansicht und Schnitt, (1. Fassung)

kung der Lichtstrahlen in starken Gravitationsfeldern vorausgesagt, was völlig unerwartet war. Die Bestätigung dieser Voraussage wurde in der Welt der Wissenschaft zu einer Sensation.
Da eine wissenschaftliche Theorie mit empirischem Inhalt nie als vollkommen unfehlbar angesehen werden darf, werden sogenannte „unwiderlegbare" Theorien aus der Wissenschaft ausgeschlossen. Eine Theorie heißt unwiderlegbar, wenn keine Umstände vorgestellt werden können, unter denen die Theorie widerlegt wäre. Dies ist der Fall, wenn alle Aussagen der Theorie eigentlich analytisch sind und auch wenn alle Mißerfolge der Theorie rein ad hoc erklärt werden. Z. B. ist die Voraussage, daß die nächste Sonnenfinsternis entweder an einem geraden oder aber an einem ungeraden Monatstag eintritt, unwiderlegbar. Anders gesagt vermittelt sie nichts, was wir früher nicht wußten. Eben darum ist die Bestätigung der Voraussage theoretisch wertlos. Man bemerke, daß eine unwiderlegbare Aussage einen Extremfall einer a priori hochwahrscheinlichen Aussage darstellt.
Ad hoc Erklärungen bieten Gründe dafür an, daß Voraussagen nicht bestätigt werden, aber erst *ex post facto.* Wenn ein Medizinmann behauptet, er könne eine Krankheit mit einem Zauberspruch heilen und jedes Mißlingen mit

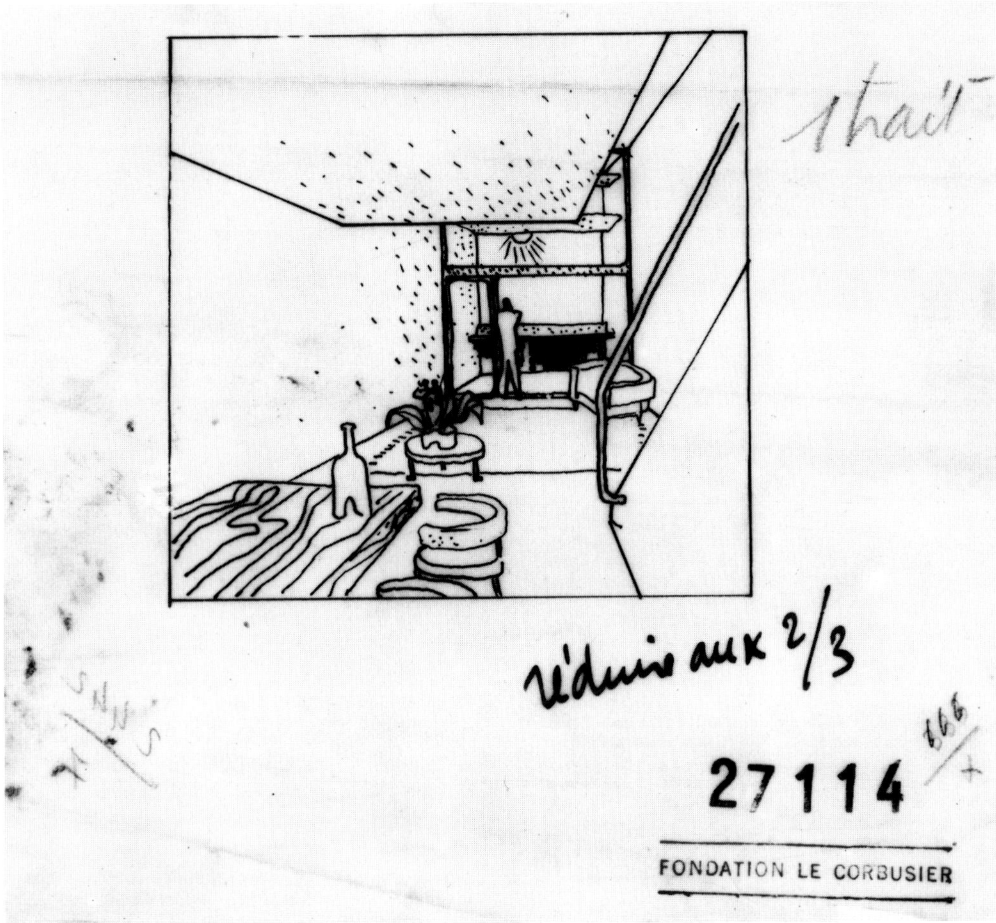

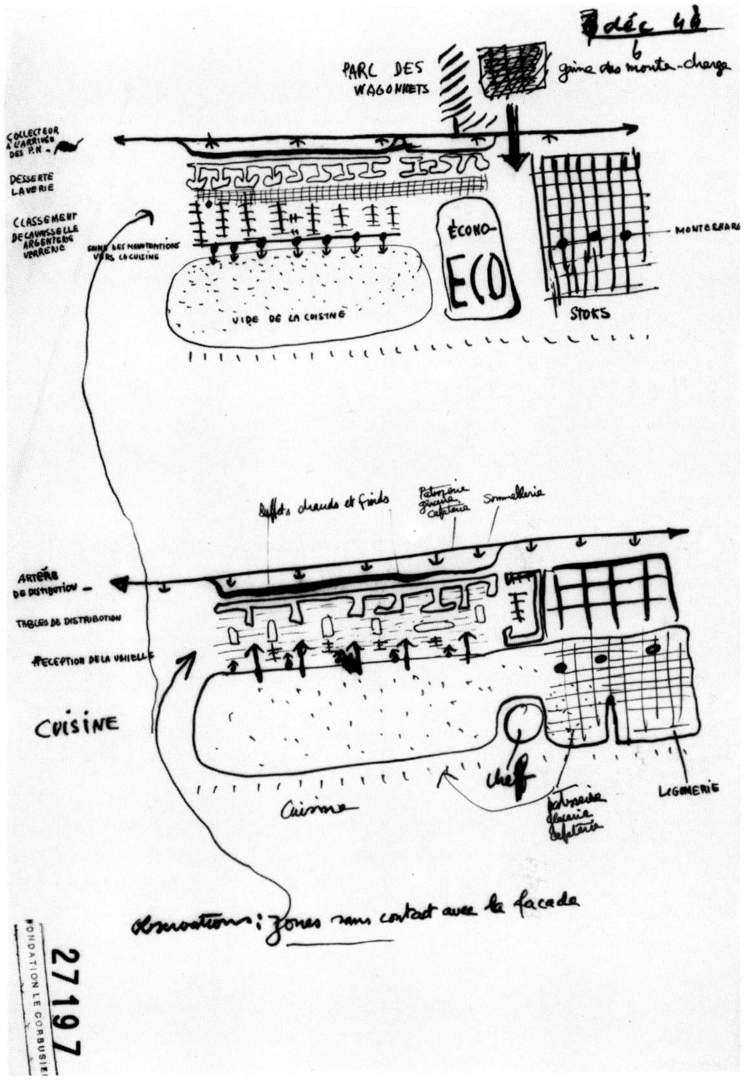

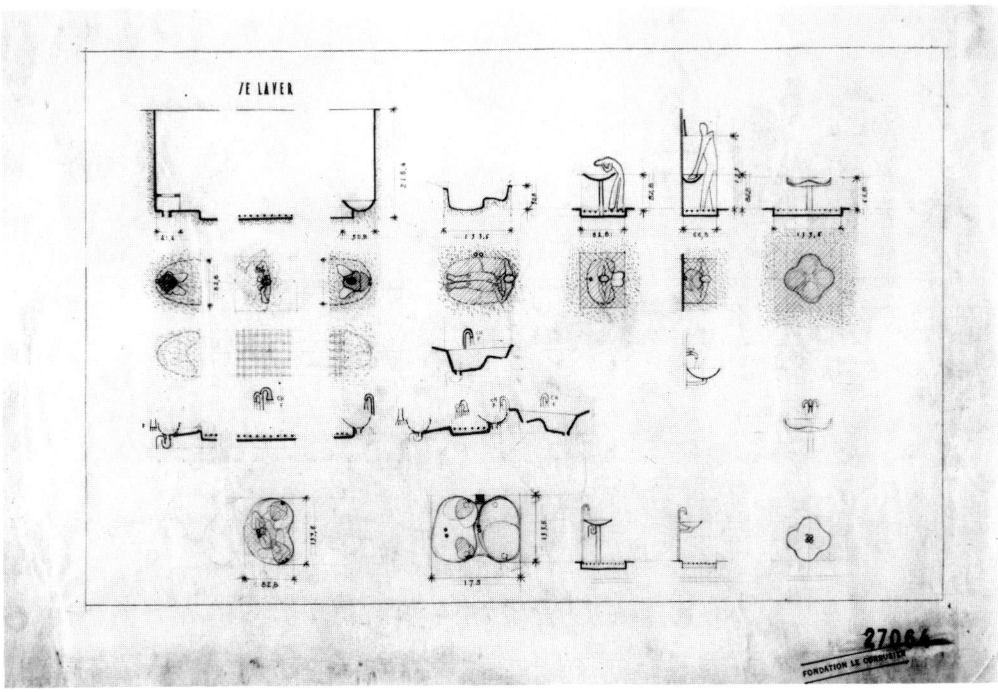

Intervention von bösen Geistern erklärt, ist seine „Theorie" der Heilkunde wertlos. Sie ist wegen der immer vorhandenen Erklärungen von Mißerfolgen unwiderlegbar.

Bis jetzt habe ich das Wort „Theorie" in seinem exaktwissenschaftlichen Sinn verwendet, wonach der Voraussageinhalt von Aussagen als ein entscheidendes Kriterium ihrer Wahrheit angesehen werden soll. Außerhalb der exakten Wissenschaften hat „Theorie" auch andere Bedeutungen. Beispielsweise enthält die Freudsche Theorie des menschlichen Verhaltens verwickelte Erklärungen, aber nur wenige, wenn überhaupt systematische Voraussagen, die aufgrund von Beobachtungen entweder bestätigt oder widerlegt werden sollen. Die Marxsche Theorie des

Le Corbusier, Unité d'Habitation, Marseille (1946–1952)
links: Perspektive eines Innenraumes und Badezimmerstudien
rechts: Küche, Diagramme, 1949

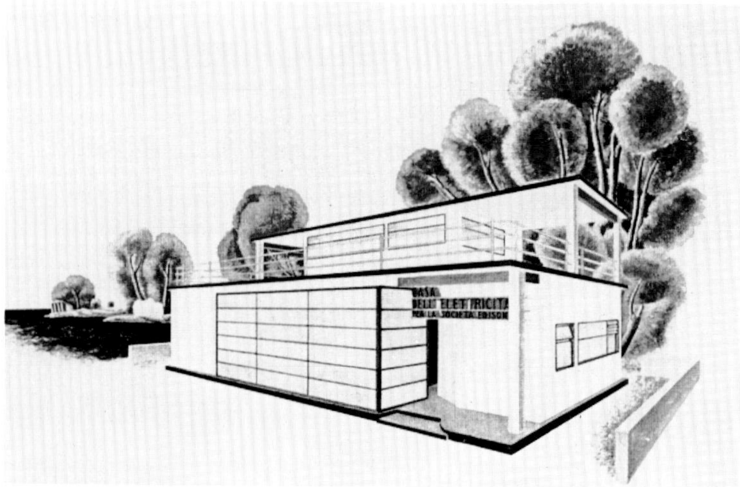

oben:
Luigi Figini, Gino Pollini: Casa Elettrica, IV. Triennale, Monza, Perspektive, 1930
unten:
Giuseppe Terragni, Casa del Fascio, Como (1932–1936), Perspektive

Klassenkampfs enthält zwar eine Voraussage nämlich des Siegs des Proletariats über die Bourgeoisie und die Aufstellung einer klassenlosen Gesellschaft. Aber die Bestätigung dieser Voraussage ist problematisch, denn es wird nichts über den Zeitpunkt des Eintretens dieser Ereignisse gesagt. Also auch wenn nichts ähnliches geschieht, bleibt die Theorie unwiderlegt. Auch fehlt eine Anleitung dazu, wie man diese Ereignisse erkennen kann, falls sie doch eintreten. Vielleicht sollen die Theorien von Freud und Marx gar nicht als wissenschaftliche Theorien angesehen werden. Zu dieser Schlußfolgerung aber ist man nicht gezwungen, denn es gibt Theorien, die ohne Zweifel wissenschaftlichen Charakter haben, deren Glaubwürdigkeit dennoch wenig, wenn überhaupt, von der Bestätigung unwahrscheinlicher Ereignisse abhängen. Man denke an die Darwinsche Evolutionstheorie. Die Entwicklung einer gegebenen Vererbungslinie kann im allgemeinen nicht vorausgesagt werden. Wie denn wird die außerordentliche Glaubwürdigkeit dieser Theorie begründet?

Um diese Frage zu beantworten, müssen wir die wissenschaftliche Erklärung etwas näher betrachten. Etwas erklären heißt zeigen, daß etwas Unerwartetes eigentlich erwartet werden sollte. Normalerweise fragt man nicht, warum ein Theatersaal einige Minuten vor der Vorstellung voll ist. Dagegen könnte man wissen wollen, warum er einige Minuten vor einer Vorstellung leer ist. Die Mitteilung, daß die Vorstellung abgesagt wurde, dient als eine Erklärung, da man unter diesen Umständen erwartet, daß der Saal leer sein wird.

Kurz gesagt: man versteht etwas, wenn es in ein schon vorhandenes Begriffsschema eingefügt werden kann. Nun entsteht aber die Frage, ob es verschiedene „Grade" von Verständnis gibt. Ein „Primitiver" meint, er versteht die natürlichen Phänomene, indem er sie durch animistische Vorstellungen erklärt. Ein Paranoider meint, er versteht Geschehnisse, indem er in ihnen immer weitere Beweise für eine gegen ihn gerichtete Verschwörung sieht. Ein Psychoanalytiker versteht seinen Patienten, indem er ein Muster in seinem Verhalten sieht, das seine Erklärungen immer bestätigt. Ein Biologe versteht die lebende Welt, indem er überall die Wirkungen der natürlichen Auslese sieht. Der Chemiker dagegen sieht überall die Wirkungen der Gesetze der Thermodynamik. Kann man sagen, daß einige dieser Verständnisse „echter" oder „reifer" als andere sind? Wenn man sie in eine Entwicklungsreihe einordnen kann, hat diese Reihe etwas mit der Entwicklung der wissenschaftlichen Anschauung zu tun? Ich glaube ja. Ich identifiziere die Entwicklung der Menschheit zur Reife mit dem Wachstum der Rationalität und die letztere mit der Verbreitung und Vertiefung von Wissenschaft. Ich glaube, daß das wissenschaftliche Verständnis, das auf dem wissenschaftlichen Erkenntnisprinzip beruht, den anderen Arten überlegen ist. Alle Erkenntnis und daher alles Verständnis entsteht entweder durch Induktion oder durch Deduktion. Die Induktion wird durch Verallgemeinerung von Beobachtungen (bzw. Erfahrungen) vollzogen. Die Deduktion erfolgt durch logische Schlußfolgerungen. Die wissenschaftliche Erkenntnis ist eine Synthese von Induktion und Deduktion. Alle anderen Erkenntnisse sind teilweise, bzw. fehlerhafte Anwendungen dieser Prinzipien.

Das Kind glaubt, was ihm Erwachsene sagen. Wenn es einmal diese Information mit seinen Erfahrungen (meistens unbewußt) verglichen hat, und sie stimmt, verallgemeinert es diese Erfahrung und glaubt weiter. Der Glaube der Anhänger eines Führers weist darauf, daß Erwachsene auf derselben Entwicklungsstufe bleiben können, d. h. auf der Stufe der unkritischen Induktion. Die unkritische Deduktion ist das Erkenntnisprinzip des Philosophen, der seine Vorstellungen logisch (oder pseudologisch) verknüpft und daher ein „System" konstruiert, mittels dessen die Wirklichkeit „erklärt" wird. Sein Verständnis ist die Anpassung der Erklärungen an sein System.

Die wissenschaftliche Anschauung erkennt, daß weder die Deduktion noch die Induktion an und für sich für verläßliche Erkenntnis (und daher für echtes Verständnis) ausreicht. Die Deduktion (z. B. in der Mathematik) verleiht Gewißheit, aber auf Kosten des Loskoppelns des Verstands von der Wirklichkeit. (Mathematische Aussagen haben eine Form, aber keinen mit der Wirklichkeit verbundenen Inhalt.) Die Induktion bezieht sich auf die Erfahrungen (daher auf die Wirklichkeit), aber auf Kosten des Verlusts der Gewißheit. (Hume hatte Recht: „The scandal of induction" muß in Kauf genommen werden.) Indem die wissenschaftliche Erkenntnis die Induktion mit der Deduktion verbindet und damit gleichermaßen die Disziplin der objektiven Erfahrung (Induktion) und der logischen Strenge (Deduktion) auferlegt, hilft sie der Menschheit, sich zur Reife zu entwickeln.

Die ethische Dimension

Ich habe nun die wissenschaftliche Erkenntnis als ein Merkmal von Reife dargestellt. Ich glaube, daß das relative Gewicht der wissenschaftlichen Erkenntnis in der Weltanschauung einer Kultur als ein Maß der Entwicklung zur Reife dieser Kultur angesehen werden soll. Weil das Wort „Reife" gewöhnlich einen positiven Beigeschmack hat, weist diese Ansicht auf meine schon am Anfang genannte Präferenz für die rationale Einstellung hin. Nun will ich diese Ansicht begründen.

Bei Auseinandersetzungen über die Rolle der Wissenschaft in der heutigen Gesellschaft wird öfters die Ansicht vertreten, die Wissenschaft sei in Hinsicht auf Moral neutral (oder sollte es jedenfalls sein). Der Wissenschaftler habe freilich, so wie jeder andere, das Recht, seine Meinung darüber kundzutun, was er für moralisch oder unmoralisch hält. Dennoch sollte er sich *als Wissenschaftler* mit diesen Fragen nicht befassen. Seine Aufgabe sei es, sich mit dem, „was der Fall ist", nicht aber mit dem, „was sein sollte", zu befassen. Dieser Position kann man entnehmen, daß die Wissenschaft nicht in der Lage ist, uns zu sagen, nach welchen Zielen wir streben sollen. Höch-

Adalberto Libera, Küstenbebauung, Castelfusano, 1933–1934

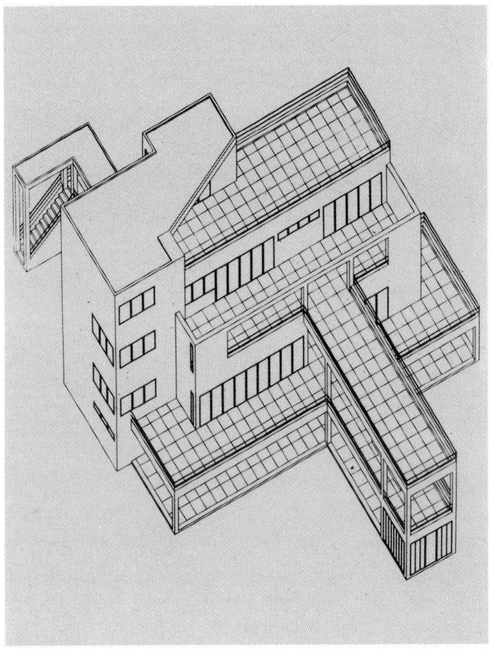

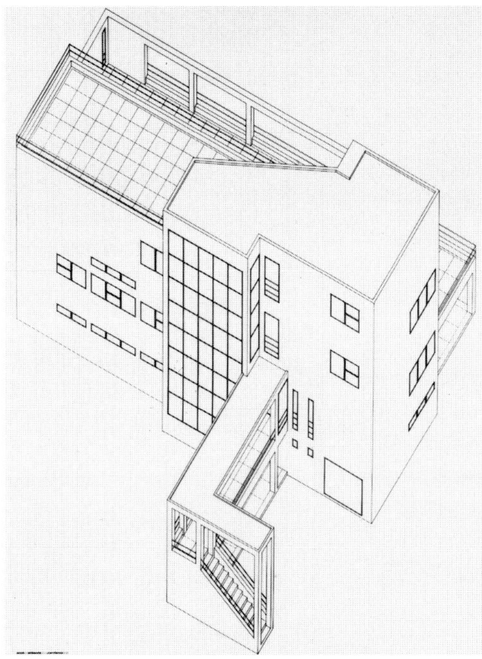

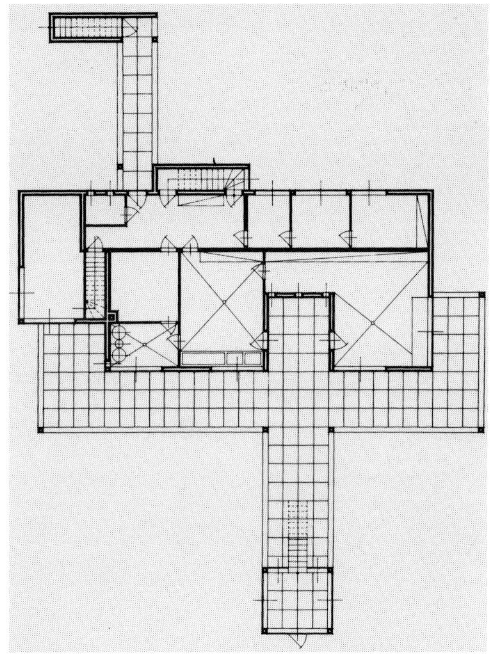

links und Mitte: Alberto Sartoris, Villa Gentinetta, Chexbres, Axonometrien, 1937, rechts: Grundriß, 1937

stens könnte sie uns belehren, wie wir unsere Ziele erreichen könnten, aber erst nachdem diese Ziele anderweitig spezifiziert wurden. Wenn ein Ziel auf mehreren Wegen erreicht werden kann, könnte die Wissenschaft uns über die Vorteile oder Nachteile der verschiedenen Vorgangsweisen informieren. Wenn wir unsere Präferenzen ordnen können, scheint es, als ob die Wissenschaft uns Werte vorgeschrieben hat. Dennoch sind diese Werte nur instrumentale Werte. Eine Handlung scheint besser als eine andere zu sein, weil sie ein gegebenes Ziel mit größerer Wahrscheinlichkeit oder schneller oder billiger erreicht. Schließlich sind die Nutzen der verschiedenen Handlungen auf die Nutzen der gewünschten Ziele bezogen. Wenn die Ziele nur die Zwischenstufen auf dem Weg zu anderen Zielen sind, so vertreten sie ebenfalls instrumentale Werte. Irgendwo am Ende dieser Kette müssen sich fundamentale Werte befinden, deren Nutzen an und für sich gilt. Nach der oben angegebenen Ansicht kann die Wissenschaft diese fundamentalen Werte nicht vorschreiben.

Wenn die Kluft zwischen dem, „was der Fall ist", und dem, „was sein sollte", immer im Vordergrund bleibt, scheint das Argument überzeugend zu sein. Aber die Kluft ist nicht so deutlich, wie man sich aus rein logischen Gründen denken kann. Gewiß werden unsere Vorstellungen über das, „was sein soll", von unserem Wissen darüber, „was ist", beeinflußt. Daher können sich die instrumentalen Werte im Lichte von neuem Wissen ändern. Aber auch umgekehrt kann man sagen, daß unsere Vorstellungen über das, „was ist", von unseren Präferenzen für das, „was sein soll", beeinflußt werden können. Erstens können unsere Wünsche bzw. Befürchtungen unsere Wahrnehmung der Wirklichkeit verzerren. Aber abgesehen davon können wir nie die ganze Realität wahrnehmen. Immer müssen wir die Richtung unserer Aufmerksamkeit wählen oder, besser gesagt, die Richtung wird uns von unseren Wünschen, Befürchtungen oder sonstigen Präferenzen in bedeutendem Ausmaß auferlegt. Diese Einsicht soll den Wissenschaftler von seinem Streben nach objektivem Wissen nicht abhalten. Im Gegenteil: die damit verbundenen Schwierigkeiten besonders in den Sozialwissenschaften sollten das Bekenntnis zum Ideal der Objektivität verstärken.

Die Aufwertung der objektiven Wahrheit hat Konsequenzen, denn die Aufwertung dehnt sich auch auf die Bedingungen aus, die das

Marcello Nizzoli, Abstrakte Innenarchitektur, um 1939

Gewinnen der objektiven Wahrheit erleichtern. Umgekehrt müssen die Bedingungen, die den Weg zur objektiven Wahrheit erschweren, vom Standpunkt des Wissenschaftlers und zwar *in seiner Rolle als Wissenschaftler* als „schlecht" bezeichnet werden. Diese Präferenzen dehnen sich offensichtlich auch auf die Bewertung politischer oder sozialer Systeme aus. Insbesondere herrschende Eliten, die an ihrer Macht und ihren Privilegien festhalten, müssen Informationen und Kommunikationen beschränken, denn die Macht kann nie durch bloß physischen Zwang ausgeübt werden. Um die Macht zu bewahren und ausüben zu können, muß die Obrigkeit gewisse Dogmen oder Mythen unangreifbar machen. Tatsächlich beobachten wir in Gesellschaften unter totalitären Regimen vollkommenes Monopol der öffentlichen Informations- und Kommunikationsmittel. Eine wissenschaftliche Anschauung kann also mit Loyalität zu solchen Systemen nicht vereinbar sein.

Dagegen sind die Ideale der Demokratie und humane Einstellungen mit der wissenschaftlichen Anschauung vollkommen vereinbar. Diesen Einstellungen liegt ein fundamentaler Wert zugrunde, nämlich die Annahme, daß jedes Individuum an und für sich einen Wert hat. Da die Feststellung von objektiver Wahrheit von Berichten unabhängiger Beobachter abhängt, muß die Autonomie des Individuums, insbesondere seine Freiheit, Information zu erhalten und weiterzugeben sowie durch den eigenen Verstand zu Schlußfolgerungen gelangen zu können, als ein fundamentaler Wert der wissenschaftlichen Anschauung gelten.

Der Glaube an die objektive Wahrheit hat noch weitere auf die Ethik bezogene Folgen. Eine für die Ethik wichtige Frage bezieht sich auf die Existenz von universalen Werten, d. h. fundamentalen Werten, die für alle Menschen gelten. Wegen der extremen Diversität von in verschiedenen Kulturen eingewurzelten Wertsystemen wird die Existenz von universa-

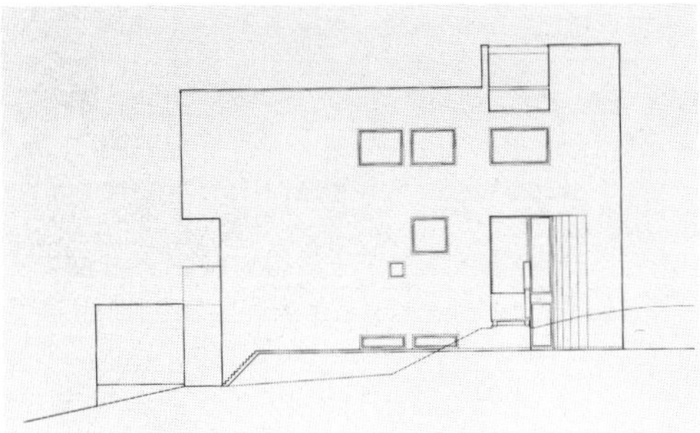

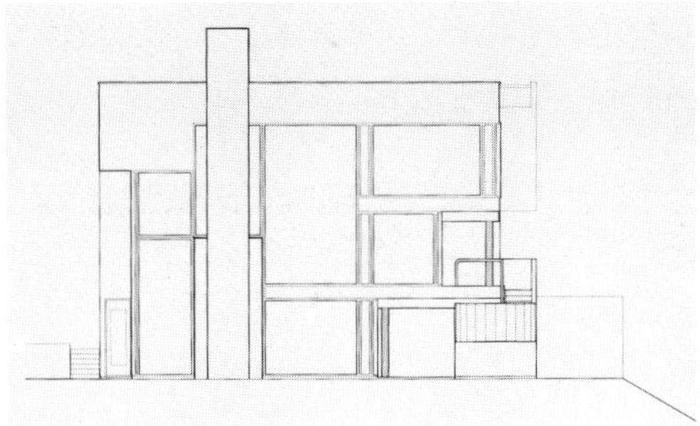

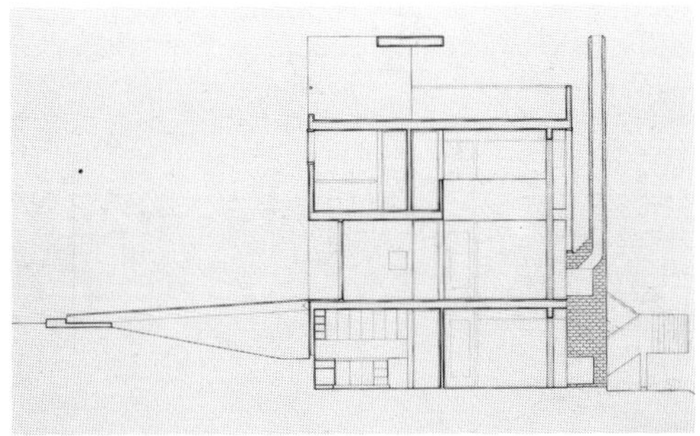

links oben:
Richard Meier, Smith House, Darien (Conn.), (1965–1967), Nordwest-Ansicht,
oben Mitte:
Südost-Ansicht,
oben rechts: Schnitt

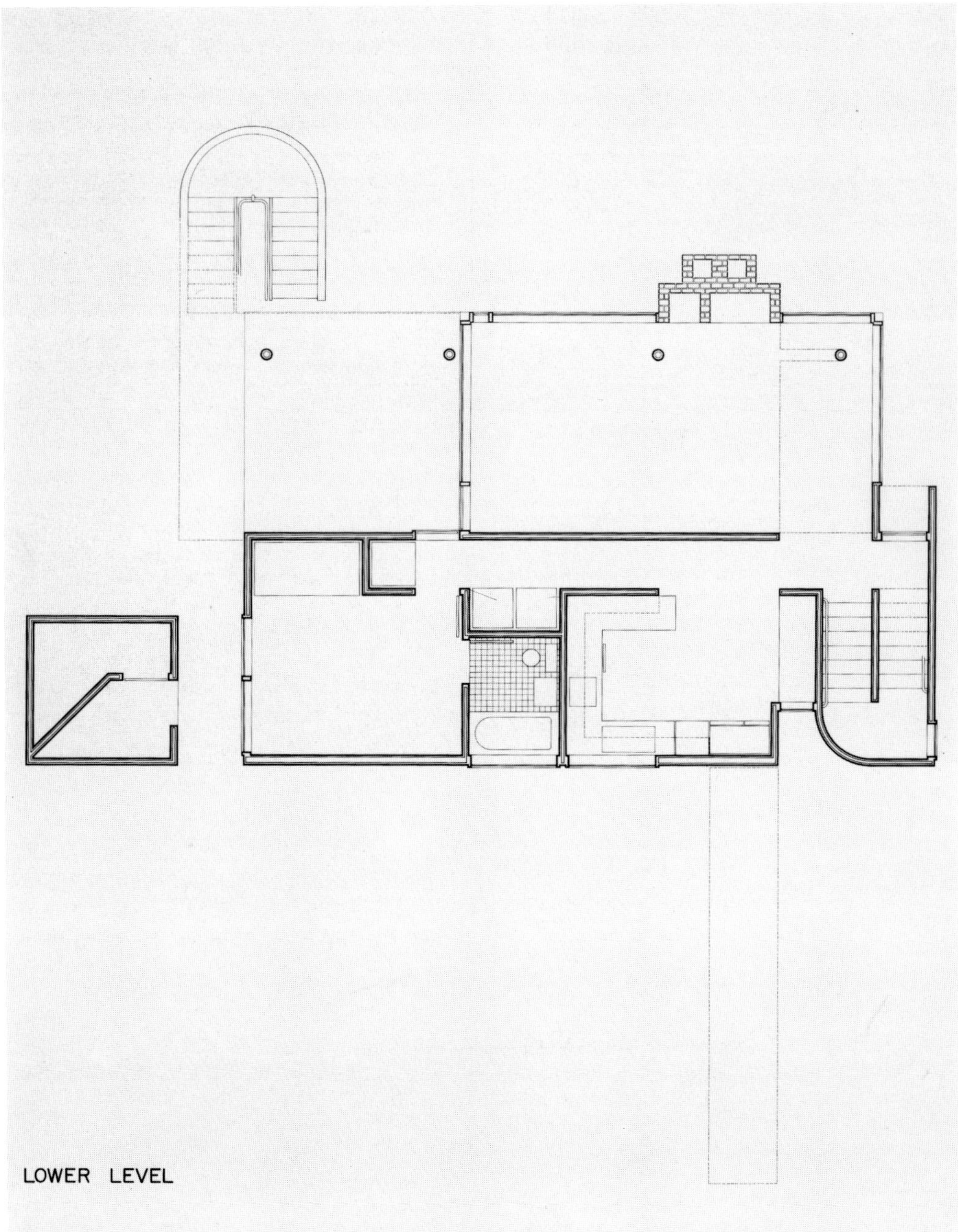

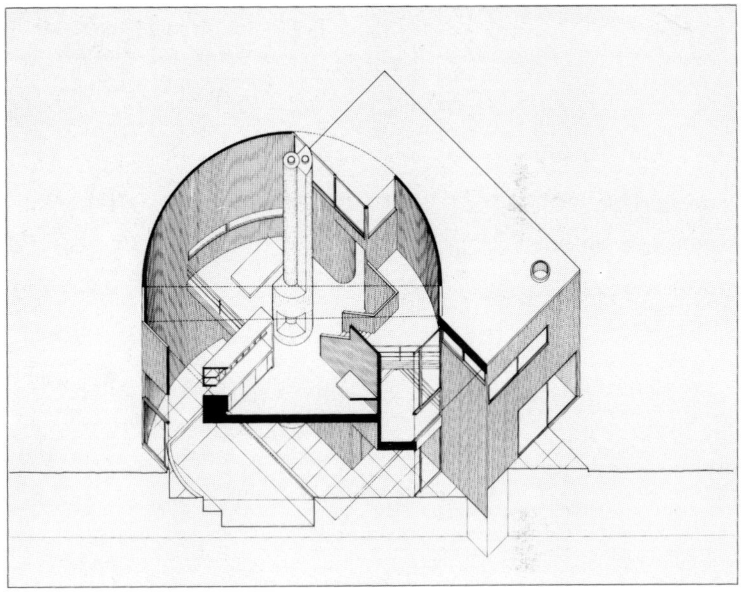

unten links:
Richard Meier, Smith House, Darien (Conn.), (1965–1967), Grundriß
unten rechts:
Charles Gwathmey, Haus in Bridgehampton, Long Island, axonometrischer Schnitt, 1969

len Werten in manchen Kreisen bezweifelt. Besonders angegriffen und zwar von Ethnologen wird die provinzielle Ansicht, daß die Werte der eigenen Kultur die „wahren" oder die „richtigen" sind. Der Beruf des Ethnologen, der allerlei „exotische" Kulturen studiert, verlangt eine Fähigkeit, die Welt mit den Augen anderer zu sehen, besonders mit den Augen der Leute, die der Ethnologe verstehen will.

Oft führt das Streben zu verstehen zu starker Empathie für die untersuchte Kultur. Wenn diese Empathie noch mit der (verständlichen) Aversion gegen die während des Kolonialismus übliche Behandlung der „Eingeborenen" gekoppelt wird, versucht der Ethnologe die eigenen Wertvorstellungen auszuschalten. So wird er zum Relativismus bekehrt, d. h. zur Ansicht, daß ethische Urteile nur in Bezug auf ein spezifisches Wertsystem (bzw. im Kontext einer spezifischen Kultur) sinnvoll sein können.

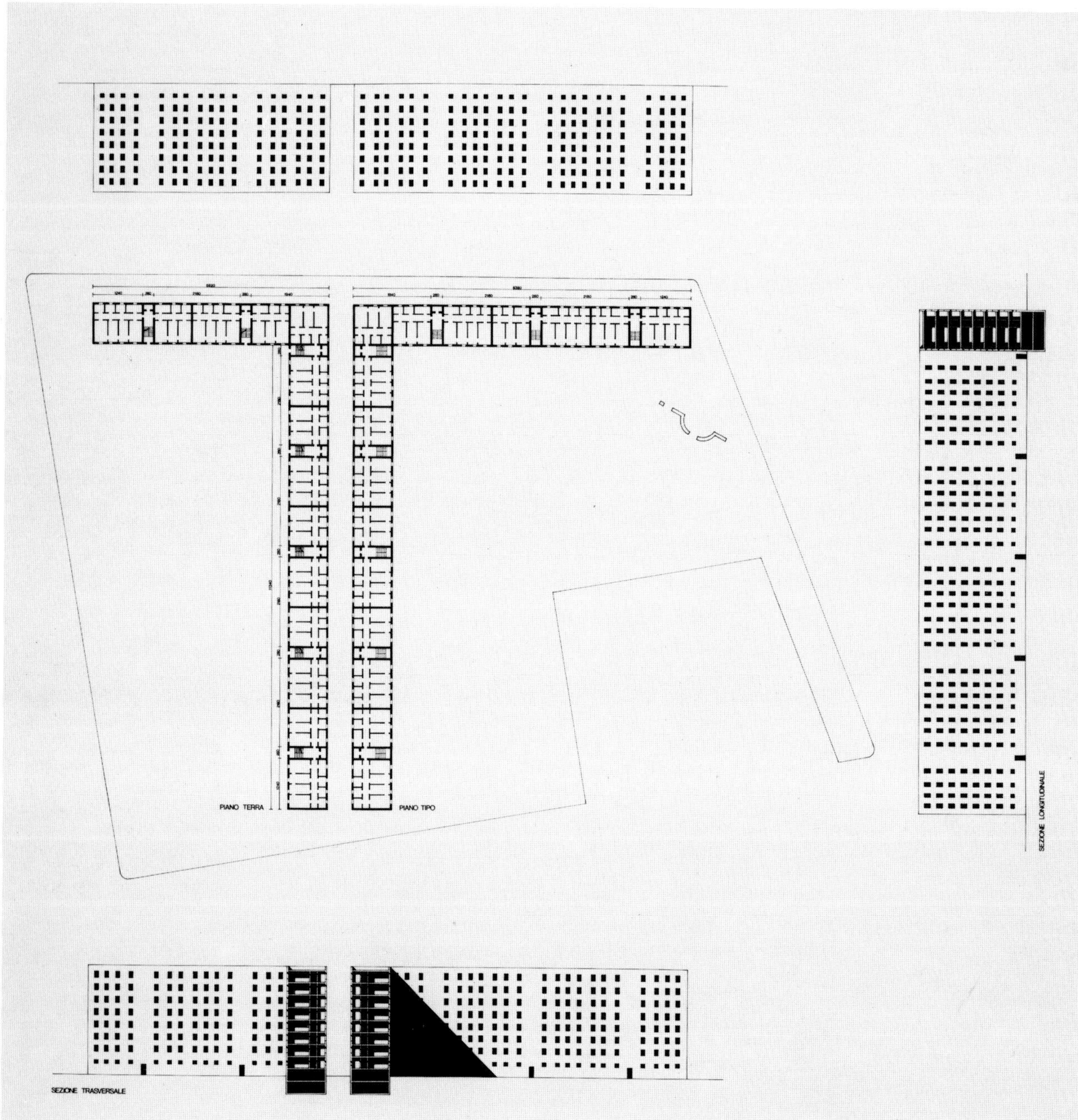

Giorgio Grassi, Comparto Edilizio Nr. 16, Mailand, Grundrisse, Ansichten und Schnitte, 1963

Die Ansicht ist von zwei Gesichtspunkten attraktiv. Erstens wird sie als eine Emanzipation von „Provinzialismus“ empfunden. Zweitens stimmt die Ansicht mit dem allgemeinen „Relativitätsprinzip“ überein, das vielleicht mit der Popularisierung der Relativitätstheorie „modisch“ geworden ist. Obwohl nicht viele mit dem formalen Apparat der Relativitätstheorie vertraut sein dürften, glauben viele ihre ethische Implikation verstanden zu haben: Beurteile nicht andere mit eigenen Maßstäben.

Wenn aber die Relativitätstheorie wirklich dem ethischen Relativismus den Anstoß gegeben hat, dann wurde diese Lehre nur halbverstanden. Im Lichte der Relativitätstheorie verlieren das Raumintervall und das Zeitintervall ihre absoluten Bedeutungen. Beide müssen in Bezug auf ein bestimmtes Koordinatensystem, d. h. auf einen bestimmten Beobachter definiert werden. Deshalb hat es keinen Sinn zu fragen, wie lang ein Raumintervall oder ein Zeitintervall „wirklich“ ist. Genauso scheint es sinnlos zu fragen, ob eine Handlung „wirklich“ gut oder schlecht ist. Sie kann nur in Bezug auf ein gegebenes Wertsystem geschätzt werden.

Was in diesem Argument außer acht gelassen wird, ist die Tatsache, daß, nachdem das Raum- bzw. Zeitintervall im Kontext der Relativitätstheorie relativiert wurde, doch etwas Absolutes entstand, nämlich das Raum-Zeit-Intervall, das in Bezug auf alle Koordinatensysteme invariant bleibt. Das Raum-Zeit-Intervall zwischen zwei Ereignissen „übersteigt“, sozusagen, das Relativitätsprinzip.

Vielleicht gibt es doch universale Werte, auch wenn sie schwer zu entdecken sind. Wenn dem so ist, wäre die Feststellung solcher Werte von größter Bedeutung und zwar nicht nur vom philosophischen, sondern auch vom praktischen Standpunkt ausgehend, denn dann wäre die Integration der Menschheit aufgrund eines Strebens nach denselben Zielen möglich. Heute scheint eine solche Integration ein Überlebensimperativ zu sein.

Wir wissen noch nicht, ob universale Werte existieren. Dagegen gibt es überzeugende Belege dafür, daß es universale wissenschaftliche Wahrheitskriterien gibt. Leute von höchst unterschiedlichen Kulturen haben dieselben Begriffe von Länge, Gewicht, Anzahl von sichtbaren Dingen usw. Also kann man zumindest von gemeinsamen Sinnesempfindungen von Menschen reden.

Nun, wie gesagt, können wissenschaftliche Aussagen von Aussagen über Sinnesempfindungen sehr entfernt sein. Dennoch müssen sie schließlich auf Aussagen über Sinnesempfindungen reduzierbar sein. Da diese durch Ketten von Deduktionen erreicht werden, entsteht die Frage, ob eine allen Menschen eigene Basis für logisches Denken existiert.

In einer reizenden Szene im Platonischen Dialog „Meno“ zeigt Sokrates, daß ein junger Sklave von selbst zur Schlußfolgerung eines einfachen geometrischen Satzes gelangen kann. Daraus soll folgen, daß die Wahrheit auch der bescheidensten menschlichen Vernunft zugänglich ist. Der Beleg, daß es eine gemeinsame Basis für logisches Denken gibt, ist vielleicht nicht so überzeugend, wie der Beleg für universale Sinnesempfindungen. Wiederum pflegen diejenigen, die auf der „Autonomie der Kulturen“ bestehen, von verschiedenen „Logiken“ zu sprechen, die sich von der „abendländischen“ unterscheiden,

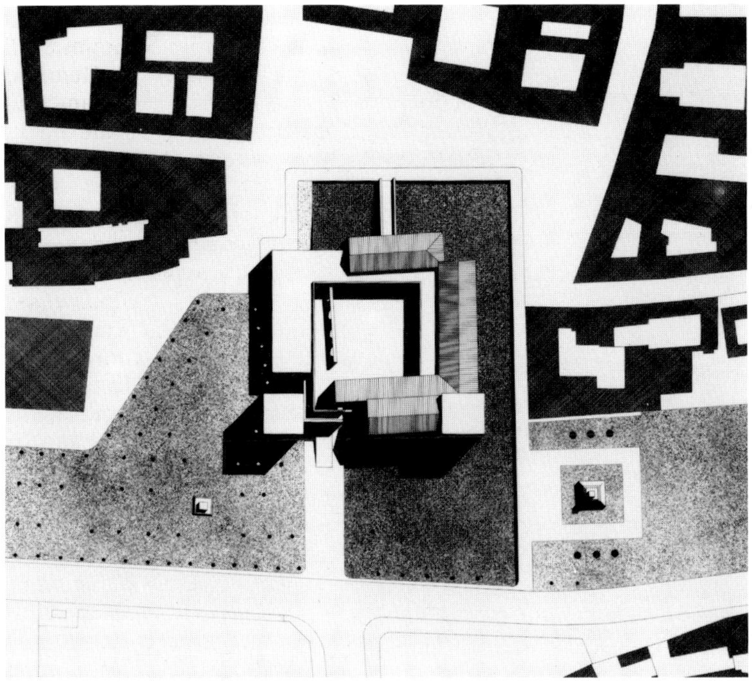

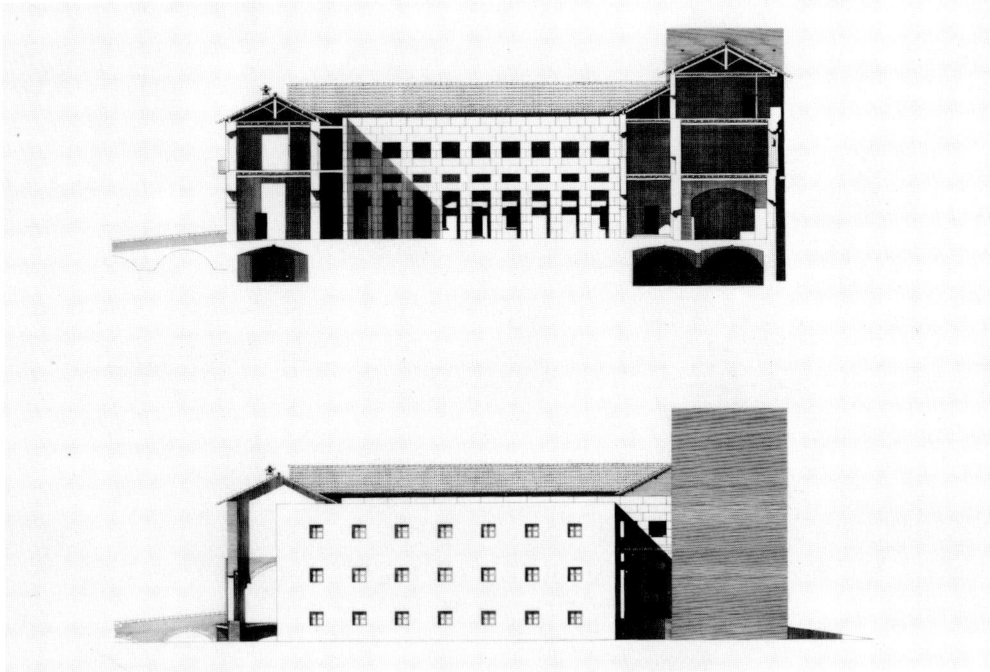

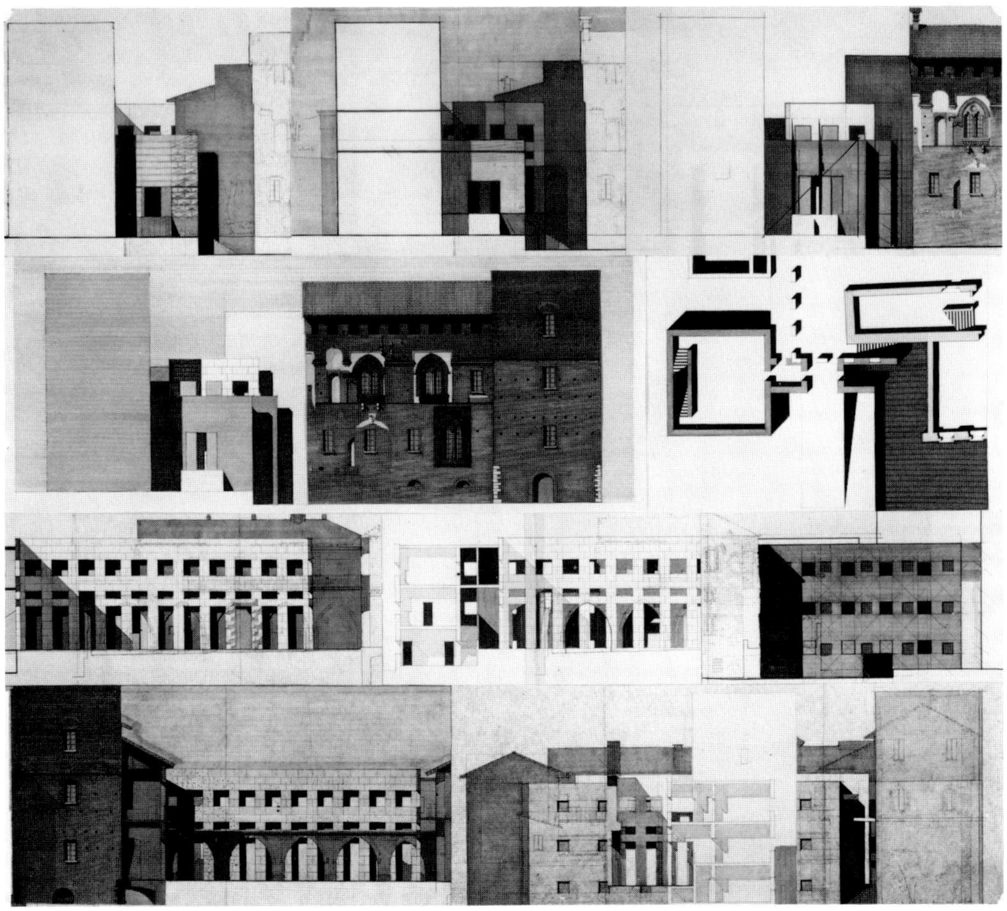

was angeblich Urteile über die allgemeine Gültigkeit (oder Ungültigkeit) von logischen Deduktionen ausschließt. Dabei müsse auch „Rationalität" immer in Bezug auf eine gegebene Kultur definiert werden.
Ich glaube aber, daß die Relativisten unter Logik etwas anderes verstehen als die Logiker. Sie identifizieren die Logik mit Denkgewohnheiten, d. h. mit Arten der Zusammenstellung von Gedanken und mit der Empfindung von Zusammenhängen zwischen Wörtern und Wirklichkeit, die gewiß in verschiedenen Kulturen verschieden sind. Die Logik, als eine Menge von Deduktionsregeln angesehen, ist etwas anderes. Diese, glaube ich, sind universal, was man der universalen Geltung von mathematischen Sätzen entnehmen kann. Zwar steht die Mathematik in verschiedenen Kulturen auf verschiedenen Entwicklungsstufen, aber die auf derselben Entwicklungsstufe stehenden mathematischen Systeme sind überall miteinander logisch identisch. Darüberhinaus geht die Entwicklung von Mathematik überall in dieselbe Richtung, wobei die schon vorübergegangenen Stadien in den jüngst erreichten eingeschlossen sind.
Wenn wir annehmen, daß es eine gemeinsame Basis für logische Gedankengänge sowie für Sinnesempfindungen gibt, dann können wir an eine gemeinsame Basis für die Feststellung der objektiven Wahrheit glauben, so

oben links:
Giorgio Grassi, Umbau Schloß Abbiategrasso, Mailand, Baumassenplan, 1970
unten:
Giorgio Grassi, Umbau Schloß Abbiategrasso, Mailand, Collage, 1970
oben rechts:
Giorgio Grassi, Umbau Schloß Abbiategrasso, Mailand, Ansicht, Schnitt, 1970

Vittorio Gregotti, Universität von Kalabrien, bei Cosenza, Vogelschauperspektive, 1973

wie die objektive Wahrheit in der Wissenschaft verstanden wird. Damit können wir an mindestens einen Weg zur Integration der Menschheit glauben, nämlich an den Weg über die wissenschaftliche Anschauung. Gewiß ist es von der einfachen Vorstellung der objektiven Wahrheit zum Akzeptieren der wissenschaftlichen Anschauung weit. Wenn es aber einen solchen Weg gibt, muß die Hoffnung der Integration der Menschheit nicht aufgegeben werden.

Sobald eine Integrationsbasis einmal erkannt wird, kann sie erweitert werden. Ich habe den Begriff der objektiven Wahrheit herausgehoben, weil ich glaube, daß er die aussichtsreichste Basis der Integration bildet. Andere Versuche, die Menschheit zu vereinigen, z. B. auf der Basis der Religion, sind gescheitert. In unserem Zeitalter haben Ideologien die Rolle der Religionen übernommen. Versuche, die Menschheit auf der Basis einer gemeinsamen Ideologie zu vereinigen, wären, meiner Ansicht nach, ebenso aussichtslos. Nur in der Welt der Wissenschaft können die kulturellen, politischen und ideologischen Sperren durchbrochen werden. Wenn dies nicht gelingt, kann man die Mißerfolge den Interventionen von Machteliten zuschreiben.

Daher kann man einsehen, daß eine positive Einstellung zur Wahrheit (im wissenschaftlichen Sinn) mit Machtgier unvereinbar ist. Die Wahrheit lieben heißt, die Konzentration und den verantwortungslosen Gebrauch der Macht zu verachten. Da die schwersten Übel, denen die Menschheit unterworfen ist, auf Machtkämpfe zurückgeführt werden können und da diese die schwersten Hindernisse zur Vereinigung der Menschheit sind, bedeutet das, daß die Wahrheitsliebe als ein Gegengift der Machtsucht dienen könnte. Diese Schlußfolgerung weist auf die ethische Dimension der wissenschaftlichen Anschauung hin.

Kritik des Rationalitätsbegriffs

Das Identifizieren der wissenschaftlichen Anschauung mit menschenfreundlichen Belangen mag denjenigen seltsam scheinen, die die wissenschaftliche Denkform als pedantisch, trocken oder gefühllos ansehen. Teilweise stammt diese Vorstellung von der skeptischen Einstellung des Wissenschaftlers zu manchen festgehaltenen Glaubensinhalten bzw. Vorstellungen des Laien. In jüngster Zeit stammt eine Aversion gegen die Wissenschaft aus anderen Quellen. Die hypertrophierte Technologie, in der ersten Linie die Kriegstechnologie, droht mit voller Zerstörung. Da die Wissenschaft immer als die Quelle der Technologie anerkannt wurde, scheint sie jetzt die Quelle einer tödlichen Gefahr zu sein. Schließlich hat die Computertechnologie dazu beigetragen, daß der Mensch aus Entscheidungsverfahren verdrängt wird. Wegen der unbegrenzten Fortpflanzung der Maschinen ist scheinbar nicht nur die Hand, sondern auch das Gehirn des Menschen und damit der Mensch selbst überflüssig geworden.

Die Schuld wird von den Maschinen auf die Wissenschaft und von der Wissenschaft auf die Rationalität selbst übertragen. Die Beschuldigung ist teilweise gerechtfertigt, denn die mechanistische Anwendung von sogenannten Prinzipien der rationalen Entscheidung führt tatsächlich in gefährliche Sackgassen.

Sehen wir uns zunächst an, was man unter „rationaler Entscheidung" versteht. In der Umgangssprache heißt eine Entscheidung „rational", wenn sie aufgrund von erwarteten Konsequenzen getroffen wird. Wenn die Konsequenz jeder vorhandenen Wahl bekannt wäre, würde diejenige Entscheidung rational heißen, die zu der am meisten präferierten Konsequenz führt.

Im allgemeinen aber kennt man die Konsequenz der Handlungen nicht. Höchstens hat man eine Vorstellung von den Wahrscheinlichkeiten verschiedener Konsequenzen einer Handlung. Auch in diesem Fall kann man eine rationale Entscheidung definieren, nämlich diejenige, die den statistisch erwarteten Nutzen des Ergebnisses maximiert.

Diese Auffassung von „rationaler Entscheidung" führt zu routinemäßigen Verfahren in allerlei Risikosituationen (Versicherung, Investitionsportfolios usw.). In allen diesen Situationen wird nur ein Entscheidungsträger angenommen (der auch eine Firma oder eine sonstige Organisation sein kann). Der Entscheidungsträger kontrolliert die Situation zwar nur teilweise, denn der Zufall spielt bei dem Eintreten des endgültigen Ergebnisses auch eine Rolle. Aber man kann annehmen, daß der „Zufall" oder „die Natur" dem Entscheidungsträger gegenüber neutral ist. Die Natur verfolgt nämlich keine eigenen Ziele. Die Sache sieht anders aus, wenn dem Entscheidungsträger ein anderer Entscheidungsträger gegenübersteht, der die Situation auch teilweise kontrolliert und dessen Interessen mit denjenigen des ersten nicht übereinstimmen.

Die Einschaltung eines anderen Entscheidungsträgers (oder von mehreren) führt zur Spieltheorie. Die Spieltheorie kann als eine auf Konfliktsituationen bezogene Entscheidungstheorie betrachtet werden. In solchen Situationen müssen natürlich mindestens zwei Entscheidungsträger mit verschiedenen Interessen vorhanden sein.

Die einfachsten spieltheoretischen Modelle beziehen sich auf Situationen mit genau zwei Entscheidungsträgern („Spieler" genannt), deren Interessen einander genau entgegengesetzt sind. Ist ein Entscheidungsergebnis günstiger für einen Spieler, so muß es für den anderen ungünstiger sein. Werden die Nutzen der Ergebnisse numerisch geschätzt, so muß jeder der Spieler verlieren, was der andere gewinnt. Solche Spiele heißen Zweipersonen-Nullsummenspiele.

Zweipersonen-Nullsummenspiele sind nur ein enger Spezialfall von Konfliktsituationen. Im allgemeinen nehmen in Konflikten mehr als zwei „Spieler" teil. Darüberhinaus sind die Interessen der Beteiligten auch in Zweipersonenspielen im allgemeinen nicht strikt ent-

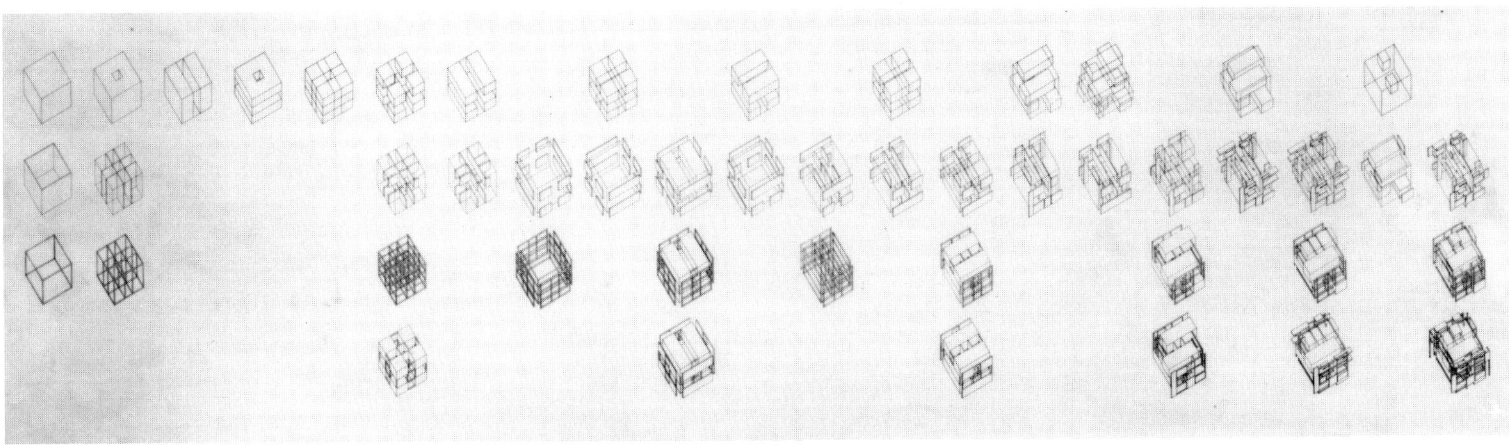

Peter Eisenman, House IV, axonometrische Studien, 1975

gegengesetzt. Es gibt Ergebnisse, die die beiden (oder alle) Spieler anderen Ergebnissen vorziehen. Die entsprechende Entscheidungstheorie, d.h. die allgemeine Spieltheorie, wird äußerst verwickelt. Vom philosophischen oder ethischen Standpunkt aber sind nicht die formalen Aspekte dieser Theorie am meisten interessant, sondern diejenigen, die eine gründliche Überprüfung des ganzen Rationalitätsbegriffs nötig machen. Auffällig dabei ist die Erkenntnis, daß das Streben aller Beteiligten nach Maximierung des eigenen Nutzens zu Ergebnissen führen kann, die für alle schlecht sind, und das steht im direkten Widerspruch zum Ergebnis der klassischen Ökonomie, wonach die „unsichtbare Hand" der Konkurrenz zum besten möglichen Gleichgewichtszustand führen muß.

Ein einfaches Beispiel veranschaulicht dieses Prinzip. Bei einer Cocktailparty wird bekanntlich äußerst laut gesprochen. Um gehört zu werden, muß man immer lauter sprechen. Dadurch wird der Lärm noch größer, was die Leute veranlaßt, noch lauter zu schreien. Aus diesem Teufelskreis kann man entkommen, wenn man genau das Gegenteil von dem tut, was zweckmäßig scheint, nämlich nicht lauter, sondern leiser spricht. Daß dies nicht geschieht, heißt, daß das Verhalten der Leute bei einer Cocktailparty nicht *kollektivrational* ist. Widersprüche zwischen Vorschriften von individueller und kollektiver Rationalität können in zahlreichen Entscheidungssituationen veranschaulicht werden, am häufigsten bei Konflikten, worin die militärische (bzw. realpolitische oder geopolitische) Denkweise dominiert. Das Militär denkt überwiegend innerhalb des Musters des Zweipersonen-Nullsummenspiels, denn dieses Modell unterliegt der gewöhnlichen Auffassung des Krieges. Nicht die Neigungen oder die Absichten, sondern das Potential des Gegners muß der Ausgangspunkt der zur Entscheidung führenden Analyse sein. Beim Schachspiel und allen anderen Zweipersonen-Nullsummenspielen ist diese Annahme immer „rational". Die entsprechende Logik ist völlig klar. Eben diese Klarheit aber ist verführerisch. Im Konflikt zwischen den Supermächten, zum Beispiel, zwingt die Logik des Zweipersonen-Nullsummenspiels zur Schlußfolgerung, daß das Streben nach Präventivschlagkapazität „rational" ist. Da aber da, was für die eine Seite rational ist, auch für die andere Seite rational sein muß, wird die katastrophale Konsequenz derartiger „Rationalität" offensichtlich. Darum glaube ich, daß das Heilmittel gegen die verführerische (aber mangelhafte) „Rationalität", die dem strategischen Denken angepaßt ist – nicht ein Zurückweichen in die Irrationalität, sondern im Gegenteil der Anstieg auf das höhere Niveau der kollektiven Rationalität sein muß. Dies ist, glaube ich, das dringendste Problem unseres Zeitalters.

Die Theorie der rationalen kollektiven Entscheidungen ist also ein weiterer Verbindungsfaden zwischen wissenschaftlicher Erkenntnis (wie sie sich in der strengen Logik der Entscheidungstheorie widerspiegelt) und einer reifen Ethik.

Die Verantwortlichkeit des Wissenschaftlers

Wie oben erwähnt, hat das riesig beschleunigte Wachstum der Technologie die Haltung eines beträchtlichen Teils des Publikums geändert. Die Wissenschaft wird nicht mehr als eine unerschöpfliche Quelle von materiellem Wohlstand und der Herrschaft über die Natur angesehen. Die in erster Linie (aber nicht ausschließlich) von der Kriegstechnologie ausgelösten Gefahren der totalen Zerstörung bzw. Umweltveränderung sind in den Vordergrund des öffentlichen Bewußtseins gedrungen. Die Ambivalenz dem technischen „Fortschritt" gegenüber hat sich auf die Wissenschaft und auf die Rationalität selbst ausgedehnt. Der Befürworter des Rationalismus und der wissenschaftlichen Weltanschauung steht vor einem Problem: wie kann die wachsende Feindseligkeit gegen die Wissenschaft und den Rationalismus bekämpft werden?

Einige Wissenschaftler betonen die moralische Neutralität der Wissenschaft. Im Lichte der Unterscheidung der Fragen über das, was wahr ist, von den Fragen über das, was gut ist, sieht man die von der Technologie ausgelösten Gefahren klar als Produkte nicht der Wissenschaft selbst, sondern eines spezifischen Gebrauchs (bzw. Mißbrauchs) der Wissenschaft. Den oben erwähnten Überlegungen aber kann man entnehmen, daß ich moralische Neutralität mit der sozialen Verantwortlichkeit des Wissenschaftlers für nicht vereinbar halte. Eher ist sie eine Nichtanerkennung der Verantwortlichkeit.

Im Gegenteil: Wenn der Wissenschaftler die Wissenschaft und die Rationalität gegen den Vorwurf der Unmenschlichkeit verteidigt, soll er auf die enge Beziehung zwischen Kenntnisreife und Menschenfreundlichkeit hinweisen. Das Ideal der Objektivität ist keineswegs mit moralischer Neutralität identisch. Der nach Objektivität strebende Wissenschaftler muß seinen subjektiven Vorstellungen bewußt mißtrauen. Er muß sie immer mit Vorstellungen anderer vergleichen, denn die wissenschaftliche Wahrheit wird durch die Übereinstimmung zwischen den Wahrnehmungen von unabhängigen Beobachtern festgestellt.

Die Betonung auf „unabhängigen" ist entscheidend, denn Übereinstimmung zwischen *nicht* unabhängigen Individuen ist als Beleg der objektiven Wahrheit beinahe wertlos. Eben diese Unabhängigkeitsbedingung wird verletzt, wenn die Rede von Aberglauben und ähnlichen Vorstellungen ist, d. h. wenn Vorstellungen nicht durch unabhängige Beobachtungen, Deduktionen oder Verallgemeinerungen induziert, sondern von anderen auferlegt werden (wie es gewöhnlich bei Kindern der Fall ist).

Auch die operationale Definition, die, wie wir gesehen haben, mit Handlungen verbunden ist, die im Prinzip jeder unabhängig durchführen kann, dient der rationalistischen Weltanschauung, denn sie bringt Klarheit in die Kommunikation. Die operationale Definition ist ein effektives Mittel gegen den Obskurantismus, der offensichtlich ein unentbehrlicher Bestandteil des Mythos ist, mittels dessen soziale Übel unangreifbar gemacht werden. Das verbale Gerüst der meisten ideologisch inspirierten Modelle der Gesellschaft (die solche Übel rechtfertigen) würde zerfallen, wenn seine Begriffe operational definiert werden müßten.

Eine weitere Verbindung zwischen dem erkenntnistheoretischen und dem ethischen Aspekt des Rationalismus sieht man in den sogenannten selbsterfüllenden Voraussagen (bzw. Auffassungen). Das Vorhandensein solcher Aussagen weist auf einen wesentlichen Unterschied zwischen den erkenntnistheoretischen Grundlagen der Natur- und der Sozialwissenschaften. Unsere Erkenntnisse oder Aussagen über die materielle Welt können an und für sich diese Welt nicht beeinflussen. Was immer ich über den Mond schreibe, sage oder denke, kann auf den Mond keine Wirkung haben. Was ich aber über die soziale Realität schreibe, sage oder sogar denke, kann wohl diese Realität ändern, denn meine Aussagen und sogar meine Gedanken gehören ja zu dieser Realität.

Als einfaches Beispiel von selbsterfüllenden Auffassungen betrachten wir zwei Personen, A und B, die sich bereits kennengelernt haben. Nehmen wir an, A habe den (falschen) Eindruck, daß B ihm gegenüber feindlich eingestellt sei. Infolge dieses Eindrucks kann A sich B gegenüber unfreundlich verhalten, was ein ebenso unfreundliches Verhalten von B veranlaßt. Dabei wird die ursprüngliche Annahme von A bestätigt, auch wenn sie falsch war. Hatte A angenommen, daß B ihm gegenüber freundlich gestimmt ist, könnte die Wechselwirkung in die entgegengesetzte Richtung gehen. Also auch diese Annahme wäre bestätigt.

Im großen Maßstab finden wir selbstbestätigende Theorien etwa in folgendem Zusammenhang. Nehmen wir an, die meisten Experten auf dem Gebiet der internationalen Beziehungen seien überzeugt, daß diese Beziehungen hauptsächlich (oder sogar ausschließlich) von Machtkämpfen gelenkt werden. Dies mag wohl der Fall sein. Aber daß es so *bleibt,* daß es unmöglich scheint, eine andere, weniger brutale Basis des Zusammenlebens der Staaten zu schaffen, weist auf eine selbsterfüllende Auffassung hin. W*eil* die Staatsmänner die Machtpolitik als ein Bekenntnis zum Realismus ansehen, halten sie an diesem Modus fest, der dabei immer wieder gerechtfertigt wird.

Das Wettrüsten, die großen Konjunkturschwankungen, Paniken, die Wankelmütigkeit oder die Trägheit des öffentlichen Geschmacks, sowie in trivialerem Kontext die plötzlich aufschwingenden und ebenso plötzlich erlöschenden „Schrullen" können auf „selbsterfüllende Prophezeihung" zurückgeführt werden. Was für Wahrheit gehalten wird, kann oft Wahrheit werden.

Kurz gesagt: es ist unmöglich, Wertorientierungen von einer Vorstellung der Wirklichkeit völlig zu trennen. Infolgedessen wird dem Wissenschaftler und im allgemeinen dem Befürworter des Rationalismus eine besondere Verantwortlichkeit auferlegt, denn er hofft, durch seine Tätigkeit die allgemeine Auffassung der Wirklichkeit zu gestalten, was für die künftige Entwicklung der dominierenden Werte entscheidend werden kann.

Met-archie
Zimmermanns Bau und Zelt der Begegnung

Claus Baldus
Für Ene und die Leute vom Golgatha

Von Heraklit erzählt man sich, daß er Fremden, die zu ihm vorgelangen wollten, sich aber wunderten und scheu zurückblieben, als sie sahen, daß er sich an einem Backofen wärmte, Mut zugesprochen und sie hereinkommen geheißen habe mit den Worten: „Auch hier nämlich wohnen Götter"...

Aristoteles, Über die Teile der Tiere 645 a 17

links:
Markus Lüpertz,
Standbein-Spielbein
Mitte, 1982
rechts:
Standbein-Spielbein
Links, 1982

Sterne über Ephesos

Es war Nacht. Schwarz, das durch den Schimmer von Blau bewegt wurde. Sterne funkelten. Zogen ihre hellen, aber stillen Bahnen über den leicht wogenden Himmel. Heraklit hatte am Tag über das Prinzip nachgedacht, nein, hatte es eigentlich gesehen, denn Denken hieß für ihn Schauen, betrachtendes Schauen. Hatte gesehen, wie das Feuer stetig am Himmel umlief, sich erinnert, daß es immer so war. Daß das Feuer umlief, war nicht weiter erklärlich, es war Verhängnis, Gesetz, das er so nehmen mußte, wie es war. Aber er konnte die Welt und ihr Gesetz schauen, und das Weltgesetz zeigte sich ihm, wie es war. Es gab nichts, was dahintergestanden hätte, gab kein „-nicht-", kein „nicht-mehr" oder „noch-nicht". Alles, was Welt bedeuten konnte, lag dem betrachtenden Sinn zutage.

Ein Vogel war herübergeflogen, hatte sich über die Auf- und Abtriebe der Luft gleiten lassen, sich für einen Augenblick in der Tiefe des Blaus verborgen, war wieder erschienen über grünen, hier und da von der Sonne angedörrten Matten, die er, da wo sie von gelben Lichtflecken durchsetzt waren, benutzte, um sich, obwohl ganz nah, dem Blick erneut zu entziehen, und hatte sich dann laut gegen die rot blühenden Büsche gewandt, die die Sonne auf einer Seite in ein unwirkliches Rosa färbte. Offenbar spielte die Sonne, spielte mit Farben und Formen, und der Vogel spielte mit, versteckte sich, und zeigte sich wieder. Doch es gab eigentlich gar kein Versteck, sondern nur den Schein des Feuers, den er geschickt ausnutzte, mal unter ihm wegtauchend, dann sich wieder auf dem Hintergrund einer kontrastierenden Farbe oder Form oder auch eines Schattens zeigend. Das Spiel hätte verwirren können, wäre nicht die beruhigend gleichförmige Bewegung des Feuers gewesen, das zwar den Schein mit seinen Wechseln, wenn nicht Launen ermöglichte, aber doch selbst beständig auf seiner Bahn blieb. So war doch alles Maß. Die Welt war Maß, dem auch der Vogel und sein Flug unterstand. Wenn man auch feststellen mußte, daß das Maß sich hier unten in ein ironisches Spiel kleiden konnte und der Empfindung mitunter Rätsel aufgab, die sich allerdings in der Erinnerung an das Gesetz der Welt und ihrer Bewegung immer wieder auflösten.

Und nun war es Nacht. Der Nachthimmel hatte sich vor das Feuer geschoben und ließ ihm nur kleine Öffnungen, durch die es durchscheinen konnte. Schatten lag über allem, vom Schein waren nur die Erinnerungspunkte dort oben übrig, und so war hier unten auch kein Spiel mehr und keine Ironie. Das stille Funkeln dort oben und der weite Schatten hier unten hätten Heraklit auf andere Gedanken bringen können, auf Nacht-Gedanken. Aber sein Sinnen richtete sich wie schon am Tag auf die Gleichförmigkeit des Umlaufs des Himmels. Die Nacht, der große Schatten, in dem das Feuer seine Macht verlor, hätte ihn bedrücken können. Aber er sah nur, daß sich der Umlauf des Himmels fortsetzte, und das war beruhigend. Außerdem schien das Feuer durch die kleinen Öffnungen durch, so daß er sah, daß es auch jetzt war, und wie immer schon in wenigen Stunden wieder voll aufscheinen würde. Dieses Wissen war es, was ihn mit der Welt verband, das Wissen um die Wiederkehr des Lichts und mit ihm der präsentischen Fülle alles Seienden. Maß und All waren das Selbe. Wäre nicht an ganz anderer Stelle die Spur von Vergessenem geblieben und geweckt worden, dann wäre seine Welt wirklich ohne Bruch gewesen.

Aber da lief einmal in der Nacht ein Trupp Hunde in der Nähe vorbei. Halb im Spiel, halb im Ernst jagten sie einander nach, schnappte der eine nach dem anderen, der sich durch ein Gemisch aus Jaulen und Bellen zu wehren suchte. Die Szene löste ein unangenehmes Gefühl in Heraklit aus. Er ärgerte sich über die Störenfriede und war sich für einen Moment mit sich und der Welt nicht mehr einig. Für einen Moment, der ihm gemessen an dem lächerlichen Anlaß, den ein paar dumme Hunde geboten hatten, viel zu lang erschien, was ihn noch zusätzlich ärgerte. Es war, als müßte er sich und die Welt jetzt erst wieder neu suchen. Und nun ging ihm auch ein Ärger wieder durch den Kopf, den ihm der Tag gemacht hatte. Er hatte morgens gegessen und dann Unverdauliches abgetrennt. Irgendwie hatte er danach ein dummes leeres Gefühl verspürt, hatte dann ein Manuskript gesucht und nicht gefunden. Aber da er nicht recht wußte, ob er wirklich an dem Manuskript weiterarbeiten wollte, ließ er die Suche und ging zum Markt, um einzukaufen.

War viel los dort, die Leute riefen oder schrien gar durcheinander und feilschten um den Preis. Dafür hatte Heraklit noch nie was übrig gehabt. An diesem Tag störte es ihn aber noch mehr als sonst, daß man ständig aufpassen mußte, nicht übervorteilt zu werden. – Der verdammte Haufen, in dem jeder lautstark was vom anderen wollte, trachtete doch nur nach seinem Geld. Rindviecher waren es, die sich auf dem Markt herumtrieben und sich sonst hauptsächlich vollfraßen. Zehntausend von denen taugten nicht soviel wie Einer, der wußte, was Gesetz, Einsicht und eine reine Seele war. Aufhängen sollten sie sich und ihre Stadt Unmündigen überlassen, die noch fünf Mal besser regieren könnten. So etwa dachte er. Dann war er herausgegangen aus der Stadt, denn es zog ihn fort von all dem Gedränge und Geschiebe, fort in die Einsamkeit, wo er der Welt und ihrem Maß wieder nahe sein konnte.

War über die sanft ansteigenden Wiesen, wo er den Vogel im Spiel mit der Sonne betrachtete, in die Berge gegangen und hatte über das Feuer, die Konstanz der Umläufe und über das nachgedacht, was blieb, was dauerte und damit wahr war. Auf dem Weg in die Berge war er auch an dem abseits, schon in ihrem Schutz gelegenen Backhaus vorbeigekommen, das er im Winter aufzusuchen pflegte, wenn ein kalter Wind über das Land ging. Hier wohnten und wirtschafteten Leute, die ihm vertraut waren und mit denen er dem Gott, dem Gesetz des Daseins also nahe sein konnte. –

In einer solchen Nacht hatten auch Pythagoras und Parmenides in Unteritalien, hatten Thales und Anaximander in Kleinasien wie Heraklit gesehen, daß sich der tägliche Umlauf des Himmels um die Erde ohne Unterbrechung fortsetzte, hatten die harmonische Bewegung der Sphären beobachtet und genossen, hatte Platon später über die das Sein der Welt in sich wahrenden Ideen und ihre Vollendung im schlechthin Guten, hatte Aristoteles über die Bewegung alles in der Welt Seienden zum Guten, zum in sich selbst ständigen Wissen nachgedacht.

Welt und Maß

Kósmos – das war das Wort, in dem sich den Griechen das Sein alles Seienden erschloß. Kósmos, Welt – damit meinten die Griechen mehr als wir heute. So nannten sie nicht nur die Natur, sondern auch Recht und Kunst. So nannten sie die militärische, staatliche und tektonische Ordnung, den Frauen-, Waffen- und Totenschmuck, den gestirnten Himmel und das Ganze des Seienden, das All. Welt war für das Volk, das an Küsten des Lichts, in überschaubaren Buchten und Tälern lebte, aber auch über See Kolonien gründete und Handel trieb, alles, was dem stofflichen, triebhaften und machtvollen Chaos durch Maß, dem Zufall durch Gesetz abgerungen war. Klar, seinen Verhältnissen nach sicher abgemessen lag den Griechen der dreiteilige Grundriß ihrer Welt vor Augen.

Beginnen wir mit Homer, der die ersten Konturen der griechischen Kultur und ihres Seinsverstehens zeichnete. Seine Heimat war das ionische Kleinasien, vielleicht wurde er in Smyrna geboren. Sehen wir uns an, was seine beiden Epen, Ilias und Odyssee – sie stammen beide aus der zweiten Hälfte des 8. Jahrhunderts, Ilias älter als Odyssee, und hatten für die Griechen eine ähnliche Bedeutung wie die Tora für die Juden – hinsichtlich des Sinns von „kósmos" ankündigen.

Die Ilias gebraucht das Wort, wenn von der Aufstellung der Krieger zum Kampf (3,806; 12,87; 14,379) oder auch den Atriden als den Ordnern der Kriegsscharen die Rede ist (1,16; 1,375; 3,236). Der sich an diesen Stellen, bezogen zunächst auf Kampf und Krieg, ankündigende *praktisch-ethische* Sinnbereich von Welt liegt in den Epen Homers auch in Hinsicht auf anderes vor, was mit Haltung und Sitte zu tun hat. Im letzten Buch der Ilias wird berichtet, daß Achilleus den Priamos bewirtete, daß die Gefährten des Achilleus einen silbrigen Hammel schlachteten – eû katà kósmon, wie es das Geschick, der gute Brauch der Speisezubereitung verlangte (24,622). Häufig findet sich das Wort in dem für die seefahrenden Griechen elementaren nautischen Zusammenhang. Dazu dichtet die Odyssee eine Szene, deren plastische Schönheit vielleicht erst der moderne realistische Film wiedergefunden hat. Sie schildert, wie Odysseus in Schweigen versunken das Schiff betrat und sich legte, um zu schlafen, während seine Begleiter kósmō, ganz nach der Ordnung die Bänke besetzten, das Seil lösten und die Ruder weitausholend in die Salzflut schlugen (13,77). Später, mit der Errichtung staatlicher Lebensgemeinschaften, nennt das Wort auch Gesetz und Verfassung. Die Historiker Herodot und Thukydides und die Philosophen Demokrit, Platon und Aristoteles verwenden es in diesem Sinn. Klar nimmt Platon Bezug auf die Institutionen eines staatlich konsolidierten Gemeinwesens, wenn er in seinen „Nomoi" (den „Gesetzen", seinem letzten Werk) die Ordnung der agorá (des Marktes) und des gymnásion (der Schule) einen kósmos nennt (764 b/d). – In diesem ganzen ersten Sinnbereich bedeutet Welt die durch das éthos, den überlieferten Brauch und die alltägliche Sitte, dann strenger durch den nómos, daß heißt Gesetz und Verfassung geregelte prâxis, den Umgang der Menschen miteinander und mit sich selbst.

Ebenso früh wie der praktisch-ethische tritt in der griechischen Literatur auch der zweite Sinnbereich von Welt auf. In der Odyssee wird so (híppou kósmos) der zweckmäßig gefügte Bau des hölzernen Pferdes, die große Kriegslist der Griechen genannt (8,492) und von seinem eigenen Dichten kann Homer sagen, es besinge das Schicksal der Griechen katà kósmon, wie es die Ordnung verlangt (8,489). Schon in Homers Epos zeichnen sich also – und zwar dicht aufeinander folgend – eine *poetische* und eine *technische,* sogar enger bautechnische Verwendung von kósmos ab. Auch diese beiden Verwendungen gehören der Sache nach zusammen und bilden einen gemeinsamen Sinnbereich: denn die poíēsis ist nach dem Verständnis der Griechen alles Schaffen und Hervorbringen, die téchnē das zur Kunst gesteigerte und rational auf Zwecke hinbezogene Schaffen. Welt als das gelungene tektonische Gefüge taucht später in Herodots „Historien" wieder auf, wo beschrieben wird, wie die Baumeister, die architéktones, die Brücke über den Hellespont bauten, indem sie nämlich Tragseile spannten, Baumstämme zersägten und kósmō, im rechten Gefüge, über die Seile legten, sie untereinander verbanden, schließlich Bretter wieder kósmō, in guter Ordnung über die Balken legten, sie mit Erde bedeckten und ein Geländer an den Seiten befestigten (7,36). Und was die poetische Seite des zweiten Sinnbereichs betrifft, so sagte Demokrit – anspielend auf das Geschäft des Baumeisters, der die Balken zu einem Haus zusammenfügt – von Homers Epos, er habe es in schöner Ordnung gezimmert. Solon spricht von der Fügung der Worte im Lied, Parmenides greift die Wendung auf in seinem Lehrgedicht über das Sein, Pindar in einem Fragment, in dem er die Dichtung als bunt tönendes Wortgefüge beschreibt. – Wobei Pindar in seinen Oden die beiden Sinnbereiche des Kunstvoll-Schönen und des Ethischen ineinander übergehen läßt, wenn er nämlich den schmückenden Siegerkranz mit der Ehre des Ersten zusammenbringt (Olympia 3,13). Solche Übertragung findet sich aber auch schon in der Ilias, wo vom Backenstück des Pferdegeschirrs die Rede ist, das ein maionisches oder karisches Mädchen mit purpurgefärbtem Elfenbein zu einem kósmos geziert hat; Schmuck dem Roß so gut wie dem Lenker zum Ruhm (4,141–145).

Da wo Kunst ist – und nicht auch da, wo Ehre ist? – wird empfunden und bewundert, da ist Schönheit. Es gibt keine andere Kultur, in der der Schönheit, der plastischen, präsentischen Schönheit ein solcher Rang eingeräumt worden wäre, wie es in der griechischen, der apollinischen der Fall war. Kein Volk empfand mit solcher Intensität wie die Griechen. Sie erst öffneten sich der unmittelbaren Fülle der Erscheinungen, ließen das Gegenwärtige so sehr an sich herankommen, daß sich ihnen der Zauber der im Wechsel der Erscheinungen wiederkehrenden allgemeinen Gestalten – die Platon dann „Ideen" nannte – öffnete. Von dem Mathematiker und Physiker Eudoxos von Knidos, der unter anderem eine Theorie der Kegelschnitte entwickelt hat, wird die Maxime überliefert: diasō̂sai tà phainómena, die Erscheinungen bewahren. Selbst wenn die Griechen die Wahrheit nicht im Wechsel der Erscheinungen, sondern in abstrakten, allem Wandel entfremdeten Begriffen suchten, sahen sie sich auf das Sehen (die von ihnen mit unbedingtem Vorrang ausgezeichnete Form der Empfindung) verwiesen. Die idéa (oder das eîdos – beide Wörter sind von horáō, sehen abgeleitet), in der Platon die gestalthafte Wahrheit aller Erscheinungen suchte, ist das Gesehene, primär mit innerem Auge intuitiv Geschaute und in der bunten Fülle der Erscheinungen sekundär Wiedererkannte.

Schön war dem Griechen nicht nur der Frauen- und Waffenschmuck oder das gedichtete Wort, sondern ursprünglicher und leidenschaftlicher noch die phýsis, die Natur als das, was aus und durch sich selbst ist. Von Hesiod, dem Dichter der „Theogonie", wird bis ins späte Altertum gesagt, er habe „der Sterne kunstvolles Gefüge" besungen. Aischylos läßt seinen Chor in der „Orestie" die Nacht als „Herrin großer Schmuckgebilde" preisen (Agam. 356). Weithin finden sich in der griechischen Literatur Belege für die Bewunderung, die das Volk des Sehergottes und Weissagers Apollon besonders der Schönheit

Wilhelm Capelle, Die Vorsokratiker, Die Fragmente und Quellenberichte, Stuttgart 1968. Francis M. Cornford, Plato's Cosmology, The Timaeus of Plato translated with a running commentary, London u. New York 1971. Hermann Diels u. Walter Kranz, Die Fragmente der Vorsokratiker 1.–3., Zürich 1972–75. Gottfried Gruben, Die Tempel der Griechen, München 1980. Homer, Ilias griech.-deutsch, München 1980. Homer, Odyssee griech.-deutsch, München u. Zürich 1982. Jula Kerschensteiner, Kosmos, Quellenkritische Untersuchungen zu den Vorsokratikern, München 1962. Geoffrey Stephen Kirk, Heraclitus, The Cosmic Fragments, A Critical Study with Introduction, Text, and Translation, Cambridge 1954. Walter Kranz, Kosmos, Bonn 1958. Platon, Werke 1.–8. griech.-deutsch, Darmstadt 1971 sqq. David Ross, Plato's Theory of Ideas, Westport, Conn. 1976. Fritz Schachermeyer, Griechische Geschichte, Mit besonderer Berücksichtigung der geistesgeschichtlichen und kulturmorphologischen Zusammenhänge, Stuttgart 1969. Erika Simon, Die Götter der Griechen, München 1969. Stephen Toulmin, The Return to Cosmology, Postmodern Science and the Theology of Nature, Berkeley, Los Angeles u. London 1982.

des Himmels und seiner Gestirne entgegenbrachte. Die ersten aber, die das natürliche All ausdrücklich als kósmos auffaßten und es wissenschaftlich untersuchten, waren die an der Westküste Kleinasiens lebenden milesischen Philosophen Thales, Anaximander und Anaximenes. Sie waren die ersten, die den *ästhetischen* Sinn zum *theoretischen* steigerten, die das Empfinden des Schönen, aísthēsis, zur Betrachtung des Wahren, theōría, vertieften. Aus dem Bewundern erwuchs die Verwunderung, die die Griechen fragen und forschen ließ und die sie zur Philosophie führte. Thales habe, vielleicht auf orientalische Quellen zurückgreifend, das All als beseelt angesehen, wie berichtet wird (wobei er das Wort kósmos vermutlich noch nicht gebraucht hat). Von Anaximenes ist überliefert, er habe das All als ein aus Elementen bestehendes Ganzes aufgefaßt, wobei er auf ein Theorem seines Lehrers Anaximander hat zurückgreifen können, der in der Welt, die er kósmos nennt, eine Sphärenschichtung, Übereinanderschichtung der vier Elemente Erde, Meer, Feuer und Luft sieht. Zerlegung eines Ganzen in Elemente (auch Thales, dessen Weltbaustein das Wasser ist, operiert schon mit dem Elementenbegriff), um es dann in den zwischen den Elementen bestehenden Beziehungen und Verhältnissen zu rekonstruieren, das ist die Aufgabe der Theorie, der im Wechsel der Empfindungen das Bleibende und Beständige suchenden Betrachtung. Die Auffassung des Alls als eines kósmos, und das heißt als einer aus Elementen aufgebauten Ordnung ist zugleich die Geburtsstunde dessen, was wir Theorie nennen, ausdrücklich-bewußte Betrachtung.

Die griechische Welt gliedert sich also in drei in sich zweigeteilte Sinnbereiche. Der Zusammenhang dieser Sinnbereiche und ihrer Teile weist nun zwei Merkmale auf, die sich ebenfalls bereits aus den griechischen Texten ablesen lassen und deren „Wiederholung“ (im Sinn Kierkegaards und Heideggers) eine der Kräfte sein könnte, die gegenwärtig auf eine neue Etappe moderner Kultur zugehen.

1 Ebenso wie die Praxis als der alltägliche Umgang der Menschen mit den Dingen und mit den anderen Menschen sind auch Aisthesis, Empfindung und Poiesis, Handeln und Machen eher von Gefühlen als von Begriffen veranlaßt und dirigiert. Recht, Erkenntnis und Kunst hingegen beruhen auf begrifflicher Analyse, sind als Rationalisierungen aufzufassen, die das im Wechsel der Erscheinungen Bleibende suchen und in denen stets nur ein Teil unseres trieb- und gefühlshaften Daseins repräsentiert ist. Man kann auch so sagen: während die in Umgang, Empfindung und Handlung sich ausdrückenden Kräfte nach Erweiterung des Welthorizonts drängen, nach einem dionysisch rauschhaften Mehr an Genuß und Zufall, suchen Nomos (Recht), Theorie und Technik nach Beständigung und beziehendem Gesetz, nach apollinischer Begrenzung des Welthorizonts. Es ist das bereits von Nietzsche aufgedeckte Wechselspiel dionysischer und apollinischer Kräfte, was ich an Tafel I in einem ersten Analyseversuch darstellen will.

2 Sind einmal drei Bereiche von Welt eingeführt, so stellt sich die Frage, wie sie sich in der wirklichen, sich entwickelnden Kultur zueinander verhalten. Unsere Antwort lautet: ihre Beziehung ist die *Übertragung.* Sind ferner die Bereiche derart zweigeteilt, daß in ihnen eine auf Erweiterung und eine auf Begrenzung gehende Kraft miteinander in Streit liegen, dann stellt sich auch hier die Frage nach ihrem Verhältnis. Unsere Antwort lautet: ihr Verhältnis ist die *Überschreitung.* Auf Übergänge zwischen dem technischen und ästhetischen Sinn von Kosmos (im Text Pindars und Homers) habe ich schon hingewiesen. Ein anderes, bekanntes Beispiel ist die Übertragung ethischer Begriffe auf einen originär theoretischen Sachverhalt, nämlich die Natur. So wurde die Welt von Anaximander, Heraklit und Parmenides beispielsweise als Rechtsgemeinschaft der Dinge verstanden, die einem Gesetz unterlag, dessen Herrschaftsbereich selbst Gestirne und Götter nicht ausnahm. Und die zitierte Stelle aus der „Orestie“ ist einer der vielen Belege dafür, daß Begriffe der Kunst (Schmuck) auf die Natur (den Nachthimmel) und deren Betrachtung (oder auch bewundernde Empfindung) übertragen wurden. Wir kennen auch die paradigmatischen Überschreitungen, die die Griechen sich vollziehen sahen: das Übermaß der Liebe von Prometheus, der den Göttern das Feuer raubte und den Menschen damit das Mittel und die Macht ihrer technischen Existenz verschaffte; und ebenso das Übermaß des Wissens von Oedipus, der das Rätsel der Sphinx löste. Aber diese Überschreitungen über das geltende Maß hinaus mußten bezahlt werden, auch das wußten die Griechen: Prometheus wurde an den Felsen gekettet, wo ihm der Adler täglich an der Leber fraß, Oedipus stürzte in einen Abgrund von Schuld, die ihn das Augenlicht kosten sollte.

Das frühe Denken der Griechen war beweglich, spielte mit Metaphern und wußte um die kulturbildende Kraft der Übertretung gesetzter Grenzen (Metabase). Das Maß, métron,

Tafel I
Schema des griechischen Begriffs von Welt und Maß

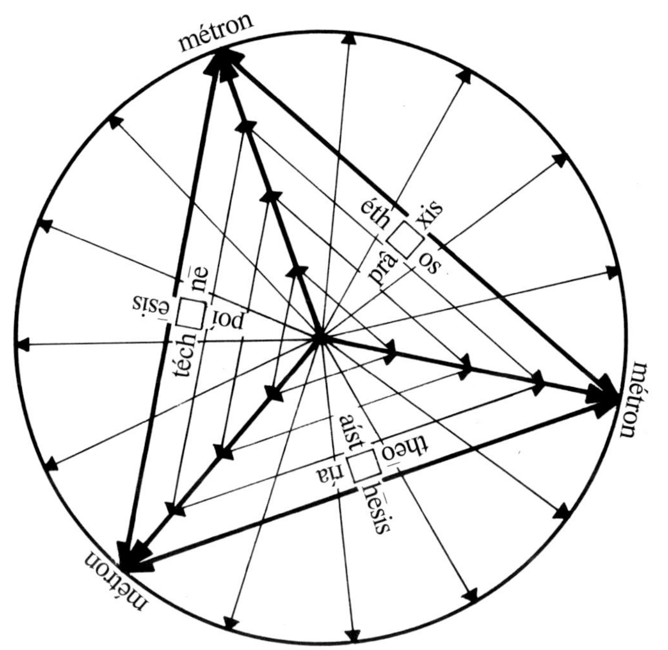

Legende
kósmos: Welt
métron: Maß
aísthēsis: Empfindung, Anschauung
theōría: Betrachtung, Festschau
prâxis: Unternehmung, Verfahren, Geschäft
éthos/nómos: Sitte/Gesetz
poiēsis: Schöpfung, Machen, Hervorbringen
téchnē: Kunst, Handwerk

durch das Welt, kósmos im Unterschied zum Chaos definiert ist, heißt, wie wir festhalten müssen, zweierlei. Es ist im engeren, von den Griechen der hoch- und spätklassischen Zeit einseitig bevorzugten Sinn die begrenzende, zurückstauende Kraft von Recht, Kunst und Erkenntnis, ist alles das, was „ge-setz-lich“, „ein-ge-richt-et“ und „be-ständ-ig“ ist, was bleibt. Maß ist in tieferem, von den frühen und frühklassischen Griechen gedachten und gelebten, später vergessenen, von Nietzsche wiederentdeckten Sinn das rechte Verhältnis von Gefühl und Begriff, von Erweiterung und Begrenzung, ist das Spiel der Kräfte, in dem die Übertragung ebenso neue Möglichkeiten des Seins eröffnet wie die Überschreitung.

In den Umrissen dieser ersten Skizze der griechischen Kosmologie läßt sich nun

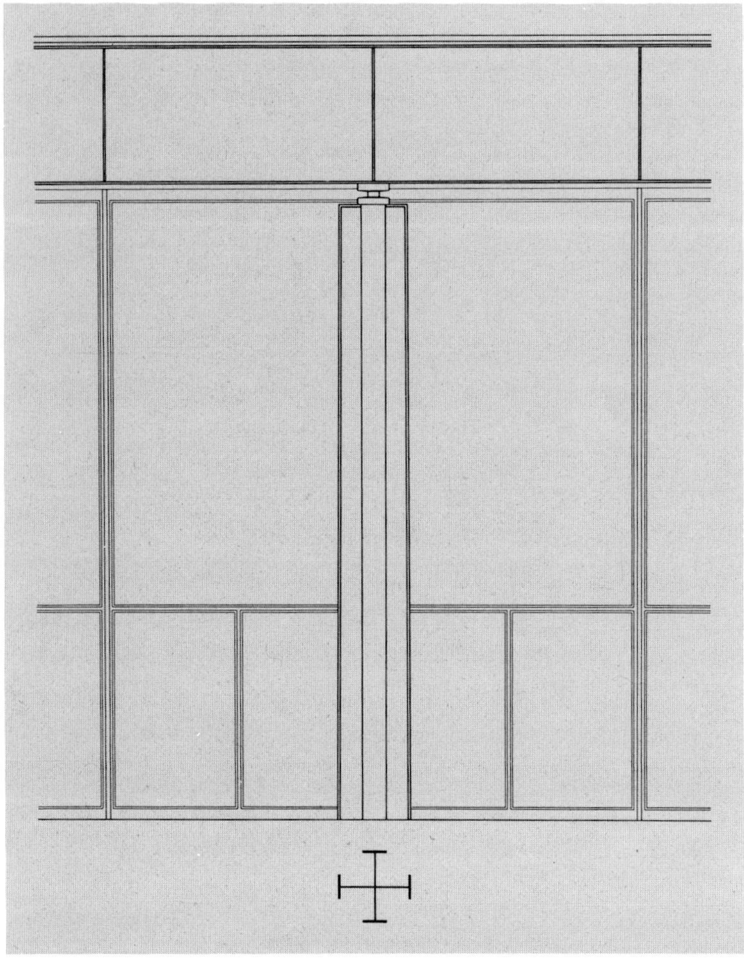

Ludwig Mies van der Rohe, Neue Nationalgalerie Berlin, 1962–68, Frontausschnitt

auch das Auge Heraklits besetzen, sein Weltbild versuchsweise aus den Fragmenten verstehen. Es läßt sich – nachdem klar geworden ist, daß „kósmos" das Wort ist, in dem sich den Griechen das Sein schlechthin eröffnete und erschloß – vorab vermuten, daß Heraklit nicht nur in denjenigen Fragmenten von Welt spricht, welche das Wort ausdrücklich verwenden, daß vielmehr sein Sprechen nichts anderes als Kosmologie ist. So lassen sich Bezugnahmen und Anspielungen auf alle drei Bereiche von Welt, ihre gefühlte und ihre begriffene Dimension finden. Und zwar zumeist mit Betonung des meta-morphischen, dia-lektischen Wechselns und Werdens zwischen den Gegenteilen und -sätzen. Heraklit wußte, daß die Kraft des Maßes in seiner ersten und engeren, zurückstauenden Bedeutung nur solange wirksam ist, wie die Bewegung der Übertragung und Überschreitung nicht unterbunden wird: Diese Welt, dieselbige von allen Dingen, hat weder der Götter noch der Menschen einer gemacht, sondern sie war immer und ist und wird immer sein ein ewig lebendiges Feuer, nach Maßen sich entzündend und nach Maßen erlöschend. – Vielleicht ist Heraklit – wir wissen, welche Bedeutung er für Hegel, Nietzsche und Heidegger hatte – derjenige griechische Denker, der das „Maß" am entschiedensten in seinem zweifachen Sinn gedacht hat, als die Kraft des Zurückbeziehens der aus dem Zentrum herausfallenden Trieb- und Gefühlskräfte und als die Kraft der Vermittlung von Fall und Zug in Übertragung und Überschreitung, im „meta-", oder plastisch gedacht im Entzünden und Erlöschen des Feuers, im Wechsel und Werden des Entstehens und Vergehens.

Aber im Text Heraklits findet sich auch die Spur der Versagung. – Die apollinische Sublimation der Grenze und des Maßes im engeren Sinn verlangt Trennung von der Unmittelbarkeit des Triebs. Diese Trennung, Ab-ziehung, Abs-traktion in wörtlicher Bedeutung ist schmerzhaft. Diesen Schmerz ließen die Griechen ungedacht und ungesagt. Dennoch zieht er sich als Schicksal durch die Texte ihrer Philosophie: Heraklits Urteil über seine Stadtgenossen, die Ephesier, Leute, die aus weniger „abgezogenem" Begehren leben, ist kein Zufall. Analoge Polemiken gegen die Vielen und die Meisten finden sich im Text von Parmenides oder Platon. Der Schmerz zieht sich als Schicksal durch die Texte, und als Versagung. Ver-sagung, das heißt, daß er sich nicht am primären Ort seines Ursprungs, nämlich als natürliche Reaktion auf die aufschiebende und vermittelnde Arbeit der Abstraktion ausspricht, sondern an einem sekundären, ersatzweise gestellten Schauplatz, der vorzugsweise politischer Art ist, auf ungeklärte Weise meldet. So wird der lógos, die Aussage, als Ort der anmessenden Offenbarkeit von Welt, der Wahrheit also, durchfallen durch die labyrinthischen Wege der Versagung.

Später kam Platon, und trug alles das, was das griechische Denken bis dahin erarbeitet hatte, in seinem „Timaios" zusammen zu einem großen „Bau". Platon setzte übrigens die tektonische Metapher im „Timaios" gleich auf zwei Ebenen ein, wenn er nämlich zum einen die Welt von einem *Baumeister,* einem Demiurgen, gestaltet sein ließ, und zum anderen, wenn er die Bestandstücke und Teileinsichten seiner Untersuchung mit dem Baumaterial verglich, das sich die *Zimmerleute* vorlegen, um es zu einem Ganzen zusammenzusetzen. Ebenso wie der Demiurg als Urheber der Welt ist auch der Philosoph, der um die Welt und ihren Anfang weiß, Archi-Téktōn, Erster Zimmermann. Hier im „Timaios" hat sich der Metabolismus, der Philosophie und Architektur bis heute aneinander bindet, erstmals in ausgeführter Form zu sich selbst bekannt. Sehen wir uns an, was der Demiurg tut, um aus dem stofflichen Chaos den in sich gefügten Kosmos zu schaffen. Zunächst formt der Werkmeister aus dem Stoff (aus dem Chaos) die Weltbausteine, die Elemente Feuer, Luft, Wasser, Erde, und zwar indem er dem Stoff die Form der aus Dreiecken zusammengesetzten Idealkörper (genauer von vieren der fünf Idealkörper) gibt. Die Gestalten der Idealkörper sind Pyramide, Würfel, Oktaeder und Ikosaeder. Dann fügt er die formal bestimmten Elemente zu einem beseelten Ganzen zusammen, das die Gestalt des sich der Kugel annähernden fünften Idealkörpers (Dodekaeder) hat. Die Seele ist die in allem Geschehen wirksame Vernunft, das harmonische Maß, das alles zu einem Ganzen zusammenstimmt, das sich klar und rein allerdings nur in den Umläufen der Planeten und Fixsterne ausdrückt. Und so ist der Kosmos, vorzugsweise aber der Himmel, an dem die regelmäßigen Bewegungen der Sphären der deutlichste Ausdruck der Harmonie sind, ein lebendiges Ganzes, ein sichtbarer Gott: schön, gut und wahr – einzig und vollendet (29e–30b; 69a–c; 92c). Die Bedeutung des von den späten, den klassischen Griechen immer als Harmonie und Symmetrie ausgelegten Maßes, des *métron* unterstrich Platon dann noch einmal im „Philebos", den er vermutlich bald nach dem „Timaios" schrieb. Das Maß sei das erste unter den Gütern, gefolgt von Schönheit und Vollendung, Vernunft und Einsicht, den Erkenntnissen und Künsten und schließlich Trieb und Lust, so sagte er hier (66a–c).

Bemerkenswert, daß Platon am Schluß des „Timaios" mit den Attributen „schön, gut und wahr – einzig und vollendet" die Dreiheit der Sinnbereiche von Welt noch einmal zusammenstellte, wenn wir „schön und wahr" als Grundattribute des ästhetisch-theoretischen, „gut" des praktisch-ethischen und „vollendet" des poetisch-technischen Sinnbereichs ansehen dürfen. Wie er überhaupt in seiner Kosmologie das gesamte damals verfügbare Wissen verarbeitete – die Elementenlehre der Milesier, die Lehre von der Weltseele, die vielleicht schon Thales aus orientalischen Quellen übernommen, Anaxagoras dann säkulari-

siert hatte, die Zahlenharmonik der Pythagoräer, und anderes mehr. Der „Timaios“ wurde Modell, Vorbild für Rationalismus, und schließlich für den modernen Konstruktivismus, der sich aus der klassischen und rational orientierten Tradition entwickelt hat. Rational, nahezu konstruktiv war das Verfahren Platons, weil er das Welt-Ganze aus definitiven Teilen (den Elementardreiecken, den mathematisch aufgefaßten Elementen der Milesier) nach evidenten Regeln (den mathematischen Harmoniegesetzen, die als vernünftige Weltseele wirksam sind) so zusammenfügte, daß es keinen unbestimmten, unbegriffenen Rest in sich einschloß.
An dieser Stelle setzt aber auch unsere Kritik an Platon, der Entwicklung der klassisch-griechischen Kultur und des Rationalismus und modernen Konstruktivismus, die aus dieser Kultur herausgewachsen sind, ein. Überall da, wo das Leben Übertragungen und Überschreitungen riskiert, bleibt ein unbegriffener Rest, ein Überschuß des Möglichen, des Triebhaften über das Sachliche, wissenschaftlich Faßbare. Die große Verführung der klassischen Kultur und des Rationalismus in all seinen Varianten und modernen Transformationen besteht immer darin, daß sie das Moment der Begründung, Beständigung und des Begriffs einseitig akzentuieren, und zwar so sehr überbetonen, daß Ästhetik, Praxis und Poesie ihre eigentümliche Bedeutung verlieren, verwissenschaftlicht und das heißt in die Grenzen von Theorie, Ethos und Technik zurückgenommen werden. Die drei Kräfte, die ursprünglich für den Überschuß des Seins über das Wissen, des Lebens über den Geist sorgten, verfallen damit der Sublimation. Die Verdrängung des im Wissen nie auflösbaren existentiellen Rests war die Gefahr, der sich die griechische Kultur nicht erst seit Platon ausgesetzt sah. Sukzessive verlagerte sie ihr ursprüngliches Interesse am Wechselspiel zwischen der apollinischen und der dionysischen Komponente von Welt auf die apollinische Seite, um an dieser Vereinseitigung am Ende zugrundezugehen. – Gerade dieser Rest, das Verborgene und Ungreifbare, der abgründige Willensentschluß Jahwes war aber das Thema der Juden und ihrer Seinserfahrung.
Eine Repräsentation der kosmologischen Architekturmetapher Platons und des griechischen Weltverstehens überhaupt ist Mies van der Rohes Berliner Galeriegebäude. Nicht nur die symbolische Anspielung an den Naos (den griechischen Tempel) belegt das. Viel mehr auch der Modul, der die Form aller Bauteile bestimmt und die Stereometrie des Ganzen, zu dem sie sich zusammenfügen. Mit allen seinen Teilen zeigt sich uns das Ganze in uneingeschränkter Gegenwart, die nichts unbestimmt läßt – selbst das und auch nur teilweise unter der Erde liegende Geschoß ist keine Krypta, kein Verborgenes, sich der Regel Entziehendes. Es gibt keine Geheimnisse und keine Überraschungen, die sich uns erst auf dem Weg um und durch den Bau eröffneten. Wer die Regel, das Gesetz, also den Modul kennt, weiß, wie die andere Seite aussieht, wenn er nur eine vor sich hat. Und so gibt es an diesem Bau eigentlich nichts wirklich „anderes“. Und doch ist gerade diese Vollendung, die nichts unentschieden läßt, die keine Zeit, keinen Weg und deshalb auch keine Hoffnung suchen muß, der tiefste und abgründigste Mangel, der sich denken läßt. –

Verletzung am Jabok

Jakob hatte seine Leute vorausgeschickt, war allein im Lager zurückgeblieben. Es war Nacht. Die Sterne zogen ihre Bahn über den Himmel, den der Wind leicht bewegte. Jakob hätte sehen können, daß die Welt Eine war, wenn er aufgeblickt und sich vergewissert hätte, daß der Himmel ohne Unterbrechung umlief. Aber Jakob sah nicht. Sah die Welt nicht und wußte nichts von ihrem Maß. Was ihn beschäftigte, war der Weg, der vor ihm lag. Der Weg zurück in die Heimat. Auf diesem Weg würde, das wußte er, seine alte Schuld wieder auf ihn zukommen. Jakob hatte gehört, war dem Ruf gefolgt, der ihn auf den Weg zurück schickte, aus der Fremde, wo er reich geworden war und mit seinen Frauen viele Söhne und Töchter gezeugt hatte. Die Hoffnung, eines Tages zurückzukehren, hatte er nie verloren, und dann hatte Jahwe ihn gerufen, auf den Weg, auf dem er seiner alten Schuld begegnen würde.
Damals hatte er, mit seiner Mutter paktierend, Esau, seinen Bruder um das Recht der Erstgeburt betrogen und seinem Vater Isaak den Esau gehörenden Segen abgelistet. So daß Isaaks Trost für Esau nur noch hatte bitter sein können: Sieh, fern vom Fett der Erde soll deine Wohnung sein und fern vom Tau des Himmels droben. Von deinem Schwerte mußt du leben, und deinem Bruder sollst du dienen. Doch wird's geschehen: wenn du dich mühst, wirst du sein Joch von deinem Halse reißen. – Nicht daß der Vater seinen Sohn Esau nicht geliebt und

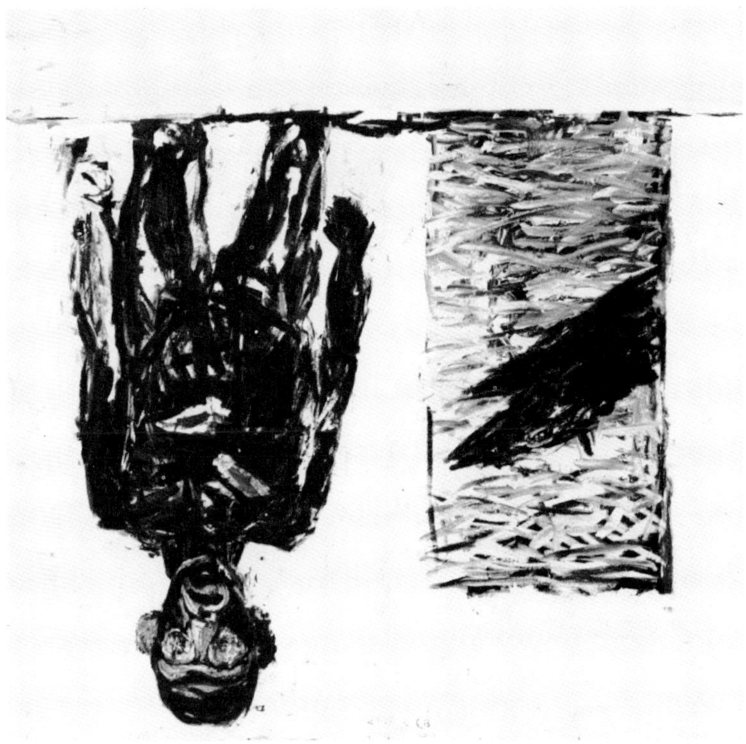

Georg Baselitz, Nacht mit Hund, 29. 8. 1982

ihm deshalb Trost verweigert hätte, sondern allein weil das, was ausgegeben, auch wenn es an eine List vergeudet war, nicht ein zweites Mal ausgegeben werden konnte. Kein Schein, auch keiner im Dienst eines Trostes oder gar einer Sentimentalität. Was geschehen war, ließ sich nicht rückgängig machen: werde damit fertig, du mußt selbst sehen wie.
Doch dann hatte Jakob vor der Rache Esaus Angst bekommen. Er war nach Osten in die Fremde gezogen. Die Angst hatte er mitgenommen. Aber einmal, an der Stätte Lus überkam ihn ein Traum, in dem Jahwe seine Hoffnung bestärkte, ihm das Land, auf dem er schlief, als Besitz versprach und ihm Nachkommen so zahlreich wie der Staub der Erde verhieß. Jakob hatte die Statt Bethel, das heißt Gotteshaus genannt und sich Jahwe durch das Gelübde verbunden, daß er ihm hier an dieser Stelle ein Haus bauen wolle, wenn er ihn tatsächlich beschützen werde auf dem Weg, den er jetzt ziehen würde. Je weiter er dann kam, desto mehr vergaß er die Angst, nur ein Ziehen in der Magengegend spürte er hin und wieder, das er sich nicht recht erklären konnte. Manchmal war es auch ein stoffiges Gefühl im Hals. Jakob hatte sich in der Fremde gegen starke äußere Widerstände Besitz und Frauen

erworben, hatte tadellos gedient, aber auch Gegenlist mit eigener List beantwortet. Und hatte gehofft. Bis ihn Jahwe zurückrief.
Jetzt dachte er an den Ruf und an den Weg, der vor ihm lag. Er fühlte, daß es Nacht war, denn eine strenge Kühle war an die Stelle der dorren Wärme des Tages getreten. Die Nacht hatte sich vom Tag getrennt, und Jakob war allein.
Obwohl die Sterne am Himmel standen und der Mond unterwegs war, hatte die Nacht etwas Undurchdringliches. Es war schwer, daran zu denken, wie es weitergehen würde. Ein Hund bellte. Der Ton kam dumpf, wie von nirgendwoher. Jakob erschrak. Morgen würde er auf Esau treffen und mit ihm auf seine Schuld, die er durch ein Geschenk zu tilgen hoffte. Aber er wußte, daß ein Geschenk nur eine Geste ist, und daß die Schuld ebenso getilgt werden mußte, wie sie eingegangen worden war, zweiseitig. Sie würde sich durch sein Geschenk und die gleichzeitige nachlassende Geste Esaus lösen oder gar nicht. Den Willen Esaus konnte er nicht voraussehen, so lag etwas Unvorhersehbares vor ihm.
Jakob sah gelb aus. Aber er hörte, er blieb am Jabok und wartete, um Esau am nächsten Morgen entgegenzuziehen und die Entscheidung zu suchen. Die Last verstärkte sich, während etwas im Magen ins Leere überholte und im Hals das Stoffige wiederkam. Der Hund rief. Da glitt der Boden unter Jakob weg. Er erbrach sich, spie aus, was er aufgenommen hatte: die Last, die Schuld, die Bindung. Stürzte ab am Ufer des Flusses ins Leere.
Aber es rang in der Nacht ein Mann mit ihm, bis die Morgenröte anbrach. Als der Mann sah, daß er ihn nicht überwältigen könnte, schlug er ihn auf die Hüfte, die davon verrenkt wurde. Der Mann sagte: Laß mich los. Jakob antwortete: Nicht, ehe du mich gesegnet hast. Der Mann segnete ihn: Du sollst nicht mehr Jakob heißen, sondern Israel (das heißt „Gottesstreiter"), denn Du hast mit Gott und mit Menschen gestritten und hast obsiegt. Da nannte Jakob den Ort Pniel, das heißt Angesicht Gottes, denn er hatte Gott von Angesicht zu Angesicht gesehen und war am Leben geblieben.
Als die Sonne aufging, erwachte er. Er war blaß und hinkte an der Hüfte. Vögel brachen an diesem Morgen auf, über Grenzen, in ihre Sommerquartiere. Er hatte schon am Abend, als sie angekommen waren, um Rast zu halten, ein paar Mal zu ihnen hinübergesehen, ohne aber recht zu verstehen, was sie meinten mit ihrer lauten Nervosität, die alles Leben spürt und äußert, das sich zum Ziel entschlossen hat und den Widerstand und die Gefahr endlich herbeisehnt. Er dachte jetzt nicht mehr darüber nach, was sie meinten, aber er hörte und fühlte ihr Lied.
Er zog fort von der Statt Pniel, irgendwie erleichtert Esau entgegen.

Weg und Hoffnung

Mit viel dichterem Sinn vom *Weg, dérek,* als wir lebten die Hebräer. Für sie gab es Geschichte, einen Anfang und ein Ende, dazwischen die auszudauernde Zeit der *Hoffnung, tiqwā.* Die Verheißung des gelobten Landes, die Entbehrungen der Wüstenwanderung, die Erfahrungen, die auf ihr gemacht wurden, der lange Umweg, Abwege, Verlust und Wiederherstellung des Vertrauens auf die Verheißung, alles das hatte sich dem kollektiven Gedächtnis der Hebräer eingeschrieben. Sie hatten keine Welt, nach der man ausgreifen konnte und deren Maß ablesbar vor Augen lag, sie waren auf einen Weg gerufen, der sie hinführen sollte zum fernen Ziel einer Hoffnung.
Gehen wir Jakob nach. Sein Weg beginnt mit einem Rechtsbruch – und das Recht ist eine Einrichtung der normativen, grenzziehenden Kultur, wie wir gesehen haben –, indem sich Jakob die ihm nicht zustehende Erstgeburt und den Segen des Vaters erlistet. – Elohim gebe dir vom Tau des Himmels und vom Fett der Erde und Korn und Wein die Fülle! Völker sollen dir dienen und Staaten sich vor dir beugen! So lautete der Segen, der Nahrung und Herrschaft verheißt, Sättigung und die fortdauernde Verfügung über die Arbeitskraft, die die sättigenden Lebensmittel bereitstellt. Während andere Mangel leiden, kann sich Jakob, nachdem er sich den Segen erlistet hat, der Fülle sicher sein. Allerdings wagt er das Unrecht nur, weil die Mutter mit ihm gegen den Bruder paktiert, ihn sogar anstiftet. Es ist ohne weiteres nachvollziehbar, was die Tora an dieser Stelle will: die Bindung an die Mutter ist Ausdruck des vitalen Triebs nach Stillung des Hungers, auf direktem Weg, ohne den Aufschub, den alle kulturellen Institutionen – Recht, Kunst, Erkenntnis – verlangen. Das Recht der Erstgeburt garantierte die Kontinuität der Stammesorganisation und mit ihr die Sicherung der wirtschaftlichen Voraussetzungen des Lebens. Der Bruch des Rechts – wenn man nüchtern sehen will: Bruch der gesellschaftlichen Verhaltensnorm, die als Subsidiaritätsbedingung fungiert – bringt Jakob in Schuld, und die Schuld, die der Gläubiger einfordern könnte (Rache), läßt ihn fliehen.
An dieser Stelle müssen wir genau zusehen: Jakob ist mit der Erlistung des Segens in das alte, kulturell bereits überwundene, Naturverhältnis des Kindes mit der Mutter, das Sättigung auf direktem Weg verspricht, zurückgefallen, hat sich der Aufgabe, sich durch eigene Anstrengung und mit Achtung gegen die gesellschaftlich vereinbarten Schranken (Recht) die nötigen Lebensmittel zu verschaffen, entzogen. Weil aber die Entfernung (Flucht) von der natürlichen Bindung an die Mutter unfreiwillig erfolgt, nimmt Jakob die Bindung und mit ihr die Schuld innerlich, untergründig mit. Er nimmt auch die Angst mit, denn solange der Trieb in das alte Naturverhältnis (die orale Triebstufe unmittelbarer Befriedigung, wie wir mit Freud sagen können) nicht gelöst ist, bleibt die Neigung zum Rechtsbruch, damit aber auch die Drohung der Strafe oder Rache und mit ihr die Angst.
Aber dann wird Jakob nach langem Aufenthalt in der Fremde, unter dem er sich allen nur wünschenswerten äußeren Wohlstand erarbeitet hat, zurückgerufen. In diesem Moment, in dem er gerufen wird, bricht die verdeckte Angst, in der er in der Fremde gelebt hat, wieder durch, und auch die hinter der Angst stehende Schuld meldet sich wieder. Doch Jakob ist inzwischen weitergekommen, er weiß, daß er Sühne leisten, ein Opfer bringen muß, wenn er in den Bund mit dem Bruder und der Gemeinschaft zurückkehren will. Erst der Rückweg – also die nicht mehr abwartende, sondern sich einlösende Hoffnung – bringt Jakob vor die Aufgabe, sich mit der Schuld auseinanderzusetzen und das heißt, sich aus der Bindung an die Mutter (aus dem Drang, nicht durch

---

Die Heilige Schrift des Alten und Neuen Testaments, Zürcher Bibel, Stuttgart 1972. Harry Gersh, The Sacred Books of the Jews, New York 1968. Otto Kaiser, Einleitung in das Alte Testament, Eine Einführung in ihre Ergebnisse und Probleme, Gütersloh 1978. Gerhard von Rad, Theologie des Alten Testaments 1.2., München 1982–1980. Gerhard von Rad, Zelt und Lade, in: G.v.Rad, Gesammelte Studien zum Alten Testament, München 1958. Helmer Ringgren, Israelistische Religion, Stuttgart usw. 1982. Roland de Vaux O.P., Das Alte Testament und seine Lebensordnungen 1.2., Freiburg, Basel u. Wien 1964–66. Claus Westermann u. Gerhard Gloege, Tausend Jahre und ein Tag, Aller Tage Tag, Stuttgart u. Berlin 1982. Hans W. Wolff, Anthropologie des Alten Testaments, München 1973. Walter Zimmerli, Der Mensch und seine Hoffnung im Alten Testament, Göttingen 1968.

eigene Leistung Zugang zu Nahrung und Sättigung zu finden) zu entfernen. Diese Aus-ein-ander-setzung mit der Schuld ist das, was die Juden als Sühne dachten, und als Umkehr, Weg zurück in den (Neuen) Bund. Ausdrücklich wird der Bund nicht in seinem natürlichen Verhältnis wiederhergestellt, denn Jakob und Esau wohnen, nachdem sie sich versöhnt haben, in verschiedenen Ländern. Es ist wohltuende Distanz zwischen ihnen. Jakob hat die Schuld, die durch den Bruch des familiären Rechtsbundes entstanden ist, in der Nacht am Jabok ausgespien, hat die Bindung des Kindes an die Mutter erbrochen, sich von der oralen Triebstellung getrennt. Diese Nacht ist das Ge-wissen des Bruchs oder der Bruch des Bruchs. Jakob steht die Schuld in dieser Nacht aus. Er kommt aus der Identifikation mit dem Trieb, der sich an allem, was ist, unmittelbar befriedigen will und daher zu allem ein Verhältnis unmittelbarer Identifikation (Vereinnahmung) unterhält, in die Existenz, in die Ek-sistenz, das heißt in das Hinausstehen aus der natürlichen Mitte des Lebens. Sein Gewissen ist in der Nacht am Jabok erwacht. Ein Erwachen, das alles, was war, *Angst, Schuld, Bruch,* und alles was ist und sein wird, *Ruf, Sühne, Bund,* in sich konzentriert. Erst im Moment des Aus-stands (der Ek-sistenz) also erreicht das Gewissen seine volle Konzentration und die ganze Kraft des Gedächtnisses. Ausstehen der Angst, der Schuld und der Sühne, unter der man den Schmerz der Trennung (vom Wunsch nach unmittelbarer, mütterlicher Befriedigung des Triebs) verstehen kann.

Der Kampf am Jabok ist als Kampf um Lösung zu verstehen, Lösung, die gewährt wird, weil Jakob die Angst aussteht und im Ausstehen der Angst frei wird für den lösenden Segen. Jakob erhält den Jahwenamen „Israel" (Streiter gegen/mit 'ēl, wir würden sagen Gottesstreiter), und das heißt, daß die alte naturhafte Identifikation mit der Mutter und dem unmittelbaren Trieb nach Sättigung (der oralen Fixierung) ersetzt ist durch die das kulturelle Verhältnis stabilisierende Identifikation mit dem Vater und mit seinem Recht. Es ist bemerkenswert, daß diese zweite Identifikation ihre Stärke und zugleich ihre vergebende Kraft erst im Kampf ausweisen muß, ehe sie von Jakob angenommen und damit wirklich wird.

Jakobs Wunsch, in den, allerdings von den natürlichen Bindungen gelösten, Bund zurückzukehren, können wir auch als Hoffnung oder Treue denken. Er lebt in der Ferne immer mit der Hoffnung, daß er eines Tages zurückkehren kann. Die Hoffnung ist es also, die ihn auf allen Stationen seines Wegs begleitet. Was sie bedeutet, wird aber erst am Jabok deutlich. Jakob erbittet von seinem Gegner den Segen: die Treue, die Hoffnung verbindet noch im Streit. Die Verletzung, der Schlag auf die Hüfte ist als „Sühnezeichen" Teil der Hoffnung und des wiederhergestellten Bundes.

Tafel II
Schema der jüdischen Erfahrung von Weg und Hoffnung

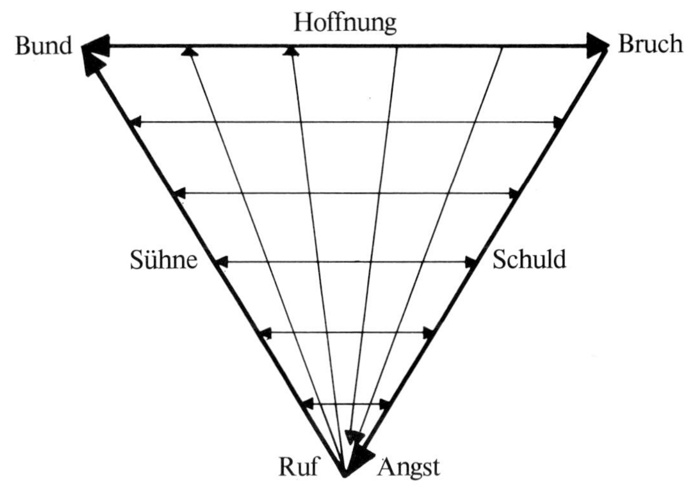

Tafel II zeigt die jüdische Erfahrung von Weg mit den drei Stationen der Abwendung und drei Stationen der Rückkehr, zeigt auch die Hoffnung, die die Bewegung des Abfalls vor dem Absturz ins Bodenlose bewahrt, zum Moment der Umkehr (des Wiederanstiegs) herüberzieht. Wie schon an Tafel I widerstreiten auch an Tafel II Fall- und Zugkräfte miteinander. An Tafel I stürzen die Fallkräfte von einem Zentrum fort, werden durch Zugkräfte aber in ihrer Bewegung zurückgehalten und auf eine Kreisfläche gleichmäßig verteilt, wobei umgekehrt die Fallkräfte den Zug zur Bogenlinie ausspannen und seine Erweiterung betreiben. An Tafel II stürzt eine Fallkraft ab, bis sie durch den korrespondierenden Zug an einen Punkt der Umkehr gebracht worden ist, an dem sich die Kraft in entgegengesetzter Richtung weiterentwickelt, bis sie die Ebene, von der sie ausgegangen ist, wieder erreicht.

Erst auf der Basis der jüdischen Erfahrung von Weg lassen sich die Begriffe verstehen, die die Verhältnisse der Teile der griechischen Kosmologie beschreiben. Was sich innerhalb des griechischen Begriffs von Welt originär denken läßt, ist das *Über-* die Grenzen hinaus, denn die Welt ist Ergebnis des Wechselspiels zwischen der Grenze und dem innerhalb der Grenzen nicht auflösbaren Rest, der die Bewegung über (metá, trans) die Grenzen hinaus veranlaßt. Was aber im Rahmen der griechischen Welt ungedacht bleibt, sind *-schreiten* und *-tragen,* also die Bewegung selbst, und mit ihr Erfahrung und Gefahr, Abgrund und Entscheidung. Das Überschreiten und Übertragen der Grenzlinie bedeutet immer einen Bruch der Beziehung, ist immer mit dem Gefühl der Schuld, das heißt der Erinnerung an die Sicherheit des eingegrenzten Bereichs, und immer mit dem Gefühl der Angst, das heißt der Erwartung des Absturzes ins Bodenlose verbunden. Der Ruf, den das Du in die Angst des Ichs hineinspricht, ist das Zeichen, daß der Absturz abgefangen ist: das Du akzeptiert die Übertragung, es nimmt das Angetragene an, und es unterstützt die Überschreitung, indem es gleichsam das anderweitig verlorene Gedächtnis der Grenze ist und die Beziehung von seiner Seite aus wiederherstellt.

Mit den jüdischen Texten steht es nicht anders als mit der griechischen Überlieferung. Sie müssen neu gelesen und neu, das heißt befreit von den dogmatischen Systematisierungen späterer Zeiten verstanden werden. Vielleicht besteht die Chance der Moderne darin, daß sie gelernt hat, die alten, archaischen Begriffe und Botschaften, auch die des Griechen- und Judentums ursprünglicher und tiefer zu verstehen, als es Katholizismus und Aufklärung möglich war. Wieviel mehr als die später eingeführten Titel (Genesis, Exodus, Leviticus, Numeri und Deuteronomium) sagen die hebräischen Überschriften der fünf Bücher Mose (also der Tora, deren älteste Textschichten vermutlich aus der zweiten Hälfte des 10. Jahrhunderts stammen, auf jeden Fall vor 721 entstanden sind), wenn man sie direkt übersetzt: „Im Anfang" – „Und dies sind die Namen" – „Und er rief" – „In der Wüste" – „Und dies sind die Worte". Es fällt auf, daß zwei Mal auf den Weg angespielt sein könnte, wenn nämlich vom Anfang die

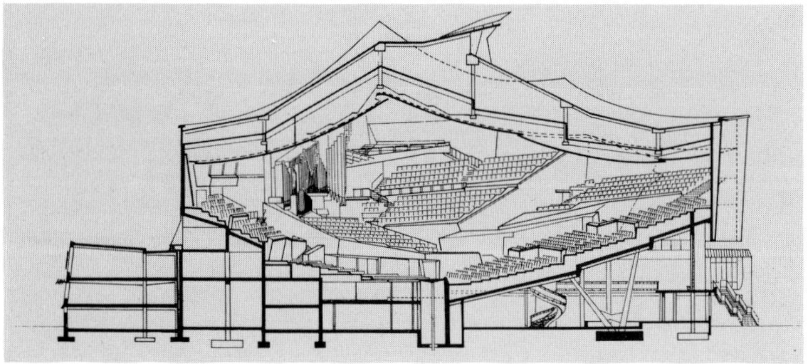

Hans Scharoun, Konzerthaus der Berliner Philharmoniker, 1956–63, Längsschnitt

Rede ist, den jeder Weg hat, und von der Wüste, durch die er führen kann. Und es fällt ferner auf, daß drei Mal vom Sprechen, darunter ein Mal stärker vom Ruf die Rede ist. Zwei Mal wird, wenn man die Anfangssätze des 3. und 4. Buches Mose vollständig liest, in einem *Zelt der Begegnung* gesprochen. Das „Zelt" ist das jüdische Gegenmotiv zum griechischen „Bau". Seine moderne Wiederholung finde ich in Hans Scharouns Berliner Konzertgebäude.

Tatsächlich fühlten sich die Israeliten, die ein Wandervolk waren, auf den Weg (hebr. dérek, ōrah) gerufen, gerufen von Jahwe, ihrem El (wir nennen ihn einen Gott, die Hebräer begegneten ihm auch in dem Abstrakt- und Intensitätsplural Elohim), führten sie auf ihren Wanderungen ein Zelt mit, das sakrale Funktion hatte, der Begegnung Jahwes mit seinem nābī' (wörtlich der Gerufene, wir würden ihn einen Propheten nennen) diente.

In den Zeiten des gebrochenen Bundes, der Schuld und Angst, die, wie schon nach Sündenfall und Vertreibung aus dem Garten Eden, Folgen des Bruchs sind, mutet Jahwe seinem Volk nicht nur das Bekenntnis der Schuld – was immer auch ein Eingestehen der Angst des Verlassenseins von Jahwe ist – und die Anstrengung der Sühne zu, sondern verheißt ihm auch einen Neuen Bund und späteres endgültiges Heil. Wenn der Mensch von der Bewährung im Glauben, von der Befolgung des Gesetzes und dem Vertrauen in die Heilsbotschaft abfällt, dann ruft Jahwe und der Gerufene, der Nabi wird den vom Weg abgekommenen Menschen erinnern: Ich habe dich erwählt in der Wüste, dich geweidet im Lande der Glut (Hos 13,5). Oder schärfer: Siehe, es kommen Tage, da sende ich einen Hunger ins Land, nicht Hunger nach Brot und nicht Durst nach Wasser, sondern das Wort Jahwes zu hören (Amos 8,11).
Ist die erste Erinnerung auf das bezogen, was der Mensch Jahwe schuldet, so die zweite auf die Angst, die sich einstellt, wenn er sich entzieht. Beide Erinnerungen sollen den Menschen veranlassen, umzukehren aus Selbstvergessenheit und Verfall an seine Umtriebe, rückzukehren zu dem Sinn, der gestiftet ist, Jahwe zu suchen (Hos 10,12 u. Amos 4). Denen, die umkehren, wird dann sogar endgültiges Heil verheißen. Das Bundes-Gesetz werde, wie Jeremia ankündigt, den Menschen in ihr Herz geschrieben, so sehr in ihrem Inneren verankert sein, daß Jahwe ihre Schuld verzeihen könne und ihrer Sünden nimmermehr zu gedenken brauche (Jer 31,31–34). Die Gemeinschaft der Menschen mit Gott (die vertikale Komponente des Bundes) und der Menschen untereinander (horizontale Komponente des Bundes) werde neu gestiftet und ihre Stadt, Jerusalem, werde als das Neue Jerusalem in alle Ewigkeit wiederaufgebaut (Jer 30,18–19 u. 31,38–40). Selbst in tiefster Bedrückung hat also der Mensch nach hebräischer Auffassung Grund, sich der Zukunft offenzuhalten.

An Ruf, Sühne und Bund und damit indirekt auch an Angst, Schuld und Bruch stoßen wir auf eine mit dem hebräischen Konzept des Wegs unmittelbar assoziierte Institution. Der Nabi, der Gerufene, ist der, durch den sich der Sinn als Lebensmitte und -ziel mitteilt. Gerufen wird der Nabi aber an heiligem Ort. Diesen Ort nennt schon Jakob, der nach Abraham dritte Patriarch, dem sich Jahwe eröffnet, bēt-'ēl (Bethel), Haus Gottes, nachdem ihm hier im Traum die Himmel und Erde verbindende Leiter erschienen ist (1 Mose 28,10–22). Später ist dann das Zelt, Ohel, das zu bauen Jahwe seinem Propheten Moses nach der Bundesschließung am Sinai befiehlt, tatsächlich der Ort, an dem er sich mit Moses von Angesicht zu Angesicht unterredet (2 Mose 33,11) von Mund zu Mund spricht (4 Mose 12,8). Das Hebräische nennt das Zelt, von dem berichtet wird, „Zelt der Begegnung" oder „der Vereinigung" oder „der Zusammenkunft". Eine andere Überlieferung nennt das Zelt auch „Wohnung von El" (2 Mose 25,8). Ausdrücklich steht die erste, antizipierende Erwähnung eines solchen heiligen Zelts, das Jakob an dem erwähnten Ort zu bauen verspricht, wenn Jahwe ihn auf seinem Weg beschütze, in Assoziation mit dem Gedanken, der wie gesagt für die mosaisch-jüdische Lebensform zentral war: dem Auf-dem-Weg-Sein des Menschen.
Jahwe aber ist der Sinn, der nie vollständig zutage liegt (wie es von der griechischen Welt gesagt werden kann). Vielleicht schon nach der Schöpfung, gewiß aber nach Sündenfall und Vertreibung hat sich Jahwe für den Blick des Menschen verborgen, hat, wie Salomo sagt, erklärt, im Dunkel wohnen zu wollen (1 Kön 8,12). Herb weist Amos den Menschen ab mit den Worten: Wehe euch, die ihr den Tag des Herrn herbeisehnt! Was soll euch denn der Tag des Herrn, er ist Finsternis und nicht Licht! (5,18) Und Jeremia läßt Jahwe wohnen: jenseits der unermeßlichen Himmel (31,37). Jahwe ist in sich ein Abgrund, den das Wissen nie erreichen wird, unerforschlich ist sein Ratschluß, unvorhersehbar sein Wille. Nüchtern: Solange wir auf dem Weg sind, gehen wir hoffend einem Ziel entgegen, aber solange wir das Ziel nicht erreicht haben, können wir nicht mit letzter Gewißheit sicher sein, uns nicht auf einen Abweg begeben zu haben. So ist das Zelt Ort der Begegnung mit Ungewissem und Unbestimmten, ist es der Ort, an dem sich der Sinn nicht nur einstellt, sondern auch entzieht.

Wissen wir, wie Hans Scharouns Konzertgebäude von der anderen Seite aussieht, wenn wir vor der einen stehen? Weil es keinen Modul gibt, gibt es auch keine Handhabe, Schlüsse über die Entwicklung des Baus zu ziehen. Überall bleibt etwas Unvorhersehbares, das sich erst dann zeigt, wenn der Bau, wie es Scharoun explizit verlangte, erfahren, durchgangen wird. Der Bau ist ein Zelt, anspielend damit auf den jüdischen Ursprung und die abendländische Tradition, die bis in den Expressionismus sich aus ihm abgeleitet hat. Das Zelt steht nicht nur an einem Weg, es ist auch in sich ein Weg, der uns zu einer Botschaft, der Tonkunst, leitet, die zu hören wir aufgefordert sind, und in der sich die Hoffnung beispielhaft ausspricht. Ist für die Galerie von Mies wie für den griechischen Naos der Blick von außen auf das Gebäude und im Inneren auf das Ausgestellte (und jede Ausstellung ist eine Veräußerlichung), auf das im wahrsten Sinn Sichtbare, nämlich auf die „Idee" das Entscheidende, so für das Konzertgebäude von Scharoun wie für das jüdische Zelt (Ohel) der Weg in das Innere und der dort, im Inneren stattfindende „Dialog" (und jedes Gespräch sucht eine Verinnerlichung). Ist dort Symmetrie und damit Maß, Regel und Begriff, so hier Asymmetrie, Zufall und die Notwendigkeit der Erfahrung. Ist dort alles vollendet und deshalb alles Sein vergangen, so hier an jeder Stelle die Möglichkeit, daß sich vor uns Neues eröffnet, die Möglichkeit zukünftigen Seins.

Tafel III
Vorläufige Andeutung über Zusammenhänge, die sich in kulturgeschichtlicher Entwicklung zwischen den neun kategorialen Abteilungen der Ausstellung ergeben könnten

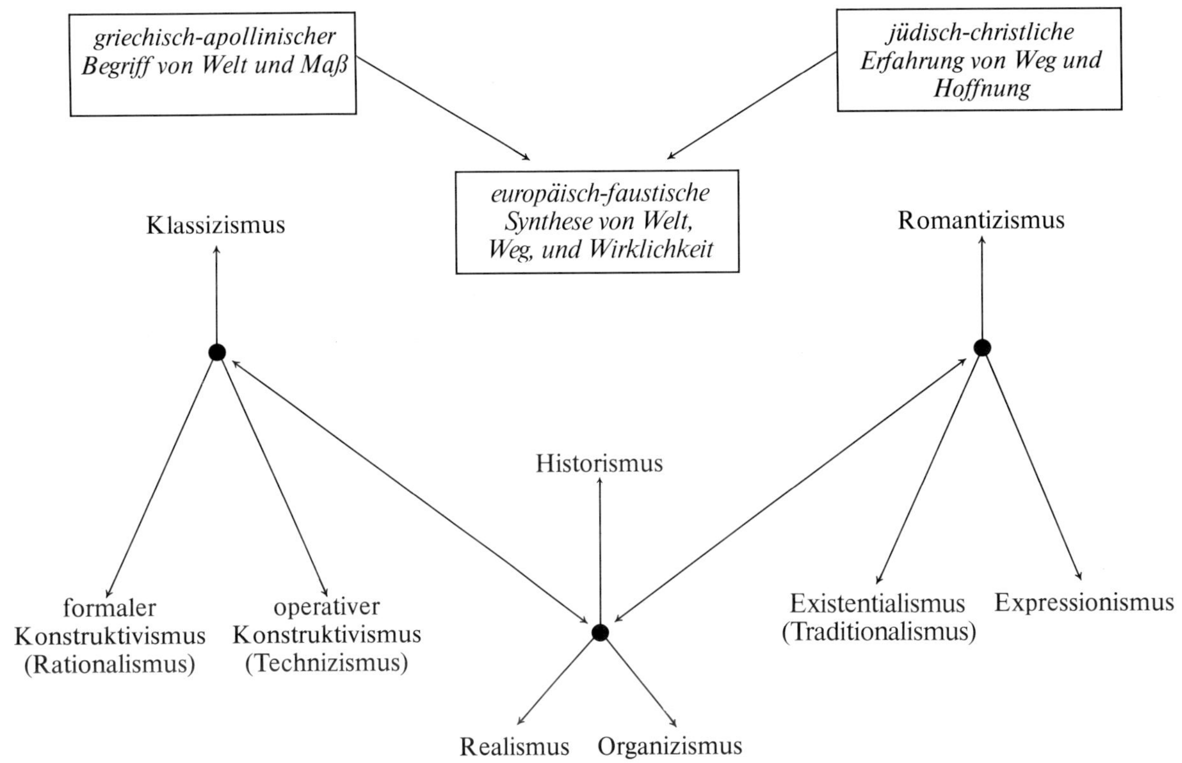

Übertragung und Überschreitung

Zwei Bauten, Sinnbilder zweier Traditionen, die in Europa weitergeführt worden sind und zu denen die Moderne nicht etwa den Kontakt verloren, die sie vielmehr neu und das heißt gelöst und vertieft durchdacht hat. In Hinsicht auf ihre Verwurzelung in der Tradition (oder den Traditionen, die in Europa und Amerika zusammengekommen sind), lassen sich die Einstellungs- und Entwicklungslinien moderner Kultur vielleicht zu drei Gruppen zusammenfassen: Klassizismus, formaler Konstruktivismus (was die Ausstellung „Rationalismus" nennt) und operativer Konstruktivismus (in der Ausstellung „Technizismus") beziehen sich auf den griechisch-apollinischen Ursprung Europas, der Klassizismus in zurückschauender Erinnerung an das Vorbild, die Konstruktivismen umgestaltend, transformierend, die Überlieferung in neuen Zeichen und neuer Abstraktheit entbindend. Romantizismus, Existentialismus („Traditionalismus") und Expressionismus beziehen sich auf den jüdisch-christlichen Ursprung, wobei der Romantizismus trauernd über das Verlorene zurückhört auf die alte Botschaft, die in Existenzerfahrung und expressiver Utopie neu durchlebt und schöpferisch befreit wird. Aber wie beziehen sich dann Historismus, Organizismus und Realismus auf die Geschichte?
Die Kultur Europas ist Beziehung des griechischen „Welt-Maßes" und des jüdischen „Hoffnungs-Wegs" auf ein drittes Motiv, durch das sich der Mensch das Sein alles Seienden erschließt: *Handlung und Werk.* Ein Motiv, das sich in Verbindung mit den beiden anderen als „Gottes Schöpfung" (im Katholizismus), innere „Entwicklung des Wissens" (in der Aufklärung) und als „Arbeit des in Raum und Zeit da-seienden Menschen" (in der Moderne) ausgelegt hat und immer noch auslegt. Historismus, amerikanischer Organizismus und Realismus sind auf diese Synthese bezogen, der Historismus eher regressiv (wie sich Viollet an den „Katholizismus", Semper als Architekt an die „Aufklärung" zurückwenden), Organizismus und Realismus mit deutlich revolutionärem Anspruch. Morton White konnte im Blick auf Jefferson, Emerson, Sullivan, Frank Lloyd Wright oder John Dewey mit Recht von einer „amerikanischen Revolution" und ihrer Philosophie sprechen, und der nach vorn gewandte Anspruch des Realismus steht seit Saint-Simon, Comte, Marx, Mill und Spencer außer Frage. Tafel III gibt eine Übersicht über Entstehung und Zusammenhang moderner Kultur.
Ging es in Aufklärung und Katholizismus um eine ein für alle Mal gültige „Verbindung" der drei Motive, drei Kernthemen von Kultur, so hat sich in der Moderne mehr und mehr eine Kraft des „Zufalls" (griechisch gedacht) und „Abfalls" (jüdisch gedacht) gezeigt, in der ver- und entbindende, be- und entgrenzende Motive miteinander spielen. Teils gehen die Themen in der Moderne neue „Synthesen" – ein Begriff, den die dem Spiel, der Spur und einer offenen Zukunft verpflichtete Moderne einklammern mußte – ein, teils lösen sie sich voneinander, teils werden sie in archaischer Pracht wiederholt. In solch archaischer Pracht wiederholt Mies ganz einseitig den griechisch-apollinischen „Zimmermanns Bau", Scharoun ebenso einseitig das jüdisch-christliche „Zelt der Begegnung". In diesen beiden Bauten, Galerie- und Konzertgebäude, haben sich also die Kernthemen, „Welt und Maß", „Weg und Hoffnung", voneinander gelöst. Die unvermittelte Axiomatik der Architektur Mies van der Rohes folgt der durch die Griechen, in abschließender systematischer

Hannah Arendt, The Human Condition, Chicago 1958. –, Vita activa oder Vom tätigen Leben, München u. Zürich 1983. Werner Blaser, Mies van der Rohe, Zürich 1980. Eckehard Janofske, Architektur-Räume, Idee und Gestalt bei Hans Scharoun, Braunschweig u. Wiesbaden 1984. Rudolf Kaehr, Einschreiben in die Zukunft, in: Dieter Hombach Ed., Zukunft als Gegenwart, Zeta 01, Berlin 1982. Michael Landmann, Ursprungsbild und Schöpfertat, Zum platonisch-biblischen Gespräch, München 1966. John O'Regan, Josef Paul Kleihues, Dublin 1983.

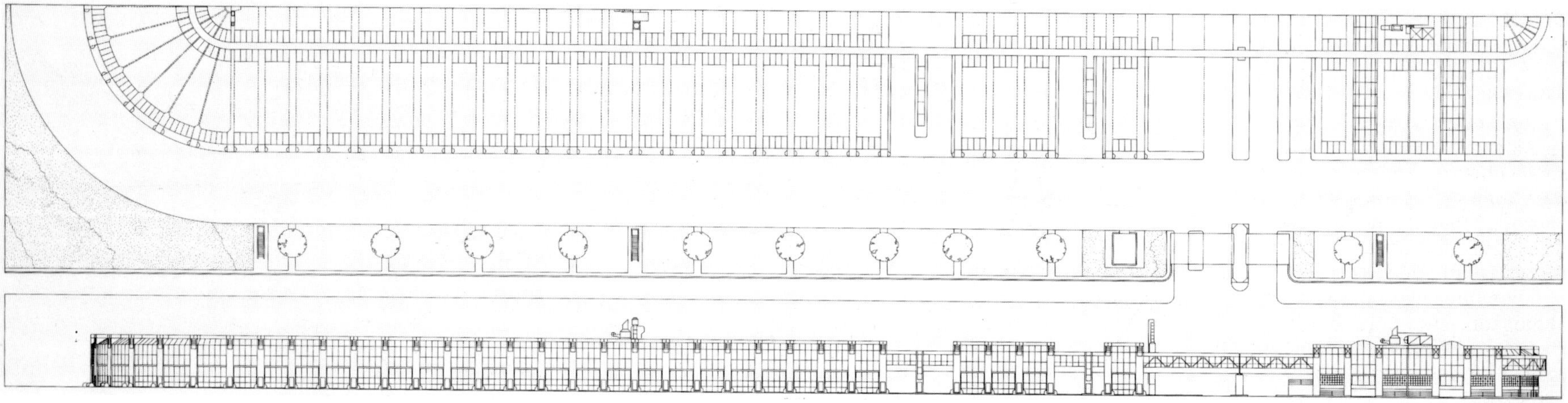

Josef Paul Kleihues, Hauptwerkstatt der Berliner Stadtreinigung, 1969–80, Dachaufsicht und Frontansicht

Formulierung durch Platon und Aristoteles, Iktinos und Euklid – um nur einige Namen beispielhaft zu erwähnen – begründeten Entwicklungslinie, deren Interesse klaren Beweiszusammenhängen und konstruktiven Ordnungen gilt. Vielleicht ist es kein Zufall, daß sich in seinem Schaffen die drei Gestaltungsmotive der ersten Kategoriengruppe kreuzen. Das klassische Motiv gibt der Architektur Mies van der Rohes gleichsam die Folie für eine schöpferische Emanzipation in Richtung auf den Konstruktivismus in seinen beiden Aspekten, dem formalen und dem operativen ab. Aber Klassizismus, formaler und operativer Konstruktivismus sind die drei Typen von moderner Gestaltung, die sich auf den apollinischen Begriff von Maß und Welt berufen.
In der Architektur Hans Scharouns finden sich dagegen primär die Motive der zweiten Gruppe: romantische Asymmetrie, die hier zugleich die Folie für eine schöpferische Bewegung in Richtung auf die Erfahrungen von Existenz und Ausdruck abgibt, die Motive also der jüdisch-christlichen Überlieferung von Weg und Hoffnung.
Ein drittes Modell von moderner Architektur wäre der Versuch, Welt und Maß, Weg und Hoffnung, Handlung und Werk allerdings nicht mehr zu einer endgültigen Synthese zu verbinden, aber in entwicklungsoffener Dialektik – und diese Dialektik werden wir „Metarchie" nennen – aufeinander zu beziehen. Die Geschichte der europäischen Synthese wäre der Hintergrund eines dritten Emanzipationsversuchs, der sich in Richtung auf eine organische Konstruktivität, oder realistisch unterkellerte Existenzerfahrung, bewegen würde. Wie immer auch die Konstellation ausfallen mag. Tatsächlich findet sich ein solcher Versuch in einem anderen Berliner Bau, im Werkstattgebäude, das Josef Paul Kleihues für die Berliner Stadtreinigung vorgeschlagen und errichtet hat.
„Katholische" und „aufgeklärte" Eindrücke – von Vorbildern kann man, wie mir scheint, in diesem Fall nicht sprechen und von „Historismus" nur in einem emanzipierten Sinn – machen sich im dreischiffigen Grundriß, am Wechselspiel von Stofflichkeit und Transparenz, der Einheit von organischer Konstruktivität und existentiell ausdrucksvollem Realismus bemerkbar. Dem „Realismus der Industriekultur" verpflichtet ist die Wahl der Materialien: Beton, Stahl, Glas, die Suche nach funktional sich entwickelndem (dem Betriebsablauf entsprechenden) Grund- und Aufriß und die eindeutige Geste, die der Bau an die sanitären Bedürfnisse der Gemeinschaft der Benutzer (oder müssen wir auch hier sagen: Bewohner?) wendet. Zur „organisch gegliederten Einheit", zum „kommunikativen Ensemble" schließen sich die einzelnen Baukörper und -funktionen zusammen.
Die Wahl des Grundrisses der Basilika, der in einem längst vergangenen kulturellen Kontext auf für uns nicht mehr verbindliche, nämlich religiöse Erfahrungen (Katholizismus) hin entworfen worden ist, ist in der Werkstatt kein Selbstzweck, sondern Antwort auf die Frage, wie sich eine Menge differenzierter, größtenteils handwerklich in kleinen Teams zu leistenden Reparatur-und Wartungsarbeiten unter einem Dach vollziehen lassen. Auf diesem historischen Grundriß lassen sich die differenten Werkstattleistungen (Schmier- und Reifendienst, Motor- und Getriebereparatur, Karosserie- und Lackierdienst) zum Ensemble ordnen, das die Abteilungen ebensosehr als autonom wie als Teile eines organischen Ganzen sehen läßt. Während das die autonomen Leistungsträger in einem Gesamtablauf vermassende Hallenkonzept nur einen Eingang für alle, nur einen Ablauf der Arbeit für alle (Fließbandprinzip) vorsieht, gibt das Ensemble, das organisch gegliederte Ganze, den einzelnen in den beiden Außenschiffen gelegenen Servicestationen individuelle Zugänge und Einsatzmöglichkeiten. Auch die großzügig eingerichteten Lichtdurchbrüche – zu ihnen gehört das verglaste Dach der Lehrwerkstatt – sind keine stilistischen Symbole, die sich zum historisierenden Selbstzweck verselbständigt hätten, obwohl sie ebenfalls an einen vergangenen kulturellen Kontext, nämlich eine radikal intellektive Begrifflichkeit (Aufklärung) erinnern. Neben der sanitären Einrichtung der Duschräume sind die Lichtverhältnisse in der Lehrwerkstatt, wie ich in Erfahrung bringen konnte, von den Benutzern ausdrücklich als Geste verstanden und akzeptiert worden. Auch in dieser Hinsicht ging es darum, auf faktisch bestehende, reale Notwendigkeiten eine Antwort zu finden.
Das Konzept der organisch gegliederten Einheit hat die gesamte europäische Geschichte hindurch eine Rolle gespielt, in der „Belehrten Unwissenheit" des Nikolaus von Kues beispielsweise, der die Welt als räumlich-zeitliche Explikation des Einen Gottes verstand, der „Monadologie" von Leibniz, der die Welt als Eine und doch auch als Ensemble selbständiger Substanzen, oder in

den „Tatsachen des Bewußtseins“ Fichtes, der das Wissen als Eines und doch auch distribuiert über eine Gesellschaft von Individuen dachte. Aber die Rekonstruktion der europäischen Synthese, die die Werkstatt versucht, ist von einer Stofflichkeit durchzogen und durchfallen, die allen Vorbildern fremd war, den katholischen wie den aufgeklärten. Mehr noch: die unschuldige Synthese (griechisch sýnthesis heißt die Zusammensetzung), die immer an eine letzte Geschlossenheit glaubte, ist in der Werkstatt umgedacht zur Met-archie, zu einem Miteinander der Anfänge und Ursprünge, das durch Überschreitung und Übertragung bestimmt wird.

Fragt man nach den spezifischen Eigenarten moderner Kultur, dann wird sich eine gewisse, mit der realistischen Bejahung der Stofflichkeit korrespondierende Archaik als Merkmal aufdrängen. Es war der Weg zurück von den religiösen und sublimierenden Verdrängungen, Verstellungen und Vergessenheiten, den die Modernen gegangen sind, um Welt und Maß, Weg und Hoffnung, Handlung und Werke aus den archaí, den Anfängen und Ursprüngen neu zu bestimmen. Zwischen Schinkels und Corinths Verständnis der griechischen und christlichen Thematik hat sich ein Epochenwechsel vollzogen, der gerade im Hinblick auf den gegenwärtig sich ausbreitenden regressiv-nostalgischen Klassizismus gar nicht deutlich genug herausgestellt werden kann: Schinkels sublimierende und an den Realitäten vorbei harmonisierende Sicht der griechischen Kultur – er teilt sie mit Winckelmann, Schiller, selbst Goethe und Hegel – ist bereits im post-klassischen 19. Jahrhundert durch die Philologen August Böckh, Johann Jakob Bachofen, Jacob Burckhardt und Friedrich Nietzsche widerlegt worden. Analoger Kritik sah sich auch die verharmlosende Beurteilung der christlichen Überlieferung ausgesetzt. Die Theologen Ferdinand Christian Baur, David Friedrich Strauß, Ludwig Feuerbach und Ernest Renan begannen die faktischen Brüche und Kämpfe zu sehen, die bereits das Geschehen in der frühchristlichen Gemeinde charakterisiert hatten. „Apollon“ und „Christus“, „Welt und Maß“, „Weg und Hoffnung“ und „Handlung und Wirklichkeit“ als Phänomene des Kampfs um Macht, als Phänomene der stofflichen und triebhaften Existenz? Tatsächlich hat das moderne Denken die archaische Basis, die stofflichen, triebhaften und machtvollen Gegebenheiten der menschlichen Kultur wiederentdeckt und nachgewiesen, daß sie auch im Untergrund noch der sublimiertesten Kulturstufen aktiv sind. In Konstruktivismus und Expressionismus (oder Industrialismus und Existentialismus) hat die Moderne die Grenzen, die die klassisch-romantische, auf einem System von Verdrängungen beruhende Kultur konstituieren, klar überschritten und den Überschuß des Triebs über die Rationalisierungen des grenzziehenden Wissens der Erfahrung wieder zugänglich gemacht. Aus dieser existentiellen wie auch konstruktiven Archaik heraus – deren Beginn bei Goya, Gilly und Hölderlin gesucht werden kann – eröffnet die Werkstatt die Umarbeitung der Synthese (der europäischen Synthese von Weg, Welt, Werk usw.) zur Metarchie.

Der Werkstatt liegt ein konstruktiver Modul zugrunde, ein konstruktives Maß; das verbindet es mit Mies van der Rohes Galeriegebäude und unterscheidet es von Scharouns Konzerthaus. Die Werkstatt wird erschlossen durch einen Weg, der als existentielle Symbolik durchgeführt ist; das verbindet sie mit dem Konzerthaus und unterscheidet sie von der Galerie. Schon der Bruch im Ablauf der Front, in den die Aufgänge als schmale, schmerzhaft empfindbar enge Aufwege frei eingesetzt sind, muß betroffen machen. Was hier beansprucht wird, ist ein „Existential“: Geworfensein, in die Angst. Innen Enge, außen Bruch, beides noch gesteigert durch den unverputzten und vorgefertigten Beton und dadurch, daß gerade hier, mit Bruch und Enge also, der Weg in das Obergeschoß des Gebäudes beginnt. Auch innen bleibt das Gefühl des Geworfenseins oder Betroffenseins (Heidegger, Jaspers) Begleiter auf dem Umlauf, der das Gebäude im ersten Stock durchzieht. Es handelt sich nicht um Dramatik oder spektakuläre Inszenierung, sondern um die Darstellung derjenigen Momente, die sich mit der jüdischen und modernen Erfahrung von Weg verbinden, auf zurückhaltende, in ein Ganzes eingebundene und wohl gerade deshalb – ähnlich wie auf den Bildern von Goya oder Baselitz – mitnehmende Weise. Es handelt sich um das Wagnis, Architektur als Weg und das heißt immer als Existenz, als Aus-stand aus der natürlichen Mitte des Seins in stoffiger Anfänglichkeit zu denken. Dieser spannungsvolle Bezug von Stoffigkeit und Existenz oder Ausdruck ist Scharoun noch nicht verfügbar gewesen. Bezeichnend ist, daß der die Stoffigkeit freigebende Beton von Scharoun verkleidet, das Zelt zum Festzelt tabuisiert wurde. „Stoffig“, erinnernd an Stoff, ist die überschrittene, als Metapher zeichenhaft gebrauchte Stofflichkeit. Dies nur als ein Beispiel dafür, wie sich die Begriffe in der Metarchie und durch die in ihr wirksame Arbeit des „metá“, des „über-“ und des „-schreiten“ und „-tragen“ wandeln. – Wie die Bewohner der Werkstatt – wenn ich während meines Rundgangs durch den Bau, eingewiesen durch einen der im Schmierdienst arbeitenden Monteure, recht verstanden habe – das mit dem Weg verbundene Moment der Unausweichlichkeit und des Beanspruchtseins verspüren, so auch die Bedeutung der Orte, an denen sich Bund und Vergemeinschaftung ereignen: Duschräume (durchgängig gefliest) und Lehrwerkstatt (Dach verglast) oder Leitstand mit Blick auf das Geschehen zumindest des einen Außenschiffs und Rohrpostverbindung mit allen Abteilungen. Die archaische Kompromißlosigkeit, mit der das Maß dieser Werkstatt-Welt durch-wegt wird, verbindet den Bau eher mit dem mosaischen Judentum und dem modernen Existentialismus als mit dem romantischen Schinkel.

Aber die Vermittlung hat zwei Seiten: *Durchwegung des Maßes – Vermaßung des Wegs*. Denn das, was mit dem Weg erfahren wird, sind nicht nur die Momente der Existenz, die wir nie ohne Rest begreifen können und denen wir dennoch ständig ausgesetzt sind, sondern auch der Bau, soweit er eine Welt ist und ein Maß hat. Der Rhythmus des Wechsels von Pfeilern und Toren, der Gliederungen des Moduls, ist das begrifflich-konstruktive Gegenspiel zur existentiellen Erfahrung, in die der Bau das Wohnen und Nutzen freiläßt. Auch am Modul zeigt sich die Archaik, die hinter Schinkel – in dieser Hinsicht ist der klassische Schinkel gemeint – zurück und über ihn hinaus geht: einfach und unverstellt durchzieht der Modul den Bau, wiederholt sich von Station zu Station mit Abwandlungen, die das System an keiner Stelle sprengen, sondern aus der Menge der kombinatorisch legitimen Modifikationen entnommen sind. Ein Modul bedeutet soviel wie Rationalisierung: er setzt Grenzen, er überhöht die ästhetischen, praktischen und poetischen Aspekte der gebauten Welt durch eine strenge Theorie, eine Ethik und eine Technik. Der Modul zeigt das an, was der Intellekt vorhersehen und vorausberechnen (Theorie), was er beherrschen und das heißt auf ein stabiles Gleichgewicht hin aussteuern (Ethik), und was er handhaben und

Lovis Corinth, Das Trojanische Pferd, 1924

kunstvoll einrichten kann (Technik). Der Modul, das griechische Maß, ist die Sphäre – und in Hinsicht auf Mies van der Rohe muß man sagen: der Traum – vollständiger Rationalität, und das heißt Ableitbarkeit aller Form aus einigen wenigen durch sich selbst einsichtigen Axiomen und Elementen (Grundsätzen). Zum Traum wird diese Sphäre, wenn sie verabsolutiert, wenn angenommen wird, daß das Sein insgesamt „Intelligenz", auf letzte durch sich selbst „einsichtige" Gründe hin durchschaubar sei, wenn die „Existenz", in der wir dem Unvorhersehbaren „ausgesetzt" sind, verleugnet wird.

An dieser existentiellen Sphäre, die sich mit der Erfahrung des Wegs einstellt, bricht sich der Modul, das Maß der Werkstatt. Aber auch umgekehrt: am Begriff des Maßes und der Welt (das heißt der rational organisierten Ganzheit) fängt sich der Weg und die mit ihm verbundene Hoffnung.

Auf eine für uns noch schwer zu denkende Weise sind also in der Werkstatt Maß und Weg, Welt und Hoffnung, Konstruktivität und Existenz, Begriff und Erfahrung, Analysis (der Modul) und Symbolik (das Schiff) miteinander vermittelt, erschließen und eröffnen sie den Kontext von Arbeit (es ist eine Werkstatt, kein Galerie- und kein Konzertgebäude).

Ein letzter Blick: Was will man in der Entwicklung der Fassade sehen? Eine „griechische" Säulenfolge – aber eine Säulenfolge, deren Architrav sich bis zur Unkenntlichkeit zurücknimmt? Ein „jüdisches" Gestänge, in das das rauchig-stoffige Glas wie Zelttuch eingehängt ist – aber ein Gestänge, das sich aus den Seiten des Zelts herausstellt?

Lovis Corinth, Ecce homo, 1925

Rückkehr als Überschreitung und Übertragung

Die Antwort läßt sich nicht in einer eindeutigen Zuschreibung finden. Der Bau ist ebensosehr klassisch wie romantisch, konstruktiv wie expressiv orientiert. Er signalisiert den Augenblick des Scheiterns aller einfachen Kategorisierungen, Zuweisungen zu einer Abstraktionsklasse.
Dieser Augenblick ist die Eröffnung des Meta-, das heißt der „Bewegung" und „Verweltlichung", die es uns ermöglicht, das Kästchen-System der Typen oder Kategorien (Historismus, Klassizismus, Romantizismus. . .) in ein Spiel von Übertragungen und Überschreitungen zu entbinden. Das „metá-" benötigt keinen besonderen Ort. Es ist die Be-weg-ung, die die Stellen, an denen die neun Typen oder Kategorien plaziert sind, überschreitet und ihre Charakteristiken aufeinander überträgt. Diese Bewegung ist zugleich die Ver-welt-lichung der in die Sublimation herausgehobenen Stellen, ist, mit anderen Worten, Zusammenspannen der Stellen, Typen, Kategorien zu einer Welt. In der Ausstellung bezeichnen heraufführende Treppe und Übergang auf einem Gerüst über die Stellen, die die Exponate bergen, hinweg die Möglichkeit der Überschreitung, bezeichnen herabführende Treppe und die Durchblicke, genauer die Wechsel von Bindung und Entbindung des Blicks die Möglichkeit der Übertragung. Der Schauplatz wird zum „Mundeaneum", insofern sich dem, der die Bewegung vollzieht und die Möglichkeit der Überschreitung und Übertragung Wirk-lichkeit werden läßt, eine Verweltlichung ereignet. Ein Sinn von Ausstellung, der den Akzent nicht allein auf das Dahingestelltsein, sondern zugleich auf das Herausgerücktsein legen würde, kündigt sich damit an.
Das Spiel der Überschreitungen und Übertragungen wird nie abschließbar sein: denn immer ist ein Modul, ein Maß, eine erschlossene Welt Entwurf, der sich nie vollständig in der Erfahrung der Existenz bestätigen läßt, und immer verlangen die Stationen des Wegs mit der ihnen vorlaufenden Hoffnung Entscheidungen, deren Folgen der konstruktive Intellekt nicht vollkommen übersehen kann. Jede Seite behält einen Rest, einen Überschuß, den die andere nicht an sich zu binden vermag. Und weil beide Seiten einen Rest, einen Überschuß behalten, ist das Spiel der Übertragungen und Überschreitungen unabschließbar.
Der Schein (das Ästhetische), den die Werkstatt für ein Bewußtsein erzeugt, das in der Sublimation stecken geblieben ist, der Schein nämlich klassischer Geschlossenheit ist die Irritation, die Verführung und damit eine Art von Prüfung, der sich die Kritik ausgesetzt sieht. Nur im Horizont der jüdischen Erfahrung von Weg kann man – wie es Kierkegaard bereits tat – das Ästhetische als Prüfung verstehen. Und erst die lang durchgehaltene Beschäftigung mit dem Gebäude und die mit dem Schmerz von Versagung einhergehende Lösung von der „Sucht" (Gottfried Benn) nach eindeutiger Identifikation kann hier, wie überall, Wahrheit finden.
Erst im Widerstand gegen den Schein stellt sich Wahrheit ein, zeigt sich, daß der Schein (das Ästhetische) nur ein Moment des Seins ist. Die Dekonstruktion des Scheins ist die Dekonstruktion der narzißtischen Vereinnahmung und, positiv gesagt, die Freisetzung der ver-mittelnden Überschreitungen und Übertragungen, in die der durchgehaltene Widerstand mündet. An die Stelle der Archi-tektur – das heißt der ersten und ursprünglichen Kunst, die ihrerseits nur einen Ursprung und Anfang hat – tritt das Miteinander der archaí: die Met-archie. Die Metarchie ist das Zugleich (im räumlichen wie im zeitlichen Sinn) von Bewegung und Verweltlichung. An ihr lösen sich die Fixierungen der neun Archi-tekturen, die den sich dem Schmerz und dem Spiel des Ab- und Zufalls in der Beziehung versagenden Traum des Einen Ursprungs und Anfangs träumten. Sie eröffnet das zufällige Spiel der Übertragungen und Überschreitungen der Archai, der Ursprünge und Anfänge, eröffnet aber auch den Schmerz des Scheiterns der Übertragungs- und Überschreitungsversuche, den Schmerz des Abfalls, Spiel und Schmerz, die der Beziehung erst ihre Spannung geben. So wagt die Met-archie der Werkstatt das, was sie von uns verlangt: die schmerzhafte und dennoch, im Schmerz, spielerisch entbindende Arbeit mit (metá) den Anfängen und über (metá) sie hinaus, Arbeit, die der Traum des Einen Ursprungs verdrängt, verstellt und am Ende vergessen hat.

Mittag

Es war Mittag. Zwei Männer gingen über den Platz, dessen Stille nur durch einige orangefarbene Fahrzeuge unterbrochen wurde, die an der Umzäumung geparkt waren. Gleißend stand die Sonne über dem Bau, der den Platz erst zum Platz machte, legte ein Flimmern an seine Kanten und Stangen. Ein Schwarm Spatzen flog herüber und machte sich an den silbrigen Fahrzeugaufbauten zu schaffen. Der Platz wartete – welcher Weg würde ihn kreuzen? Der Bau verschwendete sich – mit welchem Maß sollte er gemessen werden? Drei, vier Hunde lagen faul am oberen Ende, wo der Bau, in dessen Gestänge Glasflächen wie Tücher eingehängt waren, seinen Bogen nahm. Die beiden Männer gingen weiter, um den Bogen herum. Der eine hatte darüber nachgedacht, wie ein Bau errichtet wird. Der andere hatte sich überlegt, daß ein Zelt aufgeschlagen wird. Plötzlich blieben sie stehen, wandten sich einander zu und sahen sich lange Zeit an.

Abbildungen:
Markus Lüpertz, Standbein-Spielbein Mitte, 1982, Öl auf Leinwand, 380 x 140 cm; Galerie Michael Werner Köln u. Zeitgeist, Internationale Kunstausstellung Berlin 1982. Katalog Markus Lüpertz, Standbein-Spielbein Links, 1982, Öl auf Leinwand, 380 x 140 cm; Galerie Michael Werner Köln u. Zeitgeist, Internationale Kunstausstellung Berlin 1982, Katalog. Ludwig Mies van der Rohe, Neue Nationalgalerie Berlin, 1962–68, Frontausschnitt; Kunstbibliothek Berlin. Georg Baselitz, Nach mit Hund, 29.8.1982, Öl auf Leinwand, 250 x 250 cm; Galerie Neuendorf Hamburg u. Zeitgeist, Internationale Kunstausstellung Berlin 1982, Katalog. Hans Scharoun, Konzerthaus der Berliner Philharmoniker, 1956–63, Längsschnitt; Akademie der Künste Berlin. Lovis Corinth, Das Trojanische Pferd, 1924, Öl auf Leinwand, 105 x 135 cm; Neue Nationalgalerie Berlin. Lovis Corinth, Ecce homo, 1925, Öl auf Leinwand, 190,5 x 150 cm; Kunstmuseum Basel. Josef Paul Kleihues, Hauptwerkstatt der Berliner Stadtreinigung, 1969–80, Dachaufsicht und Frontansicht; Büro des Architekten, Berlin.

Anhang

Die Realisierung der Ausstellung haben mit Hilfsbereitschaft und Engagement unterstützt:

Belgien
Françoise Dierkens, Fonds Victor Horta, Brüssel
Anne Van Loo, Archives d'Architecture Moderne, Brüssel

Berlin
Heiner Bastian
Eckart Berckenhagen, Kunstbibliothek, Staatliche Museen Preußischer Kulturbesitz
Bezirksamt Neukölln von Berlin
Bezirksamt Tiergarten von Berlin
Henning Bock, Gemäldegalerie, Staatliche Museen Preußischer Kulturbesitz
Theo Böll, Kunstbibliothek, Staatliche Museen Preußischer Kulturbesitz
Tilo Brandis, Staatsbibliothek Preußischer Kulturbesitz
Ursula Braunschweig, Bibliographische Information der Universitätsbibliothek der Freien Universität Berlin
Alexander Dückers, Kupferstichkabinett, Staatliche Museen Preußischer Kulturbesitz
Rudolf Elvers, Staatsbibliothek Preußischer Kulturbesitz
Waltraud Fabian, Bibliothek der Abteilung Kommunikations- und Geschichtswissenschaften der Technischen Universität Berlin
Elisabet Foerder, geb. Goesch
Inez Franzken, Modus
Janos Frecot, Berlinische Galerie
Lucius Grisebach, Nationalgalerie, Staatliche Museen Preußischer Kulturbesitz
Peter Hahn, Bauhaus-Archiv
Gisela Herdt, Staatsbibliothek Preußischer Kulturbesitz
Wolfgang Hoffmann
Dieter Honisch, Nationalgalerie, Staatliche Museen Preußischer Kulturbesitz
Josef Paul Kleihues
Frau Klein, Bildarchiv Preußischer Kulturbesitz
Peter Krieger, Nationalgalerie, Staatliche Museen Preußischer Kulturbesitz
Herr Magdowski, Stiftung Deutsche Kinemathek
Regina Mahlke, Staatsbibliothek Preußischer Kulturbesitz
Dieter Radicke, Plansammlung der Technischen Universität Berlin
Hans J. Reichhardt, Landesarchiv Berlin
Hans Reuther, Institut für Architektur- und Stadtgeschichte, Technische Universität Berlin
Renate Rock, Bibliographische Information der Universitätsbibliothek der Freien Universität Berlin
Henning Rogge
Eberhard Roters, Berlinische Galerie
Wieland Schmied
Sinan Seyrek
Helmut Sonntag, Universitätsbibliothek der Technischen Universität Berlin
Werner Sudendorf, Stiftung Deutsche Kinemathek
Achim Wendschuh, Akademie der Künste
Hermann Wiesler

Nachtrag Berlin
Karla Bilz, Bibliothek des Museums für Völkerkunde Preußischer Kulturbesitz
Janina Fischbach, Verwaltungsbücherei des Bezirksamts Charlottenburg von Berlin
Ingo Hoepner, Zentralbibliothek der AEG-Telefunken AG Berlin
Jörg Jacoby, Benutzerabteilung der Staatsbibliothek Preußischer Kulturbesitz
Zoltán Károly, Bibliographische Information der Staatsbibliothek Preußischer Kulturbesitz
Peter Liebenow, Amerika-Gedenkbibliothek Berlin
Werner Ruddigkeit, Abteilung Architektur der Bibliothek der Technischen Universität Berlin
Barbara Tiemann, Bibliothek der Hochschule der Künste Berlin
Verkehrsamt, Berlin

Bundesrepublik Deutschland
Günter Behnisch, Stuttgart
Gisela Fiedler-Bender, Pfalzgalerie, Kaiserslautern
Peter Beye, Staatsgalerie Stuttgart
Heiner Blum, Frankfurt/Main
Achim Bruchhäuser, Tecta Möbel, Lauenförde
Tilmann Buddensieg, Bonn
Volker Fischer, Deutsches Architekturmuseum, Frankfurt/Main
Frankfurter Allgemeine Zeitung, Magazin, Frankfurt/Main
Ulrike Gauß, Staatsgalerie Stuttgart
Hans Werner Grohn, Niedersächsisches Landesmuseum, Hannover
Julian Heynen, Kaiser Wilhelm Museum, Krefeld
Herr Hochbrügge, VEGLA Vereinigte Glaswerke, Aachen
Werner Hofmann, Kunsthalle Hamburg
Herr Hoferichter, Stadtarchiv Darmstadt im Hessischen Staatsarchiv
Hanna Hohl, Kunsthalle Hamburg
Italienisches Institut für Außenhandel, Berlin und Düsseldorf
Petra Kipphoff von Huene, Hamburg
Frau Jentzsch, Chilehaus-Verwaltung, Hamburg
Susanne Klingeberg, geb. Hablik, Itzehoe
Heinrich Klotz, Deutsches Architekturmuseum, Frankfurt/Main
Marlene Charlotte Krüger, geb. Poelzig, Hamburg
Herr Massau, Baurechtsamt Stuttgart
Karin Frank-v. Maur, Staatsgalerie Stuttgart
Winfried Nerdinger, Architektursammlung, Technische Universität München
Frei Otto, Stuttgart
Jürgen Paul, Tübingen
Werner Schäfke, Kölnisches Stadtmuseum
Bernd Schälicke, Niedersächsisches Landesmuseum, Hannover
Gisela Scheffler, Staatliche Graphische Sammlung München
Elisabeth Schmitthenner, München
Hans-Peter Schwarz, Deutsches Architekturmuseum, Frankfurt/Main
Christoph Stölzl, Münchner Stadtmuseum
Wolfgang Stolte, Pfalzgalerie, Kaiserslautern
Giusy Timpanaro, Köln
Oswald Mathias Ungers, Köln
Veuve Clicquot Import GmbH/Christiansen & Partner, Wiesbaden, Rainer Kranich
Herr Wessel, Archiv der Mannesmann AG, Düsseldorf
Friedrich Winter, ICF, Frankfurt/Main
Raimund Wünsche, Staatliche Antikensammlungen und Glyptothek, München
Herr Zier, Generallandesarchiv Karlsruhe

Dänemark
Lisbet Balslev Jørgensen, Samlingen af Arkitekturtegninger, Kunstakademiets Bibliotek, Kopenhagen

Finnland
Kristiina Nivari, Museum of Finnish Architecture, Helsinki

Frankreich
Roseline Bacou, Musée du Louvre, Cabinet des Dessins, Paris
Madame Beaumont, Bibliothèque Nationale, Cabinet des Estampes, Paris
Jean Louis Cohen, Paris

Maurice Culot, Institut Français d'Architecture, Paris
Gilbert Dumas, Académie d'Architecture, Paris
Christian Dupavillon, Ministère de la Culture, Paris
Madame Gestase, Bibliothèque Nationale, Cabinet des Estampes, Paris
Annie Jacques, École nationale supérieure des Beaux-Arts, Paris
Johanna Lohse, Atelier Piano, Paris
Madame A. Lotte, Centre de Recherches sur les Monuments Historiques, Paris
Michel Maucuer, Musée Carnavalet, Paris
André Miquel, Bibliothèque Nationale, Paris
Bernard de Montgolfier, Musée Carnavalet, Paris
Renzo Piano, Paris,
Henri Poupée, Conservatoire national des Arts et Métiers, Paris
Jean Saurel, Conservatoire national des Arts et Métiers, Paris
Evelyne Trehin, Fondation Le Corbusier, Paris
François Wehrlin, École nationale supérieure des Beaux-Arts, Paris

Großbritannien
Doug Clelland, London
Caroline Dudley, The Royal Pavilion, Art Gallery and Museums, Brighton
Mrs. and Mr. E. Estorick, London
Foster Associates, London
St. John Gore, The National Trust for Places of Historic Interest or Natural Beauty, London
Michael Kauffmann, Victoria & Albert Museum, London
Roger Kemp, Ove Arup + Partners, London
Leon Krier, London
John H. Morley, The Royal Pavilion, Art Gallery and Museums, Brighton
Anthony d'Offay Gallery, London
Jane Preger, The British Architectural Library, Drawings Collection, Royal Institute of British Architects, London
Pamela Robertson, Hunterian Art Gallery, University of Glasgow, Mackintosh Collection
Piers Rodgers, Royal Academy of Arts, London
Norman Rosenthal, Royal Academy of Arts, London

Italien
Paride Accetti, Mailand
Guido Aghina, Comune di Milano, Assessorato alla Cultura
Sandro Angelini, Bergamo
Carlo Aymonino, Rom
Nicola Di Battista, Mailand
Lodovico Barbiano di Belgiojoso, Studio BBPR, Mailand
Antonino Caleca, Gabinetto Disegni e Stampe, Università degli Studi di Pisa
Guido Canella, Mailand
Luciano Caramel, Como
Anna Casati, Cassina, Mailand
Famiglia Fiorentino, Rom
Volfango Frankl, Rom
Signora Garberi, Civiche Raccolte d'Arte, Gabinetto dei Disegni, Mailand
Ignazio Gardella, Mailand
Giorgio Grassi, Mailand
Vittorio Gregotti, Mailand
Claudio D'Amato Guerrieri, Rom
Adriana Guerriero, Studio Alchimia, Mailand
Gufram, Turin
Paola Libera, Rom
Signor Licari, Molteni, Mailand
Piero Carlo Lingeri, Mailand
Marco Luci, Rom
Mario Lupano, Biblioteca Centrale, Facoltá di Architettura, Florenz
Giulio Macchi, Rom
Angelo Mangiarotti, Mailand
Famiglia Marchi, Rom
Franca Marsure, Mailand
Marco De Michelis, Venedig
Lorenzo Muzio, Mailand
Carlo Nicolai, Comune di Pistoia, Centro Michelucci
Mario Oliveri, Studio Nizzoli, Mailand
Luisa Orioli, Fondazione Carlo Levi, Rom
Alfredo Passeri, Rom
Luciano Patetta, Mailand
Raffaella Poletti, Biblioteca Centrale, Facoltá di Architettura, Politecnico di Milano
Gino Pollini, Studio Figini-Pollini, Mailand
Paolo Portoghesi, Rom
Ludovico Quaroni, Rom
Mario Ridolfi, Marmore
Simona Riva, Centro Studi e Archivio della Comunicazione, Università degli Studi di Parma
Aldo Rossi, Mailand
Claudio Bruni Sakraischik, Fondazione Giorgio de Chirico, Rom
Manfredo Tafuri, Rom
Emilio Terragni, Como
Signora Tosi, Comune di Pistoia, Centro Michelucci

Japan
Kisho Kurokawa, Tokio

Niederlande
Dick van Woerkom, Nederlands Documentatiecentrum voor de Bouwkunst, Amsterdam

Norwegen
Elisabeth Seip, Norske Arkitekturmuseum, Oslo

Österreich
Frau Holzmeister, Salzburg
Walter Koschatzky, Graphische Sammlung Albertina, Wien
Magistrat der Stadt Wien
Franz Patzer, Magistratsabteilung 9, Wiener Stadt- und Landesbibliothek
Gustav Peichl, Wien
Erich Plaim, Österreichische Galerie, Wien
Robert Waißenberger, Magistratsabteilung 10, Museen der Stadt Wien
Doris Weissenberger, Salzburg

Schweiz
Dorothea Goesch-Ammann, Zürich
Sigrid Barten, Museum Bellerive, Zürich
Claudia Colombini, Archiv für Moderne Schweizer Architektur, Institut für Geschichte und Theorie der Architektur, Eidgenössische Technische Hochschule, Zürich
Beat Glaus, Bibliothek der Eidgenössischen Technischen Hochschule, Zürich
Jacques Gubler, Lausanne
Reinhard Hohl, Graphische Sammlung der Eidgenössischen Technischen Hochschule, Zürich
Herr W. Kumm, Allgemeine Anthroposophische Gesellschaft, Dornach
Alberto Sartoris, Cossonay Ville
Hubert Sigros, Departement des Travaux Publics du Canton de Vaud, Archives de la cathédrale de Lausanne
Martin Steinmann, Zürich

Spanien
Juan Bassegoda Nonell, Cátedra Gaudi, Universidad Politécnica de Barcelona

Vereinigte Staaten von Amerika
Pierre Apraxine, Gilman Paper Company Collection, New York
Joseph A. Bedway, Albert Kahn Association, Detroit, Michigan
Julia Moore Converse, Louis I. Kahn Collection, University of Pennsylvania, Philadelphia

Arthur Drexler, Museum of Modern Art, New York
Peter Eisenman, New York
Eleanor M. Garvey, The Houghton Library, Harvard University, Cambridge, Massachusetts
David Gebhard, University Art Museum, University of California, Santa Barbara
Frank O. Gehry, Venice, California
Robert Arthur Harman, The Pennsylvania Academy of the Fine Arts, Philadelphia
Barbara Jakobson, New York
Philip Johnson, New York
David G. De Long, The Graduate School of Architecture and Planning, Columbia University, New York
Richard Meier, New York
Janet Parks, Avery Architectural Library, Columbia University, New York
Max Protetch, New York
Jaquelin T. Robertson, Charlottsville, Virginia

Liste der ausgestellten Architekturzeichnungen, Architekturmodelle, Gemälde, Graphiken und Photographien

Raimund Abraham: Haus mit Vorhängen, 1972. Signiert, datiert. Bleistift und Buntstift auf Papier. 91,4 x 143,5. Gilman Paper Company Collection, New York. Inv.-Nr. AR 76.112.

Robert Adam: Shardeloes House, Buckinghamshire, Grundriß und Ansicht, 1761. Federzeichnung. 100 x 70. British Architectural Library Drawings Collection, London. Inv.-Nr. E 4/2 (4).

Robert Adam: Shardeloes House, Buckinghamshire, Ansicht, 1761. Signiert, datiert. Federzeichnung, laviert. 30 x 60. British Architectural Library Drawings Collection, London. Inv.-Nr. E 4/2 (6).

Robert Adam: Culzean Castle, Deckendekor, um 1785. Federzeichnung, laviert. 60 x 60. British Architectural Library Drawings Collection, London. Inv.-Nr. K 12/5.

Erik Gunnar Asplund: Skandia-Kino, Stockholm, Ansicht, 1923. Signiert, datiert. Tusche auf Papier. 78,7 x 54,3. Max Protetch Gallery, New York. Inv.-Nr. GA 84 007.

Erik Gunnar Asplund: Skandia-Kino, Stockholm, Ansicht, Vorhang, 1923. Signiert, datiert. Tusche auf Papier. 78,7 x 54,3. Max Protetch Gallery, New York. Inv.-Nr. GA 84 008.

Erik Gunnar Asplund: Skandia-Kino, Stockholm (1922-1923), Fassadenstudie. Kohle und Buntstift auf Transparentpapier. 61 x 53,3. Max Protetch Gallery, New York. Inv.-Nr. GA 84 003.

Erik Gunnar Asplund: Skandia-Kino, Stockholm, Grundriß des Ergeschosses, 1923. Signiert, datiert. Tusche auf Papier. 55,3 x 47,5. Max Protetch Gallery, New York. Inv.-Nr. GA 84 005.

Erik Gunnar Asplund: Skandia-Kino, Stockholm, Grundriß des Mezzanins, 1923. Signiert, datiert. Tusche auf Papier. 55,3 x 47,5. Max Protetch Gallery, New York. Inv.-Nr. GA 84 006.

Erik Gunnar Asplund: Skandia-Kino, Stockholm (1922-1923), Innendetail. Bleistift auf Transparentpapier. 111,8 x 61. Max Protetch Gallery, New York. Inv.-Nr. GA 84 001.

Erik Gunnar Asplund: Skandia-Kino, Stockholm (1922-1923), Innenraumstudie. Bleistift und Buntstift auf Transparentpapier. 43,2 x 33,7. Max Protetch Gallery, New York. Inv.-Nr. GA 84 004.

Erik Gunnar Asplund: Skandia-Kino, Stockholm (1922-1923), Reliefdetail. Kohle auf Transparentpapier. 87,6 x 47. Max Protetch Gallery, New York. Inv.-Nr. GA 84 002.

Carlo Aymonino: Quartiere Gallaratese, Mailand (1967–1970), Gebäude A 1, Ansichten. Mutterpause. 36 x 80. Centro Studi e Archivio della Comunicazione, Università degli Studi, Parma. Inv.-Nr. 55/6.

Carlo Aymonino: Quartiere Gallaratese, Mailand (1967–1970), Baumassenplan. Blaupause mit Rasterfolien. 70 x 50. Centro Studi e Archivio della Comunicazione, Università degli Studi, Parma. Inv.-Nr. 55/6.

Charles Barry: Haus für den Duke of Sutherland, Cliefden, Buckinghamshire, Gartenansicht, 1851. Aquarell. 30 x 90. British Architectural Library Drawings Collection, London. Inv.-Nr. C 4/14 (11).

Povl Baumann: Wohnhaus Christiansvej 6, Kopenhagen (1914), Ansicht. Feder, Aquarell. 30,2 x 42. Kunstakademiets Bibliotek, Kopenhagen. Inv.-Nr. 9140 e

Povl Baumann: Wohnblock Åboulevarden, Kopenhagen, 1931. Signiert, datiert. Tusche. 39,6 x 60. Kunstakademiets Bibliotek, Kopenhagen. Inv.-Nr. 12 353 O.

BBPR (Gianluigi Banfi, Lodovico Barbiano di Belgiojoso, Enrico Peressutti, Ernesto Nathan Rogers): Torre Velasca, Mailand (1957–1960), Grundriß eines Bürogeschosses. Mutterpause. 68 x 96. Studio BBPR, Mailand.

BBPR (Gianluigi Banfi, Lodovico Barbiano di Belgiojoso, Enrico Peressutti, Ernesto Nathan Rogers): Torre Velasca, Mailand, (1957–60), Ansicht von Nordosten. Mutterpause. 112 x 69. Studio BBPR, Mailand.

Günter Behnisch & Partner: Bauten und Anlagen für die Spiele der XX. Olympiade München 1972, Entwurfsskizze der Gesamtanlage, 1967. Zeichnung: Karlheiz Weber. Signiert: Karlheinz Weber, datiert. Strichzeichnung, Tusche und Bleistift auf Transparentpapier. 50 x 42. Behnisch & Partner, Stuttgart.

Günter Behnisch & Partner: Bauten und Anlagen für die Spiele der XX. Olympiade München 1972, Wettbewerbsentwurf, Lageplan der Gesamtanlage, 1967. Zeichnung: Karlheinz Weber. Signiert: Karlheinz Weber, datiert. 138 x 90. Behnisch & Partner, Stuttgart.

Günter Behnisch & Partner: Bauten und Anlagen für die Spiele der XX. Olympiade München 1972, Wettbewerbsentwurf, Ansicht und Schnitt des Stadions, 1967. 52 x 188. Behnisch & Partner, Stuttgart.

Peter Behrens: Evangelische Kirche in Hagen Wehringhausen, Ansicht, Südseite, Schnitt Variante A, 1906. Bleistift auf Papier. 40,5 x 71. Krefelder Kunstmuseen - Kaiser Wilhelm Museum.

Peter Behrens: Evangelische Kirche in Hagen Wehringhausen, Grundriß des Erdgeschosses und des Obergeschosses, Variante B, 1906. Bleistift auf Papier. 51 x 77,5. Krefelder Kunstmuseen - Kaiser Wilhelm Museum.

Peter Behrens: Evangelische Kirche in Hagen Wehringhausen, Ansicht Südostseite, Schnitt, Variante C, 1906. 41 x 81. Krefelder Kunstmuseen - Kaiser Wilhelm Museum.

Peter Behrens: Prospekt für Delmenhorster Linoleum-Fabrik, 1906. Lithographie. 20,7 x 30,1. Staatliche Museen Preußischer Kulturbesitz, Kunstbibliothek mit Museum für Architektur, Modebild und Grafik-Design, Berlin. Inv.-Nr. GGS.

Peter Behrens: Plakat zur Deutschen Jahrhundertausstellung, Berlin, 1906. Farblithographie. 69,5 x 47. Krefelder Kunstmuseen – Kaiser Wilhelm Museum.

Peter Behrens: AEG-Turbinenhalle, Berlin, perspektivische Ansicht, 1908 (nicht ausgeführte Variante). Blaupause. 16 x 20. Bezirksamt Tiergarten von Berlin, Abt. Bauwesen.

Peter Behrens: AEG-Turbinenhalle, Berlin, Ansicht von der Huttenstraße, 1909. Datiert. Leinenpause. 31 x 41. Bezirksamt Tiergarten von Berlin, Abt. Bauwesen.

Peter Behrens: AEG-Turbinenhalle, Berlin, Quer- und Längsschnitte, 1909. Lichtpause auf Leinen. 91 x 136. Bezirksamt Tiergarten von Berlin, Abt. Bauwesen.

Peter Behrens: Verwaltungsgebäude der Mannesmann-Röhren-Werke, Düsseldorf, Ansicht vom Bergerufer, 1913. Photographie. 70,5 x 92,5. Mannesmann AG/Abt. Mannesmann-Archiv. Inv.-Nr. M 20.

Peter Behrens: Verwaltungsgebäude der Mannesmann-Röhren-Werke, Düsseldorf, Marmor-Vestibül, 1913. Photographie. 93,5 x 71,5. Mannesmann AG/Abt. Mannesmann-Archiv. Inv.-Nr. M 27.

Peter Behrens: Dombauhütte, Kunstgewerbe-Schau, München, Ansicht, 1922. Lichtpause. 32,8 x 47,5. Architektursammlung der Technischen Universität München.

Peter Behrens: Dombauhütte, Kunstgewerbe-Schau, München, Ansicht, 1922. Lichtpause. 34,5 x 49,5. Architektursammlung der Technischen Universität München.

Peter Behrens: Dombauhütte, Kunstgewerbe-Schau, München, Ansicht, 1922. Lichtpause. 33,4 x 67,5. Architektursammlung der Technischen Universität München.

Peter Behrens: Dombauhütte, Kunstgewerbe-Schau, München, Grundriß, 1922. Lichtpause. 43,0 x 65,4. Architektursammlung der Technischen Universität München.

Peter Behrens: Mausoleum Hugo Stinnes, Mühlheim/Ruhr, Ansicht und Grundriß, 1924. Tusche, Bleistift, Kohle und rote Kreide auf Zeichenkarton. 53,5 x 39,0. Pfalzgalerie, Kaiserslautern. Inv.-Nr. C 33/1/EZ VII/45.

Peter Behrens: Mausoleum Hugo Stinnes, Mühlheim/Ruhr, perspektivische Ansichten, 1924. Tusche, Kohle auf Transparentpapier. 42 x 62,5. Pfalzgalerie, Kaiserslautern. Inv.-Nr. C 33/4/EZ IX/15.

Peter Behrens: Mausoleum Hugo Stinnes, Mühlheim/Ruhr, Innenansicht, 1924. Lichtpause. 57 x 63. Pfalzgalerie, Kaiserslautern. Inv.-Nr. C 33/8/EZ IX/18.

Peter Behrens: Entwurf für eine Lampe, 1925. Datiert. Kohle auf Papier. 42,5 x 59. Privatbesitz, Bonn.

Peter Behrens: Rathaus-Neubau, Düsseldorf, Blick auf den Jan-Wellem-Platz, 1925. Signiert: Mark Aurel. Kohle, Tusche, roter Farbstift auf Papier. 52 x 80,5. Pfalzgalerie, Kaiserslautern. Inv.-Nr. C 36/1/EZ II/2.

Peter Behrens: Hotel „Ritz", Brünn/ČSSR, perspektivische Ansicht, 1926. Datiert. Bleistift, Tusche auf Transparentpapier. 70,5 x 61,5. Pfalzgalerie, Kaiserslautern. Inv.-Nr. C 41/2/EZ II/10.

Peter Behrens: Hotel „Ritz", Brünn/ČSSR, Grundriß eines Normalgeschosses, 1926. Signiert, datiert. Lichtpause. 70x84. Pfalzgalerie, Kaiserslautern. Inv.-Nr. C 41/7/EZ X/6.

Peter Behrens: Terrassenhaus in der Weißenhof-Siedlung, Stuttgart, Nordansicht, 1927. Lichtpause. 53,5 x 84,5. Landeshauptstadt Stuttgart, Baurechtsamt.

Peter Behrens: Terrassenhaus in der Weißenhof-Siedlung, Stuttgart, Westansicht, 1927. Lichtpause. 54,5 x 69,5. Landeshauptstadt Stuttgart, Baurechtsamt.

Peter Behrens: Terrassenhaus in der Weißenhof-Siedlung, Stuttgart, Südansicht, 1927. Lichtpause. 54,5 x 84,5. Landeshauptstadt Stuttgart, Baurechtsamt.

Peter Behrens: Terrassenhaus in der Weißenhof-Siedlung, Stuttgart, Ostansicht, 1927. Signiert, datiert. Lichtpause. 54,5 x 69,5. Landeshauptstadt Stuttgart, Baurechtsamt.

Peter Behrens: Terrassenhaus in der Weißenhof-Siedlung, Stuttgart, Erdgeschoßgrundriß, 1927. Lichtpause. 65,5 x 84,3. Landeshauptstadt Stuttgart, Baurechtsamt.

Peter Behrens: Villa Clara Gans, Kronberg im Taunus, Ostansicht, 1929. Datiert. Bleistift und Kohle auf Transparentpapier. 54,5 x 92. Pfalzgalerie, Kaiserslautern. Inv.-Nr. C 50/9/EZ IX/39.

Peter Behrens: Villa Clara Gans, Kronberg im Taunus, Westansicht, 1929. Datiert. Bleistift auf Transparentpapier. 54 x 92. Pfalzgalerie, Kaiserslautern. Inv.-Nr. C 50/11/EZ IX/41.

Peter Behrens: Villa Clara Gans, Kronberg im Taunus (1928–1932), perspektivische Ansicht der Südfassade. Bleistift und Farbstifte auf Transparentpapier. 42 x 76. Pfalzgalerie, Kaiserslautern. Inv.-Nr. C 50/15/EZ XII/90.

Peter Behrens: Villa Clara Gans, Kronberg im Taunus, Grundriß des Erdgeschosses des Haupt- und Nebengebäudes, 1928. Signiert, datiert. Lichtpause mit roter Tusche. 55 x 81. Pfalzgalerie, Kaiserslautern. Inv.-Nr. C50/23/EZ VIII/28.

Peter Behrens: Villa Clara Gans, Kronberg im Taunus (1928–1932), Grundriß des 1. Obergeschosses. Signiert. Lichtpause mit roter Tusche. 53,5 x 78,5. Pfalzgalerie, Kaiserslautern. Inv.-Nr. C 50/24/EZ IX/50.

Peter Behrens: Villa Clara Gans, Kronberg im Taunus (1928–1932), Innenraumansicht. Kohle und Bleistift auf Transparentpapier. 50,3 x 55. Pfalzgalerie, Kaiserslautern. Inv.-Nr. C 50/28/EZ VIII/29.

Peter Behrens: Villa Clara Gans, Kronberg im Taunus (1928–1932), Innenansicht des Musiksalons. Kohle auf Transparentpapier. 46,5 x 72. Pfalzgalerie Kaiserslautern. Inv.-Nr. C 50/29/EZ VIII/30.

Peter Behrens: Villa Clara Gans, Kronberg im Taunus (1928-1932), Innenraumansicht. Bleistift und Kohle auf Transparentpapier. 46 x 95,5. Pfalzgalerie, Kaiserslautern. Inv.-Nr. C 50/32/EZ IX/52.

Peter Behrens: Wettbewerb Umgestaltung Alexanderplatz, Berlin, Lageplan, 1929. Bleistift auf Transparentpapier. 29 x 59,5. Pfalzgalerie, Kaiserslautern. Inv.-Nr. C 51/2/EZ VII/31.

Peter Behrens: Wettbewerb Umgestaltung Alexanderplatz, Berlin, perspektivische Ansicht, 1929. Kohle und Bleistift auf Transparentpapier. 36 x 120. Pfalzgalerie Kaiserslautern. Inv.-Nr. C 51/7/EZ X/36.

Peter Behrens: Wettbewerb Umgestaltung Alexanderplatz, Berlin, perspektivische Ansicht, 1929. Kohle auf Transparentpapier. 88 x 117. Pfalzgalerie, Kaiserslautern. Inv.-Nr. C 51/8/EZ X/37.

Peter Behrens: Wettbewerb Umgestaltung Alexanderplatz, Berlin, perspektivische Ansicht zwischen Neue König Straße und Landsberger Straße, 1929. Signiert. Kohle und blauer Farbstift. 60 x 102,5. Pfalzgalerie Kaiserslautern. Inv.-Nr. C 51/12/EZ II/22.

Peter Behrens: Wettbewerb Umgestaltung Alexanderplatz, Berlin, perspektivische Ansicht zwischen Neue König Straße und Landsberger Straße, 1929. Signiert. Kohle, blauer Farbstift auf Transparentpapier. 59 x 102. Pfalzgalerie, Kaiserslautern. Inv.-Nr. C 51/24/EZ II/23.

Peter Behrens: Wettbewerb Umgestaltung Alexanderplatz, Berlin, perspektivische Ansicht zur Neue König Straße, 1929. Signiert. Tusche, Bleistift auf Transparentpapier. 77 x 137. Pfalzgalerie, Kaiserslautern. Inv.-Nr. C 51/26/EZ II/24.

Peter Behrens: Wettbewerb Erweiterung des Reichstagsgebäudes, Berlin, perspektivische Ansicht (1. Fassung), 1929. Kohle auf Transparentpapier. 83 x 140. Pfalzgalerie, Kaiserslautern. Inv.-Nr. C 55/1/EZ II/26.

Peter Behrens: Wettbewerb Erweiterung des Reichstagsgebäudes, Berlin, Skizze zum Anbau eines linken Flügels, 1929. Datiert. Kohle, Bleistift auf Transparentpapier. 85,5 x 140. Pfalzgalerie, Kaiserslautern. Inv.-Nr. C 55/2/EZ II/27.

Peter Behrens: Studie für eine Wohn-Hochhausstadt, Berlin, perspektivische Ansicht, 1929. Kohle, Tusche, Bleistift auf Transparentpapier. 68 x 94. Pfalzgalerie, Kaiserslautern. Inv.-Nr. C 56/1/EZ II/29.

Peter Behrens: Kaufhaus S. Adam, Berlin (1929–1930), perspektivische Ansicht, Variante 2. Kohle, Bleistift auf Transparentpapier. 78 x 95. Pfalzgalerie, Kaiserslautern. Inv.-Nr. C 47/5/EZ II/15.

Peter Behrens: Haus „Ring der Frauen", Deutsche Bauausstellung Berlin, Grundriß, Ausbildung der Schaukästen, 1931. Bleistift, gelbe und grüne Farbkreide auf Transparentpapier. 81 x 63,5. Pfalzgalerie, Kaiserslautern. Inv.-Nr. C 60/1/EZ IX/76.

Ivar Bentsen: Opern- und Philharmoniegebäude, Kopenhagen, 1918. Signiert. Feder und Wasserfarben. 43,7 x 66,6. Kunstakademiets Bibliotek, Kopenhagen.

Ivar Bentsen, Thorkild Henningsen: Bakkehusene, Kopenhagen (1922). Druck. 49,5 x 67,8. Kunstakademiets Bibliotek, Kopenhagen.

Hendrik Petrus Berlage: Börse, Amsterdam (1897–1903), Außenperspektive von der Nordseite. Feder auf Aquarellpapier. 65 x 100. Nederlands Documentatiecentrum voor de Bouwkunst, Amsterdam.

Hendrik Petrus Berlage: Börse, Amsterdam (1897–1903), Innenansicht. Photolithographie. 37 x 50. Nederlands Documentatiecentrum voor de Bouwkunst, Amsterdam.

Joseph Beuys: Das Braunkreuz Haus, 1962. Holz, Bindfaden, Ölfarbe. 44 x 36 x 38,5. Privatbesitz, London. Courtesy: Anthony d'Offay Gallery, London. Inv.-Nr. A 11046 (Vitrine Nr. 3).

Bernard Bijvoet, Johannes Duiker: Freiluftschule, Amsterdam (1929–30), Perspektive. Bleistift auf Transparentpapier. 54 x 51,5. Nederlands Documentatiecentrum voor de Bouwkunst, Amsterdam.

Bernard Bijvoet, Johannes Duiker: Freiluftschule, Amsterdam (1929–30), Perspektive. Bleistift auf Transparentpapier. 43,5 x 52,5. Nederlands Documentatiecentrum voor de Bouwkunst, Amsterdam.

Bernard Bijvoet, Johannes Duiker: Freiluftschule, Amsterdam (1929–30), Konstruktionszeichnung. Tusche auf Transparentpapier. 58 x 35,5. Nederlands Documentatiecentrum voor de Bouwkunst, Amsterdam.

Bernard Bijvoet, Johannes Duiker: Freiluftschule, Amsterdam (1929–30), Handskizzen der Eingangssituation. Bleistift auf Transparentpapier. 27,5 x 46. Nederlands Documentatiecentrum voor de Bouwkunst, Amsterdam.

Michael Gottlieb Bindesbøll: Haus Orla Lehmann, Vejle, 1849. Signiert, datiert. Tusche. 46,2 x 61,2. Kunstakademiets Bibliotek, Kopenhagen. Inv.-Nr. 11260 a.

William Blake: The Fall of Man, 1807. Signiert, datiert. Aquarell. 49,6 x 39,3. Victoria and Albert Museum, London. Inv.-Nr. WS Bin 45.

Umberto Boccioni: Tavolo + bottiglia + caseggiato, 1912. Bleistift auf Papier. 33,4 x 23,9. Civico Gabinetto dei Disegni, Castello Sforzesco, Mailand. Inv.-Nr. B 321.

Louis-Auguste Boileau: Palast für Ausstellungen der Schönen Künste und der Industrie, 1832. Signiert, datiert. Ecole Nationale Supérieure des Beaux-Arts, Paris. Inv.-Nr. 3372.

Louis-Auguste Boileau: Denkmal der freien Künste und des Kunstgewerbes, 1860. Ecole Nationale Supérieure des Beaux-Arts, Paris. Inv.-Nr. 3287.

Etienne-Louis Boullée: Hotel de Brounoy, Paris (1775–1779). 70 x 55. Bibliothèque Nationale, Paris. Inv.-Nr. Est., Va 281 b, Nr. 5.

Etienne-Louis Boullée (1728–1799): (Monument destiné aux hommages dus à l'Etre Suprême). Lavierte Federzeichnung. 39,2 x 141,5. Bibliothèque Nationale, Paris. Inv.-Nr. Est., Ha 55, Nr. 25.

Etienne-Louis Boullée (1728–1799): Stadteingang. Lavierte Federzeichnung. 56 x 94,8. Bibliothèque Nationale, Paris. Inv.-Nr. Est., Ha 55, Nr. 32.

Etienne-Louis Boullée: Entwurf eines Lesesaals als Erweiterung der Bibliothèque Nationale, um 1785. Signiert. Lavierte Federzeichnung. 62 x 97,7. Bibliothèque Nationale, Paris.
Inv.-Nr. Est., Ha 56, Nr. 36.

Richard Boyle, 3rd Earl of Burlington: Assembly Rooms, York, Grundriß, 1730. Lavierte Federzeichnung. 80 x 60. British Architectural Library Drawings Collection, London. Inv.-Nr. BOY (21)2.

Richard Boyle, 3rd Earl of Burlington: Assembly Rooms, York, Ansicht, 1730. Lavierte Federzeichnung. 45 x 60. British Architectural Library Drawings Collection, London. Inv.-Nr. BOY (21)3.

Richard Boyle, 3rd Earl of Burlington: Assembly Rooms, York, Schnitt, 1730. Lavierte Federzeichnung. 60 x 80. British Architectural Library Drawings Collection, London. Inv.-Nr. BOY (21)4.

Andrea Branzi: No-Stop-City – Residential Park, 1969. Signiert, datiert. Tusche und Bleistift auf Papier. 73,7 x 62. Gilman Paper Company Collection, New York. Inv.-Nr. AR 76.285.

Lancelot (Capability) Brown: Entwurf eines künstlichen Sees, gebildet aus dem Ewesley Burn, Rothley, Ansicht des Grundstücks für ein Haus mit Garten. Feder und Tusche, laviert. 32 x 49. The National Trust, Trevelyan Collection, Wallington.

Urs Burkhard, Adrian Meyer, Max Steiger: Geschäfts- und Wohnhaus an der Bahnhofstraße in Baden (Schweiz), Komposition von Schnitten, Fassaden, Axonometrien, 1984. Farbstift auf Lichtpause. 92 x 80. Büro Burkhard, Meyer, Steiger, Zürich.

C. Burton: Projekt für den Umbau des Kristallpalastes von Joseph Paxton in einen Turm, London, 1851. Kolorierter Druck. 35,6 x 70,5. Victoria and Albert Museum, London. Inv.-Nr. E 211 1922.

Guido Canella: Gemeindezentrum von Pieve Emanuele, Mailand, 1971. Signiert, datiert. Farbe auf Karton. 34,5 x 59. Guido Canella, Mailand.

Guido Canella: Gemeindezentrum von Pieve Emanuele, Mailand, 1971. Signiert, datiert. Farbe auf Karton. 71,5 x 66,5. Guido Canella, Mailand.

Guido Canella: Gemeindezentrum von Pieve Emanuele, Mailand, Axonometrie, 1977. Tusche auf Transparentpapier. 92 x 136,5. Guido Canella, Mailand. Inv.-Nr. CO84-87 Tav. 105.

Arduino Cantafora: Città analoga, 1973. Ölfarbe auf Papier. 200 x 700. Civica Galleria d'Arte Moderna, Mailand. Inv.-Nr. 8191.

Chalgrin, Goust, Huyot. Blouet: Arc de l'Etoile, Paris (1806–1836), Blick von den Champs-Elysées. Kupferstich: Oliner und Normand. 70 x 55. Bibliothèque Nationale, Paris. Inv.-Nr. Est., Va 279 Nr. 2.

William Chambers: Gebäude, Ansicht mit Maßangaben, um 1776. Aquarell. 70 x 45. British Architectural Library Drawings Collection, London. Inv.-Nr. J 4/8.

Mario Chiattone: Bauten für eine moderne Metropole, 1914. Gabinetto Disegni e Stampe, Istituto di Storia dell'Arte Medioevale e Moderna, Università degli Studi, Pisa.

Giorgio de Chirico: Melanconia, 1912 (1914?). Signiert. Öl auf Leinwand. 78,8 x 63,5. Sammlung Mr. and Mrs. E. Estorick, London.

Giorgio de Chirico: Interno metafisico, 1926. Öl auf Leinwand. 81 x 65. Museum Ludwig, Köln.

Charles Robert Cockerell: Villa, Grundriß und drei Ansichten, 1817. Signiert, datiert. Aquarell. 45 x 60. British Architectural Library Drawings Collection, London. Inv.-Nr. J 10/8(1).

Charles Robert Cockerell: The Professor's Dream, 1848. Aquarell, Papier auf Leinwand. 141 x 199,5. Royal Academy of Arts, London.

Peter Cook: Plug-in City, Axonometrie, 1964. Signiert. Verschiedene Techniken auf Karton. 69,85 x 76,2. Gilman Paper Company Collection, New York. Inv.-Nr. AR 77.267.

Peter Cook: Plug-in University, Ansicht, 1965. Kolorierte Photographie. 63,5 x 85,1. Gilman Paper Company Collection, New York. Inv.-Nr. AR 76.91.

Peter Cook: Plug-in City, Maximum Pressure area, 1965. Tusche auf Transparentpapier. 52,1 x 113. Gilman Paper Company Collection, New York. Inv.-Nr. AR 76.90 a.

Jean De Ligne mit Jean Hendrickx: Völkerbundpalast, Genf, Wettbewerbsentwurf, Perspektive, 1927. Signiert. Bleistift und weißer Stift auf getöntem Papier. 52 x 67,5. Musée des Archives d'Architecture Moderne, Brüssel.

Diener und Diener: Wohnbauten an der Hammerstraße, Basel (1979–1981), Ansicht. Farbstift auf Lichtpause. 40 x 80. Diener und Diener, Basel.

George Dance: Gebäude, Schnitt, Ansicht und Perspektive, 1765. Sepia. 60 x 80. British Architectural Library Drawings Collection, London. Inv.-Nr. J 3/17(1).

Vittorio De Sica: Ladri di Biciclette (Fahraddiebe), 1948. Szenenphotographien. Stiftung Deutsche Kinemathek, Berlin.

Constant Désiré Despradelle: Beacon of Progress (Leuchtfeuer des Fortschritts), um 1900. Papier, Bleistift und Tusche laviert. 102 x 69. Massachusetts Institute of Technology Museum, Cambridge (Mass.).

Theo van Doesburg, Cornelius van Eesteren: Kontrakonstruktion, um 1921. Tusche auf Transparentpapier. 43 x 37. Nederlands Documentatiecentrum voor de Bouwkunst, Amsterdam.

Johannes Duiker: Handelsblad-Cineac-Kino, Amsterdam, 1930-1934. Bleistift auf Transparentpapier. 52 x 44. Nederlands Documentatiecentrum voor de Bouwkunst, Amsterdam.

Cornelius van Eesteren, Theo van Doesburg: Maison particulière, Ansicht, 1923. Tusche auf Transparentpapier. 31 x 46. Nederlands Documentatiecentrum voor de Bouwkunst, Amsterdam.

Cornelius van Eesteren, Theo van Doesburg: Maison particulière, Ansicht, 1923. Tusche auf Transparentpapier. 31 x 46. Nederlands Documentatiecentrum voor de Bouwkunst, Amsterdam.

Cornelius van Eesteren, Theo van Doesburg: Maison particulière, Axonometrie, 1923. Tusche auf Transparentpapier. 50 x 41. Nederlands Documentatiecentrum voor de Bouwkunst, Amsterdam.

A. Eibink, J. A. Snellebrand: Landhaus in Blaricum, Amsterdam (1917), Ansicht. Tusche, Farbstift. 19 x 29. Nederlands Documentatiecentrum voor de Bouwkunst, Amsterdam.

A. Eibink, J. A. Snellebrand: Landhaus in Blaricum, Amsterdam (1917), Ansicht. Farbstift. 21 x 68. Nederlands Documentatiecentrum voor de Bouwkunst, Amsterdam.

A. Eibink, J. A. Snellebrand: Landhaus in Blaricum, Amsterdam (1917), Ansicht. Tusche, Farbstift. 18 x 40. Nederlands Documentatiecentrum voor de Bouwkunst, Amsterdam.

A. Eibink, J. A. Snellebrand: Landhaus in Blaricum, Amsterdam (1917), Grundriß. Bleistift auf Transparentpapier. 15 x 33. Nederlands Documentatiecentrum voor de Bouwkunst, Amsterdam.

Peter Eisenman: House IV, 1975. Feder und Tusche auf Mylar. 35,6 x 121,9. Gilman Paper Company Collection, New York. Inv.-Nr. AR 79.490.

J. C. van Epen: Kristallines Hochhaus, Ansicht, um 1920. Bleistift auf Papier. 21 x 26. Nederlands Documentatiecentrum voor de Bouwkunst, Amsterdam.

Federico Fellini: „8 1/2", 1962–1963, Szenenphotographien. Stiftung Deutsche Kinemathek, Berlin.

Fidus (Hugo Höppner): Tempel der Erde II, Ansicht, 1901. Signiert, datiert. Bleistift auf Papier. 19 x 26,2. Berlinische Galerie, Berlin. Inv.-Nr. BG-Ar 29/79.

Fidus (Hugo Höppner): Tempel der Erde, Grundriß, 1901. Signiert, datiert. Bleistift auf Papier. 27 x 19,7. Berlinische Galerie, Berlin. Inv.-Nr. BG-Ar 29/79.

Hermann Finsterlin: Großbauprojekt/ Gemeinschaftsbau (Kathedrale des Lichtes). Bleistift, Aquarell. 34 x 18. Staatsgalerie Stuttgart. Inv.-Nr. 34.

Hermann Finsterlin: Großbauprojekt/ Gemeinschaftbau (Stadt-Landschaft). Bleistift, Aquarell. 31 x 38. Staatsgalerie Stuttgart. Inv.-Nr. 38.

Hermann Finsterlin: Zwei Großraumarchitekturen. Bleistift, Aquarell. 48 x 33. Staatsgalerie Stuttgart. Inv.-Nr. 51.

Mario Fiorentino: Wohnkomplex im Alto Lazio, Ansicht, 1980. Tusche auf Skizzenpapier. 22,5 x 76. Famiglia Fiorentino, Rom.

Mario Fiorentino : Wohnkomplex im Alto Lazio, Lageplan, 1980. Tusche auf Transparentpapier. 47 x 62. Famiglia Fiorentino, Rom.

Theodor Fischer: Gemeinschaftshaus Pfullinger Hallen, Pfullingen (1904–1907), Schnitt, Ansicht. Bleistift auf Transparentpapier. 53 x 107,5. Architektursammlung der Technischen Universität München. Inv.-Nr. 151/017.

Theodor Fischer: Gemeinschaftshaus Pfullinger Hallen, Pfullingen (1904–1907), Ansicht. Bleistift auf Transparentpapier. 36,5 x 101,5. Architektursammlung der Technischen Universität München. Inv.-Nr. 151/021.

Kay Fisker: Haus für Niels Lauewolff, Kollelevmose, 1918. Signiert, datiert. Bleistiftzeichnung. 78,8 x 52. Kunstakademiets Bibliotek, Kopenhagen.

Kay Fisker: Sommerpensionat, Solrød Strand. 1918. Signiert, datiert. Feder und Tusche. 95,2 x 94,6. Kunstakademiets Bibliotek, Kopenhagen.

Kay Fisker: Sozialwohnungen, Artillerivej, Kopenhagen, erstes Projekt, 1926. Tusche und Wasserfarbe. 54 x 147. Kunstakademiets Bibliotek, Kopenhagen.

Kay Fisker, C. F. Møller: Sozialwohnungen „Vestersøhus", Kopenhagen, 1935. Tusche. 32,4 x 129,5. Kunstakademiets Bibliotek, Kopenhagen.

Norman Foster: Sainsbury Centre for Visual Arts, Universität East Anglia, Norwich, Axonometrie, 1978. Tusche auf Transparentfolie. Foster Associates, London.

Norman Foster: Sainsbury Centre for Visual Arts, Universität East Anglia, Norwich, Grundriß des Erdgeschosses, 1978. Tusche auf Transparentfolie. 59,5 x 84,1. Foster Associates, London.

Norman Foster: Sainsbury Centre for Visual Arts, Universität East Anglia, Norwich, Schnitt durch Wand- und Deckenkonstruktion, 1978. Tusche auf Transparentfolie. 59,5 x 81,1. Foster Associates, London.

Yona Friedman: Ohne Titel (Projekt für Paris), 1959. Signiert, datiert. Tusche auf Papier. 48,3 x 66. Gilman Paper Company Collection, New York. Inv.-Nr. AR 76.178.

Yona Friedman: Ohne Titel. Tusche und Wasserfarbe auf Papier. 35,6 x 50,8. Gilman Paper Company Collection, New York. Inv.-Nr. AR 76.181.

Richard Buckminster Fuller: Dymaxion Home, um 1927. Bleistift und Wasserfarbe. 55,9 x 30,5. Gilman Paper Company Collection, New York. Inv.-Nr. AR 77.278.

Richard Buckminster Fuller: Erstes Dymaxion House, 1927–1929. Bleistift und Tusche auf Papier. 24,5 x 34,3. Gilman Paper Company Collection, New York. Inv.-Nr. AR 77.276.

Richard Buckminster Fuller: Dymaxion House, Geschoßplan, 1927–1929. Bleistift und Wasserfarbe auf Papier. 25,4 x 25,4. Gilman Paper Company Collection, New York. Inv.-Nr. AR 77.275.

Richard Buckminster Fuller: Minimum Dymaxion Home, 1927–1929. Zeichnung. 83,2 x 47,6. Gilman Paper Company Collection, New York. Inv.-Nr. AR 77.274.

Richard Buckminster Fuller: Dymaxion Hanging Restaurant, für Romany Marie, 1929. Bleistift und Tusche auf Papier. 40,6 x 35,6. Gilman Paper Company Collection, New York. Inv.-Nr. AR 77.277.

Richard Buckminster Fuller: Dymaxion House, Allegra gewidmet, 1930. Farbstift auf Papier. 40,7 x 29,9. Gilman Paper Company Collection, New York. Inv.-Nr. AR 77.279.

Frank Furness: Academy of the Fine Arts Philadelphia (1876), Heizungsplan des Galeriebereichs (2. Stock). Schwarze und rote Tusche auf Leinen. 77,1 x 168,3. The Pennsylvania Academy of the Fine Arts, Philadelphia. Inv.-Nr. 1876.6.3.

Frank Furness: Academy of the Fine Arts, Philadelphia (1876), Ansicht von der Broad Street. Tusche und Wasserfarbe auf weißem Papier. 64,8 x 87,6. The Pennsylvania Academy of the Fine Arts, Philadelphia. Inv.-Nr. 1876.6.8.

Frank Furness: Academy of the Fine Arts, Philadelphia (1876), Längsschnitt. Schwarze Tusche und rote Farbe auf Leinen. 63,5 x 91,4. The Pennsylvania Academy of the Fine Arts, Philadelphia. Inv.-Nr. 1876.6.14.

Friedrich von Gärtner (1792–1847): Wittelsbacher Palast, Schlafzimmer des Kronprinzen. Bleistift auf Zeichenkarton, aquarelliert. 27,8 x 36. Architektursammlung der Technischen Universität München. Inv.-Nr. 9.1259, 1976/958.

Friedrich von Gärtner (1792–1847): Residenz in Athen, Arbeitszimmer des Königs. Feder auf Zeichenpapier, aquarelliert. 25,2 x 24. Architektursammlung der Technischen Universität München. Inv.-Nr. 15.2022, 1976/1653.

Joseph Michael Gandy: Villa, 1796. Signiert, datiert. Aquarell. 30 x 45. British Architectural Library Drawings Collection, London. Inv.-Nr. J 3/37.

Joseph Michael Gandy: Brücke als Eingang in eine befestigte Stadt, um 1796. Sepia, Aquarell. 29,1 x 31,5. Victoria and Albert Museum, London. Inv.-Nr. 3436.120 A 149.

Joseph Michael Gandy: Siegestempel, um 1798. Aquarell. 7,5 x 10,8. Victoria and Albert Museum, London. Inv.-Nr. 239.1879 WD28.

Joseph Michael Gandy: Inneres eines zerfallenen Palastes, um 1800. Aquarell. 38,5 x 30,5. Victoria and Albert Museum, London. Inv.-Nr. 119.1894 WD65.

Joseph Michael Gandy: Fancy Conglomerate. Aquarell. 75 x 90. Victoria and Albert Museum, London. Inv.-Nr. 3436.117.

Ignazio Gardella: Kinderkrankenhaus „Cesare Arrigo", Alessandria, Ansicht, 1936. Tusche auf Transparentpapier. 40 x 57. Centro Studi e Archivio della Comunicazione, Università degli Studi, Parma. Inv.-Nr. 112/7.

Ignazio Gardella: Kinderkrankenhaus „Cesare Arrigo", Alessandria, Skizze, 1936. Bleistift auf Transparentpapier. 32 x 44,8. Centro Studi e Archivio della Comunicazione, Università degli Studi, Parma.

Ignazio Gardella: Kinderkrankenhaus „Cesare Arrigo", Alessandria, Grundriß des Erdgeschosses, 1936. Datiert. Tusche auf Transparentpapier. 40 x 57. Centro Studi e Archivio della Comunicazione, Università degli Studi, Parma. Inv.-Nr. 112/3.

Charles Garnier: Le nouvel Opéra, Paris (1861–1874), Treppenhaus. 60,5 x 86. Bibliothèque Nationale, Cabinet des Estampes, Paris.

Tony Garnier: Die Hochöfen, aus: Une cité industrielle. Etude pour la construction des villes, Paris 1917, Taf. 164. Josef Paul Kleihues, Berlin.

Tony Garnier: Die Wohnsiedlung, aus: Une cité industrielle. Etude pour la construction des villes, Paris 1917. Josef Paul Kleihues, Berlin.

Antoni Gaudi: Casa de los Botines, Leon, Eingangstür, 1891. Tusche auf Leinenpapier. 100,5 x 53,5. Cátedra Gaudí, Barcelona. Inv.-Nr. 2.

Antoni Gaudi: Park Güell, Barcelona, Torhaus und Anbau des Haupttores 1904. Signiert, datiert. Tusche auf Leinenpapier. 62 x 99. Cátedra Gaudí, Barcelona. Inv.-Nr. 1.

Antoni Gaudí: Casa Milá, Barcelona, Grundriß des Kellergeschosses, 1906. Signiert, datiert. Tusche auf Leinenpapier. 47,5 x 83. Cátedra Gaudí, Barcelona. Inv.-Nr. 3.

Paul Goesch: Ohne Titel, um 1920. Tusche, Aquarell. 33 x 21. Privatsammlung.

Paul Goesch: Ohne Titel, um 1920. Tusche, Aquarell. 33 x 20,5. Privatsammlung.

Paul Goesch: Ohne Titel, um 1920. Tusche, Aquarell. 33 x 20,5. Privatsammlung.

Paul Goesch: Fantom, um 1920. Aquarell auf Seidenpapier. 8,8 x 13,8. Elisabet Foerder-Goesch, Berlin.

Paul Goesch: In einer Grotte, um 1920. Bleistift, Aquarell. 8,2 x 11,4. Elisabet Foerder-Goesch, Berlin.

Paul Goesch: Kristalle, um 1920. Federzeichnung. 16,4 x 21. Elisabet Foerder-Goesch, Berlin.

Paul Goesch: Schwebende Prinzessin, um 1920. Signiert. Bleistift, Aquarell. 26,1 x 19,1. Elisabet Foerder-Goesch, Berlin.

Paul Goesch: Zeichnung, um 1920. Federzeichnung auf Seidenpapier. 20,8 x 16,3. Elisabet Foerder-Goesch, Berlin.

Paul Goesch: Architekturphantasie, Felsentor, 1920. Signiert, datiert. Aquarell. 21,1 x 20,8. Dorothea Goesch-Ammann, Zürich.

Bruce Goff: Crystal Chapel, Universität Oklahoma, perspektivische Innenansicht, 1949. Roter Farbstift auf Transparentpapier. 76,2 x 50,8. The Estate of Bruce Goff, New York.

Bruce Goff: Garvey House, Urbana (Ill.), Perspektive, 1952. Schwarzer Stift auf silbernem Untergrund. 71,1 x 91,4. The Estate of Bruce Goff, New York.

Bruce Goff: Garvey House, Urbana (Ill.), perspektivische Innenansicht, 1952. Schwarzer Stift auf silbernem Untergrund. 71,1 x 73. The Estate of Bruce Goff, New York.

Giorgio Grassi: Comparto edilizio Nr. 16, Mailand, Lageplan und Grundriß, 1963. Tusche auf Transparentpapier. 69 x 96. Giorgio Grassi, Mailand.

Giorgio Grassi: Umbau des Castello Visconteo in Abbiategrasso zu einem Rathaus, Ansicht, 1970. Farbstift auf Lichtpause. 35 x 56. Giorgio Grassi, Mailand.

Giorgio Grassi: Umbau des Castello Visconteo in Abbiategrasso zu einem Rathaus, Schnitt, 1970. Farbstift auf Lichtpause. 31 x 59. Giorgio Grassi, Mailand.

Giorgio Grassi: Umbau des Castello Visconteo in Abbiategrasso zu einem Rathaus, Grundriß des Erdgeschosses, 1970. Lichtpause. 82 x 99. Giorgio Grassi, Mailand.

Giorgio Grassi: Umbau des Castello Visconteo in Abbiategrasso zu einem Rathaus, Collage, 1970. Bleistift und Magic Marker. 82 x 96. Sonia Gessner, Mailand.

Giorgio Grassi: Umbau des Castello Visconteo in Abbiategrasso zu einem Rathaus, Modell, 1970. Holz. 110 x 80 x 25. Comune di Abbiategrasso, Mailand.

Vittorio Gregotti, Franco Amoroso, Salvatore Bisogni, Hiromichi Matsui, Franco Purini: Quartiere Zen, Palermo, Ansicht. Zeichnung: Franco Purini, 1970. Tusche auf Transparentpapier. 110 x 147. Gregotti Associati, Mailand. Inv.-Nr. 07/1970/1.

Vittorio Gregotti, Franco Amoroso, Salvatore Bisogni, Hiromichi Matsui, Franco Purini: Quartiere Zen, Palermo, Lageplan, 1970. Tusche auf Transparentpapier. 106 x 208. Gregotti Associati, Mailand. Inv.-Nr. 07/1970/4.

Vittorio Gregotti, Franco Amoroso, Salvatore Bisogni, Hiromichi Matsui, Franco Purini: Quartiere Zen, Palermo, Ansichten und Schnitte der Insula, 1970. Tusche auf Transparentpapier. 104 x 149. Gregotti Associati, Mailand. Inv.-Nr. 07/1970/9.

Vittorio Gregotti, Franco Amoroso, Salvatore Bisogni, Hiromichi Matsui, Franco Purini: Quartiere Zen, Palermo, Modell, 1970. Modellbau: Giovanni Sacchi. Holz. 158 x 76 x 7. Gregotti Associati, Mailand. Inv.-Nr. 07/1970/00.

Juan Gris: Kaffeemühle, Karaffe und Glas, 1916. Kreide, Kohle und Rötel. 44,8 x 32,8. Staatliche Museen Preußischer Kulturbesitz, Nationalgalerie, Berlin. Inv.-Nr. NG 14/73.

Walter Gropius: Bauhaus, Dessau, Farbvorschläge für die Fassade, 1926. Zeichnung: Hinnerk Scheper. Signiert, datiert. Tempera auf Lichtpause. 33 x 78,5. Bauhaus-Archiv, Berlin. Sammlungs-Katalog Nr. 363.

Walter Gropius: Bauhaus, Dessau, Farbvorschläge für die Fassade, 1926. Zeichnung: Hinnerk Scheper. Signiert, datiert. Tempera auf Lichtpause. 68 x 100. Bauhaus-Archiv, Berlin. Sammlungs-Katalog Nr. 363.

Walter Gropius: Baukasten im Großen, Modell. Vorarbeiten: Fred Forbat, 1921–1923. Verschiedene Hölzer, Stahlunterbau. 101,5 x 121,5 x 97,5. Bauhaus-Archiv, Berlin.

George Grosz: Straße des Vergnügens, 1917. Signiert. Umdrucklithographie. 23 x 14,6. Staatliche Museen Preußischer Kulturbesitz, Kupferstichkabinett, Berlin.

Wenzel August Hablik: Vielfamilienhaus im Gebirge, 1912. Signiert, datiert. Tusche und Aquarell auf Karton. 25 x 32,6. Sammlung Hablik, Itzehoe.

Wenzel August Hablik: Der Weg des Genius, 1918. Datiert. Öl auf Leinwand. 163 x 97. Sammlung Hablik, Itzehoe. Inv.-Nr. G.V. 507.

Wenzel August Hablik: Museum im Hochgebirge aus Glas, Silber, Gold, Kupfer, 1920. Signiert, datiert. Tusche, Gouache. 60,6 x 45,3. Sammlung Hablik, Itzehoe.

Wenzel August Hablik: Dom-Inneres, Festhalle, Gondelkanal, Wasserkünste, Gasglasballons, 1921. Datiert. Öl auf Leinwand. Ostdeutsche Galerie, Regensburg. Inv.-Nr. G.V. 510.

Wenzel August Hablik: Cyclus-Architektur, Fliegende Siedlung, 1924–1925. Radierung. 25,5 x 19,5. Sammlung Hablik, Itzehoe.

Martin Heideggers Hütte, Todnauberg. 6 Photographien von Heiner Blum. Je 16 x 25. F.A.Z.-Magazin.

John Hejduk (*1929): Bye House, Ridgefield (Conn.). Farbzeichnung. 71,1 x 102,9. Gilman Paper Company Collection, New York. Inv.-Nr. AR 79.561.

John Hejduk (*1929): Bye House, Ridgefield (Conn.), Ansicht. Farbzeichnung. 20,3 x 20,3. Gilman Paper Company Collection, New York. Inv.-Nr. AR 79.563.

Ron Herron: Cities-Moving, Master Vehicle-Habitation, 1964. Signiert, datiert. 55,9 x 83,8. Gilman Paper Company Collection, New York. Inv.-Nr. AR 77.247 a.

Ron Herron: Cities-Moving, 1966. Signiert, datiert. Collage. 29,3 x 43,2. Gilman Paper Company Collection, New York. Inv.-Nr. AR 77.247 b.

Ludwig Hilberseimer: Entwurf für eine Hochhausstadt, Ost-West-Straße, 1924. Tusche laviert auf Papier. 148 x 96,5. George Danforth and the Department of Architecture. The Art Institute, Chicago. Inv.-Nr. RO 31 015 RX 14 195 1983.290.

Ludwig Hilberseimer: Entwurf für eine Hochhausstadt, Nord-Süd-Straße, 1924. Tusche laviert auf Papier. 149 x 97. George Danforth and the Department of Architecture. The Art Institute, Chicago. Inv.-Nr. RO 31 015 RX 14 195 1983.291.

Heinz Hilmer, Christoph Sattler: Haus Herrlich, München (1978–1981), Ansichten und Schnitt. Tusche auf Transparentpapier. Büro Hilmer-Sattler, München.

Heinz Hilmer, Christoph Sattler: Haus Herrlich, München (1978–1981), Außenperspektive, Tusche auf Transparentpapier. Büro Hilmer-Sattler, München.

Heinz Hilmer, Christoph Sattler: Haus Herrlich, München (1978–1981), Modell. Holz. Büro Hilmer-Sattler, München.

Fritz Höger: Chilehaus, Hamburg (1922–1923), Ansicht von Süden. 29,5 x 21. Staatliche Museen Preußischer Kulturbesitz, Kunstbibliothek mit Museum für Architektur, Modebild und Grafik-Design, Berlin.

Fritz Höger: Chilehaus, Hamburg (1922–1923), Lageplan. Lichtpause. 28 x 18. Staatliche Museen Preußischer Kulturbesitz, Kunstbibliothek mit Museum für Architektur, Modebild und Grafik-Design, Berlin.

Fritz Höger: Chilehaus, Hamburg (1922–1923), Bürogrundriß. 36,7 x 30. Staatliche Museen Preußischer Kulturbesitz, Kunstbibliothek mit Museum für Architektur, Modebild und Grafik-Design, Berlin.

Fritz Höger: Chilehaus, Hamburg, Modell, 1922. Holz, Pappe und Gips. 160 x 60 x 40. Chilehaus-Verwaltung, Hamburg.

Clemens Holzmeister: Franziskanerkloster Hermeskeil, Ansicht der Hauptfassade, 1929–1931. Signiert, datiert. Kohle auf Transparentpapier. 29,5 x 42. Graphische Sammlung Albertina, Wien. Inv.-Nr. 1929/31 Nr. 2.

Clemens Holzmeister: Franziskanerkloster Hermeskeil, Klostersiedlung, Skizze, 1929–1931. Signiert, datiert. Kohle auf Transparentpapier. 29,8 x 42. Graphische Sammlung Albertina, Wien. Inv.-Nr. 1929/31 Nr. 4.

Hector Horeau: Projekt für die Weltausstellung Paris 1867, erster Entwurf, 1865. Signiert, datiert. Feder und Aquarell. 35,6 x 57. Académie d'Architecture, Cabinet des dessins, Paris.

Victor Horta: Warenhaus Hansa in Frankfurt am Main, Projekt Nr. 6, 1903. Tusche auf Transparentpapier. 47 x 71. Musée Horta, Brüssel.

Victor Horta: Warenhaus Hansa in Frankfurt am Main, Projekt Nr. 9, 1903. Tusche auf Transparentpapier. 71,5 x 47,5. Musée Horta, Brüssel.

Arne Jacobsen: Munkegård-Schule, Vandegevej, Kopenhagen, 1954. Aquarell. 78,5 x 57. Kunstakademiets Bibliotek, Kopenhagen.

Peder Vilhelm Jensen-Klint: Nationalmonument, 1907. Signiert, datiert. Feder, Wasserfarbe. 39,5 x 27,2. Kunstakademiets Bibliotek, Kopenhagen. Inv.-Nr. 16911.

Peder Vilhelm Jensen-Klint: Kirche St. Paul, Århus, 1913. Signiert, datiert. Bleistift, Tusche. 50,8 x 70,6. Kunstakademiets Bibliotek, Kopenhagen.

Inigo Jones: Pilaster mit Backstein-Rundbögen, 1638. Signiert, datiert. Lavierte Federzeichnung. 60 x 50. British Architectural Library Drawings Collection, London. Inv.-Nr. JW (54).

Inigo Jones: Skizze eines Gebäudes, Grundriß und Ansicht, um 1641. Lavierte Federzeichnung. 20 x 30. British Architectural Library Drawings Collection, London. Inv.-Nr. JW (166).

Albert Kahn: Fabrikgebäude der Packard Motor Car Company, Detroit (Mich.), Ansichten, 1905. Datiert. Pause. 51,2 x 69. Albert Kahn Associates, Detroit (Mich.).

Louis I. Kahn: Jewish Community Center, Trenton (N. J.), 1957, Gemeinschaftshaus, Hofansicht. Tusche auf Transparentpapier. 30,5 x 45,7. Louis I. Kahn Collection, University of Pennsylvania (Phil.).

Louis I. Kahn: Jewish Community Center, Trenton (N. Y.), 1957, Gemeinschaftshaus, Innenansicht. Signiert, datiert. Tusche auf weißem Transparentpapier. 30,5 x 45,7. Louis I. Kahn Collection, University of Pennsylvania (Phil.).

Louis I. Kahn: National Assembly Hall, Dacca, Grundriß und Schnitt, 1963. Kohle und Bleistift auf gelbem Transparentpapier. 53,3 x 61. Louis I. Kahn Collection, University of Pennsylvania (Phil.).

Louis I. Kahn: Hurva Synagoge, Jerusalem (1965), Grundriß. Bleistift auf gelbem Transparentpapier. 30,5 x 40,6. Louis I. Kahn Collection, University of Pennsylvania (Phil.).

William Kent: Tempel, Grundriß und Ansicht, um 1730. Lavierte Federzeichnung. 30 x 15. British Architectural Library Drawings Collection, London. Inv.-Nr. L 7(5).

Paul Klee: Mondspiel, 1923. Signiert, datiert. Aquarell. 50,8 x 39,4. Staatliche Museen Preußischer Kulturbesitz, Nationalgalerie, Berlin. Inv.-Nr. NG 11/64.

Josef Paul Kleihues: Hauptwerkstatt der Stadtreinigung, Berlin, axonometrische Ansicht, 1975. Bleistift, Tusche und Farbstift auf Packpapier. 101 x 276. Josef Paul Kleihues, Berlin.

Josef Paul Kleihues: Hauptwerkstatt der Stadtreinigung, Berlin, Querschnittmodell 1 : 50, 1982. . Holzpappe natur. 24 x 135 x 45. Josef Paul Kleihues, Berlin.

Leo von Klenze: Glyptothek, München, Konkurrenzentwurf im griechischen Stil, 1815. Feder, aquarelliert. 35 x 47. Staatliche Graphische Sammlung München. Inv.-Nr. 1920–49.

Leo von Klenze: Glyptothek, München, Konkurrenzentwurf im palladianischen Stil, 1815. Feder, aquarelliert. 28 x 45,5. Staatliche Graphische Sammlung München. Inv.-Nr. 26807.

Leo von Klenze: Glyptothek, München (1816–1830), Grundplan. Feder. 46,5 x 35. Stadtmuseum, Graphiksammlung, München. Inv.-Nr. M I/1701/1.

Leo von Klenze: Glyptothek, München (1816–1830), Grundriß des linken Flügels. Feder. 45,6 x 58. Stadtmuseum, Graphiksammlung, München. Inv.-Nr. M I/1701/4.

Leo von Klenze: Glyptothek, München (1816–1830), Längsschnitt. Feder. 35,7 x 47. Stadtmuseum, Graphiksammlung, München. Inv.-Nr. M I/1701/6.

Leo von Klenze: Glyptothek, München (1816–1830), Durchschnitt und Kuppelkonstruktion des Inkunabeln-Ecksaals. Feder. 39,5 x 62,2. Stadtmuseum, Graphiksammlung, München. Inv.-Nr. M I/1701/8.

Leo von Klenze: Glyptothek, München (1816–1830), Hauptgesims im runden Saal der Inkunabeln. Feder. 62 x 40. Stadtmuseum, Graphiksammlung, München. Inv.-Nr. M I/1701/12.

Leo von Klenze: Glyptothek, München (1816–1830), Frontansicht. Feder. 43,5 x 124. Stadtmuseum, Graphiksammlung, München. Inv.-Nr. M I/1701/19.

Leo von Klenze: Glyptothek, München, Modell, um 1823. Pappe über Holzgerüst. 18,4 x 52,5 x 13. Staatliche Antikensammlungen und Glyptothek, München. Inv.-Nr. AS 15026.

Michel de Klerk: Eigen Haard, Amsterdam (1917-1921), Ansicht. Aquarell. 36 x 66. Nederlands Documentatiecentrum voor de Bouwkunst, Amsterdam.

Michel de Klerk: Eigen Haard, Amsterdam (1917-1921), Perspektive. Aquarell. 35 x 64. Nederlands Documentatiecentrum voor de Bouwkunst, Amsterdam.

Gustav Klimt: Studie zur Philosophie, um 1896. Nachlaßstempel rückseitig (Zimpel). Kohle auf Packpapier. 45,1 x 33,5. Graphische Sammlung Albertina, Wien. Inv.-Nr. 34556.

Otto Kohtz: Organisches Szenenbild, um 1905. Kohle und Wasserfarbe auf Karton gespritzt. 66,5 x 133,5. Plansammlung der Universitätsbibliothek der Technischen Universität Berlin. Inv.-Nr. 8852.

Otto Kohtz: Das Reichshaus am Königsplatz, Berlin, perspektivische Ansicht, 1920. Signiert, datiert. Farbige Tusche auf Lichtpause. 50,6 x 71. Plansammlung der Universitätsbibliothek der Technischen Universität Berlin. Inv.-Nr. 9064.

Otto Kohtz: Das Reichshaus am Königsplatz, Berlin, perspektivische Innenansicht der Halle, 1920. Signiert. Bleistift und Aquarell auf Zeichenkarton. 54,3 x 33. Plansammlung der Universitätsbibliothek der Technischen Universität Berlin. Inv.-Nr. 9067.

Otto Kohtz: Das Reichshaus am Königsplatz, Berlin, Grundriß, 1920. Tusche auf Transparentpapier. 48,5 x 72,7. Plansammlung der Universitätsbibliothek der Technischen Universität, Berlin. Inv.-Nr. 9059.

Rem Koolhaas: The City of the Captive Globe, 1972. Wasserfarbe und Bleistift auf Papier. 33,0 x 45,7. Gilman Paper Company Collection, New York. Inv.-Nr. AR 78.293.

Rem Koolhaas: New Welfare Island. Acryl auf Papier. 147,3 x 101,6. Gilman Paper Company Collection, New York. Inv.-Nr. AR 78.482.

Carl Krayl: Kosmischer Bau, um 1920. Tusche, Aquarell. 53 x 47. Privatsammlung.

Leon Krier: Sprengel Museum, Hannover, Eingangspavillon, 1972. Signiert, datiert. Tusche auf Transparentpapier über Karton. 23,2 x 39. Leon Krier, London.

Leon Krier: Sprengel Museum, Hannover, Das Museum, das Grand-Hotel et de Babylone. . ., 1972. Signiert, datiert. Tusche und Bleistift auf Transparentpapier über Karton. 53,5 x 80,5. Leon Krier, London.

Kisho Kurokawa: Helix Structure, Projekt für Tokio, Skizze, 1961. Farbstift und gelber Markierstift auf Transparentpapier. 62,5 x 45,2. Kisho Kurokawa, Tokio.

Kisho Kurokawa: Helix Structure, Projekt für Tokio, Projektzeichnung, 1961. Tusche auf Papier. 26,5 x 35. Kisho Kurokawa, Tokio.

Kisho Kurokawa: Linear City „Metamorphose“, 1965. Pinsel und Tusche auf Transparentpapier. 59,5 x 42. Kisho Kurokawa, Tokio.

Henri Labrouste: Bibliothèque St. Geneviève, Paris (1838-1850), Ansichtsdetail. Tusche und Aquarell. 63 x 89. Bibliothèque Nationale, Paris. Inv.-Nr. Est., Ha mat. 1, Nr. 379.

Henri Labrouste: Bibliothèque St. Geneviève, Paris 1838-1850), Decke der Vorhalle, endgültige Lösung. 63 x 89. Bibliothèque Nationale, Paris. Inv.-Nr. Est., Ha mat. 1, Nr. 350.

Henri Labrouste: Hospice cantonal des aliénés, Lausanne (1836-1837), Grundriß. 70 x 55. Bibliothèque Nationale, Paris. Inv.-Nr. Est., Ha mat. 1, Nr. 92.

Henri Labrouste: Hospice cantonal des aliénés, Lausanne (1836-1837), Wäscherei. 70 x 55. Bibliothèque Nationale, Paris. Inv.-Nr. Est., Ha mat. 1, Nr. 85.

Fritz Lang: Die Nibelungen, 1. Teil, Brunhildes Burg mit Flammensee und Nordlicht (II. Fassung), Kulissenentwurf, 1923-1924. 39,5 x 52. Stiftung Deutsche Kinemathek, Berlin.

Fritz Lang: Metropolis, Vorschaublatt, 1926. Ölfarbe und Bleistift auf Karton. 42,5 x 58. Stiftung Deutsche Kinemathek, Berlin.

Fritz Lang: Metropolis, Herzmaschine, Kulissenentwurf, 1926. Bleistift. 42 x 54. Stiftung Deutsche Kinemathek, Berlin.

Fritz Lang: Metropolis, Der göttliche Mensch, Szenenentwurf, 1926. Bleistift. 40 x 53. Stiftung Deutsche Kinemathek, Berlin.

Etienne-Chérubin Lecomte: Saal des Rats der Fünfhundert, um 1795. Feder, Tusche und Aquarell. 30,7 x 44,5. Musée Carnavalet, Paris. Inv.-Nr. D 6012.

Le Corbusier: Ville Contemporaine (1922), Hochhäuser und Straßen, 3 Ansichten. 96 x 75. Fondation Le Corbusier, Paris. Inv.-Nr. 29 712.

Le Corbusier: Ville Contemporaine (1922), Studie, Vogelperspektive. 45 x 65. Fondation Le Corbusier, Paris. Inv.-Nr. 30 851.

Le Corbusier: Ville Contemporaine (1922), Studie, Axonometrie eines Stadtteils. Tusche, Transparentpapier. 105 x 148. Fondation Le Corbusier, Paris. Inv.-Nr. 31 007.

Le Corbusier: Maisons La Roche Jeanneret, Auteuil (1922), Grundriß des Erdgeschosses, (1. Fassung). Blaue Tinte und Bleistift auf Transparentpapier. 37 x 49. Fondation Le Corbusier, Paris. Inv.-Nr. 15 117.

Le Corbusier: Maisons La Roche Jeanneret, Auteuil, Ansicht, Schnitt, Lageplan, 1924. Bleistift und roter Farbstift auf Transparentpapier. 42 x 99. Fondation Le Corbusier, Paris. Inv.-Nr. 15 163.

Le Corbusier: Völkerbundpalast, Genf, Wettbewerbsentwurf, Perspektive, 1927. 141 x 153. ETH Zürich, Institut für Geschichte und Theorie der Architektur. Archiv für Moderne Schweizer Architektur.

Le Corbusier: Völkerbundpalast, Genf, Wettbewerbsentwurf, Eingangsperspektive, 1927. Tusche auf Transparentpapier. 59 x 94. Fondation Le Corbusier, Paris. Inv.-Nr. 23 194.

Le Corbusier: Völkerbundpalast, Genf, Wettbewerbsentwurf, Axonometrie, 1927. Tusche und grüner Farbstift auf Transparentpapier. 95 x 158. Fondation Le Corbusier, Paris. Inv.-Nr. 23 185.

Le Corbusier: Völkerbundpalast, Genf, Wettbewerbsentwurf, Schnitt durch die Halle, 1927. Tusche auf Transparentpapier. 100 x 238. Fondation Le Corbusier, Paris. Inv.-Nr. 23 168.

Le Corbusier: Maison Errazuris (1930), Skizzen. Transparentpapier. 37 x 43. Fondation Le Corbusier, Paris. Inv.-Nr. 9015.

Le Corbusier: Maison Errazuriz (1930), Innenansicht. Signiert. Transparentpapier. 42 x 69. Fondation Le Corbusier, Paris. Inv.-Nr. 8983.

Le Corbusier: Maison Errazuriz (1930), Innenansicht. Signiert. Transparentpapier. 39 x 73. Fondation Le Corbusier, Paris. Inv.-Nr. 8981.

Le Corbusier: Maison de Beistegui, Paris, Ansicht, 1929. Tusche auf Transparentpapier. 50 x 63. Fondation Le Corbusier, Paris. Inv.-Nr. 17 435.

Le Corbusier: Maison de Beistegui, Paris (1930–1931), Ansicht. Bleistift, Farbstifte und Tusche auf Transparentpapier. 68 x 108. Fondation Le Corbusier, Paris. Inv.-Nr. 17 457.

Le Corbusier: Maison de Beistegui, Paris (1930–1931), Grundriß des 6. Geschosses. Bleistift und Tusche auf Transparentpapier. 50 x 61. Fondation Le Corbusier, Paris. Inv.-Nr. 17 447.

Le Corbusier: Villa de Mandrot, Le Pradet, Lageplan, 1931. Datiert. Transparentpapier. 100 x 170. Fondation Le Corbusier, Paris. Inv.-Nr. 22 179.

Le Corbusier: Villa de Mandrot, Le Pradet, Ansicht, Schnitt, 1931. Signiert, datiert. Transparentpapier. 55 x 126. Fondation Le Corbusier, Paris. Inv.-Nr. 28 877.

Le Corbusier: Villa de Mandrot, Le Pradet, Schnitt, 1930. Datiert. Tusche, Bleistift und gelber Farbstift auf Transparentpapier. 48 x 127. Fondation Le Corbusier, Paris. Inv.-Nr. 22 170.

Le Corbusier: Villa de Mandrot, Le Pradet, Grundriß des Erdgeschosses, 1930. Transparentpapier. 70 x 77. Fondation Le Corbusier, Paris. Inv.-Nr. 22 205.

Le Corbusier: Villa de Mandrot, Le Pradet, Fassadenstudie, 1930. Transparentpapier. 50 x 109. Fondation Le Corbusier, Paris. Inv.-Nr. 22 251.

Le Corbusier: Villa de Mandrot, Le Pradet, Treppenstudie, Schnitt, 1930. Transparentpapier. 59 x 110. Fondation Le Corbusier, Paris. Inv.-Nr. 22 326.

Le Corbusier: Pavillon Suisse in der Cité Universitaire, Paris (1930–1932), Grundriß des Erdgeschosses. Tusche auf Transparentpapier. 80 x 107. Fondation Le Corbusier, Paris. Inv.-Nr. 15 328.

Le Corbusier: Pavillon Suisse in der Cité Universitaire, Paris (1930–1932), Axonometrie. 74 x 107. Fondation Le Corbusier, Paris. Inv.-Nr. 15 308.

Le Corbusier: Unité d'Habitation, Marseille, Eingangshalle, Ansicht von Osten, Verschalung, 1948. Zeichnung: Wogenscky. Signiert: Wogenscky, datiert. Bleistift und Tusche auf Transparentpapier. 68 x 110. Fondation Le Corbusier, Paris. Inv.-Nr. 25 217.

Le Corbusier: Unité d'Habitation, Marseille (1946–1952), Ansicht. Bleistift und Tusche auf Transparentpapier. 56 x 110. Fondation Le Corbusier, Paris. Inv.-Nr. 26 824.

Le Corbusier: Unité d'Habitation, Marseille (1946–1952), Geschoßpläne, (1. Fassung). Bleistift, roter Farbstift und Tusche auf Transparentpapier. 77 x 70. Fondation Le Corbusier, Paris. Inv.-Nr. 26 826.

Le Corbusier: Unité d'Habitation, Marseille (1946–1952), (1. Fassung), Schnitt. Tusche auf Transparentpapier. 53 x 75. Fondation Le Corbusier, Paris. Inv.-Nr. 26 827.

Le Corbusier: Unité d'Habitation, Marseille (1946–1952), Badezimmer, Skizzen. Bleistift auf Transparentpapier. 37 x 53. Fondation Le Corbusier, Paris. Inv.-Nr. 27 064.

Le Corbusier: Unité d'Habitation, Marseille (1946–1952), Ansicht. Farbstifte und Gouache. 54 x 86. Fondation Le Corbusier, Paris. Inv.-Nr. 27 098.

Le Corbusier: Unité d'Habitation, Marseille (1946–1952), Ansicht eines Innenraumes. Tusche auf Transparentpapier. 27 x 19. Fondation Le Corbusier, Paris. Inv.-Nr. 27 114.

Le Corbusier: Unité d'Habitation, Marseille, Lageplan, 1946. Zeichnung: A.W. Signiert, datiert. Bleistift und Farbstifte auf Transparentpapier. 55 x 74. Fondation Le Corbusier, Paris. Inv.-Nr. 27 163.

Le Corbusier: Unité d'Habitation, Marseille, Wohneinheit, schematischer Plan und Schnitt, 1945. Datiert. Tusche und Gouache auf Transparentpapier. 35 x 27. Fondation Le Corbusier, Paris. Inv.-Nr. 27 180.

Le Corbusier: Unité d'Habitation, Marseille, Küche, Diagramm, 1949. Datiert. Tusche auf Transparentpapier. 39 x 25. Fondation Le Corbusier, Paris. Inv.-Nr. 27 197.

Claude-Nicolas Ledoux: Haus der Demoiselle Guimard, Paris (1770–1772), Ansicht. Stich: de la Gardette. 23,8 x 32,9. Bibliothèque Nationale, Paris. Inv.-Nr. Est., Ha 71 a, p. 176.

Claude-Nicolas Ledoux: Auge, in dem sich der Saal des Theaters von Besançon spiegelt (1775–1784). Stich nach Ledoux. 25,7 x 38,7. Bibliothèque Nationale, Paris. Inv.-Nr. Est., Ha 71b, p. 113.

Claude-Nicolas Ledoux: Haus der Flurwächter, 1786. Stich: Van Maëlle. 43,3 x 27. Bibliothèque Nationale, Paris. Inv.-Nr. Est., Ha 71 a, T. 254.

Peter Joseph Lenné: Verschönerungsplan Tiergarten, Berlin, 1835. Aquarellierte Zeichnung. 38 x 50,8. Landesarchiv Berlin. Inv.-Nr. 1/4.

Peter Joseph Lenné: Verschönerungsplan Tiergarten, Berlin, 1835. Aquarellierte Zeichnung. 40,8 x 76,3. Landesarchiv Berlin. Inv.-Nr. VIII Nr. 1/8.

Peter Joseph Lenné: Verschönerungsplan Tiergarten, Berlin, 1835. Aquarellierte Zeichnung. 53,5 x 68,5. Landesarchiv Berlin. Inv.-Nr. VII Nr. 1/10.

Jean-Jacques Lequeu (1757–1825): Schattenzeichnen. Aquarellierte Zeichnung. 44,5 x 30,5. Bibliothèque Nationale, Paris. Inv.-Nr. Est. Ha 80, tome 1, p. 2.

Carlo Levi: I quattro di Cutro, 1953. Öl auf Papier. 73 x 92. Fondazione Carlo Levi, Rom.

Adalberto Libera: Küstenbebauung, Castelfusano (Rom), Ansicht, 1933–1934. Tempera auf Papier. 34 x 137. Paola Libera, Rom.

Max Liebermann: Arbeiter im Rübenfeld, 1873. Signiert, datiert. Ölfarbe auf Leinwand. 17 x 34,6. Niedersächsisches Landesmuseum, Hannover. Inv.-Nr. PNM 765.

Edwin Lutyens: Haus für Edmund Gray, Ansichten und Perspektive, 1880. Bleistift, lavierte Farbe und Feder auf braunem Papier. 33 x 39,5. British Architectural Library Drawings Collection, London. Inv.-Nr. (281).

Edwin Lutyens: Marshcourt (1901–1904), Nord- und Südansicht. Bleistift und Farbstifte. 53,5 x 72,5. British Architectural Library Drawings Collection, London. Inv.-Nr. (260) 2.

Charles Rennie Mackintosh: Wanddekoration für den Cranston Tearoom, Glasgow, 1896. Aquarell und Bleistift auf Papier. 36,2 x 75,6. Hunterian Art Gallery, University of Glasgow, Mackintosh Collection, Glasgow. Inv.-Nr. Na) 3.

Charles Rennie Mackintosh: Brunnen in Cintra, Portugal, 1908. Signiert, datiert. Aquarell und Bleistift auf Papier. 26,0 x 20,3. Hunterian Art Gallery, University of Glasgow, Mackintosh Collection, Glasgow. Inv.-Nr. Cd) 3.

Robert Maillart: Eisenbetonbrücke über den Ziggenbach, Ingenieurzeichnung, 1923–1924. Signiert, datiert. 24,5 x 37. ETH Bibliothek, Maillart-Archiv, Zürich. Inv.-Nr. 4021/65.

Robert Maillart: Eisenbetonbrücke über den Ziggenbach, Ingenieurzeichnung, 1923–1924. Signiert, datiert. 72 x 135. ETH Bibliothek, Maillart-Archiv, Zürich. Inv.-Nr. 4021/65.

Robert Maillart: Brücke über die Arve, Champel-Vessy, Ansichten und Schnitte, 1935–1936. Signiert, datiert. 60 x 145. ETH Bibliothek, Maillart-Archiv, Zürich. Inv.-Nr. 319/2(1935/36–1).

Robert Maillart: Brücke über die Arve, Champel-Vessy, Gelenkverbindung der Widerlager, 1936. Signiert, datiert. 55 x 74. ETH Bibliothek, Maillart-Archiv, Zürich. Inv.-Nr. 319/8/(1935/6–1).

Angelo Mangiarotti: Vorgefertigtes Bausystem für Industriebauten, 1964. Tusche auf Transparentpapier. 55 x 55. Angelo Mangiarotti, Mailand.

Virgilio Marchi: Ponti della cittá di cemento, 1919. Datiert. Rote Tusche auf Papier. 55,5 x 48,5. Famiglia Marchi, Rom.

Virgilio Marchi: Grande Fabbrica, 1919. Datiert. Rote Tusche auf Papier. 55,5 x 48,8. Famiglia Marchi, Rom.

Virgilio Marchi: Ricerca di volumi, 1919–1920. Datiert. Tusche auf Papier. 43 x 32. Famiglia Marchi, Rom.

Richard Meier: Smith House, Darien (Conn.), (1965–1967), Ansicht von Südosten. Tusche auf Transparentpapier. 89,5 x 110,5. Richard Meier & Partners, New York.

Richard Meier: Smith House, Darien (Conn.), (1965–1967), Lageplan. Tusche auf Transparentpapier. 76,5 x 52. Richard Meier & Partners, New York.

Richard Meier: Smith House, Darien (Conn.), (1965–1967), Grundriß des Erdgeschosses. Tusche auf Transparentpapier. 110,5 x 89,5. Richard Meier & Partners, New York.

Richard Meier: Smith House, Darien (Conn.), (1965–1967), Schnitt. Tusche auf Transparentpapier. 89,5 x 110,5. Richard Meier & Partners, New York.

Erich Mendelsohn: Villa Becker, Chemnitz, Farbstudie zum Schlafzimmer, 1915. Aquarell. 27,1 x 25,5. Staatliche Museen Preußischer Kulturbesitz, Kunstbibliothek mit Museum für Architektur, Modebild und Grafik-Design, Berlin. Inv.-Nr. EM 237.

Erich Mendelsohn: Villa Becker, Chemnitz, Farbstudie zum Schlafzimmer, 1915. Aquarell. 22,8 x 19,8. Staatliche Museen

Preußischer Kulturbesitz, Kunstbibliothek mit Museum für Architektur, Modebild und Grafik-Design, Berlin. Inv.-Nr. EM 232.

Erich Mendelsohn: Villa Becker, Chemnitz. Aquarell. 29,1 x 27,4. Staatliche Museen Preußischer Kulturbesitz, Kunstbibliothek mit Museum für Architektur, Modebild und Grafik-Design, Berlin. Inv.-Nr. EM 237.

Erich Mendelsohn: Einsteinturm, Potsdam, perspektivische Ansicht, 1920. Graphit und gelbe Kreide auf Transparentpapier. 11,4 x 14,7. Staatliche Museen Preußischer Kulturbesitz, Kunstbibliothek mit Museum für Architektur, Modebild und Grafik-Design, Berlin. Inv.-Nr. EM 140.

Erich Mendelsohn: Einsteinturm, Potsdam, perspektivische Ansicht, 1920. Graphit und farbige Kreiden auf Transparentpapier. 9,6 x 20,9. Staatliche Museen Preußischer Kulturbesitz, Kunstbibliothek mit Museum für Architektur, Modebild und Grafik-Design, Berlin. Inv.-Nr. EM 144.

Erich Mendelsohn: Einsteinturm, Potsdam, Ansicht der Frontseite, 1920. Graphit und blaue und weiße Kreide auf Transparentpapier. 11,6 x 11,0. Staatliche Museen Preußischer Kulturbesitz, Kunstbibliothek mit Museum für Architektur, Modebild und Grafik-Design, Berlin. Inv.-Nr. EM 145.

Erich Mendelsohn: Einsteinturm, Potsdam, perspektivische Ansicht von Nordwesten, 1920. Graphit auf Transparentpapier. 6,8 x 12,3. Staatliche Museen Preußischer Kulturbesitz, Kunstbibliothek mit Museum für Architektur, Modebild und Grafik-Design, Berlin. Inv.-Nr. EM 149.

Erich Mendelsohn: Gartenpavillon, Luckenwalde, 1920. 4,4 x 5,3. Staatliche Museen Preußischer Kulturbesitz, Kunstbibliothek mit Museum für Architektur, Modebild und Grafik-Design, Berlin. Inv.-Nr. EM 288.

Erich Mendelsohn: Gartenpavillon, Luckenwalde, 1920. 5,7 x 6,6. Staatliche Museen Preußischer Kulturbesitz, Kunstbibliothek mit Museum für Architektur, Modebild und Grafik-Design, Berlin. Inv.-Nr. EM 246.

Erich Mendelsohn: Gartenpavillon, Luckenwalde, 1920. 5,6 x 5,6. Staatliche Museen Preußischer Kulturbesitz, Kunstbibliothek mit Museum für Architektur, Modebild und Grafik-Design, Berlin. Inv.-Nr. EM 360.

Erich Mendelsohn: Gartenpavillon, Luckenwalde. Zeichnung. 3,8 x 5,3. Staatliche Museen Preußischer Kulturbesitz, Kunstbibliothek mit Museum für Architektur, Modebild und Grafik-Design, Berlin. Inv.-Nr. 329.

Erich Mendelsohn: Dünenarchitektur. Zeichnung. 11,5 x 21,8. Staatliche Museen Preußischer Kulturbesitz, Kunstbibliothek mit Museum für Architektur, Modebild und Grafik-Design, Berlin. Inv.-Nr. EM 256.

Erich Mendelsohn: Dünenarchitektur, Kleine Düne, 1920. Bleistift. 5,2 x 15,1. Staatliche Museen Preußischer Kulturbesitz, Kunstbibliothek mit Museum für Architektur, Modebild und Grafik-Design, Berlin. Inv.-Nr. EM 643.

Erich Mendelsohn: Dünenarchitektur. Zeichnung. 6,3 x 15,2. Staatliche Museen Preußischer Kulturbesitz, Kunstbibliothek mit Museum für Architektur, Modebild und Grafik-Design, Berlin. Inv.-Nr. EM 658.

Adolph von Menzel: Die Berlin-Potsdamer Eisenbahn, 1847. Signiert, datiert. Öl auf Leinwand. 43 x 52. Staatliche Museen Preußischer Kulturbesitz, Nationalgalerie, Berlin. Inv.-Nr. AI 643,780.

Adolph von Menzel: Atelierwand, 1852. Signiert, datiert. Öl, Papier auf Holz. 61 x 44. Staatliche Museen Preußischer Kulturbesitz, Nationalgalerie, Berlin. Inv.-Nr. A I 904, Kat. 987.

Giovanni Michelucci: Kirche in Belvedere bei Pistoia, Skizze, 1954. Signiert, datiert. Tusche auf Papier. 33 x 45. Centro Michelucci, Comune di Pistoia. Inv.-Nr. 796.

Giovanni Michelucci: Kirche in Belvedere bei Pistoia, Skizze, 1959. Tusche auf Papier. 33 x 45. Centro Michelucci, Comune di Pistoia. Inv.-Nr. 48.

Giovanni Michelucci: Osteria del Gambero Rosso, Collodi, Skizze, 1958. Datiert. Tusche auf Papier. 22 x 28. Centro Michelucci, Comune di Pistoia. Inv.-Nr. 705.

Giovanni Michelucci: Osteria del Gambero Rosso, Collodi, Skizze, 1962. Datiert. Tusche auf Papier. 30,5 x 40,5. Centro Michelucci, Comune di Pistoia. Inv.-Nr. 855.

Ludwig Mies van der Rohe: Barcelona Pavillon, Barcelona, Grundriß (2. Entwurf), 1928. Bleistift und Farbstift auf Transparentpapier. 47,8 x 87,4. Museum of Modern Art, New York. Inv.-Nr. 14 2.

Ludwig Mies van der Rohe: Haus Tugendhat, Brno, Ansicht von der Straßenseite (1. Entwurf), 1929. Bleistift auf Transparentpapier. 40,8 x 65,8. Museum of Modern Art, New York. Inv.-Nr.2 335.

Ludwig Mies van der Rohe: Haus Tugendhat, Brno, perspektivische Ansicht (Südseite), 1928. Kohle und Graphit auf Transparentpapier. 29,6 x 53,6. Museum of Modern Art, New York. Inv.-Nr. 2 328.

Ludwig Mies van der Rohe: Haus Wolf, Guben (1925–1927), Ansichten von Norden und von Westen. Blaupause mit Bleistiftkorrekturen. 41,2 x 41,3. Museum of Modern Art, New York. Inv.-Nr. 30 39.

Ludwig Mies van der Rohe: Haus Wolf, Guben (1925–1927), Ansichten von Süden und von Osten. Blaupause mit Bleistiftkorrekturen. 41 x 41,4. Museum of Modern Art, New York. Inv.-Nr. 30 38.

Ludwig Mies van der Rohe: Haus Wolf, Guben, Grundriß des Erdgeschosses, 1925. Blaupause mit Bleistiftnotizen. 36,2 x 38,8. Museum of Modern Art, New York. Inv.-Nr. 30 51.

Ludwig Mies van der Rohe: Haus Wolf, Guben, Grundriß des Obergeschosses, 1925. Blaupause. 35,8 x 38,9. Museum of Modern Art, New York. Inv.-Nr. 30 32.

George Mitchell: Brief aus Tobago, 1796. British Architectural Library Drawings Collection, London. Inv.-Nr. G 6/1.

Laszlo Moholy-Nagy: Composition 2 VIII, 1924. Signiert, datiert. Leimfarbe auf Leinwand. 114 x 132. Staatliche Museen Preußischer Kulturbesitz, Nationalgalerie, Berlin. Inv.-Nr. 5/59.

Piet Mondrian: Komposition in Rot, Gelb und Blau, 1922. Signiert, datiert. Gouache auf Papier. 41 x 49. Staatliche Museen Preußischer Kulturbesitz, Nationalgalerie, Berlin. Inv.-Nr.B597.

Carles W. Moore, John Ruble, Robert Yudell: The Parish of Saint Matthew, Innen- und Außenansicht, 1981. Mylar-Kopie. 76,5 x 107. Deutsches Architekturmuseum, Frankfurt am Main. Inv.-Nr. DAM 83/906.

Charles W. Moore, John Ruble, Robert Yudell: The Parish of Saint Matthew, Süd- und Ostansicht, 1981. Mylar-Kopie. 76,5 x 107. Deutsches Architekturmuseum, Frankfurt am Main. Inv.-Nr. DAM 83/904.

Charles W. Moore, John Ruble, Robert Yudell: The Parish of Saint Matthew, Arbeitsmodell, 1981. Kunststoffpappe mit Papier. 76 x 98 x 29. Deutsches Architekturmuseum, Frankfurt am Main.

Giovanni Muzio: Casa di via Moscova (Cà brütta), Mailand, Ansichten, 1922. Tusche auf Transparentpapier. 68 x 84. Archivio Muzio, Mailand.

Giovanni Muzio: Casa di via Moscova (Cà brütta), Mailand, Ansichten, 1922. Tusche auf Transparentpapier. 69 x 96. Archivio Muzio, Mailand.

Giovanni Muzio: Casa di via Moscova (Cà brütta), Mailand, Grundrisse des Keller- und Erdgeschosses, 1922. 44 x 62. Archivio Muzio, Mailand.

John Nash: Cottages, Blaise Hamlet, Gloucestershire, perspektivische Ansichten, 1811. Lavierte Federzeichnung. British Architectural Library Drawings Collection, London.

John Nash: Ravensworth Castle, Ansicht der Südfassade, um 1824. Feder und Bleistift. 47,5 x 72. British Architectural Library Drawings Collection, London. Inv.-Nr. E 4/3 (11).

John Nash: The Royal Pavilion, Brighton, 1823 (Maler: Augustus Welby Pugin). Signiert, datiert. Bleistift und Aquarell. 20,3 x 32,2. The Royal Pavilion, Art Gallery and Museums, Brighton, Sussex.

John Nash: The Royal Pavilion, Brighton, Schnitt, 1826 (Maler: Augustus Welby Pugin). Aquatinta. 31,8 x 88. The Royal Pavilion, Art Gallery and Museums, Brighton, Sussex.

John Nash: The Royal Pavilion, Brighton, Modell, um 1900. Holz und Papier. 41 x 135,5 x 71. The Royal Pavilion, Art Gallery and Museums, Brighton, Sussex.

Adolfo Natalini und andere (Superstudio): Progetto di civile abitazione in località Macia nel Comune di Calenzano (Projekt für ein Wohnhaus in Macia bei Calenzano), aus: Un catalogo di Ville, perspektivische Ansicht, 1968. Tusche auf Transparentpapier. 64 x 67. Deutsches Architekturmuseum, Frankfurt am Main.

Adolfo Natalini und andere (Superstudio): Progetto di civile abitazione in località Macia nel Comune di Calenzano (Projekt für ein Wohnhaus in Macia bei Calenzano), aus: Un catalogo di Ville, Fassadenansicht, 1968. Tusche auf Transparentpapier, farbig mit Folie unterlegt. 61,5 x 86. Deutsches Architekturmuseum, Frankfurt am Main.

Adolfo Natalini und andere (Superstudio): Istogrammi, 1969. Tusche. 15 Blätter je 33 x 24. Deutsches Architekturmuseum, Frankfurt am Main.

Gottfried von Neureuther: Idealentwurf einer Schloßanlage am Starnberger See, um 1858. Aquarell auf Zeichenpapier und Karton. 57 x 85. Architektursammlung der Technischen Universität München. Inv.-Nr. 3.1, 1972/193.

Marcello Nizzoli: Abstrakte Innenarchitektur, um 1939. Weiße Farbe auf schwarzem Papier und Photocollage. 50 x 65. G. Mario Oliveri, Mailand.

Hermann Obrist: Denkmal, 1898–1900. Gips-Skulptur. 88 x 38 x 52. Museum Bellerive, Zürich. Inv.-Nr. 13906.

Joseph Maria Olbrich: Haus Olbrich, Darmstadt, Ansichten von Süden und Westen, 1900. 37,6 x 30,5 und 35,8 x 31,4. Staatliche Museen Preußischer Kulturbesitz, Kunstbibliothek mit Museum für Architektur, Modebild und Grafik-Design, Berlin. Inv.-Nr. 10433 und 10434.

Joseph Maria Olbrich: Hochzeitsturm, Darmstadt (3. Vorentwurf), Ansicht der Hauptfassade, 1905. Signiert, datiert. Feder und Tusche, Bleistift und Farbstift auf Transparentpapier. 45,7 x 22,5. Staatliche Museen Preußischer Kulturbesitz, Kunstbibliothek mit Museum für Architektur, Modebild und Grafik-Design, Berlin. Inv.-Nr. 11109.

Joseph Maria Olbrich: Hochzeitsturm, Darmstadt (3. Vorentwurf), perspektivische Ansicht von Südwesten, 1905. Signiert. Feder und Tusche, Bleistift und Farbstift auf Transparentpapier. 46,8 x 25,6. Staatliche Museen Preußischer Kulturbesitz, Kunstbibliothek mit Museum für Architektur, Modebild und Grafik-Design, Berlin. Inv.-Nr. Hdz 11 110.

Joseph Maria Olbrich: Hochzeitsturm, Darmstadt, Ansicht der Nordfassade, 1905. Feder auf Transparentpapier. 48,2 x 65,9. Staatliche Museen Preußischer Kulturbesitz, Kunstbibliothek mit Museum für Architektur, Modebild und Grafik-Design, Berlin. Inv.-Nr. Kasten 5950s/1310 Hdz 11 116e.

Joseph Maria Olbrich: Hochzeitsturm, Darmstadt, perspektivische Ansicht von Nordosten, 1905, Bleistift, Aquarell, Deckfarben. 39,6 x 54,3. Staatliche Museen Preußischer Kulturbesitz, Kunstbibliothek mit Museum für Architektur, Modebild und Grafik-Design, Berlin. Inv.-Nr. Kasten 5950r/1453. Hdz 11 119.

Joseph Maria Olbrich: Hochzeitsturm, Darmstadt, Westansicht, 1905. Feder auf Transparentpapier. 50,9 x 78,2. Staatliche Museen Preußischer Kulturbesitz, Kunstbibliothek mit Museum für Architektur, Modebild und Grafik-Design, Berlin. Inv.-Nr. Kasten 5950s/1308, Hdz 11116a.

Joseph Maria Olbrich: Ausstellungsgebäude der Secession, Wien, Vorentwurf des Mittelteils der Hauptfassade. Bleistift, Kohle, Farbstift, Deckfarben auf hellbraunem Zeichenkarton. 44,9 x 29,9. Staatliche Museen Preußischer Kulturbesitz, Kunstbibliothek mit Museum für Architektur, Modebild und Grafik-Design, Berlin. Inv.-Nr. Kasten 5650 b/30.

Frei Otto: Vorschlag zur wandelbaren Überdachung eines dauerhaften City Parks anläßlich der Weltausstellung 1967 in Montreal, 1963. Signiert, datiert. Bleistift auf Karton. 30 x 40. Privatsammlung.

Frei Otto: Stadtgarten, 1980. Signiert, datiert. Tusche und Aquarell. 14,8 x 21. Privatsammlung.

Frei Otto: Zelte in der Stadt, 1980. Signiert, datiert. Tusche und Aquarell. 14,5 x 21. Privatsammlung.

Jacobus Johannes Pieter Oud: Fabrik in Purmerend, Ansicht, 1917. Bleistift und Aquarell. 15 x 45. Nederlands Documentatiecentrum voor de Bouwkunst, Amsterdam.

Giovanni Paolo Panini: Phantasielandschaft mit antiken Ruinen, um 1730. Öl auf Leinwand. 58,2 x 102,5. Staatliche Museen Preußischer Kulturbesitz, Gemäldegalerie, Berlin. Inv.-Nr. 1/57.

Pier Paolo Pasolini: Uccellacci e Uccellini, Szenenphotos, 1966. Stiftung Deutsche Kinemathek, Berlin.

Pierre Patout, Robert Camelot, Pierre Mathé: Völkerbundpalast, Genf, Wettbewerbsentwurf, Vorprojekt, 1926–1927. Signiert: Robert Camelot. Schwarzer Farbstift auf Transparentpapier. 40,8 x 54,8. Institut Français d'Architecture, Paris.

Pierre Patout, Robert Camelot, Pierre Mathé: Völkerbundpalast, Genf, Wettbewerbsentwurf, Ansicht, 1926–1927. Bleistift auf Transparentpapier. 25 x 67,6. Institut Français d'Architecture, Paris.

Pierre Patout, Robert Camelot, Pierre Mathé: Völkerbundpalast, Genf, Wettbewerbsentwurf, Ansicht von der Seeseite, 1926-1927. Bleistift auf Transparentpapier. 32,4 x 68,3. Institut Français d'Architecture, Paris.

Pierre Patout, Robert Camelot, Pierre Mathé: Völkerbundpalast, Genf, Wettbewerbsentwurf, Ansichtsstudie, 1926-1927. Signiert: Robert Camelot. Bleistift auf Transparentpapier. 19,4 x 40. Institut Français d'Architecture, Paris.

Pierre Patout, Robert Camelot, Pierre Mathé: Völkerbundpalast, Genf, Wettbewerbsentwurf, zwei Ansichtsstudien, 1926-1927. Signiert: Robert Camelot. Bleistift auf Transparentpapier. 32,8 x 31. Institut Français d'Architecture, Paris.

Pierre Patout, Robert Camelot, Pierre Mathé: Völkerbundpalast, Genf, Wettbewerbsentwurf, Studien für den Schnitt durch den großen Saal, 1926-1927. Signiert: Robert Camelot. Bleistift auf Transparentpapier. 30 x 37. Institut Français d'Architecture, Paris.

Joseph Paxton: Kristallpalast, London, 1850. Lithographie der Entwurfsskizze. 27,5 x 35,7. Victoria and Albert Museum, London. Inv.-Nr. E 141 1983.

Joseph Paxton: Kristallpalast, London, Außenansicht, um 1852. Federzeichnung: C. Burton. 31,1 x 48,7. Victoria and Albert Museum, London. Inv.-Nr. 196 55.

Joseph Paxton: Kristallpalast, London, Innenansicht, 1851. Aquarell: Thomas Ashburton Picken. 43,5 x 60. Victoria and Albert Museum, London. Inv.-Nr. 19625.

Joseph Paxton: Kristallpalast, London, Grundriß, 1851. Stich: James Wyld. 60,2 x 85. Victoria and Albert Museum, London. Inv.-Nr. 150 24 L.I.B.

Gustav Peichl: Landesstudio Tirol des ORF, Salzburg, Isometrie, 1970. Zeichnung auf Transparentfilm. 120 x 120. Gustav Peichl, Wien.

Charles Percier (1764-1838): Innenansicht eines Museums. Schwarze Kreide, Feder und Tusche, Gouache, Aquarell. 61,0 x 48,1. Cabinet des Dessins du Musée du Louvre, Paris. Inv.-Nr. 32.296.

Auguste und Gustave Perret: Wohnhaus in der rue Franklin 25 bis, Paris, Ansicht, Schnitt, 1903. Signiert, datiert. Tusche auf Transparentpapier. 96 x 68. Centre d'Histoire de la Construction, Conservatoire National des Arts et Métiers, Paris. Inv.-Nr. 1 PO 3.1 (12).

Auguste und Gustave Perret: Wohnhaus in der rue Franklin 25 bis, Paris, Grundriß eines Normalgeschosses, 1903. Signiert, datiert. Tusche laviert auf Transparentpapier. 45 x 46. Centre d'Histoire de la Construction, Conservatoire National des Arts et Métiers, Paris. Inv.-Nr. 1 PO 3.1 (21).

Marcello Piacentini: Rektoratsgebäude in der Città Universitaria, Rom, Studie für die Hauptansicht, um 1932. Blauer Farbstift auf Papier. 13,5 x 17. Fondo Piacentini, Biblioteca Centrale di Architettura, Florenz. Inv.-Nr. D.1.

Marcello Piacentini: Rektoratsgebäude in der Città Universitaria, Rom, Studie für das Hauptportal, um 1932. Bleistift auf Papier. 13,5 x 17. Fondo Piacentini, Biblioteca Centrale di Architettura, Florenz. Inv.-Nr. D.3.

Marcello Piacentini: Rektoratsgebäude in der Città Universitaria, Rom, Studie für die Hauptansicht, um 1932. Bleistift auf Papier. 13,5 x 17. Fondo Piacentini, Biblioteca Centrale di Architettura, Florenz. Inv.-Nr. D.5.

Marcello Piacentini: Rektoratsgebäude in der Città Universitaria, Rom, Studie für die Hauptansicht, um 1932. Bleistift auf Papier. 10 x 13. Fondo Piacentini, Biblioteca Centrale di Architettura, Florenz. Inv.-Nr. D.6.

Marcello Piacentini: Rektoratsgebäude in der Città Universitaria, Rom, Studie für die Hauptansicht (1. Fassung), um 1932. Farbstift auf Papier. 29 x 21. Fondo Piacentini, Biblioteca Centrale di Architettura, Florenz. Inv.-Nr. D.7.

Marcello Piacentini: Rektoratsgebäude in der Città Universitaria, Rom, Perspektive (1. Fassung), Skizze, um 1932. Bleistift auf Papier. 16 x 20. Fondo Piacentini, Biblioteca Centrale di Architettura, Florenz. Inv.-Nr. D.8.

Marcello Piacentini: Rektoratsgebäude in der Città Universitaria, Rom, Studien für das Gebäude im Kontext des Platzes, um 1932. Bleistift auf Papier. 26 x 21. Fondo Piacentini, Biblioteca Centrale di Architettura, Florenz. Inv.-Nr. D.10.

Marcello Piacentini: Rektoratsgebäude in der Città Universitaria, Rom, Studie, um 1932. Bleistift auf Papier. 26 x 20,5. Fondo Piacentini, Biblioteca Centrale di Architettura, Florenz. Inv.-Nr. D.20.

Renzo Piano, Richard Rogers: Centre National d'Art et de Culture Georges Pompidou, Paris (1971-1977), Verbindungstunnel. Mutterpause. 70 x 180. Atelier Piano, Paris.

Walter Pichler: Fundament für die Scheune, 1975. Signiert. Bleistift, Tusche laviert. 34,1 x 48,9. Gilman Paper Company Collection, New York. Inv.-Nr. AR 75.23.

Giambattista Piranesi: Villa di Mecenate. Kupferstich. Staatliche Museen Preußischer Kulturbesitz, Kupferstichkabinett, Berlin. Inv.-Nr. H 651, Mappe Tivoli.

Giambattista Piranesi: Villa di Mecenate. Kupferstich. Staatliche Museen Preußischer Kulturbesitz, Kupferstichkabinett, Berlin. Inv.-Nr. 11.115-1963 (H 7311), Mappe Tivoli.

Giambattista Piranesi: Strada Felice. Kupferstich. Staatliche Museen Preußischer Kulturbesitz, Kupferstichkabinett, Berlin. Inv.-Nr. 11.66-1963, Mappe Tivoli.

Arthur Beresford Pite: Dorfschule, Ansichten, Grundriß und Schnitt, 1882. Federzeichnung. 60 x 70. British Architectural Library Drawings Collection, London. Inv.-Nr. ARC VI/1.

Arthur Beresford Pite: Tower of Healing, um 1904. Aquarell. 30 x 60. British Architectural Library Drawings Collection, London. Inv.-Nr. ARC VI/49.

Hans Poelzig: Schwefelsäurefabrik, Luban/Posen, Ansicht, 1910. Tusche auf Transparentpapier. 61,2 x 180,8. Plansammlung der Universitätsbibliothek der Technischen Universität Berlin. Inv.-Nr. 2635.

Hans Poelzig: Schwefelsäurefabrik, Luban/Posen, Halbfabrikateschuppen, Ansicht, 1910. Signiert, datiert. Tusche auf Transparentpapier. 55,6 x 156,7. Plansammlung der Universitätsbibliothek der Technischen Universität Berlin. Inv.-Nr. 2650.

Hans Poelzig: Großes Schauspielhaus, Berlin, Skizze des Eingangs, 1919-1920. Pastellkreide auf Karton. 24,5 x 34,3. Marlene Poelzig, Hamburg.

Hans Poelzig: Großes Schauspielhaus, Berlin, Skizzen der Säulen, 1919-1920. Ölkreide auf Transparentpapier. 25,6 x 32,6. Marlene Poelzig, Hamburg.

Hans Poelzig: Großes Schauspielhaus, Berlin, Skizze der Beleuchtungssäule, 1919-1920. Ölkreide auf Transparentpapier. 25,6 x 32,6. Marlene Poelzig, Hamburg.

Hans Poelzig: Großes Schauspielhaus, Berlin, Skizze der Beleuchtungskörper vor roter Wand, 1919-1920. Ölkreide auf Transparentpapier. 25,6 x 32,6. Marlene Poelzig, Hamburg.

Hans Poelzig: Domskizze, um 1920. Ölkreide auf Papier. 29,7 x 21. Marlene Poelzig, Hamburg.

Hans Poelzig: Festspielhaus Salzburg, perspektivische Ansicht des Zuschauerraumes, 1920. Schwarze Kreide auf Transparentpapier über Karton. 67,7 x 83. Plansammlung der Universitätsbibliothek der Technischen Universität Berlin. Inv.-Nr. 2763.

Paolo Portoghesi: Casa Baldi, Rom (1959), Skizze. Aquarell auf Papier. 26 x 20. Paolo Portoghesi, Rom.

Magnus Poulsson: Hotel- und Konferenzzentrum Lysebu, Voksenkollen, Oslo, 1949. Signiert, datiert. Tusche auf Transparentpapier. 19,5 x 25,2. Norske Arkitekturmuseum, Oslo. Inv.-Nr. MP 336.

Magnus Poulsson: Haus für Gudrun Collett, Oslo, Skizze, 1953. Signiert, datiert. Tusche auf Transparentpapier. 42,3 x 29,1. Norsk Arkitekturmuseum, Oslo.

Magnus Poulsson: Kirche bei Gravberget, Våler i Solør, 1956. Signiert, datiert. Tusche auf Transparentpapier. 46,3 x 33,7. Norsk Arkitekturmuseum, Oslo. Inv.-Nr. MP 422.

Bernard Poyet: Neugestaltung der Place de la Concorde, Paris, Blick vom linken Seineufer, 1801. Tuschezeichnung. 30 x 94,5. Musée Carnavalet, Paris. Inv.-Nr. D. 3805.

Bernard Poyet: Neugestaltung der Place de la Concorde, Paris, Blick von der Drehbrücke, 1801. Tuschezeichnung. 30 x 94. Musée Carnavalet, Paris. Inv.-Nr. 3806.

Peter Pran: Codex '83, 1983. Bleistift und Farbstift auf gelbem Transparentpapier. 61 x 93. Deutsches Architekturmuseum, Frankfurt am Main.

Cedric Price: Fun Palace, Key Drawing, 1959-1961. Bleistift und rote Tusche. 44,4 x 83,8. Gilman Paper Company Collection, New York. Inv.-Nr. AR 80.781.

Cedric Price: Fun Palace, Erste Skizze, 1959-1961. Bleistift, Farbstift und Tinte. 16,5 x 39,4. Gilman Paper Company Collection, New York. Inv.-Nr. AR 80.783.

Giacomo Quarenghi: Caféhaus, Ansicht, 1785-1790. Tusche und Aquarell auf Papier. 22 x 32,5. Sandro Angelini, Bergamo.

Giacomo Quarenghi: Caféhaus, Grundriß, 1785-1790. Tusche und Aquarell auf Papier. 22 x 32,5. Sandro Angelini, Bergamo.

Giacomo Quarenghi: Caféhaus, Schnitt, 1785-1790. Tusche und Aquarell auf Papier. 22 x 32,5. Sandro Angelini, Bergamo.

Ludovico Quaroni mit M. Fiorentino, F. Gorio, P.M. Lugli, M. Ridolfi, G. Rinaldi, M. Valori: Quartiere Tiburtino, Rom, Skizze Nr. 4, 1950. Tusche auf Transparentpapier. 52 x 75. Ludovico Quaroni, Rom.

Ludovico Quaroni mit M. Fiorentino. F. Gorio, P.M. Lugli, M. Ridolfi, G. Rinaldi, M. Valori: Quartiere Tiburtino, Rom, Lageplan, 1950. Datiert. Tusche auf Transparentpapier. 45 x 63. Ludovico Quaroni, Rom.

Ludovico Quaroni mit M. Fiorentino, F. Gorio, P.M. Lugli, M. Ridolfi, G. Rinaldi, M. Valori: Quartiere Tiburtino, Rom, Grundriß und Schnitt eines Gebäudes, 1950. Projekt: Ludovico Quaroni mit C. Aymonino, C. Chiarini, M. Lanza, S. Lenci, C. Melograni, G. Menichetti. Tusche auf Transparentpapier. 35 x 90. Ludovico Quaroni, Rom.

Ludovico Quaroni mit M. Fiorentino, F. Gorio, P.M. Lugli, M. Ridolfi, G. Rinaldi, M. Valori: Quartiere Tiburtino, Rom, Treppendetail, 1950. Projekt: Ludovico Quaroni mit C. Aymonino, C. Chiarini, M. Lanza, S. Lenci, C. Melograni, G. Menichetti. Tusche auf Transparentpapier. 45 x 80. Ludovico Quaroni, Rom.

Ludovico Quaroni mit M. Boschetti, A. De Carlo, G. Esposito, L. Giovannini, A. Livadiotti, L. Menozzi, T. Musho, A. Polizzi: Nationaler Wettbewerb für Billighäuser, Venedig/Mestre, Erste Skizze, 1959. Farbzeichnung auf Transparentpapier. 38 x 75. Ludovico Quaroni, Rom.

Ludovico Quaroni mit M. Boschetti, A. De Carlo, G. Esposito, L. Giovannini, A. Livadiotti, L. Menozzi, T. Musho, A. Polizzi: Nationaler Wettbewerb für Billighäuser, Venedig/Mestre, Gesamtansicht, 1959. Farbzeichnung auf Transparentpapier. 94 x 145. Ludovico Quaroni, Rom.

Bruno Reichlin, Fabio Reinhart: Casa Sartori, Someo-Riveo (1975-1977), Ansichten, Schnitte, Grundrisse. Tusche auf Transparentpapier. 63,5 x 73. Deutsches Architekturmuseum, Frankfurt am Main.

C.J. Richardson: Manchester School of Architecture, 1832. Bleistiftzeichnung. 33 x 18,3. Victoria and Albert Museum, London. Inv.-Nr. 3436.144 A 149.

Henry Hobson Richardson: Trinity Church Boston, Schnitt (1872–1877). Zeichnung: Charles McKim. Tusche und Aquarell auf Aquarellpapier. 81,3 x 106,7. The Houghton Library, Harvard University, Cambridge (Mass.).

Mario Ridolfi, Volfango Frankl: Casa a stella im Quartiere Tiburtino, Rom, Parzelle F, Grundrisse und Ansichten, 1951. Signiert, datiert. Tusche auf Transparentpapier. 50 x 75. Mario Ridolfi, Marmore. Inv.-Nr. 77/F III D.

Mario Ridolfi, Volfango Frankl: Wohnblock am viale Etiopia, Rom, Parzelle 2, Normalgeschoß, Grundrisse und Schnitte, 1951. Signiert, datiert. Tusche auf Transparentpapier. 75 x 50. Mario Ridolfi, Marmore. Inv.-Nr. 87/II 32.

Mario Ridolfi: Casa Lina, Marmore, endgültige Lösung, Grundrisse, Schnitte, Details, 1966. Signiert, datiert. Tusche auf Transparentpapier. 52 x 75,5. Mario Ridolfi, Marmore. Inv.-Nr. I/S.D./1.

Mario Ridolfi: Casa Ottaviani, Norcia (Perugia), erster Vorschlag, 1972. Signiert. Tusche auf Transparentpapier. 120 x 69,5. Mario Ridolfi, Marmore. Inv.-Nr. V/S.P./19.

Richard Riemerschmid: Fabrikneubau „Deutsche Werkstätten für Handwerkskunst", Hellerau, Ansicht, um 1907. Bleistift auf Millimeterpapier. 29,3 x 66,5. Architektursammlung der Technischen Universität München. Inv.-Nr. Th. Nr. 736.

Richard Riemerschmid: Fabrikneubau „Deutsche Werkstätten für Handwerkskunst", Hellerau, Grundriß des Erdgeschosses, 1907. Bleistift auf Transparentpapier. 56 x 98. Architektursammlung der Technischen Universität München. Inv.-Nr. Th. Nr. 742.

Richard Riemerschmid: Gasthaus am Markt, Hellerau, Perspektive, 1909. Farbstift auf Lichtpause. 31,8 x 52,5. Architektursammlung der Technischen Universität München. Inv.-Nr. Th. Nr. 2189.

Gerrit Rietveld: Haus Schroeder, Utrecht (1923–1924), Ansicht. Pause. 42 x 38. Nederlands Documentatiecentrum voor de Bouwkunst, Amsterdam.

Gerrit Rietveld: Haus Schroeder, Utrecht (1923–1924), Innenperspektive. Farbige Lithographie. 36 x 51. Nederlands Documentatiecentrum voor de Bouwkunst, Amsterdam.

Aldo Rossi: Friedhof San Cataldo, Modena, 1971. Signiert, datiert. Tusche und Bleistift auf Papier. 57,8 x 125,7. Gilman Paper Company Collection, New York. Inv.-Nr. AR 77.191.

Aldo Rossi: Friedhof San Cataldo, Modena, Studie, 1971. Signiert, datiert. Bleistift und Farbstift auf Papier. 71,1 x 114,3. Gilman Paper Company Collection, New York. Inv.-Nr. AR 77.192d.

Aldo Rossi: Friedhof San Cataldo, Modena, Studie, 1971. Signiert, datiert. Tusche und Bleistift auf Papier. 19,7 x 75,2. Gilman Paper Company Collection, New York. Inv.-Nr. AR 77.192e.

Aldo Rossi: Casa Bay, Borgo Ticino, Ansichtsperspektive, 1976. Tusche auf Transparentpapier. 51,5 x 100. Deutsches Architekturmuseum, Frankfurt am Main.

Aldo Rossi: Casa Bay, Borgo Ticino, Ansichten und Schnitte, 1976. Tusche und Spritztechnik auf Transparentpapier. 66,5 x 107,5. Deutsches Architekturmuseum, Frankfurt am Main.

Medardo Rosso: Tetti, um 1896. Tusche auf Papier. 21,9 x 14,1. Museo Medardo Rosso, Barzio.

Eliel Saarinen, Armas Lindgren, Herman Gesellius: Wohnhaus, Suuri Merijoki, Viipuri, um 1901. Tusche, laviert. 65,1 x 116,8. Museum für finnische Architektur, Helsinki. Inv.-Nr. SRM 085/33.

Eliel Saarinen, Armas Lindgren, Herman Gesellius: Wohnhaus, Suuri Merijoki, Viipuri, 1902. Signiert, datiert. Aquarell. 45,5 x 45,9. Museum für finnische Architektur, Helsinki. Inv.-Nr. SRM 085/2.

Eliel Saarinen: Hauptbahnhof, Helsinki, Perspektivische Ansicht, 1909–1913. Tusche. 32,5 x 97,5. Museum für finnische Architektur, Helsinki. Inv.-Nr. SRM 074/3.

Eliel Saarinen: Hauptbahnhof, Helsinki, Innenansicht, 1910. Signiert, datiert. Tusche, Aquarell. 18,8 x 35,2. Museum für finnische Architektur, Helsinki. Inv.-Nr. SRM 074/12.

Eliel Saarinen: Kalevala-Haus, 1921. Signiert, datiert. Bleistift auf Skizzenpapier. 24,8 x 61,7. Museum für finnische Architektur, Helsinki. Inv.-Nr. SRM 049/11.

Antonio Sant'Elia: Cittá futura, Elektrizitätswerk, 1915. Tusche auf Papier. 41 x 23,5. Paride Accetti, Mailand.

Antonio Sant'Elia: Cittá futura, Elektrizitätswerk, 1915. Tusche auf Papier. 58 x 58. Paride Accetti, Mailand.

Antonio Sant'Elia: Cittá futura, Elektrizitätswerk, 1914. Tusche auf Papier. 30 x 21. Paride Accetti, Mailand.

Alberto Sartoris: Villa Gentinetta, Chexbres, Axonometrie, 1937. Signiert, datiert. Tusche auf Papier. 84,5 x 83,5. Alberto Sartoris, Cossonay Ville.

Alberto Sartoris: Villa Gentinetta, Chexbres, Grundriß des Erdgeschosses, 1937. Signiert, datiert. Tusche auf Papier. 84,5 x 83,5. Alberto Sartoris, Cossonay Ville.

Henri Sauvage, Charles Sarazin: Loggien und Balkone, Paris, um 1903. Bleistift auf Papier. 36,8 x 27,6. Institut Français d'Architecture, Paris.

Henri Sauvage, Charles Sarazin: Projekt für eine Rue à gradins, 1913. Signiert. Tusche auf Transparentpapier. 31,2 x 41,6. Institut Français d'Architecture, Paris.

Henri Sauvage: Terrassierter Wohnblock an der Seine mit Garagen für 4000 Autos, 1928. Datiert. Tusche auf Transparentpapier. 54,4 x 63,1. Institut Français d'Architecture, Paris.

Hans Scharoun: Ohne Titel, 1919. Aquarell auf Karton. 47,7 x 35,8. Akademie der Künste, Sammlung Baukunst, Berlin.

Franz Scheibler, Hans Schnabel: Völkerbundpalast, Genf, Wettbewerbsentwurf, Vogelschauperspektive, 1927. Tusche auf Papier auf Karton. 77 x 110. Franz Scheibler Archiv, Winterthur.

Franz Scheibler, Hans Schnabel: Völkerbundpalast, Genf, Wettbewerbsentwurf, 1927. Tusche auf Papier auf Karton. 53 x 102. Franz Scheibler Archiv, Winterthur.

Franz Scheibler mit Hermann Siegrist: Häuserblock an der Langgasse, Winterthur, 1. Entwurf, 1928. Datiert. Tusche auf Transparentpapier. 60 x 84. Franz Scheibler Archiv, Winterthur.

Rudolf M. Schindler: Pueblo Ribera Court, Wohnhaus für W. L. Lloyd, La Jolla (Cal.), Ansicht von der Playa Sur Avenue, 1923-1925. Präsentationszeichnung. Bleistift auf Pergament. 42 x 53. Architectural Drawings Collection, University Art Museum, Santa Barbara (Cal.).

Rudolf M. Schindler: Pueblo Ribera Court, Wohnhaus für W. L. Lloyd, La Jolla (Cal.), Grundrisse Erd- und Dachgeschoß, 1923-1925. Präsentationszeichnung. Bleistift auf Pergament. 42 x 53. Architectural Drawings Collection, University Art Museum, Santa Barbara (Cal.).

Karl Friedrich Schinkel: Blick in Griechenlands Blüte, 1836. Signiert: Ahlborn nach Schinkel, datiert. Öl auf Leinwand. 94 x 235. Staatliche Museen Preußischer Kulturbesitz, Nationalgalerie Berlin. Inv.-Nr. NG 2/54.

Oskar Schlemmer: Einzelfigur auf grauem Grund, 1928. Ölfarbe und Tempera auf Leinwand. 173,5 x 40,5. Staatsgalerie Stuttgart. Inv.-Nr. 2525.

Hans Schmidt: Siedlung Haslerain, Riehen, Vorprojekt mit Musterhäusern, Grundriß und Gartenansicht eines Doppelwohnhauses, 1945. Datiert. Bleistift und Tusche auf Transparentpapier. 59 x 105. ETH Zürich; Institut für Geschichte und Theorie der Architektur, Archiv für Moderne Schweizer Architektur. Inv.-Nr. 4-026-2.

Paul Schmitthenner: Gartenstadt Staaken, Berlin, Straße „Zwischen den Giebeln", 1914. Pause auf Karton, mit Bleistift und schwarzer und gelber Kreide überarbeitet. 29,2 x 28,2. Elisabeth Schmitthenner, München.

Paul Schmitthenner: Detail eines Ziergitters, Volksschule Gartenstadt Staaken, Berlin, 1914. Bleistift, blauer und roter Farbstift auf Transparentpapier. 45,7 x 41. Elisabeth Schmitthenner, München.

Paul Schmitthenner: Schild des Uhrmachers, Gartenstadt Staaken, Berlin, 1914. Bleistift auf Transparentpapier. 75,3 x 67,8. Elisabeth Schmitthenner, München. Inv.-Nr. Blatt 254.

Gottfried Semper: Stadthaus Winterthur, Ansicht, 1864. Signiert, datiert. Tusche, Aquarell. 24,1 x 45,8. ETH Zürich; Institut für Geschichte und Theorie der Architektur, Archiv für Moderne Schweizer Architektur, Zürich. Inv.-Nr. 20-178-1-31.

Gottfried Semper: Das Eidgenössische Polytechnikum in Zürich (1858-1864). Radierung: Caspar Ulrich Huber, 1884. 15,7 x 26,4. Graphische Sammlung der ETH Zürich.

Gino Severini: Der Zug zwischen den Häusern, Studie Nr. 2, 1913-1914. Pastell und schwarze Kreide auf bräunlichem Karton. 52,5 x 64,5. Kunsthalle, Hamburg. Inv.-Nr. 1954/228.

Robert Smirke: British Museum, Perspektive, 1836. Signiert. Aquarell. 45 x 90. British Architectural Library Drawings Collection, London. Inv.-Nr. J 11/41 (3).

John Soane: Bank of England, London, Vestibül, um 1798. Skizze. Feder laviert. 29 x 21,4. Victoria and Albert Museum, London. Inv.-Nr. 3436.190 A 131.

Lars Sonck: Johanniskirche (heute Domkirche), Tampere, Wettbewerbsentwurf, Axonometrie, 1900. Tusche. 64,9 x 49,7. Museum für finnische Architektur, Helsinki.

Lars Sonck: Johanniskirche (heute Domkirche), Tampere, Wettbewerbsentwurf, Grundriß und Schnitte, 1900. Tusche. 49,8 x 64,9. Museum für finnische Architektur, Helsinki.

Lars Sonck: Villa Hornborg, 1922. Tusche und Bleistift auf Papier. 30,5 x 36,9. Museum für finnische Architektur, Helsinki. Inv.-Nr. SRM 084/100.

Jacques-Germain Soufflot: St. Geneviève, Paris (1755), Ansicht. 70 x 55. Bibliothèque Nationale, Paris. Inv.-Nr. Est., Va 259 b, tome 1.

Jacques-Germain Soufflot: St. Geneviève, Paris (1755), Grundriß. 70 x 55. Bibliothèque Nationale, Paris. Inv.-Nr. Est., Va 259 b,

tome 1.
Jacques-Germain Soufflot: St. Geneviève, Paris (1755), Schnitt. 70 x 55. Bibliothèque Nationale, Paris. Inv.-Nr. Est., Va 259 b, tome 1.

Rudolf Steiner und das Büro des Johannesbauvereins: Johannesbau, Dornach, Grundriß, 1913, Tusche auf Ölpapier. 111 x 85. Allgemeine Anthroposophische Gesellschaft, Dornach. Inv.-Nr. 100-20-23/0310.

Rudolf Steiner und das Baubüro des Johannesbauvereins: Johannesbau, Dornach, Ansicht von Westen, 1914. Tusche auf Ölpapier. 111 x 60. Allgemeine Anthroposophische Gesellschaft, Dornach. Inv.-Nr. 100-90-05/0212.

Rudolf Steiner: Erstes Goetheanum, Dornach, Rekonstruktionsmodell, Abguß, 1935. Modell: Albert von Baravalle. Polyester, koloriert. 84 x 88 x 34. Allgemeine Anthroposophische Gesellschaft, Dornach. Inv.-Nr. 3. Modell.

Robert Stephenson: Eisenbahnlinie London-Birmingham, Brücke über den Grand Junction Canal, Details der Eisenkonstruktion, um 1830. Aquarellierte Zeichnung. 77,5 x 132,1. Ove Arup & Partners, London.

Robert Stephenson: Eisenbahnlinie London-Birmingham, Brücke zum Waterend Farmhouse, um 1830. Signiert. Aquarellierte Zeichnung. 73,7 x 121,9. Ove Arup & Partners, London.

Louis H. Sullivan: The National Farmers' Bank, Owatonna (Minn.), Ornamentstudie der Uhreinfassung, 1907. Zeichnung: George Elmslie. Datiert. Bleistift. 30,1 x 19,8. Avery Architectural Library, Columbia University, New York.
Inv.-Nr. FLLW/LHS Nr. 77 und 119.

Louis H. Sullivan: Ornamentstudie, 1885. Datiert. Bleistift auf Spiralblockpapier. 27,5 x 17,6. Avery Architectural Library, Columbia University, New York. Inv.-Nr. FLLW/LHS Nr. 21.

Louis H. Sullivan: Eliel Apartment Building, Chicago, Skizze, 1894. Datiert. Bleistift. 27,4 x 20. Avery Architectural Library, Columbia University, New York. Inv.-Nr. FLLW/LHS Nr. 23.

Gunnar Taucher: Kommunales Wohnhaus für Arbeiter an der Mäkeläukatu, Helsinki, 1925. Signiert, datiert. Tusche, Aquarell. 49,9 x 64,8. Museum für finnische Architektur, Helsinki.

Bruno Taut: Folkwang-Schule, Hagen (1919–1920). Tusche auf Transparentpapier. 31,5 x 51,5. Sammlung Hablik, Itzehoe.

Bruno Taut: Hufeisensiedlung Britz, Berlin, Straßen- und Gartenansicht, 1926. Leinenpause. 33,2 x 97,2. Bezirksamt Neukölln, Bau- und Wohnungsaufsichtsamt, Berlin.

Bruno Taut: Hufeisensiedlung Britz, Berlin, Grundriß des Erdgeschosses, 1926. Leinenpause. 34,7 x 66. Bezirksamt Neukölln, Bau- und Wohnungsaufsichtsamt, Berlin.

Bruno Taut: Hufeisensiedlung Britz, Berlin, Schnitte,1926. Leinenpause. 35 x 67,2. Bezirksamt Neukölln, Bau- und Wohnungsaufsichtsamt, Berlin.

Max Taut: Monument auf dem Kreuzberg, Berlin, 1920. Pause. 20 x 22. Sammlung Hablik, Itzehoe.

Giuseppe Terragni: Casa del Fascio, Como, Ansicht, 1934. Tusche auf Karton. 115 x 120. Studio Terragni, Como.

Giuseppe Terragni, Pietro Lingeri: Danteum, Rom, Grundriß, 1938. Tusche auf Papier. 65 x 100. Piero Carlo Lingeri, Mailand. Inv.-Nr. 4.

Giuseppe Terragni, Pietro Lingeri: Danteum, Rom, Purgatorio (Läuterungsberg), 1938. Tusche und Aquarell auf Papier. 65 x 100. Piero Carlo Lingeri, Mailand. Inv.-Nr. 13.

Giuseppe Terragni, Pietro Lingeri: Danteum, Rom, Paradiso (Paradies), 1938. Tusche und Aquarell auf Papier. 65 x 100. Piero Carlo Lingeri, Mailand. Inv.-Nr. 14.

Giuseppe Terragni, Pietro Lingeri: Danteum, Rom, Inferno (Hölle), 1938. Tusche und Aquarell auf Papier. 65 x 100. Piero Carlo Lingeri, Mailand. Inv.-Nr. 12.

Giuseppe Terragni, Pietro Lingeri: Danteum, Rom, Modell, 1938. Holz und Gips. 122 x 165 x 60. Piero Carlo Lingeri, Mailand.

Heinrich Tessenow: Planung Mosigkau, Gemeinschaftssiedlung für 800 Wohnungen, Marktplatz, perspektivische Ansicht von Norden. 34,8 x 24,4. Staatliche Museen Preußischer Kulturbesitz, Kunstbibliothek mit Museum für Architektur, Modebild und Grafik-Design, Berlin. Inv.-Nr. St 6/9.

Heinrich Tessenow: Haus Nau-Roeser in Lostau bei Magdeburg, perspektivische Schrägansicht der Gartenseite, 1910. 22,5 x 26. Staatliche Museen Preußischer Kulturbesitz, Kunstbibliothek mit Museum für Architektur, Modebild und Grafik-Design, Berlin. Inv.-Nr. Wo 29/2.

Heinrich Tessenow: Ansicht der Straßenseite eines eingebauten 3-Zimmer-Hauses, Hohensalza, 1911. Signiert. 25,5 x 27,6. Staatliche Museen Preußischer Kulturbesitz, Kunstbibliothek mit Museum für Architektur, Modebild und Grafik-Design, Berlin. Inv.-Nr. Wo 6/2.

Heinrich Tessenow: Perspektivische Ansicht der Eingangsfront eines Gutsherrenhauses in Mecklenburg, um 1913. Signiert. 23,4 x 24,8. Staatliche Museen Preußischer Kulturbesitz, Kunstbibliothek mit Museum für Architektur, Modebild und Grafik-Design, Berlin. Inv.-Nr. Wo 50/1.

Heinrich Tessenow: Perspektivische Innenraumansicht der Diele eines Gutsherrenhauses in Mecklenburg, um 1913. Signiert. 20,1 x 19,7. Staatliche Museen Preußischer Kulturbesitz, Kunstbibliothek mit Museum für Architektur, Modebild und Grafik-Design, Berlin. Inv.-Nr. Wo 50/2.

Heinrich Tessenow: Ländliche Siedlerstätte, Rähnitz/Dresden, perspektivische Ansicht der Straßenseite, um 1919. 14,8 x 16,9. Staatliche Museen Preußischer Kulturbesitz, Kunstbibliothek mit Museum für Architektur, Modebild und Grafik-Design, Berlin. Inv.-Nr. Wo 20/2.

Heinrich Tessenow: Wohnhofanlage, Pößneck/Thüringen, Ansicht der Straßenseite eines freistehenden Einfamilienhauses, 1920. Signiert. 20,8 x 20. Staatliche Museen Preußischer Kulturbesitz, Kunstbibliothek mit Museum für Architektur, Modebild und Grafik-Design, Berlin. Inv.-Nr. Wo 27/1.

Heinrich Tessenow: Wohnhäuser für das Seebad Rügen, perspektivische Ansicht einer Wohnstraße, 1936. Signiert. 28,5 x 19. Staatliche Museen Preußischer Kulturbesitz, Kunstbibliothek mit Museum für Architektur, Modebild und Grafik-Design, Berlin. Inv.-Nr. E 3/15.

Heinrich Tessenow: Familiengrabstätte Dohrn, Ansicht, Grundriß, Schnittdetails der Pforte, Drücker, Schild, 1940. 71,2 x 57,7. Staatliche Museen Preußischer Kulturbesitz, Kunstbibliothek mit Museum für Architektur, Modebild und Grafik-Design, Berlin. Inv.-Nr. B 13/2.

Siegfried Theiss, Hans Jaksch, Franz Krauss, Josef Tölk: Baublock IV und IV a der Wohnhausanlage Sandleiten, Wien, Grundriß und Ansicht, 1924. Signiert, datiert. Bleistift auf Transparentpapier. 76 x 106. Alfredo Passeri, Rom.

Siegfried Theiss, Hans Jaksch, Franz Krauss, Josef Tölk: Haus 5 der Wohnhausanlage Sandleiten, Wien, Grundriß, Ansicht und Schnitt, 1925. Signiert, datiert. Mutterpause. 72,5 x 81. Alfredo Passeri, Rom. Inv.-Nr. 2875.

Siegfried Theiss, Hans Jaksch: Wohnhausanlage Philippsgasse, Wien (1924–1925), Werkplan. Signiert. Bleistift auf Transparentpapier. 78 x 97. Alfredo Passeri, Rom. Inv.-Nr. 2856.

Siegfried Theiss, Hans Jaksch: Wohnhausanlage Philippsgasse, Wien, Ansichten und Schnitte, 1924. Signiert, datiert. Tusche auf Transparentpapier. 65 x 105,5. Alfredo Passeri, Rom. Inv.-Nr. 2692.

Siegfried Theiss, Hans Jaksch: Wohnhausanlage Philippsgasse, Wien, Grundriß des Erdgeschosses, 1924. Signiert, datiert. Tusche auf Transparentpapier. 63 x 118,5. Alfredo Passeri, Rom.

Siegfried Theiss, Hans Jaksch: Wohnhausanlage Philippsgasse, Wien, Werkplan der Treppe, 1924. Signiert, datiert. Bleistift auf Transparentpapier. 69,5 x 81. Alfredo Passeri, Rom. Inv.-Nr. 2841.

Siegfried Theiss, Hans Jaksch: Wohnhausanlage Philippsgasse, Wien, Werkplan, 1925. Signiert, datiert. Bleistift auf Transparentpapier. 46 x 59. Alfredo Passeri, Rom. Inv.-Nr. 2889.

Siegfried Theiss, Hans Jaksch: Wohnhausanlage Philippsgasse, Wien, Werkplan für Fenster und Türen, 1925. Signiert, datiert. Bleistift auf Transparentpapier. 68 x 110. Alfredo Passeri, Rom. Inv.-Nr. 2870.

Siegfried Theiss, Hans Jaksch: Wohnhausanlage Philippsgasse, Wien, Werkplan, 1925. Signiert, datiert. Bleistift auf Transparentpapier. 52,5 x 71. Alfredo Passeri, Rom. Inv.-Nr. 2906.

Siegfried Theiss, Hans Jaksch: Wohnhausanlage Philippsgasse, Wien, Schrift über Eingang Penzingerstraße, 1925. Signiert, datiert. Bleistift auf Transparentpapier. 21 x 57. Alfredo Passeri, Rom. Inv.-Nr. 3186.

Friedrich Thiersch: „Deutsches Haus" auf der Weltausstellung Paris 1900, Wettbewerbsprojekt, Ansicht zur Uferstraße. Bleistift und Aquarell auf Zeichenkarton. 73 x 51. Architektursammlung der Technischen Universität München. Inv.-Nr. 1983/448.

Oswald Mathias Ungers: Studentenwohnheim, Technische Hochschule Twente, Enschede (1963–1964), Axonometrie. Tusche auf Papier. Gilman Paper Company Collection, New York. Inv.-Nr. AR 78.442.

Oswald Mathias Ungers: Hotel Berlin, Axonometrie, 1977. Tusche auf Transparentpapier. 108 x 85. Oswald Mathias Ungers, Köln.

Oswald Mathias Ungers: Hotel Berlin, Grundriß 2.–4. Obergeschoß, 1977. Tusche auf Transparentpapier. 108 x 85. Oswald Mathias Ungers, Köln.

Oswald Mathias Ungers: Hotel Berlin (1977), Modell. 58 x 28 x 6. Oswald Mathias Ungers, Köln.

Antoine-Laurent-Thomas Vaudoyer: Haus für einen Kosmopoliten, Das Innere des Hauses. Aquarellierte Zeichnung. 26,6 x 42. Staatliche Museen Preußischer Kulturbesitz, Kunstbibliothek mit Museum für Architektur, Modebild und Grafik-Design, Berlin. Inv.-Nr. 1982.30 AOZ.

Eugène-Emmanuel Viollet-le-Duc: Abtei von Saint-Denis, Königsgräber, Der Architekt im Gespräch mit einem Domherrn. Aquarell, Gouache. 51,2 x 44,5. Centre de Recherches sur les Monuments Historiques, Paris. Inv.-Nr. 1196.

Eugène-Emmanuel Viollet-le-Duc: Kathedrale von Lausanne, Ansicht von Süden, 1873. Tusche auf Papier. 100 x 135. Département des Travaux Publics du Canton de Vaud. Archives de la Cathédrale de Lausanne, Lausanne.

Eugène-Emmanuel Viollet-le-Duc: Kathedrale von Lausanne, Studien für Spitzbögen, 1873. Tusche auf Papier. 98 x 66. Département des Travaux Publics du Canton de Vaud. Archives de la Cathédrale de Lausanne, Lausanne.

Eugène-Emmanuel Viollet-le-Duc: Kathedrale von Lausanne, Grundriß, 1878–1879. Tusche auf Papier. 102 x 65,5. Département des Travaux Publics du Canton de Vaud. Archives de la Cathédrale de Lausanne, Lausanne.

Eugène-Emmanuel Viollet-le-Duc: Kathedrale von Lausanne, Ansicht von Westen, 1878–1879. Tusche auf Papier. 102 x 62,5. Département des Travaux Publics du Canton de Vaud. Archives de la Cathédrale de Lausanne, Lausanne.

August von Voit (1801–1870): Königsschloß in Feldafing, 6. Vorprojekt, Ansicht von Südwesten. Aquarell auf Zeichenkarton. 51,3 x 85,2. Architektursammlung der Technischen Universität München. Inv.-Nr. 12/3.89.

Otto Wagner: Idealentwurf „Artibus" für einen Museumsbezirk, Vorderansicht, 1880. Bleistift und schwarze Feder. 38,9 x 101. Historisches Museum der Stadt Wien, Wien. Inv.-Nr. 57 146.

Otto Wagner: Idealentwurf „Artibus" für einen Museumsbezirk, Seitenansicht, 1880. Bleistift und schwarze Feder. 38,9 x 92,1. Historisches Museum der Stadt Wien, Wien. Inv.-Nr. 57 147.

Philip Webb: Turm, Skizze um 1850. Bleistift. 35 x 20. British Architectural Library Drawings Collection, London. Inv.-Nr. V 16 (25) 1.

Philip Webb: Haus in Caterham, Ansichten, Schnitte, Grundrisse und Details, 1860. Aquarell. ca. 75 x 90. British Architectural Library Drawings Collection, London. Inv.-Nr. V 14 (8) 1.

Paul Wegener, Carl Boese: Der Golem, wie er in die Welt kam, 1920. Architektur: Hans Poelzig. 2 Szenenphotos. Stiftung Deutsche Kinemathek, Berlin.

Friedrich Weinbrenner: Marktplatzbebauung, Karlsruhe, Modellfassaden, 1804. Papier, Feder über Vorzeichnung. 45 x 64. Generallandesarchiv, Karlsruhe. Inv.-Nr. GLA G/Karlsruhe 4.

Friedrich Weinbrenner: Stadterweiterungsplan Karlsruhe, Lageplan, 1809. Papier, Feder über Vorzeichnung. 47 x 54,5. Generallandesarchiv, Karlsruhe. Inv.-Nr. GLA H/Karlsruhe 51.

Friedrich Weinbrenner: Rondellplatz in Karlsruhe, um 1810–1815. Zeichnung: Georg Moller. Tusche mit Feder und Pinsel. 45,5 x 34. Stadtarchiv Darmstadt. Inv.-Nr. 846/171 (Nachlaß Georg Moller: Bamberger Mappe 171).

Friedrich Weinbrenner: Stadterweiterungsplan Karlsruhe, Modellfassaden, 1814–1815. Papier, Feder über Vorzeichnung. 62 x 86. Generallandesarchiv, Karlsruhe. Inv.-Nr. GLA G/Karlsruhe 523.

Robert Wiene: Das Kabinett des Doktor Caligari, Korridor der Irrenanstalt, Kulissenentwurf. Rekonstruktion: Hermann Warm, 1920. Kohle, Farbstift. 31,5 x 25,3. Stiftung Deutsche Kinemathek, Berlin.

Robert Wiene: Das Kabinett des Doktor Caligari, Gefängniszelle, Kulissenentwurf. Rekonstruktion: Hermann Warm, 1920. Kohle, Farbstift. 31 x 26,5. Stiftung Deutsche Kinemathek, Berlin.

Robert Wiene: Das Kabinett des Doktor Caligari, Büro im Rathaus, Kulissenentwurf. Rekonstruktion: Hermann Warm, 1920. Kohle, Farbstift. 33,7 x 26. Stiftung Deutsche Kinemathek, Berlin.

Robert Wiene: Das Kabinett des Doktor Caligari, Jahrmarkt, Kulissenentwurf. Rekonstruktion: Hermann Warm, 1920. Kohle, Farbstift. 34 x 26,5. Stiftung Deutsche Kinemathek, Berlin.

Robert Wiene: Das Kabinett des Doktor Caligari, Brücke, Kulissenentwurf. Rekonstruktion: Hermann Warm, 1920. Kohle, Farbstift. 33 x 26,5. Stiftung Deutsche Kinemathek, Berlin.

Robert Wiene: Das Kabinett des Doktor Caligari, Mordzimmer, Kulissenentwurf. Rekonstruktion: Hermann Warm, 1920. Kohle, Farbstift. 33 x 26,2. Stiftung Deutsche Kinemathek, Berlin.

Robert Wiene: Genuine, die Tragödie eines seltsamen Hauses, 1920. Architektur: César Klein. 2 Szenenphotos. Stiftung Deutsche Kinemathek, Berlin.

Hendricus Theodorus Wijdeveld: Volkstheater im Vondelpark, Amsterdam, Ansicht, 1919. Pause. 58 x 83,5. Nederlands Documentatiecentrum voor de Bouwkunst, Amsterdam.

William Wilkins: Grange Park, Hampshire, 1804. Lavierte Federzeichnung. 40 x 70. British Architectural Library Drawings Collection, London. Inv.-Nr. E 4/10 (1).

Frank Lloyd Wright: Larkin Company Building, Buffalo, New York, Perspektive und Teil des Grundrisses, 1903. Sepia. Tusche. 92,7 x 59,4. The Frank Lloyd Wright Foundation, freundlicherweise zur Verfügung gestellt von der Max Protetch Gallery, New York. Inv.-Nr. 0403 24.

Frank Lloyd Wright: Marin County Government Center, San Rafael (Cal.) (1957), Perspektive. Bleistift, Farbstift und blaue Tusche auf weißem Transparentpapier. 83,8 x 139,7. The Frank Lloyd Wright Foundation, freundlicherweise zur Verfügung gestellt von der Max Protetch Gallery, New York. Inv.-Nr. 5746 014.

James Wyatt: Fonthill Abbey, perspektivische Ansicht, 1796. Signiert, datiert. Aquarell. 20 x 20. British Architectural Library Drawings Collection, London. Inv.-Nr. (8) 3.

Liste der ausgestellten Bücher

Theodor W. Adorno (1903–1969)
The Authoritarian Personality, by T. W. Adorno, Else Frenkel-Brunswik, Daniel J. Levinson, R. Nevitt Sanford, in collaboration with Betty Aron, Maria Hertz Levinson and William Marrow. Studies in Prejudice, ed. by Max Horkheimer and Samuel H. Flowerman. New York, Harper & Brothers 1950. Staatsbibliothek Berlin
Sign: 325 691

Allgemeine Bauzeitung (1836 sqq.)
22. Jg. Wien, Förster 1857.
Bibliothek der Technischen Universität Berlin. Sign.: 4 Z 2309 Rara – 22.

Hannah Arendt (1906–1975)
Die verborgene Tradition. Acht Essays. Frankfurt/M., Suhrkamp 1976. Staatsbibliothek Berlin. Sign.: 14 941-303

Isaac Asimov (1920)
Ich, der Robot. Rauchs Weltraum-Bücher Bd. 4, hrg. v. Gotthard Günther. Amerik. Originaltitel: I, Robot. Düsseldorf u. Bad Salzig, Karl Rauch 1952. Privatbesitz Berlin.

Johann Jakob Bachofen (1815–1887)
Versuch über die Gräbersymbolik der Alten. Mit vier Steindrucktafeln. Basel, Bahnmaier's Buchhandlung (G. Detloff) 1859. Staatsbibliothek Berlin.
Sign.: Nx 2501 R

Otto Bartning (1883–1959)
Spannweite. Aus Schriften und Reden. Bramsche, Rasch 1958. (Darin: Das Zelt in der Wüste. Erneuerung aus dem Ursprung, 1946.) Bibliothek der Technischen Universität Berlin Abt. Architektur.
Sign.: 8 Bg 1818

Georges Bataille (1897–1962)
Les Larmes d'Eros. Edition augmentée, Lettres inédites, Introduction de Lo Duca. Paris, Jean-Jacques Pauvert 1971. Staatsbibliothek Berlin. Sign.: 371 228

Peter Behrens (1868–1940)
Bucheinband mit Handvergoldung (1. Internationale Ausstellung für moderne Kunst Turin 1902). In: Deutsche Kunst und Dekoration Bd. 11, Oktober 1902 – März 1903, S. 26. Bibliothek der Technischen Universität Berlin. Sign.: 4 Z 223 - 11

Peter Behrens (1868–1940)
Über die Beziehungen der künstlerischen und technischen Probleme. Technische Abende im Zentralinstitut für Erziehung und Unterricht Heft 5. Berlin, Mittler 1917. Bibliothek der Technischen Universität Berlin. Sign.: 8 R 1366/5

Peter Behrens (1868–1940)
Zur Erinnerung an die Einweihung des Verwaltungsgebäudes der Mannesmannröhren-Werke in Düsseldorf, 10. Dez. 1912. Gedr. bei Otto Elsner A.-G. Berlin. Mannesmann AG Düsseldorf, Abt. Mannesmann-Archiv. Sign.: M 30.011

Peter Behrens (1868–1940)
Zinshäuser für Arbeiter in Henningsdorf 1910–1911. Fotoalbum.
Zentralbibliothek der AEG-Telefunken AG Berlin. Sign.: 1212

Peter Behrens (1868–1940)
Kurt Breysig (1866–1940), Versuch über Kunst und Leben. Das Haus Peter Behrens. In: Deutsche Kunst und Dekoration, Bd. 9. Oktober 1901 – März 1902, S. 133–194. Bibliothek der Technischen Universität Berlin. Sign.: 4 Z 223 - 9

Peter Behrens (1868–1940)
Paul Joseph Cremers, Peter Behrens, Sein Werk von 1909 bis zur Gegenwart. Essen, Baedeker 1928. Zentralbibliothek der AEG-Telefunken AG Berlin. Sign.: 75

Walter Benjamin (1862–1940)
Einbahnstraße. Berlin, Ernst Rowohlt 1928. Staatsbibliothek Berlin. Sign.: Ag 10 513 KD

Max Bense (1910)
Technische Existenz. Essays. Stuttgart, Deutsche Verlags-Anstalt 1949. Staatsbibliothek Berlin. Sign.: 4477

Max Bense (1910)
Zeichen und Design, Semiotische Ästhetik. Baden-Baden, Agis-Verlag 1971. Bibliothek der Technischen Universität Berlin.
Sign.: 8 K 6384

Henri Bergson (1859–1941)
Matière et mémoire. Essai sur la relation du corps a l'esprit. Paris, Félix Alcan 1896. Staatsbibliothek Berlin. Sign.: Nn 11 323

Henri Bergson (1859–1941)
Schöpferische Entwicklung. Jena, Eugen Diederichs 1912. Staatsbibliothek Berlin.
Sign.: Nm 25 341

Ernst Bloch (1885–1977)
Das Prinzip Hoffnung 1.–3. Berlin, Aufbau-Verlag 1954. Staatsbibliothek Berlin.
Sign.: 357 478

Ernst Bloch (1885–1977)
Geist der Utopie. München u. Leipzig, Duncker & Humblot 1918. Staatsbibliothek Berlin. Sign.: 357 496 R

Yrjö Blomstedt u. Victor Sucksdorff, Suomen muinaismuistoyhdistys – Karjalaisia rakennuksia ja koristemuotoja. Keskisestä venäjän karjalasta kuvanneet Y. B. ja V. S. 170 Abb., 90 Taf. Helsingissä, Tilgmannin 1901. Bibliothek des Museums für Völkerkunde Stiftung Preußischer Kulturbesitz Berlin. Sign.: Eur 44 Bl

Johann Jakob Bodmer (1698–1783)
Abhandlung von dem Wunderbaren in der Poesie und dessen Verbindung mit dem Wahrscheinlichen. In einer Verteidigung des Gedichtes Joh. Miltons von dem verlorenen Paradiese. . . Zürich, Orell 1740. Staatsbibliothek Berlin. Sign.: 392 501 R

Niels Bohr (1885–1962)
Abhandlungen über Atombau aus den Jahren 1913–1916. Autorisierte deutsche Übersetzung, mit einem Geleitwort von N. Bohr. Braunschweig, Friedr. Vieweg 1921. Bibliothek der Technischen Universität Berlin. Sign.: 8 B 4807

Sulpiz Boisserée (1783-1854)
Geschichte und Beschreibung des Doms zu Köln. Mit 5 Abb. 2., umgearbeitete Aufl. München, Literarisch artistische Anstalt 1842. Bibliothek der Hochschule der Künste Berlin. Sign.: B 24 35 b

Bernard Bosanquet (1848-1923)
The Meetings of the Extremes in Contemporary Philosophy. London, MacMillan 1921. Staatsbibliothek Berlin. Sign.: Nk 3523/5

Jacob Burckhardt (1818-1897)
Griechische Kulturgeschichte. (Vorlesung ab 1872, aus dem Nachlaß.) 3. Bd., Der griechische Mensch. Mit 50 Abbildungen. Leipzig Alfred Kröner 1939. Privatbesitz Berlin.

Ernst Cassirer (1874-1945)
Philosophie der symbolischen Formen. 1. Teil: Die Sprache. Berlin, Bruno Cassirer 1923. Staatsbibliothek Berlin. Sign.: Nm 28007 - 1

Hermann Cohen (1842-1918)
Ästhetik des reinen Gefühls, 1. 2. Berlin, Bruno Cassirer 1912. Bibliothek der Technischen Universität Berlin, Abt. Kommunikations- und Geschichtswissenschaften. Sign.: 8 Ai 5292-3, 1.2.

Benedetto Croce (1866-1952)
Aesthetik, als Wissenschaft vom Ausdruck, und allgemeine Sprachwissenschaft. Theorie und Geschichte. Nach der 6. erw. italienischen Aufl. Mit einem Bildnis. Tübingen, J. C. B. Mohr (Paul Siebeck) 1930. Bibliothek der Technischen Universität Berlin, Abt. Kommunikations- und Geschichtswissenschaften. Sign.: 8 Ai 5140-1

Charles Darwin (1809-1884)
Der Ausdruck der Gemüthsbewegungen bei dem Menschen und den Tieren. A. d. Engl. übers. v. J. Victor Carus. Mit 21 Holzschnitten und 7 heliographischen Tafeln. Stuttgart, E. Schweizerbart (E. Koch) 1872. Staatsbibliothek Berlin. Sign.: 111433

John Dewey (1859-1952)
Democracy and Education. An Introduction to the philosophy of education. Neue Aufl. New York, MacMillan 1922. Staatsbibliothek Berlin. Sign.: Nd 10491

Johann Gustav Droysen (1808-1884)
Historik. Historisch-kritische Ausgabe von Peter Leyh. Band 1: Rekonstruktion der ersten vollständigen Fassung der Vorlesungen (1857), Grundriß der Historik in der ersten handschriftlichen (1857/1858) und in der letzten gedruckten Fassung (1882). Stuttgart-Bad Cannstatt, Frommann-Holzboog 1977. Staatsbibliothek Berlin. Sign.: 487266

Johann Gustav Droysen (1808-1884)
Des Aischylos Werke. Übersetzt von Joh. Gust. Droysen. Erster Theil. Berlin, G. Finke 1832. Staatsbibliothek Berlin. Sign.: 168430 - 1 HB M.A.

Jean Nicolas Louis Durand (1760-1834)
Précis de leçons données à l'Ecole Polytechnique. 1.2. Paris 1809. Privatbesitz J. P. K, Berlin

Jean Nicolas Louis Durand (1760-1834)
Recueil et parallèle des édifices de tout genre, anciens et modernes. Paris 1809. Privatbesitz J. P. K., Berlin

Albert Einstein (1879-1955)
Geometrie und Erfahrung. Erweiterte Fassung des Festvortrages, gehalten an der preussischen Akademie der Wissenschaften zu Berlin am 27. Januar 1921. Mit 2 Textabbildungen. Berlin, Julius Springer 1921. Staatsbibliothek Berlin. Sign.: 108354 R

Ralph Waldo Emerson (1803-1882)
Natur. Zwei Essays von Emerson nebst dem Goetheschen Hymnus. Leipzig, Insel. Staatsbibliothek Berlin. Sign.: Yc 7719/210-72

Erkenntnis (1930/31-1937/38; 1939/40 als The Journal of Unified Science; 1975 sqq.)
Im Auftrage der Gesellschaft für empirische Philosophie Berlin und des Vereins Ernst Mach in Wien, hrg. v. Rudolf Carnap und Hans Reichenbach. I. Bd. Zugleich Annalen der Philosophie Bd IX. Leipzig, Felix Meiner 1930-1931. Staatsbibliothek Berlin. Sign.: Nh 11592/5 - 1 (1930/31)

J. B. Fischer von Erlach (1656-1723)
Entwurff einer historischen Architektur. 2. Buch. Wien 1721. Sammlung H. W., Berlin

Gustav Theodor Fechner (1801-1887)
G. Th. Fechners Zend-Avesta. Gedanken über die Dinge des Himmels und des Jenseits vom Standpunkte der Naturbetrachtung. Frei bearbeitet und verkürzt herausgegeben von Max Fischer. Leipzig, Im Insel Verlag 1919. Bibliothek der Technischen Universität Berlin, Abt. Kommunikations- und Geschichtswissenschaften. Sign.: 1881 Zend

Federico Fellini (1920)
La città delle donne. Con una nota di Liliana Betti e una lettura di Andrea Zanzotto. Milano, Garzanti 1980. Staatsbibliothek Berlin. Sign.: 490128

Heinz von Foerster (1911)
From Stimulus to Symbol: The Economy of Biological Computation. In: Gyorgy Kepes Hrg., Sign Image Symbol, New York, George Braziller 1966, S. 42-61. Privatbesitz Berlin

Georg Forster (1754-1794)
Ansichten vom Niederrhein, von Brabant, Flandern, Holland, England und Frankreich im April, Mai und Junius 1790. Theil 1. Berlin, Voß 1791. Amerika-Gedenkbibliothek Berlin. Sign.: Erd 264-5 Rara

Sigmund Freud (1856-1939)
Zur Psychopathologie des Alltagslebens. Über Vergessen, Versprechen, Vergreifen, Aberglauben und Irrtum, 9. Aufl., Leipzig, Wien und Zürich, Internationaler Psychoanalytischer Verlag 1923. Staatsbibliothek Berlin. Sign.: Stabi 1972

Galileo Galilei (1564-1642)
Il Saggiatore. Nel quale con bilancia esquisita e giusta siponderano le cose contente nella Libra Astronomica e Filosofica di Lotario Sarsi. Roma, Giacomo Mascardi 1623. Staatsbibliothek Berlin. Sign.: 324235 R

Arnold Gehlen (1904-1976)
Der Mensch. Seine Natur und seine Stellung in der Welt. Berlin, Junker u. Dünnhaupt 1940. Staatsbibliothek Berlin. Sign.: Nn 4698 4°

Friedrich Gilly (1772-1800)
Alste Oncken, Friedrich Gilly (1772-1800), Berlin 1935. Bibliothek der Technischen Universität Berlin, Institut für Architektur- und Stadtgeschichte. Sign.: B. J. 172

Edward Gibbon (1737-1794)
The History of the decline and fall of the Roman Empire. 1. Bd. Neue Auflage Basil, printed for J. J. Thorneisen 1789. Staatsbibliothek Berlin. Sign.: 585 514 - 1

Sigfried Giedion (1888-1968)
Bauen in Frankreich. Eisen, Eisenbeton. Leipzig u. Berlin, Klinkhardt u. Biermann 1928. Bibliothek der Technischen Universität Berlin. Sign.: 4 Ba 6967

Sigfried Giedion (1888-1968)
Mechanization Takes Command. A Contribution to anonymous history. New York, Oxford University Press 1948. Bibliothek der Technischen Universität Berlin.
Sign.: 4 B 1044

Johann Wolfgang von Goethe (1749-1832)
Von Deutscher Art und Kunst. Einige fliegende Blätter. Hrg. und größtenteils verfaßt von Gottfried von Herder. Hamburg, Bode 1773, Sondertitel: Johann Wolfgang von Goethe, Von Deutscher Baukunst, 1773, u. Paolo Frisi, Versuch über die gothische Baukunst (Saggio sopra l'architettura-gotica, Livorno 1766, deutsch). Staatsbibliothek Berlin. Sign.: Yc 6602 R

Johann Wolfgang von Goethe (1749-1832)
Versuch über die Metamorphose der Pflanzen. Übersetzt von Friedrich Soret, nebst geschichtlichen Nachträgen. Stuttgart, Cotta 1831. J. W. de Goethe, Essai sur la Métamorphose des Plantes. Traduit par Fréderic Soret, et suivi des notes historiques. Stuttgart, J. G. Cotta 1831. Staatsbibliothek Berlin. Sign.: Bibliothek Varnhagen 599

George Grote (1794-1871)
Geschichte Griechenlands, Engl. Originaltitel: History of Greece. N. d. 2. Aufl. a. d. Engl. übertr. v. R. R. W. Meißner. 1. Bd. Enthaltend: den 1. und 2. Bd. des Originalwerkes nebst 3 Karten. Leipzig, Dyk'sche Buchhandlung 1850. Staatsbibliothek Berlin. Sign.: 110970 - 1

Julien Guadet (1834-1908)
Eléments et théorie de l'architecture. Cours professé à l'Ecole Nationale et spéciale des beaux-arts. 1. - 4. 3. éd. augmentée d'une notice sur la vie et les Oeuvres de J. G. par J.-L. Pascal. Paris, Libr. de la construction moderne 1909. Bibliothek der Technischen Universität Berlin. Sign.: 4 Ba 4270^{3}-

Gotthard Günther (1900)
Strukturelle Minimalbedingungen einer Theorie des objektiven Geistes als Einheit der Geschichte. In: Actes du IIIème congrès international de l'association internationale pour l'étude de la philosophie de Hegel (Lille, 8-10 avril 1968). Association des publications de la faculté des lettres et sciences humaines de Lille. Privatbesitz Berlin

Ernst Haeckel (1834-1919)
Die Natur als Künstlerin. Mit W. Breitenbach, Formenschatz der Schöpfung. Mit 70 Bildertafeln. Berlin-Charlottenburg, Vita 1913. Staatsbibliothek Berlin.
Sign.: 4° Ag 7242/90 - 6

Georg Wilhelm Friedrich Hegel (1770-1831)
Encyclopädie der philosophischen Wissenschaften im Grundrisse. Zum Gebrauch seiner Vorlesungen. 2. Ausg. Heidelberg, August Oßwald 1827. (Eigenhändige Widmung: Dem Herrn Geheimrat Varnhagen von Ense als Zeichen seiner vollkommenen Verehrung Zur nachsichtigen Aufnahme vom Verfasser.) Staatsbibliothek Berlin. Sign.: Bibliothek Varnhagen 664 R

Martin Heidegger (1889-1976)
Bauen, Wohnen, Denken, in: Mensch und Raum, Darmstädter Gespräch. O. Bartning Hrg., Darmstadt, Neue Darmstädter Verlagsanstalt 1952, S. 72-84. Staatsbibliothek Berlin. Sign.: 4° 19 755 - 2

Martin Heidegger (1889-1976)
„...dichterisch wohnet der Mensch...", in: Akzente, Zeitschrift für Dichtung. Hrg. v. W. Höllerer u. H. Bender, Heft 1, 1954, S. 57-71. Staatsbibliothek Berlin.
Sign.: Zsn 8288-1, 1954

Martin Heidegger (1889-1976)
Sein und Zeit. Erste Hälfte. Sonderdruck aus: Jahrbuch für Philosophie und phänomenologische Forschung Bd. 7, Hrg. von E. Husserl, Halle a. d. Saale, Max Niemeyer 1927. Staatsbibliothek Berlin.
Sign.: Nm 29 579 R

Hermann von Helmholtz (1821-1894)
Vorlesungen über die mathematischen Principien der Akustik. Hrg. v. Arthur König und Carl Runge. Mit 21 Figuren im Text. H. v. Helmholtz, Vorlesungen über die theoretische Physik III., Leipzig, Johann Ambrosius Barth 1898. Bibliothek der Technischen Universität Berlin. Sign.: 4 B 344-3

Johann Gottfried von Herder (1744-1803)
Der Cid. Nach Spanischen Romanzen besungen durch Johann Gottfried von Herder. Tuebingen, J. G. Cotta 1806. Staatsbibliothek Berlin.
Sign.: Bibliothek Varnhagen 1906 R

Johann Gottfried von Herder (1744-1803)
Ideen zur Philosophie der Geschichte der Menschheit, Erster Teil. Riga und Leipzig, Johann Friedrich Hartknoch 1785. Staatsbibliothek Berlin. Sign.: Nq 13 033 - 1

Thomas Hope (1770-1831)
An Historical essay on architecture. Illustrated from drawings made by him in Italy and Germany 1. 2. 3. Aufl. London, Murray 1840. Bibliothek der Technischen Universität Berlin. Sign.: 4 Ba 5375^{3} – Rara

Edmund Husserl (1859-1938)
Ideen zu einer reinen Phänomenologie und phänomenologischen Philosophie. Erstes Buch, Allgemeine Einführung in die reine Phänomenologie. 2. unveränd. Abdr. Sonderdruck aus: Jahrbuch für Philosophie und phänomenologische Forschung Bd. 1. Halle a. d. S., Max Niemeyer 1922. Staatsbibliothek Berlin. Sign.: Nm 27 596^{2}

William James (1842-1910)
A Pluralistic Universe. Hibbert Lectures at Manchester College on the present Situation in Philosophy. 1909. New Impression. New York usw., Longmans, Green 1925. Staatsbibliothek Berlin. Sign.: Nm 29 005/5

Karl Jaspers (1883-1969)
Existenzphilosophie. Drei Vorlesungen, gehalten am Freien Deutschen Hochstift in Frankfurt a.M., September 1957. Berlin und Leipzig, de Gruyter 1938. Staatsbibliothek Berlin. Sign.: Nm 30 558

Karl Jaspers (1883-1969)
Die Schuldfrage. Heidelberg, Lambert Schneider 1946. Staatsbibliothek Berlin.
Sign.: 159

Owen Jones (1809–1874)
Grammatik der Ornamente. Illustriert mit Mustern von den verschiedenen Stylarten der Ornamente, in 112 Tafeln. London, Day u. Leipzig, Denicke 1856. Staatsbibliothek Berlin. Sign.: 4° Ny 9205

Immanuel Kant (1724–1804)
Anthropologie in pragmatischer Hinsicht abgefaßt. Königsberg, Nocolovius 1798. Staatsbibliothek Berlin. Sign.: Nn 2648

Immanuel Kant (1724–1804)
Critik der Urtheilskraft. Frankfurt u. Leipzig 1792. Staatsbibliothek Berlin. Sign.: Nm 126/5

Søren Kierkegaard (1813–1855)
Samlede Vaerker Bind 6. Philosophiske Smuler, Begrebet Angest, Tre Taler ved taenkte Leiligheder. København, Gyldendal 1963. Staatsbibliothek Berlin. Sign.: 100098 - 6

Søren Kierkegaard (1813–1855)
Samled Vaerker Bind 16. Indøvelse i Christendom. København., Gyldendal 1963. Staatsbibliothek Berlin. Sign.: 100098 - 16

Siegfried Kracauer (1889–1966)
Die Angestellten. Aus dem neuesten Deutschland. Frankfurt/M., Frankfurter Societäts-Druckerei 1930. Staatsbibliothek Berlin. Sign.: 374032

Petr Alekseevic Kropotkin (1842–1921)
Landwirtschaft, Industrie und Handwerk oder die Vereinigung von Industrie und Landwirtschaft, von geistiger und körperlicher Arbeit. (Fields, factories and workshops). Neue, durchges. u. verm. Stufe. Berlin, Der Syndikalist 1921. Bibliothek der Technischen Universität Berlin. Sign.: 8 Bo 5097[2]

Gustav Landauer (1870–1919)
Die Revolution. Frankfurt/M., Ruetten & Loening 1907. Die Gesellschaft Bd. 13. Bibliothek der Technischen Universität Berlin. Sign.: 8 R 1153–13

Le Corbusier (d. i. Charles Edouard Jeanneret 1887–1965)
La Chartre d'Athènes. Avec un discours préliminaire de Jean Giraudoux. Forces Vives, Paris, Ed. de Minuit. Bibliothek der Hochschule der Künste Berlin. Sign.: B 3327 I

Gottfried Wilhelm von Leibniz (1646–1716)
Theodicee. Versuch von der Güte Gottes, Freyheit des Menschen und vom Ursprunge des Bösen. 4. Ausg. Mit Zus. u. Anm. v. J. Chr. Gottsched, und m. d. Fontanellischen Lobschrift auf L. Hannover u. Leipzig, Förster 1744. Bibliothek der Technischen Universität Berlin. Sign.: Rara 8 Bd 8273[4]

Vladimir Ilic Lenin (eigentlich Uljanow, 1870–1924)
Briefe an Maxim Gorki 1908–1913. Wien, Verlag für Literatur und Politik 1924. Staatsbibliothek Berlin. Sign.: 587630

Gotthold Ephraim Lessing (1729–1781)
Die Erziehung des Menschengeschlechts. Berlin, Christian Friedrich Voß 1785. Staatsbibliothek Berlin. Sign.: Nq 12892

Adolf Loos (1870–1933)
Trotzdem. 1900–1930. Innsbruck, Brenner Verlag 1931. Staatsbibliothek Berlin. Sign.: Ooa 5/124

Georg Lukács (1885–1971)
Probleme des Realismus. Bd. 1, Essays über Realismus. Bd. 2, Der russische Realismus in der Weltliteratur. Neuwied und Berlin, Luchterhand 1970, 1964. Bibliothek der Technischen Universität Berlin, Abt. Kommunikations- und Geschichtswissenschaften. Sign.: 8 Qh 343–4.5.

Ernst Mach (1838–1916)
Kultur und Mechanik. Stuttgart, W. Spemann 1915. Bibliothek der Technischen Universität Berlin, Abt. Kommunikations- und Geschichtswissenschaften. Sign.: A 1838 a Kult.

Bronislaw Malinowski (1848–1942)
Argonauts of the Western Pacific. An Account of native enterprise and adventure in the archipelagoes of Melanesian New Guinea. With a preface by Sir James George Frazer. With 5 maps, 65 illustrations, and 2 figures. London, Routledge & Kegan Paul. Staatsbibliothek Berlin. Sign.: 24143

Karl Marx und Friedrich Engels (1818–1883 und 1820–1895)
Das kommunistische Manifest. 8. autorisierte deutsche Ausg. Mit Vorreden v. Karl Marx und Friedrich Engels u. einem Vorw. v. Karl Kautsky. Berlin, Buchhandlung Vorwärts Paul Singer 1918. Staatsbibliothek Berlin. Sign.: 311010

Julius Robert von Mayer (1814–1878)
Die Mechanik der Wärme. Bemerkungen über die Kräfte der unbelebten Natur. 1842. Nachdr. in: Robert Mayer, Zwei Abhandlungen. Ostwalds Klassiker der Wissenschaften Nr. 180. Leipzig, Engelmann 1911. Bibliothek der Technischen Universität Berlin, Institut für Wissenschaftsgeschichte. Sign.: 8 Bi 1970

Warren Sturges McCulloch (1898–1969)
Embodiments of Mind (Aufsätze 1943–1964). Cambridge, Mass. The M. I. T. Press 1970. Privatbesitz Berlin

Paul Mebes (1872–1938)
Um 1800. Architektur und Handwerk im letzten Jahrhundert ihrer traditionellen Entwicklung. 2. München, Bruckmann 1908. Staatsbibliothek Berlin. Sign.: 4° 358 749

Francesco Milizia (1725–1798)
Grundsätze der bürgerlichen Baukunst. Ital. Originaltitel: Principi di architettura civile. Teil 3. Nach d. neuesten Ausg. d. Urschrift durchges. u. m. Anm. v. E. L. Stieglitz. Leipzig, Schwickert 1824. Bibliothek der Technischen Universität Berlin. Sign.: Rara 8 A 3287–3

Alberto Moravia (1907)
Gli indifferenti. Romanzo. Milano, Corbaccio 1933. Staatsbibliothek Berlin. Sign.: Ag 5736/106–30

Otto Neurath (1882–1945)
Lebensgestaltung und Klassenkampf. Berlin, Laub 1928. Staatsbibliothek Berlin. Sign.: 140044

Friedrich Nietzsche (1844–1900)
Ecco homo. Hrg. v. Raoul Richter. Titel, Einband u. Ornamente v. Henry van de Velde. 1250 num. Ex. Leipzig, Insel 1908. Staatsbibliothek Berlin. Sign.: 339396 R

Friedrich Nietzsche (1844-1900)
Die Geburt der Tragödie. Oder: Griechentum und Pessimismus. Neue Ausgabe mit dem Versuch einer Selbstkritik. Leipzig, E. W. Fritzsch 1886. Staatsbibliothek Berlin. Sign.: 2 in 168894 HB M. A.

Giuseppe Pagano (1896-1945) und Guarniero Daniel
Architettura rurale italiana. Quaderni della Triennale. Milano, Hoepli 1936. Biblioteca Centrale di Architettura Milano. Sign.: BC S 1324

Giuseppe Pagano (1896-1945)
Fotografo a cura di Cesare de Seta Eleta. Milano, Electa 1979. Privatbesitz Berlin

Cesare Pavese (1908-1950)
Romanzi 1. 2. Torino, Einaudi 1961. Staatsbibliothek Berlin. Sign.: 89091

Charles Sanders Peirce (1839-1914)
Chance, Love and Logic. By the late Charles S. Peirce, the founder of pragmatism. Edited with an introduction by Morris R. Cohen, with a supplementary essay on the pragmatism of Peirce by John Dewey. New York, Barnes & Noble Reprint 1968. Bibliothek der Technischen Universität Berlin, Abt. Kommunikations- und Geschichtswissenschaften. Sign.: 1 Pei

Helmuth Plessner (1892)
Die Stufen des Organischen und der Mensch. Einleitung in die philosophische Anthropologie. Berlin W 10 u. Leipzig, Walther de Gruyter 1928. Staatsbibliothek Berlin. Sign.: 379792

Karl Raymund Popper (1902)
Die offene Gesellschaft und ihre Feinde. 1 Bd., Der Zauber Platons. 2. Bd., Hegel, Marx und die Folgen. Bern, Francke 1957. Staatsbibliothek Berlin. Sign.: Ser 395 - 84.85

Augustus Welby Pugin (1812-1852)
The True Principles of Pointed or Christian Architecture. Set forth in two lectures delivered at St. Marie's, Oscott. London, Weale 1841. Bibliothek der Technischen Universität Berlin. Sign.: 4 Ba 4257 - Rara

Anatol Rapoport (1911)
Kämpfe, Spiele und Debatten. Drei Konfliktmodelle. Amerik. Originaltitel: Fights, Games, and Debates 1960. Darmstadt, Darmstädter Blätter 1976. Privatbesitz Berlin

Ernest Renan (1823-1892)
Histoire des origines du christianisme, livre premier. Vie de Jesus. Septième édition, Paris, Michel Lévy Frères 1863. Staatsbibliothek Berlin. Sign.: 505506 - 1

Bertrand Russell (1872-1970)
Die Kultur des Industrialismus und ihre Zukunft. Unter Mitarbeit von Dora Russell. München und Berlin, Drei Masken Verlag 1928. Staatsbibliothek Berlin. Sign.: Fc 3769/2

Bertrand Russell (1872-1970)
The Philosophy of Logical Atomism (1918). In: Bertrand Russell, Logic and Knowledge, Essays 1901-1950. 5. Aufl. London, George Allen & Unwin u. New York, MacMillan 1971. Privatbesitz Berlin

Claude Henri de Rouvroy Graf von Saint-Simon (1760-1825)
De la réorganisation de la société Européenne ou de la nécessité et des moyens de rassembler les peuples de l'Europe en un seul corps politique en conservant à chacun son indépendance nationale. Paris, Presses Françaises 1814. Staatsbibliothek Berlin. Sign.: 20628

Paul Scheerbart (1863-1915)
Glasarchitektur. Berlin, Verlag Der Sturm 1914. Staatsbibliothek Berlin. Sign.: 73096 R Mit hs. Widm. v. Paul Scheerbart

Max Scheler (1874-1928)
Vom kulturellen Wiederaufbau Europas. In: Hochland, Monatsschrift für alle Gebiete des Wissens, der Literatur & Kunst. 15, 1917-1918, Heft 5, S. 487-510 und Heft 6, S. 663-681. Staatsbibliothek Berlin. Sign.: Ac 7641 - 15,1

Friedrich Wilhelm Joseph von Schelling (1775-1854)
Ideen zu einer Philosophie der Natur. 1. u. 2. Buch. Leipzig, Breitkopf und Haertel 1797. Staatsbibliothek Berlin. Sign.: Nm 6148 - 1 R

Karl Friedrich Schinkel (1781-1841)
Perspectivische Ansicht vom Inneren der entworfenen St. Gertrauds-Kirche zu Berlin. Aus: Sammlung architektonischer Entwürfe von Schinkel, enthaltend theils Werke, welche ausgeführt sind, theils Gegenstände deren Ausführung beabsichtigt wurde, bearbeitet und herausgegeben von Schinkel. 5. Heft Berlin, L. W. Wittich 1827. Stich: Mauch jun. (Nr. 3, 42 x 53). Sammlung H. W., Berlin

Karl Friedrich Schinkel (1781-1841)
Perspectivische Ansicht des Neuen Museums in Berlin vom Standpunkte zwischen dem Zeughaus und der Neuen Schloßbrücke. Aus: Sammlung architectonischer Entwürfe von Schinkel, enthaltend theils Werke, welche ausgeführt sind, theils Gegenstände deren Ausführung beabsichtigt wurde, bearbeitet und herausgegeben von Schinkel. 6. Heft, Berlin, L. W. Wittich 1825. Stich: C. F. Thiele (61. 42 x 53) Sammlung H. W., Berlin

Karl Friedrich Schinkel (1781-1841)
Sammlung von Theater-Dekorationen, erfunden von Schinkel. Vollständige Ausg., auf 32 Tafeln dargestellt. Neue, verb. Aufl. Potsdam, Riegel 1849. Amerika-Gedenkbibliothek Berlin. Sign.: Th 204 Schin 1 Rara

Karl Friedrich Schinkel (1781-1841)
Städtisches Wohngebäude, Perspectivische Ansicht des mit einer Säulenlaube umgebenen Hofs. Aus: Sammlung architektonischer Entwürfe von Schinkel, enthaltend theils Werke, welche ausgeführt sind, theils Gegenstände deren Ausführung beabsichtigt wurde, bearbeitet und herausgegeben von Schinkel. 10. Heft, Berlin, L. W. Wittich 1826. Stich: C. F. Thiele (61. 42 x 53). Sammlung H. W., Berlin

Oskar Schlemmer (1888-1943)
Mensch und Kunstfigur. In: Vivos Voco 5. Bd., Heft 8-9. Leipzig, Verlag der Werkgemeinschaft 1926. Staatsbibliothek Berlin. Sign.: Ac 7851

Paul Schmitthenner (1884-1972)
Baugestaltung. 1. Folge: Das deutsche Wohnhaus. Stuttgart, Wittwer 1932. Bibliothek der Technischen Universität Berlin. Sign.: 4 B 2594

Arthur Schopenhauer (1788-1860)
Die Welt als Wille und Vorstellung. 2., durchgängig verb. u. sehr verm. Aufl. 1. Bd., Vier Bücher, nebst einem Anhange, der die Kritik der Kantischen Philosophie enthält. Leipzig, F. A. Brockhaus 1844. Staatsbibliothek Berlin. Sign.: Nm 11080^{2} - 1

Paul Schultze-Naumburg (1869-1943)
Kulturarbeiten. Bd. IV: Städtebau. Hrg. v. Kunstwart. München, Callwey, Kunstwart-Verlag 1906. Bibliothek der Technischen Universität Berlin, Abteilung Architektur. Sign.: 8 Bg 1796a

Gottfried Semper (1803-1879)
Der Stil in den technischen und tektonischen Künsten, oder Praktische Aesthetik. 1. Bd., Textile Kunst, 2. Bd., Keramik, Tektonik, Stereotomie, Metallotechnik. 2., durchges. Aufl. München, Friedrich Bruckmann 1878-1879. Staatsbibliothek Berlin. Sign.: II0 972 - 1.2.

Herbert Spencer (1820-1903)
On Social Evolution. Selected writings. Edited and with an introduction by J. D. Y. Peel. The University of Chicago Press, Chicago and London 1972. Bibliothek der Technischen Universität Berlin, Abt. Kommunikations- und Geschichtswissenschaften. Sign.: 8 Qh 556

Oswald Spengler (1880-1936)
Der Untergang des Abendlandes. Umrisse einer Morphologie der Weltgeschichte, von Oswald Spengler. 1. Bd., Gestalt und Wirklichkeit. 33.-47. völlig umgestaltete Auflage. München, C. H. Beck'sche Verlagsbuchhandlung, Oskar Beck 1923. Bibliothek der Technischen Universität Berlin, Abt. Kommunikations- und Geschichtswissenschaften. Sign.: C 13 Spe/Unt 1

Der Sturm (1910/11-1932)
Wochenschrift für Kultur und die Künste. Hrg. v. Herwarth Walden. Jg. 1, Nr. 1 v. 3.3.1910. Erstes Ex. d. Zschr., typogr. noch unvollständig. Berlin, Der Sturm 1910. Staatsbibliothek Berlin.
Sign.: 2° 73064 - 1,1 R

Bruno Taut (1880-1938)
Alpine Architektur. Mappe. 1919. 40 x 34. Sammlung Hablik, Itzehoe

Max Taut (1884-1967)
Bauten und Pläne. Mit einem Vorwort von Adolf Behne. Berlin, Leipzig, Wien, Chicago, Hübsch-Verlag 1927. Einband: Johannes Molzahn. Privatbesitz Bonn

Frederick Winslow Taylor (1856-1915)
Die Grundsätze wissenschaftlicher Betriebsführung. Amerik. Originaltitel: The Principles of Scientific Management. München u. Berlin, R. Oldenburg 1913. Bibliothek der Technischen Universität Berlin.
Sign.: 8 Ba 2453

Ludwig Tieck (1773-1853)
Der gestiefelte Kater. In: Das Märchen vom gestiefelten Kater in den Bearbeitungen von Stroparola, Basile, Perrault und Ludwig Tieck. Mit 12 Radierungen von Otto Speckter. Leipzig, Brockhaus 1843. Staatsbibliothek Berlin. Sign.: Xa 8840 R

Ernst Troeltsch (1865-1923)
Der Historismus und seine Probleme. Erstes Buch: Das logische Problem der Geschichtsphilosophie. Gesammelte Schriften 3, Tübingen, J. C. B. Mohr (Paul Siebeck) 1922. Staatsbibliothek Berlin.
Sign.: 312824

Giovanni Battista Vico (1668-1744)
Principj di una scienza nuova d'intorno alla natura delle nazioni. Napoli, Felice Mosca 1725. Staatsbibliothek Berlin.
Sign.: 8° A 5524 R

Eugène-Emmanuel Viollet-le-Duc (1814-1879)
Dictionnaire raisonné de l'architecture française du 11e au 14e siècle. Paris, Librairies-Imprimeries réunies 1854. Verwaltungsbücherei des Bezirksamts Charlottenburg von Berlin.
Sign.: XIV c 700

Voltaire (eigentlich François Marie Arouet, 1694-1778)
Essai sur les moeurs et l'esprit des nations, et sur les principaux faits de l'histoire depuis Charlemagne jusqu'a Louis XIII. Voltaire, Oeuvres completes 16, Gotha, Ettinger 1785. Staatsbibliothek Berlin. Sign.: Ai 1827 - 16

Max Weber (1864-1920)
Gesammelte Aufsätze zur Sozial- und Wirtschaftsgeschichte. Tübingen, Verlag von J. C. B. Mohr (Paul Siebeck) 1924. Staatsbibliothek Berlin. Sign.: 4268

Wien
Der Karl-Marx-Hof. Broschüre. Wien 1930. Alfredo Passeri Rom

Wien
Der Karl-Marx-Hof. Broschüre. Stadt- und Landesbibliothek Wien

Wien
Der Metzleinstalerhof. Broschüre. Wien 1925. Stadt- und Landesbibliothek Wien

Wien
Die Wohnhausanlage der Gemeinde Wien im XIII. Bezirk. Broschüre. Wien 1925. Alfredo Passeri Rom

Norbert Wiener (1894-1964)
Cybernetics or Control and Communication in The Animal and The Machine. Paris, Hermann, Cambridge, Mass., The Technology Press, New York, John Wiley 1948. Staatsbibliothek Berlin.
Sign.: Ser 1153-1053

Oscar Wilde (1854-1900)
Salome. Tragödie in einem Akt. Übertr. v. H. Lachmann. Mit d. Zeichnungen v. Aubrey Beardsley. Leipzig, Insel. Bibliothek der Hochschule der Künste Berlin.
Sign.: V 2455^{247}

Johann Joachim Winckelmann (1717-1768)
Gedanken über die Nachahmung der griechischen Werke in der Malerey und Bildhauerkunst. 2., verm. Aufl. Dresden u. Leipzig, Walter 1756. Staatsbibliothek Berlin.
Sign.: 1 an Nw 864 R

Ludwig Wittgenstein (1889-1951)
Tractatus Logico-Philosophicus. With an introduction by Bertrand Russell. London, Kegan Paul, Trench, Trubner, New York, Harcourt, Brace 1922. Staatsbibliothek Berlin. Sign.: Nm 29780

Frank Lloyd Wright (1867-1959)
Usonien. When Democracy Builds. Berlin, Gebr. Mann 1950. Bibliothek der Technischen Universität Berlin, Abt. Architektur.
Sign.: 4 Bg 8950

Register

Photonachweis

Die Photorechte für die abgebildeten Arbeiten liegen stets bei den Leihgebern; diese sind in der Liste der Exponate angegeben. Die Photographien der Exponate, die für den vorliegenden Essayband zur Ausstellung hergestellt werden mußten, stammen von:

Geremy Butler Photography, London
Reinhard Friedrich, Berlin
Firma Gigant-Foto, Berlin
Udo Hesse, Berlin
Jürgen Hinrichs, Firma Artothek, Planegg
Ralph Kleinhempel GmbH & Co, Hamburg
Karl H. Paulmann, Berlin
Knud Peter Petersen, Berlin
Firma Repro Schneider, Köln
Peter Riesterer, Firma Kranichphoto, Berlin
Volker-H. Schneider, Firma Audia, Berlin